供给经济学
经典评读

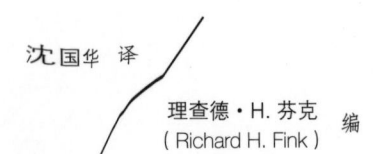

沈国华 译

理查德·H. 芬克 编
(Richard H. Fink)

上海财经大学出版社

西方供给侧经济学译丛

供给经济学经典评读

Supply-side Economics: A Critical Appraisal

理查德·H. 芬克（Richard H. Fink） 编

沈国华 译

上海财经大学出版社
SHANGHAI UNIVERSITY OF FINANCE & ECONOMICS PRESS

本书为上海市新闻出版专项资金资助项目

图书在版编目(CIP)数据

供给经济学经典评读/(美)理查德·H.芬克(Richard H.Fink)编；沈国华译.—上海：上海财经大学出版社,2018.1
(西方供给侧经济学译丛)
书名原文：Supply-side Economics：A Critical Appraisal
ISBN 978-7-5642-2756-2/F·2756

Ⅰ.①供… Ⅱ.①理… ②沈… Ⅲ.①供应学派-研究 Ⅳ.①F091.352.4

中国版本图书馆CIP数据核字(2017)第125691号

□ 策　划　黄　磊　陈　佶
□ 责任编辑　李宇彤
□ 封面设计　杨雪婷

GONGJI JINGJIXUE JINGDIAN PINGDU
供 给 经 济 学 经 典 评 读

理查德·H. 芬克
(Richard H. Fink)　编

沈国华　译

上海财经大学出版社出版发行
(上海市中山北一路369号　邮编200083)
网　　址：http://www.sufep.com
电子邮箱：webmaster@sufep.com
全国新华书店经销
上海叶大印务发展有限公司印刷装订
2018年1月第1版　2018年1月第1次印刷

710mm×1000mm　1/16　30.5印张(插页:1)　548千字
印数:0 001—3 000　定价:72.00元

图字:09-2016-241 号

Supply-Side Economics:A Critical Appraisal

Richard H. Fink

Translated from the English Language edition of *Supply-Side Economics:A Critical Appraisal*, by Richard H. Fink, originally published by Praeger, an imprint of ABC-CLIO, LLC, Santa Barbara, CA, USA. Copyright © 1982 by Richard H. Fink. Translated into and published in the Simplified Chinese language by arrangement with ABC-CLIO, LLC. All rights reserved.

No part of this book may be reproduced or transmitted in any form or by any means electronic or mechanical including photocopying, reprinting, or on any information storage or retrieval system, without permission in writing from ABC-CLIO, LLC.

2018 年中文版专有出版权属上海财经大学出版社

版权所有　翻版必究

总　序

改革开放近40年来，我国国民经济发展取得了举世瞩目的巨大成就，初步实现了从集中决策的计划经济体制向分散决策的市场经济体制的平稳转型，并成功跻身于世界第二大经济体之列。同时，我们也必须看到，中国经济在发展过程中，由于改革的不全面、不彻底、不及时，也逐步累积了新的问题和新的矛盾。一方面，过剩产能已成为制约中国经济转型的一大障碍；另一方面，中国的供给侧与需求端的"错配"已非个案，总体上是中低端产品过剩，高端产品供给不足。

为此，2015年11月10日，习近平总书记在中央财经领导小组第十一次会议上正式提出实行"供给侧结构性改革"。这是中央在我国国民经济发展进入新阶段和新形势下提出的一项新的重要任务，随着改革的不断推进，其内容也在不断发展丰富。"供给侧结构性改革"，顾名思义就是要从经济结构的供给端着手，针对我国经济发展中的供需结构性失衡问题，尤其是无效供给过剩，而优质供给不足，从去产能、去库存、去杠杆、降成本以及补短板这些结果导向的具体目标出发，解决经济发展中所面临的"瓶颈"。

当然，除了经济结构的失衡，中国还面临体制结构的失衡和治理结构的失衡。这三个失衡层层递进，经济结构的失衡是表象，体制结构的失衡是深层原因，治理结构的失衡是内在根源。这三个失衡问题如果得不到解决，中国经济还将会随着政策的松紧而不停上下波动，形成过去几十年来反复出现的一放就乱、一乱就收、一收就死的循环。因此，改革的目的，就是要矫正这三个结构性失衡，通过改革、发展、稳定、创新和治理"五位一体"的综合改革治理，提高社会生产力水平，实现经济社会的持续健康发展。

想要顺利推进供给侧结构性改革，实现我国经济的转型升级，会涉及许多重要方面,例如:产能利用率的调节,全要素生产率和经济增长质量的提升,要素配置扭曲的矫正,简政放权、减税降成本的具体落实,等等。显然,这是一项规模庞大且各环节关系错综复杂的系统性改革工程,另外,还必然会与经济增速、通胀水平、贸易差额、就业情况以及社会稳定等硬指标存在密切联系。在这一背景下,从理论角度,便对供给侧结构性改革政策的成熟性提出了非常高的要求;而从实践角度,也需要能在前人的基础上,有所借鉴,通过去其糟粕、取其精华,为我国的供给侧结构性改革保驾护航。

总体来看,经济发展存在其阶段性与规律性,而供需失衡的结构性矛盾是其主旋律。供给经济学正是针对这一矛盾,从供给侧入手,系统阐述经济失衡矛盾产生的根源及应采取的政策措施的西方重要经济学流派。作为20世纪70年代初才于美国出现的经济学"少壮派",却已经在美国里根执政时期、英国撒切尔夫人执政时期等发达国家经济发展的重要阶段大显身手,为其摆脱经济发展困境、重新注入发展动力,实现当时这些国家经济的二次腾飞,发挥了不可估量的作用。

供给经济学的形成有其必然性。当供需结构性矛盾日益凸显,而传统凯恩斯主义宏观经济调控手段失灵时,自然会促使有社会担当的经济学家、知识精英去重新审视问题的本质,探索全新的解决手段,其中就不乏阿瑟·拉弗、万尼斯基、马丁·费尔德斯坦等代表性人物,也形成了一批诸如"拉弗曲线"的经典思想。

供给经济学的核心要义可以归纳为:(1)经济失衡的原因在于产能利用率与有效供给不足,且两者的提升并不会造成通胀、阻碍经济发展;(2)应采取特定的减税政策,降低经济部门与劳动者的生产经营与纳税成本,为其注入经济活力;(3)应减少政府干预,即简政放权,促进自由市场竞争;(4)萨伊定律,即供给能自行创造需求是有效的,仍应注重对经济的供给端调节。如此看来,经济发展的进程有其惊人的相似之处,供给经济学无疑能为我国此轮供给侧结构性改革提供非常有价值的理论思想借鉴。

"他山之石,可以攻玉。"上海财经大学出版社此次精心筹划推出的"西方供给侧经济学译丛",准确把握住了中央大力推行供给侧结构性改革的理论需求,精准对接了中央顶层设计在学术层面的要求。

此套译丛包含6本供给经济学派代表性学者的重要著作:其一,对供给经济学理论体系做出了完整介绍,并注重阐述其思想要点;其二,回顾了一些发达国家的供给侧改革进程及曾面临的问题,以借鉴其宝贵经验;其三,以专题形式对供给侧改革中的关键抓手进行了富有启发性的深入探讨;其四,鉴于此轮改革中金融资本供给端的重要性,专选著作对此方面进行了分析。

《**供给经济学经典评读**》系统介绍了西方供给经济学的核心思想、理论基础及关键要义,很好地填补了国内系统了解学习供给经济学派方面的空白。同时,本书的一大亮点在于,其深入分析了美国和英国当时非常重要的供给侧改革事件,可以说,能很好地兼顾研究供给侧改革的读者在理论完善和案例研究方面的需要。在供给侧改革理论方面,本书开宗明义指出,供给侧改革需要对凯恩斯经济学模型做出修正,讨论了拉弗曲线模型的意义与适用性,以及如何在供给经济学中借助不断发展的计量经济学进行分析等一些需要明确的理论基础;在案例研究方面,书中探讨了美国总统里根为推行供给侧改革所施行的经济改革项目,供给经济学思想演化的完整脉络,以及什么才是真正合适的货币政策和财政政策等。本书难能可贵的一点是,不仅充分涵盖了供给经济学的全部重要理论,而且很好地将其与供给侧改革中的重要事件结合起来,实现了理论与实践并重。

1982年4月,在美国亚特兰大联邦储备银行召开了一次非常重要也颇为著名的供给侧改革会议。《**欧美经济学家论供给侧——20世纪80年代供给侧经济学研讨会会议纪要**》一书就是将当时会议中具有代表性的演讲文章按照一定顺序集结成册,为我们留下了非常宝贵的供给侧改革方面的学术研究资料。出席此次会议的人士中不乏经济学界泰斗,如米尔顿·弗里德曼、托马斯·萨金特、詹姆斯·布坎南等,也有美国当时的政界要员,如杰克·肯普、马丁·费尔德斯坦等。就本书内容的重要性而言,完全可以作为研究供给经济学的高级读物,甚至有媒体评论认为,应作为研究供给侧改革的首选读物。书中内容反映了在美国着力解决供给侧改革问题的过程中,经济学界顶尖大师的真知灼见。

《**货币政策、税收与国际投资策略**》是供给经济学派代表性学者阿瑟·拉弗与维克托·坎托的一部研究供给侧改革政策理论基础与实践效果的核心力作,通过对货币政策、财政政策、国际经济问题以及国际投资策略以专题形式进行深度讨论,重点阐述了刺激性政策和不利于经济发展的因素会如何影响经济表现;同时,书中探索了一套与众不同的研究方法体系,帮助读者厘清政府政策在经济中的传导路径。本书第一部分探讨了货币政策制定目标和通货膨胀相关话题;第二部分聚焦于对供给侧经济学的运用,分析了政府施加的经济刺激和约束性政策的影响;第三部分遴选了一些国际经济方面的热点话题,如贸易收支情况与汇率表现,展示了从供给侧视角进行分析所能得出的结论;第四部分着重讨论了资本资产税收敏感性投资策略,以考察供给侧经济学思想可以为微观投资者带来的优势。

减税，是供给经济学的一项重要政策主张。《**州民财富的性质与原因研究——税收、能源和劳动者自由怎样改变一切**》阐述了为什么在美国州一级减免税负会促进经济增长并实现财富创造。书中对税收改革的思路进行了充分讨论，揭示了即使是美国一些人口很少的州也能从正确的政策中获益颇丰。以拉弗为首的多名经济学家评估了美国各州和当地政府施行的政策对于各州相应经济表现和美国整体经济增长的重要影响，并以翔实的经济数据分析作为支撑。另外，对美国的所得税等问题进行了详细严格的考察，深入分析了经济增长表现以及由于不合理的税收政策所导致的不尽如人意的经济局面等话题；同时，采取了细致的量化分析，探讨了对于国家和个人金融保障会产生巨大影响的政策措施，具有很高的研究价值。

1982年，拉丁美洲的一些发展中国家曾爆发了严重的主权债务危机，《**拉丁美洲债务危机：供给侧的故事**》从供给侧角度对这一事件进行了全面且深入的回顾分析。当时，许多经济分析师都着重于研究债务国在经济政策方面的缺陷，以及世界经济动荡所造成的冲击，很少有将研究重点放在危机蔓延过程中该地区的主要债权人——私人银行——上面。作者罗伯特·德夫林则对拉丁美洲债务危机事件采取了后一种研究视角，基于丰富的经济数据资料，指出银行其实才是地区债务循环中不稳定的内生因素，当该地区发展中国家经济蓬勃发展时，银行会存在过度扩张问题，起到推波助澜的作用；而当经济衰退时，银行会采取过度紧缩措施，造成釜底抽薪的后果。本书的一大价值在于，揭示了资本市场供给侧状态及调节对于发展中国家经济稳定的重要性，所提出的稳定银行体系的措施具有现实性启发意义。

《**供给侧投资组合策略**》是阿瑟·拉弗与维克托·坎托基于供给经济学思想，阐述微观投资者该如何构建投资组合的一本专著。书中每一章会分别详细探讨一种投资组合策略，并检验其历史表现情况。具体的讨论主题包括：如何在供给侧改革的大背景下投资小盘股、房地产等标的，对股票市场采取保护主义政策会造成的影响，以及美国各州的竞争环境等。值得注意的是，本书在充满动荡和不确定性的经济环境下，明确指出了采取刺激性政策的重要性。书中的分析配备了大量图表数据资料，能帮助读者更直观地了解基于供给经济学理论构建投资组合的效果。

中央领导同志已在中央经济工作会议等多种场合反复强调，要着力推进供给侧结构性改革，推动经济持续健康发展，这是我国当前阶段要重点实现的目标。同时也应理性认识到，"工欲善其事，必先利其器"，改革需要理论的指导和借鉴。供给经济学虽形成发轫于西方发达国家的特定历史时期，当然基于不同的国情、国体，在了解学习其思想时，须持比较、思辨的态度；但是综合上述分析，显然供给经济学的诞生背景、力求解决的问题和政策主张，与我国经济发展在新形势下所要解决的问题以及政策方向有相当的契合度，这也在一定程度上，体现了经济发展阶段性与规律性的客观要求。

我们期待上海财经大学出版社此套"西方供给侧经济学译丛"，与我国供给侧结构性改革实践，能够碰撞出新的思想火花，并有助于我国实现供给侧结构性改革这一伟大的目标。

是为序。

田国强

上海财经大学经济学院　院长
上海财经大学高等研究院　院长

致　谢

本书的编者谨向以下提供慷慨合作的学者表示感谢：

保罗·克雷格·罗伯茨(Paul Craig Roberts)允许我们在征得出版商同意后从《公共利益》(*The Public Interest*, no. 52, Summer 1978, pp. 20—33)中把他的"论凯恩斯模型的失灵"收入本文集。

乔治·吉尔德(George Gilder)允许我们在征得出版商同意后从《财富与贫困》(*Wealth and Poverty*, New York: Basic Books, Inc., 1981, chapter 4)中把他的"供给侧"(*The Supply Side*)收入本文集。

罗伯特·L.海尔布鲁诺(Robert L. Heilbroner)允许我们在征得作者本人和出版商同意后，从《纽约图书评论》(*New York Review of Books*, vol. 28, June 11, 1981, pp. 37—41)中把他的"对供给侧的需求"(*The Demand for the Supply-Side*)收入本文集。

罗伯特·E.凯勒赫(Robert E. Keleher)和威廉·P.奥热霍夫斯基(William P. Orzechowski)的《供给侧财政政策：对一种复兴思想的历史分析》(*Supply-Side Fiscal Policy: An Historical Analysis of a Rejuvenated Idea*)代表了本书两位作者的观点，但并不一定代表美国亚特兰大联邦储备银行的观点。

阿瑟·B.拉弗(Arthur B. Laffer)允许我们在征得出版商同意后从《卡托杂志》(*The Cato Journal*, vol. 1, Spring 1981, pp. 1—21)中把他的"政府的苛捐杂税与收入不足"(*Government Exaction and Revenue Deficiencies*)收入本文集。

马克斯·莫斯泽(Max Moszer)允许我们在征得出版商同意后从《卡托杂志》(*The Cato Journal*, vol. 1, Spring 1981, pp. 23—24)中把他的"拉弗模型评论"收入本文集。

戴维·C.亨德森(David C. Henderson)允许我们在征得作者本人和出版商同意后从《卡托杂志》(*The Cato Journal*, vol. 1, Spring 1981, pp. 45—52)转载

他的"拉弗曲线为减税辩护所暴露的不足"(Limitations of the Laffer Curve as a Justification for Tax Cuts)。

布鲁斯·R.巴特利特(Bruce R. Bartlett)允许我们在征得出版商同意后从《里根经济学:供给经济学在行动》(Reaganomics: Supply-Side Economics in Action)(Westport, CT: Arlington House, 1981, chapter 10)中把他的"肯尼迪减税"(Kennedy Tax Cuts)收入本文集。

约翰·伯顿(John Burton)允许我们在征得出版商同意后从《劳工研究杂志》(Journal of Labor Research, 1981)中把他的"撒切尔实验:一曲挽歌?"(The Thatcher Experiment: A Requiem?)收入本文集。

詹姆斯·托宾(James Tobin)允许我们在征得作者本人和出版商同意后从《经济学评论》(Economics Review, April 1981)中把他的"里根经济计划:供给侧、预算与通货膨胀"(The Reagan Economics Plan: Supply Side, Budget, and Inflation)收入本文集。

罗伯特·霍尔(Robert Hall)允许我们在征得作者和出版商同意后从《经济学评论》(Economic Review, April 1981)中把他的"里根经济计划讨论"(The Reagan Economic Plan: A Discussion)收入本文集。

莱斯特·C.瑟罗(Lester C. Thurow)允许我们在征得作者本人和出版商同意后从《零和社会》(The Zero-Sum Society, New York: Basic Books, Inc., 1980, chapter 4)中把他的"经济低增长"(Slow Economic Growth)收入本文集。

詹姆斯·C.罗伯茨(James C. Roberts)允许我们在征得出版商同意后从《人事》(Human Events, May 23, 1981)中把他的"关于恢复金本位的主张:刘易斯·勒曼访谈录"(The Case for a Return to the Gold Standard: An Interview with Lewis Lehrman)收入本文集。

本书编者还要感谢本书的全体作者慷慨贡献了自己的文稿,并且耐心地等待本书的出版。

本书编者还要以个人名义更多地感谢美国大学出版社(University Publications of America)的伦道夫·波姆(Randolph Boehm)为提高本书引言的可读性,加注补充说明、校对清样和完成其他许许多多琐碎的工作提供了几乎无私的帮助,美国国会联席经济委员会的布鲁斯·R.巴特利特在决定哪些论文入选本书的过程中提出了不少有益的建议,泰勒·考恩(Tyler Cowen)和帕蒂·弗林(Patti Flynn)出色地完成了研究助理工作,还有桑迪·洛尔(Sandy Lore)和珍妮·威廉森(Jane Williamson)自始至终负责本项目的组织工作。本编者还要向乔治梅森大学芬威克图书馆的全体工作人员表示感谢,感谢他们为本项目开辟了专门的工作室。

作者简介

布鲁斯·R. 巴特利特(Bruce R. Bartlett)是美国国会(参议院)联席经济委员会副主任,"里根经济学:供给经济学在行动"的作者。

约翰·伯顿(John Burton)是英国伯明翰大学产业经济学与企业研究系讲师,他是很多专著和论文的作者,其中包括《特洛伊木马:英国政坛的工会力量》(Trojan Horse: Union Power in British Politics)。

泰勒·考恩(Tyler Cowen)是乔治梅森大学费尔法克斯市场过程研究中心助理研究员。

奥托·埃克斯坦(Otto Eckstein)是哈佛大学沃伯格讲席经济学教授、数据资源公司(Data Resources Inc.)总裁。他发表过不少著述,包括《公共财政与大萧条》(Public Finance and The Great Recession),还曾是林登·约翰逊总统经济顾问委员会成员。

迈克尔·K. 埃文斯(Michael K. Evans)是埃文斯经济分析公司(Evans Economics Inc.)总裁,著有《宏观经济活动:理论、预测和控制》(Macroeconomics Activity: Theory, Forecasting, and Control)等专著。

理查德·H. 芬克(Richard H. Fink)是乔治梅森大学费尔法克斯市场过程研究中心主任和经济学助理教授。

乔治·吉尔德(George Gilder)著有多部社会哲学专著,包括《财富、贫困与性自杀》(Wealth and Poverty and Sexual Suicide)。吉尔德先生还是曼哈顿研究所计划主持人。

罗伯特·霍尔(Robert Hall)是斯坦福大学经济学教授和胡佛研究所研究员,1980年曾是里根政府过渡团队成员。

托马斯·W. 黑兹利特(Thomas W. Hazlett)是加利福尼亚州立大学富尔

顿分校的经济学讲师,已经在多家大众期刊上发表过文章,并且给曼哈顿研究所买下的广播节目"经济展望"当评论员。

罗伯特·L. 海尔布鲁诺(Robert L. Heilbroner)是社会研究新学院(New School for Social Research)诺曼·托马斯(Norman Thomas)讲席经济学教授,已经出版了10多部专著,其中包括《世俗哲学家》(*Worldly Philosophers*)、《美国资本主义的极限》(*Limits of American Capitalism*)和《马克思主义:支持与反对》(*Marxism:For and Against*)。

沃尔特·W. 海勒(Walter W. Heller)是明尼苏达州立大学莱金茨(Regents)讲席经济学教授。他是一个多产作者,著有《政治经济学的新维度》(*New Dimensions of Political Economy*)和《经济:古神话和新现实》(*The Economy: Old Myths and New Realities*)。海勒教授曾在1961~1964年担任总统经济顾问委员会主任。

戴维·C. 亨德森(David C. Henderson)是总统经济顾问委员会的资深专职经济学家。

曼纽尔·H. 约翰逊(Manuel H. Johnson)是乔治梅森大学经济学助理教授,现已获得美国财政部经济政策助理国务卿一职的提名,并与人合著出版了《联邦政府增长与劳动关系管制解除的政治经济学分析》(*The Political Economy of Federal Government Growth and Deregulating Labor Relations*)。

斯坦利·凯斯(Stanley Kaish)是新泽西州新布朗斯威克罗格斯大学(Rutgers University)经济系主任、国际商业周期研究中心客座研究员,著有《微观经济学:逻辑、工具和分析》(*Microeconomics:Logic, Tools, and Analysis*)一书。

罗伯特·E. 凯勒赫(Robert E. Keleher)是亚特兰大联邦储备银行资深金融经济学家,与威廉·P. 奥热霍夫斯基(William P. Orzechowski)合著出版了《供给经济学与里根政府的遭遇》(*Supply-Side Economics and the Reagan Experience*)(即将出版)。

劳伦斯·克莱因(Lawrence R. Klein)是诺贝尔经济学奖获得者,宾夕法尼亚大学校聘经济学教授、沃顿计量经济预测公司董事长。克莱因教授是《凯恩斯革命》(*Keynesian Revolution*)一书的作者,并且担任过卡特总统经济工作小组协调员。

阿瑟·B. 拉弗(Arthur B. Laffer)是南加州大学查尔斯·B. 桑顿(Charles B. Thornton)讲席企业经济学教授。他是《私人短期资本流量》(*Private Short-Term Capital Flows*)一书的作者,并且还与人合著出版了《抗税经济学》(*The Economics of the Tax Revolt*)。

刘易斯·勒曼(Lewis Lehrman)是来爱德合作公司(Rite-Aid Cooperation)董事长和勒曼研究所(Lehrman Institute)总裁。

马克斯·莫斯泽(Max Moszer)是里士满弗吉尼亚联邦大学(Virginia Commonwealth University)经济学教授。

威廉·P. 奥热霍夫斯基(William P. Orzechowski)是乔治梅森大学(弗吉尼亚州费尔法克斯)经济学助理教授,与罗伯特·E. 凯勒赫合著出版了《供给经济学与里根政府的遭遇》。

保罗·克雷格·罗伯茨(Paul Craig Roberts)在乔治敦大学战略与国际研究中心主持威廉·E. 西蒙政治经济学讲席。他在里根政府执政的第一年担任过美国财政部负责经济政策的助理国务卿,作为美国参议院专职经济学家是《肯普—罗斯减税法案》(Kemp-Roth Tax-cut Bill)的总设计师。他著有《异化与苏维埃经济》(Alienation and Soviet Economy)和《马克思的汇兑、异化和危机理论》(Marx's Theory of Exchange, Alienation, and Crisis)。

约瑟夫·萨勒诺(Joseph Salerno)是新泽西州新布朗斯威克罗格斯大学(Rutgers University)经济学助理教授。

莱斯特·C. 瑟罗(Lester C. Thurow)是麻省理工学院经济学与管理学教授,著有《人力资本投资、不公平的产生与零和社会》(Investing in Human Capital, Generating Inequality, and The Zero-Sum Society)等著作。他还是《洛杉矶时报》和《新闻周刊》很受欢迎的专栏作家。

詹姆斯·托宾(James Tobin)是诺贝尔经济学奖获得者、耶鲁大学斯特林(Sterling)讲席经济学教授,著有《资产积累、经济活动与年仅10岁的新经济学》(Asset Accumulation and Economic Activity and The New Economics, One Decade Older)等著作。托宾教授在1961～1962年间曾在肯尼迪总统经济顾问委员会任职。

诺曼·B. 图雷(Norman B. Turé)曾任负责税收和经济事务的财政部副部长。他还担任过税收经济学研究所所长,1955～1961年曾任美国国会联席经济委员会专职经济学家,还是尼克松总统税收工作小组成员。

引 言

理查德·H.芬克

　　有关经济政策的辩论往往会呈现偏离基本问题的倾向,参加者会自觉或不自觉地卷入既会激化争论又会掩盖问题本质的论战。毫无疑问,这种倾向源自我们对很多经济决策固有的潜在重要性的财富再分配效应的关切。特别是在经济政策备选方案的执行方法和结果这些问题上出现重大分歧时,某种意识形态方面的狂妄就会作祟。由于这样的赌注可能涉及精神和物质两个方面,因此,经济政策辩论有时会蜕化为辩论双方对对方动机和人品的攻击就不应该令读者感到意外了。里根政府在过去10年里提出的全部经济政策提案(更不用说议会和学术先例)显然具有这样的性质,即引发政策制定者和公民的物质焦虑和知识傲慢。目前的这场辩论由于涉及精神和物质两个方面的重要利益关系,因此,已经在很多方面呈现出一种言不由衷、情绪冲动、意义模糊的趋势。

　　本书旨在方便读者了解这场辩论中很多有争议的问题。虽然无法完全阻止论战的继续(只要被控制在适当的范围内,论战毕竟还是有益的),但我们在这本集子中主要检视"供给经济学"最重要的经济理论问题,因为我们确实应该从思想层面而不是情绪层面来进行政策评价。考虑到问题涉及实际利害关系,本集子的编者觉得,在以某种方式坚定我们的立场之前,第一重要的即使不是解决全部的问题,但至少应该阐明理论基础。

　　同样,考虑到这场辩论包含重要的意识形态维度这一事实——即使就其比较抽象的理论影响而言,本选集相当全面地介绍了各不同经济学派的不同观点。虽然本集子全书或者每一章不可能做到完全的平衡,但是,读者看完本文集以后,对各种质疑供给侧经济政策效果并争相提出补救方法的观点,应该不难留下相当好的印象。虽然有内容广泛的备选方案可供选择,但本书所展现的与其说是供给经济学批评者之间的紧张关系,还不如说是(无论基于什么视角的)供给经济学批评与供给经济学本身之间势不两立的紧张关系。那么,如何来夯实美国现政府备受抨击的国家经济政策的理论基础呢?

本书第一章介绍了3篇早已成文的支持供给经济学的佳作。可能再也没有比保罗·克雷格·罗伯茨的《论凯恩斯模型的失灵》更加适合作为我们这本集子开篇之作的文章了,因为罗伯茨的《论凯恩斯模型的失灵》显然已经成为基于当代宏观经济学主流理论的现代供给学派的开山之作。罗伯茨先生是肯普—罗斯减税计划的主要设计师,而且他的美国参议院专职经济学家的身份增强了这篇论文的重要性。罗伯茨的这篇文章很可能是我们这本供给经济学文集中最重要的力作。

罗伯茨在这篇文章里表达了这样一个重要观点:凯恩斯经济学所运用的总量分析忽视了个体在回应政府影响经济主体私利的经济政策的过程中所发挥的重要决策作用。此外,他还表示,现在的税收结构是凯恩斯主义财政政策忽视对个人决策特别是工作、储蓄和投资决策影响的一个特别臭名昭著的例子。于是就出现了以下这个被罗伯茨认为是过去10年阻碍美国生产率提高罪魁祸首的悖论:由于奉行凯恩斯主义的政策,制定者们仅仅根据对总需求的影响来看待减税或增税问题,因此常常强调减税方案中能够感觉到的通胀因素,但忽视了税负只增不减会抑制个人和企业的储蓄、投资,从而阻碍总供给的增加。罗伯茨建议运用微观经济学价格理论而不是凯恩斯经济学的总量分析来考察高边际税率的影响效应。他认为,如果不是从凯恩斯主义宏观经济学家的视角来看而是从个人的视角来看,那么降低边际税率非但不会导致业已加剧的通胀进一步恶化,而且还能固定不变地强化美国人寻求摆脱滞胀方式的积极性。

乔治·吉尔德延续了罗伯茨的思路。在他的畅销书《财富与贫困》的一篇文摘中重点强调了企业家个人的作用,并且阐明了萨伊定律蕴含的经典供给侧概念——一个与凯恩斯主义政策制定者们崇尚的需求管理理论的基本假设格格不入的概念——复兴的原因。吉尔德坚持认为,现代资本主义明确无误地证明了只有生产商、企业家,总而言之,只有"供给者"才是经济发展的源泉。言下之意,主流经济学倡导的需求取向导致我们的注意力偏离了那些最有利于经济增长的政策选择。

诺曼·B. 图雷直到最近还是里根政府财政部负责税收与经济事务的副国务卿,他在被收入本集子的文章里更加详细地进行了支持供给学派主张的理论分析。他基于罗伯茨提出的观点指出:凯恩斯理论无法解释经济现实——而且对美国经济表现不佳负有部分责任;与那些放眼总量影响的个体相比,现实中的个体对政策变化更加敏感。标准的凯恩斯主义税收分析是围绕税收的总收入效应这个概念展开讨论的。图雷建议运用一个用价格理论分析税收政策影响的新古典学派框架来进行税收研究，或者更加确切地说，研究在那些由于税收导致的边际成本而准备或者不愿储蓄、工作或者投资的个体看来边际税率如何影响储蓄、工作和投资等的相对价格。他表示，从供给侧的价格效应看，税收政策可用来处理很多传统上认为对税收中性的经济政策问题。

很多的这类经济政策问题无论是否已经明确提出，都贯穿本书第一章所介绍的供给学派立场。虽然本书后面各章都深入讨论了这些问题，但是，本书第二章展示了涉及面很大的不同的可能出发点。沃尔特·W. 海勒从凯恩斯学派的视角提出了问题，罗伯特·L. 海尔布鲁诺具体提出了许多马克思主义的基本反对意见，而托马斯·W. 黑兹利特从基于奥地利学派洞见的虔诚自由市场立场出发对吉尔德在《财富与贫困》一书中表达的观点做出了回应。海勒关于里根政府奉行的供给学派主张的税收政策与其在货币供应量增长速度方面的货币主义倾向相冲突的警告，也是一个在本书以后章节中受到更多关注的问题。

从罗伯特·L. 海尔布鲁诺的角度看，即使供给侧方面的发明真能像所希望的那样发挥作用，促使经济快速"增长"，美国人也只能是跳出油锅又落入火坑。供给学派的一个共同假设就是：资本主义这台机车一旦调试好就能满负荷运转，坐在美国经济这趟列车上的全体乘客就能相对比较平稳地驶向繁荣昌盛。供给学派认为，摆脱政府的干预和管制以后，市场系统就是一种内在稳定的社会结构。事实上，吉尔德论点中存在一个有争议的元素，那就是资本主义与社会合作甚至利他的美德密不可分。在海尔布鲁诺看来，不受干扰的市场经济由于明显秉承了一种源自亚当·斯密、马克思、韦伯和熊彼特的传统，因此是一种内在不稳定、容易发生危机的社会结构。政府干预在供给学派看来是一个后果严重的因素，而在海尔布鲁诺的眼里只是一种凭借一己之力防止现代资本主义制度分崩离析的作用微妙的约束。鉴于他们各自观点的前提大相径庭，因此，海尔布鲁诺建议，马克思主义者与供给学派之间的辩论必须停留在较为基础的哲学层面，而不应该上升到政策分析或者当代经济学理论可能会允许的层面。

托马斯·W. 黑兹利特正是从海尔布鲁诺所定义的可能出发点谱系的另一端出发，指责供给学派在尊重门格尔、米塞斯和哈耶克等奥地利学派思想家预想的市场过程"自发秩序"方面还做得非常不够。与海尔布鲁诺不同，黑兹利特觉得奥地利学派与供给学派分析方法之间有着充分的共同基础，因此可以运用奥地利学派的分析方法来关注供给学派理论的某些技术经济影响。他认为，供给学派经济学家尤其是以吉尔德为代表的供给学派经济学家，混淆了需求管理理论（确实必然"先"于供给的）与需求理论，并且最终停止了对一种版本的价值成本论的辩护。他还认为，这种误入歧途的对供给的强调反映了一种政府强制型"再工业化"倾向，而且还表达了这样一种不安：由拉弗曲线分析所反映的供给侧政策目标更多是关注增加政府收入，而不是释放市场经济的潜力。

第三章考察了供给学派思想的历史渊源。罗伯特·凯勒赫和威廉·P. 奥热霍夫斯基用很长的篇幅论证了在西方一个半世纪的经济思想中不乏供给经济学的洞见。他俩从重农学派抗税和法国 18 世纪经济普遍停滞不前着手，证明了对税收潜在抑制效应的敏感性是一个贯穿从亚当·斯密到 J. B. 萨伊、穆勒父子再到 20 世纪——仅仅在 20 世纪 30 年代萧条时期被弃之不用的——全部传统财政政策的重大主题。这两位作者认为，供给经济学根本不是什么毫无根基的舶来时尚，而是植根于古典学派一贯主张的兼顾经济增长和政府增收的公共财政原则。

泰勒·考恩着重考察了萨伊定律在古典学派经济学家心目中的意义（一个颇有争议的问题）以及萨伊定律与 20 世纪 30 年代凯恩斯革命的关联性。供给学派自诩他们根本就是源自萨伊的说法是否符合事实，这也是本选集要澄清的一个问题。

供给侧运动的任何某个单一方面也许都没有像拉弗曲线那样受到过那么广泛的关注。本书第四章将专门讨论拉弗曲线。拉弗教授的那篇文章是在初选本文集入选文献时由他本人选定的。拉弗在这篇文章中对支撑拉弗分析法的经济学推论进行了理论上的辩护。拉弗教授表示，拉弗曲线所反映的洞见并没有什么独到之处。就像在上一章里凯勒赫和奥热霍夫斯基所做的那样，拉弗寻根溯源，把拉弗曲线所反映的洞见归功于许多著名的前辈。他在第四章中讨论的主要问题是确定美国经济目前是否位于这条曲线上。拉弗谈到了美国经济对 1962 年和 1964 年两次联邦减税做出的反应，并且把这作为供给学派主张的减税政策就目前而言非常合适的证据。他认为，里根的减税方案相当温和，但仍应该说它产生了供给侧效果。

马克斯·莫斯泽接受了拉弗曲线描述的某些理论关系，但怀疑拉弗的分析——税收会随着税率的降低而增加——是否真的适用于现状。他表示，拉弗所说的减税效应有悖于过去 25 年里运用主要计量经济学模型得出的结论，并且指出拉弗曲线本身可能也不像拉弗画的那样是一条简单的抛物线。最后，莫斯泽断定，对于经济增长和税收收入，放松管制要比降低边际税率更有希望取得成功。

就如同莫斯泽，大卫·亨德森也认为拉弗曲线太过简单，并且指出了加入不同弹性以后会导致拉弗曲线超出大众的认知范围。他甚至介绍了一种在拉弗曲线采取更加复杂形状时与供给学派的主张截然不同的情形。亨德森也怀疑那种认为20世纪60年代初的减税可用来支持供给学派关于里根减税计划能促进经济快速增长的预言的观点。20世纪60年代常见的另一些因素，如降低关税、伴随着战后"婴儿潮"出生的孩子逐渐长大而出现的总需求，也必须全部纳入任何无所不包的解释60年代快速增长的模型。亨德森最后断言，解释减税的最好论据根本不是出于供给学派的理论。实际上，即使供给学派的理论被证明虚假不实，税收减免的主张也不会受到影响。

罗伯茨在本书第一章里表达的主要观点之一，就是凯恩斯经济学的总需求取向导致计量经济学模型产生了不利于替代性政府政策供给侧效果的偏误。他表示，这一点对于税收工作、储蓄和投资的抑制效应可以说是千真万确的。这种批评意见在参与政策制定的经济学家中引发了一场旷日持久的辩论，这场辩论的主题就是，像美国国会预算局这样的机构用来评估其重大立法政策的传统大型计量经济学模型是否真的因为模型存在严重偏误而受到了干扰。这场辩论在1980年国会联席经济委员会的听证会上（虽然没有最后总结性的结论）已经公开化。奥托·埃克斯坦（Otto Eckstein）、劳伦斯·克莱因和迈克尔·K.埃文斯向国会联席经济委员会提交的书面陈述以他们丰富的经验和享有的盛名对这场辩论产生了重要的影响。数据资源公司（Data Resources Inc.）总裁、美国最著名的经济预测家之一的埃克斯坦接受了相关指责，并且表示会在未来的模型中引入一些可能的供给侧因素。根据数据资源公司早期的研究，埃克斯坦已经感觉到供给侧政策对于经济增长的总体影响有可能很大，并且最后建议推行一种温和的供给侧政策。

1980年诺贝尔经济学奖获得者、沃顿计量经济模型的首席设计师劳伦斯·克莱因并不同意当代计量经济模型存在不利于供给侧因素偏误的说法。他表示，他们的计量经济模型已经收入供给侧因素多年，并且关于供给侧政策对经济增长可能产生的影响得出了并不令人鼓舞的结论。他提醒说，虽然供给侧政策可能会产生替代效应，因此也可能产生收入效应，但这两种效应的相互影响会产生什么结果并不明确。

另一方面，迈克尔·K.埃文斯表示了他对供给侧政策能够显著影响总体经济增长的信心。他简单介绍了一些证据以证明他基于自己的模型产生的这种信心。他的模型充分考虑了供给侧政策的计量经济因素，并且经常被供给学派的主要学者援引。

罗伯特·E. 凯勒赫对关于供给侧税收政策功效的经验证据进行了综述，并且通过整合埃克斯坦和埃文斯的研究发现以及一些更新的表明降低边际税率对储蓄和投资产生显著影响的经验研究，提出了一种赞同供给侧政策的观点。凯勒赫声称，虽然宏观经济模型得出了相反的结论，但它们无法对供给侧减税进行精确的模拟，因为它们存在总需求偏误、统计学代理变量固有的计量问题以及模型在解释政策变化长期效应上众所周知的不可靠性（虽然供给侧政策的影响效应在长期框架中显得比较突出）等问题。凯勒赫表示，关注以往的供给侧政策案例研究可能会取得实效，并且提供了一些有关格莱斯顿、梅隆和肯尼迪政策的因果证据（在第三章里更深入地展开讨论），但就是没有讨论计量经济学模型本身的问题。

最令很多曾经的民主党决策者们感到惊讶的是，当今供给学派仍对肯尼迪的减税计划津津乐道，并且把它奉为他们希望取得的成就的原型。在第六章里，布鲁斯·R. 巴特利特和沃尔特·W. 海勒阐述了相互冲突的主张之间实际具有那么接近的相似之处。巴特利特重现了当年肯尼迪计划的争论氛围，并且表明反对者因担心收入减少、赤字增加而对减税不知所措，而包括肯尼迪总统本人在内的那届政府则强调必须把促进私人部门增长作为财政健康的关键所在。

时任肯尼迪经济顾问委员会主任的海勒回忆了他当年亲身经历的往事。在海勒看来，肯尼迪计划是与凯恩斯主义一脉相承的。他表示，肯尼迪计划的直接结果就是刺激总需求，而任何供给侧因素都是次要的。他公开承认自己在1963年发表证言（由巴特利特援引）称减税能"自我补偿"是错误的，并且提醒说在评价肯尼迪计划时不应该脱离当时的背景条件。他详细描述了当时的政策执行情况（这只有内部人才能做到），并且反复强调在审视肯尼迪计划的任何供给侧效应时必须同时关注总需求刺激问题。

另一项关于努力重整不景气经济的案例研究是有关玛格丽特·撒切尔执政时期的英国的。这个主题会导致供给学派学者和供给侧政策倡导者感到不安，差不多就如同他们提及肯尼迪计划使美国的自由派人士感到不安那样。英国经济学家约翰·伯顿也撰文探讨了这个问题。虽然撒切尔在竞选首相时是以一个热忱的自由市场拥护者的面目出现的，但伯顿认为她从未接受过居于供给学派理论核心位置的减税计划。撒切尔所做的就是为努力促进投资而进行有选择的减税，同时又为了防止预算赤字而增加消费环节的税收。这一增一减，结果令人沮丧。不过，伯顿认为税收政策在撒切尔实验中其实只是一个次要问题，他表示对于一个在由与现状有着巨大利益关系的特殊利益集团统治的社会里试图不顾危险推行自由市场政策的市场取向型决策者来说,这个问题可作为一个实际教训;而对于相信货币学派认为的货币供给控制有多么复杂的经济学家来说,就是一个警告。

第七章的两个作者,1981年度诺贝尔经济学奖获得者詹姆斯·托宾和里根总统过渡小组顾问罗伯特·霍尔,对里根政府掌握的货币主义知识表示了不同性质的怀疑。两人都担心,抑制货币增长的决心和努力会与供给侧计划目标发生正面冲突。托宾并不看好不顾货币政策的供给侧政策可能收到的效果,他表示增税并不一定会降低工作努力,因此降低税率也很可能激励雇员个人实现开创性的生产率突破。至于供给侧政策的储蓄效应,托宾给出了他自己对拉弗曲线的分析,以驳斥关于目前的税收水平有损于总储蓄的指控。

托宾好像对供给学派偏离主流经济学十分气愤,并且断言如果全面减税后马上削减政府支出,那么"总"影响差不多就是零,一侧的影响往往会被另一侧抵消。不过,他赞同定向更加精确的税收减免方案,如针对非通胀性工资支付和定价策略的税收激励以及针对非住宅固定资本投资的减税激励。在他看来,定向税收减免要比货币学派固执地苛评货币增长和个人税全面减税问题的做法更有希望在抗击通货膨胀和经济增长迟缓的斗争中发挥作用。托宾在他最后的分析中担心里根计划在降低通货膨胀和失业率方面作用不大,而实际在倒退的收入再分配与损害公共部门和私人部门的环境保护承诺方面走得很远。

罗伯特·霍尔为里根政府已经尝试的对国内预算项目的深度削减以及减税的有利(不论拉弗曲线的效度如何)方面进行了辩护,但对里根政府赞成货币学派开出的主张保持货币供应量增长率不变的处方坚持自己的保留意见。他表示,除了保留社会项目以外,应该削减很多已经成为财政"漏洞"的国内预算项目,它们不但没有效率,而且越来越不受欢迎。不过,除了这些成年累月积聚起来的财政累赘以外,霍尔还担心政府对经济资源、能源开发和对外贸易的过度管制会严重影响经济增长。但是,霍尔觉得巨大的国防支出并不与里根计划的其他内容相矛盾。与托宾一样,霍尔也认为公共部门相对于私人部门的总规模并不是影响经济增长的主要因素,一些公共部门相对规模大于美国的国家,在过去的几十年里经济表现大大好于美国。在霍尔看来,关键在于美国的公共部门倾向于扭曲并阻止而不是促进经济增长。

第八章对美国经济增长问题进行了较为细致的分析。虽然本书作者没有一人把自己归入供给学派,但个个支持供给侧问题议程的某一方面。但在不同情况下,供给侧处方包含在一些与第一章介绍的原始供给侧论点完全不同的框架中。

虽然莱斯特·瑟罗觉得公司所得税已经成为一种不合理的投资双重税,并且建议取消这个税种,但是,他在自己的畅销书《零和社会》中有一段话说的就是政府加大介入力度为追赶竞争对手工业国家所必需。瑟罗认为,美国的实际增长问题不仅仅需要增加储蓄和投资,而且还要允许从过时产业和无收益企业"撤资"。由于从过时产业撤资会导致失业、破产和库存损失等令人不快的副作用,因此,经济变革常常会遭遇抵制。美国政府应对这个问题的方法,就是在为把资本和劳动力转移到收益较高的企业而必须介入时应该出手排除撤资方面的障碍。因此,他主张创立一个全国性的投资委员会——一个政府与大企业共同决定如何把资源从"夕阳"产业转移到"朝阳"产业的机构。

我本人的文章介绍了一种关于美国经济增长问题的替代性观点,其中的一个结论与瑟罗的结论截然不同。我把美国的经济增长问题归因于资源配置方向错误,而资源配置方向错误则是由政府强加于本身就是零和博弈的市场过程的大量经济政策导致的。从这个角度看,经济增长策略就是排除政府的干扰,不但要排除政府对"撤资"的干扰,而且还要排除政府对市场发挥协调功能的干扰。我认为我们有一个错误的倾向,拿美国经济与德国经济或者日本经济放在一起比较并且把这作为美国经济增长问题医治方法辩论的主题,这种研究方法混淆了相关性与因果性问题。我们能够在两个经济系统之间发现任何数量的区别并且对它们进行加总,但这样做除了最终胡乱选择一些被算作实际重要的区别以外,充其量也只能获得一些或许具有启示性的随机印象。再说,也不是比较发现的所有区别都可用来得出"美国应该采纳更多的日本元素——如模仿大受赞扬的日本公司——来创建美国公司"的结论,因为美日之间或许存在一个至关重要的区别,那就是日本经济有很大一部分是面向竞争更加激烈的国际市场的,而美国经济主要面向国内——依赖于通常受管制的竞争激烈程度受到抑制的美国市场。如果这个区别可被"算作"至关重要,那么,它的含义可能就是尽可能让美国国内经济摆脱政府监管。

我们甚至能够几乎无穷尽地罗列美日之间存在的重要区别。我本人认为,解决哪些因素与经济增长有关这个问题的唯一途径就是,应该把对一般问题和主题泛泛而谈的社会学研究转变为运用经济学理论进行的严格检验。因此,我本人简要介绍了一个具有理论一致性的经济增长模型,并且把它作为评价政府政策对经济持续增长的影响的基本依据。最后,这个模型聚焦于一些往往被供给学派、凯恩斯学派和新古典学派经济学家忽视的因素,即必须充分考虑经济协调增长过程中的不确定性和知识扩散问题。

斯坦利·凯斯既对供给侧减税能增加储蓄的主张表示了怀疑(但赞同供给

学派认为增加储蓄是经济持续增长关键的观点),又提出了把里根减税所节约的收入配置于社会保险信托基金、积累资金,支持在建总投资的建议。凯斯表示,没有可靠的证据能够证明有很多纳税人个人把减税节省的收入用于储蓄。但不管怎样,总体而言,个人所得税减税涉及很大的数额,这笔资金可转移到一种新的社保基金,而新的社保基金获准把自己的资金投资于经济,投资收益最终可用于代为承担社保系统目前承担的大量转移支付义务。最后,资金自筹型社保系统能够依靠基金的复合利息来减少并最终取消现在被作为基金利息收入来源的工薪税。

在20世纪70年代末以及在总统选举过后,货币政策应该说趋向于很少引起供给侧政策支持者的注意。1981年夏季,随着利率飙升,再加上尽管供给侧政策几乎还没有受到考验,但市场迫不及待地预期里根政府的货币政策将以失败而告终,所以,忽视货币政策的情况大有改观。但经济增长仍然乏力,失业节节攀升,赤字不断扩大,因此,供给学派的学者和供给侧政策的支持者们开始关心是否需要把供给侧的减税激励与货币政策结合起来的问题。有人把供给侧对里根减税的平淡回应归咎于货币学派主张的收紧货币供给增长,另一些人建议恢复某种形式的金本位制,而还有一些人则仍在把货币主义作为一种终将证明自己正确的长期策略来辩护。

在第九章里,我们介绍了"门类"相当齐全的供给学派的货币政策观点,并且用一篇出自非供给学派学者之手但在一定程度上对不同货币政策处方主张进行总结的文章来结束这一章。美国财政部专门负责经济政策的助理国务卿曼纽尔·H. 约翰逊是一个支持货币主义的供给学派学者。因此,他以这种身份阐述了这两个学派理论相容的理由。其实,约翰逊甚至超越了理论兼容性问题,辩称货币主义与供给侧税收减免呈相互依存关系。约翰逊的主张与詹姆斯·托宾和罗伯特·霍尔的主张相去甚远,约翰逊坚持认为里根的经济计划具有内在一致性,并且探讨了货币学派与供给学派之间达成一般共识的方面,尤其是这两个学派对奉行凯恩斯主义导致的经济滞胀的反对。他认为这两个学派的主要分歧在于货币流通速度的伸缩性问题。他还煞费苦心地补充说,供给学派中的金本位制支持者在供职于里根政府的供给学派学者中间并不具代表性。

威廉·P. 奥热霍夫斯基表示,货币学派与供给学派经济政策主张的相容性问题从长期看颇有吸引力,但在短期内会遇到一些有可能难以逾越的障碍。供给学派提出的更加大胆的政策构想尤其如此,因为他们提出的大幅度削减收入的建议有可能在没有相应的政府支出削减计划配套的情况下付诸实施——

如果供给侧政策不能立竿见影，赤字扩大几乎在所难免，而这反过来又会迫使政府不是放弃减税政策（供给侧）就是增发货币来弥补预算缺口，从而放弃货币学派主张的政策。在以上两种情况的任何一种下，供给学派与货币学派经济政策主张的混搭都将归于失败。第三种替代性主张就是干脆不理睬赤字。这也是很多供给学派学者的观点，但这样做会招致政府举债的危险，因为政府举债会产生把私人企业挤出资本市场的"排斥"效应，从而把利率抬高到对于很多企业来说利用供给侧激励措施集资无利可图的地步。奥热霍夫斯基建议说，也许有必要让供给学派和货币学派的政策混搭在短期内与大幅度减税相伴而行。

刘易斯·勒曼是共和党决策高层最坦率直言的金本位制支持者之一。勒曼是已故法国财政部长雅克·鲁埃夫——曾经两次通过恢复法郎自由兑换黄金的制度挽救了濒临崩溃的法国通货——的崇拜者，他相信美元自由兑换黄金也是挽救美国经济的关键所在。在勒曼看来，利率之所以高企，不但是因为预算赤字对私人自由市场产生了"排斥"效应，而且还因为贷款人和储蓄人对货币的价值缺乏信心，担心货币可能会由于任何一届联邦政府核心人物的变更而贬值。因此，他们为了应对联邦政府通胀倾向而想方设法地赚取在对美元价值的信心恢复之前不可能消失的通货膨胀溢价。在勒曼看来，黄金担保并不是一副包治百病的灵丹妙药，但却是历史上唯一一种能够支撑对货币信心的切实可行的方法。

约瑟夫·萨勒诺以值得称道的简洁概览了关于恢复金本位制的辩论，并且还剖析了凯恩斯学派和货币学派主张的经济政策。他相信政府与货币供给之间的任何联系都会导致社会有可能面临由于政府滥用其货币控制权而导致的灾难性通货膨胀，并且阐述了恢复百分之百金本位制的依据——一种完全不同于勒曼的部分法定准备金建议的观点。在介绍了批评恢复金本位制的不同意见后，萨勒诺指出，这些批评者一般都没能考虑到价格机制能够出清货币需求和供给，就如同出清经济中其他商品和服务的需求和供给那样。他并没有把货币制度的许多所谓的笨拙性归咎于百分之百的金本位制，而是把它们归因于历史上出现过的各种以黄金为基础的货币制度（以下称"金基货币制度"）因政府干预而被滥用这一事实。只要政府继续掌握金基货币制度的任何控制权，尤其是在政府故意滥用自己手中的控制权时，自然的价格出清机制就会因为受到阻挠而不能正常运行。在萨勒诺看来，就是由于这个原因，金本位制才得到了一种不切实际的货币制度这个不应得的名声。

无论从罗伯茨对凯恩斯宏观经济模型的质疑到勒曼和萨勒诺的全面货币制度改革、从海尔布鲁诺认为供给学派因逐渐误入歧途而沦落到导致社会混乱的地步的观点到黑兹利特对供给学派并不真正尊重自由市场自发性秩序的怀疑,从所谓供给侧政策的案例研究到对供给侧经济思想知识遗产的历史评价,还是从宏观经济模型到拉弗曲线,情况已经变得显而易见:随着供给经济学的诞生而涌现出来的问题,应该说还是很多的,而且涉及面也很广。不管是从理论层面还是从政策执行层面来审视供给侧问题,情况都是这样。那么,供给经济学到底是研究什么的呢?里根政府到底是采纳了太多的供给学派政策主张还是采纳得还不够多呢?本书的编者希望本文集收入的论文有助于读者认真思考一场长期而又热烈的辩论会将会产生怎样的结果这个问题。

目 录

总序/001

致谢/001

作者简介/001

引言/001

第一章　供给侧论证/001
　　论凯恩斯模型的失灵/002
　　供给侧/014
　　税收变化的经济效应:新古典经济学分析/032

第二章　供给侧评论/063
　　如何评价里根经济计划/064
　　对供给侧的需求/073
　　供给侧的弱侧:一个奥地利学派学者的评论/085

第三章　供给学派的思想谱系/111
　　供给侧财政政策:对一种复兴思想的历史分析/112
　　萨伊定律与凯恩斯经济学/148

第四章　拉弗曲线 /171
政府的苛捐杂税与收入不足 /172
拉弗模型评论 /190
拉弗曲线为减税辩护所暴露的不足 /208

第五章　宏观经济模型中的供给侧因素 /215
供给经济学时代 /216
经济的供给侧：一种基于沃顿模型视角的观点 /229
计量经济学建模的新发展：供给经济学 /236
与供给侧税收政策有关的证据 /246

第六章　政策教训：肯尼迪减税与撒切尔实验 /257
肯尼迪减税 /258
重温肯尼迪经济学 /268
撒切尔实验：一曲挽歌？/275

第七章　里根现象：政策评价 /310
里根经济计划：供给侧、预算与通货膨胀 /311
里根经济计划 /324

第八章　关于经济增长的不同观点 /329
经济低增长 /330
经济增长与市场过程 /350
储蓄是供给经济学的关键所在：一种建议 /370

第九章　货币政策、预算赤字与金本位制 /380
货币学派经济学与供给学派经济学是否相容？/381
供给学派经济政策主张的货币方面 /393
关于恢复金本位制的主张：刘易斯·勒曼访谈录 /405
百分之百的金本位制：一种货币制度改革建议 /426

第一章

供给侧论证

论凯恩斯模型的失灵

保罗·克雷格·罗伯茨

现在有很多人在谈论"凯恩斯经济学陷入了危机"这个问题。从我们的经济政策制定者们在面对经济现实时表现出来的困惑和无奈,就能清楚地看到这场危机确实存在。那么,这场危机到底具有哪些性质呢?问题出在哪里,并且怎样才能解决呢?

在笔者看来,问题的答案非常简单,简单得简直令人尴尬。今天,美国的公共经济政策是在无视经济受其影响的人类动机的情况下,根据凯恩斯的"国民生产总值和就业完全取决于经济中的总需求或者总支出水平"假设制定的。失业和经济低增长被作为支出不足的证据。对于政府来说,解决失业和经济低增长问题的标准方法就是通过安排预算赤字来增加总支出。如果采取这样的解决方法,据信,国民生产总值就会以支出增幅的某个倍数来增长。凯恩斯学派经济学就致力于"支出缺口"和"乘数"的估计研究,因此能够算出为刺激就业和经济增长所必需的预算赤字。

这种经济政策观已经被奉为经典并被引入大型计量经济学预测模型,而美国国会和行政部门都用这种预测模型来模拟经济政策备选方案。这种观点的特别之处就是强调支出。显然,如果没人购买东西,那么肯定就不会有人为市场生产商品;同样,买东西的人越多,则生产商品就越多。因此,政府利用财政政策来增加总需求,就能增加总产品或者国民生产总值。这一切在凯恩斯学派看来是如此明白无误,以至于该学派相信任何能够刺激政府支出——哪怕是依靠增税增加的支出——增加税收的政府财政政策都能刺激国民生产总值增加。

"平衡预算乘数"概念显示了凯恩斯学派赋予作为生产决定因素的支出的首要性。根据这个概念,政府能够增加总支出,从而通过增加税收和花费收入来增加国民生产总值。凯恩斯学派的学者常做如下推理:人们只有减少支出(消费),才能多缴税;他们还会减少储蓄。因此,当税收增加时,私人支出的减少小于政府支出的增加；相反，与政府支出减少联系在一起的减税有可能导致总支出减少（也就是储蓄增加）、国民生产总值下降和失业增加。

在1964年总统选举结束后的几年里，大学生在参加经济学考试时都会被问到这样一个标准问题：如果把巴里·戈德华特开出的与削减支出相匹配的减税处方付诸实施，那么可能会出现什么情况？如果他们没有回答说：这样就会导致总需求减少，进而导致国民生产总值和就业减少，那么就算答错了。可是，对于太多的政策制定者来说，这个问题直到今天也仍然只能这样回答。

由于"平衡预算乘数"意味着税收和政府支出增加越多，国民生产总值增长就越多，因此，令人困惑不解的是，从来没人问起随着税率的提高，生产会发生怎样的变化。这个问题促使经济政策的制定者们去考虑被他们忽视的激励效应问题。即使凯恩斯学派经济学家也应该明白，当边际税率处于高位时，较之于本期新增收入，人们更加偏好新增休闲；而较之于本期新增消费，人们更加偏好未来新增收入。随着工作努力和投资的减少，无论总需求增加多少，生产都会减少。承认这种抑制效应就意味着承认激励效应，凯恩斯学派经济学家越来越需要重新思考关于巴里·戈德华特遇到的凯恩斯主义标准问题的答案。一旦我们都认识到生产和投资是为了赚取收入，而收入取决于税率时，我们就会明白财政政策不但会导致需求变化，还会引发供给变化。

供给经济学

支出经济学完全忽略了供给经济学。供给这一侧有两种支配生产的重要相对价格，一种相对价格决定人们对本期新增收入和休闲的选择，而另一种相对价格则决定人们对未来新增收入（投资）与本期消费的选择。这两种相对价格受到边际税率的影响，所得税税率越高，用所放弃税后收入表示的休闲和本期消费成本就越低。

我们以投资决策为例来加以说明。时间有两种用途——工作与休闲，每一种用途都有其自身相对于另一种用途的价格。新增休闲的价格就是因不工作而放弃的收入数额，并且受到税率的影响。税率越高，因享受新增休闲而放弃的税后收入数额就越小。换句话说，税率越高，休闲的相对价格就越低。当边际税率提高到100%时，新增休闲的相对价格就等于零。在这个点上，新增休闲就成了一种免费物品，因为得到它不需要牺牲任何东西。

我们经常听说，1年中前5个月是在为政府打工，然后才是为自己工作，但事实并非如此。在1年的第一部分时间里是在为自己工作，只有在收入达到应税水平以后才开始为政府打工。在边际税率提高到我们失去继续工作的兴趣以前,我们挣得越多,就为政府打工越多。

我们以一个在工作 6 个月、8 个月或者 10 个月后要按 50% 的税率纳税的医生为例。如果这个医生在 1 年的另外 6 个月、4 个月或者 2 个月里继续工作,那么,在这几个月里他只能获得 50% 的收入。这样低的税后工作回报会鼓励这位医生把部分顾客让给其他医生,减少工作时间,并且延长休假时间。因此,高税率会因为不鼓励医生赚取新增应税所得而缩小税基。高税率还会通过减少医疗服务供给来推高医疗服务收费。降低税率会提高休闲的相对价格,从而驱使人们去挣较多的应税所得,进而增加医疗服务供给。

税率影响赚取新增应税所得决策的效应并不只局限于医生或者需按最高税率纳税的高收入者。马丁·费尔德斯坦(Martin Feldstein)的研究显示,一般劳动者据以纳税的税率会实际消除他们的税后实得工资与他们失业时能够领到的免税失业金之间的差额。如是这样,30% 的边际税率(包括州和联邦所得税以及社会保险税)会导致休闲的相对价格以如此大的幅度下降,以至于失业金可与税后实得工资一比高低,从而导致失业率上涨 1.25%,而且上百万劳动者不参加生产又会导致国民生产总值和税基缩减。[1]

有必要另举一个例子来说明并非只有最高边际税率会通过阻止人们赚取新增应税所得的方式导致国民生产总值、就业和税收损失。蓝领工人不用按最高边际税率纳税(尽管通货膨胀持续推高货币收入,税率结构迄今仍未按通胀率进行调整,但蓝领工人按最高边际税率纳税可能还需要许多年)。然而,很多蓝领工人要面对的最高边际税率已经高到足以让他们失去多挣新增应税所得的信心。让我们以一个只按 25% 的边际税率纳税的木匠为例来说明这个问题。这个木匠每多挣 100 美元的税前收入就能获得 75 美元的税后收入,假定这个木匠的住房需要油漆,雇用 1 个油漆工的工资是 1 天 80 美元。他也可以自己油漆,他的工资是 1 天 100 美元。然而,由于他自己的税后日薪只有 75 美元,自己油漆就能节省 5 美元,因此他会选择自己油漆,而不是做木工挣 100 美元的新增收入。在这个例子中,税基就减少了 180 美元——其中 100 美元是木匠自己油漆少挣的 100 美元,80 美元是油漆工未被雇用而没有挣到的收入(同样,与劳动分工联系在一起的生产效率也会因此而付诸东流)。

现在,假设木匠新增收入的边际税率降低到了 15%。这样,这个木匠的税后日薪就变成了 85 美元,他就会出钱雇用油漆工。因此,边际税率的降低使得据以课税的税基增加了 180 美元。

加里·贝克尔(Gary Becker)的研究明确显示,有一部分资本和劳动力被家庭通过非市场活动用来为自己创造效用(如上例中油漆自家住房的木匠)。[2] 采用这种方式产生的效用并没有用应税收入购买,因此,市场上家庭自有资本和劳动力的供给数量要受到边际税率的影响。通过增加市场劳动力和资本供给赚到的税后收入越少,新增收入能够产生的效用就越小,家庭通过把自己的生产性资源配置于非市场活动能够增加效用的可能性就越大。新家庭经济学的一个明确暗示就是:资本和劳动力的市场供给受到边际税率的影响。

现在,我们来考察相对价格如何影响收入用途的选择。收入有消费和储蓄(投资)两种用途,每种用途有它用另一个用途表示的价格。本期新增消费的价格是因享受本期新增消费而放弃的未来收入额。税率越高,因享受本期新增消费而放弃的未来税后收入额就越小。换句话说,税率越高,本期消费的相对价格就越低。

我们以 1 个要按 98% 的边际税率缴纳投资收益税的英国人为例来加以说明。这个英国人选择以 17% 的回报率储蓄(投资)50 000 美元。这样,他就能每年获得 8 500 美元的税前回报。或者,他也可以选择购买 1 辆劳斯莱斯轿车。每年 8 500 美元新增收入完税后只剩下 170 美元,因此,本期新增消费的价格很低:这个英国人通过每年放弃 170 美元的税后新增收入,就能享受拥有 1 辆高级轿车。这就是今天我们能在英国见到那么多劳斯莱斯的原因所在。这些劳斯莱斯车被错误地作为富裕的标志,而其实是投资收益高税率的体现。

减税(降低税率)就会提高本期消费相对于未来收入的价格,从而促使储蓄增加,进而有可能增加实际投资。减税(降低税率)不但能够增加可支配收入和总支出,而且还能驱使总支出构成发生有利于投资增加的变化。于是,劳动生产率、就业和实际国民生产总值会增加到高于金额相同但严重偏重于本期消费的总支出所能达到的劳动生产率、就业和实际国民生产总值水平。

减税与退税

政府用来对政策备选方案进行模拟的计量经济学模型并没有考虑这些相对价格变化对国民生产总值产生的供给侧影响效应。现在,我们来考察"希望重启经济增长"的凯恩斯主义政策制定者所面对的政策备选方案。这个政策制定者的目的就是增加总需求或者总支出。他怎样才能达到这个目的呢?他可以选择平衡预算乘数(即增加税收和政府支出)或者财政赤字。但他会放弃平衡预算乘数,因为平衡预算乘数的作用相对较小,预算赤字比立法提高税率在政治上更容易被接受。在选定预算赤字以后,他还要选择如何安排预算赤字。他可以保持税收收入不变,但增加政府支出;或者,他可以保持政府支出不变,但减少税收收入。在后一种情况下,他能够在退税和长期减税(降低税率)之间进行选择。他希望每一美元的赤字能产生最大的激励效应,因此要求助于经济计量学模型对他的三种政策备选方案——退税、减税(降低税率)和增加政府支出项目——进行模拟。

计量经济学模拟全部基于凯恩斯学派的基本假设,结果显示:无论采取个人所得税退税还是降低个人所得税税率的形式,给定数额的税收收入减少能使可支配收入——从而使支出和国民生产总值——增加相同的金额。政策制定者可能由于"灵活性"的原因而选择退税。随后一年,也许没有出现所需的支出激励效应。如果出现这种情况,他可以选择再次退税或者通过增加政府支出项目来制造激励效应。但是,根据计量经济学模拟,选择退税或者降低税率,对他来说并无差异。至于第三个选项——增加政府支出项目,模拟结果也许显示,政府把支出增额全部用于采购(而不是用于转移性支付)对国民生产总值会产生更加有力的影响,因为政府花完了全部支出资金;但如果部分支出资金流到消费者手中,他们就会把其中的一部分用于储蓄。根据这些政策备选方案的计量经济学模拟,这位政策制定者最后认为并没有强制性的经济因素支持这三个选项中的任何一个选项。于是,他就根据政治因素来做出选择。

其实,计量经济学模型误导了我们这位政策制定者。与降低个人所得税税率不同,退税不会影响任何个人边际选择,既不会改变支配本期新增收入与休闲或者未来新增收入与本期消费间选择的相对价格,也不会提高本期休闲与消费之间的相对价格。因此,退税既不会直接激励工作,也不会刺激投资。对于任何给定数额的收入减少,退税不会像降低税率那样促使国民生产总值增加,因为它不会影响人们选择把更多的时间和收入配置于增加为市场进行的生产。

相比之下,增加政府支出也好不了多少,甚至有可能更糟。它根本不能增加工作和投资的税后回报,但会提高政府部门占用资源的百分比。如果政府部门利用资源的效率低于私人部门,而实际情况似乎就是如此,那么,增加政府支出就会降低资源利用效率,这也就意味着国民生产总值的减少(与资源换其他方式来使用的情况比较)。但是,对这三个政策备选方案进行的计量经济学模拟都没有注意到它们影响以上各相对价格变化的任何激励和抑制效应,而是关注了它们的可支配收入和支出效应。

这种对支出的特别关注具有很多不利的后果,其中的一个不利后果就是计量经济学模型会夸大降低税率导致的税收净损失。它们对税基和税收收入产生的唯一"反馈效应"是国民生产总值回应需求增加而实现的增长。它们因为税后工作和投资报酬的增加而对国民生产总值产生扩张效应,但供给侧的"反馈效应"却被忽视了。同样,提高税率所导致的财政收入增加会因为抑制效应被忽视而被高估。

第二个不利后果源自把退税与降低税率混为一谈的常见错误以及大多数政策制定者把退税和降低税率视为同一种政策工具的两个变体的类似倾向。如果米尔顿·弗里德曼认为个人消费是长期收入的一个函数是正确的,那么,一次临时性退税只会对支出产生很小的影响。[3] 因此,根据退税经验,减税本身甚至可被视为相对无效,这为政府增支计划的支持者们留下了想象的空间。

第三个不利结果就是,无法精确计算大幅度增税(如所建议的能源税,或者随后 10 年社会保险税增加 2 270 亿美元)的实际影响效应。政策制定者会把这样的增税视为把可支配收入用于支出,他们唯一关切的就是"重新把钱用于"支出,以维持总需求。无论如何,这样的增税会改变休闲和工作以及消费和投资的相对价格与动机,它们会导致不利于就业和经济增长的资源重新配置。但是,现在构建的计量经济学模型都没有因此亮起任何警示灯。

我们现在来看看阿瑟·B. 拉弗在《华尔街日报》上发文所说的"税楔"。增加社会保险税提供了一个解释税楔现象的很好例子。社会保险税是一种课征于就业的税收,正如经济学家都应该知道的那样,课征就业税会导致就业减少。雇主根据他们雇用 1 个雇员的总成本来进行雇佣决策;而雇员则根据他们的税后收入进行工作抉择。我们知道,价格越高,需求量就越少;而价格越低,供给量就越少。社会保险税既会提高需求者价格,又会降低供给者价格,通过增加社会保险税,政策制定者既减少了就业机会又降低了工作倾向。[4] 对于雇主来说,政策制定者通过增加社会保险税提高了劳动相对于资本的价格;而对于很大一部分劳动者来说,它们缩小了失业金与税后实得工资间的差额。由于可用来缴纳社会保险税的收入同时取决于社会保险税税率和缴纳社会保险税的人数。很难理解如何能够通过减少就业来拯救社会保险制度,或者说,怎么可能通过增加失业金需求来增加可用于发放社会保险金的一般收入。

如何"排斥"投资

关于因忽视动机和边际选择而被误导的经济政策,至少还有另外两个要点值得关注。一是降低公司所得税率对国民生产总值的影响;二是关于政府财政政策是否会"排斥"投资的争议。国会预算局和众议院预算委员会采用 3 个大型商业计量经济学模型中的 2 个模型进行的模拟显示,国民生产总值会因为公司所得税率的调低而减少。[5] 在其中的一个模型中,企业投资在很大程度上并不取决于税后利润,但对利率变动非常敏感。由于利率随着财政部增加借款弥补由减税造成的赤字而上涨,因此,投资会减少,而模型则预期国民生产总值会因为降低税率而减少，但却会提高投资利润率。[6]

根据另一个模型的预测，降低公司所得税率在间隔两个季度以后会轻微增加实际国民生产总值，但会在2年里减少名义国民生产总值。名义国民生产总值之所以会减少，是因为降低公司所得税率会降低资本使用成本、价格加成，从而降低通货膨胀率，进而降低名义价格水平。

至于凯恩斯学派认为财政政策会"排斥"私人投资，这是从政府借钱弥补赤字导致利率上涨压力这个角度来讲的。他们并没有认识到：无论预算是否平衡，投资受到税收排斥。为了了解投资如何受到税收排斥，我们来看以下这个例子。假设必须能实现10%的回报率，才会有人投资。倘若政府对投资收益征收50%的税收，那么就不再有人去做回报10%的投资。只有税前回报达到20%的投资才能产出10%的税后回报。如果税率下降，那么税后投资回报率就会上涨，有利可图的投资项目数量也会增加。

我们只能用金融市场上发生的事件去正确分析所谓的"排斥"现象。"排斥"会发生在实际产出上，那是因为政府支出会占用产能，无论政府支出所花的钱来自于税收、贷款还是货币创造。

如何回应激励效应

关于财政政策的供给侧效应，有人担心这种效应与目前在美国国会和行政部门占据支配地位的经济政策观念互不相容。有众议院预算委员会成员询问国会预算局（CBO）局长爱丽丝·里弗林和当时的美国政府管理与预算局（OMB）局长伯特·兰斯关于忽视税率变化对供给的激励效应以及有关计量经济学模型预期国民生产总值会因降低公司所得税率而下降的问题。

里弗林博士回答说，她和她的下属为模型模拟结果——如果降低公司所得税率，国民生产总值就会下降——感到"特别困惑"。不过，她继续说道：

"研究通常显示，对于投资水平的影响，资本成本变化要大于国民产出水平变化。因此，投资税收抵免或者折旧方法可自由选择增加投资的影响效应要大于导致等额税收损失的公司所得税率下调增加投资的影响效应。虽然我们并不相信降低公司所得税率会导致投资减少，但发现减税只有很小的扩张效应并不令人意外。"[7]

美国政府管理与预算局的官员对这个问题的回答含糊不清。

美国国会预算局和政府管理与预算局都明白，对激励效应问题提出的最基本质疑是针对它们的经济政策理念的。里弗林、兰斯和美国政府管理与预算局的官员们都明确承认，他们用来指导经济政策备选方案选择的计量经济学模型没有包括个人所得税率变化的任何相对价格效应。然而,由于他们相信美国经济的表现是支出水平的函数,而不是生产激励的函数,因此,他们没有对这一忽略表示任何关切。他们表示,经济理论和经验研究都还没有明确证明被忽视的供给侧效应是否重要;不管这个问题是否得到解决,他们对供给激励对于短期政策分析的实际重要性表示怀疑。

这个问题由两部分构成:一是降低个人所得税率会促进还是抑制工作努力这一点还不清楚;二是任何影响工作努力和投资的激励效应是否在短期政策框架中都表现出它们的定量重要性这一点也不明确。第一个命题对激励效应的存在性提出了质疑;第二个命题则对激励效应是否能够及时有效地解决眼下的经济稳定问题表示怀疑。

第二个命题容易解决。长期由一系列的短期构成,如果一些在较长时期里有效的政策因为没有产生即时影响而被忽视,如果一些在较长时期里产生危害的政策因为最初产生了效益而被采纳,那么,政策制定者必然会——有时是在未来——经历一个他们无法解决但由他们导致的危机时期。对于美国来说,这个未来应该就是现在。

关于第一个命题,里弗林承认,降低个人所得税率会提高休闲的相对价格,工作努力会随着人们为多挣收入减少休闲而增加。这就是经济学中所谓的"替代效应",而替代效应有利于供给的增加。不管怎样,里弗林也表示:

"如果减税能增加人们的税后收入,那么很多人就会通过所谓的收入效应减少工作努力。但这一点,即使从理论上讲也是值得商榷的。对于大多数人来说,休闲具有一定的正价值,甚至可能是一种'奢侈品';这些人对减税做出的反应可能是减少自己的工作时间,享受更多时间的休闲,并且仍维持原先的税后收入。对于另一些喜欢工作的人来说,对于收入效应或者替代效应,他们也许只能做出很小的劳动力供给回应,或者根本就不会做出劳动力供给回应。在美国经济的很多领域,每周的工作时间是固定的,个人几乎没有可能对工作时间进行边际调整。"[8]

换言之,国会预算局相信,"收入效应"会导致供给减少。

后来,里弗林甚至表示"收入效应"是否会抵消"替代效应"是一个经验问题,她提到了为数不多的没能解决这个问题的研究,并且断言:"在我们面对的政策选项的范围内,本人认为'边际税率变化不会对劳动力供给产生数量上的显著影响'这个假设从表面上看似乎是讲得通的。"

但是,不受收入获得成本影响的目标或者期望收入水平这个概念是与经济科学的价格理论视角格格不入的。里弗林认为"人们对个人所得税率下调的回应是在享受更多的休闲的同时维持自己的现有收入不变"的观点意味着：如果个人所得税率上调，人们就会为了维持自己的期望收入水平而更加努力地工作。莱斯特·瑟罗实际上采用这种推理方法为一种财富税辩护。[9]在瑟罗看来，课征财富税是一种增加税收的无成本方法，因为"收入效应"与"替代效应"作用相反，而且大于替代效应。她假设，人们会在不考虑获得成本的情况下设定自己的目标财富水平。因此，她认为，财富税会导致人们为了维持自己的税后期望财富水平而更加努力地工作。

请注意人们根据里弗林—瑟罗推理思路回应激励效应和抑制效应的反常方式：当税率下降，休闲的相对价格上涨时，人们会增加对休闲的需求；当税率上涨，休闲的相对价格下跌时，人们会减少对休闲的需求。在经济学中，在"收入效应"作用方向与"替代效应"相反的任何场合，我们就会相对较少地注意所谓的"低档商品"（也就是随着收入的增加会少买的商品）。由于收入可以购买一切商品，里弗林的论点意味着所有商品都是低档商品：减税会导致人们只购买更多的休闲，而不会获得更多的收入（即商品）。这些都是些什么人？唯一符合这类经济分析的人就是以反常方式回应货币激励的人。

或许，里弗林只是想说，减税允许人们稍微减少一点工作，并获得稍微多一点的收入。即便如此，只要她坚持认为"收入效应"与"替代效应"作用相反，那么，她的论点就含有商品通常都是低档商品的意思。

一种有悖常理的逻辑

无论人们多么重视这个问题，都能发现里弗林推论中的一个更加基本的缺陷。请注意以下这个惊人的不一致性：人们"通过减少工作时间……但又维持税后收入不变的方式"来对减税做出回应。总体而言，人们是不可能在减少工作的同时维持相同水平的实际总收入不变！如果人们以减少工作的方式来回应减税，那么，国民生产总值就会下降，而且人们就不可能总体增加实际可支配收入、支出和需求。里弗林的论点直接指向了激励效应增加总产出的效力，但是，如果她的观点是正确的，就意味着凯恩斯学派主张的财政政策起不了什么作用！

里弗林—瑟罗论点的致命错误可以表述如下：他俩试图把许多局部均衡分析（个体对相对价格做出的回应）聚合在一起，而总体又忽视了一般均衡效应。

非经济学家会采用不同的方法来理解这个问题。假设政府减税，并且通过缩减支出来维持预算平衡。在这种情况下，纳税人因减税而获得的收入越多，政府支出领受者的收入受到的负面影响必然越大。有些政府支出领受者可能是同一些人。举例来说,假设税负和政府支出均匀分布。在这种情况下,"收入效应"(休闲被工作替代)对于任何个体来说都是正效应。由于总收入效应为零,因此,它不可能抵消"替代效应"(工作被休闲替代)。

如果减税,政府支出又保持不变(从而导致预算赤字),那么,相对于政府支出领受者群体的名义可支配收入而言,纳税人群体的名义可支配收入有所增加。纳税人群体有能力竞价从政府支出领受者群体那里夺取实际收入来源,纳税人群体的实际收入增额就等于政府支出领受者群体的实际收入减额。由于竞价会推高价格,实际收入损失应该由手中持有货币的个体承担。不管谁赚谁赔,个体的收入效应总是为正,只剩下"替代效应"会明白无误地增加工作努力。

除了增加实际总收入的激励效应外,有可能并不存在任何总"收入效应"。经济学理论已经完美无缺地阐明了减税(降低税率)会增加工作努力和总产出。

总而言之,里弗林并没有认为供给侧激励效应不重要,而是同样错误地认为激励效应是逆效应,也就是说,只有增税(提高税率)才能导致实际国民收入增加!当然,她也许并不真正相信任何这样的事情,但这就是她的推理逻辑。

从经济学到政治学

经济学家应该能够看出里弗林—瑟罗论证中存在的缺陷,但政治家未必就能发现其中的问题。举一个简单的例子,就如里弗林所说的那样,每周固定的工作时间妨碍了劳动力供给根据税率变动的调整。对于经济学家来说,她的这种说法显然是错误的,但在政治家听来还是相当有道理的。政治家不会明白"工作时间调整"可以反映为缺勤率、员工流动率、平均失业期限以及旨在减少每周工作时间、增加带薪假期(而不是增加工资)、提高工作质量和减轻工作强度的集体谈判。里弗林也不会想到企业家因为高税率而丧失了——旨在提高经济生产率的——创新动机。

此外,肯定有人持有理想主义的政府观,他们相信政治家们更想知道凯恩斯学派的经济理念,就是一个不稳定的私人部门必须由政府运用财政和货币政策来加以稳定。这种经济观被用作扩大政府利益的借口,还被用来通过把经济学家由象牙塔里的外来物种改造成热心公益的社会活动家来为经济学家的利益服务。经济学家经过这一改造,大大增强了自己的权力,而且还丰富了自己的生活情趣,增强了自己的活力。失业总可被说成太多,而经济增长率则总被认为低于"增长潜力"。这样就意味着总有"科学"的经济原因来扩大政府的支出项目,从而扩大美国国会和联邦政府的规模。从政策制定者私人利益的角度看,凯恩斯主义经济政策总被评判为取得了成功。

关于计量经济学和经济政策的问题可以写一本大书,而不是写一篇文章。但在结束之前,还必须提及另一个重要的问题:罗伯特·卢卡斯(Robert Lucas)教授已经证明,标准的计量经济学模型假设经济结构在政策路径大变的情况下仍保持不变。[10] 这句话的意思就是这些模型假设人们是不学习的。但现实中,我们是在不断学习的,我们的预期会随着我们在经历了不同的政策以后发生变化;我们在不同的时候对相同的政策做出回应时不可能采取相同的行为。因此,政策模拟结果可能总是向政策制定者们传递错误的信息。在结束对一个认为我们需要大量乐观态度的国家的公共政策进行评论时,不应该流露这样一种不乐观的态度。但是,我们对公共政策的信任已经超越了我们的知识,而且我们将发现在这方面可没有什么所谓的"信仰自由"。

注释

1. Martin Feldtein, "Unemployment Compensation: Its Effect on Unemployment," *Monthly Labor Review* 99 (March 1976): 39 — 41; idem, "The Effect of Temporary Unemployment Insurance on Temporay Layoff Unemployment," *American Economic Review* 68 (December 1978): 834.

2. Gary S. Becker, *Human Capital: A Theoretical and Empirical Analysis*, 2d ed. (University of Chicago Press, 1975).

3. Milton Friedman, *A Theory of the Consumption Function* (Princeton University Press, 1957).

4. 从理论上讲,影响工作努力的效应受到社会保险金和社会保险税现值的影响。如果增税意味着未来社会保险金的增加,那么,劳动者在进行工作决策时就会合并考虑未来收入增长和本期收入减少。然而,最近这次社会保险法修订增加了税收,并且按退休前薪水的一定比例减少了社会保险金。就如《华尔街日报》(1978 年 2 月 6 日)载文指出的那样:"多出来的钱将用来支付现在或很快就要退休的人,而不是用来支付你们自己 21 世纪的奢华生活。"

5. 请参阅 Congressional Record, House of Representatives (February 22, 1977, p. 81308, Mr. Rousselot)。

6. 按照美国政府管理与预算局官员的说法,最近对模型作了修改,但有一个模型仍然得出了有悖常理的结果,因为减税(降低税率)直接并且大幅度降低了多单元住房开工率。

7. Letter from Alice Rivlin to Reps. John Rousselot and Del Latta, March 11, 1977, cited in *Congressional Record*, House of Representatives, July 11, 1978, p. 20134 — 20135, Mr. Rousselot.

8. Ibid.

9. Lester C.Thurow,"Tax Wealth,Not Income,"*New York Times Magazine*,April 11,1976,p.32.

10. Robert E.Lucas,"Econometric Policy Evaluation," in Karl Brunner and Allan H. Meltzer eds., *The Phillips Curve and Labor Markets* (New York: American Elsevier Pub. Co.,1976).

供给侧

乔治·吉尔德

经济的供给侧才是资本主义馈赠的来源。在西方资本主义经济体中,这个朴素的认识是一切成功的经济政策的核心所在。无论是对于保守分子还是自由派人士来说,这都是一个有时会变得模糊不清的理念。保守派过度关注有关货币和赤字支出的统计数据,而自由派则沉迷于总需求和消费者支出。有时,在一些冷僻的地方也能发现一些关于这个主题的洞见。就连卡尔·马克思也非常清楚不能过分强调对消费资料甚或货币供应量的控制是资本主义的关键和基础。

尽管如此,马克思仍把生产资料定位为社会的物质安排,而不是极其抽象的人类自由和创造力资本。当代资本主义问题主要并不在于物质资本的退化,而在于精神性生产资料——斗志和灵感——持续不断地受到破坏,进而殃及了资本主义的道德意识,也就是为获得而给予、为需求而供给的意识。

这种倾向似乎始于政坛。事实上,我们当前的形势又在呼唤经济科学初战告捷的那个世界,也就是那个重商主义时代的世界。在重商主义时代,也曾有过类似的政府臃肿问题,亚当·斯密曾经指责欧洲国家的政府把表现为黄金积累的需求力量看作财富的源泉。斯密在《国富论》中指出,真正的财富来源于生产力和供给力量,而不是依靠贸易顺差积攒的金锭。

但是,在亚当·斯密为供给经济学赢得首次胜利后的两个世纪里,需求侧也经常取得胜利。问题首先出现在政治哲学领域,也就是政治和公众舆论理论领域。

民主政治存在于一组形式——法律和选举——平等中,但归根结底派生于一种认为人类在上帝面前平等的宗教信仰。然而,从更加直接的意义上讲,这些平等在很大程度上具有神话色彩。一人可以被限制只有一票的选举权,但有些人由于精力充沛、善于辞令,或者控制了媒体而可以影响数百万人的民意。民选领导人也许被认为能够代表其选民的看法和利益,但在竞选和任职期间也可能深深影响其选民的信念，并且明确地阐释其选民的利益。注重实际的分析将会证明，领导人就其拥有的实际权力而言往往更多是引领广大选民的观念，而不是顺从选民的意愿，尤其是在专业性很强或者复杂的问题上。

公众——就如沃尔特·利普曼（Walter Lippmann）在他的重要著作《民意》（Public Opinion）中解释的那样，我们应该也经常这样认为——在很大程度上就是有名无实的虚幻。在很多问题上，民意虽然常被人利用，但其实并不存在。民意调查机构可以说常常是自己制造它们自己的民意。由于难以名状的社情民意变化无常、去无踪影，因此，民意调查机构就虚假地拼凑了朴素而又明确的民意——像空气一样看不见、摸不着的东西的聚合。政治领袖以一种比较深沉的方式营造他们自己的多数。在竞选活动中，成功的政治家不会被动地回应公众的诉求，而是主动宣传和兜售自己的思想，他们利用履行正式职务的机会发表公开讲话，进行政治磋商。即便在政治领域，供给也能创造对自己的需求。

照此类推，领导就是供给，而民意则是需求。在民主制度中，逆转适当的影响方向可以倚仗权势把易受影响的虚构的民意强加给大权在握的常设代议领导机制。结果就是选民躁动不安，并且被疏远；政治权力旁落；政府缺乏活力和创造性；国家趋向于衰退——奥尔特加·加赛特（Ortega y Gasset）在《民众起义》（Revolt of the Mass）中描绘的秩序倒置乱象。在经济学中，当需求在排序中被允许取代供给后，结果就是经济缺乏活力和创造性、通货膨胀和生产力下降。这样的乱象在今天会同时影响我们的政治和经济。

问题是需求就像民意，并没有以一种非常明确、可识别的方式存在。需求就是只要为了回应供给流而呈现出来的特定形式的欲望和情绪流。由于新的未知产品没有任何需求，因此，创新和天才创造的不可预见的成果也就没有什么需求。经济中出现的平均主义倾向于促使索取多于付出，从而忽视了各种喜欢分散、无声需求的特殊供给源。对于一般人来说，没有道理假定供给和需求这两个概念同等重要。需求只有在我们的经济学课本中才取得了与供给同等重要的地位，并且只能通过骗人的政治才取得了虚假的优势地位。

在我们的经济学课文中，最初的突破是价值理论：供给和需求曲线相交决定价格。这些图表和方程式是经济学学问的主要形象，它们似乎在宣称需求和供给等效。

但是，印象还是出卖了两种谬误的推理方式：一种是哲学家们所说的"错置具体性"或者物化（该词源自拉丁语的"res"，意指"物"）。通过物化，客观物体、"客观性"，被归结为一个像民意这样抽象的概念，或者被归结为一个像价值这样的主观概念（例如，在"货币的真实价值在于黄金"这样的争论中）。心理学家威尔海姆·赖希（Wilhelm Reich）在认定性能量是一种真正可收藏的物质并把它称为"生命能"，而且发明了生命能收集器时就达到了一种物化的极致。经济学课本中的另一个错误几乎就是物化的对立面——虚假抽象，就是把物转化为概念，而且就以这种方式篡改这些概念。很多乌托邦思想都是由这样的虚假抽象拼凑而成的，并且假设人类就是易变的思想包，而不是具体的、部分不可变的生物和社会创造物。

在古典学派经济学家或者主张"放任自流"的经济学家——运用完全竞争模型进行的计算中，需求往往被物化，而供给则被概念化。消费者需求难以捉摸的主观冲动被作为具体的确切数额来处理，而在很长一段时期内生产的具体、确切的供给物品有时被作为立刻可变的想法和数字来处理。表示消费者对特定商品和价格做出的纯心理反应的需求曲线得到了同样的重视，并且被排在记录生产者实际做出的努力和牺牲以及他们真实意愿（决定他们生产什么和如何生产）的供给曲线之前。而且，在相关方程式中，需求和供给过程被假定为同时发生，因果概念总是被混淆。

完全竞争概念——古典经济学理论的一个基本形象——对于描述特定已有产品市场的表现极其有用，但对于描绘资本主义的主要活动却用处不大，因为资本主义的主要活动是一个不断创建新企业的激荡过程。就像在学术研究中经常能看到的那样，完全竞争实际上意味着根本就没有任何竞争，因为完全竞争就是一种这样的均衡状态：全体参与者都掌握完全信息，企业既不能改变价格也不能改变产品，而且基本上既不能影响供给也不能影响需求。

因此，完全竞争并没有把大部分供给侧的行为包括在内，也就是把知识的获取和使用这些真正企业家的主要活动排斥在外。自由人和具有创造力的企业——实际竞争中的一切秘密和意外——统统全被摒弃，就是为了杜撰一种储蓄会自动转化为投资、供给和需求同步调整，而企业家的角色能由现代电子计算机以最佳的方式来扮演的机制。

古典模型虽然非常优雅并富有洞见，但对于保守分子的用处还不及保守分子对这种模型用处的认同。尽管古典模型看似为有限政府提供了论据，但其实是替国家为了弥补在所难免的缺陷进行干预提供了无穷的借口。完全竞争观甚至经常更多地被当作一种怀疑真正的资本主义杂乱无章的动态变化的方式，而不是作为一种解释真正的资本主义运行方式的方法来使用。

然而，在宏观经济学作为一门独立的学科，凯恩斯主义占据支配地位之前，需求并没有取得它的决定性胜利，并且在很大程度上错误地阐释了凯恩斯的思想。凯恩斯在他的《就业、利息和货币通论》（*General Theory of Employment,*

Interest ,and Money)(简称《通论》)中开宗明义地驳斥了萨伊定律[1],然后就进行了复杂、难懂的推论。他的推论被解释为意指产出和就业水平主要会对消费者的需求做出回应。

在凯恩斯的追随者们看来,政府在经济中的主要作用就是通过财政和货币政策来维持适当的总体需求或者总需求水平。由于资本主义国家的政府似乎能够控制货币供应量——需求手段,于是,政府领导人就认为自己因此而能够影响任何其他物品的供给。需求由于被政府所操纵,因此就成了官僚和经济学家们关心的头等大事。在他们的计算和分析中,供给逐渐变成了一种衍生物。萨伊定律不但遭到了驳斥,而且在暗中被颠倒了过来,原因与结果在需求创造自己的供给——"有需求就会有供给"——的命题中令人失望地被混淆了。

也许可以说,凯恩斯对萨伊定律的所谓驳斥是现代经济学的一个重要事件,因为它在全社会经济学(即宏观经济学)中充分肯定了需求在个体和企业经济学(即微观经济学)中比较隐蔽的胜利。但是,凯恩斯本人的著述,即便是与萨伊定律和供给的角色有关的著述,也要比现在的凯恩斯学派经济学家所理解的更加有利于供给侧经济政策。

就如托马斯·索维尔在他的两部著作《萨伊定律:基于历史视角的分析》(Say's Law: An Historical Analysis)和《对古典学派经济学的再思考》(Classical Economics Reconsidered)中解释的那样,与法国经济学家让·巴普蒂斯特·萨伊(Jean Baptiste Say)的姓氏联系在一起的定律实质上就是坚持认为,为制造一个产品支付的工资、利润和租金总和足够购买这个产品。主要以租金、工资、薪水和利润形式(譬如说)为制造和销售一辆汽车而支付的生产要素金额正好足够购买这辆汽车。因此,在整个经济系统中,购买力和生产力总是能够平衡:一个经济体总有足够的财富购买它的产品,不可能出现由总需求不足导致的产品供过于求的状况。生产者在生产过程中共同创造对他们产品的需求,这种思想显然在很多方面过于简单化,但包含了许多从未受到凯恩斯或者其他人驳斥的关键的经济学真理和寓意,而这些经济学真理就是当代供给学派理论的基础。

凯恩斯把这种基本理论视为一种自明之理,但强调指出了在生产过程挣到的钱有些被用于储蓄时会出现的问题。如果这些被用于储蓄的钱像古典学派经济学家认为的那样被人借去投资,那么就会流向各产业变成工资、利润和其他资本品收入,但均衡仍然能够维持。如果在这个例子中,汽车工人的储蓄没有被他们的老板借去为汽车厂购买机器设备,那么有可能贷给了美国钢铁公司为钢铁公司的工人购置了炼钢设备,高炉制造商就能收到足够的收入支付购买房子的首付,房产商就有足够的钱购买一艘新的摩托艇,以此类推,直到某个收到源自汽车工人储蓄的钱的人决定购买一辆汽车。这样,萨伊所说的循环就到此结束。然而,凯恩斯认为,储蓄完全有可能根本就没有借出去或者投资,而是就在银行或者其他某个地方闲置着。

在凯恩斯看来,实业家有很多理由不选择拿公众的储蓄进行投资。例如,促使消费者少买并多储蓄的经济危机,也会吓到实业家并且导致他们少借钱、少投资。这样,商品就会堆积在商店和仓库里,储蓄滞留在银行或者压在床垫下,而工人就会失去工作。20世纪30年代初凯恩斯在英国执笔撰写《通论》时就生活在这种境况中。这种境况对于凯恩斯来说就是对萨伊定律的有力驳斥。虽然到处是没有卖出去的供给品,但需求还是明显蒸发了。

在凯恩斯眼里,储蓄是否能够实际获得投资报酬要取决于实业家和金融家易变的意图和"动物本能"。在了解了萨伊定律及其对购买力确定无疑的保证以后,实业家或许应该会投资。

但是,凯恩斯争辩说:

"企业不管多么坦率、真诚,都会假装自己主要受其招股说明书上声明的激励。企业只会比南极探险队多那么一点基于对未来收益的精确计算。因此,如果动物本能黯然失色,而自发的乐观情绪又软弱无力,使我们除了数学期望值以外不能指望任何其他东西,那么,企业就会摇摇欲坠乃至破产倒闭。"[2]

凯恩斯表示,即使在没有发生萧条的情况下,也会有很多原因导致动物精神逐渐变衰。[3] 凯恩斯的关键论点或许是节俭悖论:一个人可能会通过多储蓄——也就是通过放弃现在的消费——来为自己的未来多做准备。但是,如果大多数人都决定少花钱多存钱,那么,收入就会因为缺乏消费需求并导致投资下降而大大减少。最后,人们可用来储蓄的钱会比以前少。在凯恩斯的那个企业领导人反复无常的世界里,储蓄或者放弃当前消费的行为绝不能保证相应的资本品购买。

事实上,凯恩斯有时会让我们怀疑为什么曾经有那么多的投资足以把储蓄用完——为什么经济没有像人类在很长一段历史上经历的那样连续不断地陷入由于购买力不足、储蓄停滞不增和创业的魔杖没有充分利用囤积资金导致的萧条。因此,在20世纪30年代这个萎靡不振的世界上,好像确实有很多人都这么认为。凯恩斯和其他学者没有完全明白,这个时期投资之所以大跌,不仅仅因为"动物精神"出现了衰退,而且还因为美国《斯姆特—霍利关税法案》(Smoot-Hawley Tariff Act)的通过导致国际贸易体系崩溃,银行倒闭和中央银行犯错导致货币供应量严重收缩,实际利率急剧上涨(即按预期通货紧缩调整的名义利率),还有税率频繁调高也造成了严重后果。

不过,凯恩斯也不得不承认有时投资不会发生,并且把这归因于两个超越动物精神的因素:一是所谓的"资本边际效率",二是所谓的"有效需求"。为了避开大量不必要的布卢姆茨伯里复杂性,因此,这两个概念可归结为从另一意义上肯定了萨伊定律,有力地证明了供给的第一性。

无论是有效需求还是资本边际效率,都取决于预期利润,取决于"企业家预期能够获得的收益"[5]。我们发现,即使在凯恩斯的著述中,需求也主要是供应商心目中的需求。供应商之所以没有投资于生产工厂,是因为他们确定有人购买自己的商品,但不能确定新的发明或消费者品味变化是否会使他们的工厂失去价值。如果他们的产品是新产品,那么就有可能创造需求,这只是个时间问题。但除了在企业家的想象中,需求并非已经存在。

如今,凯恩斯已经被认为是一个主张用扩大支出——扩大总需求——应对所有经济困境的倡导者。但事实上,凯恩斯相信,收入者会以相对固定的比例来安排自己的消费和储蓄,因此重要的是确保有充分的投资。有了充分的投资,收入、消费和储蓄问题都能迎刃而解。就是本着这种信念,凯恩斯向右偏离了古典学派"如果有充分的储蓄,投资自然会出现"的假设。他主张以主动、积极地把储蓄用于投资这个关键的资本主义行为来取代大量的被动储蓄。

这样,凯恩斯重新把资本家个人的重要作用和活动置于经济思想中一个适当的中心位置。是自由的人,而不是什么抽象的力量或者机制,推动了凯恩斯式的经济向前发展。在凯恩斯看来,物质进步的关键并不是自动积累产生作用、消极的节俭和储蓄或者良性的一般均衡倾向,而在于那些旨在击败"阻碍我们迈向未来的时间和无知等黑暗势力"的"巧妙投资"。[6]由于凯恩斯的世界不是一个理性、可预测的世界,因此,凯恩斯传递的真实信息不能转化为数学公式或者可信赖的计划方案。

正如现代凯恩斯主义"认识"批评家、英国学派的领军人物乔治·沙克尔(George Shackle)所指出的那样:

"《通论》中把商业生活作为一种固定不变的把理智应用于易变但可知、前后连贯的情形来分析,以及把商业行为作为对一系列可理解并在很大程度上可预见事件做出的知情、镇定、毫不泄气的回应来分析的方法,遭遇了被破坏、拒绝、轻视的灭顶之灾。"[7]

凯恩斯清楚社会科学和可预测理性[8]的限度,并且明白人类心智应对频繁发生的意外事件的创造力能够突破一切制度的束缚。经济学分析是理性的,因为人类是有理性的,并且会理性地追逐自己的利益。不过,人类理性这艘方舟要在汹涌澎湃、迷雾重重的大海上航行。

凯恩斯在把投资者个人作为经济学的核心人物来对待时，不但颠覆了比较简单化的古典学派经济模型，而且也摒弃了被极权主义计划作为立身基础的一切制度和科学。凯恩斯写道，投资取决于"对未来和重要事实不断发展的看法"，"是我们必须据以估计未来收益的知识基础极端不稳定的产物……持续数年的长期投资的实际结果很少会与最初的预期相符"[9]。

在这种情况下，"信心状态（斜体由凯恩斯所加）是讲究实效的人始终密切关注的问题……实业家要玩一种同时需要技能和运气的游戏……如果人性没有感觉到任何冒险的诱惑，也没有觉得任何建设工厂、铁路、矿山或者农场的满足感（利润除外），那么应该不会根据冷冰冰的计算结果进行那么多的投资"[10]。

数理经济学冷冰冰的计算遗漏了一个对于凯恩斯——和一切注重实际的经济生活观察者——来说至关重要的问题，那就是凯恩斯过于负面的储蓄观所包含的保守的真理萌芽：流动资金的惰性堆积不会给未来带来大胆的创业行为，因为我们不能认为这种行为理所当然会自动发生。

由于凯恩斯蔑视马克思主义和放任自流主义，因此，他排斥一切把经济作为一种辩证或者市场机制的学说。他为经济构建了一种层级制规范。这个层级制系统的创造中心就是有本领的企业家，而政策目标就在于培育企业家的本领，并且确保他们有投资动机。如今，这也是《华尔街日报》社论版的主题和美国至少是共和党的豪言壮语。

具有讽刺意味的是，一篇基本上赞同供给中心性的文章也解释了供给中心性的合理性，并且引起了美国社会主义知识分子领军人物约翰·肯尼斯·加尔布雷思（John Kenneth Galbraith）的注意。加尔布雷思的美国经济三部曲《丰裕社会》(*The Affluent Society*)、《新工业社会》(*The New Industrial Society*)和《经济学与公共目标》(*Economics and Public Purpose*)谈论的主题其实就是一种虽然有严重缺陷但值得关注的对萨伊定律的重构。就像凯恩斯一样，加尔布雷思摒弃了萨伊定律（"的确很难但并非不可能找到仍然赞同这一具有历史意义的权威观点的美国经济学家"[11]）。但是，加尔布雷思从更广泛的意义上对萨伊定律进行了修改，并且先是把它命名为"依存效应"后又在另一篇著述中把它称为"经过改进的序列"(the revised sequence)（只不过把供给排在了需求前面）。加尔布雷思写道："随着社会变得越来越丰裕，欲望得到满足的过程又会创造欲望……或者生产商可能会通过广告和推销来主动创造欲望。"他还总结说："因此，欲望最终从属于产出。"[12]

说"供给创造对它自身的需求"也许更加恰当，但这句话的基本含义无可指责。生产商在引起、形成和创造需求方面起到主导和推动作用,投资决策对于决定消费者购买的数量和基本方式至关重要。

可是,也许是受到了一种鲜为人知的谦逊倾向的影响,加尔布雷思没能说出他的这一发现的全部内容和意义所在。他似乎认为这个命题反映了一场针对现代工业结构的革命性变革,并且只适用于那些决心采用长期、技术密集型生产方式的大公司。这样的企业必须提前那么多时间进行计划,进行那么大量的投资,并且那么依赖直接供应商,以至于企业管理层几乎被迫构建并控制市场,还要创造对自己产品的需求。不过,依存效应也适用于小企业,小企业也要营造对自己产品的需求。对不同人群采用不同的商业模式,不但反映了消费者已有欲望的现状,而且还反映了企业家本领和创意的配置。马萨诸塞州的大巴林顿之所以有一家索马里餐厅、一所巴洛克音乐学校和一个拓展训练青年中心,并不是因为那里有对这些新创企业的自发性需要,而是因为那里有决定创办这些企业并且成功地为这些企业创造需求的创业者或者企业家。虽然大公司与小企业之间存在很多明显的差别,但加尔布雷思的依存效应同时适用于两者。

现代企业的新特点既不是存续时间长,也不是资本投入大。现代企业确实要比早期的企业复杂许多,但现代企业也许常常不那么需要提前计划。它们受益于更加复杂、灵活的资本市场,反应更加灵敏的消费者,更加有效的广告和营销手段,以及更加高效的交通运输方式。难以想象现代企业比16世纪英格兰的世界性贸易公司或者工业时代早期美国的运河和铁路公司更加需要提前投资和计划或者政府的互补性援助。总之,依存效应并不是现代企业独有的特点。

加尔布雷思坚持认为,企业根本不会在事先没有确定回报的情况下就先付出。其实,企业总是想方设法地控制它们的市场,而且常常是在政府的援助下。企业还会设法对价格和产量进行"控制",而且会极力排斥竞争对手。加尔布雷思的这个发现有时就像孩子发现他们的父母正在纵情地交媾。虽然自由企业有它们的意识形态承诺,但是,企业首先必须致力于成功,采取任何可能的方式来实现这个目标,并且在政府限制竞争时乐享其中的好处。很多"自由学派"经济学家在依靠资本主义制度变得越来越富有的同时,居然公开声称自己奉行平均社会主义的信条,企业也正是以同样的方式居然在赞美自由市场的同时仍心安理得地谋求政府的帮助。

无论是主张营利的社会主义者还是企业领导人,其实都不是真正的伪善者,两者都真诚地相信他们的理想,但又屈服于眼前的诱惑、股东和孤儿寡母的诉求或者他们自身的需要。就如亚当·斯密教导的那样,虽然他们有国家意识,但是,对特定商人有利的不一定就对国家有利。斯密认为,商人虽然声称他们缴纳的每一笔关税就是他们承担的爱国责任,但"绝不是相信这话的傻瓜"[13]。屈服于企业的保护和补贴要求的政府官员只能怪他们自己,因为公平执法的责任应该由公共部门而不是私人部门来承担。

被加尔布雷思及其追随者视为企业的革命性新权力的东西,其实就是资本主义供给发挥作用的必然结果。几乎没有什么办法能把左派的豪言壮语如此贬低为承认资本主义的实质就是竞相追逐暂时的垄断地位。就均衡理论已经升华为右派笃信的信条这一点而言,这样的承认可以被视为激进并具有破坏性。但是,供给学派的思想就像资本主义动态发展本身那样,不会对古典学派的愿景产生任何破坏作用。

资本主义的创造力不是依靠任何看不见的手,而是由管理层和企业家这只完全看得见、颇具攻击力的"手"来引导的。企业持续不断地使自己的产品、营销技术、广告和零售策略与众不同,以便在只要可能它们就会尽量攫取垄断利润的经济系统中找到某个独一无二的市场壁龛。在没有政府帮助、专利保护和排斥竞争对手及其他手段的情况下,上述垄断地位往往是短命的,但它们就是企业经营战略的目标所在、开拓性创业的重点所在、原创性研发的动力所在。

此外,垄断地位也不是完全不受限制,因为垄断企业始终处在潜在竞争对手以及国内外替代品的威胁之下——除非政府为了巩固它们的垄断地位而出面调停干预。对于一个产业需要有多少企业才能具有竞争性这个问题,经济学家阿瑟·B. 拉弗的回答是:一家企业。这家企业要与未来竞争对手的威胁进行竞争,只有把价格维持在低到足以排斥其他企业的水平,垄断才能够持续下去。从这个意义上讲,垄断是好事。一个经济体越有活力和创造力,就会孕育出越多的垄断企业。完全竞争的理想,就如同经济体不存在企业权力的理想,会导致没有创新活力的经济体。一个快速发展的经济系统将会充斥垄断企业,因为新产业反复出现,新产业中的垄断企业在竞争对手出现并得益于模仿赶上之前已经实现了丰厚的利润。时常有像 IBM 或者宝丽来这样的公司处于这样的领先地位,并且那么高效地利用这种领先地位,因此能够保持这种支配地位数十年,而且为国家创造了巨大的财富。

这种形式的"垄断资本主义"并不能轻而易举或者自然而然地导致消费者之前已经存在的欲望得到满足,因为消费者在按规定价格试用样品之前并不清楚自己想要什么。消费者会对企业的创新性实验做出反应。需求就如加尔布雷思指出的那样"并不会因为消费者有自发的需要而出现。当然,依存效应意味着需求形成(或者取决)于生产过程本身。如果生产得到发展,那么必然能够有效地创造需求"。[14]完全正确！资本主义社会的质量并不依赖于自动机制,而是取决于资本家们的素质、创造力和领导力。

当代左派更喜欢政府的经济领导力。笼统地说,萨伊定律是一个与一切有组织的人类行为有关的规律。人的愿望往往并不比经济学中所说的更加"自发"或者能够摆脱精英们的谋划和政治方面的操纵。普通民众不可能有生产能力或者创造力,而只能做出反应并表示认可。他们接受或者拒绝商界和政坛创业者呈献的创意产品。与推出麦当劳的雷·克罗克相比,在加利福尼亚州发起第13号议案减税运动的霍华德·贾维斯毫不逊色,也算得上是创业者。他们两个人都赋予公众之前没有定型但最后成为一个以特定形式出现的极大的愿望。

一个经济体能否成为民主经济主要取决于它的选择多样性——垄断性实验的扩散,而选择多样性又对应着个人品位和欲望的多样性。在选择多样性方面,资本主义市场甚至与最民主的政治市场形成了鲜明的对照。在最民主的政治市场上,每次选举赋予的权力几乎都被垄断,而且要求选民为获得一项自己所希望的政策必须选择整个政策组合。民主代议制是一种比其他任何制度都要好的制度,主要是因为它会引发精英们的试探性竞争。再说,只有很少的证据能够证明资本主义败坏了民主,而却有很多证据证明它对于民主不可或缺。人们普遍认为,被企业权力败坏的资本主义社会长期有利于企业产品生产,而不利于公共服务发展,但这种看法从最近的经历来看并不能站住脚。即使在最民主的国家,政府的发展也快于企业。

尽管如此,任何经济体制中最重要的创造力和进取心的来源都是个人投资者。经济不能靠自己的协调或者借力于政府的影响来实现增长,而必须通过响应那些愿意冒险,把创意转化为垄断权、把垄断权转化为产业并且在自己知道能获得什么回报前就开始付出的人的进取心来实现自己的发展。

萨伊定律的基本论点仍然是正确的:供给创造需求。这里的供给可以不是普遍丰富的合格商品,而是大量有瑕疵的"试销商品"。但是,在经济学有用武之地、资源稀缺为必然的世界上,所有表面上过剩的商品只不过是表明创造性生产的不足而已,以及新供给和新需求的缺乏。此外,在当前通货膨胀时期,私人储蓄就会被用于投资。事实上,储蓄意味着对未来的承诺,一种生产和增长的心理状态。自第二次世界大战以来,储蓄最多的国家和地区,尤其是日本和亚洲其他一些资本主义经济体,实现了最快速的增长。明显过剩的商品主要出现在一些没有储蓄的国家。

这种情形揭示了需求取向的经济学的一个重要谬误。就像总是活在过去的被"民意"束缚的政治家，需求导向型企业很少能够创造新产品，就是因为不为人们熟悉的产品没有任何可测的需求，对大部分创新进行的市场调查没有取得任何结果。在没有新产品源源不断涌现的情况下就只能用老商品来应付市场。老商品往往能以更高的效率生产，只需要经常做一些微不足道的小改进，用更加亮丽的色彩来重新包装，但销售起来比较费劲，费用也较高。《大鲨鱼Ⅲ》(Jaws Ⅲ)之后会推出"大鲨鱼Ⅳ"和"大鲨鱼Ⅴ"，"脆谷乐"麦圈会变成甜麦圈，而公司主要依靠购买业绩得到证明的企业来实现增长。提供新产品、新层级制、新机会和新工作并需要新技能的企业很少出现，而且也很少为实现快速增长购置资源。就业市场变得更加分层化、科层化和冷清，消费品市场选择变少、魅力式微，广告变得更加刺眼、喧嚣；而公众则会感到厌倦，变得烦躁，并且为进一步扩大需求而对政府施压。就是这种恶性循环持续不断地侵蚀着资本主义的创造力。

需求导向型政治虽然起源于旨在响应民意和缓解贫困压力的开明努力，但却以导致失业和依存度加剧，经济变得不再那么开放和容易参与，政治秩序变得更加分层和层级化而告终。政府机构为了提供服务和向腐朽没落的资本主义心仪的私人利益发放补贴而不断扩增，导致企业税负过重、不堪重负。此外，随着官僚作风的滋长，工业进步日趋衰落。原因当然是，工业进步总是依赖于供给者的创造力。

各种变体的萨伊定律是供给侧理论的基本表现，但它的价值并不在于数学运算。在经济学中，数学模型虽然高雅，但从属于有自由意志的人的行为和心理，而且有自由意志的人常常以非预期方式采取行动并相互影响。萨伊定律的重要意义就是它聚焦于供给，聚焦于资本具有催化作用的馈赠或者投资。萨伊定律引导经济学家首先去关心生产者个人的动机和激励因素，而不是首先关心分配和需求，应重新去关注生产资料问题。

这一回归对于理解资本主义面临的窘迫现状至关重要，但对于经济学家来说是一件困难的事。回归供给侧就意味着要放弃严密的模型和计算提供的便利，重新参与历史和心理、商业和技术方面的冲突或争论。经济学家应该重新关注与人类的社会行为和创造力有关的纷繁复杂的奥秘。关于人类社会行为和创造力的奥秘，亚当·斯密曾在他的《国富论》中清楚地阐明过，马克思把它们作为创立自己理论的素材，凯恩斯在他的大部分著述中论述过，就连加尔布雷思也以他常常是反常的方式津津乐道地对它们进行过描述。

由利昂·瓦尔拉斯提出的一般均衡理论令人眼花缭乱的数学模型以及他

的追随者们点缀的散发着思想火花的新颖内容应该不会是使经济学专业偏离关于白菜与国王、炸弹与豆茎、芯片与商业心理学的持续不断的传奇。通过这种努力，回归凯恩斯也许是有益的，原因就在于凯恩斯对现代经济学产生了巨大的影响，而凯恩斯本人则被认为是需求首要论的主要信徒。

凯恩斯在他的节俭悖论中表示，个人的意向及其表达可能是一种相当不可靠的行为结果指南（一个人可以有储蓄意向，但如果有太多的人都有储蓄意向，结果可能就是储蓄减少）。这就是"聚合谬误"，这种谬误在当代政治经济学从税收效应到国家作用的很多关键问题中都可能存在。

保罗·克雷格·罗伯茨，这位供给经济学杰出的青年开拓者，长期担任《华尔街日报》评论文章的撰稿人，非常有益地把凯恩斯的思维方式运用于一篇题为"论凯恩斯模型的失灵"[15]的文章中。罗伯茨是在回应自由学派经济学家有关减税能够减少工作努力，而增税则能增加工作努力的论点。这些空谈家认为，人们都会设定自己的目标收入或者目标储蓄水平。如果减税使他们的税后实得收入增加，那么，只要他们达到了自己的目标就不一定会继续工作。因此，这些高税率的倡导者坚持这样认为，人们可能倾向于采用多休闲的方式来对待减税，就是减少工作，而不是增加消费和储蓄。美国国会预算局局长爱丽丝·里弗林像沃尔特·W. 海勒和这种论点的大多数支持者所做的那样，就是用这个论点来反对《肯普—罗斯减税法案》的。

罗伯茨通过提出一个典型的凯恩斯论点表示，一个人可以通过少工作、多休闲（少加班多休假以及少加班不谋求升职）的方式来回应减税。但是，如果很多人都采取这种方式来回应减税，那么，经济体的总收入和生产就会减少，而每个人倾向于获得少于减税前的实际收入。[16]

闲暇就是不受约束的时间，休闲就是放弃工作。从某种意义上讲，闲暇就是"流动时间"（liquid time），也就是当机会出现时可用于任何用途的时间。这种形式的闲暇或者休闲欲望就像是流动性欲望，凯恩斯把流动性欲望与不投资积聚钱财或者储蓄联系在一起。在所有这些情况下，人们都处于放松状态，他们拒绝参加生产性活动或者投资——甚或消费某个特定商品，以便未来一有机会就以某种非规定方式进行消费或者使用时间，也就是希望保留以后的决定权。但是，如果只有太少的人决定现在工作或者参加生产活动，那么以后只有很少东西可买。如果大多数人接受休闲形式的追加收入，而不是接受购买力形式的追加收入，那么就会没有任何形式的追加收入。如果大多数人希望保持他们的收入流动性，而不是把收入用于投资或者消费，那么他们的收入最后就会变得几乎没有价值。不管怎样，长期拒绝从事某种特定工作、投资甚或消费，就会导致整个社会失去需求或者生产力,从而减少总收入。少数人可以这么做,但社会总体就不能这样做,否则就不能实现社会最初设定的目标。总之,供给者们不屈不挠的进取心为经济系统所必需。

由于生活在一个政府和税收被视为资本主义经济相对较小的力量的时代,凯恩斯没有把这种思维方式应用于政府活动。但是,凯恩斯的储蓄悖论既适用于由税收导致的强制性储蓄,又适用于私人公民自愿放弃的消费。就像任何个人、群体一样,政府也可以有储蓄意向。但是,如果政府的储蓄不能引发实际投资,那么结果就是总收入的减少和停滞趋势的出现。

政府通过累进税结构实现的收入往往来自本可以用于投资的资金,华盛顿本身只进行相对较少的生产性投资。随着联邦预算的扩大,其中的很多资金被用作转移性支付,这些钱大量花在消费价格指数快速上涨的从汽油到汉堡包等的商品上,用于支付联邦机构雇员的薪水和联邦政府签订的合同,这部分支出只会推高华盛顿哥伦比亚特区的房地产价格。一部分联邦政府收入被用于各种公共工程项目和教育"投资",但很多经费较少是为了社会效益,而更多是迫于政治压力才拨付的。

此外,凯恩斯从他的贫困来源理论又推导出一些新的关心政府扩增性质的理由。他写道,在整个人类史上,"投资诱因不足在任何时候都是经济问题的关键所在……个人通过节制消费来增加个人财富的欲望通常要强于激励企业家通过雇用劳动力生产耐用资产来增加国民财富的诱因"[17]。

在凯恩斯看来,造成两者差别的一个原因就是因为持续存在导致购买力渗漏的"财富坑"(sumps of wealth)从生产性用途转走了资金。就如同《进步与贫困》(Progress and Poverty)这本重要经济学畅销书能说会道的作者亨利·乔治,凯恩斯也相信,在很多历史时期,土地充当了这个角色。由于抵押利率往往高于农用土地收益率,因此,土地通常只有不会使用土地的人——主要是城市投机商——购买。导致购买力渗漏的其他重要商品还有黄金、珠宝、艺术品以及像邮票和硬币这样的可收藏物件。

购买这类商品——货币就会渗漏到财富坑里——本身不会直接减少投资、生产或者购买力。如果我有 1 盎司黄金,你买它付给我 600 美元,那么你仅仅是把你的投资力或者购买力转移给了我——没有任何财富损失。问题出现在当整个经济体有越来越多的人选择把他们的钱或者黄金放入其他财富坑时,黄金的价格就会持续上涨,并且吸纳越来越多的购买力。价格上涨,就意味着买家或者需求相对于卖家或者供给持续增加。当卖家(在这个例子中,就是手持 600 美元的我)把钱花在其他相对不可复制的商品——土地、艺术品、历史建筑或者像劳斯莱斯轿车这样的耐用奢侈消费品以及珠宝——上时，问题就会变得更加严重。于是，那些得益于这些交易的人往往也会停止创造性投资，而是推高黄金和梵高的作品、古董和"老爷车"、伦布兰特的作品和房地产的价格。结果就是生产资本回报减少，而收藏和投机利润增加。经济重新被引向远离生产企业而趋近于非生产性活动、远离发明和风险而趋近于加勒比海海滨度假胜地和提前退休的方向。土地、贵金属、艺术品只要放在那里很快就会增值，但这些物品大多对人民幸福或者经济中的生产资本作用很小。

所有这些财富坑都得益于相信它们是终极流动手段的信念。土地和黄金供给没有弹性，不能轻而易举地扩大，但是，它们的价值总是被估得很高，它们的稀缺性确保了它们的价值会随着人口的增加而增长。为了寻求安全和销路，人们常常会把他们太多的财富转化为非生产性形式，而国王和贵族几个世纪以来守着自己的黄金和珠宝储藏，依靠他们巨大的领地过着在今天看来贫困的生活。

然而，对于凯恩斯来说，在他写《通论》的那个时期里，最大的购买力渗漏是货币——流动性本身。所以，凯恩斯相信，在稳定的现代经济体内部，积攒钱财的欲望更经常是持有现金，而不是持有土地或者黄金。是流动性偏好——企业和个人通过过多的"折旧资金和过多的现金利润库存为投机和安全积攒钱财的欲望——使得利率一直维持在大大高于资本品预期收益率的水平上。凯恩斯在整部《通论》里强调了过高的利率遏制投资的潜在作用——一种他坚持认为始终大于高利率储蓄扩张效应的影响。凯恩斯甚至敦促制定政策确保利率逐年下跌，以便在衰退年份里维持资本投资水平。

但在 20 世纪 70 年代，利率作为一种投资威慑因素的作用可能有所减弱。利率虽然看起来很高，但其实很大一部分是用于补偿贷款人未收回本金贬值的通货膨胀溢价。此外，利息可以抵扣税款；由于税收和通货膨胀溢价会随着通货膨胀上涨，因此，实际利率往往不会逐年下降。其实，70 年代末，按通货膨胀和税收调整后的利率始终为负。如果降低利率的目的是增强投资诱因，那么，适当的凯恩斯主义政策现在不应该是每年降低利率，而是降低税率。与过去政府相对较小、税收相对较少时的利率相比，高所得和资本税率现在起到了更大的投资遏制作用。

通货膨胀会不断侵蚀货币作为价值储藏手段和流动手段的吸引力。凯恩斯关于所有现金都要通过购买印模——政府发行现金获得的利益——才能逐期获得认可的印钞系统的调侃，现在事实上已经成为现实。通货膨胀就像任何一个正规、可靠的印钞系统对囤积者强制实施惩罚。

因此，囤积者们会再次转向房地产、黄金和珠宝。但是，最重要的投资力和购买力坑——临近20世纪70年代末出现的新凯恩斯渗漏——显然就是政府：美国和整个西方世界的联邦、州和地方政府。其实是政府，而不是土地、黄金或者货币，提供了大大高于利率和私人投资收益率的利润率。

政府的奖励都进了越俎代庖的官僚企业的腰包。在国家的控制下，资本回报看似比在真正的企业家手中还要高、还要稳定，因为它有累进税课征权的担保。

在这过去的10年里，政府逐渐形成了凯恩斯作为"无底的财富漏洞"的证据罗列的特点：政府通过税收实现的扩张或者强制盈利并没有受到任何限制；政府的规模只受到很少的供给侧约束；没有出现任何对政府的需求溢向其他产品的趋势；在经济衰退时，也只不过是出现了为期很短的政府衰微趋势。当人们需要凯恩斯的"月亮"——凯恩斯把它比作流动性，但现在把它看作安全性更好——时，他们就会求助于华盛顿和它的外域卫星。

20世纪70年代，这些企业化的官僚聚集在一起，把他们的人力资本和创业进取心献给了国家的风险事业。他们中的很多人是学法律的，因为通过钻联邦法律的空子才能最佳地实现政府扩张。他们与国会议员联手动员私人利益能得到有偿服务的选民。政府的各种项目成倍增加，货币供应量不断扩大，通货膨胀增加了税收，而联邦项目（通常并没有提供任何有价值的服务）和政府债券（所筹集的资金常常被浪费掉）的虚假收益率仍然与私人资本的实际利润率一样高，甚至比私人资本的实际利润率还要高。其实，我们可以说，政府的通货膨胀收益率上涨到了60%，因为这样一个百分率的物价上涨水平能使联邦政府收入增加1.6%。[18]在恶性循环中，政府随着自身的扩张还能增加自己的税收收入。

这就是导致西方国家出现新型凯恩斯式停滞和贫困的根本原因。政客们首先要兜售的——新的流动性——就是职位和安全，而且对这些服务的需求看似永无止境。然而，安全就像节俭、流动性和休闲一样，也有它自己的聚合悖论。少数人求助于国家能够免受风险威胁，而且还能获得免受通货膨胀侵蚀的安全。但是，当多数人这样做时，国家的安全和稳定就要受到影响。在一个危机四伏、变幻莫测的世界上，防范风险的最佳方式就是创新和创造、研究和发明、竞争和争胜、"巧妙的投资……从而击溃包围着我们未来的时间和无知这些黑暗势力"[19]。

随着企业家精神日益被引入法学和其他专业的院校，然后又从这些院校传入政府、议员游说团、顾问委员会和消费者团体（随着企业大亨的出现，向卫生、教育与福利部兜售"安全"要比向私人企业推销证券或者向公众推销产品更加容易),最重要的投资诱因再次因渗漏而减弱到小于其他财富吸引力的水平。无法接近国家机构的人就购买黄金、游艇、政府债券和外汇或者(受到政府特别保护)用于增值的私人住宅,从而形成了一个名义价值超过美国企业全部资产的数以万亿美元计的"大坑"。

结果就是出现了一种可从萨伊定律推导得出的终极结论:得到补贴的供给会摧毁需求。没有自愿需求的生产只能是一种虚假的消费,不管外表如何都不能促进经济增长。[20]非生产性政府支出即使用于刺激需求,无论统计数据显示"购买力"实现了多大幅度的增长,也很快就会导致需求实际下降。人为的刺激就像吸毒,需要不断加大剂量来维持最初的效果。

倘若政府发放福利、失业金,提供大量的公共服务工作岗位,从而影响了生产性工作岗位供给;而且还为了支付福利金、失业金和公职人员薪水而对盈利企业征税,那么,需求就会减少。事实上,经济学家为了促进公平、战胜贫困——并且常常以促进竞争为理由——提出的所有项目几乎都会通过破坏作为一切真实需求来源的生产实际减少需求。购买力基本上不会随工资逐步"下降",或者随着利润和储蓄逐渐"提高"。购买力源自任何层级的生产性工作。这是关于财富和贫困的简单而又朴素的第一真理,"有付出才会有收获",这不但是财富而且也是增长的秘密所在。

这也是供给经济学的基本洞见。政府不能通过税收和支出——无论是否通过政府,拿一部分人的钱送给另一部分人——政策来显著影响实际总需求。这种财富转移都是零和博弈,而净收入效应通常为零甚或为负。

即使减税也不会通过直接影响可支配总收入来发挥作用,因为由减税而导致的赤字都必须通过政府举债来弥补,由联邦政府证券的购买者用自己的可支配收入来买单。即使在短期内,实际总需求也是生产的结果,而不是政府支出的结果。税收政策能够影响实际收入的唯一途径就是改变对供给者的激励。通过改变奖励方式,鼓励工作而不是休闲,激励投资而不是消费,支持生产源而不是财富坑,鼓励应税活动而不是非应税活动,政府就能直接且有力地刺激实际需求和收入扩张。这就是供给侧的使命。

注释

1. John Maynard Keynes, *The General Theory of Employment, Interest, and Money*, Harbinger ed.(New York: Harcourt, Brace & World, 1964), pp.18—22 and passim.

2. Ibid., pp.161—162.

3. 凯恩斯强调的造成投资水平低的原因有:(1)不管债券价格是否涨得很高(即利率下

跌),债券投机和逐利会导致利率人为虚高;(2)消费者过度储蓄导致低利润;(3)工资水平随着人口增长而下降,从而导致低需求;(4)金融市场通过推出复利产品来不鼓励冒险(在特定的风险业务中,贷款人(银行)和借款人(企业)双方可能会损失全部的投资,但只有企业可能获得巨大盈利,银行要受到谨慎过度的影响,并且有可能不愿放贷,尽管存在对企业家来说颇有吸引力的机会]。除了这最后一点外,这些论点在凯恩斯提出的论点中是最没有说服力的,并且很少被以后发生的事件所证明。即使他对贷款人出于天性的谨慎的观察,从20世纪70年代银行业的发展趋势看,似乎也多少有点过分。凯恩斯对债券和其他贷款市场悲观的看法似乎提高了股票市场和私人财富支持有风险但也有盈利可能性的项目的重要性。但是,凯恩斯用激烈的言辞谴责了股票市场。

4. 请参阅 Alan Reybolds,"50 years:What Do We Know About the Great Crash?"(*National Review* 31,November 9,1979:1416—1421)以及 Milton Friedman 和 Anna Schwartz,*A Monetary History of the United States*,*1867—1960*(Princeton,N.J.:Princeton University Press,1963,pp.299—419)。关于 1929 年市场预期到了斯姆特—霍利(Smoot-Hawley)关税法案通过的例子,请参阅 Jude Wanniski,*The Way the World Works*(New York:Basic Books,1978,pp.116—148)。

5. Keynes,*General Theory*,p.29 and passim.*See also* ibid.,chapter 5(pp.46—51)and chapter 11.(pp.135—140,especially p.141)。

6. Kenes,*General Theory*,p.155。

7. G. L. S. Shackle,*Epistemics and Economics:A Critique of Economic Doctrines*(London:Cambridge University Press,1972),p.429。或许是凯恩斯在剑桥大学最亲密的朋友和同事 Lord Richard Kahn 也持这种有关凯恩斯思想本意的观点。Kahn 在一篇答复牛津大学 Walter Eltis 抨击凯恩斯主义的文章["Mr. Eltis and Keynesians",*Lloyds Bank Review*,no. 124(April 1977),pp. 1—13]中写道,凯恩斯对增加政府支出以促进就业的关心远不及他对降低利率以促进私人投资的关心。Kahn 把消费、投资和政府支出一起用来实现充分就业的传统配方嘲讽为"庸俗的凯恩斯主义"。他写道:"根本就没有所谓的明确的充分就业水平这种东西。"

8. Keynes,*General Theory*,p. 155。

9. 凯恩斯(在《通论》第 297~298 页)明显是在谈到《通论》中他自己的数学模型时写道:"它是符号化伪数学方法的一个严重错误……这些数学模型特地假设各所涉及因素之间存在紧密的依存关系;如果这种假设不能成立的话,那么,它们就失去了全部的贴切性和权威性;在平常的话语中,我们除了始终知道我们在做什么和我们所说的话的意思外,不会盲目采取行动。因此,我们能够在我们的大脑里保留必要的储备空间、限制条件和调整余地供日后使用。从某种程度上说,我们不能在好几页长的假设偏导数为 0 的代数分析中保留复杂的偏导数。现在有很大一部分数理经济学就是纯粹的编造物,而且它们的初始假设并不精确,有可能导致作者在一个大量的要求和毫无帮助的符号的迷宫里看不到现实世界中事物的复杂性和相互依存性。"当今的凯恩斯追随者们大多缺少大师的谦逊,而他们的数学模型甚至犯下了更严重的错误,因为它们假设全部变量和依存关系都可用图表来表示。制作最精良、最负盛名的模型毫无例外地预测减税会导致国民产出减损。

10. Keynes, *General Theory*, pp. 148—150.

11. John Kenneth Galbraith, "The American Economy: Its Substance and Myth," in *Years of the Modern: An American Appraisal*, John W. Chase, ed. (New York: Longman, Green & Co., 1949), pp. 151—174. Reprinted in *The Galbraith Reader* (Ipswich, Mass.: Gambit, 1977), p. 86.

12. John Kenneth Galbraith, *The Affluent Society* (Boston: Houghton Mifflin Company, 1958), p. 158. *The Revised Sequence*, which is merely *The Dependence Effect* in new packaging, was introduced in John Kenneth Galbraith's *The New Industrial State* (Boston: Houghton Mifflin Company, 1967), p. 212.

13. Adam Smith, *The Wealth of Nations*, Edwin Cannan, ed. (New York: G.P. Putnam's Sons, 1904). Quoted from Pelican Classics, rev., 1974.

14. Galbraith, *The Affluent Society*, p. 160.

15. Paul Craig Roberts, "The Breakdown of the Keynesian Model," *The Public Interest*, no. 52 (Summer 1978), pp. 20—33.

16. 罗伯茨并没有说,目标收入理论在任何情况下都必然是不正确的。有自由意志的人能够以自己喜欢的方式对减税做出明确的回应。但罗伯茨表示,目标收入论很快就趋向于导致减税的需求侧和供给侧效应失去作用,因此无法解释减税后收入增加情况的反复出现。

17. Keynes, *General Theory*, pp. 347—348.

18. Lacy H. Hunt, chief economist for the Fidelity Bank of Philadelphia, quoted by Alfred L. Malabre, Jr., in "As Salaries Climb with Prices, People Pay More of Income Despite Rate Cuts," *Wall Street Journal*, November 28, 1979, p. 48. The Hunt estimate compares with a U.S. Treasury Department figure of 1.67 as the increase in federal revenues resulting from a 1 percent growth in moninal GNP.

19. Keynes, *General Theory*, p. 155.

20. W. H. Hutt, *A Rehabilitation of Say's Law* (Athens, Ohio: Ohio University Press, 1974), pp. 34, 35 and passim. Hutt 的有趣论点通过把供过于求归结为"非有意消费"来定义可能出现的供过于求。按照他的解释,供给就是"按照能够引致销售的价格或者价值提供投入品或者输出品"。不过,关键不在于定义,而是适当的政策,在非有意消费普遍存在的情况下,如政府经常以投资的名义导致的非有意消费,解决的方法就是缓解政府抑制商业的供给侧效应。

税收变化的经济效应:新古典经济学分析

诺曼·B. 图雷

一、引言:财政政策的"供给侧观"与总需求论

20世纪30年代末以来,很多非共产主义世界国家的财政政策受到了一整套由约翰·梅纳德·凯恩斯的著作《就业、利息和货币的一般理论》发展而来的理论的强烈影响。凯恩斯的观点代表了当时盛行的新古典学派考察经济总体表现决定因素的方法在很多方面发生的重大变化。他的研究赋予财政政策极其重要的作用,这一点完全不同于新古典学派的研究。这两个学派在任何其他方面的差别都没有两者在财政政策方面的差异那么大。

凯恩斯理论作为财政政策理论的标志性特点就是,强调总需求作为经济表现决定因素的作用,以及税收和支出政策对总需求的影响。凯恩斯的信徒们很快就发现并接受的一个次要观点就是,如果总需求的一个或者更多私人部门分量是受政府管制影响的变量的稳态函数,那么,政府政策就能够决定经济的总体表现。第三个重要命题是,消费是可支配——税后——收入的一个高度稳态函数;无论总需求的其他分量如何变动,政府都能通过采取税收和支出行动来增加或者减少可支配收入,从而确保经济沿着相对比较顺畅的路径增长。在这个概念框架下,生产要素的供给条件被认为由长期自主的影响因素决定。因此,总供给在大多数情况下被视为既定,而没有被视为一个适当或者可行的财政政策目标——实际上并不显著受财政的影响。结果,总需求管理影响要素供给条件进而影响产能变化的可能效应,在很大程度上被忽视。虽然要素供给条件被认为不受财政措施的影响,但是,产出和就业变化被认为是对需求变化做出的回应,而需求是受财政影响的。

鉴于这种概念脉络,财政政策的重点就在于税收和支出总量作为控制可支配收入、消费、总需求和就业的关键手段,这一点还是完全可以理解的。税收政策的重点就在于税收体系结构,这主要是建立在公平和收入分配标准上的,而

不是基于结构性变化对经济活动总水平和构成可能产生的影响。当然,税收政策有时会着力于促进或者抑制私人资本的形成,但有人也常担心总需求中一个所谓的难以驾驭因素,而不是担心资本存量增长对经济生产潜力扩大的贡献度。

虽然经济总结果多次没能符合根据凯恩斯的想象构建的计量经济学模型预测的结果,但是,体现凯恩斯思想的财政政策仍然大行其道。失业、生产率增长速度放慢导致生产率下降以及通货膨胀加速等严重问题的常态化,导致很多财政政策概念内容的设计者推断:经济世界已经改变了自己的形态;是经济结构的突变,而不是财政政策理论基础的缺陷导致了当代财政政策的失败。

在几个世纪前,传统观点一直认为地球是平的。按照那个时代的技术水平,这种看法还是可以接受的。在当时大多数人的旅行空间内,只有很小的可能性不认为地球是一个平面。在这以后,把地球说成一个球体要精确许多这一点才变得明确起来。由于这种观点不断得到认可,并且成为普通的观点,因此,没有人再认为地球曾经是平的,突然以某种神秘的方式变成了球体。我们肯定会觉得,任何坚持认为早期各种认为"地球是平的"的理论是正确的,而且如果地球没有改变形状,这些理论仍然有用的人非常愚蠢。

同样,我们应该把认为经济世界的形态发生了变化的观点作为愚蠢的观点来摒弃。事实上,我们的经济世界没有发生突然或者重大的结构性变化,支配产出的基本技术关系也没有发生突然的变化,消费者的偏好也没有发生巨大或者突然的变化,经济的基本制度安排也没有发生巨大和突然的变化,而基本的生产法则也没有被废除——家庭和企业行为优化的基本原则也仍然有效。当然,经济及其制度安排并不是静止不变的;而且,在考察经济及其制度变化时,应该了解很多有关经济现状和前景的东西。例如,把限制产权有效行使以及削弱创新激励和奖励的政府管制大幅增加与创业动力明显减小联系在一起,看来肯定是有道理的。通胀性货币政策已经对储蓄和投资造成了危害,并且加剧了现行税制不利于个人生产努力和资本形成的偏误。同样,政府干预范围的扩大和机构的扩增抢占了越来越多的生产资源,并且还导致私人部门的生产资源使用成本上涨。在这些制度变化及其对经济的影响中,我们能够发现很多有关劳动生产率增长速度放慢甚至下降、制造业向服务业转移、我们与世界其他国家贸易关系恶化以及我们经济面临很多其他压力等问题。然而,这些不幸的变化并不是经济形态变化的反映,而是测度公共政策误入歧途程度的尺度。

近来,许多政策制定者日益认识和接受这一建议。美国国会联席委员会过去已经多次带头表示需要新的公共经济政策,并且在它 1979 年和 1980 年的年度报告中提出了需要把公共经济政策的重点从关心总需求水平转向关心生产激励的充分理由。对于许多观察家来说,这种政策重点的变化好像是由一种"新经济学"推动的。事实上,朝着"供给侧"经济理论的转向被正确地看作是返璞归真,而不是冒险进入迄今未开拓的知识领域。这种政策重点的有效实现将会引发所有公共政策内容的重大变动,尤其是税收政策的巨大变化。将要发生的政策变化是否合乎政策重点变化,这将取决于对"供给侧"理论基本概念与总需求导向型财政政策基本概念间区别的清晰理解。

初看起来,两者之间的区别似乎显而易见。实施总需求导向型财政政策的依据想必就是关于税收和政府支出行为如何影响企业和家庭商品及服务需求的分析;同样,供给侧理论想必应该关注政府的财政行为如何影响商品和服务供给。事实上,虽然已经有人识别出供给侧理论与总需求导向型财政政策基本概念之间存在的很多基本区别,而且认识到它们对公共政策问题的影响并不只限于已经确定的财政政策目标——控制总供给或者总需求,但更重要的是,应该关注财政行为如何影响供给或需求状况或者同时影响两者。

凯恩斯在他的总需求分析中是按照税收变化(和政府支出变化)对受影响个人或企业可支配收入的影响来认定税收变化(和政府支出变化)的影响效应的。而在供给学派的分析中,任何税收或政府支出变化的初始效应是被作为某物品(某些物品)相对于其他物品的实际或者默示价格变动幅度来认定的,用专业术语来说就是分别区分了一阶收入效应或者一阶相对价格效应。这种区分优于对供给或需求的区分,尽管在描述财政变化的调控效应时凯恩斯学派强调了需求的影响,而新古典学派只是把相对价格变动效应比作需求和/或供给调控效应。

这种区分对于财政政策的基本策略具有极其重要的意义。凯恩斯学派主要是主张通过总税收相对于政府总支出的变化——预算总额变化——来引发总体经济活动的变化。而新古典学派表示,税收结构变化,就连那些没有引发任何初始纳税义务净变化的税收结构变化,也会对总体经济活动的规模和构成产生实质性影响。

凯恩斯学派借助于一阶收入效应概念解释了很多他们关心的平均或者"实际税率"问题;而新古典学派采用了一个众所周知、被普遍接受但又被广泛忽略的原则——把税收纳入家庭和企业的边际决策过程,也就是从增量收入中征到(或者被增量支出抵消)的税额会影响替代方案的价格和成本,因而是与决策相关的税收变量。由于结构性税收变化——在总纳税义务(因而平均税率)没有发生变化的情况下——会导致边际税率上涨或者下跌,因此,追求总政策目标并不必然局限于变动预算总额。新古典学派虽然因此而扩大了实施关心经济总体表现的建设性财政政策的机会,但也要求关注让结构性税收变化明确为其他目标服务。例如,旨在提高公平水平或者减轻行政或者合规负担的税收变化,即使没有引发税收总收入发生任何变化,也很有可能对生产资源配置和资源使用总量(从而对总产出和收入)产生显著影响。

区分一阶收入效应与一阶价格效应(在本研究的第二部分细说这个问题),对于制定适当的税收策略来解决许多不同的政策问题,具有非常重要的意义。例如,我们来考察财政政策对于抑制通货膨胀努力的贡献度(假定抑制通货膨胀的基本方法必然是放慢货币存量增长速度)。凯恩斯学派的财政策略重点在于努力通过减小可支配收入的增长幅度或者放慢可支配收入的增长速度,可以增加税收或者减少政府支出(相对于不这样做时的税收或者政府支出),也可以双管齐下来降低总需求增长率或者放慢总需求增长速度。而在凯恩斯学派的分析中,需求的减少几乎与产出的减少相同。因此,这种策略实际上要求减少产出,这张处方令那些认为通货膨胀源自"太多的货币追逐太少的商品"的人困惑不解。

在凯恩斯学派看来,旨在减少总需求的增税形式,对于这个目的来说充其量也只是第二重要的。因此,是通过提高边际税率还是采用任何其他策略来实施增税无关紧要,重要的是应该改变相对于收入的纳税义务,即提高实际税率。

相反,体现新古典学派观点的财政政策主要聚焦于降低边际税率以降低工作努力和储蓄成本,从而增加劳动和资本服务供给和使用量,进而增加实际产出。这种财政政策也谋求减少政府支出,尤其是那些倾向于增加私人部门劳动和资本服务成本的政府支出。换句话说,新古典学派关注在任何既定水平的货币存量下,通过降低生产、服务的成本来增加商品和服务的供给。任何这样的实际产出增长都会减弱物价水平上涨压力。

请注意,新古典学派关注的是边际税率。如上所述,是课征于边际收入的税收影响一个或更多的相对价格,从而被纳入关于经济活动总量和构成的家庭和企业讨论。因此,减少纳税义务而不降低边际税率的减税是不起作用的。

对于公共政策制定者来说,凯恩斯学派与新古典学派财政政策主张区别的相关性是一个远远比财政政策重点应该放在需求侧还是供给侧更加复杂的问题。如果财政政策应该继续以凯恩斯学派的政策主张为依据,那么主要的评判标准应该仍然是税收变化对纳税义务的收入水平分布、横向公平以及合规和行政成本的影响。当然,税收政策也是一个重要的问题,但是,仅仅根据这些考虑到的标准涉及的税收变化并不应该被视为没有配置性或者综合经济效应。此外，如果采用新古典学派的观点来制定公共政策，那么，政策制定者就会有多得多的机会来设计和实施税收改革，但也会遇到更加复杂的分析问题。

举例来说，当前亟待解决的一个公共经济政策问题就是识别阻止劳动生产率增长的障碍，并且可能的话就排除这些障碍。虽然很多因素会负面影响生产率，但是，近些年可观察和测量的资本与劳动力比上涨报告肯定是一个重要的作用因素。[1] 求助于新古典学派的价格分析法，政策制定者就能发现很多已有公共政策阻碍相对于消费的储蓄，从而阻碍资本形成。这样的公共政策影响了足以支持生产率以可接受的速度提高的资本形成速度。[2] 想要有效排除这些阻碍资本形成的公共政策障碍，政策制定者就得彻底改变自己的关注焦点和优先顺序。

二、新古典学派财政理论的基本特点

关于税收改革如何影响经济这个问题的研究，凯恩斯学派与新古典学派之间的分野就在于识别税收导致受影响家庭或者企业做出回应的属性。如本研究第一部分所述，凯恩斯学派认为税收的主要作用是减少纳税人的可支配收入，并且设法确定这种可支配收入变化影响纳税人行为的方式。而在新古典学派看来，税收之所以导致经济行为变化，是因为税收具有影响家庭或企业获得某种商品相对于其他商品的成本的效应。

A. 凯恩斯学派的一阶收入效应

凯恩斯学派的一个基本缺点就是他们的税收或者税收变化一阶收入效应假设以及他们对税收或者税收变化一阶收入效应的严重依赖。"减少收入既定的纳税人的所得税纳税义务，就会增加他们的商品和服务的主张权"这种观点很有直观吸引力，而且从任何个人的视角看都是正确的。然而，这种观点在被应用于整个经济时就是错误的。总体而言，在任何既定的税前收入水平上，减税本身并不能增加商品和服务的主张权，而只能对这些主张权的潜在有效行使权进行再分配。这个观点才是正确的，而且不论减税是定向还是适用于全体纳税人。

减税本身不能也不会立刻增加商品和服务的实际总产出。根据定义，经济中的商品和服务实际总产出等于实际总收入。实际产出只有在使用了较多的生产投入品或者更加高效地使用既定量的生产投入品以后才会增加。单靠减税无法提高生产投入品的实际生产率或者提高它们的使用效率。因此，总产出和总收入变化并不是减税的一个内在属性。

在凯恩斯学派的阐述中，他们的分析所依赖的一阶收入效应问题是巧妙地通过阐明对问题的回应而不是问题的成因来解决的。举例来说,减税被认为会导致纳税人支出增加,而支出增加会导致对产出的需求增加,转而增加对生产投入品的需求,从而增加对生产投入品的使用,进而导致产出和实际收入增加;而产出和实际收入增加又会回过头来导致支出增加——增加能够提供商品和服务实际支配权的实际收入。这个回应序列的致命和明显的缺点就是:在总产出和实际收入没有同时增长的情况下,实际总支出无论如何也不可能因减税而增长。凯恩斯学派在他们的分析中要了一个花招,那就是假设减税导致有效总需求增加,然后有效总需求增加导致必不可少的产出和实际收入增加。

当然,凯恩斯学派的陈述聚焦于税收变化对可支配收入而不是对实际总收入的影响。然而,这种分野没有实质性的内容。减税对于每一个人都不可能增加生产投入品以生产可供家庭和企业购买的商品和服务,除非政府等量减少购买生产投入品。减税本身不能增加私人部门能够行使收入主张权的总产出。

只有在私人部门更快地周转货币存量并且/或者私人部门可用的货币存量有所增加的情况下,私人部门为增加其产出主张权总量而做出的努力才能收到成效。但是,无论在以上哪种情况下,未变产出量货币主张权的增加只能导致私人部门购买产出的平均价格上涨。如果减税没有货币存量相机增加的相伴,而且货币流通速度又相对比较稳定,那么,私人部门的产出主张权哪怕是名义增长都不会发生。

如果政府减少生产投入品的采购量,那么,生产投入品就会因此而被释放到私人部门用来满足私人部门对生产投入品的需求。这样就会改变总产出的构成,但并不会因此而增加总产出量。[3,4]

B. 新古典学派分析中的一阶价格效应

与凯恩斯学派不同,新古典学派把收入变化视为税收或者税收变化的一种二级结果。再重复一遍,一阶效应是私人部门实体要面对的某种商品或更多商品的相对成本变化。

每个税种都有它改变相对成本的属性。这个命题在选择性消费税或者特别消费税的例子中就明白无误。譬如说,对貂皮大衣课征消费税,几乎人人都会认为这会导致貂皮大衣的价格较之于其他商品的价格上涨。然而,这种价格或者成本效应并不局限于像消费税这样的税种。再说一遍,每种税收都会推高某种商品相对于其他商品的价格。事实上,认为每种税收都有一定的"消费税效应"比较合适。

如果有可能设计出真正中性的税种,那么它是不会改变私人部门任何实体要面对的相对价格或者成本,但会同比例增加努力和休闲成本、消费和储蓄成本、任何消费品或消费性服务的成本、任何其他类别劳动力和资本服务的成本，等等。此外，即使完全中性的税种也必然会增加私人部门使用生产投入品为私人部门生产产出——相对于公共部门或者私人部门使用生产投入品为公共部门生产产出——的成本。如果这个税种没有这种提高私人部门相对于公共部门的成本的效应，那么这个税种就不能作为税收发挥作用。

我们无法设计出完全中性的税种或者税收体系，而完全中性的税种或者税收体系也不能实现公共政策的现实目标。实际上，税收政策这方面的目标就是要最大限度地降低已有税种的消费税效应，并且最大限度地利用那些尽可能少地改变家庭和企业要面对的相对成本的税种。

有效追求任何一种这样的政策目标，都要求识别现有税种的消费税或者差别成本效应。现有税收体系中的这类消费税效应的数量非常大、种类非常多，因此试图阐述其中任何重大数量的消费税效应，大大超出了本研究的范围。这类研究虽然必要，但可以通过说明现有税收体系有利于提高努力和储蓄相对成本的特点来取而代之。

1. 所得税的努力相对成本效应

我们先来考察现有税制中一些扭曲努力相对于休闲成本的主要元素。这里的"努力"是指某人把时间、精力、技能、工具和其他资源用于生产供市场交易用的商品和服务的简称，这种努力能创造出可以用市场机制度量的收入流。这里的"休闲"是指某人把时间和资源用于非市场用途，这类活动也许只能产生满足感，但多半没有像收入那样有明确的度量手段，因为它们并不通过市场来完成，并且通常也不会引发市场交易。

只要是努力创造的收入都要纳税，而从休闲活动获得的收益不用纳税，税收就必然会提高努力相对于休闲的成本。与这个用途相关的成本概念，就像在大部分经济分析中，是个机会成本的概念——把生产资源用于特定用途而必须放弃的价值。这个概念的贴切性源自经济生活的基本事实：生产资源相对于它们被用于满足的欲望而言较为稀缺；除了个别例外，把给定量的给定资源用于生产特定产出就不能同时用于生产其他产出。

在努力与休闲的例子中，我们每天有 24 个小时，显然，如果某人化 1 个小时把自己的资源用于努力，那么就少了 1 个小时的休闲可以享受。因此，1 小时努力的边际成本就是必须放弃的那 1 小时休闲的价值。例如，假设某人做 1 小时的特定工作能挣 10 美元。这个人可以把每个小时都用在这份工作上，而他选择把时间用于休闲是有成本的，或者说，休闲 1 小时就要少挣 10 美元。想要优化配置时间，这个人可以在努力和休闲这两个选项中来配置自己的时间，就是使最后1小时休闲回报的价值正好等于10美元。[5] 于是,我们就可以说,1小时努力的边际成本是10美元(所放弃休闲的价值);同样,休闲的边际成本也是10美元(放弃的努力报酬)。努力成本与休闲成本的比例是1:1。

一种课征于努力显性报酬但不课征于休闲推算回报的所得税显然会提高努力相对于休闲的成本。例如,假定课征一种所得税,上例中的这个人适用的边际税率是25%。按照25%的边际税率计,1小时努力的净报酬是7.5美元——小时工资完税后剩下的金额。因此,1小时休闲的边际成本从10美元下降到了7.5美元,而1小时努力的边际成本——所放弃休闲的价值——仍然是10美元。按绝对价值计,休闲相对于努力的成本变成了7.5/10=0.75,努力相对于休闲的成本则变成了10/7.5=1.33。换句话说,相对于休闲的成本而言,努力的边际成本上涨了1/3;而相对于努力的成本而言,休闲的边际成本则下跌了25%。

所得税的边际税率越高,它对努力的这种消费税效应就越大。譬如说,50%的边际税率会使努力相对于休闲的成本翻倍;70%的边际税率会使努力的相对成本上涨 $233\frac{1}{3}\%$。

分级或者累进所得税会增强这种消费税效应。根据"一般地,努力的生产率越高,报酬率就越高"这个引人注意的假设,努力的生产率越高,分级所得税就会导致努力相对于休闲的成本上涨越多。

累进所得税的这种消费税效应还有一个更加严重不利但或许更加复杂的方面。在通常情况下,达到一个较高的生产率水平并非是无成本的,而是要增加某种形式的投入。似乎可以合理地推断生产率的提高程度与为达到这个程度必然发生的成本之间存在正向关系。分级所得税会增加提高生产率的成本。而且,生产率达到的水平越高,由税收引致的实现任何给定追加生产率提升的成本增幅就越大。所得税率分级通常可被认为是生产率提升活动的一种附加税。

税收体系中还有很多其他因素有助于提高努力相对于休闲的成本。美国联邦税收结构中的第二大创收税种是工薪税。工薪税是一种课征于劳动服务的税收。鉴于工薪税的现行和预计应税工资和薪水上限以及现行和预计税率,工薪税本身会大幅度提高努力相对于休闲的成本。[6] 工薪税这种课征于努力的税收与前面考察过的所得税一样,即使对于相当低的薪酬水平也会产生实质性的影响。

福利和类似计划的消费税效应较难确定,而且我们也不是非常熟悉。一般来说,这些计划无论宣布的目的是什么,也许可以恰如其分地被认为是课征于休闲的一种负税收,因此可被视为相对于努力提供给休闲的一种补贴。这方面最明显的例子就是失业金,不过,几乎任何根据收入水平向受益人付款的转移支付计划都含有这种负休闲税的重要元素。[7] 例如,对社会保险养老金制度进行的收入测定表明,社会保险养老金制度相当于就当年挣得的给定工资对努力课征的一种很高的显性消费税。

2. 税收的储蓄相对成本效应

所得税的储蓄相对成本效应情况与努力相对成本效应相同,但或许没有那么明显,所得税的这种效应会提高储蓄相对于本期消费的成本。就像努力和休闲会耗尽我们的可用时间一样,储蓄和消费也会耗尽我们的可用收入。储蓄作为我们收入的一部分,它的成本就是我们必须放弃的那部分本期消费。同样,我们把一部分收入用于本期消费的成本就是我们所放弃的那部分储蓄。由于储蓄就相当于购买未来收入流,因此,任意给定量的本期消费的成本就是我们必须放弃的未来收入。

举例来说,假定在不用纳税的情况下,我们可以动用 1 000 美元的边际收入购买价值 1 000 美元供本期消费的消费品和服务,或者价值 1 000 美元的资产(如年利率 10% 的债券,这样以后每年就能出产 100 美元的利息)。显然,1 000 美元本期消费的边际成本就是未来每年要放弃的 100 美元;同理,未来每年 100 美元附加收入的边际成本就是所放弃的 1 000 美元的本期消费。

如果在这个例子中现在课征一种像美国现行个人所得税那样的所得税,那么,本期消费与未来收入之间的取舍条件就会发生变化。我们再假设某人适用 25% 的边际税率。于是,这个人 1 000 美元的边际收入完税后就减少到了 750 美元。这样,他只能为本期购买价值 750 美元的消费品和服务或者为未来准备每年 75 美元的收入流(假设利率仍然保持 10% 不变)。不过,每年 75 美元的未来收入也要缴纳所得税,假定也同样按 25% 的边际税率纳税。于是,每年 75 美元的未来收入完税后就变成了 56.25 美元。在课征所得税之前,这个人必须放弃 1 000 美元的本期收入才能在未来获得每年 100 美元的附加收入,每美元未来收入的边际成本是 10 美元。在课征所得税以后,必须放弃 750 美元的本期消费才能在未来获得每年 56.25 美元的附加收入。因此,课税以后的每美元未来收入的边际成本是 13.33 美元。25% 的所得税导致未来收入相对于本期消费的成本上涨了 33⅓%。[8]

由于所得税实行税率分级制,因此,所得税不但会导致未来收入相对于本期消费的成本上涨,而且还会导致相对成本的涨幅大于储蓄额和/或生产率下降幅度。例如,如果按 50% 的边际税率缴纳所得税,那么,1 000 美元的本期边际收入只能为本期购买500美元的消费品和服务，或者只能为未来增加每年25美元的附加收入。每美元未来收入的边际成本就变成了20美元，2倍于征收所得税前的边际成本。如果按照70%的边际税率缴纳所得税，那么储蓄的相对成本是无税时的3⅓倍。由于所适用的边际税率在很大程度上取决于个人收入金额，又由于个人本期收入有一部分可能来源于既往储蓄，因此，个人储蓄越多，所得税对储蓄的消费税效应就可能越大。同样，储蓄的每美元回报越大（即储蓄生产率越高），所适用的边际税率就可能越高，因此，附加储蓄相对于附加消费的成本就越高。

从比努力—休闲取舍的例子更广的意义上看，现行税制不利于储蓄，而有利于消费。如上所述，之所以会产生这种偏倚，是因为个人所得税同时课征于储蓄额和由储蓄产生的未来收入。但是，无论这种税收惩罚多么厉害，它仅仅是课征于同一收入流税收金字塔的基础。在美国联邦税收体系中，公司所得税是另一重要系列的课征于个人储蓄回报的税收。如上所述，个人储蓄额被作为个人本期收入的一部分课税。如果储蓄采取购买公司股票的形式，那么这种储蓄的回报首先要按可高达46%的税率缴纳公司所得税。只要公司向个人储户——股东——支付股息，个人还要再纳一次税，从而进一步降低个人的储蓄回报率。例如，对于适用25%边际税率的个人，1 000美元的本期收入纳税后就减少到了750美元。如果他把这750美元按税前10%的收益率投资于一家公司股票，就每年可以获得75美元的税前收益。如果这家公司要按46%的边际税率缴纳公司所得税，那么这笔投资收益在公司里就已经减少到了40.50美元。如果公司把税后收益支付给股东，那么股东个人就要按25%的税率缴纳个人所得税，可得收益就减少到了30.37美元。这样，为了未来获得每年30.37美元的附加收入，我们例子中的个人得放弃750美元的本期消费，而未来每美元附加收入的边际成本是24.69美元，几乎达到无税时成本的2½倍。对于适用75%边际税率的纳税人，个人所得税和公司所得税会导致未来每美元附加收入的边际成本上涨到61.73美元，比无税时的成本高出5倍多。

另一种课征于储蓄回报的税收是资本收益税。资本收益是指资产未来收益增加值的资本化价值。假定上例中的公司支付只相当于其税后收益一半的股息，而不是全部税后收益，并且把留存收益投资于每年能产生10%税前回报的资产。于是，股东权益以每年2.7%的比例增长（作为本例的假设条件），这个比例表示公司留存和部分年收益投资未来收益增额资本化价值的年增长率。10年以后，这个股东的初始投资会增加30.53%。如果他决定变现结束这笔投资，那么就得按最高28%的税率缴纳资本收益税。这是一种课征于股东凭借初始投资获得的同一未来收入流的"一次性"附加税,相当于一种课征于初始储蓄的税率8.55%的资本税,或者相当于一种针对投资人持股10年这样的储蓄以4.6%的税率课征于适用70%个人所得税率的纳税人,或以1.8%的税率课征于适用个人所得税率25%的纳税人的附加税。

资本收益的来源是缴纳公司所得税后的留存收益。资本收益在实现时就是未来收益预期增加值的资本化价值。资本收益在发生时需要纳税,因此,资本收益税是一种课征于不管怎样已经被征收好几层税收的收入流的附加税。

同一储蓄收益在美国的一些州还要缴纳州所得税。只要储蓄采取房地产的形式,那么,同一收入流可能还要缴纳州和地方财产税。州和地方财产税虽然就财产评估价值课征,但常被视为一种课征于财产显性或推算收入的税收。

联邦和州财产赠与税和继承税就它们影响未来收入相对于本期消费的成本的效应而言,是一些类似于资本收益税的税收。这种税收的税基是受赠或者继承财产的市场价值,即等于受赠或继承财产预期收益的现值。这种未来收入通常在实现时纳税,财产转移时课征于财产资本化数额的税收是一种课征于同一收入流的附加税。

此外,财产也可被视为因放弃消费而积累的既往收入:再说一遍,在一般情况下,这种既往收入在收到时纳税。在财产转移时按财产价值课征的税收是课征于同一收入流的又一层税收。

这些储蓄转移税的追加税负可根据各种减少应税财产金额的税收条款扣除,也因为对于很多人来说履行纳税义务时间比较遥远而有所减轻;除了上了年纪的人或者考虑在不久的将来进行生者间转移财产的人之外,涉及储蓄—消费取舍的纳税义务现值相对较小。尽管如此,这些税收仍应该被视为储蓄收益的增量税负,从而会增加储蓄相对于本期消费的成本。

税法,尤其是所得税法,包含许多多少能够减轻课征于储蓄收益的多层税收的影响效应。举例来说,如果储蓄采取某个行业或者企业使用的可折旧财产的形式,那么折旧抵扣和投资税收抵免就能减除既课征于储蓄又课征于储蓄日后收益而导致的附加所得税负。不过,除非折旧抵扣额和投资税收抵免额的现值等于可折旧财产购置成本(或者说储蓄额)的现值,至少有些因需要缴纳所得税而产生的附加储蓄成本仍然存在。想要满足这个条件,储蓄额(等价于资本支出)必须已经支出——在储蓄发生当年已经全额抵扣,而储蓄的毛收益已经在实现时计入应税收入。[9]

除了资本回收抵扣外,很多特别准备一般被认为是用来减轻所得税总税负的。这些所谓的税式支出常被认为具有补贴的性质,但应该更恰当地被视为可减轻所得税增加储蓄相对于消费的成本,以及努力相对于休闲的成本的影响效应。根据最近的一项估计,在考虑了这些税式支出以后,储蓄相对于本期消费的税收引致的额外成本大约是 $66\frac{2}{3}\%$。[10] 我们采用新古典学派的分析方法发现,无论储蓄是否由于采取权益形式而可以消除或者减少这种"税式支出",这样做仍完全有可能增加努力和储蓄的相对成本。

C. 新古典学派与凯恩斯学派税收变化分析比较

新古典学派的税收变化研究始于识别税收对相对成本的初始影响,并且设法说明和解释受影响的当事人如何采取行动回应税收引致的相对成本变化。纳税人为了回应税收引致的相对成本初始变化而对自己的行为进行的调整就会产生所谓的税收转嫁过程。一旦税收转嫁过程结束,就会出现一种新的均衡状态。这种均衡状态与课税前均衡状态之间有关经济活动总量和构成以及收入和财富分配的差别能够反映税收归宿。

虽然新古典学派的分析假定是税收或者税收变化的相对价格效应引发了调整过程,但绝非拒绝接受或者不同意日后的收入变化会影响调整的性质和规模。其实,调整过程更有可能导致收入变化,而收入变化又会影响经济表现,从而影响进一步的调整。但是,税收变化本身并不会改变收入,收入变化是由于家庭和企业回应某些由税收变化导致的相对价格变动而自己产生的结果之一。换句话说,税收或者税收变化有自己的一阶价格效应,而税收或者税收变化影响收入的效应则是二阶效应。

为了对凯恩斯学派和新古典学派的分析进行对比,我们来考察一些具体但假设的税收变化。

假设国会在考虑一些备选减税措施:每人退税 50 美元或者全面降低个人所得税边际税率,两者最初对联邦税收收入等效。在凯恩斯学派看来,这两种减税措施具有基本相同的总体经济效应,每种措施都可被认为会等程度地降低实际所得税率,都可被认为会使家庭可支配收入增加相同的数额,从而导致基本相同的总消费支出增幅。总消费支出取决于边际消费倾向——消费变化与收入变化之间一种被认为稳定的关系。消费扩大会导致消费品生产商的名义可支配收入增加,从而导致消费支出的进一步增加。[11] 如果在减税时资源还没有达到"充分"利用的水平,那么,消费支出增加会导致实际产出增加,从而导致企业对资本和劳动力需求的增加。因此,就业和资本形成都会增加,资本形成增加会导致可支配收入的进一步增加,进而导致消费支出的进一步增加。[12] 如果在这个私人部门需求多重增加的过程中,已经达到"充分"就业,那么,消费和投资支出的任何进一步增加都会导致价格上涨——通货膨胀。

的确，以上是对凯恩斯学派相关分析非常简化、还原的说明，但可反映凯恩斯学派分析的主要相关内容。请读者注意，在凯恩斯学派的分析中，除了存在"充分"就业或者在调整过程中达到"充分"就业外，无论哪种形式的减税都能导致供给——实际总产出——增加，但任何一种减税都不会导致按任何（税前）市场价格供给的产出量增加。换句话说，任何一种形式的减税都没有被作为直接影响供给条件的因素来对待。产出调整基本上是对需求变动做出的被动回应。再次要提请读者注意的是，凯恩斯学派的分析并没有按照减税影响就业、产出、价格水平等的效应大小区分不同的减税方式。

当然，这也并不是说，那些采用凯恩斯学派分析结果的学者并不在乎这些（或者其他）税收变化方式。但是，他们的选择取决于他们赋予每种税收变化方式的总体经济影响效应的量值以外的其他因素。例如，他们偏好退税，是因为退税相对于全面降低税率而言能给中低收入者更多的减税实惠。通过改进凯恩斯学派的分析方法（如回应某种或者另一种减税形式的可能速度），其他因素也可能支持某种或者另一种税改方案，但是，凯恩斯学派没有对这两种减税方案扩大总需求的效力进行任何基本的区分。

凯恩斯学派的分析在鉴别力上表现出来的局限性源自于他们的分析对一阶收入效应的依赖，而一阶收入效应被视为是税收或税收变化影响经济表现的属性。结果，根据他们的这种分析方法，无论采取哪种减税方式，"1美元的税收（或者减税）就是1美元的税收（或者减税）"。

新古典学派的分析由于采用了一阶价格效应而把两种税改方案作为两种相关经济效应确实不同的方案来对待。税率普遍调低由于会降低边际税率而被认为有助于降低个人时间和能力的市场化利用相对于自家利用或者用于休闲活动的成本，并且还被认为有利于降低储蓄相对于消费的成本。因此，对税率调低的回应取决于纳税人在相对价格变化过程中如何表现。假定在收入水平既定的情况下，倘若市场导向型努力相对于休闲的成本以及储蓄相对于消费的成本变得较低，那么纳税人就会多工作、多储蓄。更加确切地说，在工作时间既定的情况下，每小时工作的要价就会低于减税之前；同样，在税前工资水平既定的情况下，税率调低后工作时间供给就会增加。类似地，在储蓄额既定的情况下，税率调低后所要求的税前回报率就会下降；在税前回报率既定时，税率调低以后，储蓄额就会增加。

根据这些假设，所得税率调低会导致任何税前工资水平上的劳动服务供给量增加，并且导致任何税前回报率上的储蓄额增加。在劳动服务需求保持不变（初始）的条件下，就业就会增加；同样，在资本服务保持初始需求不变的条件下,储蓄额增加造成的资本成本下降会导致投资增加。因此,劳动力投入和资本投入都会增加,但并不一定是同比例增加。劳动力和资本投入成比例增加的幅度取决于:(1)市场导向型努力与储蓄相对于成本的各自下降比例;(2)市场导向型努力和储蓄各自的供给弹性。在现有税收结构下,对于任何既定的税率全面调低,储蓄成本的下降幅度可能大于努力成本的下降幅度。结果可能就是资本服务使用量的增长幅度大于劳动服务使用量的增长幅度。如果结果真是这样,资本—劳动力比率的这种增长会导致边际劳动生产率上涨,从而导致实际工资水平的增长。

税率调低后劳动和资本服务使用量的增加必然会导致实际总产出的增长,就是这种实际产出增加才是实际收入增加的源泉,而这种实际收入的增加又会影响储蓄额和市场劳动服务供给量。

就如刚才所说的那样,根据新古典学派的分析方法,储蓄会对收入增加做出正面回应。也就是说,在成本——为获得未来的收入来源而必须放弃的本期消费量——既定的情况下,未来收入来源预期或者最佳存量——资本预期或者最佳存量——随着时间的推移和总收入的增长而增加。随着这种成本在本例中因所得税边际税率调低而出现的下降,每种收入水平上的预期资本存量都会增加,从而为资本存量随时间推移开辟了一条新的路径。但是,经济主体并不能立即从现有增长路径改由新增长路径来回应资本成本变动。随着经济主体这种调整的发生,投资率——资本存量增额占总产出的份额——就会上涨。在新的增长路径形成以后,每年的投资增量就会反映预期资本存量沿着新的均衡增长路径发生的逐年变化。

随着资本增量的投入使用,总收入会逐渐增加到超过在其他情况下能够达到的水平。在这条较高的增长路径的任何一点上都有一个较大的预期资本存量,因此,即使资本的相对成本没有发生任何进一步的变化,收入的增加也会进一步导致最佳资本存量增加。所以,最佳资本存量路径的终极变化将会反映储蓄相对成本的变化和因经济主体为适应相对价格变动调整自己的行为而引发的收入增加。

此外,就努力而言,作为所得税边际税率调低二阶效应出现的收入增长通常被认为对劳动服务供给具有负面效应。在收入高于其他情况下能够达到的水平上,任何既定工资水平上的劳动服务供给都会减少。现在需要弄清楚的是哪种效应居于支配地位这个问题。有学者对关于这些收入和价格效应相对强度的经验证据做出了相互矛盾的解释。不管怎样,与在其他情况下出现的努力供给相比,调低所得税税率似乎更有可能导致努力供给为回应努力相对于休闲成本下降而出现一定程度的增加。[13]

很清楚,新古典学派并没有忽视收入效应,而是把收入效应作为税收变化终极结果的重要决定因素。但与凯恩斯学派的分析形成对照的是,税收变化的收入效应在新古典学派的分析中是一种二阶效应。

劳动供给会由于税收引致型努力相对成本变化及随后的收入变化而做出调整,而且有可能相对比较迅速。此外,如上所述,资本存量的调整有可能需要经历一个持续时间较长的过程。这个调整过程在一般情况下要到新的资本存量和总收入均衡路径形成后才会结束。在这条新的增长路径上,投资总量要大于税率没有调低情况下的投资总量,但配置于资本形成的总产出份额有可能与以前一样大。如上所述,总产出和收入的均衡增长路径也高于税率没有调低情况下的增长路径,因此,总消费量也大于税率没有调低情况下的消费总量。

请读者注意,新古典学派既没有忽略需求,也没有在分析中赋予税收变化的需求效应一个次要角色。既定收入水平下的储蓄回应税收变化做出的变动明显与符号相反的等量消费变化互为补充。其实,规定一个消费函数并没有理论上的障碍,完全没有必要规定一个用来描述回应税收变化引致的储蓄因而消费相对成本变化的储蓄函数。同样,新古典学派在分析中赋予投资回应税收变化做出的变动一个重要角色。在以上两种情况中,需求分量的这些变化在回应相对价格变动的过程中首先发生。

较高水平的总产出和收入增长路径意味着大部分税基较所得税边际税率调低前有所扩大,但并不意味着总税收大于税率调低之前。如果个人所得税收入要大于税率调低前,那么,个人所得税税基的增长百分比必须大大高于税率的调低百分比。举例来说,如果个人所得税边际税率平均调低,比如说20%,那么,个人应税所得需要增加近25%才能征到与减税前相同的税收。[14]在一般情况下,这意味着资本存量和就业人数每年要比减税前增加25%左右。而这样的就业人数和资本存量增加意味着劳动服务供给和最佳资本存量各自都有非常高的回应努力和未来收入相对成本下降的水平。[15]

产出和收入增长对税收的"反馈"效应会部分抵消由税率调低造成的税收损失。在某些情况下,这种反馈效应可能大到足以导致税收收入超过在税率没有调低的情况下能够实现的税收收入。当纳税人可以在纳税义务实际减轻之前自信地预期税收变化会导致努力和/或储蓄成本下降时,就有可能出现这种情况。但是,反馈效应能抵消的税收损失通常要小于减税的税收收入全效应。

如果把新古典学派的分析应用于另一种减税方案——每个纳税人退税50美元,那么,第一个需要解决的问题就是识别任何此类税收策略会改变的相对价格。退税就是人均减去一定金额的税收，显然不会对任何边际税率产生影响，因此既不能影响努力相对于休闲的价格，也不会影响消费相对于储蓄的价格。如果退税被视为一种持续性而不是一次性措施，那么就相当于一种负人头税。同样，退税也许只能小幅降低抚养孩子的费用，但可以想象随着时间的推移有可能对家庭人数产生一定的影响。然而，除此之外，新古典学派在分析中推断，退税不会对经济表现产生系统影响，退税的最可能用途就是筹集资金弥补由它导致的政府边际赤字（由退税导致的税收相对于政府支出的缺口）。

关于税收变化的影响效应分析，新古典学派与凯恩斯学派之间还有很多东西可以比较。例如，新古典学派把资本收益税税率调低视为储蓄相对成本的下降，从而导致现有收入由消费转向储蓄、现有生产投入品配置从消费品生产转向资本形成，由此而增加的资本存量会提高资本—劳动比率，提高实际工资水平，并且导致就业增加。总产出和收入会增加到高于在没有调低资本收益税税率的情况下要通过增加劳动力和资本投入才能达到的水平。此外，这些扩展效应并不是源自纳税额的实际减少，而是源自由资本收益实现造成的纳税义务变化。因此，总税基很可能扩大到足以导致税收收入出现净增长。

而在凯恩斯学派看来，资本收益税税率调低的初始效应可被视为并被作为纳税义务减少来测度，因此可被视为并被作为本期实现资本收益的纳税人可支配收入增加来计量。这种可支配收入的增加可被作为主要是导致消费而不是储蓄增加的因素来处理。消费的增加想必会对总收入产生多重影响，并且导致就业和投资增长。但是，这种减税被认为实质上具有几乎与其他对现有纳税义务产生等同影响的减税相同的总体经济效应。

从所有这样的比较中可得出的很有说服力的一个结论就是，新古典学派的分析不但打下了一个比较合理的确定税收和税收变化效应的理论基础，而且还具有比凯恩斯学派大很多的可用来解释不同税收和税收变化效应的能力。当然，这种解释力派生于税收变化的一阶价格效应。一阶价格效应是新古典学派理论体系中的标志性属性，并且在质与量上比凯恩斯学派所依靠的所谓一阶收入效应更加多样化。因此，新古典学派提供了一种得到大幅度扩展的分析和区别不同税改选项的能力，并且为在更好地了解税收政策的生产资源配置和经济潜力动态扩展效应的情况下制定税收政策奠定了基础。

三、税收、努力与储蓄

也许很少有人会对大部分税种特别是所得税，会影响努力相对于休闲的成本和储蓄相对于消费的成本这个问题提出异议，但对于人们如何回应这些相对成本变化这个问题却有截然不同的看法。如果减税会提高某人的税后工资水平，那么这个人会愿意多工作还是少工作呢？如果储蓄的税后回报率上涨，那么，人们是愿意拿自己的本期收入多储蓄还是少储蓄呢？这两个问题的答案对于税收政策具有明显的影响。举例来说，就像人们通常认为的那样，如果实得薪水增加，人们愿意少工作，那么，减少劳动所得税对于增加就业和产出来说是一种反生产策略；但如果储蓄的税后回报增加时，人们减少储蓄——可能是因为他们能够获得一定目标数额的未来收入，并且愿意在本期多消费，那么，同时减少资本收益税对于一项旨在加快产能增长速度的政策来说只会产生适得其反的效果。这些问题不但从理论上讲是重要的，而且对于公共经济政策的形成也具有重要影响。

关于决定个人选择市场导向型努力（工作）或者休闲以及储蓄或者消费的因素，一直没有定论。对于这些决定性因素的严谨解释需要更加广泛地涉猎经济学理论，而不是囿于对这个问题的讨论。本研究谨简要介绍基本分析命题，指出它们的政策含义，并且说明它们是如何包含在新古典学派对总体经济表现的分析中的。

A. 工作与休闲选择

如本研究前面所说的那样，个人在工作与休闲之间如何配置自己的时间和资源，这取决于这些选项的机会成本。个人被认为会对这种配置进行优化，直到自己所提供劳动服务的边际数量回报等于用所放弃休闲边际数量价值表示的劳动服务边际数量的成本。同理，个人会把时间和资源配置一直优化到休闲的边际回报正好等于休闲的边际成本——放弃边际数量劳动服务的补偿。虽然劳动报酬通常是明示的——每小时多少美元，但个人赋予其劳动报酬的重要性通常是不知道的。个人的劳动报酬包括本人对本期消费和未来收入的支配权。推断可知，在未来收入数额既定的条件下，本期消费数额越大，从1追加单位本期消费中获得的满足感就越小；而在本期消费数额既定的条件下，未来收入数额越大，个人赋予1追加单位未来收入的重要性就越小。本期收入数额越大，那么从1追加单位本期收入中获得的追加满意感就越小。

想必，以上推论也适用于休闲。某些需要耗用个人时间和资源的休闲活动其实就是特别类型的消费，而有些休闲活动则直接能够提高个人未来获取收入——或者从任何给定数额的收入中获得较大满足感——的能力。用于休闲的劳动报酬数额越大，那么从追加数额的休闲中获得的追加满足感就越小。

因此，工作和休闲被认为会导致边际回报递减。由于这个原因，工作和休闲都会导致边际成本递增。再重复一遍，个人一直会进行优化，直到每个选项的边际回报和边际成本相同为止。[16]

鉴于工作和休闲具有这些属性,我们可以得出以下两个关于劳动服务供给的结论。首先,在任何既定的固定收入额上,个人总是要求劳动服务供给量越大,单位劳动服务报酬递增;个人有一条斜率为正的劳动服务供给曲线;个人劳动服务供给的价格弹性为正值。其次,个人的收入额越大,他在任何单位劳动服务报酬上提供的劳动服务就越少;或者,等价地,对于任何给定数额的劳动服务,单位劳动报酬必须增加。劳动供给的收入弹性为负。[17]

从纯理论上看,并没有任何确定价格效应和收入效应何者更大——对较高劳动报酬率的回应通常是劳动供给增加还是减少——的依据。有一点看起来是明确的,那就是想要某人每天加几小时的班、每周加几天的班或每年加几周的班,或者在任何给定时间里从事强度更大的工作,都需要支付更高的报酬。此外,虽然某人因完成任何给定数量的工作而获得了较高的薪水率,但并不能肯定,这是否能诱使他工作更多或较少的时间,或者诱使他每小时做出强度更大或者较小的努力。一方面,这个人可能在工作比以前少的情况下获得与以前一样多的收入,或者在工作与以前一样多的情况下获得比以前多的收入。因此,这个人可能难以感觉到在较高的薪水标准比在较低的薪水标准上工作更多任何动力。另一方面,任何工作时间报酬的增加意味着休闲的成本较之前为高,因此会诱使个人减少休闲——把较少的时间配置于休闲活动,而把较多的时间配置于工作。于是,我们又回到了负收入效应与正价格效应何者更大这个问题。

遗憾的是,经验证据并不足以明确地解决这个理论问题。一方面,随着实际人均收入的增加,在一个相当长的时期里,个人每年用于市场导向型工作的平均时间不断减少,这一点当然是千真万确的。毫无疑问,这方面的历史记录提供了证明强收入效应的可靠证据。另一方面,这种历史记录本身并没有证明这些收入效应大于价格效应。随着实际工资水平的提高,收入的增加通常源自于劳动报酬以外的来源。收入效应是否大于价格效应取决于相对于单位劳动实际收入增长百分比的平均工作时间减少百分比——收入弹性——在数值上是否大于对应于既定实际工资——假定收入保持不变——水平最终百分比的预期劳动服务供给增长百分比——价格弹性。

造成历史记录解释歧义性的部分原因就在于就业构成的变化、各行各业制度安排的差异和人口变化趋势。"二次大战"战后时期提供了一个有益的例证。自1947年以来,美国非制造业私人部门劳动力每周的平均工作时间出现了很大幅度的持续下降,从1947年的40.3小时减少到了1978年的35.8小时。同期,实际平均工资水平以约 1.75% 的年均增长率增长。这个数据常被作为能够证明收入效应占优的具有说服力的证据来援引。但是,这些总平均值无法反映各部门之间重要的工作时间变化差异。例如,这个数据没有显示制造业平均周工作时间的下降趋势,而是显示了建筑业平均周工作时间的轻微减少和商业平均周工作时间的急剧减少。虽然这些工作时间的变化应该能够反映收入效应和价格效应的相对强度,但我们仍希望发现制造业的实际小时工资增长略慢于建筑业,而大大慢于商业。事实上,商业和制造业的小时工资水平增长率基本相同,但明显低于建筑业。按周计算,建筑业的毛工资增长仅仅略快于制造业,而建筑业和制造业的毛工资增速要远远快于商业。

这些工资水平和工作时间之间的不同关系,主要反映了兼职就业在商业日益流行,但在制造业和建筑业程度要低得多。而造成非全职就业计划在商业变得越来越普遍的部分原因就是不断有学生和家庭主妇寻找无需大量培训的兼职工作,并参与到劳动力行列中来。因此,商业部门平均周工作时间的急剧减少更多地反映了兼职员工雇佣量的不断增大,而不是商业部门劳动者对实际工资水平变化做出的回应。而随着就业人口日益从制造业向非制造业的转移,商业部门就业制度安排的变化导致整个私人非制造业部门总体平均周工作时间缩短。

关于任何个人回应劳动报酬水平变化的方式,无论是抽象推理还是经验分析的不确定性都没有出现在对税收变化的劳动总供给效应的解释中。就如本研究第二部分所显示的那样,工薪税或者所得税提高了工作相对于休闲的成本。相对于无税、相同工资水平条件下的劳动服务供给量而言,这种相对价格效应本身趋向于减少劳动服务供给量。例如,如果某个总收入数额既定的人索要比如说 10 美元的实得小时工资;如果他得供给比如说每天 8 小时的劳动服务,每周工作 5 天,每年工作 48 周,那么,倘若他要提供等量劳动服务,对他的工资课征税率比如说为 25% 的所得税,就会导致他索要 13.33 美元的税前小时工资。在较低的税前工资水平上,因而在较低的税后工资水平上,这个人的休闲成本就低于无税时的休闲成本。在其他条件保持不变的情况下,他就会把更多的时间和资源配置于休闲。

但是,他的收入减少难道就不会诱使他更多地工作以维持以前的收入水平?有可能会。如上所示,关于个人在不用纳税的情况下会增加还是减少其总努力量,理论分析没有得出最后的结论。不过,就如本研究第二部分所示,征税本身并不会改变经济中生产资源总量及其使用,因此也不会改变总收入创造量。从纳税人的收入被税收减少这个意义上讲,另一些人必然要挣到比不课税时更多的收入。对于那些获得追加收入的人和要纳税的人来说，收入效应当然起到了截然相反的作用。因此，这些作用截然相反的收入效应至少可近似地相互抵消。此外，只要有人以减少自己的劳动服务供给来回应税收的价格效应，总体收入较之于不征税就会减少。所以，税收影响劳动服务总供给量的效应要到有人对税收的价格效应做出初始回应以后才实际产生作用。税收具有影响劳动总供给量的一阶价格效应，但税收的一阶价格效应可能要被二阶收入效应抵消一部分。

凯恩斯学派总需求论的主要缺陷之一就是无视税收变化影响劳动供给条件的价格效应。根据这种需求论，劳动供给基本上被视为既定且不明显受到劳动报酬纳税方式的影响。其实，那些信赖总需求论的学者通常都拒绝把旨在降低努力相对成本的税收变化作为就业扩张手段，并且认为税收变化的收入效应至少有可能抵消税收变化的价格效应，因此不会导致任何劳动供给变化，甚至有可能不会导致劳动供给减少。鉴于凯恩斯学派对税收变化一阶收入效应的依赖，从边际税率和平均税率变化各自如何影响经济表现的角度对这两种税率变化进行区分，对于分析这两种税率变化各自改变可支配收入的效应来说，充其量也是第二位的。

如果存在影响劳动总供给的一阶负收入效应，那么这种收入效应有可能危及传统的总需求政策和供给导向型政策。其实，负的一阶收入效应意味着旨在刺激总需求的所得税减税不会对就业产生任何影响，或者会减少任何工资水平上的劳动服务供给量。出于同样的原因，实际产出既不会增加也不会实际减少。不过，如果减税实际上要增加总需求，那么结果必然是价格总水平上涨。凯恩斯学派的分析与新古典学派的分析一样，必须基于净税率变化影响劳动报酬的正价格效应大于净税率变化影响劳动报酬的负收入效应这一假设之上。

B. 储蓄—消费选择

本研究第二部分的讨论就是要尽量说明如何利用现有税制的不同属性来提高储蓄相对于消费的成本。现在要讨论的问题是税收的价格效应是否会影响任何给定总收入用于储蓄的数量。

根据新古典学派的相关理论，储蓄的动力就是获得未来收入流以便未来在没有储蓄的情况下能获得更大的资源支配权。人们拥有主张权的未来收入量越大，从获得任何追加未来收入量感受到满意的可能性就越小。换句话说，未来收入的边际效用随着未来收入数量的增加而减少。

正如本研究第三部分所指出的那样，获得未来收入源会导致人们放弃部分本期收入在本期消费上的使用。任何量的这种未来收入源的实际成本都是利用一定量收入来获得未来收入源而必须放弃的本期消费能够产生的满意度。以此推断,用于这种用途的收入数量增大,本期消费的边际效用也会减小。因此,在任何给定的收入水平上,未来收入任意增量的实际成本会随着储蓄量——所放弃的本期消费——的增加而上涨。同样,本期消费任意增量的实际成本就是必须牺牲的未来收入能产生的追加满意度。因此,本期消费的实际边际成本会随着本期消费的增加而上涨。

个人为了达到优化的目的,必然会以本期消费和未来收入边际成本等于边际效用的方式在本期消费与未来收入之间配置自己的本期可支配收入。如果某个事件改变了用一定数量本期收入能够获得的本期消费数量(即改变了本期消费的明示价格),那么,在个人偏好系给定不变的情况下,本期消费与储蓄(未来收入)之间的收入配置就会发生变化。同样,如果个人为了获得任何给定量未来收入而必须放弃的本期收入数额发生变化(即未来收入的明示价格发生变化),那么就会驱使个人改变本期可支配收入在储蓄与本期消费之间的配置。举例来说,未来收入相对于本期消费的成本下降,会导致未来收入的理想数额增加。如果实际收入保持不变,那么,未来收入相对成本的下降就会导致本期收入用于储蓄的比例(即用于获得未来收入源的本期收入比例)提高,并导致本期消费减少。如果本期实际收入增加,那么储蓄和消费都会增加。

以上这些关系可作为资本供给条件来描述。在每一给定实际收入水平上,需要放弃的本期消费越多,个人就会要求放弃 1 美元本期消费能增加越多的未来收入。我们用个人储蓄回报率来表示未来收入占放弃 1 美元本期消费的份额,把任意给定本期收入中的储蓄量表述为具有正的储蓄回报率弹性。收入水平越高,在任意给定储蓄回报率上的储蓄额就越大,也就是储蓄具有正的收入弹性。

用于购置资本而放弃消费所节约的每一美元可获得的回报额(不同于期望回报额)取决于在其他生产投入要素数量给定的情况下需要把多少资本用于生产过程。在生产的技术条件以及对使用资本的生产过程的产出需求既定的情况下,与其他生产投入要素发生关系的资本数量越大,任意给定追加资本数量创造的总收入增量就越小。换句话说,资本的边际价值生产率会随着资本数量在其他生产投入要素数量既定情况下的增加而下降。

资本均衡使用量就是在资本的边际价值产品与人们为持有这个资本量所放弃的本期消费量所要求的回报率相等时的资本数量。

由于税收(如美国的现有税收结构)既课征于用于储蓄的本期收入,又课征于靠储蓄获得的未来收入,因此储蓄的相对成本——为获得任意给定税后未来收入而必须放弃的本期消费数量——趋于提高。除非征税本身会降低人们相对于本期收入的未来收入偏好，否则引发任意给定量储蓄所必需的税前回报率就将高于无税条件下的储蓄回报率。但是，在资本生产率基本决定因素不发生任何变化的条件下，税前储蓄回报率只有在与劳动力和其他生产投入要素发生关系的资本使用量减少的情况下才会上涨。因此，这种税收结构会导致资本存量小于不采用这种税收结构情况下的资本存量。[18]

由于劳动生产率的原因，实际工资在很大程度上取决于与劳动发生关系的资本数量，因此，这种税收引致型资本存量减少也会导致劳动报酬低于无税状态下的劳动报酬。如前文的讨论所示，这种情况有可能导致就业少于无税状态下的就业。

反过来，资本和劳动力使用量的减少，意味着总产出和实际收入少于在税收没有对储蓄和资本形成造成偏误的情况下的总产出和实际收入。在较低的收入水平上，总储蓄少于无税状态下的总储蓄。

工作—休闲选择的情况相类似，税收影响储蓄—消费选择的初始效应是对税收扭曲储蓄相对于消费的成本做出回应的结果。这些对相对价格变化做出的回应会导致生产率和总生产投入水平的下降，因而会导致收入少于在没有这些对相对价格变化做出回应情况下实现的收入。反过来，这种收入水平的下降——税收的二阶收入效应——会进一步导致储蓄和资本形成减少。

如前所述，在总需求论中，消费被认为主要由可支配收入决定，因此储蓄也主要由可支配收入决定。储蓄和消费的相对成本完全被忽略，或者作为在这两种替代性用途中配置收入的决定性因素只被赋予很小的权重。储蓄，因而消费，都被描述为完全"无利息弹性"。同样，税收影响这些相对成本的效应通常也被误认为不会对个人的储蓄—消费选择产生影响；而税收被认为凭借其可支配收入效应而对消费和储蓄产生一阶收入效应。

这种处理法应该会对那些信赖总需求论的人提出一个有趣的悖论。现在来考察一种就其提高储蓄相对于本期消费的成本这一意义上讲会导致严重不利于储蓄偏误的税收结构。无论我们是否相信储蓄和消费会受到这些相对成本的影响，都必然要对本期消费与储蓄之间进行某种收入配置——想必是一种函数关系稳定的配置。现在假定税收结构发生巨大变化，因此，虽然没有全部消除不利于储蓄的偏误，但已经减少了不利于储蓄的偏误，即税收结构变得就像本研究第二部分定义的那样接近于对储蓄和消费中性。例如，假设现行的所得税被一种统一增值税取代。[19]再进一步假设，税收变化最初没有导致总纳税义务变化。税收变化以后，消费成本显著上涨，而储蓄成本则大幅下降。但由于可支配收入没有发生变化,因此,总需求论坚持认为,消费或储蓄不会发生任何变化。如果结果确实如此,那么,不但储蓄必然被认为是完全"无利息弹性",而且消费也必然被认为完全缺乏价格弹性。但如果情况确实如此,那么,说增值税或者销售税在任何有意义的意义上是一种消费负担显然没有任何偏误。

总需求论的第二个悖论就在于它处理企业组织回应被认为会影响企业自有资本回报率的税收变化的方法。公司所得税减税、以更快的速度计提折旧、增加投资税收抵扣和类似的税收变化被认为会增加企业现金流(税后利润加资本消耗摊提额)和税后回报率。税收变化的收入和价格效应都被认为会导致企业对固定资本的需求增加——导致企业资本支出增加。换句话说,"企业"被认为对资本的需求具有利息弹性[20],而作为企业终极所有人的个人则被认为储蓄行为完全缺乏利息弹性,这就意味着非公司企业主在作为所有人考虑企业应该保有多少资本(不是考虑抽走资本把它消费掉)以及作为企业管理者敏捷回应税收变化影响企业资本净回报率的效应时会闭眼不看税后回报率。[21]即使有人相信公司主管和管理者迟早会明白他们只是公司老板的管家而已,那也只会发生在股价大跌或企业破产时,因此,任何这样的分裂观都是难以置信,就如同认为公司管理层具有同样的分裂人格那样不可信。

C. 政策含义

在处理税收的储蓄—消费选择效应的方法上,新古典学派与凯恩斯学派的主要分野就是分别从一阶价格效应(新古典学派)和一阶收入效应的角度(凯恩斯学派)识别税收或者税收变化的储蓄—消费选择效应。当然,新古典学派与凯恩斯学派在处理工作—休闲选择方面也存在相同的分野。由于这种分野,新古典学派在分析中从税收和税收变化边际税率效应的角度来考察税收和税收变化问题,并且把税收和税收变化的边际税率效应作为税收政策运作机制来处理;而凯恩斯学派的总需求论主要把平均税率变化作为通过税收影响经济活动的手段来处理。

新古典学派与凯恩斯学派在分析方法上的分野具有重要的公共政策意义。未能区分税收和税收变化的价格和收入效应及其引发的后续事件是造成过去税收政策被误用的重要原因。同样,评判这两个学派认定的须优先解决问题上的分野,将有利于设计一个不会那么累及储蓄、努力和生产率提升型经济活动的税收体系。

这些政策意义中最具广泛适用性和重要性的一个意义就是:如果税收政策要高效地用来追逐经济目标,那么,税改就应该改变边际税率,而不是改变平均税率。举例来说,如果税改的目的是更加集约地使用劳动力,那么就必须降低工作相对于休闲的成本，为达到这个目的，税收政策的重点就应该放在降低所得税和工薪税的边际税率上。例如，通过提供人均税收抵扣或者退税来降低实际税率而让边际税率保持不变的做法不可能改变努力相对于休闲的成本，因此也不会扩大劳动力供给和就业。

同样，为了抵消通货膨胀对劳动力供给造成的不利影响，我们应该把重点放在降低边际税率上。美国财政部往往认为，凭借相机抉择的减税措施，所得税实际税率没有随着通货膨胀提高。但这种论点没有真正回答那些敦促通过指数化或者某种替代性所得税调整措施来抵消通货膨胀导致税级节节攀升的影响的人提出的问题。只要美国财政部能够证明，这些相机抉择的调税措施也能够使课征于实际收入增量的追加税收保持不变，那么就能证明它的税收政策已经有效地抵消了通货膨胀对劳动力供给条件产生的负面作用。

同样，想要增加资本存量、提高资本—劳动比率，从而通过提高生产率和工资水平以及增加就业来提高总储蓄率，那么，储蓄边际回报税额的降幅必须大于储蓄总回报的实际总税率调低幅度。如本研究第二部分所示，这可能需要同时调低个人所得税边际税率。调低公司所得税税率会非常有效，扩大所得税税级间的宽度是达到这个目的的有效策略。很多税收条款不但允许调低法定税率来达到这个目的，例如，更加宽松的资本回收条款，如有人提出的"10—5—3资本成本回收制度"，投资税收抵扣、存托凭证等，都可用来降低资本收益税的边际税率，从而降低储蓄的边际成本。

当然，很多这样的税收条款最初并不会对全部储蓄替代性渠道产生相同的影响。这些税收条款只要能调低某种或某些种类资本相对于其他种类资本的收益适用的边际税率，就能推动储蓄和投资构成从不利的储蓄渠道转向税收支持型储蓄渠道。其他生产投入要素也会以不同的比例随着储蓄和资本配置的变化而转移。随着这种转移的发生，各种受到税收条款支持的资本的税前回报率趋向于下跌，而没有受到税收条款支持的资本的回报率则趋于上涨。这个调整过程要一直持续到各种用途的资本的税后回报率重新相等为止。等调整过程结束后，资本总量在各种替代性用途之间的配置有可能与在所有税收最初等量改变各种用途储蓄的成本的情况下的资本配置构成大相径庭。

除非非税收支持型用途资本收益的边际税率上涨到正好抵消税收支持型用途享受到的税收差别导致的边际税率下降，否则全部资本收益的总体边际税率就会下跌。所以，储蓄的总体成本也会下降，而总资本存量的规模则会扩大。

因此，不同程度地调低特定种类资本收益税边际税率的税收条款不但会改变资本配置，而且会增加资本总量。

资本配置变化很可能会导致效率损失，而就是这种几乎从未测度过的效率损失应该引起政策制定者们的注意。一种对各种替代性用途资本成本更加接近中性的税收结构肯定是高度受欢迎的，但是，经济并不会因此而得益于仅仅消除税收差别待遇。真正的问题在于：税收差别造成的效率损失是否等于由不利于储蓄因而也不利于资本存量增加的税收偏倚普遍降低带来的效率提高。一般来说，相对于在不利于储蓄的税制偏倚没有那么严重的情况下资本存量减少造成的效率损失而言，资本存量配置失误造成的效率损失是第二位的。同样，取消税收差别待遇而不停止税改——仍采取等比例降低储蓄回报边际税率的措施——会导致经济效率净损失。

因此，以下这个问题会进一步凸显其重要性：评估任何税改方案实现经济目标的效力，必须确定税改方案如何影响相对价格；想要达到这个目的，只有税收变化的边际税率效应，而不是税收变化的纳税义务效应，才是重要的。

这并不等于说，任何政策目标都没有反映对实际税率的关切。只要个人在不同的经济环境下承担的税负能够严格、富有意义地体现公平原则，那么，调整平均税率显然也是一种有效措施。但是，想要理解税收如何影响纳税人的工作和储蓄决策，而不是税收如何影响他们把自己的资源用于非市场用途和消费，就应该把重点放在边际税率上。

四、总结与结论

在过去的10年里，为实现政策目标而实施税收政策的实践并没有收到预期的效果，有人有时把这归因于经济性质和结构发生了可以解释的变化，而另一些人则断定税收本身是一种无效果的政策工具，因此，税收应该单纯地被用来征集资金。

以上两种观点都依据不足。采用税收政策并没有取得预期的经济结果，这既不表明一直是平面的世界突然变成了球体，也不意味着税收并不能有效影响经济结果。正确的推论应该是过去的税收政策是在错误地理解税收如何影响经济表现的基础上制定的。根据一种流行的观点，想要纠正过去税收政策的错误，就必须把重点从控制总需求转移到扩大总供给上来。不管怎样，真正需要的是借助于一种不同的分析方法来识别税收影响经济表现的属性，因此需要更好、更加正确地认识纳税人如何对税收和税收变革做出回应。

在过去的几十年里，税收政策主要是在一些关于税收如何影响经济表现的观点的指导下制定的。这些观点源自凯恩斯的著述。根据凯恩斯学派的这种分析方法，税收的可运作性属性是它们的可支配收入效应。可支配收入效应被认为能够导致消费变化，并且在很大程度上导致投资变化，而投资变化又反过来会导致总产出和收入变化。生产投入要素供给条件被认为很少受到税收及其可支配收入效应的影响。因此，这种分析方法把重点放在了总需求上。

现在，学者们日益认识到这种总需求分析法错误地规定了税收影响经济表现的属性。新古典学派的分析表明，税收和税改最初可能不会影响经济总收入，因此不会通过一阶收入效应影响经济结果。但是，税收首先通过改变家庭和企业面对的经济替代方案的明示或隐含相对价格来影响家庭和企业的行为。因此，想要认识税收政策如何影响经济的总体表现，有必要先识别被税收改变的相对价格并且确定个体如何对相对价格变化做出回应。

我们可以通过储蓄相对于消费和/或努力相对于休闲的价格的变化来识别处在最高综合水平上的税收初始效应。这种识别往往把分析首先聚焦于供给条件，因为税收引致型相对价格变化会导致储蓄发生变化，从而导致资本存量和生产过程中的资本服务流量以及任意税前工资水平上的劳动服务供给量发生变化。但是，资本和劳动服务供给条件的变化显然会引发总产出和收入的变化，而这些收入的二阶变化本身也会影响个体在给定努力和储蓄报酬率上的工作和储蓄意愿。因此，这些税改的二阶效应会改变消费和投资量——私人部门总需求的分量。由此可见，新古典学派与凯恩斯学派在税收效应分析上的区别并不是一派关心税收的供给效应，另一派关注税收的需求效应；而是一派认为税收首先会改变相对价格，进而导致收入发生变化，而另一派则认为税收首先改变收入，税收的相对价格效应即使有的话，也是第二重要的。

新古典学派并没有摒弃分析税收的总需求及其分量效应，而是把对税改的生产要素供给条件效应的显性分析与税收的总需求及其分量效应分析合并在了一起。这种分析方法通过与总需求法进行比较来保证对"供给侧"特点的刻画，而总需求分析法通常并不明确考虑要素供给如何回应税改的问题。

新古典学派的分析具有重要的税收政策意义。首先，只要税收政策关系到经济政策目标，新古典学派就主张不要看重平均税率，而要关注边际税率，因为是边际税率而不是平均税率会影响相关的相对价格。因此，改变税收占总收入的份额并不是利用税收政策来实现各经济总量预期变化的有效方法：像人均所得税税额抵免或退税这样的策略不应该用于影响总体产出或就业水平。同样，为了提高生产率、实际工资水平和总产出潜力而想通过实施税收政策来加快私人企业资本存量的增长速度，那么就应该把重点放在降低现有过高的储蓄相对于消费的税收成本，这就要求降低所得税边际税率，而不是降低平均税率。

然而，这并不是说不要关注实际税率。虽然我们可以通过在不同的经济环境中规定不同的个人所得税税率来有意义地具体推行公平目标,但平均或者实际税率仍是一个重要、有用的评价指标。不过,政策制定者应该注意,追逐实际税率变化导向型公平目标有可能与追逐以调整边际税率为操作工具的经济目标发生严重的冲突。

把新古典学派的价格理论分析成果应用于税收政策研究,为加深我们对税收如何影响经济表现的认识带来了巨大的希望,而且还会大大提高税收政策建设性地解决较之过去有效解决的问题更多的经济问题。运用这种分析方法能够更加清楚地指明通向更具建设性的税制的路径,一条更能促进生产性努力、提高生产率、鼓励创新和经济自立的路径。但归根结底,能否沿着这条路径向前,仍取决于政策制定者是否愿意改变自己的知识结构。希望本研究将方便这个改变过程。

附录 A

作为劳动力供给曲线参数的收入

图 1 对劳动服务供给量以及备选工资水平的收入和价格效应之间的关系进行了图示。图中,用横轴表示劳动服务供给量,纵轴表示工资水平。曲线 S_1、S_2、S_3 等表示在总收入既定的情况下,个人在不同的备选工资水平上愿意提供的不同劳动服务供给量。劳动服务供给曲线 S_2 表示在个人总收入多少大于与曲线 S_1 相对应的总收入时的劳动服务供给状况;曲线 S_3 表示个人总收入大于与曲线 S_2 相对应的总收入时的劳动服务供给状况;其余可依此类推。

当然,在其他条件不变的情况下,劳动服务供给量随着单位劳动服务报酬的增加而增加,从而导致总收入增加。这时,初始劳动服务供给曲线已经不再能正确表示个人的劳动服务供给状况,但对应于增加后的总收入新绘制的曲线能够正确表示。例如,假设我们先从一个由曲线 S_1 表示的在工资水平 W_1 上供给 L_1 小时劳动服务的个人开始推导。在工资水平 W_2 上,如果总收入保持不变,个人愿意供给 L_2 小时的劳动服务。但是,如果把收入增加考虑进去,那么,他就会在工资水平 W_2 上供给 L_2' 的劳动服务。于是,现在他的劳动服务供给量用曲线 S_3 表示。在工资水平 W_3 上,如果他的收入仍跟与曲线 S_1 相对应的收入相同,那么他就供给 L_3 的劳动服务。但在更高的收入水平上,工资水平 W_3 上的劳动服务供给量是 L_3',而这个点位于劳动服务供给曲线 S_3 上;其余可依此类推。连接点 $W_1'L_1'$、$W_2'L_2'$、$W_3'L_3'$ 等（它们已经考虑了收入变化影响个人在任意给定工资水平上劳动服务供给意愿的效应，即已经确认负的收入效应），于是就有劳动服务供给曲线 AB。应该注意，这条曲线表示劳动服务随工资水平提高的增加量。可见，正的价格效应大于负的收入效应。

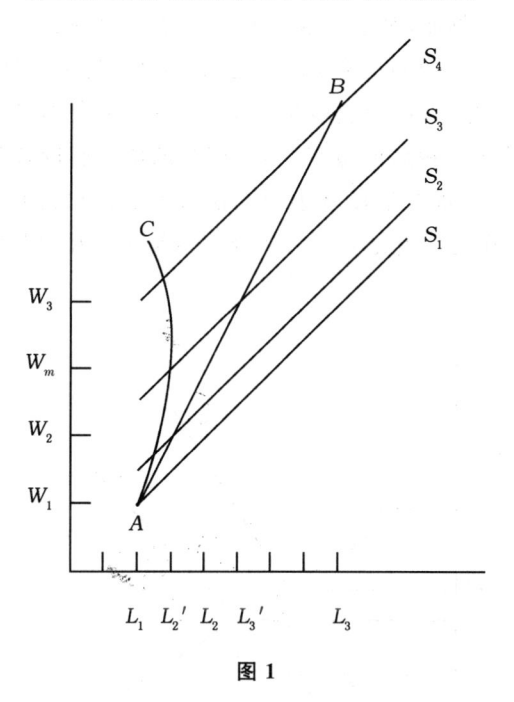

图 1

而曲线 AC 表示小得多的劳动服务供给量回应工资水平提高的力度以及大得多的反向回应收入隐性增加的力度。在工资水平 W_m 上，即位于 W_2 和 W_3 之间，劳动服务供给量最大。在更高的工资水平上，如在 W_3 上，劳动服务供给量小于在 W_m 上的劳动服务供给量。这条劳动服务供给曲线后倾。在高于 W_m 的工资水平上，工资增加的负收入效应大于正的价格效应。

附录 B

税收的资本存量效应

图 2 对税收结构影响资本存量规模的效应进行了图示。图中，曲线 S 表示人们愿意在每个净回报率 r 上持有的资本量 K。曲线 D 表示不同数量 K 的边

际价值产品。在无税情况下,均衡资本量是 K_{nt},即个人在必须持有给定量资本的情况下要求的边际价值产品等于净回报率 r 的资本量。在需要缴税的情况下,个人所要求的税前回报率必须充分提高到足以让税后净回报率能够吸引人们持有所示资本量。曲线 S' 表示为提供曲线 S 所示不同资本量的净回报率所必需的税前回报率。例如,对于资本量 K_{nt},税前回报率必须是 r'_1。这样,资本持有者在完税后可获得净回报率 r。但是,资本 K_{nt} 的边际价值产品是 r,小于 r'_1,在需要纳税的情况下,均衡资本量是 K_t。在这个资本量上,边际价值产品与税前回报率都是 r'_1。税后回报率是 r_1,即为诱使人们持有资本量 K_t 所必需的回报率。当然,这个资本量显著小于无税时人们愿意持有的资本量。因此,测度税收成本的一个方法就是采用所放弃资本量 K_t、K_{nt} 以及所放弃资本量能产生的收益。[22]

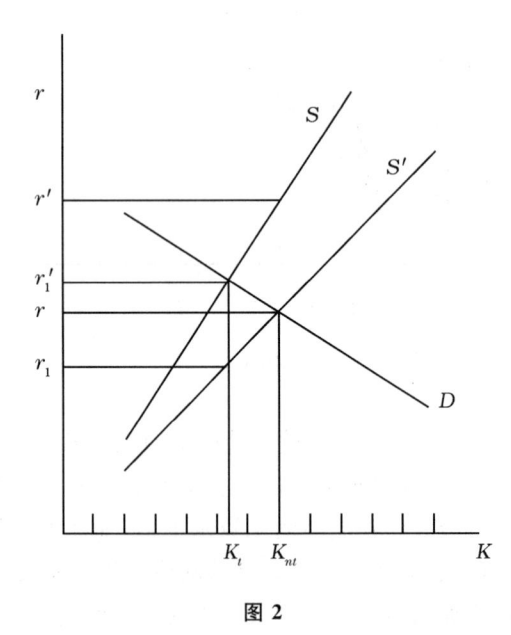

图 2

注释

1. 在其他条件不变的情况下,想要保持劳动生产率某个给定增长率不变,就必须保持资本—劳动比率某个给定增长率不变。资本—劳动比率增长率下降很可能导致劳动生产率增长率下降,但又不只限于此。参见 Norman B. Ture and B. Kenneth Sanden."*The Effects of Tax Policy on Capital Formation*", Financial Executives Research Foundation(New York, 1977), pp. 16—23.

2. 本研究第二部分讨论了现行税制几个导致储蓄相对于消费的成本上涨的特点。

3. 如果生产投入要素用于满足私人部门需求的生产率高于生产投入要素被用于满足公共部门需求的生产率，那么总产出就会增长。

4. 在有些研究中，税改被表示为具有财富效应，而不是收入效应。但根据定义，财富是预期持续性收入或者长期收入的资本化额。因此，税改并不能先改变总财富，而能够改变总收入。

5. 这就要求个人充分自由地决定工作时间和休闲时间。流行的观点认为，个人决定如何在休闲和努力之间配置自己时间的能力受到严厉的制度限制。不过，这种观点严重夸大了制度约束，个人能够并实际采取很多策略，通过改变自己在努力与休闲之间的时间配置来回应努力和休闲相对成本的变化。

6. 一种相反的观点认为，工薪税最好被视为劳动者为自己退休后生活和保险支付的一种费用。但这种观点受到了质疑，因为在个人付费金额和日后领取的年金和其他福利金之间没有函数关系，再有这种"付费"具有非自愿性。

7. 税收的努力消费税效应通常对低收入个人的影响较大。对申请者进行经济状况审核的福利计划为努力设置了收入障碍。当收入超过某个上限时，福利享受者不但要缴纳工薪税和所得税，还要失去部分福利金。影响努力相对于休闲的成本的实际边际税率可以超过100%。

8. 一种考察这种效应的等价方法是税前法：按照10%的利率，追加收入每年100美元的资本化价值就是1 000美元（=100/0.10）。追加收入每年的税后资本化价值就是562.50美元（=56.25/0.10）。税前，边际消费支出与未来收入现值的比例是1 000美元：1 000美元=1；而税后，两者的比例就成了750美元：562.50美元=1.333。未来收入相对于本期消费的成本就上涨了1/3，相当于本期消费相对于储蓄的成本下降了23%。

9. 参见 Ture and Sanden,"Effects of Tax Policy", pp.93—94。

10. 参见 Norman B.Ture,"The Tax Bias Against Saving".Proceedings of the Sixty-Ninth Annual Conference,1976. National Tax Association-Tax Institute of America,p.23。

11. 一项静态分析中的扩张极限是$(a1-a)(\Delta t)$，式中，a是边际消费倾向，Δt是期初纳税义务变化，$a1-a$是税收变化乘数。

12. 如果把投资设定为可支配收入的某个函数，那么就有了（私人部门）边际（包括消费和投资）支出倾向的概念。于是，扩张的极限是$\lambda 1-\lambda \Delta t$。式中，$\lambda$是边际支出倾向，即边际消费倾向与边际投资倾向之和。

13. 本研究第三部分考察了收入和价格效应在确定劳动力供给方面的相对重要性问题以及一些相关经验研究。

14. 如果全部税收损失都通过扩大个人所得税税基来弥补，那么个人所得税税基就必须扩大25%。由于其他税收的税基也同样会扩大，因此，个人所得税税基略低于25%的扩大也能补足税收损失。

15. 在劳动服务的情况下，隐性弹性——劳动服务供给为回应努力成本百分率变化而发生的百分率变化——应该在 5 附近。资本的隐性弹性可能是 2 左右。但是，这两个弹性都不是实际弹性。

16. 劳动力成本通常除了所放弃休闲的价值以外，还包括其他项目。我们工作可能会有工伤风险、情绪压力和其他非货币成本以及服饰、交通和膳食等货币成本。同样，休闲的成本通常也包括多于所放弃工作报酬的项目。

17. 关于这个问题的理论探讨，请参阅本研究附录 A。

18. 关于这个问题的理论阐述，请参阅本研究附录 B。

19. 关于命题"所谓'消费'类增值税其实会等量提高消费和储蓄成本"的证明，请参阅 Norman B. Ture 的"The Value Added Tax: Facts and Fancies"(The Heritage Foundation and Institute for Research on the Economics of Taxation, Washington, D.C., 1997)。

20. 我们都太熟悉凯恩斯学派"银根'紧缩'会驱使利率减少企业的资本支出"这个老调。

21. 如果这种分裂症实际困扰业主，那么这种病症的治疗就是让他们改掉凯恩斯主义习惯，并且信奉历史更悠久的新古典学派经济学。

22. 有人讨论过经济学界如何采用这种图表来测量资本使用的问题。有学者提出了用横轴表示资本，另一些学者则主张用横轴表示资本服务，并且指出：根据情况需要，至少在短期内可以不同的集约水平来使用资本，然而，在长期存量调整以及因技术变化而做出调整的情况下，资本服务与资本存量大致成比例变动。因此，无论是课征于资本的税还是课征于资本服务的税，都会减少市场的资本和资本服务供给和使用量。

第二章

供给侧评论

如何评价里根经济计划

沃尔特·W. 海勒

很高兴有机会再次来为这个为保持国会预算过程的活力和生气而做了那么多工作的委员会作证。随着国会预算程序的发展,贵委员会不但已经成为一种狭义的强大预算政策工具,而且成了一种最广义的强大财政政策工具。应你们的邀请,本人很荣幸第一次有机会来谈谈里根总统计划的一般经济学逻辑,然后再更加具体地说说里根的税收政策和计划。

里根计划意味着对优先性和责任的彻底重新排序。虽然这种重新排序收到了显著的经济效果,但重要的是,应该承认里根计划占据主导地位的推动力是政治理念的巨大转变。里根计划表现为一种优先性和责任的四重转变:优先目标由公共部门转变为私人部门、由民用支出转变为国防支出,而责任由联邦政府转向州和地方政府、高收入群体转向低收入群体。这并不是说,里根经济计划只是这四重转变的副产品。但是,里根计划的经济内容显然必须为适应更加广泛的政治转向进行调整,而不是相反。由于政治经线被强制性地与经济纬线交织在一起,由此而产生的经济计划格局和推测存在严重缺陷就没有什么可奇怪的。

里根经济计划总体分析

里根经济计划并不是什么"古老的宗教信仰",但为了在经济扩张恢复之前摆脱通货膨胀,结果导致美国经济遭遇了沉重的打击(就如同撒切尔政府的计划)。[1] 它是一种热衷于快速且有力的经济扩张并依赖供给侧效应加持续抑制通胀预期的"新的信仰"。遗憾的是,经济经验告诉我们这项计划过于乐观但又缺乏内在一致性。我们不能指望,一旦经济复苏取代当前的经济疲软,通过发起任何直接针对受到一种毫不妥协的自由市场理念排斥的价格—工资螺旋形上涨的攻坚战,就可以迫使通货膨胀和利率做出让步。到了那个阶段,致力于促进经济扩张的财政政策必将与致力于抑制通货膨胀的货币政策发生冲突。

财政政策

当我们就如附表所示的那样考察里根财政计划的需求刺激和需求抑制型特点时,便能发现,虽然财政转移支付不但量大,而且胆也大,但还配上了一项相当传统的需求刺激型计划:(1)从公民手中拿钱的国防开支增加与减税组合毫无例外地超过了给公民送钱的预算削减与使用费组合。而且,超额部分在这个时期一路稳步增长,1985年几乎达到了1 000亿美元。经济增长和通货膨胀引发了税收的趋势性增长,而财政刺激将在很大程度上抵消由税收趋势性增长促成的名义财政阻力。(2)令人意外的是,1981～1985年里根预算的需求效应要比卡特预算隐含的需求效应更具刺激性。里根预算很像20世纪60年代初的肯尼迪预算和10年后的尼克松预算,是一种致力于刺激周期性扩张达到高就业的预算。(3)虽然整个三年期30%的减税法案今年已经记录在案,但里根计划可能会变得远比预计的更具扩张性。纳税人很可能要把他们有保证的减税当作"已经存在银行里的存款",可用来支撑现在更大的支出,特别是用来添置耐用消费品,而购买耐用消费品的分期付款可能要用未来减税剩下来的钱偿还。(4)同样,尽管政府坚持许诺第二阶段的减税,包括如学位攻读者学费税收抵免、减轻课征于双职工夫妇的"婚姻惩罚税"、遗产税减免、资本收益税优化等,里根政府的预算并没有把由此造成的税收损失考虑进去。(5)这些遗漏加上附表中列明的乐观设想都表明,1984～1985年度计划的预算平衡不可能实现。事实上,国会预算局最近的预测表明,1984年度的预算虽然设想没有那么乐观——依本人之见,比较现实,但仍不能平衡,会出现接近500亿美元的赤字。[2]

正如我正在向它作证的这个委员会的成员和国会预算局的官员已经指出的那样,更加接近私人经济学家——他们中的大多数人预测通货膨胀率、利率和失业率将高于据以制定里根预算的通胀率、利率和失业率——共识的经济假设把1982年度的预算赤字从450亿美元的白宫数字扩大到了670亿美元。这些私人经济学家的预测部分反映了扩张性财政政策与紧缩性货币政策发生冲突的可能性。里根先生似乎在依靠财政政策刺激需求、加快经济复苏,但又依靠货币政策来抑制通货膨胀,而且还依靠供给侧政策来促进长期经济增长。

1981～1985 年度里根财政计划剖析　　　　　　　　　　单位：亿美元

	1981 年	1982 年	1983 年	1984 年	1985 年
里根计划实施前基线预算赤字或盈余*	−490	−340	−10	+480	+1 030
财政刺激项目：					
国防开支	20	60	210	270	500
个人税减税	60	440	810	1 180	1 420
企业税减税	30	100	190	300	440
合计：	110	600	1 210	1 750	2 360
财政紧缩项目：					
特定项目缩减	50	470	660	800	910
非特定项目缩减	—	—	300	440	440
使用费增加	—	20	30	30	40
合计	50	490	990	1 270	1 390
里根计划实施后预算赤字或盈余	−550	−450	−230	0	+60

注：本表所列数据基于里根对经济的乐观估计：(1)从1982年到1985年，实际国内生产总值年均增长4.5%；(2)通货膨胀（消费者物价指数）稳定地从今年的11.1%下降到1985年的4.7%；(3)失业率从1981年的7.8%下降到1985年的6.0%；(4)利率持续下降，如国库券利率从14%下降到1985年的6%。

资料来源：Office of Management and Budget Fiscal 1982 Budget Revisions (Washington D.C.：OMB) March 10，1981.

* 这个基线表示经里根政府官员进行大规模"技术调整"修改后的卡特预算。

然而，经验表明，经济世界并不会按照这种简单划一的分割方式运行。财政刺激措施会扩大就业和产出，但往往也会推高价格和工资。收紧银根往往会减慢通货膨胀的速度，但它的主要影响应该是减少就业和产出，推高利率，并且抑制投资。至于供给侧的响应措施，它们太过虚弱、作用太慢，不足以帮助经济走出这种两难境地。

货币政策

通过财政政策来刺激需求的里根政策与通过货币政策来抑制需求的联邦储备委员会的政策相互矛盾，而且没有任何合理的方式可用来对白宫的国民生产总值增长预期与美联储的货币增长预期（即到1986年货币增长率减半）进行协调。里根计划预计从 1981 年到 1984 年年均名义国民生产总值增长率（实际增长率加通货膨胀率）在 11.05% 的水平上。但是，1981～1984 年年均货币供应量增长率隐含目标只是 M1B（流通货币加活期存款和其他支票存款）每年 4% 的增长率和 M2（M1B 大致加上储蓄和小额定期存款以及货币市场基金）每年 6.25% 的增长率。想要填补国民生产总值增长率与货币增长率之间这么大的缺口，就需要货币周转率以比过去 20 年任何时候都高很多的速度上涨。过去 20 年任何一个四年期货币周转率（名义国民生产总值与 M1B 或 M2 的比率）的最高增长率 M1B 是每年 4.2%，而 M2 是每年 1.2%。然而，里根计划要求 M1B 的实际周转率每年增长 7.5%，而 M2 的实际周转率每年增长 5.2%。即使金融创新允许货币周转率达到这些前所未有的增长率，从而有可能突破货币约束，我们仍能自信地预期美联储会为了维持这种货币约束而降低它的货币目标。

因此，如果美联储坚持其前述抑制名义国民生产总值增长的政策，那么里根的经济计划就不能收到预期的效果。无论是名义还是实际国民生产总值都不可能像计划预期的那样快速增长，而赤字和利率都将超过预期。因此，美联储的货币政策与里根政府的财政政策之间存在根本性的冲突：在通货膨胀大幅下降之前，货币政策就像目前的目标那样将阻挠里根先生的"新信仰"经济扩张政策的实施。

预期与供给效应

由于里根计划既没有采用财政政策来抑制需求压力，也没有运用任何形式的工资—价格政策来减弱成本压力，因此，任何反通胀的作用都必然是作为改变预期、扩大供给或提高生产率的间接效应出现的。那么，这些措施如何才能收到效果呢？

预期效应。如果通胀预期有所降低，那么就会导致价格和工资设定方面的一定节制。但很难说到底有多大的节制，因为价格—工资螺旋形上涨在很大程度上是由追逐行为而不是预期推动的。但是，就如英国的经验所显示以及债市和企业与消费者信心指数下跌所证明的那样，预期并非只受言论的影响，而且常常发生在积极行动之后，而不是之前。与有可能导致像英国那样的大规模衰退（但愿不会）的"古老宗教信仰"计划不同，在里根的"新信仰"计划中只有很少的东西会引发渐进型通货紧缩预期。只有货币政策能够充当这个角色，而且也是以循序渐进的方式在扮演这个角色。

供给效应。幸运的是，尽管有很多人在谈论供给侧回应减税的巨大作用，但里根计划预计到的回应仅仅是乐观而已,并没有被过分渲染。在1982~1984年的这个时期里,实际国民生产总值的潜在增长率被高高地定为11.5%。无论是与近期历史还是与卡特对同期的预测比较,这个预期增长率意味着每年要比美国供给能力的平均增长率实际高出0.5%。就连这个乐观的供给侧响应效应也没能超过同期实际需求15%的预期增长率,换句话说,对通货膨胀产生一定下行压力的总需求与潜在产出(供给)之间的缺口,如今将会在里根计划的作用下消失殆尽,等这个缺口完全消失后,通货膨胀压力又会卷土重来。

生产率效应。 企业投资预期的强劲增长——在里根看来,扣除通胀因素后每年增长11%——是在白宫计划下提高生产率的主要希望所在。随着监管负担的减轻和繁文缛节的废除,生产率也会有所提高,但也有可能因为公共部门投资以及卫生、研究和教育领域资助项目的减少而下降。总的来说,里根计划必须依靠一些提高生产率的措施,我们应该对此表示欢迎。但是,依靠潜在国民生产总值每年0.5个百分点的增长幅度,是很难治愈增长幅度高出20来倍的通货膨胀的。

净结果

综合以上各种因素,就能得出以下关于里根政策组合经济效果的结论:(1)如果财政政策和货币政策能够严格限制需求,并且在一个较长的时期里导致失业高企和产出停滞不涨,那么1984年通货膨胀下降5%的预期是有可能实现的。(2)如果货币政策能够保证扩张,而不是遏制扩张,那么1982~1984年产出实际增长15%是可以实现的。但是,我们还要期待1984年的通货膨胀率与现在一样高或者更高。(3)由于高利率反复抑制经济扩张,又由于通货膨胀和失业控制目标都没有完全实现,因此,最困难的结果位于以上两种极端情况之间。(4)食品和燃料价格以及利率高涨势头目前的暂时平静应该能在未来几个月把通货膨胀带出两位数的区间。但是,也许8%~9%的通货膨胀率这个硬核仍将会毁灭里根先生的经济希望。

国会是否会伸手救助?

那么,国会是否会通过在推进大幅削减预算的同时放慢大幅减税的速度来帮助里根政府实行自救呢?传统的观点可能会认为国会只会采取正好相反的措施:(1)回避大幅削减预算的问题,尤其是附表列示的价值440亿美元的未来非特定削减项目;(2)除了普遍降低税率和折旧改革外,第二阶段的减税包括提高个人免税额、减轻对双职工夫妇的"婚姻惩罚"、降低公司所得税税率、规定特别储蓄税收抵免额等项目。结果就是赤字扩大、预算更具激励性。

第二个更加合理的结果,就是国会将:(1)批准大部分里根预算削减项目;(2)调整并在1981年只通过第一阶段的里根减税计划。虽然收入损失会少于预期,税收和预算削减项目构成会有所变化,但总体需求侧响应可能与附表所示的相似。

第三个绝不可排除的可能结果,就是国会将:(1)接受很大一部分的里根预算削减目标;(2)利用国会预算程序中的"核账过程"把这些预算削减目标转化为每个委员会的支出限额;(3)根据预算削减行动和遏制通胀的进度,确定个人所得税的减税规模和时间。撇开社会政策问题不谈,这么做能够消除里根政策组合中财政和货币目标之间很多相冲突的地方。

税收政策

为了履行早些时候反复重申的一个竞选承诺,在斯托克曼(Stockman)投否决票的威胁下,里根总统呼吁国会今年通过个人所得税税率普遍调低30%、分3年完成的提案。这个提案是一个"每个问题都有一个简单、利索和错误的解决方案"的最好例子。或者,也许说得更加确切一点,"每个问题都有一个过于简单、过大和过早的解决方案"。下面,让我按相反的顺序来看看有关的指责。

过早。立刻通过1 420亿美元的个人所得税减税方案——成本从1982财政年度的440亿美元急速增加到1985财政年度全面付诸实施时的1 420亿美元——会带来不必要的风险。政府依靠这么巨大的减税来支持储蓄和促进投资,但这种立刻行动的方式有两大风险或者缺陷。首先,现在就把整个三年期的减税计划记录在案,就是公开鼓励消费者多赊账购买。他们能够依靠减税增加的实得薪水来满足他们的分期付款需要。此举可能会阻碍里根政府实现快速促进个人储蓄增长的愿望。其次,此举无异于本末倒置。财政审慎之道并不是立刻就把整个三年期的个人所得税减税金额全部记录在案,而应该是更加紧密地根据预算削减状况和通货膨胀预期来调整减税的速度和规模。这并不是说反对今年晚些时候就要执行的大幅度削减个人所得税的计划。纳税人应该把减税作为一种增税补偿来接受,而一个疲软的经济还是有足够的空间来吸纳由减税增加的需求。但是,一种按部就班的方法——应该等到个人因政府预算进一步削减和/或通胀明显下降而挣到收入后再实施下一步的减税方案,才是应该采取的财政上负责任的方法。

过大。鉴于目前经济疲软,鉴于纳税义务会随着经济扩张和通货膨胀持续而自动增加,鉴于政府实施了前所未有的预算削减,还鉴于通货膨胀方面出现了幸运的状况(没有受到石油和食品价格及利率的外部冲击),因此,我们不能说里根减税计划总体规模过大,但有那么多的"鉴于"或者"前提条件",而且并不是所有这些前提条件都可能实际出现,这又再次凸显了一步一个脚印的按部就班的重要性。

不过,除此之外,看起来特有讽刺意味的是,一个致力于促进资本形成和抑制通货膨胀的政府竟然会进行大规模的个税减税和只能算适度的企业税减税。

说来奇怪,这种方法与肯尼迪的减税方法正好相反,但供给学派告诉我们这两种方法可相互促进。肯尼迪的供给侧创举主要在于一系列高度聚焦于1961~1962年刺激投资和控制成本的措施:(1)投资税收抵免,是迄今促增长的企业税收激励的支柱;(2)自由折旧准则;(3)降低长期利率;(4)有助于确保刺激措施不至于引发价格与工资轮番上涨的工资—价格的控制指标。

一旦这些供给侧措施(我们称之为"无通胀资本形成和经济增长激励措施")付诸实施,而经济仍在一般水平以下运行,我们就坚决地实施了1964年的大幅减税。作为激励措施,这可是非常有效的。关于它的主要目标,当时没有,现在也不该有任何错觉:它的主要目标就是刺激需求并利用现存(和扩张性)供给能力。这项激励措施正是以此为目标的。

如果目前的减税主张者希望从肯尼迪的减税经验中吸取些许正面教训的话,那么就是:先利用现有的减税空间,主要是推行精心设计和高度集中的激励措施来促进资本形成和削减成本。然后,等这些措施被坚决付诸实施,预算削减计划由纸上谈兵变成现实以后,再动用手头的余钱进行大幅度的个税减税。

过于简单。罗斯—肯普(Roth-Kemp)式的大幅度普遍减税因减税而用完了我们手头的全部余钱,因此容不下其他也许能实现价值大得多的税收减免主张的措施。举例而言,减少所谓的"婚姻惩罚"——或许通过允许低收入夫妇把10%~20%的收入从应税所得中扣除——在以下两个方面可能要比普遍减税更加有效:(1)可以减轻税负过重的状况;(2)激励追加工作努力的效果更好——有缜密的研究显示:虽然减税对现有工资劳动者没有很大的净工作努力效应,但家庭第二个工资劳动者会对税率调低做出回应。加速折旧是另一个适当的例子:逐步采取回收投资速度更快的加速折旧法对经济更加有利,这样能够鼓励企业为了获得越来越有利的税收待遇而避免推迟投资。

虽然工薪税好像还没有被安排在今天税改议事日程的前列,但是,工薪税提高以后,在一定程度上增加了税负,而且没有获得雇主和雇员的支持,应该认真思考这种情况。通货膨胀顽固不化部分可归因于今年的工薪税大幅调高。住院保险成本改由一般税收收入来承担,并且调低工薪税税率,可以减轻企成本和价格上涨的压力。为雇员做同样的事情可以在工资不涨的情况下增加雇员的实得薪水。两者都有助于消除一些成本推动型通货膨胀压力。

这样的例子不胜枚举：在因为通货膨胀而调整税收时，任何合理的公平概念都要求调高个人免税额和标准扣除额，以补偿通货膨胀的侵蚀。其他精心定制的减税备选方案清单（不一定是本人所列的清单）可能还包括把非劳动所得的最高税率从70%降低到50%、降低资本收益税税率以及提供个人储蓄特别税收激励。

只要个人所得税削减是为了抵消通货膨胀推高纳税人适用税级的影响，国会就应该能够明白个税税率普遍调低30%，就会由于"通货膨胀节节攀升"而过度补偿适用高税率等级的纳税人，但对适用最低税率等级的纳税人补偿不足。如果简单地通过扩大税级间距来抵消税级的节节攀升，收入超过10万美元的纳税人就可能获得7.8%的减税份额，但里根计划却给予他们17.9%的减税份额；对于收入在10 000～20 000美元的纳税人，为抵消税级攀升而扩大税级间距，可以提供18.1%的减税份额，但里根计划只提供8.7%的减税份额；对于收入在0～10 000美元的纳税人，扩大税级间距可提供5.4%的减税份额，而里根计划只能提供3.3%的份额。

至于刺激储蓄的税收措施，有必要就这个特别的税收激励问题谈以下几点：(1)虽然关于（譬如说）10%、17%或者20%的个税普减份额是否会用于储蓄这个问题仍有争论的余地，但是，关于大约50%的公司税减额被用于储蓄这一事实，只有很少的争议。(2)针对个人储蓄的进一步税收优惠很可能流向已经享受很多税收优惠的建筑部门，而不是流向工商部门。由于人们担心通货膨胀和经济衰退，因此投资回报的不确定性对资本形成造成的拖累可能比任何储蓄不足都要严重。这说明，对于激励储蓄的特别税收措施应该采用"一停、二看、三听"的方法，因为这种税收措施会造成税收收入的高成本。(3)主张大幅削减个人税的支持者们也应该明白，随着经济恢复到高位运行，大幅削减个税有可能对储蓄造成负面影响，还完全有可能扩大赤字并延长赤字持续时间，即由政府造成的负储蓄，从而殃及整个经济的储蓄流。或者反过来说，随着经济的日益复苏，政府赤字的减少比储蓄特别税收优惠待遇更能确保储蓄增加。由此看来，过度减税可能是增加储蓄的"敌人"，而不是"朋友"。

加速折旧。正如已经提到过的那样，加速折旧和更加自由的投资税收抵免——根据一份得到证明的关于促进投资的跟踪调查资料——两者应该是第一税收要务。但是，里根计划即使现在修改后的10－5－3方案仍存在一些很严重的缺陷：(1)逐步分级推行（到1986年结束，届时1年的成本将达到600亿美元)会导致很多项目为了有资格享受越来越优惠的税收待遇而推迟执行。(2)10－5－3 方案严重向建筑物倾斜,而不利于大多数设备;有利于资本密集型产业,而不利于劳动密集型产业;有利于实物投资,而不利于研发投资。(3)即使设备,也是使用寿命长的重型设备从 10－5－3 方案中得益最多。具体而言,摊提期至少有 13 年的炼油设备改用 5 年摊提期后得益巨大。鉴于石油业能从取消价格管制、实行百分率折耗法等中获得现有收益——又鉴于目前炼油能力已经过剩——10－5－3 方案在这方面似乎是在错误的地方和错误的时间里采取的错误激励措施。(4)建筑物的快速报废还会创造《商业周刊》所说的"近几年来出现的最佳避税机会——房地产投机者的一个税收大富矿"。我在这里列举 10－5－3 方案的这些缺陷和危害,并不是要提出替代方案(尽管我能想出很多比这好的替代方案),而是要再一次建议减税过程应该是一个负责任和经过深思熟虑的过程,应该追求"每一美元减税的最大效用",并且遵循审慎的减税时间表。这张减税时间表应该能使我们尽可能做到财政政策既有激励性又避免通胀性,并且能使我们避免财政政策与货币政策相互冲突。

最后,请允许我就税收的非经济方面再说上最后的一两句话。我们应该始终看到民主取决于被统治者的赞同。在削减税收和支出方面,诸位在履行被你们视为——我认为更确切地说——托管的东西,或者至少是选民们感觉到的偏好。托管也好,偏好也罢,这都无关紧要。但是,这托管丝毫也没有要求暂停贯彻既有原则——税收方面的公正和公平原则。

我在这里特意说"公平"(equity),而没有说"平等"(equality)。为什么?因为我不是在主张某种特定的税负分担,而是想表示我们在强调经济目标的同时不要给人造成纳税人之间待遇不公的深切感觉。如果我们在强调激励的同时忽视了公平,那么我们就要冒破坏税制可信度这个民主基础的风险。

注释

1. 这一节的部分内容根据 Walter W. Heller 和 George L. Perry 的"U. S. Economic Policy and Outlook"(Minneapolis:Natuinal City Bank of Minneapolis,1981)改编。

2. Summary Table 5 of the March 1981 Congressional Budget Office Staff Working Paper,*An Analysis of President Reagan's Budget Revisions for Fiscal Year 1982*.

对供给侧的需求

罗伯特·L.海尔布鲁诺

供给经济学完全征服了华盛顿。无论是供给学派经济学家做出的诊断还是他们开出的处方都包含关于经济出了什么毛病以及需要什么药方来治疗的思想。就像供给经济学的称谓所显示的那样，供给学派经济学家做出的诊断和开出的处方都强调商品和服务的生产，而不是购买。从这个视角出发，供给学派把我们遇到的基本困难视为主要是由阻碍生产努力的税收导致的约束，而不是由购买力不足造成的问题。我们把经济愿景比作一根置于政府重压之下的螺旋形弹簧。消除重压，弹簧就能显示其内在的张力。

有关供给经济学的热烈讨论大多涉及弹簧究竟有多大的张力以及在消除各种税收的负激励后到底有多大的反弹力等问题。笔者将在下文再回过头来讨论这些问题。以介绍有关我们必须减免多少所得税才能实现经济恢复增长的目标或者产出增长能以多快的速度解决通货膨胀等问题的争论来开始对供给经济学评价，似乎并不明智。虽然我们有时会盲目地相信资本主义制度的性质，但是，这种盲目的相信是深深地根植于各种供给侧补救方法。由于我深信这些观点是错误的，因此不可能在供给侧"医学"的特别处方方面受过很多的训练。本文的任务主要是检查病人。

我本人并没有听说过供给经济学给资本主义下的任何形式化的定义或者进行的任何形式化的描述。然而，从供给经济学支持者们的相关著述中还是能够看到这种制度的清晰形象。笔者将它总结如下：

1. 资本主义是一种"自然"的经济制度，一种以某种深刻的方式符合人类本性的自然经济体系。资本主义是一种生产和分配的组织方式，而且是一种各种障碍（包括无知）一旦被排除，人类就会自发采取的生产和分配的组织方式。

2. 资本主义是一个进化系统，它的进化倾向可用"成长"来表述。这里成长就是指人均实际收入增长。这种在总体内合理分布的实际收入增长被认为会产生在社会和政治上受欢迎的结果：提高个体斗志，降低政治不满意度。

3. 资本主义体系的成长内在于资本主义体系两个元素组分的相互作用。其中的一个元素组分就是利润动机，利润动机具体体现在作为创新和扩张性经济活动推动力采取行动的个体和机构身上；而另一种元素组分则是竞争抑制机制。这两元素组分产生的两股力量一起构成了市场的作用力和反作用力。

4. 资本主义经济包括两个部门，一个是公共部门，另一个是私人部门。私人部门主要负责经济成长；而公共部门则主要负责国防、司法和维护秩序，还要负责提供必要的公共品。除了这些必须承认界限并不总是非常清楚的职能之外，政府被认为会对私人部门造成负担，并且减弱私人部门的活力。

5. 资本主义体系是一种国际体系，组成这个国际体系的国家都受到市场力量的约束。因此，存在一个对其资本主义国家成员活动产生约束性终极支配影响的世界经济。

以上这张清单肯定不够完整，必然遗漏了一些从供给侧观察资本主义能够看到的标志性元素。不过，笔者以为，由此产生的资本主义形象不会有悖于供给经济学的宗旨。无论如何，这种资本主义形象应该不同于我本人的资本主义观。下面，笔者粗略地谈谈我自己对资本主义的看法。笔者无意对这两种看法逐点进行比较或者驳斥供给学派的资本主义观。任何这样的尝试都是不可行的，因为这是两种根本不同的观点，所以没有可比性。[1]

1. 在笔者看来，资本主义是一种组织劳动力生产社会剩余的典型方法。笔者这里所说的社会剩余生产是指超过按照现有水平维持日常生活需要的那部分物质财富的生产。剩余与充足之间的界限总是模糊不清，就如同大多数社会区隔那样。但一般来说，辨别各种剩余生产体系的剩余形式和程度并不存在任何困难。

2. 资本主义并不是唯一有生产剩余的生产体系。其实，除了最原始的生产体系以外，所有的社会秩序都能创造生产剩余。古埃及、封建时代的欧洲和苏联概不例外，而资本主义与众不同的地方就在于它使用剩余的方式。其他社会秩序把社会剩余用于战争、公共建筑装潢、宗教仪式和维护特权阶层。资本主义虽然也把它的一部分社会剩余用在这些方面，还以比之前任何社会更加广泛的方式把社会剩余分配在消费上。但是，资本主义社会剩余的另外一个用途才是它与众不同的用途：把社会剩余作为创造并获取追加剩余的手段。也就是说，在资本主义制度下，"财富"采取机器、设备、厂房、工厂等的形式。之前的任何社会都不存在任何此类使用社会剩余的方式，这种社会剩余使用方式在苏联和其他工业化社会主义社会的长期存在表明这些社会主义社会与资本主义分离的不完全性。

3. 资本主义第二个与众不同的特点就是社会剩余的获得方式。在其他制度下，社会剩余并不是依靠"裸力"或者依靠由"隐力"支撑的传统来获得。在资本主义制度下，社会剩余被作为雇佣劳动制度和生产持续发展安排的结果不断得到积累。雇佣劳动有一个具有历史独特性的属性，它就是从法律上否定劳动者的劳动产品归自己所有，而是属于劳动者在工作中使用的设备的所有人。

关于这个问题，仔细考虑一下通用汽车公司装配线的汽车属于谁，不无启示意义。属于工人？当然不是。技术人员？管理层？当然不是。股东？也不是（不信，你可去通用汽车公司的某家装配厂，出示你的股权凭证索要一辆汽车）。那么，到底属于谁呢？属于公司这个拥有装配线和下线产品的虚拟人。这就是独特的资本主义雇佣劳动关系，约翰·洛克（John Locke）在写"我的马吃的草、我的仆人割的草和我在任何地方开采的矿石……在没有征得任何人同意的情况下就成了我的财产"时已经提到了这种关系。以上用斜体表示的这几个字隐含着那么多的假设和困惑，它们关系到资本主义雇佣劳动方式下社会剩余获得过程的核心问题。

例如，农民拥有自己的产品，但他们必须把很大一部分自己的产品交给地主。即使封建农奴也能拥有自己土地上生产的产品，但他们耕种封建领主的土地生产的产品就不属于他们。只有奴隶可以说没有属于自己的产品，因此应该被称为"雇佣奴隶"。

4. 劳动与劳动产品索取权的分离奠定了具有资本主义典型特点的劳动过程组织原则。这是一种单位时间产出量比大部分其他因素（如劳累、兴趣、创造性等）重要的劳动组织方式。这种劳动组织方式的特点就是"劳动分工"不但按照职业类别而且还通过把体力劳动和脑力劳动细分为最简单的作业来实现的。这种劳动分工并不是人类的一种"自然"倾向，在其他社会也看不到我们在资本主义社会能够看到的如此程度的分工。劳动分工赋予资本主义生产率方面的巨大优势，但也要求资本主义保持对劳动过程的最严厉监管，并且还要维护劳动过程内部最严明的纪律。

5. 资本主义生产活动是通过个人与企业之间的市场交换来协调的。这就是资本主义值得夸耀的市场机制——资本主义非同寻常的适应能力和自我调节性能的源泉。但仍有两个重要领域没有采纳买卖机制。

第一个就是办公室或者工厂内部的工作或者作业分配。尽管管理者受到工会谈判和政府监管的约束，但管理者本质上仍是他的"部队"的指挥者，是"老板"，而不是劳动服务的购买者。工厂或者办公室雇员并不是提供他们在工作时碰巧想完成的工作量，他们也没有像肉店老板那样利用有利的市场行情当场讨价还价的自由。调节工厂或者办公室以外的经济的市场关系不会渗透到工厂或者办公室里来。

第二个买卖机制没有进入的重要领域就是至关重要的宏观分配领域,市场并不进行至关重要的宏观分配。政府常常决定经济的发展方向,放慢或者加快经济的发展速度。例如,政府修建公路网与汽车工业的关系,如果没有公路网,汽车工业就不可能得到发展。所以,政府还负责农业部门赖以生存的研发,并且兴办负责培养训练有素的劳动力的学校。在这些方面,政府为积累过程奠定了一个不可或缺但常被忽视的基础。

6. 在雇佣劳动制度下,劳动力在一定的工作时间里处于被雇佣状态,但在其余时间并不处于被雇佣状态。这种雇佣劳动制度有效地创造了一种区别于"社会"的"经济"。经济与社会母体的这种分离导致了资本主义的两种病态。

第一种病态就是由于我们一直没有考虑到经济行为的社会后果而导致的问题生成状态。农业出于经济的原因圈走了农民的土地,从而引发了意外的社会贫困,工业发展促成了不受欢迎的工业城,不受约束的自由竞争导致一些地区陷入了社会退步或者突然暴富的混乱,雇佣劳动制度的发展摧毁了大家庭,广告的发展侵害了伦理道德(后文将更加详细地讨论这个问题)。是资本主义本身的特点导致它意识不到这些"问题"与资本主义基本生产方式之间的任何联系。

第二种病态更加常见,也就是不断遇到剩余积累的困难。从雇用劳动力到确保劳动力能按要求工作再到销售产品,这个过程的每一个环节都有可能出现脱节和错配问题。传统的经济学家也承认这些问题,但一种激进的观点更加强调这些主要根植于雇佣劳动关系的问题的自发性。因此,资本被视为造成其自身经济危机的根源,而不是由外部力量(如政府的"入侵")导致的危机的受害者。

7. 最后,资本主义在我看来是一种世界性制度,但不仅仅是因为它依靠市场力量把自己联系在了一起。世界资本主义体系的一体化过程就是雇佣劳动制度为了在全球范围内获取剩余从发达的中心国家向"不发达"外围国家扩张的过程。总体而言,这种国际剩余的攫取方式就像在各国资本主义体系内部攫取剩余那样"自然",但有时会诉诸军事干预,就像本国资本主义体系内部有时也会动用军队来镇压罢工或者维持最基本的服务。

世界资本主义体系的存在并不能排除"中心"国家之间出现紧张关系甚至发动战争的可能性,就如同本国资本主义体系经常会受到国内严重派系冲突的困扰。无论是一国范围内还是全球范围内的资本主义制度统一性并没有被视为是内生的,而被认为是外生的。亚当·斯密最早注意到资本主义这一令人困惑的方面,并且用"看不见的手"来描述彼此不相识的个体之间的协调。看不见的手的等价物把一种世界性的积累体系强加于国际资本主义,从而导致了国际资本主义的对抗和争端。

当然,以上并不是一张资本主义特点的完整清单。就如笔者在前面所说的那样,我本人的目的仅限于表达一种能与供给经济学的资本主义观进行比较的观点。毫无疑问,这两种观点描述的资本主义特点有重叠的地方,但有必要指出逐点比较并不合适。它们只是两种不同的世界观而已。在我看来,这两种观点之间的本质区别就是供给学派的资本主义观缺少历史维度。这样批评供给学派的资本主义观,无疑会招来以下反驳:他们也关注历史,但与笔者关注的历史不同。

由这两种对立的资本主义观可导出两个重要的推论。虽然我们不能确定哪种资本主义观符合事实,哪种资本主义观不符合事实,但阐明这两个推论应该是有好处的。

首先,在这两种资本主义观中,政府的作用完全不同。笔者已经指出,在供给学派看来,政府是一种侵蚀力量、私人领域的入侵者、资本主义体系的负担。虽然资本主义的必要性没有遭到否定,但它的优点被减少到了最低限度。

根据这种极端的观点,职能的界限变得模糊。"私人"是指直接与剩余生成相关的职能,而"公共"则是指间接与剩余生成相关的职能。然而,无论是公共职能还是私人职能,都被认为会积极支持剩余生产过程。

由此可见,在那些直接为剩余生成过程工作的人与那些为消除剩余生成过程而工作的人之间经常会发生冲突甚至是严重的冲突,就没有什么可大惊小怪的了:罗马帝国为了维护帝国的统治而强烈反对元老院的特权,君主为了捍卫贵族社会的秩序而发动战争抗击由国王直接敕封领地的贵族,英国议会为了捍卫资本主义制度的未来而立法限制英格兰工厂主的直接利益,罗斯福为了避免可怕的社会革命而限制银行家和实业家的特权。任何社会的统治阶级必然会时常限制社会内部特定特权集团的活动。

其次,供给经济学认为,资本主义秩序能"自然而然"地——在没有政府造成的人为障碍和扭曲的情况下——趋向于均衡和协调。笔者所说的均衡是指供给学派在增长差不多还算稳定、微调相当平稳、偏离充分就业非常有限的道路上看不到任何障碍。如果出现这样的障碍,供给学派就会把它们归因于政府对市场过程中出现的各种流量的干预。笔者所说的协调是指供给学派认为成功地实现经济增长的目标能够改善社会风气并保证政治稳定。总之,从由成功——而不是失败——造成的资本主义生产过程运行混乱这个意义上讲,他们认为资本主义体系不存在任何经济或者社会矛盾。

另一种对立的极端观点则颠倒过来观察事物。资本主义体系自然而然地趋向于失衡以及社会和政治紧张。经济压力或者危机是不可避免的"必然"结果,就是笔者在前文所说的"在避免持续过度扩张的情况下追逐剩余积累过程中遇到的"困难。[2]

这种极端的资本主义观也看到了不利于协调的变化。在政治领域,这种观点看到了民主、平均主义观的水平"倾向"与赞成不平等的层级制观的"垂直"倾向之间的内在冲突。在社会领域,这种观点把由日常生活持续调整造成的压力看作是经济"增长"的副产品。事实上,这种激进观点提出了"面对经济持续波动、社会不安和政治关系紧张怎样才能维持社会连续性"的问题,而不是沿用资本主义体系趋向于稳定和协调的传统假设。以上这个问题的答案基本上就是把政府作为支持和约束力量来使用。

对于更加严格意义上的经济问题,供给经济学提出了两张政策处方。首先,供给经济学建议大幅调低边际税率,以提升纳税人的回应能力。那么,是回应什么的能力呢?供给学派相信,调低边际税率后,纳税人会把更多的时间用于工作,减少转向地下经济的努力,愿意冒更多的风险。总之,我们将生产更多的产品,创造更多的就业机会,并且最终减小通货膨胀压力。

这里的一切全都取决于个人或者企业如何回应减税这个关键的问题。事实的真相是我们对这个问题了解不多。更糟糕的是,有可能构建两种完全对立但说服力相当的预测。供给学派认为,个人会把减税给他们带来的意外财源(如肯普—罗斯建议每年减税10%,连减三年)用于增加储蓄,或者认为减税带来的意外财源会激励个人做出更多的努力,因为他们希望持续获得更多的收入。怀疑论者看到的是一种完全不同的景象。他们认为家庭会以一种回应一切收入增加的方式来回应减税带来的意外财源:家庭大约会花掉其中的95%。他们还认为税后收入增加允许很多人放弃高税迫使他们从事的第二职业、加班或者其他令人讨厌的工作。因此,怀疑论者认为,供给侧政策的影响就是导致通货膨胀增长的速度远远超过生产增长的速度。恕笔者直言,本人也属于怀疑论者。

那么,随着税收的减少和繁琐监管的废除,企业生产会受到哪些刺激呢?十有八九会出现一些回应:关键的问题是会出现多大的回应。关于这个问题,仍可能出现两种观点。乔治·吉尔德在强调创业者个人的创造性努力时已经证明了其中的一种观点。这种观点看到了减税和取消监管会大大促进小企业的形成,不但能创造就业机会,而且还能激发为恢复经济活力所必需的创新热情。另一种更具怀疑论色彩的观点注意到了支配那么多经济生活的大公司,并且设问减税或者减少监管是否足以让汽车工业好转、使钢铁工业复兴、强化交通运输系统、解决能源问题等等。笔者还是把自己列入怀疑论者的行列。

其次,供给学派要求政府回撤,不但要远离我们,而且还认为政府基本上只会浪费资源而不能富有成效地利用资源。这最后一点是一个非常值得关注的论点。笔者最不可能否认政府确实存在浪费问题:MX 导弹系统、航天飞机、各高收入群体享受的税收补贴,更不用说有些福利受益人耍的花招和偶尔设的骗局。笔者要提请读者注意这个浪费问题的一个奇怪方面,那就是私人部门不存在任何浪费。情况确实如此,因为一切"浪费"活动都被市场所淘汰,就如著名的埃德塞尔(Edsel)牌汽车。此外,凡是能够通过市场检验生存下来的活动都不是浪费性活动。尽管沿麦迪逊大道在第 53 号街和第 57 号街之间建造的 5 幢高楼制造了很多混乱,但它们不能算是浪费,除非它们租不出去。价格 10 万美元的劳斯莱斯只要能够卖掉,就不能算是浪费。在生产能卖掉的任何东西的过程中都不存在浪费,因为购买行为本身就是资源是否得到有效利用的证据。

显然,公共部门和私人部门有完全不同的浪费评价标准。假设通常用于监督的政府方法用于检验私人部门的产出,而且每种私人生产行为都必须采用考察公共部门产出的非经济指标来评价。在这样的情况下,我们难道就不会发现私人部门的大量浪费?再假设政府把它的生产限制在那些它能够卖掉的东西——袖珍导弹和各种畅销服务上,那么,公共部门的浪费就会全部消失?这些问题促使我们去思考供给学派所说的"浪费"到底是指什么这个问题。

这些问题还会促使我们去认真思考供给学派思想中的意识形态元素。当然,一切社会秩序都有自己的意识形态,而且没人能够生活在无意识形态的环境中。因此,社会绝不会认为自己的主流观点具有"意识形态"色彩,而是认为自己的主流观点表达了不证自明的真理或者"自然界的真相"。就如伊曼纽尔·沃勒斯坦(Immanuel Wallerstein)尖锐地指出的那样,在人类历史的大部分阶段里,实际上只有一个自觉的阶级,而这个统治阶级真诚地代表全社会表达了自己的观点。因此,罗马元老院的议员们、采邑领主们、法兰西和英格兰的君主们以及苏维埃的精英分子们都无一例外地以丧失自我意识的狂妄代表他们的社会讲话。没有一个阶级会觉得自己是一个"特权"阶级或者认为本阶级的观点不具有普遍意义。

资本主义的上层阶级也会用一种声音讲话,这可用他们替工人说话的程度为证。然而,上层阶级的观点在资本主义条件下比在其他社会制度条件下更加令人迷惘。这就是民主思潮、平均主义思潮甚至革命思潮同时涌现的结果,而资产阶级为争取统治权进行的斗争事实上是这个结果的一部分。这些不同的思潮仍然在打扰资产阶级的精神安宁;就如熊彼特所写的那样,"资本主义创造了一种重要的意境,在摧毁了那么多其他制度的道德权威以后,最终回过来挑战自己的道德权威"。

因此,资产阶级意识形态不像任何其他社会秩序的意识形态,充其量处于一种防卫的位置。它承认资本主义疾风暴雨式的历史起源、其产权的专横基础、它的人生观所存在的缺点。为了弥补这些不足,资产阶级意识形态兼收并蓄了其经济制度的很大成绩以及资产阶级文化无与伦比的政治和知识成就。在这里,我们发现了熊彼特、韦伯,甚至从某种意义上看马克思本人为资本主义所作的辩护。笔者要把 S. M. 利普赛特(Lipset)、南森·格拉泽(Nathan Glazer)、丹尼尔·贝尔(Daniel Bell)、欧文·克里斯托尔(Irving Kristol)和其他一些学者列入这个复杂观点现代阐释者的名单中。

不过,另外还有一种意识形态观,一种马歇尔认为经不起历史、哲学或者一般社会科学检验的意识形态观。举例来说,在这种意识形态观中,我们发现了最庸俗的唯物主义还原论。在这种还原论中,资本主义被说成是原始、不变的"经济人"的化身。例如,裘德·万尼斯基(Jude Wanniski)在《世界运行的方式》(*The Way the World Works*)中写道:"孩子的身上……有一个父母的多元化组合",这是一个贯穿这本书始终的观点。面对这样一种粗糙的唯物主义观点,就连最厚颜无耻的左派"经济主义"也会自愧不如。这种唯物主义观倘若被用来譬如说为马克思主义的历史观辩护,那么一定会受到它理应受到的嘲讽,但会得到甚至像欧文·克里斯托尔这样老到的评论家的尊敬。或者说,乔治·吉尔德在《财富与贫困》(*Wealth and Poverty*)里告诉我们,博爱与利他是资本主义的真正本质(它们常被作为君主制的灵魂来炫耀)。但是,这一同等奇特的言论——令我们想到了布鲁斯·巴顿(Bruce Barton)的研究,巴顿在 20 世纪 20 年代写道,耶稣是来过这个世界的最成功商人——也被作为一种"庄严"的声明来对待。

我们应该仔细思考的问题是,为什么供给经济学吸引了最糟糕的意识形态,为什么又泯灭了最优秀思想家的鉴赏力。笔者本人也耻于表示在我看来一个令人信服的理由是:供给经济学的直接目标就是改善富人的条件。调低财产所得和资本收益税的最高边际税率能带来怎样的意外财源！对于未来，我也不知怎么做好。当然，就像所有的政策一样，供给经济学的终极目标也是改善每个人的生存条件。即使供给经济学的直接目标是改善穷人的生存条件，而终极目标是改善富人的生活条件，我还是不认为，供给经济学能够激发完全相同的热情或者抹杀完全相同的鉴赏力。自利具有异乎寻常的说服力。

还有两个更深层次的问题也需要考虑。其中一个是道德问题，供给学派的道德水平很高，他们为我们国家堕落的道德状况感到遗憾，他们这么做是正确的。我们国家的道德水准严重下降，结果可能甚至比长期衰退还要严重。

公众行为水平的下降是由很多原因造成的，笔者想在这里仅指出其中的一个，那就是商业价值观取代了传统价值观。格雷欣法则似乎在道德价值世界与经济价值世界一样有效，但劣币在这里给我留下的印象是：一成不变的广告暗示已经深入到我们社会的日常用语和交流。"祝您今天过得快乐"和"我们是美国航空公司，我们会尽量做得最好！"并不只是一些微不足道的刺激。它们是一个被去除内容的空洞交流过程的一些实例，这种空洞的交流用本能反应取代了创造性自发行为，并且破坏了书面和口头交流中的那份信任。

如果有人要我说出资本主义内部最致命的颠覆性力量——造成资本主义道德水准不断下降的单个最大根源，那么我会毫不犹豫地说是广告。其他人又该如何识别一种贬损我们的语言、耗尽我们的思想并损毁我们的尊严的力量呢？如果铺天盖地、形式和内容一成不变的广告被用于某个其他用途——譬如说吹捧公共部门，那么立刻就会被认为是一种腐蚀性元素。不过，随着发言权的不断扩大，私人部门会逐渐忘掉这个惊人的发现。笔者提及这个问题仅仅是要指出，资本主义道德沦丧的一个深层次根源是资本主义自身的所作所为，而不是其治理机构的所作所为。

其次，我想谈一些有关资本主义与自由关系的问题。我们有很多种类的自由，有些自由比另一些自由更容易获得资本主义的支持。不过，我毫不怀疑，资产阶级社会——创立资本主义制度的社会秩序——在建立并容忍政治、社会和知识自由方面比包括古希腊在内的任何其他社会都走得更远。在我看来，而且我敢说，本评论的读者也这么认为，这就是资本主义的主要荣耀。

笔者总觉得应该提出一个有力的论点来证明不同自由之间的相互支持，包括经济自由给予政治或者社会自由的很重要支持。我们在研究古拉格（Gulag）集中营时就体会到劳动阶级拥有自己劳动力的所有权并有权拒绝任意没收是多么值得珍视。所以，笔者绝不会对资产阶级所有权概念视而不见，因为这种所有权是支撑资本主义的知识基础。

然而，必须在这里指出的是，政治和知识这两种在资产阶级社会最直接面临危险的自由很少受到资本主义秩序"私人"即企业机构的主动支持。政治和知识自由仅仅与资本主义经济体系赖以存续的雇佣劳动制度有着间接的联系。事实上，对于直接从事生产的上层阶级分子来说，这两种自由似乎有可能被捣乱分子和煽动者用来损害资本主义秩序的稳定。必须承认，这两种自由通常是那些负责监管的政治、文化和职业精英分子，而不是直接参与资本主义积累过程的普通劳动者关心的问题。这就是那些希望权力的天平能朝着经济过程的主体倾斜而不是引导经济过程的人士应该思考的问题。

那么，未来10年可能会发生什么呢？什么都不会发生（nothing）。笔者是出于对供给侧激励措施效力的极大怀疑说这话的。但从一个更具历史承载性的角度来看，笔者用"nothing"来表示某种不同的意思。笔者用它来表示既往缓慢几乎看不见的趋势还会继续朝着它们原来的方向发展下去，这倒不是因为这些趋势有自己的生命力，而是因为它们表达了系统的内部运动势能、自创动力。下面，笔者只谈其中的两种趋势：

1. 国有或国家依赖型组织机构将作为主要积累主体涌现。我们都熟悉典型企业结构从单产品、单工厂、单家庭企业向多产品、多工厂、多国管理科层制缓慢转变的趋势。这是劳动分工和控制技术不断发展导致的几乎各种人类活动领域集中和集权的结果。

这个趋势现在看来有可能朝着这样一个方向发展：通过把国家的资本动员和竞争缓和能力与私人管理层的独立性和内驱力组合在一起，来把组织规模和实力提高到一个新水平。今天，很多资本主义国家在航空业和飞机制造业、钢铁业、汽车业、化学工业等产业都有公私合营企业。

很多这样的公私合营企业是为了防止私人企业破产组建的，但这绝不会以任何方式削弱本人论点的解释力。不管怎样，日本人提供了一个更加值得关注的例子。现在，日本显然准备采用公私合营的方式，通过一两家巨型企业进军半导体行业。目前，美国在半导体行业仍居于主导地位，该行业有众多公司为争夺市场份额而展开了激烈的竞争。结果就像莱斯特·瑟罗所描述的那样，美国的半导体市场可能会淘汰竞争的落败者，而日本的半导体市场则随后会淘汰获胜者。

那么，日本的公私合营模型能不能输出到国外呢？笔者以为，某种形式的国有企业很可能在未来几年成为资本积累的一种重要形式。

2. 笔者还预期我们将看到更加明确地求助于国家计划的趋势来作为国家集权运动的组成部分出现。国家计划将采取两种形式：首先，很可能通过政府工作计划来制定充分就业的宏观计划,通过一个控制网络和强制性收入政策来对可接受价格行为进行宏观计划,并且通过贸易保护主义来为设立国际贸易缓冲区进行宏观计划。其次,另一种形式的计划就是旨在把劳动力和资本用于对社会有利的用途以及应对能源、城市环境恶化等破坏性问题的微观计划。

说计划并没有"起作用",我们正在撤出计划领域——这是由供给经济学导致的,也许会遭到反对。其实,这要看这里的"起作用"的意思。在我看来,任何组织系统都无法顺畅地把当代工业社会快速发展的技术、多变的政策和很快就会失效的工作经验组合在一起。无论是自封的社会主义社会还是资本主义社会,情况都是如此。因此,笔者并不指望国家资本主义能够起到特别好的作用,但我希望它能存续下去,并且继续履行它的资本主义驱动力的职能——通过雇佣劳动来积累资本。

当然,意识形态方面的对抗有可能颠倒这个已有两个世纪历史的集权化趋势。有时,社会秩序会拒绝接受在外部人看来是捍卫他们制度的变革:我们想到了罗马元老院拒绝进行土地改革,或者法国贵族反对税收改革。识别历史趋势并不是要否定社会秩序的自杀权利。

以上考量必然会令人想到资本主义能够存续多久的问题。我想应该能够存续相当长的时期。无人能够为资本主义预设一个"确定"的寿命。就其性质而言,资本主义是动态的,并且是在不断变化的。目前,资本主义给环境的承受能力造成了很大压力,从而威胁到了资本积累的速度和规模。资本主义的道德堡垒如前所述,正在它的商业伦理的作用下分崩离析。资本主义遇到了它的政策与经济相对立的矛盾,并且因它的积累机制而进行着拉奥孔(Laocoön,特洛伊城的阿波罗神祭师,因警告特洛伊人提防木马计而触怒天神,后与两个儿子被雅典娜派来的巨蟒缠死。——译者注)式的挣扎。目前,资本主义看起来正明显朝着一种官僚集权制度发展。又有谁能告诉我们在这以后资本主义会朝向哪里发展。

不管怎样,笔者没有看到资本主义马上就要寿终正寝的迹象。世界上很多地方仍在被资本主义令人敬畏的劳动组织方式、诱人的技术和知识才华所渗透。虽然资本主义已经在它的中心暴露出衰微的迹象,虽然遇到了苏联这样危险的军事对手,但迄今为止还没有遇到认真的竞争性经济制度。

这种所谓的供给经济学、保守思想的宠儿和时尚,把自己想象成能将我们送往这个未来阶段的运载工具,这在我看来是在做一场非同寻常的白日梦。这实在是把几间董事会会议室和几个学术中心的"小漩涡"与历史这个墨西哥湾流混淆在了一起。

注释

1. 一个有关谱系的用词。供给学派的观点(只是略微不同于传统的新古典经济学)源自马歇尔并且经由哈耶克(Hayek)和弗里德曼(Friedman)发展。我本人的观点源自亚当·斯密、马克思、韦伯和熊彼特。笔者清楚自己的观点具有"激进"的色彩。如果这个词意指"渗透到根",那么本人是能接受的。如果这个词的意思是"极端",我就不能接受,并且坚持认为供给学派观点偏离经典的程度远远超过本人观点偏离经典的程度。当然,供给学派最有影响力、近来颇受欢迎的陈述,如裘德·万尼斯基的《世界运行的方式》和乔治·吉尔德的《财富与贫困》,在我看来偏离亚当·斯密这个保守思想的伟大监护人的程度远大于我本人偏离亚当·斯密的程度。

2. 这远远不是一个无法在这里讨论的问题,这个问题关系到起源于马克思的不稳定理论的悠久历史。

3. 吉尔德关于资本家的浪漫观点正好与左派关于无产阶级的乐观看法相对立。与评价自己的同盟者相比,两者或许都能更好地评价自己的反对者。

供给侧的弱侧：一个奥地利学派学者的评论

托马斯·W. 黑兹利特

一个所谓的奥地利学派经济学家怀着复杂的心情开始对所谓的供给经济学进行评论。在一个快速变化的时代，供给学派满腔热情地力促：(1)把减税列入国家优先项目清单的榜首；(2)把这场公开辩论的焦点重新转向对私人部门活动的激励，并且把这作为经济复苏的催化剂和解决失业问题的长效方法。

虽然从奥地利学派的视角看，供给学派的理论不但有其真理的内核，甚至可能还有一个完整的真理果实，但是，我们很难说供给学派理论有一个好理论应有的完整外壳。随着我们更加深入地了解供给学派的思想——事实上，只要我们认真阅读报纸和公开讲话记录，就会情不自禁地对亨利·黑兹利特(Henry Hazlitt)回应凯恩斯勋爵《通论》的恰当性留下深刻的印象："这本书的独到之处就是不真实，而这本书中真实的东西就是缺乏独到之处。"[1]

对于任何一个如此接近公共政策强制执行领域的理论来说，这是一种不堪的状况。由一种理论粗糙的第一近似形式生成的令人鼓舞的框架并不等于就不需要完成完善细节、核查结论这个艰难的过程。相反，在一种理论敲开国家政策的大门以后，修改、完善就变得更加重要。处于权力外围的政策思考几乎不用担心哪怕是更严重的分析矛盾：它会造成哪些危害呢？但是，一种制度倘若由于公共政策问题而错误地安排社会资源，那么有可能造成严重的灾难。

那么，奥地利学派会怎样评论供给学派的理论呢？会对供给侧政策产生怎样的影响呢？对后一个问题的回答是肯定的。而对前一个问题的回答也许可分为六个重要方面：价值理论、萨伊定律、通货膨胀与货币政策、政治体制优化、"拉弗曲线"和自发秩序理论。本文只谈其中的四个问题，把通货膨胀和政治体制这两个问题留到下一次讨论会再谈。我们将以评论这些理论问题对政策的影响方式来结束这篇文章。

最后再做一点解释。当要在有关这个主题的任何辩论中与供给学派交锋时，自然要面对与谁交锋的问题。供给学派的观点独一无二：他们的"理论"著述都由新闻记者撰写,而供给学派的经济学家又宣称他们并没有任何新的理论。一旦涉及拉弗教授——无疑是最著名的供给经济学家,就得否认他谈论过任何超越瓦尔拉斯一般均衡模型清晰界限的问题。攻击拉弗博士,就等于是攻击整个新古典学派的价格理论,那么就得要写一篇完全不同的文章。波斯金和费尔德斯坦(Boskin and Feldstein)教授曾与拉弗合作进行过一些检验拉弗曲线确切形状和意义的经验研究;抨击这些经验研究也同样需要另写一篇不同的文章。

我们所了解的供给学派最完整、最与众不同的理论来自乔治·吉尔德的《财富与贫困》。[2] 供给学派的理论在任何其他场合都很难找到。布鲁斯·R. 巴特利特的《里根经济学》[3] 仅仅是一次短暂的理论化尝试,并且基本上只能算一本介绍历史案例的实用的供给侧工作手册。裘德·万尼斯基的《世界运行的方式》[4] 于1978年恬不知耻地靠资助出版,拉弗教授毫不吝啬地评论道"坦率地说,我认为这是我读过的最好的经济学著作"。不过,这让人觉得多少有点不可思议,因为书中的绝大部分内容直接被吉尔德的《财富与贫困》所否定。吉尔德的这本书在供给学派中受到了同样令人捧腹的欢迎。本人觉得自己仁慈地选择集中对较新、更加出名的《财富与贫困》进行评论。

如果说"供给经济学家没有花一点时间做一些理论建设的工作,而支持供给学派的新闻记者们拼命地在做大量繁琐的建模工作"则有点令人费解,那么,意见不同的同胞之间只有那么少的公开的反馈信息交流也同样令人感到意外。经济学家难道就不应该争取向他们正为完成如此重要任务而勤勉工作的朋友贡献一点宝贵的专家意见吗?虽然这种分工的政治意义看似复杂和深奥,但我们还是要简单地表示,我们十分珍惜有这么一次剖析一个供给经济学家经济学理论的机会。

一种价值理论

"任何买家,无论是购买椰子、理发服务还是钢弦吉他,最终都不是使用需求量可由政府扩大或收缩的货币,而是采用以自己提供商品或服务的形式来支付所买商品或服务的价款。买家有购买的需求,并且不是比较旺盛地表现在他们采取购买行为的市场上,而是更多表现在他们承担风险、备受艰辛地努力创造供给的工厂或者办公室里。他们很珍惜自己的钱,因为他们所花的钱从心理上讲,来源于他们先前付出的努力。"

——乔治·吉尔德(《财富与贫困》)

"给成千上万的人带来收入的公司董事和经理有时只是把他们的公司看作

大制钞机。在他们眼里,这种制钞机的一个用途就是赚钱支付股东股息、债券持有人利息、员工薪资。在支付了股息、利息和薪资以后发生的事情似乎只是一些与股东、债券持有人和员工有关的非常私密的问题。然而,这可是整个制度安排的核心所在。支付给股东、债券持有人和员工的股息、利息和薪资只不过是我们把这部分钱从市场取出投入到我们真正重要的家庭和个人生活。钱在花销之前对于我们来说是没用的。终极工资并不是以货币的形式,而是以货币购买的享受这种形式支付的。支付股息的支票要等到我们用它们买食品吃、买衣服穿或者买车开时才变成收入。"

——欧文·费雪(《利息理论》)

供给学派叫得最响的诉求,就是创立一种全新的分析方式以取代已经流行一百年的"错误经济学"(miseconomics)[5]分析方式。他们的理论用"供给中心论"[6]和"供给创造自己的需求"公理来取代"需求导向型经济学"的谬论。因此,在宣称"各种版本的萨伊定律是供给学派理论的基本表现"[7]的同时,吉尔德相信自己有能力提出一种"供给第一"[8]的观点。他与新古典学派经济学理论的核心分歧就在于消费者需求的基本解释性质。他认为,这是新古典学派微观经济学理论家所犯的一个错误,并且在凯恩斯主义的发展过程中达到了登峰造极的地步。凯恩斯本人曾经写道,"需求在个人和企业经济学(微观经济学)中暗中为害的获胜在全社会经济学(宏观经济学)[原文如此]中明显得到了确认"。[9]在吉尔德看来,凯恩斯革命似乎根本不是什么反叛,而只是对"暗中为害"的需求理论的发展。对于凯恩斯勋爵、凯恩斯勋爵的全体忠实追随者、凯恩斯勋爵的全体专业对手以及目睹各派争论的全体经济学家来说,吉尔德的这一推论实在令人感到意外,但却是吉尔德构想有误的供给侧理论——而不是三代经济学家——对新古典学派价格理论和凯恩斯学派宏观经济学参数进行的错误排列。

这里任何奥地利学派评论者都不会看不到掀起这股新兴需求分析浪潮的责任主要在卡尔·门格尔(Carl Menger)——或者不把这笔账算在门格尔头上。是门格尔对《经济学原理》(*Principles of Economics*, 1871)[10]做出的伟大贡献,通过直接关注消费者主观做出边际评价的原理解决了古典价格理论中的很多错误。以前的老方法运用一种客观价值理论,采用所有相关成本加总的方法来推算商品价格。门格尔完全摒弃了这种思路,并且把主观消费需求放在经济这台机器的中心位置,协助杰文斯(Jevons)和瓦尔拉斯(Walras)发起了所谓的边际革命。约瑟夫·熊彼特是这样解释门格尔发现的本质的:

"门格尔理论的批评者们总是坚持认为,没有人不知道主观评价法的真相,没有比提出这样的鸡毛蒜皮小事反对经典更加不公平的事了。不过,答案非常简单:可以证明,几乎每一个古典学派经济学家都试图先承认这种方法,然后再放弃它,因为死守这种方法就不能进步。因此,重要的不是对'人们购买、销售或者生产商品从而满足需要的价值的评判,而是一种完全不同的发现:这个简单的事实以及人类需要规律方面的起因,足以解释有关现代交易经济全部复杂现象的基本事实;尽管与引人注目的外表不同,但人类需要是经济机制的驱动力。"[11]

在它的最粗糙、最常见的表述形式下,供给侧价值理论饱受前边际效用学派成本决定价格谬论的干扰。虽然供给学派也拿起了让·巴普蒂斯特·萨伊定律"供给创造其自身的需求"这一武器,但他们对这个定律的复杂性知之甚少,对这个定律的应用更是一窍不通。他们从未领会的是,这个简单的"供给创造其自身的需求"定律并没有告诉我们任何我们真正想要知道的东西:创造其自身的需求的供给有什么价值? 这个问题一直没有得到回答并非偶然,因为"价值"问题可以得到回答的唯一方式就是关注消费者的需求。而且,从1871年到现在,就一直没有经济学家试图采用任何其他方式来解决"价值"问题。

供给学派的论证从萨伊定律出发,很快就引申出"供给第一性"的结论(就如我们要看到的那样,这一点与萨伊定律有很大的不同),随后又引申出需求由供给决定的理论。供给学派的推论就是从这个理论"悬崖"一下子跳跃到了"我们经济复苏的唯一希望就在于刺激生产者的生产动机"这个政策结论。

抨击允许消费者选择居于中心位置的理论是非常轻率的,因此,我们有机会见证供给学派经济思想中存在的明显缺陷。吉尔德就是由于这个原因试图批判价格理论:"表示消费者对具体商品和价格做出的纯心理反应的需求曲线被赋予了与记录生产者实际努力、牺牲和意图的供给曲线一样的重要性和优先性。"[12]

对这个问题的误解完全暴露了吉尔德的思路混乱。供给学派在这方面亮出的观点正好与事实相反:只有需求曲线才能决定一切商品的价格—数量均衡点,因此比所谓的供给曲线具有更大的分析重要性。供给曲线只不过表示特定商品不同产出水平上的边际机会成本。由于这个原因,供给曲线常常被(正确地)称为边际成本或者边际机会成本曲线。

就如威克斯蒂德(Wicksteed)大约在70年前指出的那样[13],我们只剩下需求曲线的情况需要了解。供给状况完全是由可用于不同竞争性用途的稀缺资源束的需求决定的。任何一种商品的供给都受制于消费者为获得这种商品而必须牺牲的需求。1只苹果"卖"19美元的原因就是:如果消费者甲不愿意为这只苹果支付19美元,消费者乙愿意付,即甲放弃消费这只苹果的机会的价值并不是一个"供给"事实，而是一个"需求"事实——乙在替代性用途中利用同一资源的需求。

供给对需求的从属性可相当简单地采用一个反映只有两种最终消费品可用的世界的模型来证明。如果我们假设有很多投入品被用来生产这两种产出品（假设它们是汉堡包和炸薯条），并且假设货币可用来购买这两种商品，那么，我们就能看到这两种商品的需求曲线是如何居于支配地位的。为简便起见，我们还假设生产1单位这两种商品中的任何一种商品需要相同数量的资源。

我们先给这两种商品的一种商品绘制一条需求曲线，让我们先画汉堡包的需求曲线。这就是我们为确定炸薯条的供给所需要的全部信息。为此，我们只需画炸薯条的机会成本曲线，而炸薯条的成本将由等量的汉堡包需求确定（这个相等性是我们简单化地假设生产相同数量的汉堡包或炸薯条需要相同数量的资源束的结果，通常存在比例性，而不是相等性，但这不会改变分析结果）。基本原理就是任何数量的炸薯条的"成本"由消费者赋予的因此而损失的汉堡包的价值决定。这个结果可以一般化，并因此可以用来根据炸薯条的需求曲线找到汉堡包的供给曲线，而在放松前面的假设后就可以用来从可用于生产有关产品的资源总需求曲线推导出真实世界的全部供给曲线。尽管吉尔德先生宁可认为供给曲线比需求曲线更加"强健"——"表示消费者做出的纯心理反应"，但是，供给曲线没有任何具体（甚或固定）的东西。反过来讲，供给曲线就是需求曲线。

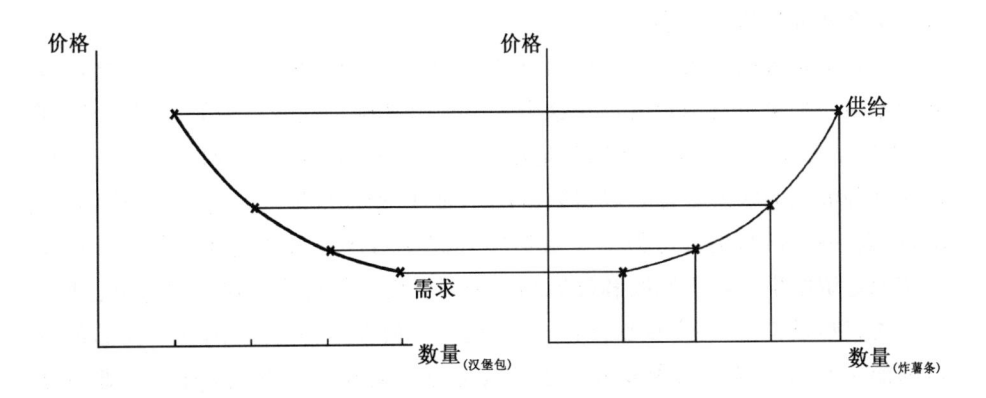

图1　需求曲线创造供给曲线

虽然吉尔德在追寻他英雄般供给者的过程中甚至不惜贬抑消费者的需求和吹嘘生产的丰功伟绩，但是，他忘记了企业家的职能。企业家就是依靠他们在资源无穷尽的排列中发现资源消费需求参数的独特能力来履行自己的职能的。企业家的这种独特能力能够满足强度无法测度的无数欲望,但企业家也要放弃未知(或者完全主观、分散的)潜能的无限替代性用途。贱买贵卖也就是企业家识别哪里有某个物质资源集合一旦被用于满足消费者价值相对较低的需要,就不能用来满足消费者价值相对较高的需要的情况。严格地讲,创造新的供给并不是企业家的任务;而增加消费者对某种商品既有供给的需求才是企业家的任务。由于消费者赋予等量商品更高的价值,因此,我们把这种需求增加当作供给增加(如果我们没有采取这种方式测度我们的产出,而是按量来测度产出,那么我们就会发现我们的商品"供给"从不发生变化,除了那些流星进入大气层的幸运时刻)。需求是那么的重要,以至于我们不是从"量"上(即按物理尺度),而总是用供给由需求创造的价值来测度供给。

无论是对于奥地利学派版的价格理论,还是对于更加传统的新古典学派版的价格理论来说,消费者需求中心论在任何"价值"确定框架中,因而在社会资源配置方面都没有引发什么争议。但是,当我们人为地把需求者与供给者分开来时就会发生混淆。供给者本身就是需求者,反之亦然。每一个供给行为同样也是一个需求行为(根据与萨伊定律相同的法则);的确,一切(有效)需求也同样都是"供给"——为获得某一特定商品而支付(供给)的东西。

不管怎样,问题的关键还在于任何商品的供给都要求生产者为获得生产商品所需的资源的出价超过竞争性消费者。因此,供给取决于本身由消费者需求决定的机会成本。市场拍卖过程中竞买者的需求决定了所有的价格——而这些价格会变成供给的机会成本。

一旦消费者的需求锚脱离供给侧理论,很快就会发现自己又误入了之前废弃的水域。如果没有消费者选择这个主要动力来确定优先项目并配置资源,那么,供给学派就必须采取措施来规避哪怕是最明显的陷阱。哪怕是钻石—水悖论在这种混乱的状态下也难以得到解决。而且,如果供给能创造(有价值的)需求,那么,一个供给集合与另一个供给集合需要用什么来区别呢?我们难道就应该把这留给生产者去判断和操纵吗?消费者就不能扮演任何主动的角色吗?

简直难以置信,答案竟然是:正是如此。根据吉尔德的观点,任何商品的价值都能正好以亚当·斯密或者卡尔·马克思可能提出的方式产生——通过增加供给者已经投入商品生产的全部(沉没)"成本"。所以,他写道:"在供给与需求相互作用之前,每种易销商品的基础价格只是一座生产金字塔的塔尖,而这个塔尖是由商品价值的全部中间贡献者或者索要者构成的。是商品自身的中间成本总和再加上一个其他成本份额构成商品的价格。"[14]

任何经济思想史学者都不会觉得难以准确地把这种思想作为前边际效用

时代"成本决定价格"的谬论。但是这样灾难性地重犯上个世纪的错误,就是一条难以回避的死路。这条死路正在等待着在供给侧高速公路上快速行驶并且在每个拐弯处拒绝消费者需求建议的旅行者。

只有一位著名的美国经济学家能够收集这些散乱的奇闻轶事,他就是加尔布雷思。在加尔布雷思看来,供给者通过行使垄断权和运用难以抵抗的营销技巧来决定需求。如果供给是唯一的变量,那么,吉尔德为了追求连贯性基本上肯定会愿意合作。他会因为加尔布雷思"为供给中心论做出了基本评价"而拍手叫好。[15]

吉尔德甚至还对加尔布雷思的"依存效应"论大加赞赏,并且错误地把它当作萨伊定律的复制品。"加尔布雷思对它(萨伊定律)进行了翻新,并且先把它叫作'依存效应',然后又在后来的著述中称它为'改进后的序列'(只不过把供给放在了需求之前)。'随着社会变得越来越丰裕,'他(加尔布雷思)写道,'欲望越来越多地由欲望的满足过程来创造……或者说,生产者主动通过广告和推销术来创造欲望。'他还概括说:'于是,欲望最后终于依存于产出。'"[16]

他在做出以下推断时暴露了自己的意图:"'供给创造其自身的需求'也许是做出推断的更适当方式。但关键就是否定未果。生产者在引发、创造和形成需求的过程中扮演了主导者和发起者的角色。"[17]我们至少可以为加尔布雷思辩护,他没有混淆把依存效应当作萨伊定律。[18]

萨伊定律

萨伊定律的思想就是供给会创造其自身的需求,把萨伊定律一分为二,就能更好地理解这个定律。对于物物交易经济,萨伊定律可还原为一个恒等式:一农夫供给市场的奶牛本身就是他对其他商品的(有效)需求。由于没有货币,商品彼此相互交易,因此,每种商品同时是价值相等的供给和需求。

货币介入商品交易后,萨伊定律就不再是一个恒等式,而是一个等式,并且可被简单地表述为:供给商品的总价值等于需求商品的总价值。原因就在于:商品卖家只有在有了用货币购买其他商品的需求时,才会为了获得货币而出卖商品。因此,供给侧的混乱显然就是每个特定商品的供给等于其自身需求——在某个规定值上——这个截然不同的概念就变成总供给等于总需求这个等式。

这后一个限制条件就是吉尔德—加尔布雷思论点的意义所在。"供给者生产商品,然后由消费者对商品估价,并给出商品的市场价格(以把商品竞买给出价最高的消费者的方式确定的价格)"这个论点与他俩的论点完全不同。具体而言,他们俩坚持认为,价值——需求——由大权在握的生产者按照预定的水平确定;然后,生产者把这些价值(价格)强加给被动的消费大众。为此,加尔布雷思强烈谴责不受约束的跨国公司;而吉尔德则把这些勇敢的生产巨头的动态能力作为偶像来崇拜。

生产者在现实世界中并没有那么多的优势来追逐利润。他俩各自所犯错误的核心在于他们试图通过分析个人参与者有目的的行为来理解过程结果的方法。生产者就不想逼迫顺从的消费大众接受他们的产品吗?如果撇开个体在市场上的相互影响,单独考察这个过程的参与者个体,那么肯定能发现这种现象。但是,这只是一个我们将在下文要讨论的"万物有灵论式的谬误"。简单地说,没有一种"管制价格"理论已经令很多敢问以下问题的人信服:倘若生产者在不提高成本的情况下能够通过提供更好的产品来赚取更多的利润,那么,他们为什么要选择强迫无助的消费者接受质量相对较差的产品呢?这种剥削行为能带来的高利润为什么不能吸引回报率较低的企业、资本家和企业家进行那么一点竞争呢?为什么没有商业竞争,劳动者和消费者就没有热情参与到这种竞争中去呢?

如果从市场结构辩论的源头重新回归价值问题,那么就会发现奇特的吉尔德—加尔布雷思联盟并没有任何神秘可言。吉尔德一面把消费者估价作为"阴险"的经济学家的宣传来抵制,一面又把供给者奉为一切商品的来源,但却对生产商只能通过满足消费他们产品的消费者才能取得成功的"细节"视而不见。我们的目的并不是以某种独立于需求的方式来使产出最大化,而是要使由需求者决定的产出最大化。稀缺的资源可用来满足不同的竞争性欲望,而价格因回应消费者对稀缺资源的出价而上下波动。吉尔德没有承认价格的关键作用,而是毫不费力地投入了加尔布雷思等待着他的怀抱。虽然吉尔德"媚态十足"地找到了一个拽他被子的同床者,但还是错误地推断他们俩的"供给创造需求"联姻是他们俩对企业家至关重要能力的独特理解的产物;而加尔布雷思绝对不相信消费者有能力做出"适当"或者"明智"的选择,因而认为消费者受一些随机挑选的特大企业的摆布(也就是说,由于无法解释这个运行过程怎么会赋予我们这些结果,他于是就只抨击消费者的选择)。

不过,加尔布雷思有能力甄别这种粗糙的"供给创造需求"观的基本成分:价格管制。总是纠缠于萨伊定律只适用于"供给"和"需求"这个问题是不行的,好像它们只是一些固定的物理量。供给和需求还必须被看成"价值量",是供给物的价值创造了相应的需求,而且,我们设法要理解的也是价值。加尔布雷思认为,商品的价值被制定垄断价格的大公司所操纵;吉尔德似乎完全忽略了这个问题,并且死死地保住"供给创造其自身的需求"和"供给第一性"不放,但就是不愿意承认,供给者能够优先于需求者的唯一方式,无论是在加尔布雷思的价格管制还是吉尔德自己的道德游戏中都是找不到的。

有必要简单提一下凯恩斯。凯恩斯明白价格调整在萨伊定律中的基本兜底作用,认为价格调整在货币经济(与物物交换经济相对立)的某些时期是非常令人讨厌并且在政治上是不适当的,而且就基于这种认识导出了他的均衡失业模型。

如果消费需求实际得到满足,那么,增加"供给"只会增加"需求"。吉尔德并非不知道,并非所有的供给都是"好"的供给,并且用一整章的篇幅把财富分成"真实"的财富和假想的财富。但是,这条分界线应该划在哪里呢?如果"供给创造其自身的需求"就是故事的全部,那么,等供给品生产完成,供给品被分为"好"的产出和"坏"的产出以后,我们如何能够对它们进行复原呢?我们是否应该救助克莱斯勒(Chrysler)这个供应商呢?如果你想要使消费者福利最大化,就不应该救助克莱斯勒,因为克莱斯勒产品的机会成本超过了消费者从它的产出中能够获得的价值,这一点被它的创纪录的负利润所证明。那么,供给学派是如何回答这个问题的呢?虽然吉尔德在不同场合明确表示他本人反对补贴,但是,他的回答并不像是基于任何完备的理论。因此,我们在看到他那亲密的供给学派同仁裘德·万尼斯基极力主张救助克莱斯勒公司时并不感到非常意外。[19] 政策问题变成了一个个人偏好的问题。

吉尔德在构建一种供给侧价值理论中采用的"假底"(false bottom)在他对中东被认为缺乏真实财富的讨论中终于非常清楚地露出了真相。吉尔德从"供给学派"的基本原理出发,结果绝望地得出了供给者欲望要受到某些限制性约束的结论。说所有的供给得到相同的估价(因为它创造了其自身的需求)或者被按卖主所希望的水平估价,那么就是要在任何理论判断或者无论怎样的政策建议中去除供给。"供给量"都一样好,彼此没有区别。

因此,吉尔德没有机会闭口不言,而是在急切寻找某种价值法则。关于价值,吉尔德先生发现了什么呢?他表示:

"石油资金流在能够转化为等石油开采完后带来未来保障流的高报酬资本存量——工业企业、港口、公路、学校和工作技能——之前,是不会变成国家耐久性的资产的……

"现在,沙特阿拉伯人能够在其他国家购置生产设备存量,他们能够购买黄金、游艇、劳斯莱斯、珠宝、艺术品和其他推定的价值储藏手段。沙特阿拉伯政府能够购买武器、飞机和港口设施。但是,如果沙特阿拉伯能够把暂时性石油收入流转化成能为未来创造收益的国内资本品,才能够成为真正富裕的国家。

物质资源只有在与其他资源以有利可图的方式组合在一起后才能变成可持续财富。"[20]

供给学派对经济价值的机械理解在这里才最掷地有声。沙特阿拉伯石油的价值恰好就是沙特阿拉伯人能够让他们的被动石油消费者为他们的石油支付的价格,这个价格在一定程度上是沙特阿拉伯政府选择的一个石油生产水平的函数。但是,把石油作为一种"暂时性"财富来源来批判,就是在承认一切财富来源都具有普遍的暂时性质。虽然吉尔德把"工业企业、港口、公路、学校和工作技能"说成是值得称道的投资,但仍然没有想到非常警觉地观察这些"愚蠢"的投资者——他们以一种非常理性的多元化努力在国外(和国内)进行大量的投资,而且就是为了防止自己遭遇吉尔德说到过的其他曾经的富有文明遭遇过的灾难。至于他对"黄金、游艇、劳斯莱斯、珠宝、艺术品和其他推定的价值储藏手段"的谴责,吉尔德仅仅是表达了他个人对别人很喜欢的东西的反感。我们真想知道,如果不是那种供给学派那么一致讨厌的平均主义情怀,那么,关于一个购买价格昂贵汽车的富裕国家的前途有什么可憎恨的呢?

吉尔德在对照那些只有"暂时"性价值的物品评价"真实"财富时产生的最严重误解,就是包含在上面这段引语的最后一句话中。言下之意,"物质资源"似乎是经济繁荣的必要条件,但不是充分条件。我们必须创造某种比物质资源更加耐久的资源。其实,从经济学的角度看并没有什么"物质资源",而只有物理或者客观价值学派更加巧妙的表述。一幅梵·高的油画能值多少钱?梵·高的画在今天能值 100 万美元。但伟大、不幸的梵·高在世时,他的画——同样的物理元素——分文不值。正如托马斯·索厄尔(Thomas Sowell)在谈论一个有密切关系的主题时所写的那样:

"对经济学最普遍的误解或许就是认为经济学只适用于金钱交易。这个误解常常导致有人说'有非经济价值'需要考虑。金钱交易中当然有非经济价值,甚至只有非经济价值。经济学本身不是一种价值观,而只是一种研究价值交换的学科。"[21]

那么,沙特阿拉伯人怎样才能使他们拥有的大量石油和他们交换获得的其他物品的价值最大化的呢?吉尔德似乎想为沙特阿拉伯人回答这个问题,这倒是与他的理论一脉相承,而与经济学则格格不入。

与其抨击凯恩斯学派只关注"需求",还不如质疑一味追求"总需求"这样的批评更加有意义。凯恩斯的伟大贡献就是把总需求这个变量作为经济萧条时必须关注的变量分离出来。通过把所有的需求归入一个无所不包的变量,并且把只关心各种需求各自如何发生的微观经济学搁在一边,凯恩斯消除了不同需求集合之间任何质的区别。只有需求"总"量才是重要的。因此,当私人投资因人口停滞增长、社会高度成熟、新的生产性想法耗竭而止步不前时,公共支出项目就可用来弥补需求不足。即使公共工程项目都与工作有关,与娱乐没有关系,总需求也会实际增加;即使公共工程项目只是为了让劳动者参加工作,而不是为了满足任何特定的消费需求,总需求也会实际增加。因此,凯恩斯情愿让政府为劳动者工作谋生买单,然后为满足他们而为他们买单。[22](这种供给难道也会创造其自身的需求?)

凯恩斯就是采用这种方式把个人消费者排除在宏观经济学演算之外的,并且用一些极其重要的总体变量 C+I+G 取代了个人消费者。为了达到均衡——充分就业下的产出,我们能够通过财政和货币当局来控制这些变量。一旦达到了充分就业水平下的产出,故事也就到了它的美丽结局,只不过是被抽象掉了经济系统的实际结果:均衡产出值是多少? 假设这是通过为全体劳动者都有工作买单才达到的,这个总需求如何反映消费者赋予最终国民生产总值的真实价值呢?

这正是凯恩斯学派愿景如此令人遗憾并且不得不沉默的地方。总需求概念整个就是对消费者需求本质的颠覆。因为,虽然财政当局会追逐适当的总需求,但总需求允许把经济主体的个人偏好全都排斥在经济系统之外。因此,这个凯恩斯主义模型由一个善于观察的学者提出,就没有什么可奇怪的了。这个学者认为,到了 20 世纪 30 年代,消费者快要达到他们的饱和点了,并且难以想出有关新欲望、新产品、新机会和新需求的好主意来。[23]

供给学派紧随凯恩斯学派总需求理论家其后,这不亚于一个世界级的讽刺。只要想通过交换达到自己偏好点的需求者被作为"供给主导论"的简单附属品淘汰,那么,供给侧的减税刺激与供给侧的公共工程刺激又有什么区别? 如果把作为裁判员的消费者排除在外,那么,我们应该如何来判断哪种供给更好? 吉尔德(明显很喜欢奇特的同床者,但就是常常不明白自己与他们的关系有多密切)赞美凯恩斯勋爵的经济非自发观。凯恩斯对非自发经济本源进行了描述。在吉尔德看来,(凯恩斯体系中的)创造中心就是技能高强的企业家,而政策目标就是培育企业家的技能,并且保证企业家有自己的投资诱因。[24] 无论是凯恩斯还是吉尔德似乎都过度关心生产者取悦个人消费者的技能,因为两者都为无视市场检验的理论辩护,但却最终提出了旨在积极寻求支配市场的政策建议。[25]

"拉弗曲线"

"拉弗曲线"在供给经济学中占据着最微妙的位置。从知名程度的角度看,拉弗曲线就是供给经济学。没有一本新闻杂志不是用一张曲线图、一句作者的话和一张曾经非常流行的拉弗博士的金刚鹦鹉鸟照片来介绍供给学派的。几乎布鲁斯·R. 巴特利特的整部《里根经济学》都被用来列举证明实际使用中的拉弗曲线的历史例子，而吉尔德的《财富与贫困》和万尼斯基的《世界运行的方式》都用很大的篇幅在描述同一个主题。但是，由于它们都是解释供给经济学的，所以与供给经济学的应用关系甚少。

　　从供给学派自身简单的议题中能获得多少信息呢？巴特利特对供给侧政策进行了概述："大幅调低税率以及大幅度减少政府支出和监管。"[26]当然，根据拉弗曲线可做出的值得关注的推断就是高税率能够减少税收收入。如果调低税率就能够增加税收收入，那么，减少政府支出的目标就并非必不可少——除非税率大幅调低，以至于譬如说从拉弗曲线上的 A 点调低到了 D 点。请参阅图 2（不过，这正好是供给学派建议我们不要做的）。戴维·斯托克曼（David Stockman）这个曾经的狂热供给经济学推崇者在把他那支削减预算的笔带到办公室时，就明确证明了供给学派并没有找到足够的税收收入来证明拉弗曲线分析在即将开始的争论中的重要性。就像里根总统在减税以后发现的那样，削减政府支出是平衡预算的核心任务。

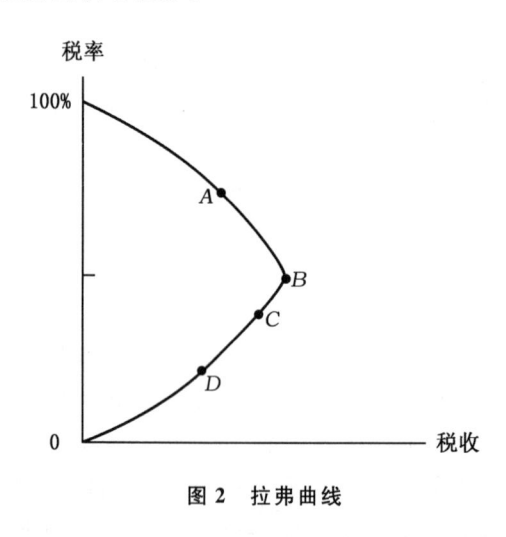

图 2　拉弗曲线

　　请允许我们稍微偏离一会儿拉弗曲线这个主题。由巴特利特发起的奥地利学派对供给学派理论的抨击，其实就是批评"供给经济学（即拉弗曲线）为能增加政府收入而谋求减税"[27]。作为回应，巴特利特没有把拉弗曲线视为"仅仅是一种证明从经济学意义上讲税率有可能过高的分析工具"[28]。至于最初的争论，巴特利特非常正确地没有理会任何一种这样的理论体系的结论，因为它们本身也就是中性的解释手段。他甚至没等自己把话说完就背叛了自己的思想：拉弗曲线无须被演绎为"税率从经济学意义上讲有可能过高"[29]——除非政府支出是唯一的经济目标。

如果我们认为凡是边际税收都会改变消费者不受税收干扰、自由表达自己偏好情况下的交易格局，那么，课征于经济交易的税收会影响商品的最佳配置。供给学派为什么没有详细阐述私人交易者因为边际税率而丧失机会的分析工具呢？下面，我们来回答这个问题。

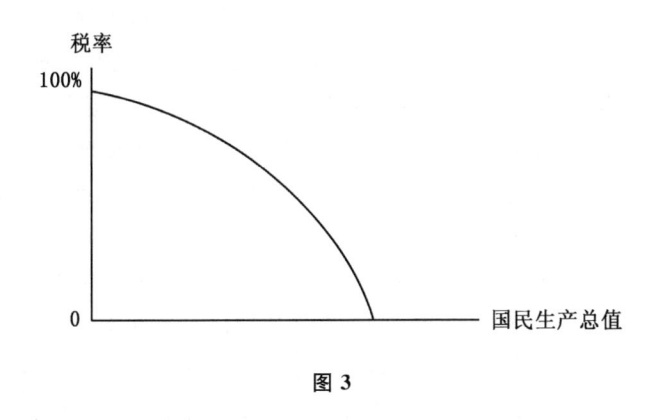

图 3

图 3 接受了拉弗曲线描述的税收激励效应（在一阶导数为正值的点上二阶导数也为正值，在一阶导数为负值的点上，二阶导数也为负值），但根据一种不同的经济基础——整个经济——来测度税收的激励效应。图 3 显示，只要抽象掉外部性，税收就会减少实际收入。拉弗曲线并没有告诉我们这个信息。[30]

不管怎样，拉弗曲线和我们的变体都没有考察税收的所谓非经济效应。也就是说，我们在这里只考察了税收的替代效应，而没有考虑税收的财富效应。拉弗曲线作为"分析工具"的一个用途，可能就是要指出，把 100％的社会资源从公民那里再分配给国家的税收没有任何"经济效应"。如果税收采用"公民必须纳税，违者重罚"的方式征收，那么，总量 $T^i = GNP/n$（$n=$ 纳税人口）就不会导致任何资源配置不当，并且不但能使我们处于拉弗曲线斜率的最低水平，而且还处在（由拉弗曲线导出的）图 3 的最大收入上，因为边际税率为 0。

显然，这个税收方案能满足供给学派的全部产出最大化标准。正如巴特利特所写的那样，"应该强调重要的是税率或者关税税率，而不是总税负"[31]。正是这种推理令人担忧，特别是在考察长期影响时。从长期看，一切都处于边际状态，而总税负就是实际税率。因此，当说到边际激励效应时，实际上是指短期边际激励效应。任何经济资源都不能永远偏离边际状态（包括我们人的人力资源,就像凯恩斯关于"长期"的最著名俏皮话提醒我们的那样)。拉弗博士充满深情地表述了这种与第 13 号议案——一项关于财产税减税的议案——有关的观点。这项议案被指控简直就是在没有产生任何边际效应的情况下转移财产,(主要)影响财产税纳税义务的沉没成本。[32]

供给学派不理解(短期)边际税率变化(被认为会直接影响激励效应,从而影响总产出)与简单的财富再分配不同的程度在他们的政策处方中暴露无遗。巴特利特评论指出,卡特总统时运不济的 50 美元退税计划例证了边际激励效应变化。巴特利特解释说:"吉米·卡特上任后不久采取的第一个行动就是通过提出美国每个纳税人退税 50 美元的方案来逐渐增加税收。根据定义,退税相对于高收入者而言,更加有利于低收入者(50 美元的退税对于某个收入 10 000 美元的人来说就是他 0.5％的收入,而对于某个收入 50 000 美元的人来说只占他收入的 0.1％)。[33] 这当然完全就是不得要领,因为退税正好是个绝好的反例:没有任何(短期)边际激励效应的一次性收入转移(按照收入百分比计算,穷人得益较多,但无关紧要。穷人从自己是穷人这一事实中没有获得任何利益,他们的退税额仍然只有 50 美元;而他们使自己不穷并不会损失退税额)。

巴特利特在他的"第 13 号议案……表明它简直就是一个拉弗曲线被付诸实施的教材范例"陈述中再一次犯了错误。有趣的是,在这一陈述之后,也就是在下一页上,他又表达了"有人可能会认为第 13 号议案并不是一项真正的供给侧减税方案,因为调低财产税税率只能产生财富效应,给人以更多的钱,而不会鼓励人们多工作、多投资或者多生产"[34] 这一思想(请注意:在这一段里,巴特利特自称根据拉弗博士的评论进行了外推)。

事实上,加利福尼亚州调低财产税税率只是改变了大多数土地所有者的沉没支出(或者义务)。对于那些正在考虑建造住宅、办公楼、工厂或者公寓楼的人来说,边际激励效应有所变化,但变化幅度非常有限。由于冻结现有财产所有人 1975～1976 年度的财产评估值,并且只允许名义财产税额每年增加 2％(只要财产不转手),而新的住宅(或其他财产)购买者得按他们在 1979 年、1982 年或其他任何年份支付的价款计征财产税,因此,贾维斯—甘恩(Jarvis-Gann)修正案的财政影响几乎全部表现为财产直接从政府转移给了 1978 年 6 月以后购置物业的业主。

虽然加州的经济对减税做出了强劲的回应,但是,拉弗曲线没能向我们说明其中的原因。第 13 号议案的遭遇非但不是拉弗曲线巨大解释力的证据,而是为攻击拉弗曲线提供的炮弹,而且还导致供给学派的理论找不到任何基础。我们得直接面对一种也许能够解释财富从国家转移给公民能促使经济活动增长的原因的理论。

即使政府获取收入的手段并不涉及负激励问题（即不顾凡是税收都有长期负激励效应这一事实），奥地利学派的方法也能阐明很多有关政府配置经济学的问题。科层制组织需要分配稀缺资源，但无论稀缺资源被用于高价值用途还是低价值用途，它们既不会奖励也不会惩罚相关决策者。从试图用某一既定产出集合满足消费者最强烈偏好的角度看，私人交易者较之于科层制组织在寻找增加效用的途径时具有更大的信息优势。此外，私人市场交易的结果具有迫使所有决策者与每项已做出决策的各相关方开展真正自愿的合作的好处。如果国家在按照不同的规则配置相同的实物产出时损失了大量的信息效率，那么，把财富一次性转移给国家甚至在短期内也会造成严重的经济后果。我们在设计合理的税收政策时必须把收入效应与替代效应结合起来考虑。

因此，拉弗曲线作为一种简单的分析工具完全可以不招致反对，只要：(1)供给学派还能考虑其他没有包括在这种二维表示法中的变量；(2)供给学派不要那么经常地屈从于对拉弗曲线的错误使用，即不要一味地追求政府收入这个变量最大化。虽然调低税率能增加税收这种简单的观点也许是一种有害的政策主张（而且常常对于调低税率来说是一个颇具说服力的卖点），但也没有变成规范性的政策主张：税率应该调低到税收增加。这样才不至于影响减税机会的选择（不会导致我们从拉弗曲线峰值上滑下来），而且也不会排除采用一次性方式来增税。

尽管有人强烈要求否定这条曲线，但供给学派继续利用这条曲线进行公开辩论，显然是为了实现这条曲线的政治市场价值：为增加政府收入而减税。正如裘德·万尼斯基所说的那样，"政治领导人必须在允许与福利相符的收入分配的同时不断努力发现能使收入增长最大化的税率"[35]。

在最近与《新共和》(New Republic)杂志主编进行的一次谈话中，万尼斯基用以下这种方式阐明了自己的观点：

"我们对减税没有任何兴趣，但我们宁可主张在目前的情况下，税收可以随着税率的调低而增加。我们不主张削减支出，除非能够通过杜绝浪费和舞弊来实现节约。其实，我们认为，随着公共部门得到的商品和服务份额的增大，正确的供给侧货币和财政政策有可能创造更多的国民产出。"[36]

同样，巴特利特也写道："考虑到过去15年的增税规模，看来很有可能为了调低税率，结果使美国的每个纳税人回到了肯尼迪总统减税后他们所处的那种纳税状况。"[37] 此外，他称20世纪60年代初的税收水平"可以容忍"，并且认为"香港是一个堪称完美的拉弗曲线实施例子——低税率引发高经济增长率，并且在维持低税率的同时增加了可用于社会福利的财政收入"[38]。而乔治·吉尔德毫不掩饰地宣称,"必须不停地强调,减税的目的就是要扩大税基——通过诱使富人少消费,多工作和多投资,让他们多缴税"[39]。

供给学派似乎很难记住拉弗曲线只是一种辅助性解释工具,它自身并不能得出什么政策结论。供给学派开出的各种供给侧处方都隐含了一种积极看待政府支出的观点:政府支出的目的不是使消费者福利最大化,而是随着增税成本的提高,允许私人福利在协商后获得一定程度的增加。在不进行形式分析甚或一般提及的情况下,我们很快就会贸然把拉弗曲线以下的整个区域作为"可容忍"额度来接受。这个允许一张只不过是"教学"[40]用图的曲线图来告诉我们这种道理的理论能有自己的地位吗?

自发性秩序

供给学派的经济观就是一种企业家采取重大行动、但又受到高边际税率等级抑制的目的性很强的行动观。吉尔德曾大胆假设:"历史上,从威尼斯到中国香港,发展最快的国家和地区都不是物质资源禀赋最丰裕,而是自由意志和私人产权禀赋最丰裕的地方。两个最繁荣的世界经济体在第二次世界大战期间几乎丧失了自己全部的物质资本,并且通过解放企业家、释放他们的能量又东山再起。"[41]

具有讽刺意义的是,吉尔德在这一陈述中表达出来的深刻洞见在他自己身上似乎就没有什么作用了。因为,在吉尔德看来,这些通过"解放企业家"获得的丰裕禀赋较之于企业家仰仗自己的解放,更多地以某种方式仰仗于企业家。他没能看到是经济进步的自发秩序、亚当·斯密所说的那只著名的"看不见的手"创造了消费者需求的商品。吉尔德只关注那只"看不见的手",因为全能的供给者就在他的工作与休闲无差异曲线的边缘。吉尔德搬出凯恩斯来证明自己的观点,并借以抨击亚当·斯密和马克思提出的社会自发理论:"凯恩斯既蔑视马克思主义又鄙视放任自由主义,因此排斥一切把经济视为辩证机制或者市场机制的思想体系。"[42]

在对产业企业家被公认的卓越成就进行传奇化的过程中(吉尔德在赞扬摇滚签约歌手、棒球巨头、时尚牛仔服设计师和住房开发商,一切制造除吉尔德之外的消费者觉得高度有价值的产品的生产者方面一直引人注目地保持沉默),吉尔德一不小心就落入了F.A.哈耶克所说的"万物有灵论"的陷阱:把特定结果归因于某些个人的故意行为,而不是归结为过程的结果。资本主义经济结构由任何特定人类代理人蓄意设计的说法既没必要也不可取。斯密和马克思在把经济描述为过程的方法论上是一致的:

"斯密不相信商人的任何意图，并且说他们卑鄙、贪婪，但又认为市场经济体系会带来并不反映该体系内部各行为人意图的效益。当然，卡尔·马克思对资本主义制度结果的看法远没有那么温和，但他——就像斯密那样——用这种制度被推定的特点，而不是用资本家个人的明确意图来分析资本主义制度的结果。在《资本论》第一卷的前言中，马克思根本没有任何用资本家的意图来解释资本主义制度的想法。恩格斯彻底摒弃了这种剖析一般社会现象的方法，'因为凡是想获得人人想要的东西都会受到别人的阻挠，而凡是剩下的东西都是没人想要的东西'。"[43]

此外，索厄尔在当前各政治派别的两个极端派别身上发现了形形色色的万物有灵思想。他写道："万物有灵谬论并不是政治左派或者右派特有的属性。有万物有灵倾向的保守经济学家解释了一种不受时间影响背景下的理性行为，有时根据以下这个道德结论来解释：聪明的人因他们深思熟虑而受到了奖赏，而愚蠢的人因为他们缺乏远见而受到了惩罚——譬如说，'聪明过人'可以解释利润丰厚；而可望拯救世界于'混沌'的左翼社会规划者陷入了另一种形式的万物有灵论式谬误"[44]。

说吉尔德应该是掉入了这个陷阱，并且把人类的美德归结为过程的结果——用休谟(Hume)的话来说，"就是人类行为的结果，而不是执行人类意图的结果"[45]，是对他长期行走在供给侧做出的一个合乎逻辑的结论。一面贬低消费者需求的作用，一面又鼓吹芯片和其他吉尔德认可的产品制造商的功绩，只能导致一种把优秀资本家目的性很强的行为视为创造社会财富的关键的理论。这就是与古典学派的自由市场竞争美德观——一种由休谟和斯密缔造并由米塞斯、哈耶克和熊彼特等奥地利学派经济学家进一步发展的思想——的彻底分道扬镳。古典学派的自由市场竞争美德观认为，资本主义依靠的是行为自由和自利主义，而不是资本家；是生产者与消费者之间的互动为每个人创造了机会。按照这种观点，把亨利·福特作为经济进步的关键分离开来是没有意义的，甚至是荒谬的。只有按照市场竞争参数来评判，福特才算得上取得了成功，因此根本谈不上取得了极大的成功。只有通过不具人格的市场力量（能够自主地从自己不认识的人那里购买投入品，并把产出品卖给自己不认识的人，而且也不管他为什么要这样做）来满足消费者的需求，福特才能满足他自己的欲望。绝不是因为某人有先见之明的设计，汽车才得以像现在这样的方式生产和销售。汽车工业是通过有时被说成"发现过程"或者"自然选择"的试错才获得发展的。

是制度造就了亨利·福特，而不是亨利·福特造就了制度。把吉尔德赞赏有加的微处理机奇才送到苏联，再给他们配备100万的下属和相称的预算，苏联的工厂能生产出什么来呢？现在又会沦落到什么地步呢？

如果只是供给侧的缺点，那么让我们借用一个不良习惯来说明社会主义经济与资本主义经济之间的一个差别就是在后一种经济中消费者拥有更大的消费者主权。不把消费者需求的拉动力作为经济系统的引力，在某种不考虑消费者投入、不做价值判断的情况下只考虑供给最大化问题，就是在铺设通往……社会主义的道路。苏联是一个热心的工作激励实践者，很早以前他们就抛弃了马克思的金科玉律，并且用自己的黄金法则取而代之："各尽所能"变成了"各尽所劳"。他们的供给毫不困难地创造了自己的需求，他们的统治者没有在"暗中为害"的消费者需求理论上浪费他们的宝贵时间，苏联经济是典型的供给侧经济。

供给学派对市场过程的误解已经根深蒂固，实在令人担忧。甚至连吉尔德也犯错栽了个大跟斗，以至于说出以下这段昏话：

"如果美国政府能在全部所需的经济活动中比私人部门更有成效，那么公众就乐意把自己的收入交给国家。而现在，政府就连在治安、国防和公共教育这些最有限的作用领域效率也低得可怜。政府必须努力使自己变得富有成效，甚至远远超过私人部门。"[46]

任何一个参与社会主义核算辩论的学者都不可能理直气壮地坚持这种政府配置观。

虽然社会主义组织者也没有指望收获一个健康的供给学派支持者群体，但是，供给经济学理论允许这么大的误差幅度还是值得注意的。供给学派理论把经济视为由一些有创业气概的男子汉设计的结果，因此理所当然会开出主要是为了救援或者救助这些关键主体的政策处方。如果经济这台机器真的要依靠这些非常特殊的执行者的努力，那么不引导公共政策去给他们排忧解难就不合常理。但是，这里也是斧头掉落的地方：任何旨在构建某种特定、前置、有利于经济效应的政策注定要与消费者的个人意愿发生冲突，而已经取得的结果在受到干扰前自有一个自发秩序系统在运行。

因此，供给侧运动不断发现自己遭遇"再工业化"幽灵的侵扰。虽然干预主义的"朋友们"试图采用供给学派的标准来提出菲利克斯·罗哈廷（Felix Rohatyn）式的计划，但是，主张"自由市场"的批评者只要发现有人在考虑这种计划就会加以指责。虽然供给侧运动的主要支持者应该为差不多一致（一个著名的例外就是万尼斯基对克莱斯勒的钟爱）抵制最明目张胆的"再工业化"而受到称赞，但是，供给经济学更深层的基本计划就是它自己承认的那种干预主义中央计划。

布鲁斯·R.巴特利特用最后一章全部的篇幅试图说服我们相信情况并非如此,并且争辩说"20世纪80年代最大的挑战就是防止供给经济学被扭曲成一种用减税或者监管改革来取代政府补贴和关税的产业政策……"首先,在评论了供给学派的理论以后,我们必须说,很明显:确保供给侧运动不受"再工业主义者"干扰确实是一项艰巨的任务。其次,值得注意的是,巴特利特那么快就忘记了他自己利用一种供给学派的解决方法像警报开关那样迅速切换到了他自己标榜的再工业化:"为了重新推动经济,我们必须加强对工作、储蓄和投资的激励。"[47]

有谁能否定这样一项计划的价值呢?唯有最勇敢的消费者主权支持者!奥地利学派关于经济复兴计划的建议是排除一切阻碍消费者行使法律赋予的选择权的障碍。这样做并不意味着必须了解在较大的自由度下会出现的偏好格局。最重要的是,并不是需要采取这些措施(减税、放松管制等)来激励工作、储蓄或者投资,而是真正的消费者需求模式能够自己确立自己的地位。美国人是否应该更多地工作或者美国是否应该创造更多的工作岗位?把更高比例的收入用于储蓄或者增加资本存量?不管怎样,任何企图损害消费者选择权的答案都应该被贴上"再工业化"的标签。

就现行政策因有工作的人工作、有储蓄的人储蓄和有投资的人投资而惩罚有工作的人、有储蓄的人和有投资的人这一点而言,放松对经济的管制可以预见会导致工作、储蓄和投资这几种行为增加,从而有利于很多自由市场经济学家与供给经济学家之间建立通常是紧密的政治关系。但是,如果这些相关方要想保持和睦的邻里关系,那么,无论是以被踢被拽的被动方式还是以诗情画意的主动方式,供给经济学理论都必须向价格理论靠拢。如果供给经济学理论坚持像一个被宠坏的孩子拒绝接受消费者主权中心论,坚持提升无所不知、总是说不并且是外生的产业企业家的地位并把他们奉为占据支配地位的经济精英,那么,中央计划的鼓吹者们绝不可能退出舞台。我们应该如何来对待一种供给决定型经济?答案是:为消费者减税并放松管制。

当然,奥地利学派的观点就是这样的。只有消除一切阻碍消费者需求信息在经济主体之间有效扩散的胁迫因素,才能增加实际经济产出。无论是供给侧激励还是需求侧激励单独都不能拯救我们的经济,只有解放自发秩序的进步因素,才能拯救我们的经济。这一点如此经常地被误解,也没有什么可奇怪的:由看不见的手造成的麻烦也是很难看清的。

策略问题

布鲁斯·R.巴特利特最近在向他的供给学派同仁们发出的呼吁中提出了

以下这个建议,并且注意到了无疑被他认为是危险的理论疑惑——一些由关心他的供给侧计划的奥地利学派经济学家提出的理论疑惑:

"现实就是:缩小政府规模是一项艰巨的任务。一些保守分子已经为此努力了40年,但只在地上留下了他们的斑斑鲜血。直到供给学派问世,才可以说通过促进私人部门的扩大来缩小政府的相对规模也是一种很好的想法,我们已经在进步。这就是足以让我们无视我们批评者们(奥地利学派)的充分理由。"[48]

"不管怎样,我前述奥地利学派的批评确实是追求一种比迄今能在供给学派那里找到的更好的理论(再说,诚实劳动绝不应该被忽视,尤其不应该被一个供给学派的学者忽视)。"

该说的都说了,该做的都做了,供给学派的自夸就如巴特利特所表明的那样变得非常简单:我们主张的政策赢得了胜利。对于所有的"生意人"来说,这是一个极佳的卖点,并且不能小视。不管怎样,这种自我庆幸尚有谨慎的余地,因为:(1)我们已经看到供给学派阵营没有占据影响地位的其他西方国家的在野党最近取得了选举胜利;(2)供给学派向商界发出的强烈呼吁——虽然最初有利于它在政治上取得成功——也许意味着供给学派因供给侧运动沦落为恳求特殊利益立法的伪装而可能会招致政治灭亡;(3)他们的战斗远远没有结束,可谓任重道远。

然而,所有这些并不应该妨碍我们为那些已经实施的税收、财政支出和放松监管措施拍手叫好。毫无疑问,供给学派最受欢迎的政策贡献就是他们的积极的"去通胀美利坚"政治策略。虽然这项政治策略只是供给学派关于刺激私人部门、大量释放市场能量的承诺,但却使得银根紧缩政策这种令人痛苦又必需的补救措施有可能得到接受。

相比之下,在供给学派眼里,哈耶克的奥地利学派商业周期理论的缺点,坦率地说,还有所有与对策措施有关的缺点,就是它的绝对政治不可能性。有哪个寻求连任的政治家会接受一项明显有可能导致经济萧条(无论怎样都会出现在报纸头版上)的政策呢?在被告知必须在目前温和的经济萧条与几年后要严重得多的萧条之间做出选择后,没有一个政治家必然会和他的竞选总部选择后一个选项。如果发生了一件我们高度关注的事情,那么,我们的政治制度会迫使我们的政治家必须在对于我们的民选官员来说时间偏好率最高的时候出现在仕何事发现场。

关于这个由哈耶克最明确地提出的商业周期的两难困境,欧文·克里斯托尔曾经写道:

"哈耶克教授的处方有两点需要说明。首先,哈耶克开出的处方在政治上不可行。这张处方虽然具有经济意义，但从现代民主国家政治经济学的角度看却是毫无意义的。在这样一种政治经济学里，时间是关键……他们会选择工资和价格管制，大量增加'公共部门'的岗位，为了保障就业而把大公司收归国有，等等，但就是不会听从正统的经济学家去'经历九九八十一难'。

"其次，我们还不清楚，在福利国家的条件下，这种正统的处方是否具有经济意义。因为，随着这种"急剧衰退"不断积聚能量，政府的各种支出自动会被触发，如失业保险金、福利金、食品券、医疗补助计划等。与此同时，政府的税收收入会随着商业的不景气而减少。所以，今天完全有可能不能用衰退来换取预算平衡——而撒切尔夫人在英国的经历又强调了这种可能性。相反，这样考虑会更加合理：如果想要平衡预算，就应该通过恢复经济增长，而不是通过急剧的经济衰退来实现。"[49]

供给学派的策略就是，通过采取刺激性减税对策在短期内减轻通货紧缩计划——就其性质而言必然是高利率、低增长那种——的破坏效应。如果经济在高税率的重压下下行，那么，调低税率也许确能促进经济繁荣，从而抵消或者至少部分抵消衰退性货币进程。遗憾的是，这种引人注目的策略被证明极难付诸实施。

在最近发表的一篇文章中，约翰·肯尼斯·加尔布雷思是这样描述这些补偿性政策的：

"一边是供给经济学，主要是关于经济产出和收入有力扩张的承诺会导致公共收入增加，而公共收入的增加会抵消减税的影响，而减税又会促进经济扩张，经济扩张又会因为监管社会性支出的减少而受到刺激，从而促使装病者重返工作岗位。与此同时，通过有力地控制货币供应量来抑制通货膨胀这个过去十几年来最顽固的障碍……经济衰退必然会得到有效的遏制。现代经济衰退并不是资本主义制度固有的波浪式运动，它们是货币学派必须用来控制通货膨胀的东西。"[50]

有趣的是，加尔布雷思能从中做出的一切诊断就是经济分裂症的晚期病例："凡是供给学派通过税收带来的东西，货币学派都可以通过收紧银根和提高利率带走。"如果通货膨胀能通过实行2年能净化经济活动的政策来结束，而加尔布雷思又觉得被这忽悠了，那么，我们真想知道这位杰出的教授打算阻止我们实行哪种替代性计划呢？

遗憾的是，里根总统已经领教了驯服恶性通货膨胀这只野兽有多难。供给学派很可能因为过分吹嘘自己的产品而受到合情合理的指责。尽管曲线的形态看起来就像拉弗的鸡尾酒垫，但里根政府的赤字已经随着减税的推进而缩减。这种精神令人意外地被关注政府的各界公众所理解。《洛杉矶时报》(*Los Angeles Times*)在它1981年10月18日的社论中断言：

"白宫现在已经领教，譬如说，供给经济学并没有什么魔法……因此，用在里根政府新经济学上的全部精力和沟通在华盛顿导致了混乱，而在其他地方则产生了困惑。白宫自己也感到失望，并且发誓要抵制诱惑。它要求美联储稍微多发一点货币，以便衰退，让共和党候选人少一点难堪。幸好，美联储表示它不会采取任何措施。白宫现在只能坐视不管，就像其他政府所做的那样，让萧条和失业放任自流，就像新经济学建议的那样——降低价格和利率。里根政府继承了通货膨胀和高利率，但因为大谈通过减税来快速扭转经济以提升民众的希望而导致自己的日子变得更加难过……无论多么艰难，白宫还是恳求多发货币，希望加快增长速度，美联储应该予以拒绝。从长期看，与无限期地生活在高通胀的环境下相比，美国接受短暂衰退惩罚的日子可能要好过一点。"[51]

当像阿兰·雷诺茨那样杰出的供给学派分析师求助于在《华尔街日报》最近的这篇报道中找到的迂回逃避伎俩时，经济形势就不可能令人少担忧："雷诺茨先生表示，在不实行金本位制的情况下，经济将在第四季度'急剧下挫，有可能要延续到明年第一季度，而且还会发生一些严重的破产和倒闭事件'。据他预期，在金本位制的条件下，'经济就会全速运行'。"[52]

然而，把减税、节支和减少监管组合在一起的基本策略与美联储的紧缩政策在经济上是说得通的，而且还带来了政治希望。这种奥地利学派式的回应应该能够接受这种方法，并且根据这种方法进行改进。如果美国能够仅仅依靠减税这粒种子绽放经济复兴的花朵，那么，在我们奉行一种更加积极进取、无所不包的"去管制策略"时会萌发出怎样的奇迹呢？美国已经表达了对大规模有效改革的政治需要（即分解监管机器），就如供给学派所了解的那样：适度减税和削减支出并不足以促进私人部门的强劲扩张，而只有私人部门的强劲扩张，才能推动经济持续发展，才能帮助这种政策的执行者忍受美联储的货币紧缩政策造成的痛苦。

然而，除了大谈受欢迎的减税目标之外，供给学派这些善于制造新闻的学者令人奇怪地保持了沉默。不过也有像大卫·斯托克曼这样不按常规出牌的人例外，1981～1982年度的联邦预算虽然仅仅是在卡特总统一厢情愿的会导致企业倒闭的预算提出的支出水平上，而不是1980年初（按通胀率进行调整后的）卡特政府原始预算计划水平上进行了削减，但还是受到了一些批评。像国会议员杰克·肯普这样一位杰出的供给经济学信徒公开反对进一步削减联邦支出，并且明显利用经过修改的新税率表来为财政部谋取充分的资金，结果导致预算下滑到在拉弗曲线中段上下波动。这可能是"好理论对于好政策很重要"这一原则的一个引人注目的例子。现在,税收已经削减,而财政赤字引致型高利率有可能葬送经济复苏,这可是削减其他社会开支和国防支出以及实现预算平衡的绝佳时机,而不是观看拉弗曲线杂耍的时候。

令人惊讶的是,很多供给学派的学者似乎正在为自我感觉取得了无条件胜利而陶醉。例如,巴特利特翻开最近发表的一篇文章,松了口气说"现在,政治斗争已经结束……"[53]有人则认为,政治斗争才刚刚开始。(他们是否真的打算离开联邦食品与药品管理局?)供给学派是否对分3年减税25%的计划感到满意?对"所得税和法定社会保险税预期增长变成了一种只用来防止税收增加到1981年水平的指数化"[54]感到满意?

我们不是已经废除能源合成燃料补贴、农产品价格支持、进口限制和州际商业委员会许可制?在这每一个领域,现政府令人失望地采取了更大的干预。他们试图让预言"里根经济政策"在解除亲商规制方面比卡特政府做得慢的乔治·斯蒂格勒成为先知。

一种一以贯之的市场导向型政策在反对这种反消费者、产出限制性商业计划方面是不遗余力的。照此推论,它会对消费者主权做出其理论承诺,并且对自愿交易收益予以重视。政治上的成功应该能够引发新的强烈反思,而不是引发把讨厌的质问者作为阻挠者来对待的欲望。权力的傲慢虽然会传染,但能带来巨大的乐趣;当权力的傲慢葬送了曾经为了变革而带来权力的来源和机会时,就会做出令自己难堪的宣判。

即使供给学派的反应可能是回避有利于形成能应对最微弱、最不知情抵制的政策和观点的关键问题,我们就能指责说他们可怕、糟透了吗?的确如此:哪怕只是关注一下需求曲线就能发现自己有错。(而且,他们只要关注非常短期的需求曲线就会发现自己错了。)

注释

1. Henry Hazlitt, *The Failure of the "New Economics"* (New Rochelle, N.Y.: Arlington House, 1959), p.6.

2. George Gidlder, *Wealth and Poverty* (New York: Basic Books, 1981).

3. Bruce R.Bartlett, *Reaganomics: Supply-Side Economics in Action* (New Rochelle, N.Y.: Arlington House, 1981).

4. Jude Wanniski, *The Way the World Works* (New York: Basic Books, 1978).

5. Gilder, *Wealth and Poverty*, p. 39.

6. Ibid., p.35.

7. Ibid., p.40.

8. Ibid., p.34.

9. Ibid., p.32(文中引号后加)。

10. Trans. and ed. by James Dingwell and Bert F. Hoselitz (Glencon, Ill.: The Free Press,1950).

11. Joseph A. Schumpeter, *Ten Great Economists* (New York: Oxford University Press, 1951), pp.83－84.

12. Gilder, *Wealth and Poverty*, p.30.

13. Phillip H. Wicksteed, "The Scope and Method of Political Economy in the Light of the 'Marginal' Theory," *Economic Journal* 24 (March 1914): 1－23.

14. Gilder, *Wealth and Poverty*, p.202.

15. Ibid., p.35.

16. Ibid., pp.35－36(文中引号原来就有)。

17. Ibid., p.36.

18. Assar Lindbeck 在新左派著述中谈到了这个相同的谬论,并且提到了一个有趣的悖论:

在经济学理论术语的语境中,这种观点的加强版就是著名的萨伊定律"供给创造其自身的需求"的一种新表现形式。虽然萨伊定律被认为适用于整个经济,但是,从这种加强版的阐释来看,新左派似乎要把萨伊定律应用于单个产品和单家企业:企业被认为能够相当容易地(即低成本)为它们决定生产的产品创造市场。不过,现在还不清楚,到底有多少左派作者或者那些启发他们的人(如 Baran 和 Sweezy)能够同时认为,总需求增长慢于总供给增长是资本主义社会的一种长期趋势,从而会导致长期失业和停滞趋势——尽管单家企业被认为有能力"创造"为其产品所必需的需求。不管怎样,他们通过宣称只有部分产业和企业具有创造必要需求的能力降低了这种"矛盾性"。但这样又产生了另一个问题:为什么这些企业没有把所有其他企业逐出市场?

Assa Lindbeck, *The Political Economy of the New Left* (New York: Harper and Row, 1971), p.41 n.(文中引号原来就有)。

19. 万尼斯尼在 1980 年 8 月与作者的一次访谈中进行了评论。

20. Gilder, *Wealth and Poverty*, p.48.

21. Thomas Sowell, *Knowledge and Decisions* (New York: Basic Books, 1980), p.79(文中引号原来就有)。

22. John Maynard Keynes, *The General Theory of Employment, Interest and Money* (New York: Harcourt, Brace and World, 1964), pp.128－130.

23. Ibid., p.106.

24. Gilder, *Wealth and Poverty*, p.35.

25. 吉尔德对"市场过程"的辩护充斥于他的《财富与贫困》(请参阅第 232 页和第 236

页),而凯恩斯为了在《通论》中不被误解,不得不特别指出:

"但是,个人仍有发挥主动性和责任心的广阔领域。在这个领域中,传统的个人主义优势仍然有效。

"让我们停下来回忆一下都有哪些个人主义优势。它们在某种程度上就是效率优势——分权优势和自利心发挥作用的优势。决策分散化和个人责任心的效率优势甚至有可能比19世纪认为的还要大;对求助于自利心的反对有可能走得很远。但首先,如果能够清除个人主义的所有缺陷,并且杜绝个人主义泛滥,那么,从个人主义较之于其他主义更能扩大个人的社会活动范畴的意义上讲,个人主义是个人自由的最好保障。个人社会活动范畴的扩大必然要依靠个人选择范畴的扩大,而个人选择权的丧失则是同质化或专制国家全部损失中最大的损失。"(《通论》第380页)

26. Bruce R.Bartlett, "In Defense of Supply-Side Economics," *The Manhattan Report*, International Center for Economic Policy Studies, New York(October 1981).

27. Ibid.

28. Ibid.

29. Ibid.

30. Tyler Cowen 在按照这些思路撰文时指出:

"如果供给学派真的非常关心生产率,而不是政府收入问题,那么就允许我们提出以下质疑:用'私人部门生产率'来取代横轴上的'政府收入',重画一条拉弗曲线。画一条新的表示税率与生产率此消彼长的曲线。这条曲线的斜率是负值,表示税率为0时生产率处于最高水平。然后,选择适当的通货膨胀率。"

Tyler Cowen, "Supply-Side Economics: Another View," *Policy Report*, The Cato Institute, San Francisco(August 1980).

31. Bartlett, *Reaganomics*, p.15(文中引号原有).

32. 请参阅 Thomas W. Hazlett, "An Interview with Arthur Laffer," *Reason* 12, April 1981:45.

33. Barlett, *Reaganomics*, pp.167—168.

34. Ibid., pp.144,145.

35. Wanniski, *The Way the World Works*, p. xii.

36. Jude Wanniski, letter to the editon, *The New Republic* (December 14, 1981), p.6.

37. Bartlett, *Reaganomics*, p.121.

38. Ibid., pp.195—196.

39. Gilder, *Wealth and Poverty*, p.255.

40. 请参阅拉弗在 Hazlett 的"*Interview with Laffer*"中的评论。

41. Gilder, *Wealth and Poverty*, p.22.

42. Ibid., p.35.

43. Sowell, *Knowledge and Decision*, p.99.

44. Ibid., p. 98.

45. 引自 F. A. Hayek, *The Constitution of Liberty*, Chicago: Regnery, 1960, p. 57。

46. Gilder, *Wealth and Poverty*, p. 216.

47. Bartlett, *Renganomics*, pp. 204, 209.

48. Bartlett, "*In Defense of Supply-Side Economics*".

49. Irving Kristol, "A Guide to Political Economy," *Wall Street Jounal*, October 19, 1980.

50. John Kenneth Galbraith, "The Market and Mr. Reagan," *The New Republic* (September 23, 1981).

51. Editorial, *Los Angeles Times*, October 18, 1981.

52. As quoted in "What's in Demand? Supply-Siders Are, For Economic Ideas," *Wall Street Journal*, October 12, 1981.

53. Bartlett, "*In Defense of Supply-Side Economics*".

54. Michael E. Granfield, "Naked Truth About the Supply Side," *Los Angeles Times*, November 13, 1981.

第三章

供给学派的思想谱系

供给侧财政政策:对一种复兴思想的历史分析

罗伯特·E. 凯勒赫 威廉·P. 奥热霍夫斯基

一、引言

近来,经济学家开始认识到财政政策变化——尤其是税率变化——能够对人们的动机、总供给并最终对经济增长产生重要的影响。例如,有些经济学家已经确认高边际税率能够对生产要素供给、从而对总供给产生不利影响。强调这些影响效应的观点从此被称为"供给经济学",并且在所谓的拉弗曲线中有这种经济学最通俗的表达。[1]

关于财政政策变化效应的传统——凯恩斯学派和货币学派——宏观经济学分析几乎全都聚焦于财政政策变化对总需求的影响。[2] 财政政策变化可能影响相对价格和总供给的效应没有受到重视或者被完全忽视。不管怎样,由于总供给处于从属地位,因此,财政政策变化某些非常重要的影响效应一直没有得到承认,而那些关心总需求的经济学家一直没能做出一些为熟悉宏观经济所必需的关键区分。例如,传统的经济学家无力区分减税和政府支出增加会产生的不同影响效应,因为两者被认为对总需求产生大致等价的影响效应。[3] 此外,他们没能认识到税率调低在某些条件下会刺激总供给从而导致税收增加的可能性。最后,他们没能认识到由于这些供给刺激效应,因此税率调低能够有助于通货膨胀率的下降。而供给学派观点的支持者则强调所有这些影响效应。

有鉴于此,许多经济学家把供给经济学看作一种分析财政政策宏观经济效应的全新方法,而另一些经济学家则把供给学派的分析方法看作一种终究要被遗弃的时尚。

本研究的一个重要目的就是论证供给学派的分析方法既非全新也不是时尚——这种分析方法完全根植于古典学派的宏观经济分析。实际上,我们希望证明供给学派的观点就是对宏观财政理论正统的回归,而宏观财政理论的正统派系起源于休谟、斯密和其他重农学派经济学家对重商主义经济学说发起的抨击。古典学派经济学家虽然承认公正、公平和再分配是税收政策的合理因素，但仍把他们的重点放在税收影响总供给从而影响经济增长的效应上。因此，对于这些经济学家来说，税收的增长效应始终是公共财政居于支配地位的本质。此外，供给学派的观点不只是一种学术好奇，供给侧政策实际被像威廉·格莱斯顿和安德鲁·梅隆这样的政府官员付诸实施，他们依据的就是一些与"现代"供给经济学家支持的观点相同的观点。

事实上，供给学派的优势地位一直到20世纪两次"大战"间隔时期从未间断过。在两次"大战"间隔期里，像收入再分配和商业周期稳定这样的政策关注点与古典学派经济学家的取向背道而驰，开始比税收的增长效应受到了更多的重视。[4] 此后，税收终于被大多数"现代"经济学家视为再分配或者稳定的主要工具。就是在这个时期需求取向观崭露头角。因此，最近对税收总供给效应的承认就成了向着早期观点的回归，供给经济学既非全新也不是时尚，而是古典学派公共财政本源的再现。

下面，我们先来确定供给经济学的基本命题，然后描述这些命题从反对重商主义到反对现代需求管理的历史演化、消失和再现。

二、供给经济学的若干基本命题

与需求取向观不同，供给经济学的支持者关注税率的相对价格、总供给因而经济增长的效应，并且强调税率变化的相对价格效应，因此认为税率变化总会影响选择、资源配置和实际经济活动。[5] 因此，在供给学派看来，税率变化会影响个人向市场供给劳动力和资本的动机。例如，供给经济学已经证明税收引致型相对价格变动会影响工作与休闲、消费与储蓄以及市场活动与非市场活动之间的选择。[6] 因此，税率调低——通过导致休闲向工作、消费向储蓄和非市场活动向市场活动的转化——会对总供给和经济增长变化产生重要的影响。

A. 税率与总供给之间的关系

这些一般命题本身都是当代供给学派假设的一些比较特殊关系的基础。例如，供给学派的学者发现了一种如图1所示的税率与总(可税)市场产出之间的关系。[7]

根据这个假设关系，经济的整个税率结构由给定的税率构成。[8] 当税率接近0时，产出处于低位，因为某些对于市场运行至关重要的公共品没用供应。这样的公共品可以包括司法(有利的法律框架)、国防、治安、公路养护和基础教育。随着税率的提高，这些基本公共品和服务就有了供应，而经济活动开始扩张。[9] 也就是说，这些公共品供应有助于资本和劳动力生产效率的快速提升，从而促

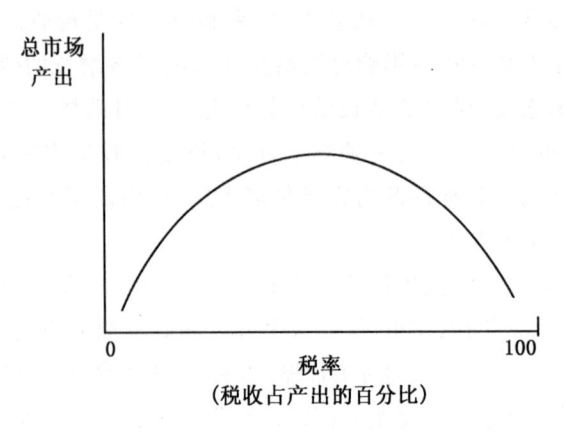

```
                        总市场
                         产出




                            0                              100
                                        税率
                                 (税收占产出的百分比)

                       图1  税率(税收占产出的百分比)
```

进总产出的迅速增长。在这个初始阶段,生产效率快速提高的效应会超过(或者增速快于)税率调高导致的任何负激励效应(即由政府支出导致的效率增量在初始阶段大于税率调高导致的效率损失)。然而,随着税率的调高,负激励和低效率问题就会变得显著。具体而言,税率调高会改变相对价格,并且导致税后储蓄收益、投资收益和工作报酬减少。因此,人们会从储蓄、投资和工作这些活动转向休闲、消费、合理避税、从事非应税收入工作。商品和服务的市场供给——总供给——少于税率不调高情况下的供给。[10,11]

同时,由公路和学校等公共品引致的生产效率提高速度开始放慢(因为基本公共品供应有所减少)[12],因此,产出增量不断减小。随着由政府支出带来的效率增量完全被高税率导致效率损失所抵消,产出终于达到峰值后开始减少。税率的继续提高甚至会导致产出会随着要素供给不断从生产领域流出而进一步减少。最后,100%的实际税率会导致应税部门无任何要素供给,因而没有任何生产和产出。[13]

总市场产出与税率之间的这种关系是供给学派的主要关切,它代表了供给学派基本关切的本质,因此应该成为公共政策和经济增长最大化条件的支撑。

B. 税率与税收之间的关系

要证明税率变化会影响生产要素供给,因而会影响总供给和经济增长,就意味着要证明税率变化会对税收收入产生重要影响,因为税收等于税率与税基的乘积。由于税率变化会影响总供给,因此也会影响税基——两者通常呈反向变化。总之,一旦认识到税率变化会影响总供给,因此会影响税基,那么就不难发现税收变化绝非完全不同于(有时负相关)税率变化。税率与税收之间的这种关系一般用拉弗曲线来表示。

```
     100%


税率


       0
              税收
```

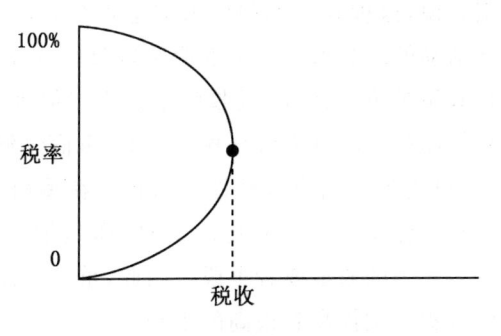

图 2　拉弗曲线

图 2 所示的曲线基本上是以上讨论的供给侧效应的副产品。[14] 随着税率从 0 开始上涨,税收也开始增加。税率的追加上涨开始负面影响劳动和投资动机(如上所述),因此,产出和税基开始减小。不管怎样,只要税率调高的收入效应在量上大于税基缩小的收入效应,税收就会持续增加。在某个点上,由激励效应减弱和避税行为增加造成的税收损失会制止税率调高,而税收会因此达到峰值后开始减少。[15] 最后,如果税率达到 100%,市场经济中的生产就会停止。因为,如果全部要素回报都被政府没收,那么,生产要素持有人就会停止提供服务。在这个点上,税基和税收都会降至 0。[16]

产出/税收与拉弗曲线的关系是供给经济学两个最基本的命题。如上所述,不管怎样,这两个命题并不是新的命题,而是在经济思想史上有很多先例。

三、供给侧观点的历史渊源

A. 重商学派

重商主义是 18 世纪初期和中期流行的一种经济世界观。虽然重商主义并不是一种同质或者特点容易刻画的思想体,但是,重商学派的作者常常与一个松散型经济信念集合有关。

重商学派的一个主要目标就是促进国民经济走强,他们的目的就是维持一个强大的国家。由于重商学派常常把贵金属等同于财富,因此,他们把积累"财宝"看作国民经济的一个财富来源。为此,他们支持旨在增加国家贵金属存量的政策。高水平的经济活动在他们眼里是另一个促进国家强大的因素。为了达到保持这种活动长盛不衰的目的,重商学派关注发展国民总购买力和相对应的国民产品市场。因此,他们强调总支出或者总需求作为经济活动主要决定因素的重要性,并且支持某些需求刺激政策。

旨在促进贸易盈余的政策被认为非常有利于积累贵金属和促进经济活动

目标的实现。也就是说,这种政策不但能够促进贵金属流入,而且还能刺激可以维持高水平经济活动的总需求。为了创造贸易顺差,重商学派的作者开出了具体的税收和工资政策处方。例如,税收政策被用来促进贸易顺差,具体的做法就是在实行出口补贴的同时对进口征税。因此,重商学派的贸易政策是高度贸易保护主义的,进口遭到抑制或者被课以重税。在重商学派看来,税收并不是使总产出、经济增长或者税收最大化的工具,而是把生产努力引向具体目的——创造贸易顺差——的通道或者手段。因此,重商学派相信,税收"可以在不殃及国家繁荣的前提下被提高到很高的水平"[17]。

重商学派作者支持的工资政策也是意在促成贸易顺差。由于降低生产成本被认为有益于出口,从而有益于贸易顺差,因此,重商学派的作者开出了旨在促进包括工资(是生产成本的主要组成部分)在内的生产成本下降并维持低生产成本的政策。在重商学派的作者看来,低工资不但有利于降低生产(出口)成本,从而有利于贸易顺差,而且还是生产性工作努力的刺激因素。根据这种"低工资说",工作努力与负激励(而不是正激励)有关。也就是说,劳动者只有在出于需要的情况下才会增加他们的工作努力。如果现有的低工资结构普遍下降,劳动者就可能会增加工作努力,而高工资会导致懒散。在重商学派看来,需要是勤勉和创造之源。

显然,重商学派并没有认识到供给侧观点的精髓,也没有认识到工作努力正激励的重要性以及税收可能会对这种正激励产生不利影响等问题。[19]此外,重商学派对总需求和总支出的重视胜过对总供给和经济增长的重视。事实上,重商学派的增长观是有偏误的,因为他们"坚持把经济活动视为零和博弈的静态观,(所以)……一个国家的收益必然是另一个国家的损失"。[20]就如托马斯·索厄尔(Thomas Sowell)指出的那样:

"对于重商学派来说,财富就是以牺牲别人为代价获得的某种东西——差分增益,就像赢得比赛。整个社会只能'以牺牲其他社会为代价'来增加自己的经济利益。"[21]

当然,这种财富观与重商学派把贵金属与财富联系在一起有关,但它阻碍重商学派分享供给侧观点中认为总供给激励既定时的潜在无限增长观。

B. 重农学派

重商学派的经济思想反映了18世纪中叶世界很多国家的经济状况和政策。这个时期,尤其是法国存在高度的管制和重税。并发的经济停滞不前在法国导致了一个被称作"重农主义"的新经济学派的崛起。[22]重农学派的作者最早对重商主义理论和政策发起了反击,并且开出了与现代供给学派的观点一脉相承的替代性政策处方。虽然他们是最先开始摧毁重商主义思想的经济学家,但他们并没有完全摆脱重商主义知识占有者的影响。

重农学派对重商学派的反击始于摒弃重商学派有关积累贵金属的成见。重农学派看重经济活动水平或者年商品和服务流量(即净产品),尤其是农业部门的年商品和服务流量。因此,他们的分析强调交换过程中商品和货币流——所谓的支出或收入流——的循环性质,因而注重经济活动在宏观层面的一般均衡性。重农学派认为,为了维持经济活动高水平的循环流动,收进的货币必须尽快回到收入流,任何阻止货币快速回到收入流的因素都有可能导致经济活动减速运行。如果没有障碍物堵塞循环流,产出增加总会导致收入和支出增加。也就是说,需求会跟上产出扩张的步伐。正如布劳格(Blaug)指出的那样:

"(魁奈的)经济表的主要启示就是……创造产出就能自动生成收入,而收入的支出使得进入下一个生产周期成为可能。"[23]

因此,重农学派先于萨伊提出了"产出增加总会导致需求增加"[24]的论断。可见,重农学派的这些观点在一定程度上是与现代供给学派的基本命题一脉相承的。

然而,对循环支出流模型的强调导致重农学派支持其他类似于重商学派观点的观点。例如,他们觉得储蓄与节俭是总经济活动的障碍,因为他们相信这样的行为会阻碍货币快速回流到收入流。此外,他们常常反对储蓄或者对储蓄持反对态度(因而也反对投资和资本形成,或者对投资和资本形成持反对态度)。由于他们对收入流的连续性抱有成见,因此强调维持高水平消费和支出的重要性。换言之,他们强调总需求的第一性,并且表示:对于维持高水平的经济活动来说,消费比节俭可取。[25]

然而,重农学派也强调促进劳动力供给的正激励的重要性。与重商学派不同,重农学派认为高工资能促进而不是抑制创新活动和生产性工作努力。就如斯宾格勒指出的那样:

"重农主义者——尤其是魁奈和米拉博——认为,普通人有机会增强自己的消费能力。像很多人那样认为贫困是懒惰之源……农民为了挣得更多,而不是勉强糊口而利用机会更加艰辛地劳作。"[26]

在重农学派看来,支出循环流和高水平经济活动的一个主要障碍就是重税。高税率减少生产报酬,从而负面影响总供给,进而导致总需求下降和支出循环流萎缩。[27]法国当时的境遇构成了这些论点产生的基础。那个时期,法国的税率过高。举例来说,在某些部门,当时的税率据估计高达80%。[28]结果,法国经济陷入了停滞,产出和生产都低于其产出和生产能力。[29]

由于重农学派认识到高税率对法国经济造成的负面影响,因此坚持主张降低税率以促进生产和增加法国经济的产出。[30]在约瑟夫·斯宾格勒看来,重农学派认为"为了供国家和教会履行职能而从土地经营者那里征收的税收总额(应该)不超过他们一定比例的收入……重农学派声称,国家只能占用大约 1/3 的净产品供自己和教会适当履行自己的职能……凡是国家占用 1/3 以上净产品的地方,年度再生产就会收缩,而净产品则会减少"[31]。可见,重农学派明确认识到税率与产出之间的重要关系。

此外,重农学派也领会了税率与税收之间的关系。他们坚持认为,高税率并不会创造高税收;高税率甚至会减少民众的收入和君主的税入。[32]此外,他们还认为,政府为减少公共赤字而强制调高的税率越高,就越有可能导致增加赤字的结果。[33]而且,他们还认为,降低税率能增加税收。就如纪德(Gide)和里斯特(Rist)所解释的那样,"重农学派指出,只要执行他们主张的财政制度(即降低税率)就能导致净产品增加,从而使税收不断增加"[34]。后来,重农学派还赞同以上供给学派分析方法中的多个元素。他们承认正激励对于刺激工作努力的重要性、税率与产出之间的关系以及税率与税收之间的关系,但不认同其他方面的供给侧观点,如他们强调消费和总需求的第一性,并且不赞成鼓励储蓄和投资。因此,虽然重农学派在提出取代重商主义的主张方面做出了重大贡献,但仍没能完全摆脱之前的思想潮流的影响。总的来说,重农学派还是提出了很多思想,这些思想经后来的经济学家进一步发展以后,就构建了一种完全一致的供给侧理念。

C. 大卫·休谟

与重农学派一样,大卫·休谟也对重商学派的多种税收观点提出了质疑。的确,休谟提出的很多观点完全与现代供给学派的观点相吻合。休谟虽然是对重商学派理论提出异议的第一位英国作家,但他与重农学派一样,也没能与重商主义观点彻底决裂。休谟认为,早期的重商主义理论中至少有一个元素不能完全被否定。

这个元素跟税收与工作动机的关系有关。休谟认为,在某些条件下,纳税人可以通过提高自己的独创性和工作努力程度来抵消增税造成的影响:

"在推理者中间流行着一种说法,那就是每一种新税都会创造一种承担新税的新能力,而公众负担的每次增加都会成比例提高民众的勤勉程度。这种说法很可能被滥用。由于它反映的事实不能被完全否定,因此,这种说法就显得更加危险。在有一定理性和经验基础的保证下,我们还必须承认这种说法的合理性。"[35]

这种观点与重商学派作者持有的负激励效应观还真有相似的地方。不过，休谟认识到了这种效应的明确界限。他坚持认为，只有在税收水平比较适中、增税逐渐推进以及税收并没有影响生活需要的情况下，才可能出现增加工作努力的情况。例如，他表示：

"只要税收适中，逐渐增加，并且不影响生活需要，这个结果（即工作努力增加）自然而然就会出现。当然，这样的困难通常有助于激励人们勤勉，促使他们比享有最大优势的其他人更加勤劳，并且变得比他们富裕。"[36]

不过，休谟也明确承认，在不同的情况下，调高税率有可能扼杀工作努力，并且导致产出和总供给萎缩。他明确表示，高税率（以及税率大幅调高）会断送勤勉和生产性工作努力。他甚至还认为，这种情况就出现在他写下面这段文字时的欧洲：

"重税就像极度需要一样，会通过导致绝望情绪来扼杀勤勉。甚至在达到这个程度之前，重税会导致工资上涨，并且推高商品价格。细心、无私的立法机构会看到报酬停止上涨、偏见四起的那个时点；但是，相反的特点更加常见，从而导致有人担心，全欧洲税收成倍增加，到了葬送一切艺术和工业的地步。可是，也许是税收、工资、物价的初始上涨与其他情况一起促进了这些优势的发展。"[37]

由此可见，休谟已经认识到税收会对生产、产出和经济增长产生深刻的影响，而且很可能是不利的影响。[38]因此，休谟在他的著作中建议，政府应该支持趋向于促进并鼓励生产性努力、总供给，从而促进并鼓励经济增长的政策。

休谟不同意重商学派的观点，他承认生产性工作努力正激励因素的重要性（提醒一下，重商学派认为这种激励会导致懒惰、闲散）。因此，休谟相信，在某些条件下，正向激励能够增加产出、促进增长。这些论点与现代供给学派的观点完全一致。

休谟也认识到了税率与税收之间的关系，并且表示：在某些情况下，调高税率也许会导致税收减少——在某些条件下，税率与税收负相关。例如，休谟在他的《论税收》中写道："……一种商品关税具有自抑效应，而君主很快就会发现，增加进口税并不能使他的收入增加。"[40]

此外，休谟在他的《论贸易差额》中指出，对外国商品课以重税可能对政府收入适得其反：

"如有必要，应该征收这种进口关税支持政府，也许有人会认为对外国商品课征进口关税比较便利，因为外国商品可以容易地报关和缴纳进口税。不过，我们总应该记得斯威夫特（Swift）博士的名言：在关税算术中，2加2并不等于

4，而通常只等于1。几乎无可怀疑，如果葡萄酒关税降低到1/3，它们就能给政府带来比现在多得多的收入……"[41]

由于休谟承认课征于特定商品的高税率会产生适得其反的效果，因此他认为政府应该奉行能够拓宽税源和维持税基的税收策略。[42]

总而言之，休谟在税收问题上的立场并没有与之前的思想完全决裂，但他是最先支持很多基本供给侧观点的英国经济学家之一。他当时已经认识到税收影响总供给和经济增长的负效应、正面激励生产性工作努力的重要性以及税率与税收之间关系（或者拉弗曲线）的本质。由于休谟是一名杰出的启蒙经济学家，因此，他的观点影响到了后来很多的作者，包括他的好友亚当·斯密。

D. 亚当·斯密

亚当·斯密在考察有关税收的问题时重申和提出了很多与重农学派和休谟时期发展起来的供给侧思想萌芽一脉相承的观点。思想史学家中无疑有一些对斯密的思想产生深刻影响的作者。[43]不过，斯密与在休谟和重农学派身上还很明显的重商主义残余的决裂更加彻底。因此，他的税收观点完全与上述供给侧思想萌芽一脉相承，并且对于供给侧思想的发展起到了推波助澜的作用。

造成这种状况的部分原因是斯密的财富性质观。斯密觉得，重商主义思想的产生前提是对财富的根本性误解，就如索厄尔指出的那样，"重商学派的国民财富观实际上就是一国国民政府的一般权力"[44]加上它的贵金属存量。斯密的财富观（类似于重农学派的财富观）截然不同。在斯密看来，国民财富既不是国家的权力也不是贵金属，而是为国民生产的国民可在市场上获得的有用商品和服务的供给。[45]按照索厄尔的说法，"对于斯密来说，财富就是真实的商品和服务，而国家的贫富则取决于它与其人口成比例的年产出"[46]。这种财富观既是供给侧理念的基础，也是斯密对经济思想重要的贡献所在——总供给增长是财富的性质和原因。

斯密强调总供给，而不是总需求，因为他相信大部分产品的需求"可无限扩展"。斯密并不认为文明商业社会的消费会出现任何极限，因为"文明商业社会会产生社会压力迫使欲望扩张、成倍增加，而自利心则会迫使货币收入领受者迅速支出或者投资"[47]。因此，斯密的观点在当时虽然还很粗糙，但在经过萨伊和詹姆斯·穆勒发展后就变成了所谓的萨伊定律。

为了增加生产和总供给，斯密总是强调正面激励劳动力和资本的重要性。他认为这种激励是增加要素供给因而促进经济增长的必要条件。与重商学派和他自己的好友休谟不同，斯密表示高工资并不会降低工作动机，强烈谴责短期劳动力供给曲线向后倾斜的观点，并且坚决认为增加工资总会诱致劳动服务

供给增加。例如,斯密断言:

"优厚的劳动报酬……会激励普通人勤勉。劳动工资是鼓励勤勉的激励因素,勤勉就像人类的其他品质一样,会与受到的激励成比例地提升……劳动者对改善自己境况的美好希望……会激励他们努力去身体力行。因此,在实行高工资的地方,我们总能看到比在实行低工资的地方更加主动、尽职和高效的劳动者……"[48]

除了劳动力供给以外,储蓄就如斯密认为的那样在经济增长过程中也扮演着重要角色。资本积累"有利于尽可能地扩展劳动分工,因而有助于增加劳动者人均产出和总产出"[49]。资本积累在斯密看来是经济增长的基本先决条件之一:

"凡是资本占据支配地位的地方,勤勉就会风行……因此,资本的每次增加或者减少自然趋向于提高或者降低实际勤勉程度,增加或者减少生产性人口,因而会增加或者减少全国土地和劳动力年产的交换价值、全体国民的实际财富和收入……任何国家的土地和劳动力年产值不可能通过其他任何手段来增加,而只能通过增加资本来增加。"[50]

因此,斯密也强调对储蓄和投资的正面激励——对重农学派贬低"过度节俭"的做法提出了异议,并且提倡节俭、储蓄和投资。[51]

按照这些把税收与总产出联系在一起的观点,斯密支持各种与税收有关的增加劳动力和资本供给的财政政策。斯密在重农学派著述的基础上为构建公共财政学基本原理做出了重要的贡献。他提出的四项税收原则——公平、明确、便利和经济——表明了他对税收与产出关系的实际认识程度。[52]他对这个问题的关心在他的税收四原则中一览无遗:

"每种税收都应该设计成从纳税人那里征到的税款尽可能少地超过收入国库的税款。一个税种可能有以下……方式导致纳税人缴纳的税款大大超过收入国库的税款……这种情况会影响人们的勤勉,并且阻止他们从事一些可雇用大量劳动力或者保证很多雇员继续就业的商业活动。税收是必须要缴纳的,但有可能会减少甚或掠走一些本可使民众比较宽松地经商的资金。"

"……(此外,)设计不当的税种会诱使人们逃税。"[53]

在斯密看来,直接对劳动报酬征税是"愚蠢并具有破坏性的",因为这种税收会导致就业减少以及"国家土地和劳动力年产减少"[54]。此外,各种资本和利润税会对储蓄和投资产生负激励效应,有可能诱使资本外流,从而对经济增长产生不利影响。[55]因此,斯密特地表示,高税率——就如重商主义盛行时期存在的高税率——既不利于大众收入也不利于总供给和生产。[56]他还以荷兰为例说明了高税率产生的很多明显的负效应。[57]

斯密在强调税收的负激励效应的同时,还非常重视政府提供有限服务的重要意义。他把政府服务视为市场应该履行的职能的基本内容。虽然支持司法、国防、公共教育以及公路、运河和港口养护等公共服务,但斯密始终认为公共支出应该被限制在必要低的限度之内。[58]因此,斯密的所有观点都表明他认识到:随着税率的低水平调高,产出最初会增加,因为由公共产品带来的效率提高超过了税率调高导致的负激励效应,而不是因为高税率会诱使要素供给增加。然而,税率的持续调高会导致产出减少,因为高税率导致的负激励效应会超过源自于公共产品供给的效率提升效应。

除了税率与产出的关系外,斯密还根据类似于当代供给侧理论的思路清楚地认识到税率与税收之间的关系。例如,斯密在他的著述中多次明确表示税率与税收常呈现负相关而不是正相关关系。几乎没有再比以下这句话意思更加明确的了:"高税有时通过减少被课税商品的消费,有时则通过鼓励走私来减少政府的收入,而在税收适度的情况下,政府就能实现更多的收入。"[59]

另一讨论重商主义制度下高税率的段落非常明显地证明了斯密对税率与税收关系的认识。在这一段落中,斯密表示,(重商主义的)高税率不但负面影响总供给,而且还负面影响君主的收入。[60]这种洞见在斯密对关税、进口税和消费税的分析中也同样一览无遗。[必须指出,当时很大比例的政府收入——马斯格雷夫(Musgrave)认为 2/3——来源于进口税和消费税。][61]斯密反复强调,由于高关税阻止了进口品消费并且促进了走私,因此,关税会导致政府收入减少——在某些情况下导致政府零收入。[62]斯密表示,如果关税被用来创收,而不是被用于实施禁令和垄断,那么政府的收入有可能大幅度增加。[63]

因此,斯密拼凑了第一份与上述供给侧观点完全一致的计划。具体而言,他承认总供给对于经济增长的第一性,并且总是强调正面激励生产要素供给的重要意义。此外,他还按照与现代供给学派相同的思路认识到了税率与产出以及税率与税收之间的关系。

E. 让·巴蒂斯特·萨伊、詹姆斯·穆勒和萨伊定律

斯密的很多洞见,尤其是在经过后来的思想家精化以后被证明是一些极富创造力的概念。斯密关于总供给比总需求重要的思想尤其如此。是让·巴蒂斯特·萨伊(Jean Baptiste Say)和詹姆斯·穆勒(James Mill)对斯密的供给第一性理论进行了精化,他俩精化后的供给第一性理论后来被称为"萨伊定律"。这个定律回过来又成了古典供给侧思想的基石,甚至"统治经济思想一直到第一次世界大战时期为止"。[64]

萨伊在重农学派、斯密和其他学者的基础上集中关注了总生产与收入或者购买力之间的关系。[65]因此，他被认为提出了"萨伊定律"。这个定律的确切定义令人困惑，因为传统的表述含有很多意蕴。因此，很多年来一直是一个有多种解释的主题。但是，其中的核心主题是不会错的，那就是"是生产和总供给创造财富并推动经济增长"。如果总供给和总产出不增加，实际收入就不可能增加；实际收入增长完全取决于实际产出增长，之所以如此，是因为商品生产赋予生产者以购买力，一种商品可用于交换其他商品。随着这种购买力的行使——随着生产者表达拿自己的产品交换其他产品的欲望——需求就被表达了出来。于是，很明显，需求从属于生产行为，并且由生产行为所创造。在某些情况下，如在雇佣劳动的情况下，产品（或者它的等价物货币）会被用于与未来产品交换。不管怎样，显然是最初的产品可获得性使得交换成为可能，因而需求只是被记录了下来。因此，供给或者生产增加会导致购买力增加，并且创造需求。[66]

萨伊定律有一些重要的意蕴值得进一步关注。例如，该定律意味着总消费是生产的结果，而不是生产的原因。[67]只要强调生产和供给，需求（和消费）就自动会出现，因此，需求会自我关照，政府没有必要专注于维持需求或者消费。这些观察结果回过来产生了一个隐含的命题——生产对于需求而言绝不可能增加太快。[68]也就是说，"任何产品都不可能生产太多"[69]。

总供给与有些相对于特定需求而言可能供给过度的特定商品不同，不可能受到过度刺激，因为是商品生产创造有效需求的手段。因此，萨伊定律的一个核心特点就是没有把重点放在需求或者消费上，而是放在了总供给、生产上，因而也就强调了鼓励要素供给的重要性。根据萨伊定律，对于总供给的强调是财富创造的基本要素，因而也是经济增长的基本要素。

这些基本原理也经过了詹姆斯·穆勒的发展，因为穆勒完善并巩固了萨伊的论证。事实上，由多个作者认为，穆勒对萨伊定律的阐述比萨伊本人还要具有说服力、还要透彻。例如，赫特（Hutt）表示："詹姆斯·穆勒惊人的《为商业辩护》（*Commerce Defended*，1808）……对萨伊定律的阐述要好于萨伊本人对该定律的表述。"[70]穆勒对这些论点的透彻阐述有1808年的以下评论为证：

"每个国家必然会消费掉它的全部产品……商品生产会为所生产商品创造市场，并且是创造商品市场的一个普遍原因……整个国家的集体支付手段……就在于它的年产品……一个国家绝不可能自然库存过多的资本和商品。资本运作会释放其产品……一个国家的需求正好就是它的购买力。那么，它的购买力又是什么呢？无疑就是它的年产品……无论一个国家的年产品有多大，总能为自己创造市场……"[71]

"正常的消费就是生产的结果,而生产并不是消费的结果……正确的国民财富观就是国民生产能力观。一个国家的贫富取决于国民一年创造的财产量与人口的比例。"[72]

大卫·李嘉图(David Ricardo)也认可萨伊定律及其意义[73],但他只是对萨伊定律进行了重述而已,我们在这里只是一笔带过。

在强调总供给第一性的同时,萨伊定律的支持者们始终关注鼓励生产要素供给的重要意义。因此,他们也强调促进生产要素供给的正面激励的重要意义。例如,萨伊和穆勒总是坚持积极的劳动激励论,并且反对维持低工资以鼓励生产性工作努力的观点。与亚当·斯密一样,他们认为增加工资总能诱使劳动服务供给增加,并且支持采用工资诱惑来促进劳动力总供给。[74]

萨伊和穆勒两人与斯密一样都认为,资本形成是经济增长过程中的一个关键因素。他们都坚持认为,是储蓄和投资而不是消费促进经济增长和财富形成。因此,一个国家不可能资本过剩,"考虑到人类对肉欲的贪婪和繁殖倾向,因此也不可能实现哪怕是近似于充分的供给"[75]。因此,无论是萨伊还是穆勒都不担心重农学派以及斯宾塞(Spence)和劳德代尔(Lauderdale)等其他学者再三强调的支出不足或者消费不足。

萨伊定律一些最重要的影响与财政和税收政策有关。既然假定是生产和总供给,而不是需求和支出,推动了经济增长并创造了财富,因此,最符合萨伊定律的税收(和支出)政策也就是那些促进总供给的政策。萨伊自己曾经表示:

"只鼓励消费并不有利于商业,问题在于消费资料供给,而不是刺激消费欲望。我们已经看到,只有生产才能供给消费资料。因此,好政府的目标就是促进生产,而坏政府的目标就是鼓励消费……我们不可能否定以下这个结论:最好的税种,或者更确切地说,最不坏的税种……就是影响再生产最少的税种。"[76]

关于税收对劳动力供给的不利影响,萨伊表示,提高税率"并不会激励生产阶级加倍努力"[77]。萨伊还表示,税收趋向于促进勤俭这个命题并不包含"最起码的真理内核"[78]。此外,高税率也可能通过纵容本来诚实、善良的公民欺诈、说谎和背信弃义而导致社会道德沦丧。[79]

萨伊定律的支持者们还认为,资本税会负面影响资本供给,从而有害于经济增长。李嘉图也很重视这个论点,就如他以下这段评论所显示的那样:"政府的政策绝不应该课征税负最后落到资本头上的税收。如果课征资本税,那么,它们就会减少维持劳动力的资金,从而导致国家的未来生产萎缩。"[80]

萨伊虽然强调提高税率并不会导致产出增加,但也清楚地表示,在某些情况下,如果把提高税率增加的收入用于生产项目,那么,提高税率也可能与产出增加联系在一起。也就是说,"如果能正确使用税收所吸纳的资金,那么税收也可能有利于商品生产"[81]。萨伊主张,这样的生产项目应该包括"国内交通改善、港口建设或者其他公共设施建设"[82]。

不过,萨伊定律的支持者们也认识到了这种关系的局限性。萨伊本人表示,税收过重会通过减少与货币存量相关的总供给来提高价格。[83] 詹姆斯·穆勒则表示,政府占用经济的份额越大,储蓄、投资以及更一般的经济增长就越少,因为(政府的)"处置权不是在缩小,而是在扩大"[84]。

这些作者也同样认识到了税率与税收间的供给侧关系。例如,萨伊曾经写道:"最好的税收,或者更确切地说,最不坏的税收就是税率最适中的税收","税收被推到极致以后就会造成在不能使国家变富的情况下导致个人贫困化的悲惨结果"[85]。

换言之,高税率由于会对扩大税基产生不利的经济影响而不可能带来丰厚的收入。萨伊解释说,这种不利的影响"……(就是)税收为什么按税率的比例给财政大臣带来收入的原因,也是'在财政算术里 2 加 2 不等于 4'成为格言的原因。税负过重就是一种自杀……"[86]

萨伊引用文献列举了多个例子证明了自己的判断。在这些例子中,降低(或提高)税率后,税收就增加(或减少)。[87]

因此,萨伊和穆勒都认识到本文第二节所介绍的供给侧观点的全部基本特点:总供给的第一性、(正)激励的重要意义以及税率与产出和税率与税收之间的关系。此外,这些作者对斯密只是以基本形式提出的一些思想进行了精化和完善。因此,供给经济学的基本原理就是随着萨伊定律及其意蕴的发展和精化而确立起来的。后人的贡献主要是对这些基本原理更加清晰的阐释或者更加优雅的重述。

F. 其他经济学家的贡献

一个对萨伊定律进行意义深远的重述的作者就是詹姆斯·穆勒的儿子约翰·斯图亚特·穆勒(John Stuart Mill)。毫不奇怪,约翰·斯图亚特·穆勒会赞同很多他父亲认可的思想。因为就如 W. J. 艾希利(Ashley)指出的那样,詹姆斯·穆勒对他儿子的经济观点产生了很大的影响。在艾希利看来,这种影响"深刻而不可磨灭……约翰·斯图亚特·穆勒的经济学观点仍停留在其父亲生命结束时的水平上"[88]。

小穆勒的一个重要贡献就是他对萨伊定律的高雅重述。就如索厄尔强调指出的那样,"穆勒在其《论政治经济学中若干未解决的问题》(*Essays on Some Unsettled Questions of Political Economy*)中(对萨伊定律)的论述,也许是古典经济学中最清晰、最超前的表述"[89]。穆勒认为，前古典经济学作者所犯的最致命的错误之一就是"极其重视消费。在这些作者看来，有关国民财富立法的重要目标就是创造消费者……这个目标……被认为是经济繁荣的重要条件"。他继续说道：

"在反对这些明显的奇谈怪论的过程中，一些政治经济学家成功地证明了消费不需要鼓励……所以，消费已经达到了生产规模能够允许的最大程度……政府试图鼓励消费的惯常结果只能是阻止储蓄……并且减少用于增加国民财富的手段，从而减少国民财富。

"一个国家想变得更加富裕所需要的（原文如此）绝不是消费，而是生产。我们可以肯定，只需要生产，并不需要消费。生产，意味着生产者有消费的欲望……因此，一般商品产量绝不会超过消费者所需要的消费量……再也没有比担心资本积累会导致贫困而不是财富，或者担心资本积累太快更加荒唐的了……不可能出现长期生产或者积累过剩……因此，立法者无须为消费担心。能生产出来的每种商品总会有消费……立法者只需关注两点：确保没有阻止有生产资料的人使用生产资料的障碍；二是确保那些目前没有生产资料的人将来买得起生产资料……这些一般原则现在已经为几乎所有表示已经在研究这个主题的人所理解……"[90]

像他的父亲一样，约翰·斯图亚特·穆勒也认同萨伊定律的全部意蕴，他也强调鼓励生产要素供给的重要性，并且赞同节俭、储蓄、投资和对劳动力供给的激励。他还表示了对税率"通过报酬不足来阻碍勤勉"、降低储蓄动机并导致资本和劳动力转移的担心。[91] 同时代另一位著名经济学家 J. R. 麦克库洛赫（McCulloch）颇具说服力地反复表示，重税会阻止储蓄，并导致劳动力和资本外流，因而是一个"富有成效的贫困来源"[92]。

穆勒和麦克库洛赫也都强调了高税率对总产出和经济增长的可怕影响。穆勒再三强调"税负过重达到一定程度后完全能够毁掉最勤劳的群体"[93]。麦克库洛赫不断表示税赋的目的应该是使经济增长最大化。[94] 虽然他认识到税负的其他理想特点——便利、确定和经济，但税负最需要考虑的因素是促进（还是干扰）产出增长。D. P. 奥布莱恩是这样解释麦克库洛赫关于税负的经济增长取向的：

"麦克库洛赫坚定而又特别地认为，经济学家的作用就是发现确保经济在增长最快的轨道上运行的途径。他对这个问题的重视远胜过他的同时代人。他坚持认为，增长是《国富论》问世以来一直没有得到解决的经济问题。"[95]

与穆勒一样，麦克库洛赫担心重税会损害增长。[96] 但他又认为"轻税可能是一种增长刺激因素","最佳税收政策可能通常被认为是最轻的税收,或者说压力感最小的税收"。[97] 另一位有影响的作者亨利·帕内尔也谈到了这个问题。[就如奥布莱恩所说的那样,帕内尔的著作《论财政改革》(On Financing Reform)"影响非常大,甚至很可能是格莱斯顿正统财政理论的一个重要来源"。[98]] 帕内尔按照斯密的税收四原则"设计了一个完整税制的计划"[99]。他认为:

"每项税改建议应该坚持的(税收改革)原则就是以影响本国产业发展和国民财富增长最小的方式来征收为提供公共服务所需的税收……"[100]

显然,萨伊的继承者们和老穆勒做出的一个重大贡献就是关注由高税率导致的避税企图。他们认为,高税不但会导致劳动力由就业转为失业,从而制约总生产,而且还会导致劳动力从一般应税活动流向合法(劳动力外流和资本再配置)和非法(走私、舞弊和逃税)的非税(通常是非生产性)活动。麦克库洛赫甚至认为,政府官员可把逃税活动作为"实际税收已经超越生产性税收极限的证据"[101]。

这些作者也认识到了现代供给经济学提出的税率与税收之间的关系。例如,麦克库洛赫和帕内尔都反复表示,税率被限制在适度范围内时要比变得过高时带来更多的税收收入。[102] 一旦税率上涨超过适中水平,税收就会因为生产萎缩并转向走私等非应税活动而趋于减少。相反,如果把税率从过高的水平上降下来,那么就能增加而不是减少税收。麦克库洛赫表示:

"斯威夫特博士已经敏锐地指出,在关税算术中,2加2不一定等于4,有时只等于1。个人如果能够并愿意为1瓶葡萄酒支付1先令的关税,那么就不会有能力或者愿意支付2或者3先令的关税。调高关税税率不能增加而会减少税收收入。因此,一旦商品关税税率超过一定限度……结果就是抑制消费,从而导致税率调高后的关税收入只能少于税率调高前的收入……除了通过抑制消费来减少税收外,关税税率太高还会引发并纵容走私,从而减少关税收入。"[103]

在关税这个问题上,亨利·帕内尔勋爵持有相似的观点:

"在某些情况下,关税税率很高的结果就是减少关税收入,并且导致走私……这样的关税税率极其有害,应该调低……每种关税的税率都有一个绝对限度,税率超过这个限度必然会导致收入损失。如果在任何情况下都不调高关税税率,那么关税收入就会等比例增加;相反,随着税率的不断提高,关税收入增幅会变得越来越小,甚至不增反减。"[104]

麦克库洛赫和帕内尔都列举了历史上的例子来说明提高(或降低)税率的结果就是税收减少(或增加)。[105]

帕内尔和麦克库洛赫就这种关系得出了非常明确的结论。例如,帕内尔断言,"这些不同的事实明确无误地表明,税率提高得过高,调低税率并不一定就会减少税收,倒有可能导致税收增加"。[106] 关于这个问题,麦克库洛赫也确信无疑,以至于有一次他曾建议以减税来应对财政赤字。[107]

总之,到了19世纪中叶,萨伊定律以及经济学中的供给侧分析方法通过完善相关观点和吸引追随者的方式,已经取得了很多富有成效的进展。杰出的约翰·斯图亚特·穆勒的认可和支持本身几乎就足以保证供给侧观点得到充分的学术尊重,尽管众所周知,"整个19世纪下半叶,穆勒的《政治经济学原理》(Principles of Political Economy)已经成为无可争议的经济学圣经……直到1900年,穆勒的《政治经济学原理》仍然是英国和美国大学经济学初级课程的基础课本"[108]。而供给侧分析方法甚至到了20世纪仍然没有受到严重的挑战。[109]

G.供给侧命题在经济政策中的应用:威廉·格莱斯顿

虽然供给侧观到了19世纪中叶已经成为理论经济学中受到公认的"正统",但已经不只是一个学术问题。从19世纪40年代到90年代,供给经济学原理已经成为英国威廉·格莱斯顿财政(尤其是税收)政策的一个重要组成部分。他的政府是正式运用这些经济学原理的最早例子之一。[110] 格莱斯顿本人也深受亚当·斯密和亨利·帕内尔勋爵著述的影响。事实上,格莱斯顿一度曾声称,他"已经在人类财政和商业史上第一次执行了亚当·斯密在《国富论》中提出的著名的第四条税收原则……并且20年来(完成了)被亚当·斯密认定几乎没有希望完成的任务"[111]。

在格莱斯顿主政前的岁月里,英国经济已经陷入停滞不前的状态,商业萧条和长期高失业是当时英国经济的常态。此外,英国政府饱受长期预算赤字、间接税(以关税和消费税为主的间接税是当时英国税收的主要来源)税率处于高位并不断上涨的困扰。英国仍在奉行重商主义商业政策,因为政策制定者建议调高间接税税率以减少财政赤字并安抚贸易保护主义利益。但是,这些政策不但没有平衡预算,反而导致外贸快速下滑。[112]

格莱斯顿的计划旨在通过降低间接税的高税率来扭转经济停滞不前的局面,促进经济增长并平衡国民预算。[113] 调低税率的基本原则就来自于一些古典学派经济学家的供给侧取向。这些古典学派学者认为,税收有害于经济激励、生产要素供给,因而有害于经济增长。[114] 调低税率被认为有利于贸易和商业活动增长,因此减税会导致税收增加,而不是减少。

格莱斯顿有关税率、产出、税收收入和政府支出之间关系的观点几乎与现代供给学派的相关观点完全一致。例如,关于税率与产出的关系,他认为政府支出增加到一定程度就能促进经济增长,并且主张利用税收收入来提供基本公共产品和进行基础设施建设,尤其是发展交通。[115]不过,他也明白政府支出超过这些项目的范围就会降低国民财富增长的效率,因为增税会对劳动力和资本产生负激励效应。[116]

在格莱斯顿支持的各种供给侧基本原理中最重要的也许是税率与税收之间的关系。他对这种关系的认识在他为其税收政策辩护的明确阐述中得到了证明。他反复表示,在税率处于低位时,调高税率能增加税收收入,而在税率已经处于高位时——不但由于对生产的负激励效应,而且还由于各种避税行为,调高(调低)税率会减少(增加)税收收入。[117]

格莱斯顿的税率与税收关系观和他在税率确实过高时的感知能力,使得他能够非常成功地推行减税政策。除去战争年代不算,格莱斯顿负责实行了几次英国商业史上幅度最大的调低税率行动。在这个时期,英国经历了经济快速发展和预算赤字消失。[118]用格莱斯顿自己的话来说,大幅减税(间接税)"使得来自于关税和消费税的(英国)税收实际多于实施减税前的税收"。[119]就如弗朗西斯·赫斯特(Francis Hirst)所说的那样:

"19世纪中叶从2 700万人口那里征收5 000万税收,要远远比在格莱斯顿生命的最后时刻从只比2 700万多1/3的人口那里征收2倍于5 000万的税收困难。税负的普遍减轻不但使留下来的税种变得更加多产,而且把由此带来的繁荣扩散到了全国,以至于社会各阶层都享受到了大幅提高后的舒适生活水准。"[120]

因此,格莱斯顿执政时期对古典学派经济学家提出的公共财政供给侧原则进行了第一次最雄心勃勃的实验。格莱斯顿对这些基本原则的认识以及他应用这些原则的意愿是他取得成功的主要原因。

H.对供给侧观的认可:19世纪末、20世纪初的教科书作者

到了19世纪和20世纪之交,供给侧财政理论已经可被视为在学术界占据主导地位的财政政策观。简要回顾19世纪末、20世纪初出版的一些具有代表性的公共财政专著和教科书,就能使这方面不留疑问。

这个时期的理论经济学家大多运用斯密的税收四原则来分析税收的经济效果。税收公平、便利、确定和经济已经是当时的分析标准。就如C. J.巴斯塔布尔所指出的那样,"与斯密联系在一起的税收四原则,在斯密生活的那个年代已经被理论家和政治家所接受,并且反复不断地成为任何财政报告不可或缺的内容"。[121]不过,这也反映了他们对斯密税收四原则中各项原则的相对重视程度,他们大多最重视斯密提出的第四条税收原则——税收的经济原则。这条原则表示,最好的税制是对经济增长干扰最小的税制。虽然斯密的第四条税收原则由四个部分组成,大部分作者集中讨论了税收的(收入)生产率和经济增长效应问题。[122]一个税种创造的收入数额被认为与经济增长有着内在的联系。一种旨在使经济增长最大化的税制可以创造高水平的税收。曾有一个作者表示:

"排在税收的收入生产率之后的……最重要原则是税收应该经济,即征收费用低,同时对产业增长的影响要尽可能小。虽然(有些作者)把收入生产率和经济一分为二,但是,两者有着比最初可分离的关系密切很多的关系。今天,务实的财政家很可能把收入生产率和经济视为一个原则。"[123]

另一位作者坚持认为:

"公共经济最终从属于国民经济:任何削弱公民个人经济能力的因素都有害于国家。一种减少公民收入而又不能相应增加国库收入的税收制度,必然很快就会显示出它减少税收的影响效应。单纯从国家的角度看,税收的经济原则很可能是财政学中最重要的原则。在现有条件允许的情况下,应该尽量严格遵守这条原则。"[124]

这个时期的作者赋予斯密提出的第四条税收原则的优先性反映了他们强烈的供给侧取向。虽然公平和公正是税收的重要元素,但对于这些经济学家来说,它们始终从属于经济增长。

鉴于他们基本的供给侧取向,我们就不应该由于这些经济学家能够感悟到供给侧观对财政政策的全部影响而感到意外。具体而言,他们认识到了高税率影响要素供给的负激励效应以及税率与产出和税率与税收之间的关系。例如,就如同他们的古典学派前辈,他们都支持把正激励作为劳动力和资本驱动力的理论,并且坚持认为高税率具有重要的负激励效应,并且总是负面影响生产要素供给。[125]

这种针对税收负激励效应的观点自然导致这些作者都同意现代供给学派的税率—产出关系观。他们对这一关系的阐明是历史文献中最有说服力的。他们也认识到,虽然税收具有副作用或者负激励效应,但是,政府的某些支出,因而支持这类支出的税收水平,对于经济增长最大化至关重要。在这些经常提到的公共品中有基础教育以及交通和基础设施公共工程。[126]例如,勒鲁瓦—博利约(Leroy-Beaulieu)就曾指出:

"我们可以说,税收在被国家用于比个人做得更好的工程等生产性项目时就是好税收……所以,我们就不应该把税收视为邪恶。我们不能隐讳,在我们看来,税收可以是好税收。最好的税收总是最少的税收这个论点在我们看来有点夸张,它是对过去和现在的浪费做出的一种过度反应。"[127]

这个论点也影响了当时的所有教科书。[128]

由于这些经济学家都认识到增税具有强烈的负激励效应,因此也都认为对政府支出以及为支撑政府支出所必需的税收应有明确的限制。他们表示,政府支出超过最佳水平就可能导致高税负,而税收的经济增长负激励效应就会超过追加公共支出能够产生的效益。[129]勒鲁瓦—博利约对这种观点进行了最全面的阐述:

"很高的税率具有很大的弊端……它们几乎总是纵容舞弊和隐瞒,也就是说纵容不道德的行为。它们会把国家置于一个相对于世界上人民勤劳的其他国家而言严重不利的境地。它们往往会导致资本甚至人口外流……某些作者谈到了税收的上下限问题,下限就是为提供必不可少的公共服务所必需的数额,而上限由国家比个人或者团体更有能力或者能更好地提供有用服务这个原则来确定……我们认为可以确定经验性税收上下限。上下限确定以后也不是不可改变,它们只是一些近似值。我们认为,在国家和省市税收总计不超过私人收入5%或者6%的情况下,税收就是非常适中的……税收占到公民个人收入10%或者12%时还可以忍受,但已算沉重。超过12%或者13%,税率就已经过高。国家也许能够承担这样高的税率,但无疑会减慢公众财富的增长速度……"[130]

这个时期的经济学家也清楚地认识到应该存在一个能使税收最大化的税率,也就是说,他们已经认识到了供给侧观的税率与税收之间的关系。这一点在卢茨(Lutz)对地力与经济生产力进行类比的段落中得到了清晰的体现:

"这种财政充足性检验的睿智应用在某些方面也许可以与农民对土地的明智使用进行比较。农民年复一年种地的目的就是从土地上获得一定的收成,但也要保护地力,以使来年的收成不受影响。从财政充足性的角度看,一种税收制度倘若严重侵蚀社会的收入,从而导致公共收入流趋于干涸,那么就是一种失败的税制。一个农民倘若掠夺式地使用土地,几年后造成收成大幅度下降,那么就是目光短浅。一个国家倘若采用一种趋向于减少私人收入流并且缩小勤勉、节俭、进取心等私人收入流来源的税制,那么就是目光短浅。……必须构建财政充足性,并且始终用它来保护,而且可能的话用它来增加国家及其公民的终极资源。"[131]

威尔斯(Wells)也提供了能够证明这个观点得到充分认识的附加证据:

"对于每个政府来说,头等大事就是在制定税收计征法律时,不但要出于财政的目的,而且还要出于道德目的,努力确定每个税种可以达到的最高收入点,而且还要认识到超过这个收入点,政府就在'铤而走险'或者自欺欺人。"[132]

总之,19世纪末、20世纪初的公共财政经济学家已经完全赞同今天重新提出的供给侧基本原则。他们在斯密税收四原则的基础上认识并明确阐述了税率与激励、要素供给、产出和税收之间的关系。事实上,就这些问题达成的共识成为宏观公共财政领域占据主导地位的观点。萨伊定律为达成这个共识提供了明显的支持,因为萨伊定律完全主导了宏观经济学,以至于"几乎从未受到挑战"[133]。供给侧观点的正统性在经历了一个始于重农学派批判重商学派、持续了一个多世纪的演化过程后达到了登峰造极的地步。

I.供给侧命题在政策方面的追加应用:安德鲁·梅隆

可以理解,正统的供给侧观在当时给政府部门的政策制定者们留下了深刻的印象。那时,美国的情况尤其如此。例如,有文献表明,美国威尔逊(Wilson)总统、格拉斯(Glass)和霍思顿(Houston)财政部长以及20世纪20年代的其他美国财长都感觉到了来自供给侧观支持者们的批评。[134]也许,柯立芝(Coolidge)政府的成员发表了最具说服力的反映供给侧观点的讲话。财政部长安德鲁·梅隆(Andrew Mellon)不但非常有力地表达了这些观点,而且还充当了在20世纪20年代推行雄心勃勃的供给侧减税的工具。

梅隆一进入公共服务部门——就像他之前的格莱斯顿——就注意到了当时盛行的高税率对经济产生的负面影响。当时异乎寻常的高税率为美国参与第一次世界大战筹集资金所必需。不过,战争结束后,高税率并没有完全取消。[135]梅隆在注意到了高税率这种战时财政的遗存后表示,这些高税率导致美国经济的增长水平大大低于其增长潜力。[136]实际上,梅隆认为,这种税收结构导致美国战后的和平经济处在税率—产出曲线和税率—税收曲线的抑制(或者负斜率)段。于是,他建议减税,因为他相信减税既能促进产出增加、经济增长,又能增加税收。

就如同格莱斯顿,他在表达自己的观点时表示,他的观点主要基于斯密税收四原则中的第四条原则——最好的税制就是对总供给和经济增长负效应最小的税制。例如,梅隆坚持认为:

"……(斯密的《国富论》)问世150年以来的经验着重体现了(斯密)税收四原则的正确性,但是,那些反对把(战时)附加税减少到更加接近和平时期数量的人士仅仅援引了斯密提出的第一条税收原则,而对斯密提出的第四条税收原则则视而不见……如果计税基准过大或者不合理,从而明显导致税源濒临枯竭、财富正在转入非生产性渠道,既不能给政府创造收入也无法让百姓受益,那么就应该依据(像斯密提出的第四条税收原则那样的)基本原则来调整我们的计税基准。"[137]

梅隆还支持一种主张正面激励生产要素供给的理论,并且认为报酬对于鼓励追加要素供给和促进经济增长至关重要。[138] 他根据这个思路写道,"就如我们不能违背劳动者的意愿强迫把劳动力用于工作,我们当然也不能强制把资本投入运营,除非支付适当的回报"[139]。他认为资本税高税率会大幅降低承担风险的报酬,从而减少为经济增长所必需的风险资本供给。作为对重税的回应,资本会流向或者被配置到免税(常常是非生产性)投资项目,如市政债券,从而导致经济增长速度下降。[140] 梅隆已经认识到这个适得其反的税收过程,并且写道:

"税收史表明,具有内在过度性的税种是征不到税的。高税率必然会迫使纳税人把资本从生产领域抽走,并把它们投到免税的证券或者寻找其他合法的避免实现应税收入的方法。结果便是税源濒临枯竭,财富不堪重负,而资本则流向既不会给政府创造收入又不会让百姓受益的渠道。"[141]

梅隆还不断强调税赋过重对产出和经济增长的影响。在讨论税率—产出关系时,他直接把注意力投向了高税率可能造成的不利影响,几乎没有提到公共基础设施建设支出的任何有利影响。鉴于20世纪20年代初的高税率氛围,这一点当然是可以理解的。他为当时的美国经济开出的处方就是通过降低税率来促进产出和经济增长。[142]

除了关心税率与产出关系外,梅隆也很清楚地认识到税率与税收之间的关系。虽然明白在某些(低税率)情况下,税率与税收正相关,但梅隆仍然认为,在20世纪20年代初的一般情况下,降低税率可能有利于增加税收。因此,作为财政部长,他根据降低税率能够增加税收和产出这个明确的假设在1923年制定了一个税率调低方案:

"有些人可能难以理解高税率并不必然意味着能给政府带来高收入,而降低税率则往往能增加政府收入……(在像20世纪20年代这样的高税率下)减税能刺激商业和贸易,从而提高国家的富裕程度。因此,即使在税基有所缩小的情况下,政府收入也可能有所增加。"[143]

柯立芝总统在1924年发表的讲话中表达了一些几乎相同的观点。[144]

在主张降低税率时,梅隆强调指出,这样的减税不只有利于高收入群体,而会造福于全体社会成员。而分析人士赞同地表示,梅隆在20世纪20年代实施的雄心勃勃的减税计划促进了这个时期的美国经济快速增长。[145]

J. 供给侧观的退位

20世纪20年代应该是公共财政领域供给侧原则的黄昏期。在30和40年代出版的教科书和专著中已经隐约可见供给侧命题的退位。导致供给侧基本原理衰落的具体原因和事件是复杂的,并且难以明确识别。下文所示的那些因素应该被认为是推测的,仅此而已。

导致供给侧观退位的关键因素是萨伊定律受到了普遍唾弃。萨伊定律突然被认为已经陈旧过时,并且被一些古典学派经济学家贴上重商主义标签的观点取而代之。财政政策的首要重点也转向了政府支出与短期总需求之间的关系,而不是税收影响要素供给的复杂、模糊的效应。根据"现代"观,高税率未必有害于激励,因此也未必就与要素供给增加、产出增加和经济增长毫不相容。最后,收入分配和稳定商业周期这样的目标取代古典学派的经济增长重点成了财政政策的主要关切。

导致这一巨大变化的很多原因似乎与这个时期的形势有关。总需求在20世纪30年代的实际大跌导致了多个非常严重的后果。

首先,总需求不足以及随之而来的大量生产要素被闲置不用的问题可以理解导致很多经济学家摒弃了一种似乎坚持认为这种状况不可能发生的观点。萨伊定律及其衍生的财政政策经济增长取向因被错误地阐释而惨遭抛弃。同样,许多经济学家因把20世纪30年代的经济衰退视同于市场体系失灵而主张扩大政府在一般经济事务中的作用,并且赞成通过政府干预来稳定市场生产和成长。

其次,总需求严重不足导致重点由生产和供给激励型政策完全转向了总需求刺激型政策。产出增长与生产要素供给增长被分离开来,而与总需求增长联系在一起。供给约束已经不被视为与当时的情况有关,因此在政策制定过程中已经不起作用。于是,人们不再把供给视为是收入或者购买力的起因或者来源,而是认为收入取决于需求。这种观点在当时一本有代表性的教科书以下的这段引文中可见一斑:

"根据萨伊的市场定律认为'萧条可通过刺激生产来解决,生产会创造需求',是一种谬误。事实上,因果关系通常按相反的方向发生作用:必须先激活需求,生产才会跟进。"[147]

重点的这一转向尤其与财政政策有关。在那个时期,一般认为,由于美国银行破产潮造成了信任危机(还由于英国在实行固定汇率制期间受到国际收支差额的约束),通过传统的银行渠道无法增加货币供应量。因此,货币政策被认为完全不起作用。由于传统的货币政策被认定无力刺激需求,因此,一些经济学家认为必须通过财政政策来刺激总需求。[148]从此以后,财政政策的第一重点从促进总供给变成了刺激总需求——从古典学派的公共财政原则转向了那些与早期需求导向型重商主义一脉相承的观点。这一政策重点的转向也促成了从与长期经济增长有关的供给政策转向了旨在稳定商业周期的短期需求政策——一种从经济增长到经济稳定的政策取向转变。

根据这种新的观点——常被称为"新经济学",政府能够紧随商业周期波动通过控制总需求来稳定经济。于是,财政政策被视为管理经济的基本政策工具,政府可以通过减税(或增税)来增加(或减少)总需求。由于过剩产能和闲置资源被认为可以毫不费力地得到重新利用,因此,刺激供给并不是一个与政策相关的问题。因此,税率变化可能对总供给产生的任何影响效应通常都被忽略,而税收也不再用斯密提出的第四税收原则来衡量。以上观点可用尼古拉斯·卡尔多(Nicholas Kaldor)的这段话来概括:"凯恩斯革命在公共财政领域意味着税收不再被看作一种为政府支出筹集资金的手段,而是政府为确保一般经济和货币稳定可动用的主要武器之一。"[149]

随着财政政策新的稳定作用的出现,又有人呼吁利用税收来纠正被认为"失灵了的市场"。例如,有经济学家建议利用累进税来实现"更加公平"的收入分配。当然,从税收理论的角度看,这并没有任何真正新的东西。古典学派经济学家早就接受并且正式论述过这些因素。但是,古典学派总把收入再分配视为从属于像经济增长这样的其他目标。但到了20世纪30年代,税收的再分配职能在财政政策审议过程中扮演了更加重要的角色。在熊彼特看来:

"……一种新的精神在政治实践中崭露头角,而且这种新的精神并非没有出现在一些经济学家的著述中。像马歇尔这样的主要学术权威不但开始赞同当时受到高度评价的直接税……而且还开始支持一种反对格莱斯顿财政精髓的弥天大罪,即一种超越为收入而征税、而是为改变(纠正)收入分配而征税的政策。德国的阿道夫·瓦格纳(Adolf Wagner)和英国的A.C.庇古(Pigou)也许就是这样的例子。"[150]

在20世纪30年代以及其后的岁月里,这些关切继续在公共财政领域发挥越来越重要的作用,并且最终取代了财政政策的经济增长(或者供给)取向,这一点在之后出版的公共财政教科书和专著中表现得尤为明显。[151]

除了专业学术界的关注焦点发生了巨大变化外,20世纪30年代期间以及30年代以后公共部门规模相对于私人部门的扩大显示出一股否定古典学派供给侧观点的巨大冲力。公共支出的增加必然会导致税率上涨。而且,只要政治舆论倾向于增加公共支出,政策制定者们就会无视古典学派关于重税和经济增长的洞见。

在这方面,政策制定者们受到了"新经济学"的知识支持。在新经济学看来,税率越高,危害就相对越小,或者说,至少并不一定会造成危害。税率与产出之间的关系被新经济学所忽视,或者说被从不同的角度来审视。这种关系被限制在一个收入—支出框架内运行,并且被引向一方面刺激总需求,另一方面不很关心总供给。因此,这些经济学家忽视或至少低估了税率与激励、税率与要素供给、税率与产出(或经济增长)之间的关系。但最重要的是,他们坚持认为,高税率未必就有害于总供给或者经济增长。那个时期一本具有代表性的教科书所作的评论可以说明这种现象:

"要不是抗议反对'抑制性、毁灭性、不堪忍受的税收'的纳税人始终令人信服地证明,税收负面影响生产的说法只不过是一些噪音……在他们的抗议声中或许还有那么一点真实性……此外,税收也许不但有害于生产,而且还有益于生产。"[152]

这种关于税收对经济增长影响的新态度必然会产生一个重要结果,那就是税收的激励效应和要素供给效应分析重点发生了巨大变化。例如,在税收的劳动力供给效应方面,"现代"经济学家认为,增税即使对劳动力供给产生负面影响,也不会太大。有些"现代"经济学家就如同重商学派,甚至认为增税会实际刺激工作努力。当时有一本非常成功的教科书表示:

"激励效应很可能要比想象的更能抵制税收的危害效应……生活水准一旦确立,纳税人就会努力去维护。在某些情况下,他们甚至会因为税收而提高自己的经济努力。"[153]

在有关储蓄的"现代"研究中,公共财政供给侧原则的从属性甚至更加明显。当然,古典学派始终认为储蓄有益于资本形成,因而有利于总供给和经济增长。课征于储蓄和投资因而课征于资本的税赋被认为会对总供给和经济增长产生有害的影响。相反,"新经济学"体系是以总需求不足为前提的。由于储蓄被视为收入—支出流中的一种渗漏,因此,这种观点的支持者——几个世纪前的重商学派——甚至认为储蓄不利于经济活动水平的提高。他们通常把这称为"节俭悖论"。根据这种悖论,总储蓄被认为有害于宏观经济。[154]因此,在这个框架内,增加储蓄税有可能把储蓄盈余转换成政府支出并支持支出流,从而实际增加生产和产出。1960年出版的一本具有代表性公共财政教科书所做的以下评论明确反映了这个问题:

"根据凡是积累都有创造力这个假设,积累的任何减少必然会降低经济增长速度。据我们所知,这就是传统(古典学派)的假设。但是,我们也知道这个假设不能成立。实际上,正是因为投资资金积累(储蓄)并不会必然导致实际投资,而相反会削弱消费大众的购买力,从而会缩小工业品市场,进而会影响工业扩张和实际投资,所以,我们现在发现有必要采用像个人所得税这样的工具来缩小总储蓄规模。因此,意识形态倾向仍然根深蒂固,是可以理解的。但是,

（因课征所得税而导致的）储蓄率下降'必然'会导致经济增长率下降这个假设是没有依据的。"[155]

由于出现了一个如此自信的正统，而且它的储蓄、要素激励、税率—产出关系观甚至它的经济活动（总需求）来源的最基本前提全部与古典学派的各种相关观点完全不符，难怪古典学派的供给侧洞见被埋没在大量的"新经济学"假设下长达数十年。但不管怎样，供给侧的基本原则还没有衰微到无可挽救的地步。在（对于新经济学来说）自相矛盾的滞胀条件下，目前的正统正处于守势，而有些经济学家再次转向了供给侧。

四、供给侧原则的复苏

今天，我们生活在一个不同于"二次大战"战后数十年——就像 20 世纪 30 年代萧条不同于 20 年代繁荣——的经济中。经济学家们也同样明白目前的经济状况与收入—支出框架假设并不相符。同时存在的高通胀和高失业与相对较慢的产出增长合力形成了我们现在所说的"滞胀"——促使经济学家对"新经济学"的可信性产生了怀疑。新经济学也许在经济严重萧条的背景下产生过宝贵的洞见，但也越来越明显地显示它未必适用于任何环境。此外，20 世纪 70 年代，美国经济开始出现一些重商学派时代的状况：重税与经济停滞导致古典学派经济学家抛弃了重商主义作者提出的需求导向型框架。高税率、政府对经济的管制和干预不断增强、地下经济日益猖獗以及低生产率和低增长已经成为常态。造成这种常态的部分原因就在于经济学家与政策制定者们为了"纠正"这种或那种所谓的市场缺陷而把注意力集中在了总需求操纵和逐渐升级的干预上，但就是忽视了他们曾经一直寄托在总供给身上的全部责任。

在不能指望目前的正统以后，有些经济学家终于认识到了高税率能够对激励、要素供给，因而对经济增长产生的负面影响，从而促使古典学派供给侧基本财政原则的重新崛起。现代供给学派就如同他们的古典学派前辈那样认为，为了促进经济增长，必须奖励工作、储蓄、投资和诚信，而不是奖励休闲、消费和避税。此外，他们终于认识到财政制度必须优先考虑激励、长期增长问题，而不是短期稳定和收入分配等问题。根据以上分析，现在应该清楚，基本的供给侧论点中没有任何真正新的东西。由于供给侧似乎非常适合用来解释和解决目前的经济萧条问题，因此不可能仅仅是一种昙花一现的时尚。

注释

1. 关于供给侧观点更加全面的介绍，请参阅 Robert E. Keleher 的"Supply-side Effects

of Fiscal Policy:Some Preliminary Hypotheses"(*Research Paper Series*, Research Paper no. 9,Federal Reserve Bank of Atlanta,June 1979)以及 James D. Gwartney and Richard Stroup 的"*Macroeconomics:Private and Public Choice*"(2nd ed.,New York:Academic Press,1980, pp. 275—283)。

2. 如果总供给(或者总生产函数)包括在收入—支出(IS-LM)类宏观经济模型中,那么是以分析的一个约束因素的形式,而不是成熟的概念纳入模型的。无论是总供给还是生产函数,在增长模型尤其是新古典学派这种模型中始终扮演着一个更加重要的角色。传统分析强调总需求的部分原因是这种分析根植于经济萧条时期。当时存在的大量闲置劳动力和资本与总需求不足一起,导致人们把注意力由总供给转向刺激总需求。关于跟供给侧观点有关的凯恩斯学派—货币学派总需求取向的分析,请参阅 Keleher(1979)。

3. 假定它们采用相同的方法筹措资金。Keleher,ibid.

4. 有些经济学家把这一重点转向称为"财政革命"。关于稳定政策不断受到重视的描述,请参阅 Herbert Stein 的"*The Fiscal Revolution in America*"(Chicago:University of Chicago Press,1969)。

5. 供给侧观点的支持者们认为,财政政策总会影响相对价格,因此总会影响实体经济活动。另一些作者,如 Paul Craig Roberts 令人信服地强调了这些影响效应。请参阅 Paul Craig Roberts 的"The Breakdown of the Keynesian Model"(*The Public Interest*,no. 52,Summer 1978:20—33)以及"The Economic Case for Kemp-Roth"(*The Wall Street Journal*,August 1,1978)。

6. 由于税率变化会影响相对价格,因此也会影响政府补贴(负税率)。

7. 例如,请参阅 Neil J. McMullen 的"Appendix A:Conceptualizing Welfare-Efficiency Relationships"(in Theodore Geiger,*Welfare and Efficiency:Their Interactions in Western Europe and Implications for International Economic Relations*(Washington,D.C.:National Planning Association,1978)。

8. 也就是给定税率变化包括所有税种——所得税、销售和消费税、关税、财产税等——的影响。

9. 产出—税率曲线表示"政府支出格局以及社会对公共和私人产品及休闲偏好给定时不同税率上实现的实际产出"(McMullen,"Welfare-Efficiency Relationships")。该曲线假定预算平衡。

10. Roberts,"The Economic Case for Kemp-Roth"。

11. 由应税市场活动朝着无须纳税的非市场活动的转向导致经济丧失源自于劳动分工、专业化和规模经济的效率(因市场交换而成为可能的效率)。

12. 在某一点上,不是用于改进生产效率的政府支出可能会实际降低生产效率,因为福利金会对劳动力供给产生负激励效应。

13. 这条产出—税率曲线的形状和产出达到峰值的那个点取决于要素供给相对于税率变化的弹性。而这个弹性又取决于包括经济开放度、税收用途、社会工作和储蓄伦理以及产出—税率关系等被考察的时间框架。例如,经济越开放,产出—税率关系被考察的时间框架越长,这个弹性就越大。

14. 正如 McMullen 所证明的那样,"福利—效率"关系(即税率—税收曲线)可通过用税率乘以产出求得每个税率上的税收的方式由产出—税率曲线(见图1)导出。

15. "Taxes:Can You Have Your Cake and Eat It?"(*Monthly Economic Letter*, New York:Citibank,September 1978,p.8)。

16. 在这个点上,经济完全以易货交易和地下经济活动的方式来运行。

17. James Mill,*Commerce Defended*,1808 ed.,(New York:Augustus M.Kelley,1965), p.94。

18. E. A. J. Johnson,*Predecessors of Adam Smith:The Growth of British Economic Thought*(New York:Prentice Hall,1937),p.251。

19. Mill,*Commerce Defended*,p.94。

20. Mark Blaug,*Economic Theory in Retrospect*,rev.ed.,(Homewood,Ill.:Richard D.Irwin,1968),p.18。

21. Thomas Sowell,"Adam Smith in Theory and Practice,"in Gerald P.O'Driscoll, ed., *Adam Smith and Modern Policitcal Economy*(Ames, Iowa:Iowa State University Press, 1979),p.4。

22. 有人估计,法国经济当时以 3/4 负荷运行。还请参阅 Henry Higgs 的"*The Physiocrats*"(New York:Langland Press,1952,pp. 5,30)。

23. Blaug,*Economic Theory in Retrospect*,p.30。

24. Joseph J.Spengler,"The Physiocrats and Say's Law of Markets,"in Joseph J.Spengler and W.R. Allen, eds.,*Essays in Economic Theory:Aristotle to Marshall*(Chicago:Rand McNally,1960),p.180;and Thomas Sowell,*Say's Law*(Princeton,N.J.:Princeton University Press,1972),p.219。

25. Spengler,"The Physiocrats and Say's Law"(pp. 170,175,177,181,190−194)。应该注意支出数额和格局对于重农学派来说都很重要。具体而言,他们坚持认为,农业生产支出非常有利于经济(Ibid.,p. 177)。

26. Ibid.,pp. 176−177。

27. Ibid.,pp. 177−178。

28. Henry Higgs,*The Physiocrats*,p. 10. Higgs 表示,一些关于小业主适用税率的估计数据显示税率高达净产品的 82%。此外,E. G. West 表示,根据亚当·斯密 1766 年对法国的实地考察,"他的朋友 Turgot……发现,在他所在的县,政府税收占农民业主收入的比例约达 80%"(E. G. West,"Adam Smith's Economics in Politics",in O'Driscoll,*Adam Smith*, p. 149)。在 David Wells 看来,间接税税率非常之高,以至于"在 1789 年大革命前经常发生葡萄酒从产地到销售地要被课征 27 次关税的情况。因此,当时有人说,把葡萄酒从中国运到法国比从法国某省运到巴黎便宜"(David Ames Wells,*The Theory and Practice of Taxa-*

tion, New York: D. Appleton and Co., 1900, p. 76)。

29. Higgs, *The Physiocrats*, p.5.

30. Spengler, "The Physiocrats and Say's Law," p. 173; and Charles Gide and Charles Rist, *A History of Economic Doctrines from the Time of the Physiocrats to the Present Day* (New York: D.C. Heath and Co., n.d.) p.43(Reprint of the 1915 London ed.)

31. Spengler, "The Physiocrats and Say's Law," pp.173—174.

32. Ibid., pp. 177—178.

33. Ronald Meek, *The Economics of Physiocracy* (Cambridge, Mass.: Harvard University Press, 1963), p.25.

34. Gide and Rist, *History of Economic Doctrines*, p.43.

35. David Hume, "Of Taxes," in idem, *Writings on Economics*, ed. Eugene Rotwein, (Freeport, New York: Books for Libraries Press, 1955), p.83.

36. Ibid., p. 83.

37. Humes, "Of Taxes," p.85(footnote). Emphasis added.

38. 请参阅 Johnson 的 "*Predecessors of Adam Smith*" (pp. 175—177)。

39. Ibid., pp. 170, 296.

40. Hume, "Of Taxes", p. 86.

41. David Hume, "Of the Balance of Trade," in *Writings of Economics*, p.70.

42. Johnson, *Predecessors of Adam Smith*, p.175.

43. 有文献表明,亚当·斯密是休谟的亲密朋友,并且高度评价重农学派的著述。例如,现在已知"斯密与休谟交往甚密,并且非常熟悉休谟的著作"(W. L. Taylor, *Francis Hutcheson and David Hume as Predecessors of Adam Smith* [Durham, N.C.: Duke University Press, 1965] p. 131)。请注意,休谟和斯密两人经常通信,因此就如 Taylor 指出的那样"两人的思想相互影响"(Ibid., p. 35)。

此外,就如 Spengler 指出的那样,"亚当·斯密对重农学派的思想体系做出了很高的评价……因此,我们有证据表明斯密把重农学派的思想体系说成已出版的政治经济学著述中'最接近事实的近似值'"。(Spengler, "The Physiocrats and Say's Law", pp. 182—183)。

44. Sowell, "Adam Smith in Theory and Practice," p.5.

45. Overton H. Taylor, *A History of Economic Thought* (New York: McGraw-Hill, 1960, p. 183)。Spengler 表示,"斯密赞扬(重农学派)认为'财富由社会劳动力每年再生产的可消费品构成(的观点)'"(Spengler, "The Physiocrats and Say's Law", p. 183)。

46. Sowell, "Adam Smith in Theory and Practice" (p. 5)。在 Sowell 看来,"重商学派主要关注财富转移……而斯密和古典学派经济学家通常关注财富的生产"(Ibid., p. 6)。

47. Joseph J. Spengler, "Adam Smith's Theory of Economic Growth—Part Ⅱ," *Southern Economic Journal* 26 (July 1959): 10; *see also* idem, "Adam Smith's Theory of Economic Growth—Part Ⅰ", *Southern Economic Journal* 25(April 1959): 403.

48. Adam Smith,*An Inquity into the Nature and Causes of the Wealth of Nations*,ed. Edwin Cannan(Chicago:University of Chicago Press,1976):bk.1,p.91(emphasis added).See ibid.,bk 1.,p.92,关于斯密不赞成"低工资激励工作努力的观点,还请参阅 Balug",*Economic Theory in Retrospect*,p.48.

49. Spengler,"Adam Smith's Theory—Part Ⅰ,"p.405.

50. Smith,*Wealth of Nations*,bk.1,pp.358,364.

51. Spengler,"The Physiocrats and Say's Law,"p.183.

52. 这些税收原则部分源自于重农学派。还请参阅 Higgs 的"*The Physiocrats*"(p. 41)以及 Meek 的"*The Economics of Physiocrats*"(p. 231)。

也许应该注意《国富论》几乎没有谈及税收的分配问题。还请参阅 Irchard Musgrave 的 "Adam Smith on Public Finance and Distribution"[in Thomas Wilson and Andrew S. Skinner,eds.,*The Market and the State:Essays in Honor of Adam Smith*(Oxford:The Clarendon Press,1976,p. 296)]。

53. Smith,*Wealth of Nations*,bk. 2,pp. 351—352.

54. Ibid.,bk.2,p.394;Musgrave,"Adam Smith on Public Finance,"p.307;and Eugene Rotwein,"Introduction to Hume,"*Writings on Economics*,p.1xxxiii.

55. Smith,*Wealth of Nations*,bk.2,p.376;Musgrave,"Adam Smith on Public Finance," p.308.

56. Smith,*Wealth of Nations*,bk.2,p.411.

57. Ibid.,bk.2,pp.438,465.Also,Paul Leroy-Beaulies,"On Taxation in General,"in Richard Musgrave and Alan T.Peacock,eds.,*Classics in the Theory of Public Finance*(London:MacMillan,1964),p.162.

58. Smith,*Wealth of Nations* bk.5;Musgrave,"Adam Smith on Public Finance,"p.296; and Spengler,"Adam Smith's Theory—Part Ⅰ,"pp.412,414—415.

59. Smith,*Wealth of Nations*,bk.2,p.414;and Don Fullerton,"On the Possibility of and Inverse Relationship Between Tax Rates and Government Revenues,"National Bureau of Economic Research,*Working Papers Series*,no.467,(April 1980),p.3.

60. Smith,*Wealth of Nations*,bk. 2,p. 411。这一段落转引如下:

重商主义税收制度(及其高税率)并不非常有利于大众收入,也不很有利于国家土地和劳动力的年产品,本人曾在《国富论》第四卷中努力说明这一点。至少只要君主收入依赖于关税或者进口税,这种税收制度似乎也并不更加有利于君主收入"。

61. Musgrave,"Adam Smith's Theory of Public Finance,"p.309.

62. Smith,*Wealth of Nations*, bk 2.,pp.404,411—412,429.

63. 斯密在《国富论》中表示:"……如果关税税率时而调高时而又调低,就像通常发生的那样,那么,无论是调高还是调低关税税率,都无法给国家带来最大的收入。税收应该始终被作为收入工具来使用,绝不能把它作为垄断手段。至少相当于目前关税净收入的税收收入并非不可以通过对少数几种大众消费商品进口课征关税来征收……"(bk. 2, p. 415)。

还请参阅 D. P. O'Brien, *The Classical Economists* (Oxford: The Clarendon Press, 1975)。

64. Spengler, "The Physiocrats and Say's Law," p. 183.

65. 在提出这个论点时,萨伊采用了重农学派、斯密、休谟甚至可能是穆勒表达过的思想。还请参阅 W.H. Hutt 的 *A Rehabilitation of Say's Law* (Ahtens, Ohio: University of Ohio Press, 1974, pp. 6, 7, 27)。

66. Sowell, *Say's Law*, pp. 4, 19—20, 32—33; also Spengler, "The Physiocrats and Say's Law," p. 191; and Hutt, *A Rehabilitation of Say's Law*, pp. 6, 7, 27.

67. Spengler, "The Physiocrats and Say's Law," p. 192.

68. James Mill, *Elements of Political Economy*, 3rd rev.ed. (1844) (New York: Augustus M.Kelley, 1965) p. 237.

69. Spengler, "The Physiocrats and Say's Law," p. 192. Note also, David Ricardo, *Principles of Political Economy and Taxation* (London: John Murray, 1821), Ch. 21.

70. Hutt, *A Rehabilitation of Say's Law*, p. 25. Sowell 也做出过相似的评价:"《为商业辩护》比萨伊的《政治经济学概论》更多地指责但又坚持产出必然等于购买力的观点"(Sowell, *Say's Law*, p. 23)。

71. James Mill, in the *Edinburgh Review* 11 (January 1808): 434—435, quoted in Spengler, "The Physiocrats and Say's Law," p. 190.

72. James Mill, *Commerce Defended*, pp. 79, 104—105.

73. "萨伊箴言——小麦和谷壳——为李嘉图所接受……" (Joseph Schumpeter, *History of Economic Analysis*, New York: Oxford University Press, 1954], p. 621)。还请参阅李嘉图的 "*Principles*" (Ch. 21)。

74. Spengler, "*The Physiocrats and Say's Law*" (p. 193). 穆勒认为"……凡是工资过低的地方,如爱尔兰,就没有工业;凡是工资过高的地方,如美国,就有规模最大的工业"(James Mill, *Elements of Political Economy*, p. 245)。

75. Spengler, "The Physiocrats and Say's Law" (p.192). 萨伊本人并"不认为担心节俭会导致支出和产出减少毫无根据,因为他认为,节省下来的钱也不会被窖藏起来,而是很快就会被用在生产活动上"(Ibid., p. 192)。穆勒几乎认为"储蓄很快就会转化为投资"(Ibid., p. 190)。

76. Jean Baptiste Say, *A Treatise on Political Economy or the Production, Distribution, and Consumption of Wealth*, trans. Clement C. Biddle (Boston: Wells and Lilly, 1924), bk.3, pp. 92, 196 (emphasis added).

77. Ibid., p. 194.

78. Charles J. Bullock, *Selected Readings in Public Finance* (Boston: Ginn and Company, 1924), p. 227.

79. Say, *Treatise on Political Economy*, p. 208.

80. Ricardo, *Principles*, p.166. See also Say, *Treatise on Political Economy*, p.203.

81. Bullock, *Selected Readings*, p. 228.

82. Say, *Treatise on Political Economy*, p. 206.

83. Ibid., p. 223。还请参阅 O'Brien, *The Classical Economists*, p. 256。

84. James Mill, *Commerce Defended*, p.89; see also p.92; and idem, *Elements of Political Economy*, p.247.

85. Say, *Treatise on Political Economy*, p. 196(文中引号后加)。

86. Ibid., p. 197.

87. Ibid., pp.197－199.

88. W.J.Ashley, "Introduction" to John Stuart Mill, *Principles of Political Economy*, 9th ed.(New York:Longmans,Green and Co.,1926), p.viii.

89. Sowell, *Say's Law*, p. 143.

90. John Stuart Mill, Essays on Some Unsettled Questions of *Political Economy*(London:John Park,1844)p.47, see also pp.48－49,49－50,73－74.

91. John Stuart Mill, *Principles of Political Economy*, p.884.

92. 例如, J. R. McCulloch, *A Treatise on the Principles and Practical Influence of Taxation and Funding System* [1863] (New York: Burt Franklin, 1968), bk. I, p. 6 and bk. 2, p. 41. 还请参阅 O'Brien 的 "*The Classical Economists*" (p. 243) 以及 D. P. O'Brien 的 "*J. R. McCulloch: A Study in Classical Economics* (New York: Barnes and Noble, 1970, pp. 236－237)。

应该指出,McCulloch 的税率和生产要素立场有一个方面与供给侧分析方法不同。他坚持认为,在劳动所得税税率适中并逐渐提高的情况下,劳动力会通过提高工作努力和独创性来做出反应(McCulloch, *Treatise*, bk. 1, p. 10, p. 327)。不过,他还觉得增税的有利影响有限,税收超过限度就会抑制劳动力投入。他甚至认为,这些不利影响在用现代标准来衡量税率还很低——"10％、12％或者 15％"——的时候就开始出现(Ibid., bk. 1, pp. 6,7,10; bk. 2, p. 116)。

93. John Stuart Mill, *Principles of Political Economy*, p.821.

94. O'Brien, *J.R.McCulloch*, pp.229,233.

95. Ibid., p. 272.

96. McCulloch, *Treatise*, bk.1, p.414.

97. O'Brien, *J.R.McCulloch*, p.281; McCulloch, *Treatise*, bk.1, p.5.

98. O'Brien, *The Classical Economists*, p.270.

99. O'Brien, *J.R.McCulloch*, p.244.

100. Sir Henry Parnell, *On Financial Reform*, 3rd ed.(1831)(New York: Augustus M. Kelley,1968), p.17.

101. McCulloch, *Treatise*, bk. 1, pp. 340, 345; bk. 2, pp. 108, 161. O'Brien, *J. R. McCulloch*, p. 245。此外,McCulloch 还认为,所得税过重其实就是对诚实课税,并且"奖励背信弃义和舞弊行为"(*Treatise*, Bk.1, p. 116)。

102. McCulloch, *Treatise*, bk.1, pp.354,364; bk.2, pp.161－162; and Parnell, *On Financial Reform*, pp.93－95。

103. McCulloch, *Treatise*, bk.1, pp.338－340。

104. Parnell, *On Financial Reform*, pp. 38－39。Jules Dupuit(1844)持有类似的国内税收观:"通过……逐渐增税,就能达到收入最大……超过了这个水平,税收就会减少……最后,征税(产生抑制作用)将收不到任何收入(转引自 Don Fullerton 的"On the Possibility of an Inverse Relationship Between Tax Rates and Governmental Revenues", Working Paper No. 467, National Bureau of Economic Research [New York] April 1980, p.3)。

105. For example, McCulloch, *Treatise*, bk.1., pp.354－355,364,383; and Parnell, *On Financial Reform*, pp.39－47。

106. Parnell, *On Financial Reform*, p.47(emphasis added); and McCulloch, *Treatise* bk. 1, pp.354－355。

107. 请参阅 O'Brien 的"*J. R. McCulloch*"(p. 263)。

108. Blaug, *Economic Theory in Retrospect*, p.180。

109. 请参阅 Sowell, *Say's Law*, p.142。

110. 虽然格莱斯顿的财政政策是明确根据系统的供给侧理论提出的,历史上发生过另外一些政府或者国家随机采用过一些供给侧观点元素的事件。这些早期事件并不系统,因为当时的政府或者国家还没有能力根据西方经济学的古典传统来制定财政政策。还请参阅 Jude Wanniski,"*The Way the Wolrd Works*"(New York: Basic Books,1978)以及 David Ames Wells 的"*Theory and Practice of Taxation*"(New York: D. Appleton and Co.,1900)。

111. Francis W. Hirst, *Gladstone As Financier and Economist* (London: Ernest Benn, Ltd.,1931), pp.196,281。

112. 如 Ibid., p. ix。

113. 例如,《1842 年的收入法案》几乎影响了每一个贸易项目,关税税率调低 5% 到 20% 不等(Ibid., p. 78)。

114. 请参阅 Schumpeter,"*History of Economis Analysis*", p.404。

115. 请参阅 Hirst,"*Gladstone As financier and Economist*", pp.xxii,89。

116. Ibid., pp. xxii,139,140,229。

117. 请参阅 Ibid., pp, 53,65,73,78,139,216。

118. 请参阅 Ibid., pp. 73,78,80,139,206,208,209,216。

119. Ibid., p.215。格莱斯顿在他 1861 年的第一份财政报告中就阐明了自己降低税率的理念:

"再也没有比'议会(这个阶段)的工作就是破坏间接税'这种看法更加粗俗的错觉了。

议会做了一些修剪工作。它的一贯思想就是不要把树毁掉，而是要让树苗壮成长；目的就是在眼下间接税已经'被毁'（用时髦的话来说）不是一次，而是多达四到五次的时候，间接税变得比我们历史上以前任何一个时期更加重要、多产——我并不是指这个特定的年份，而是指任何一般年份，而且是根据最近二三年的平均值。"(Ibid., p. 209)

120. Ibid., p. 73.

121. C.J.Bastable, *Public Finance* (New York: MacMillan and Co., 1903), p.413.

122. 这个税收原则的四个组成部分是征收成本、避税、产业增长和税收效率。关于税收应该聚焦于经济增长的有说服力的陈述，还请参阅 Harley Leist Lutz 的 "*Public Finance*" (New York: D. Appleton and Co., 1929, p. 279)。

123. G.Findlay Shirras, *The Science of Public Finance* (New York: MacMillan and Co., 1924), p.128; Bastable, *Public Finance*, pp.287—288.

124. Bastable, *Public Finance*, pp. 287—288, also pp. 417—418; and Lutz, *Public Finance*, pp.278—279.

125. 例如，请参阅 Bastable 在 "*Public Finance*"(pp. 284—287)中关于劳动力供给和利润的评论以及 Harold Merlin Hunter 的 "*Outlines of Public Finance*" (New York: Harper and Bros., 126, p. 130)。

126. Paul Leroy-Beaulieu, "*On Taxation in General*," in Richard A. Musgrave and Alan T. Peacock, *Classics in the Theory of Public Finance* (London: MacMillan and Co., 1964), p.162; 还请参阅 Shirras, "*The Seience of Public Finance*", p.105。

127. Leroy-Beaulieu, "*On Taxation in General*," pp.157, 163.

128. 例如，Shirras 曾经说过："当税收适中时，国家占用的收入较少；而个人尤其是富裕国家的个人花钱远没有国家为社会服务（如教育）征税时明智。有时，就是不明智的政策让钱在人们的口袋里不必要地生钱，但是，国家在增税超过一定限度时必须注意生产的反应 (Shirras, *The Science of Public Finance*, p. 130。还请参阅 Hunter, "*Outlines of Public Finance*(p. 130)。

129. Hunter, *Outlines of Public Finance*, p.129.

130. Leroy-Beaulieu, "*On Taxation in General*," pp.162—164.

131. Lutz, *Public Finance*, p. 277。Lutz 接着又说："因此，从这次检验的角度看，必须考虑很多旨在通过课征极重的税收、创造更多收入来供养国家的计划，或者更大规模地积累财富。这样的税收计划可能暂时非常多产，而且在短期内可能对广大公众很有吸引力。如果这种政策能够执行到极致，那么就可以有把握地说，大规模的财富积累很快就会在数量和规模上收缩，并且很容易被重税所断送，而国家的总纳税能力也会因此而大幅度下降(Ibid., p. 277)。"

132. Wells, *Theory and Practice of Taxation*, p.214.

133. Hutt, *Rehabilitation of Say's Law*, p.2.

134. Andrew Mellon, *Taxation: The People's Business* (New York: MacMillan and Co.,

1924),pp.128—131.

135. Mellon 指出,"一次大战"以前,也就是1916年,最高附加税率是13%,而到了1921年已经提高到了65%。

136. Mellon, *Taxation*, pp.71—74.

137. Ibid.,pp. 14—15.

138. Ibid.,p. 222.

139. Ibid.,p. 79.

140. Ibid.,pp. 200,222—223.

141. Ibid.,p. 13.

142. Ibid.,p. 20.

143. Ibid.,pp 16,20.

144. 关于这篇讲话,请参阅 Ibid.的附录 E(pp. 216—227)。柯立芝的讲话节录转引如下:

"税收的首要目的就是确保收入……经验并没有表明税率越高,税收就越多,而是完全显示了另一种情况……不争的事实是:征税过度往往会导致税收消失……

"本人完全赞同通过让高收入者尽可能多缴税的方式来减轻小纳税人的税负。但是,如果高所得的税率高到导致高所得不复存在,那么小纳税人就得承担全部的税负。而如果税率定得恰到好处,能够让高所得者缴纳最多的税收,那么就可以减轻小纳税人的负担……总的来看,我觉得很容易理解我希望把调低附加税高税率纳入计划,并不是要求低收入者多缴税,高所得者少缴税,而是要确保从高收入者那里征收到更多的收入,并减少低收入者需要缴纳的税收:本人之所以要这样做,并不是因为希望减轻富人的负担,而是要减轻国家的负担(Ibid.,pp. 220—221,224)。"

145. 请参阅 Wanniski 的"*The Way the World Works*"。

146. 请参阅 Hutt,"*A Rehabilitation of Say's Law*"。

147. Gerhard Colm,*Essay in Public Finance and Fiscal Policy*(New York:Oxford University Press,1955),p.80.

148. 在某些经济学家看来,财政政策是扩大货币供应量的必要替代机制。

149. Nicholas Kaldor,"Taxation and Economic Progress",in Joseph Scherer and James Papke,eds.,*Public Finance and Fiscal Policy*(Boston:Houghton Mufflin,1966,p. 273)。还请参阅 Herbert E. Newman 的"*Introduction to Public Finance*"(New York:Johin Wiley and Sons,1968,pp. 15—16)。他在这篇引言中指出:

"只要经济被认为基本上能够以一种令人满意的方式自我调节,公共财政(和一般政府支出)必须基本保持其在性质上的从属性。如果我们承认高水平的收入、生产和就业不会自然而然地出现在企业经济的运行过程中,因为达到和维持高水平的收入、生产和就业离不开一定量的管理,那么,政府的财政职能就被赋予一种不同的角色……经济学家开始把公共支出、税收和借贷工具视为促进经济健康的手段。古老的公共财政训诫,如始终要对政府增加支出表示怀疑,逐渐从这个主题较新的论述中淡出。

150. Schumpeter, *History of Economic Analysis*, p.945.

151. 这一点为下列任何一本教科书关于税收问题的论述所广泛证明。

152. Jensen, *Government Finance*, p.215.

153. Groves, *Financing Government*, p.30.

154. 根据"新经济学",储蓄是收入增加的结果,而不是收入增加的原因。根据这个观点,如果支出流保持不变,储蓄就会自己增加。例如,请参阅 Keiser 的"*Macroeconomics*"(pp. 299—230)。

155. Cauley, *Public Finance and the General Welfare*, pp.146—147.

萨伊定律与凯恩斯经济学

泰勒·考恩

我们不应该小看一种新范式能够粉饰和影响其后的经济思想数十年（有时甚至是几个世纪）这个问题。新的经济理论和政策观点虽然未必富有成效，但常常能够成功地吸引整整一代经济学家的注意。例如，虽然约翰·梅纳德·凯恩斯的《就业、利息和货币通论》问世已有 45 年，但是，随便翻阅任何一本宏观经济学教科书都能发现，凯恩斯经济学依然是我们这个时代占据主导地位的宏观经济学范式，而且自 1936 年以来就一直如此。尽管有许多年纪较长的经济学家反对凯恩斯的《通论》，有时甚至还做出一些尖刻的评论（就如凯恩斯本人所预见的那样）[1]，但是，凯恩斯还是赢得了年青一代经济学家的忠诚。对于凯恩斯的感染力特别重要的是已经达成了的共识：他用一种令人激动的新学说取代了摇摇欲坠的古典学派和新古典学派经济学大厦，《通论》对有影响力的权威发起了离经叛道的挑战。

凯恩斯对这些"古典学派"经济学权威发起的第一次也是最重要的攻击就是否定萨伊定律这个常常被粗糙地表述为"供给创造其自身需求"这个命题的有效性。[2]凯恩斯认为，萨伊定律非常重要，因此"是古典学派整个理论体系的基础；而且没有这个基础，古典学派经济理论就会分崩离析"[3]。在凯恩斯看来，我们一旦接受了萨伊定律，就必须接受其他各种古典学派的命题，如节约的好处、利率的均衡作用、失业理论、货币数量论甚至放任自流论。[4]此外，我们一旦否定萨伊定律，就向凯恩斯经济学打开了大门。

凯恩斯非常精准地评价了萨伊定律对于古典经济学的重要意义，因为萨伊定律与货币数量论一起构成了古典货币理论的基石。甚至更重要的是，萨伊定律是"经济的优势根植于其生产商品和服务的能力"的古典观的基础。因此，萨伊定律的有效性（或者无效性）应该会对经济理论和政策产生重要影响。

尽管我们仍生活在一个主要由凯恩斯革命形塑的学术环境中，但最好还是把今天的学术环境描述为一个我们正在经历一系列反凯恩斯主义革命运动的环境。这种反凯恩斯主义革命的最新表现之一就是"供给经济学"革命。供给经济学是一种重申萨伊定律和许多其他古典经济学说的经济理论。供给学派对凯恩斯主义经济政策进行了批判,认为美国联邦政府几十年来通过动用货币和财政政策实施的需求管理导致了高通货膨胀、高失业和巨额预算赤字。[5]造成这种失败的原因就是隐藏在这些政策背后的凯恩斯理论趋向于忽视(或者至少不够重视经济的"供给侧"。所以说,凯恩斯主义政策只关注刺激总需求,而忽视了生产率和经济增长等更加基本的因素。不断刺激需求的结果就是导致了通货膨胀,而没能成就一种健康的经济。

与凯恩斯主义不同,供给学派代表了一种摒弃需求管理技术、走近经济增长促进措施的政策转向。供给学派坚决支持萨伊定律,因为该学派认为我们只有通过增加商品和服务供给,才能以非通胀形式真正增加需求。不是由供给增长引发的需求增长不可能改善经济福利。很多供给经济学家很自觉地认为,他们只是19世纪古典经济学传统的延续。

以上几点都说明萨伊定律对于古典经济学、凯恩斯经济学和供给经济学的重要性。虽然古典经济学现在基本上就是一种经济思想遗产,但凯恩斯经济学和供给经济学两者都在制定它们各自的研究计划。特别具有讽刺意义的是,虽然古典经济学已经寿终正寝,但是,古典学派经济学家有关萨伊定律的著述对于当前供给学派与凯恩斯学派之间的辩论关系非常重大。希望对这些著述的考察能使我们回答以下几个问题:(1)古典学派经济学家是不是供给经济学家?(2)萨伊定律是否有效?(3)哪个学派对萨伊定律的阐释正确——凯恩斯学派、供给学派,或者两者都不正确?(4)如果萨伊定律有效,是否就能用它来对凯恩斯思想体系进行有效的批判?

为了方便我们对萨伊定律进行讨论,有必要先对现代经济学文献中出现的三种不同版本的萨伊定律进行评述和定义。[6]第一个版本的萨伊定律是一个恒等式,通常被称为"瓦尔拉斯法则"(Walras's Law)。该法则认为,无论是在物物交换经济中还是在货币仅被作为计价标准使用的经济中,都存在一种任何商品供给过度的逻辑不可能性。虽然货币在物理意义上存在,但交易具有全部的易货特点,因为货币仅仅是一种计价单位,人们绝不会为了货币本身而持有货币。由于计价标准是一种任意选择的商品,因此,瓦尔拉斯法则认为,全部需求商品(包括"货币")的总价值始终等于全部供给商品的总价值。普遍的生产过剩是不可能发生的。

萨伊定律的第二种解释被称为"萨伊恒等式"。萨伊定律的这种解释坚持认为,一个经济体的货币市场始终处于均衡状态,也就是说绝不会存在货币需求过剩或者供给过剩。当有人供给商品换取货币时,他们会因有对其他商品的需求而立刻使用供给商品换回的货币。在这样的情况下,货币被很正确地说成是"面纱"或者掩盖真相的东西,因为它不会对相对价格产生任何影响。然而,持有货币这种需求的缺失也意味着绝对价格水平是不确定的,从而引发了批评古典学派和新古典学派经济学家把定价过程"一分为二"的著名的"兰格和帕廷金(Lange and Patinkin)谴责"。萨伊恒等式描述的条件相对价格由商品供给和需求决定。之所以把定价过程一分为二,是因为"货币的相对价格"(即绝对价格水平)仅仅由货币供给决定,原因就在于没有任何持有货币的需求。

萨伊恒等式中也不可能出现普遍的生产过剩,也是因为,如果现金余额立刻被花掉,那么,商品需求的总价值必然等于商品供给的总价值。商品供给普遍过剩的不可能性直接源于该模型的假设。由于货币没有价值储藏手段的职能,因此,这个模型实际恒等于一种物物交换经济——根据定义,总供给必然等于总需求。瓦尔拉斯法则与萨伊恒等式之间的区别在于:前者告诉我们一种只有计价标准职能的假设货币的影响,而后者其实就是认为货币实际只有计价标准一种职能。

第三种版本也是最复杂的一种版本的萨伊定律被称为"萨伊等式"。萨伊等式认为,由商品供给过度或者货币需求过度造成的问题具有自我纠偏倾向。如果没有足够的需求吸纳全部业已生产的商品,那么就说明商品定价过高。等商品价格跌到市场出清水平后,任何累积过剩商品(有别于库存)都将消失。萨伊等式并不认同萧条的不可能性,而只是认为,在价格有弹性的条件下,市场趋向于均衡。如果价格处于正确的水平上,那么,商品供给所产生的收入就足以购买这些商品。萨伊等式不同于萨伊恒等式,并不认为我们始终处于一种价格均衡格局中。萨伊等式既没有排斥货币的价值储藏手段用途,也不排斥现金余额需求过度的可能性。至少根据很多有关萨伊定律的历史性辩论,现金余额需求过度也许是市场必然要面对的一种最重要失衡。

虽然我们对萨伊定律的解释并不完全与以上三种解释中的任何一种相同,但它们对于分类十分有用。它们不但都出现在现代货币理论中,而且提供了一个可用来对古典学派自身的观点以及其他学派经济学家描述的古典学派观点进行分类的谱系。在这个谱系的一端,我们有极其朴素的被凯恩斯和兰格归类为古典学派的观点——一种类似于萨伊恒等式的观点;在这个谱系的另一端,我们有约翰·斯图亚特·穆勒著名的论文《论消费对生产的影响》(*Of the Influence of Consumption on Production*)。穆勒在这篇论文中既发展了萨伊等式的概念,又令人满意地把货币持有引入萨伊定律争论。

虽然萨伊本人是第一个明确提出萨伊定律的作者,但是,萨伊定律的构想根植于重农学派思想。一方面,萨伊定律是对重农学派传统的肯定;另一方面,萨伊定律又是对这种传统的否定。萨伊维护的那一重要部分的重农学派思想就是经济的商品和服务循环流动观。在这种经济观中,货币被赋予次要的作用,一个类似于古典学派著名命题——货币是贸易车轮的润滑剂,赋予货币的作用。魁奈(Quesnay)在他的《经济表》(*Tableau Economique*)中非常好地对循环流动这个概念进行了图示。魁奈在《经济表》中明确提出了一个同时表示农业"净产品"流和社会产品在不同阶层之间分配的模型。《经济表》还隐含地表示生产是需求来源——不过,这并不是重农学派自己从他们的模型中得出的结论。只有通过提供"净产品",农业阶层才能反过来有产品需求,从而推动商品和服务循环流持续不断地继续下去。魁奈的这张经济表基本上就是一个易货经济模型。在这个模型中,一些商品与另一些商品交换,而货币最终既不会影响这个过程的终极结果,也不会影响这个过程的运行。就如我们将要看到的那样,萨伊在一定程度上超越了重农学派朴素的货币概念。

重农学派只要认为消费相对于生产的第一性,那么就是对萨伊定律的否定。具体而言,重农学派集中关注农产品消费的重要性。而萨伊根本就不关心这种重要性,萨伊不但把注意力集中在生产上,而且还否定重农学派把经济分为农业部门和非农业部门的做法。约瑟夫·斯宾格勒(Jeseph Spengler)把重农学派对消费的重视归因于当时波旁王朝统治下法国的经济状况。[7]重农学派认为,法国王室压迫性的财政政策剥夺了农业部门的借贷资本,从而导致农产品和非农产品需求减少,并且中断了经济中商品和服务的循环流。萨伊对法国当时的经济困境采取了一种不同的看法,也许部分是因为他本人是在一个健康得多的经济氛围中著书立说的,但也不能低估像孔多塞(Condorcet)这样的法国启蒙运动激进分子对萨伊的影响。孔多塞的自由乐观主义与萨伊认为"自由经济总是出现在基本健康和不断发展的国家"的思想有着很大的关系,而萨伊关于"只有生产而不是消费才是需求的源泉"的思想则与当时发展起来的"得到正确理解的利益和谐"说是一脉相承的。一个人的财富(即生产)有助于所有的人,因为它赋予个人以对他人产品有需求的能力。

这里要指出的萨伊受到的另一重要影响,就是他的主要精神导师亚当·斯密对他的影响。重农学派已经发展了一个把经济表示为支出流循环的模型,但即时、充分的消费为维持这种支出流所必需。除非有确定部分的国民收入花在农产品上,否则经济就可能遭遇灾难。相反,斯密则认为,储蓄有远比支出大的功效,因为储蓄能够增加一国的资本存量和生产能力。就像大多数古典经济学家一样，斯密强调存在流动资本而不是固定或者耐久资本的重要性。因此，任何节省下来的钱一般都应该用来雇用劳动力支持生产过程。因此，当斯密声称"每年节省下来的钱就像每年所花掉的钱一样都被定期用于消费"[8]时，我们就能够既有蛋糕又能吃蛋糕。任何用于雇用劳动力的储蓄随后都会由劳动力出卖者用于购买消费品。因此，并没有重农学派学者担心储蓄会导致消费不足。储蓄几乎自动会转化为投资，然后回流到劳动出卖者手中并被用于消费。

斯密的论点可能有助于萨伊进一步对萨伊定律进行形象化思考，因为斯密例子中的劳动者被雇用参与生产，所以他们能够获得需求商品和服务的能力。此外，斯密的观点可被解读为储蓄和资本积累不会因消费不足问题而出现任何固有的长期上限。就像下文要讨论的那样，萨伊和其他古典经济学家在讨论萨伊定律时早已在考虑经济增长问题。

最有可能的情况是，萨伊最初在探索市场规律时并没有想到自己有特别的创新之处，而仅仅是表达了一个他那个时代相当一部分经济学作者已经接受的明显事实。在第一版的《政治经济学概论》中，萨伊在讨论市场法则问题时根本就没有炫耀其学说的独特性或者原创性。萨伊很可能认为，萨伊定律只不过是斯密和早期作者著述中能够发现的东西的一个逻辑蕴涵。他仅仅是把自己拥护市场法则看作是抛弃重农学派的"消费重要"观——与斯密一起——跨出的另一步。

在萨伊之前的经济学文献中，有好几个作者可以被正确地视为研究市场法则的先驱。[9]但不管怎样，论述萨伊定律的原著直到萨伊未经翻译的第一版《政治经济学概论》(*Treatise on Political Economy*, 1803)问世才在名叫"论销路"(*Des Débouchés*)的篇幅很短的一章中首次明确论述这个定律。尽管这一章的篇名被译成了"论市场"(*On Markets*)，但是，威廉·鲍莫尔(William Baumol)指出，在这个语境下，这里的"市场"实际上是指"做市"(make a market)，而不是市场机制。鲍莫尔表示，"Des Débouchés"的更准确翻译也许是"论商品销路"(On Outlets for Goods)。[10]值得注意的是，这一章的篇名与商品普遍供过于求的可能性或不可能性或者周期性波动问题没有任何关系。这些主题在这一章里甚至没有被提到过一次。萨伊的主要论点是实际需求是先前产出的结果。只有生产才能提供购买其他产品的手段。萨伊后来从商品和服务普遍生产过剩不可能性中得出的任何结论应该被正确地看作是萨伊定律的必然结果。原先的市场法则只是表示，生产是需求的来源。

《政治经济学概论》"论销路"这一章的第一段很好地阐明了萨伊的主要论点：

"每个生产者生产一定量的产品,但大大超过他们自己的消费。农民收获了远多于满足他和家人需要的谷物。制帽商制造了远多于他们自用所需的帽子。批发杂货商经销的食糖远多于他们自己消费的食糖。他们中的每一个人都需要很多其他产品才能过上舒适的生活。他们拿自己的产品与别人的产品进行交换,就形成了所有这些产品的所谓市场。"[11]

萨伊试图用一句话来总结他的这一推论,并且首次给出了他自己的市场法则表述:"我相信这样的表述:并不是货币充足而是其他一般产品丰富方便了销售。这是政治经济学的最重要真理之一。"[12]

只是在《政治经济学概论》随后的章节里,萨伊才开始讨论供过于求的问题。萨伊先是重复了他的命题"我们只能用我们生产的产品进行购买",然后讨论了加尼尔(Garnier)的理论[13]——很多欧洲国家濒临遭遇商品生产普遍过剩的危险,因为这些国家在过去的几个世纪里积累那么多的资本。萨伊指出,虽然一个国家可能遭遇某些商品过多的问题,但这是由对这些商品生产线不当投资造成的结果。这个问题很快就能通过以下方式来解决:少生产供给丰富的商品,多生产匮乏商品。虽然萨伊承认甚至强调了商品部分供过于求的可能性,但仍谨慎地指出:

"我无法想象,整个国家的劳动产品有可能过多,因为每种产品都会提供购买其他产品的手段。一个国家的产出总和构成它的总财富,财富不会使国家难堪,就像它不会使个人难堪。"[14]

这个基本法则——生产普遍过剩不可能性——也许应该更加适当地被称为"萨伊推论",而把萨伊定律留给更加基本的命题——生产是需求的来源。在阐述了萨伊推论以后,萨伊立刻就提到了萨伊定律。萨伊定律可是他下面说的这段话背后所隐含的基本事实:

"这个问题(普遍供过于求)已经说得非常清楚,并且替我们回答了我们关心和本人反复提到的问题:一般生产要素需求取决于哪些因素?取决于生产量……"[15]

重要的是要明白,萨伊在提到普遍供过于求的问题时并不是在谈商业周期或者任何其他短期经济活动波动的问题,而在加尼尔的例子中和其他场合所谓的一般生产过剩总是与资本积累和经济增长问题有关。萨伊推论的卫道士们通常把自己视为通过拥护萨伊推论预期经济增长功效和主张长期停滞不可能性的先行者。

到《政治经济学概论》出版第四版[16]时,萨伊甚至更加明确地对他的市场法则内涵进行了充实。这次,萨伊仍然先是断言"……是生产开启了对产品的需求"[17]。只有通过这个事实我们才能解释：

"现在法国买卖的商品怎么能比查理六世苛政时期多出五六倍？这难道还有什么不明白的吗？多五六倍的商品必须要生产出来，并且必须被用于购买这种或者那种商品。"[18]

当然，问题的答案可以在以下这个事实中找到：一种产品的生产提供了对其他业已生产出来的产品的需求。市场经济通过持续提高生产率来实现扩张的能力没有任何内在的抑制因素，因为产品本身会提供购买其他产品的购买力。

在第四版《政治经济学概论》中，萨伊甚至更愿意接受某些生产线出现局部供过于求的可能性。但是，局部供过于求的存在绝不是由任何种类的普遍生产过剩造成的，而是其他产品供给不足的结果。任何特定商品过剩都可能源自这种商品需求不足。由于其他商品是这种商品需求的来源，因此，我们能够推定这些其他商品供给短缺。只有普遍增加生产才能解决部分供给过度的问题。[19]

萨伊在结束第四版《政治经济学概论》"市场法则"这一章时介绍了市场法则的很多含义，使我们明白市场法则是如何与范畴更广的经济和社会哲学观联系在一起的。萨伊推断出来的第一个结论就是：一种商品的生产效率越高，生产这种商品就越有利可图。追加这种商品的生产就能创造对这种商品的追加需求，从而导致价格和利润率上涨。萨伊得出的第二个结论多少有点与第一个结论相似，因为两者都与萨伊"生产和交换造福于全体社会成员"的思想有关。萨伊写道："每个人都能得益于大家的普遍富裕，而一个行业的成功有助于所有其他行业取得成功。"[20]

然后，萨伊继续把这个原理扩展运用到国家之间的关系以及国内个人之间的关系。[21] 萨伊从中推导出第三个结论——国家不应该限制与其他国家开展商品进出口贸易。萨伊不但认为自由贸易政策有利于提高邻国的富裕水平，从而有利于本国致富；而且还认为自由贸易政策直接能够扩大本国产业的范围并提高本国产业的生产率。

萨伊得出的第四也是最后一个结论是"支出并不是国家繁荣的来源"：

"消费并不有利于贸易，因为困难在于供给满足消费欲望的手段，而不是刺激消费欲望。我们已经明白，只有生产才能提供满足消费欲望的手段。因此，好政府应该以刺激生产为目的，而坏政府才会鼓励消费。"[22]

萨伊希望明确地阐述这些结论，他不但用好几页的篇幅阐述了这些结论，而且还给它们加上了从第一到第四的序号。这些结论表明，萨伊并没有把他的市场法则作为孤立的经济准则，而是把它作为其自由主义哲学体系的一个组成部分。而同时强调市场、储蓄、自由贸易以及贸易的互利性质也是萨伊用户的19世纪法国自由主义哲学思潮的重要组成部分。市场法则是这种哲学体系的一个重要构件。

萨伊定律受到批评最多的方面也许就是对货币持有问题的处理。我们能够在他的著述（以及大多数其他古典学派著述）中找到很多大意是"货币只是一种面纱，所有的交换归根结底都是物物交换"的陈述。萨伊在某些章节甚至断言，任何因提供生产性服务而收进的货币几乎立刻就应花掉。[23]虽然注意到萨伊对货币因素的重要性不够重视很重要，但我们也不必担心他的陈述会产生很大的影响，因为这个经典货币理论问题可以说是众所周知。同样重要的是，我们应该明白进行陈述与赞成（常常是未预见到的）陈述的意思两者之间的区别。理解某一陈述的意思与然后把这些意思用于某人的研究之间甚至存在更大的差别。我们在这里想要表达的意思就是，虽然萨伊关于货币说过一些不负责任甚至完全错误的话，但他常能同时明白这样的陈述看上去要否定的见解。到《政治经济学概论》出第四版时，萨伊至少已经部分地把货币纳入他的分析。

虽然萨伊似乎有时也会否定货币的功效，但他绝不愿意接受这样的指责。他在《政治经济学概论》中明确讨论了货币如何起源于一种被认为具有一般价值的商品。萨伊写道："我已经指出过金银作为具有内在价值的贸易商品具有不同的功用，并且已经考察了它们作为货币发挥部分功用的合理性。"[24]

货币所拥有的价值不但是一种流通价值，而且还是一种持有价值。现金余额对于其持有人来说代表着一种效用流，并且应该被看作国民财富的一部分。虽然萨伊并没有一以贯之地运用这一洞见，但是，这种洞见与其著作中的习惯解释是多么不同，因此有必要大段援引他的原文：

"同意加尼尔的观点可能是错误的。加尼尔的观点可归纳为'只要白银保持其货币形态，就不是一种严格意义上的真正财富，因为它不能直接满足某种欲望或者提供某种享受。有很多有价值的东西以它们现有的形态都不能满足某种欲望或者提供某种享受。一个商人可能拥有满仓库的靛蓝染料。这些染料以它们现有形态既不能作为食品吃也不能作为衣服穿，但它们仍然是一种财富，而且还可随意转化为另一种立刻可用的有价值的商品。因此，白银以它4先令银币的形态与放在仓库里的靛蓝染料一样都是有价值的商品。再说，货币的功效难道就不是文明社会所追求的对象？

"事实上，同一作者在其他场合承认'个人保险箱里的硬币是真正的财富，也是个人资产不可分割的一部分，个人立刻可把它用于个人享受。虽然从政治经济学的角度看，同样的硬币只不过是交换工具，基本不同于它有助于流通的财富'。我希望我说的这些话足以证明硬币的这一类比完全适用于其他财富……"[25]

虽然货币并不完全可与所有其他形式的财富类比,但以上引语应该有助于消除萨伊只有朴素的货币"面纱"观这种惯常的看法。

萨伊在"论市场法则"这一章里甚至还讨论了货币持有问题,他指出,人们愿意持有货币,总是为了最终能把它花掉,不是消费就是投资。不过,他在一个脚注中补充道:"即使人们是为了持有或者窖藏而去挣钱,但最终总是把钱用来完成某种购买行为。"[26] 就是由于担心别人认为他只是在考虑短期持有问题,因此,萨伊继续举了一个绝不愿意把钱花掉的守财奴的例子。即使在这个例子中,萨伊仍指出,这个守财奴攒的钱最终还是会被他的继承人花掉。

萨伊甚至还考虑到了货币需求普遍过剩的可能性。萨伊没有提到货币需求过剩的问题,而是把它设想为货币短缺——一个逻辑上等价的命题。萨伊表示,这种短缺不会对经济产生有害影响:

"一种产品销售不畅,我们不能说是因为货币稀缺,而是因为其他产品也稀缺。只要实际存在不同的有价物,那么总有足够的货币保证某种有价物流通以及它与其他有价物相互交换顺畅。如果交易的增加需要更多的货币来方便交易,那么,欲望就容易得到满足,而且是一个有力的繁荣征兆——证明有大量的有价物已经被创造出来,并且都是有人愿意用来换取其他有价物的有价物。遇到这种情况,商人非常清楚如何替作为交换媒介或者货币的产品找到替代品;而货币由于这个缘故而自然而然会注入流通,所有的产品就会自然而然地流向需求最大的地方。"[27]

关于纠正货币需求过剩的均衡力量,以上并不是一种完全令人满意的描述,但却能证明萨伊当时已经认识到了这个问题,并且已经在努力寻找解决方法。如以上引文所示,萨伊看到了两种市场可能解决货币稀缺问题的方法:不是商人可以求助于"即期票据……银行票据和纸币、周转信贷、冲账……"并且把它们作为货币替代品来方便交易;就是社会增加货币供应量以缓解货币短缺。以上引文并不能清楚地表明,萨伊是否想过其他国家货币的流入、货币商品数量增加或者一并考虑过这两个问题。不管怎样,有一点显而易见——萨伊想到了货币市场失衡的影响,并且试图找到一种解决这个问题的方法。

我们的讨论应该能够清楚地表明,萨伊并不同意任何哪怕有一点点像"萨伊恒等式"的东西。萨伊不但用很大的篇幅讨论了不同生产部门失衡的例子,而且还讨论了货币市场失衡的存在性问题。此外,萨伊还明确考虑了短期和长期持有货币的可能性问题。不管怎样,"萨伊等式"是对萨伊真实观点相当精准的描述。也许,萨伊在他讨论局部短缺和局部过剩成因的过程中做到了最透彻地阐释萨伊等式。局部短缺和局部过剩大多被归咎于政治动乱或者自然因素。萨伊最后下结论指出:

"一旦这种政治动乱的原因被消除,生产资料自然会流向空闲的通道,空闲的通道被填满后就能恢复所有其他通道的活力。某种产品的生产很少能够超过其他产品的生产,如果完全让某种产品的生产放任自流,那么,这种产品的价格会超比例下跌。"[29]

虽然前文已经指出,詹姆斯·穆勒是萨伊定律的原创者,但这种说法最终被唐纳德·温奇(Donald Winch)所否定。[30] 约瑟夫·斯宾格勒也认定萨伊先于穆勒提出这个定律,[31] 不过,温奇的著作应当被认为在这个问题上最有发言权。温奇其实认为,穆勒不但读过萨伊的《政治经济学概论》,并且在他的《为商业辩护》中援引过《政治经济学概论》,[32] 而且穆勒明确把萨伊定律的思想归功于萨伊。但不管怎样,穆勒早在 1808 年就在他的《为商业辩护》一书中对萨伊的市场法则进行了有血有肉的充实。

穆勒是为了回复威廉·斯宾塞(William Spence)的主张而写这本小册子的,后者认为商业不是国民财富的一个来源,因此,拿破仑实施的封锁并没有损害到英国的繁荣。[33] "是支出,而不是储蓄,能够促进国民财富增加"也是斯宾塞一般论点的一部分。穆勒引用最基本形式的萨伊定律——生产是需求的来源——驳斥了斯宾塞的这个命题。因此,社会应该少为支出担心,而应该多为生产操心。穆勒写道:

"商品生产创造财富,并且是为业已生产的商品创造市场的唯一普遍性原因……但是,如果一个国家的购买精确地用它的年产品来衡量,那么,毫无疑问,年产品增加越多,由此拓展的国民产品市场越大,国家的购买力和实际购买量就越大……"[34]

因此,只要国家能够维持适当的生产水平,我们就无须为支出不足操心,因为支出会"自己照顾自己",也不必担心储蓄增加会经由消费不足导致任何经济问题。穆勒重申了我们熟知的斯密命题"储蓄积攒的钱通常会被消费,就像被花掉的钱"[35]。储蓄不但最终会以任何方式用于消费,而且其间还能为劳动者提供就业机会。

我们能够看到,在穆勒那里就如同在萨伊那里,市场法则并不是一个孤立的经济学理论命题,而是与一种一以贯之的经济和政治自由主义哲学融为一体的。穆勒对萨伊定律的使用是与他把生产和交换作为国民福利重要组成部分来辩护联系在一起的,因为他还以极力为自由贸易辩护和猛力抨击英国国债——自由主义哲学的两个重要方面——的方式对斯宾塞进行了反击。储蓄得到了肯定,而支出尤其是军费支出遭到了否定。[36]生产的需求来源观只是这个完整框架的一个部件——不过是一个能使自由主义哲学成为一个整体的部件。

古典哲学的另一个重要部件就是它对资本积累和经济增长的迷恋。穆勒指出,只有一个经济学家群体——重农学派——否定大量资本积累的有利影响:

"经济学家(重农学派)和他们的信徒们唯恐资本增加太快而表现出了极大的恐惧。他们表示,只有一个能够容纳一定数量商品的市场;如果商品供给超过了这个量,那么市场就无法处置多余的商品。"[37]

穆勒援引我们所说的"萨伊推论"来对付这种异议。普遍的商品生产过剩是不可能发生的,因为一种商品的生产会创造另一种商品的市场。生产增加越多,国民的购买力就提高越快。只要所生产的商品能够适当满足消费者对商品的欲望,总需求完全能够跟上总供给的步调。[38]即使商品和服务生产过多,也只会导致局部供过于求,而不会导致普遍供过于求。解决的办法就是多生产其他商品,以增加对之前供给过多的商品的需求。

下面让我们援引穆勒对萨伊推论的首次重述:

"任何国家在任何时候无论生产了多少追加量的商品,其实就是同时创造了正好等量的追加购买力。因此,一个国家在正常情况下绝不能够出现资本或者商品存量过多,因为资本运作本身就会为它的产品开辟出路……如果把货币排除在问题之外,那么,难道不就是一个国家不同的商品,也就是说,年产的不同商品每年被用来与另一个国家的商品交换?无论商品是多是少,也就是说,无论国家是穷是富,一个国家一半的商品难道不总能与另一半商品平衡吗?"[39]

我们能够从这段引语中看到,穆勒对市场法则的阐述虽然在两个方面不及萨伊,但基本上是忠于萨伊的。穆勒阐述中的第一个问题是他的阐述比萨伊本人还要更加接近萨伊恒等式。像"一个国家的一半商品难道不是总能与另一半商品平衡"(见以上引语,引号后加)这样的陈述倾向于暗指萨伊恒等式——"不存在任何货币持有需求,即使事前总需求总是等于总供给"这一命题。虽然穆勒确实也承认失衡可能性,但穆勒在这一点上态度肯定没有萨伊坚决。第二个问题就是穆勒对货币的处理也没有萨伊高明。

穆勒是在明确的易货条件下分析萨伊定律和萨伊推论的。[40]穆勒是在《为商业辩护》一个容易引起歧义的段落中只提到过一次货币持有问题。在这个段落中,我们很难确定穆勒是在表达自己的观点还是仅仅是在援引斯宾塞的观点。不管怎样,如果穆勒是在援引斯宾塞的观点,那么,他这样做就有接受斯宾塞的观点——守财奴们现在变得太明智,他们不再把钱锁在家里,而是把钱贷出去赚取利息[41]——之嫌。虽然从语法上看,穆勒暗示这是斯宾塞的观点,但更有可能是在表达他自己关于货币窖藏的观点,因为斯宾塞有时也暗示事前故意窖藏货币的可能性[42],但后来他又否定了这种货币窖藏的重要性。[43]

19世纪另有一个重要的萨伊定律拥护者,他就是大卫·李嘉图。李嘉图当时已经非常熟悉萨伊的《政治经济学概论》和穆勒的《为商业辩护》的基本内容。李嘉图对市场法则的阐述与萨伊和穆勒著述的相关内容之间有很多相似之处,但他们在侧重点上的不同也值得注意。李嘉图特别注重萨伊定律对经济增长、资本积累和利润率的影响。李嘉图注重这个问题的一个重要表征可在他的《政治经济学与税收原理》(Principles of Political Economy and Taxation)中找到。这本书在名为"资本积累对利润和利息的影响"一章中讨论了萨伊定律。

李嘉图试图在这一章里表示的,不仅仅是总供给能力的扩大不会因为总需求问题而受到任何限制,而且还有产出的任何增加都会随着利润率的不断增长而被吸收。李嘉图希望表示导致利润率下跌的唯一原因就是生产工资产品的实际成本上涨,并且由于社会被迫把资源用于耕种比较贫瘠的土地而导致工资上涨。李嘉图在《政治经济学与税收原理》中写道,"只要劳动者的生活必需品能够以同样的便利不断增加,那么,无论积累多大数量的资本,都不会导致利润率或者工资率的任何长期变化"[44]。在这样的情境下,萨伊定律就可作为解决长期停滞问题的办法。即使发生这样的停滞,也可以采用李嘉图介绍的方法,而无须求助于其他任何方法来应对。李嘉图在利润率递减这个问题上明确采取了斯密的立场,并且主张采用萨伊建议采用的方法。萨伊曾表示,"一个国家不可能有任何闲置不用的资本,因为需求只受到生产的限制"[45]。

在李嘉图的著述中可以发现的另一个值得关注的问题是,他与萨伊一样,简单思考了货币需求过剩的可能性。在李嘉图致詹姆斯·穆勒的一封信中可以发现以下一段文字:

"流通手段数量的减少应该会迅速对价格产生影响,而所做出的抵制——人人都不愿意以较低价格出售产品——会诱使大家以高利息借钱并且求助于其他办法来推迟产品的销售。不管怎样,结果最后总是确定的,但抵制的持续时间取决于抵制者们的信息知晓度和受到损害的严重程度……"[46]

根据以上这段引语,我们能够明确认定李嘉图是萨伊等式而不是萨伊恒等式的支持者。李嘉图不但考察了货币供给相对于货币需求出现短缺的可能性和后果,而且回避了"所有价格具有充分、及时可变性"的假设——一种通常被错误地认为是古典学派经济学家的观点。

有必要顺便提请读者注意,李嘉图和萨伊并不是仅有的两个主张把货币问题引入自己分析的市场法则的作者。约翰·雷姆塞·麦克库洛赫(John Ramsey McCulloch)通常被认为既是李嘉图的最忠实信徒又是最不地道的古典学派经济学家,但也讨论过由货币短缺导致的问题。麦克库洛赫在讨论萨伊定律时表示,过剩只会出现在生产犯了方向性错误的情况下。不过,他提醒读者,这只是一种长期均衡说法,并且假设货币价值达到了它的均衡水平:

"不管怎样,我们必须记住,在以上这种说法中,我们认定货币价值……不变,或者说,无论如何都不会受到货币数量和价值突然变化的影响。正如已经陈述的那样,货币数量和价值的突然变化会产生有力的影响,并且常会导致正常的商业往来渠道发生最广泛的错乱……货币数量的突然减少以及由此导致的货币价值增加……有可能大幅度降低社会惯常的购买力,从而导致市场供过于求。"[47]

后来就变得更加明显,麦克库洛赫先于约翰·斯图亚特·穆勒提出了"如果供过于求只不过是货币相对于商品供给而言的短缺,那么相信萨伊推论并不构成对'普遍供过于求'的否定"的观点。[48]

没过多久,萨伊推论开始受到猛烈的攻击。许多李嘉图传统的反对者,包括西斯蒙第(Sismondi)、劳德代尔(Laiderdale)、查尔默斯(Chalmers)和马尔萨斯(Malthus),很快就肯定了发生普遍供过于求的可能性。由于马尔萨斯是这些反对者的最重要代表人物,下面我们就来考察他的相关研究。

马尔萨斯与李嘉图和萨伊一样,也看到了最终被与资本积累联系在一起的普遍供过于求问题。普遍供过于求既不是经济活动周期性波动的结果,也不是经济活动周期性波动的原因,而是由储蓄随着经济的发展不断增加造成的结果。马尔萨斯甚至把他在《政治经济学原理》(*Principles of Political Economy*)[49]中讨论普遍生产过剩可能性那一章取名为"论财富增长"。

马尔萨斯写《政治经济学原理》(1820)的首要原因甚至也是回击李嘉图的《政治经济学与税收原理》。在李嘉图发表《政治经济学与税收原理》之前,马尔萨斯认为,亚当·斯密是政治经济学的绝对权威,不列颠群岛不需要另一部经济学专著。显然,李嘉图和萨伊两人都觉得马尔萨斯对他们俩的著述发起了严重挑战。李嘉图与马尔萨斯的大量书信往来以及《萨伊致马尔萨斯先生的信》(*Say's Letters to Mr. Malthus*,1821)这本专门用来回击马尔萨斯普遍供过于求论的小册子的出版足以证明他们俩对此的担心。

马尔萨斯所说的普遍供过于求其实与货币需求过度或者凯恩斯的"一般生产过剩由计划储蓄超过计划投资造成"这一命题几乎没有或者根本就没有任何

关系。[51]当收入向资本的转化足以减少总需求,从而导致利润率下降,进而抑制进一步积累资本的动机时,就会发生普遍供过于求。储蓄增加具有增加投资(并最终增加产出)和减少消费的双重效应,因此会导致普遍供过于求这样的危机。消费减少以后就不能以有利可图的价格吸纳所增加的产出。

马尔萨斯通过以下这段话恰如其分地总结了他的所有观点:

"其实不可能出现这样的情况:由于生产性劳动者人数增加而实现的商品增加要寻找购买者,否则价格就会随着商品价值可能会跌破成本而下降,或者至少因利润大幅度减少而导致储蓄能力和意愿下降。"[52]

这样一种论点并不一定会否定萨伊定律本身——生产是需求的来源,而仅仅会否定萨伊推论——一般商品供给过度是不可能的。这场辩论的评论者通常并不作这一区分。由于马尔萨斯基本忠实于亚当·斯密,因此,他不想说生产并非为维持需求所必需。马尔萨斯想说的是:在面对价格和利润率下跌时,生产不足以维持需求。虽然我们认为"工资刚性"[53]和"需求得到满足"[54]在马尔萨斯的供过于求讨论中扮演了一个重要的角色,但是,由于它们并没有在马尔萨斯问题中占据中心位置,因此,我们将忽视这些观点。马尔萨斯常常会在他的分析中添加这两个追加因素,但是,如果他的主要观点是正确的,那么就是不采用工资刚性或者需求得到满足的假设也能够成立。马尔萨斯有可能明白这一点,因为他在没有采用其中任何一个假设的情况下经常重复提到他的这个论点。

《萨伊致马尔萨斯先生的信》中只是偶然真正触及马尔萨斯问题的关键所在。萨伊的一个比较重要的初始观点是,即使个人攒钱,他们攒的钱最终也会用于消费,因为储蓄是支付给劳动者的工资的一个主要部分。然而,即使我们承认储蓄不会导致消费减少,仍可能要面对利润率不断下降的局面,因为产出仍会增加,而价格则会不断下降。虽然萨伊的观点无可非议,但也不能阻止消费品价格下跌——只能影响消费品价格下跌的幅度。

萨伊在回击马尔萨斯"受(产品)便宜伤害的总是利润"[55]的论断时,为萨伊推论做出了最好的辩护,因为这个论断是马尔萨斯论点的关键所在。萨伊承认困难在于"创造生产,因为这需要承担生产成本"[56]。这个命题从需求侧看没有任何问题,因为其他产品的增加会带来对任何一种按正确比例生产出来的其他产品的需求;从供给侧看也没有任何问题,因为倘若价格下跌,生产成本就会成比例下跌。虽然萨伊把这一点只是放在了一个脚注中,但这可是萨伊对马尔萨斯最有力的回击。萨伊指出,生产成本"随着(生产的)增加而成比例下降"[57]。在文中,萨伊提到了他的《政治经济学概论》,因为这本书中含有对这个论点的少量细化：

"储蓄一般在很短的期限内有利于整个社会。储蓄能降低生产成本，随着经济的发展而获得更好的理解，并且被更加广泛地付诸实施，生产者之间的竞争会逐渐使产品生产达到某个生产成本水平。"[58]

萨伊—马尔萨斯之间的争论主要是围绕经济是否能够随着价格的下跌而持续增长这个问题展开的。以上引文表明，萨伊赢得了这场争论，因为他证明了由生产率提升造成的价格和成本下降如何能够在不产生马尔萨斯预见的不利影响的情况下增加国民财富。从表面上看，马尔萨斯没有认为国民财富增加并不像很多古典学派经济学家认为的那样容易。有一件事值得我们去做，那就是根据我们前面对萨伊定律与自由主义哲学之间的关系做出的评论来考察马尔萨斯的社会哲学观。马尔萨斯确实没有认同萨伊对进步和经济增长的信心，而且被认为是自由放任主义和自由贸易的反对者。马尔萨斯在普遍供过于求这个问题上也是萨伊的反对者，并非偶然。

在《萨伊致马尔萨斯先生的信》中可以发现的另一个值得关注的问题，就是关于货币窖藏问题的讨论。《萨伊致马尔萨斯先生的信》中简单介绍了他在《政治经济学概论》中所做的分析[59]，但在后面我们也能看到的一个脚注中，萨伊看起来更像约翰·梅纳德·凯恩斯，而不是古典经济学家。萨伊先抨击了李嘉图"所节约的每一分钱都被用于投资，因为个人希望能靠他们的本金来吃利息"这个命题。萨伊认为很多储蓄并没有被用于投资，而且还表示：

"李嘉图先生完全被驳倒了，不但因为政府犯错断送了整个商业，储蓄利息因缺乏利用储蓄资金的好机会而处于很低的水平，导致我们经历了令人难忘的1813年，而且还因为现在资本静静地躺在资本家们的保险箱里。法兰西银行自己就在它的银库里放着2.23亿的硬币（大约相当于900万英镑），整整比流通中的纸币多出1倍，而且是按照审慎原则考虑的为应付日常支付所必需的储备的6倍还要多。"[60]

虽然很多古典学派经济学家赞同萨伊定律和萨伊推论，但是，古典学派整个传统的顶峰可能要在约翰·斯图亚特·穆勒的论文《论消费对生产的影响》(Of the Influence of Consumption on Production)[61]中才能找到。我们仅在这篇论文中找到了对萨伊推论中货币因素作用的完整论述。穆勒这篇文章的大部分内容是关于萨伊定律的，但穆勒在文章接近结尾的地方提到了萨伊推论。穆勒指出，乍一看，萨伊定律似乎就像萨伊推论，是建立在物物交易假设的基础上的，因为每个人既是卖方又是买方。然而，一旦我们假设使用货币进行交易，那么这个供给与需求恒等式立刻就不再能够成立。穆勒认为：

"使用货币的结果甚至效用就是,它使得交换(易货)这种行为能够分为两个独立的行为或者交易。其中的一个可以立刻执行,而另一个可在一年以后或者未来最方便的时候完成。虽然卖方确实是为了买而卖,但他不必在卖的同时完成买;因此,他不必在增加对一种商品的即时需求时增加另一种商品的供给。"[62]

没有人能够否认,如果出现过度的货币需求,那么就可能发生暂时的相对于货币的商品普遍供过于求。但是,萨伊推论并没有真正驳斥这种情况的发生。货币本身应该被认定为一种商品,因此,用穆勒的话来说,我们仍然只会遇到某些商品和服务的相对生产过剩。发生全部商品过剩的唯一可能就是全部商品的价值相对于货币暂时下跌。穆勒在指出"市场库存过多总是暂时的,随后通常会出现更加普遍的需求增加"[63]时就已经表明了他对萨伊等式的信任。

在这篇文章里,很难发现穆勒有意表达任何新的东西——他只是表示自己在澄清一些经济学前辈提出的概念。他小心翼翼地表示:

"萨伊推论看上去像是个悖论,因为它通常被表达为明显与事实(非货币商品相对于货币过剩)相矛盾。然而,这个学说的创立者们也同样知道,他们只能不经意地采纳任何一种形式的在坦诚的人看来可能与这种学说相悖的表达方式。"[64]

穆勒的点评表明,早期的古典学派经济学家在他们的分析中考虑了货币因素——一种得到我们最近的调查研究支持的说法。包括萨伊、李嘉图和麦克库洛赫在内的几乎每一个重要的古典经济学家都考察过货币窖藏或者短缺问题。

在简要回顾了古典经济学中的萨伊定律以后,我们可以得出以下几个结论:(1)萨伊定律并不是一个孤立的经济学理论原理,而是与一种完整的古典自由主义世界观联系在一起的。这种古典自由主义世界观强调生产和交易、发展、经济增长、价格下跌、储蓄、资本积累、自由贸易和国际自由主义的有用性。就像凯恩斯曾经指出的那样,萨伊定律是这些观点的一个重要理论支柱。(2)对萨伊定律与萨伊推论可以进行有益的区分。认为生产是需求之源的萨伊定律是萨伊心目中的主要命题。认为普遍供过于求不可能的萨伊推论是派生于萨伊定律的一个次要命题。可以像马尔萨斯那样,在接受萨伊定律的同时否定萨伊推论。(3)大多数古典经济学家接受所谓的萨伊等式。只有很少的证据能够证明萨伊恒等式受到了广泛的支持。(4)许多古典经济学家把货币因素引入了他们对萨伊定律和萨伊推论的剖析。萨伊本人和约翰·斯图亚特·穆勒两人的剖析是两个最值得注意的例子。虽然几乎在每个古典经济学家的著述中都能找到隐含否定货币重要性的陈述,但应该记住古典学派对货币的论述要远比这些陈述隐含的东西更加丰富。

在简要考察了几个古典学派经济学家对萨伊定律的评论以后,我们现在已经能够回答我们的第一个问题:古典经济学家是不是供给侧经济学家? 如果把这个问题换作供给经济学家是不是新的古典经济学家,那么就犯了一个错误,因为前一个概念较之于后者而言非常狭窄,并且较不成熟。古典经济学在各个方面都既没有受到供给学派的肯定也没有受到他们的否定。不管怎样,古典经济学中有供给经济学的洞见。不但古典学派和供给学派的政策结论常常非常相似,而且每个学术团体都认同供给经济学的重要特点——需求是供给的一个职能的思想;是一个经济体生产商品和服务的能力决定消费量。同样,就如供给学派所认为的那样,我们看到了古典学派经济学家也非常紧密地把萨伊定律与资本积累和经济增长问题联系在一起。

凯恩斯的《就业、利息和货币通论》在1936年的出版大大促进了另一种经济思想——需求侧经济学——的发展。凯恩斯认为不是供给创造需求,而是需求创造供给。不过,这并不意味着生产受制于消费者的需求(一种婉转的说法),而是意味着总需求增加会导致总供给增加,一个将被我们称为"凯恩斯定律"的命题。但是,凯恩斯定律不同于经济学家们的共同观点,它认为,这种需求增长并不是由供给增长造成的。在凯恩斯体系中的总需求基本上就是一个嵌入人们基本稳定的消费习惯中的预期的函数。为了进一步说明凯恩斯定律的含义,请允许我们先考察凯恩斯对萨伊定律的抨击。

凯恩斯把萨伊定律表述为"在任何产出和就业水平上,总需求价格总是等于总供给价格"[66]。这样的表述显然是对萨伊定律的一种误读。凯恩斯是在把萨伊恒等式,而不是萨伊等式按在了古典学派经济学家头上。[67] 也许除了詹姆斯·穆勒外,没有一个古典经济学家有可能被说成是萨伊恒等式的支持者。古典学派没有断言总需求总是等于总供给,而是认为自由市场通过价格和产量调整会趋向于均衡。如果把萨伊定律表述为萨伊恒等式,那么这个"定律"就很容易被驳倒。我们需要做的——就如凯恩斯所做的那样——就是为了证明萨伊恒等式有误而说明存在未被使用的闲置资源。不过,凯恩斯从未谈起过萨伊等式。

凯恩斯的萨伊定律表述中存在的另一个问题就是,他在使用总需求和总供给这些术语时忽略了古典学派对不同单个生产部门出现失衡可能性的强调。只要允许发生这样的局部供过于求,那么,整个经济系统就能顺畅运行,一个被凯恩斯所用的总和概念所忽视的因素。最后,即使凯恩斯的表述是正确的,他仍然只是论述了萨伊推论,而没有论述萨伊定律。就如我们将要看到的那样,是萨伊定律,而不是萨伊推论,成为凯恩斯经济学更猛烈抨击的对象。

根据凯恩斯学派的观点,导致市场经济陷入困境的一个原因就是,某种商品的生产并不总能创造对其他产品的需求。之所以会出现这种情况,是因为货币的存在在储蓄与投资之间创造了一种衔接机制,并且打破了这两个量值在易货经济中保持的那种事前相等关系。根据凯恩斯的货币利息理论,利率天生不能在事前使储蓄与投资达成均衡。不过,凯恩斯的储蓄和投资定义要求两者事后相等。因此,如果计划储蓄增加,那么,利率就无法履行古典经济学赋予它的职能——利率下降并允许投资相应增加。凯恩斯模型能够实现储蓄与投资恒等的唯一途径就是国民收入下降,从而抑制一度计划的储蓄增长("节俭悖论")。在这种情形下,生产本身并非需求之源,因为来源于生产的收入可以被用于储蓄,而不是消费。如果收入被用于储蓄,那么就不会导致需求增加,而只会导致产出下降。

在古典学派经济学中,生产是经济增长和扩张能力背后的驱动力;而在凯恩斯经济学中,生产根本就没有被看作是一个问题,因为资源被假设已经准备就绪并且随时可用。由于凯恩斯假设在所有的经济部门都存在资源最初未被利用的问题,因此已经有更多的可被利用的产能。唯一的问题就是要确保有充分的需求来"吸引"这些未被利用的闲置资源,并且直接把它们用来为国民总收入做贡献。

凯恩斯的所有生产部门都存在闲置资源的论点,无论是在经验研究方面还是在方法论上都误入了歧途。哈耶克指出,这样的假设几乎就是对稀缺性的否定,并且忽视了价格机制的作用。[68] 如果这些条件继续存在,那么,价格实际上根本就没有履行任何职能。一旦我们认为定价是一个意义深远的现象,那么我们必须允许价格局部下跌,并且出清部分剩余产品。这些闲置不用的资源无论是否有很快就会被耗尽的危险,只要它们仍然相对比较稀缺,那么,凯恩斯的假设就开始失去其效度。倘若闲置不用的资源没有达到接近耗竭的程度,那么几乎就不存在稀缺问题,甚至不再需要价格。

还有一个不利于凯恩斯的问题,那就是一旦我们把资源闲置未用作为初始条件,那么就不能解释怎么会发生资源被闲置不用这样的情况。凯恩斯的理论充其量只能解释资源被闲置不用程度的变化。如果我们必须从有资源闲置不用开始推导,那么,这个理论也许只能告诉我们资源被闲置不用的程度提高或者下降了多少,但无法解释怎么会存在闲置未用的资源。[69] 相比之下,古典学派经济学家当然是明确解释了一般资源闲置未用问题,并且只是把它视为一个对投入和产出进行适当定价的问题。

由于凯恩斯没有从经济的供给侧去考虑任何经济增长问题,因此,他提出了一个经济产出和就业几乎只取决于货币需求的理论。这种理论赋予我们凯恩斯定律——"需求创造供给",或者更确切地说,"需求激活其自身的供给"。凯恩斯的经济系统基本上是建立在3张需求表上的,这3张需求表合并决定国民收入。这3张需求表就是消费函数、资本的边际效率和投机性货币需求("流动性偏好")。《通论》中最简洁的凯恩斯定律表述就出现在凯恩斯声称"消费决策与投资决策决定国民收入"[70]的时候。请注意凯恩斯绝对没有提到储蓄,或者甚至更加重要的是,他根本就没有提到生产。此外,还应该强调,凯恩斯并没有表示,支出通过影响创造收入的生产来决定收入。虽然这后一种说法道出了问题的实质,但是,凯恩斯想说的是支出本身要负责创造收入和供给。

经常有人以为,凯恩斯较之于古典学派经济学家取得的巨大进步就在于他认识到并且概述了经济中货币因素造成的问题。不过,我们也已经看到古典学派经济学家们也清楚地认识到了货币问题。如果我们注意古典学派经济学家开始著书立说的早期阶段,就会发现他们的很多货币理论洞见确实值得关注。凯恩斯与古典学派经济学家之间的区别并不在于一方关注货币因素,另一方不关心货币因素,而是凯恩斯认为货币因素必然会阻止利率发挥平衡储蓄和投资的作用。凯恩斯甚至非常明确地指出"他们(古典学派经济学家)错误地假设有一个把放弃当前消费的决策与提供未来消费的决策联系在一起的集合体存在……"[71]

即使不真正深入考察凯恩斯—古典学派利率之争,我们至少也可以说古典学派经济学家提出了一种"实体"利率理论(相对于货币利率理论而言),并且认为利率至少在一般情况下能够平衡储蓄和投资。当自由市场失衡时,总有一个定价问题,因为利率就像任何其他价格一样也是一种价格(而且是一种极其重要的价格)。

萨伊定律在与凯恩斯定律的较量中必然是萨伊定律能够胜出。凯恩斯无力驳斥萨伊定律,他抨击的其实是萨伊恒等式,一种从未普遍持有的观点。也没有一种成熟的货币理论否定过萨伊定律,因为,就如我们已经看到的那样,古典学派早已在发展他们的货币理论,而且已经开始把它融入自己的市场法则研究中。

尽管凯恩斯没有驳斥萨伊定律,但是,萨伊定律的现代支持者(即供给学派)做出了一些明显不利于凯恩斯的评价。凯恩斯关于闲置未用资源这个误入歧途的假设导致了对供给侧研究的疏忽,凯恩斯经济学必须弥补这个缺陷。凯恩斯提出的理论和政策主张几乎都忽视了商品和服务生产问题,而萨伊定律却没有忽视需求问题。对于凯恩斯来说，外部刺激为确保有效水平的总需求所必需，而萨伊定律则暗示需求问题其实就是一个定价、不同产出彼此之间以及消费者偏好之间协调的问题。

这一点至少早在萨伊—马尔萨斯争论时期就已经明确无疑。萨伊定律的支持者只要承认是"消费者的需求引导生产，一切生产的终极目的就是满足消费者需求"，也许仍可以成为"需求侧论者"。但不管怎样，从萨伊定律认为"是生产而不是消费创造收入，没有生产就不可能有任何需求"这个意义上讲，萨伊定律仍然属于"供给侧"。

把供给侧的考虑因素嫁接到凯恩斯模型并不能加强这个模型，反而会毁掉凯恩斯模型。一旦我们认识到是生产创造收入，那么不但会发现凯恩斯的整个理论体系必须颠倒因果关系，而且还能看到常见的凯恩斯政策处方只不过是通货膨胀而已。我们必须在萨伊定律与凯恩斯定律之间做出选择，因为两者互不相容。

应该顺便指出，萨伊推论不同于萨伊定律，它并不能对凯恩斯理论体系构成有效的批评。凯恩斯提到的那种生产过剩只不过是商品相对于货币而言的过剩[72]——一种（准确表达时的）萨伊推论并没有否定的现象。凯恩斯据以提出其生产过剩问题的逻辑确实可用萨伊定律来进行批判，而萨伊推论本身并不与凯恩斯推论相矛盾。因此，我们能够看到凯恩斯至少在一个方面正好与马尔萨斯相对立。马尔萨斯抨击萨伊推论，但接受萨伊定律，而凯恩斯从未真正批评过萨伊推论，但却否定萨伊定律。但在另一个重要方面，凯恩斯与马尔萨斯观点非常相似。萨伊定律是 19 世纪自由主义思潮不可分割的一个组成部分。凯恩斯和马尔萨斯都摒弃了市场法则[73]和包含市场法则的自由主义哲学思潮。目前还不够明朗的是，萨伊定律的现代支持者供给学派会不会像让·巴蒂斯特·萨伊那样坚定地与古典自由主义学派联系在一起。

注释

1. 请参阅 Dennis Robertson 的"Mr. Keynes and The Rate of Interest"（转引自 *Readings in the Theory of Income Distribution*, Philadelphia: The Blakiston Co., 1946）、Jacob Viner 的"Mr. Keynes on the Causes of Unemployment"（*Quarterly Journal of Economics* 51, 1936—1937:147）以及 Frank Knight 的"Unemployment and Mr. Keynes Revolution in Economic Theory"（*The Canadian Journal of Economics and Political Science* 3, February, 1937:100）。

2. 就如后文指出的那样，凯恩斯有自己对萨伊定律的阐释。

3. John Maynard Keynes, *The General Theory of Employment, Interest and Money*

(New York:Harcourt Brace Jovanovich,1964),p.19.

4. Ibid.,p.21.

5. 不管这种批评意见是否由现代供给学派提出，它的有效性应该得到承认。虽然本文作者赞同供给学派批评凯恩斯经济学的很多意见，但并不承认这个批评意见的有效性。还请参阅 Tyler Cowen 的"Supply-side Economics:Another View"(*Policy Report*,Washington,D.C.:Cato Institute,August 1980)。

6. 需要概述的区别源自于 Gary Becker 和 William Baumol 的"The Classical Monetary Theory:The Outcome of the Discussion"(*Economica* 19,November 1952:355)。

7. Joseph Spengler,"The Physiocrats and Say's Law of Markets—Part Ⅱ,"*Journal of Political economy* 53(December 1945):345.

8. Adam Smith,*An Inquiry into the Nature and Causes of the Wealth of Nations*,ed. Edwin Cannan(Chicago:University of Chicago Press,1976),p.359.

9. 请参阅 Paul Lambert 的"The Law of Market prior to J. B. Say and Say-Maltus Debate"(*Intenational Economic Paper* 5,1956)。

10. William Baumol,"Say's(at Least) Eight Laws,or What Say and James Mill May Really Have Meant,"*Economica* 44(May 1977):147.

11. Jean Baptiste Say,*Traite d'economic politique*,1st ed.,(Paris:Deterville),p.152.

12. Ibid.,From Baumol,p.148.

13. Garnier de Saintes,the French translator of *Wealth of Nations*.

14. Say,*Traite*,pp.175－180.Translation and reference from Baumol,"Say's...Eight Laws,"p.156.

15. Ibid.(引号原来就有)

16. Jean Baptiste Say,*A Treatise on Political Economy*,4th ed.,(New York:Augustus M.Kelley,1971).第四版最早于 1819 年出版。

17. Ibid.,p.133.

18. Ibid.

19. Ibid.,p.135.

20. Ibid.,p.137.

21. 关于萨伊的经济学观点和对外政策观点之间的关联性，请参阅 Edmund Silberner 的 *The Problem of War in Nineteenth Century Economic Thought*(Princeton,N.J.:Princeton University Press,1946)。

22. Say,*Treatise*,p.139.

23. Ibid.,p.134.

24. Ibid.,p.228.

25. Ibid.,p.228.

26. Ibid.,p.133.

27. Ibid., p.134.

28. Ibid.

29. Ibid., p.135.

30. Donald Winch, ed. *James Mill: Selected Economic Writings* (Chicago: University of Chicago Press, 1966), p.34.

31. Spengler, "The Physiocrats ad Say's Law", p.338.

32. James Mill, *Commerce Defended* (New York: Augustus M.Kelley, 1965).

33. 请参阅 William Spence 的 *Britain Independent of Commerce* (London, 1807)。

34. Mill, *Commerce Defended* (New York: Augustus M. Kelley, 1965).

35. Ibid., pp. 76—78.

36. Ibid., p.74。还请参阅 Silberner 的 *The Problem of Wars* (pp. 37—50).

37. Mill, *Commerce Defended*, p.80.

38. 这一附文添加在 Ibid., pp. 82—83,85。

39. Ibid., pp. 81—81.

40. Ibid., p.82.

41. Ibid., p.75.

42. William Spence, *Tracts on Political Economy* (New York: Privately Printed, 1933), p.78n.

43. Ibid., p.153。关于 Spence 的这些参考文献，笔者转引自 Thomas Sowell 的 *Say's Law* (Princeton, N.J.: Princeton University Press, 1972)。

44. David Ricardo, *Principles of Political Economy and Taxation* (London: J.M.Dent and Sons, 1973), p.289.

45. Ibid., pp. 290—291.

46. David Ricardo, Letter to James Mill, 8 Sept.1816, *The Works and Correspondence of David Ricardo*, ed.Piero Sraffa, Vol.VII (Cambridge: Cambridge University Press), p.67.

47. John R. McCulloch, *Principles of Political Economy* (New York: Augustus M. Kelley, 1965), pp.216—217.

48. G. P. Scrope 在《政治经济学原理》中具有说服力地阐述了相同的观点 (New York: Augustus M. Kelley, 1969, pp. 212—216)。Scrope 文集于 1833 年出版。

49. Thomas Robert Malthus, *Principles of Political Economy*, 2nd ed. (Clifton, N.J.: Augustus M.Kelly, 1974), 该书第一版于 1820 年出版。

50. Jean Baptiste Say, *Letters to Mr. Malthus* (New York: Augustus M.Kelley, 1967).

51. 请参阅马尔萨斯的《政治经济学原理》第 322～323 页。马尔萨斯在这里假设了全部储蓄都转化为投资。

52. Ibid., p.361（文中引号后加）。

53. Louis A. Dow, "Malthus on Sticky Wages, the Upper Turning Point, and General

Glut," *History of Political Economy* 9(Fall 1977):303—321.

54. Salim Rashid "Malthus's Model of General Gluts," *History of Political Economy* 9 (Fall 1977):366—383.

55. 马尔萨斯语,由萨伊在《致马尔萨斯先生的信》中援引(p. 29)。

56. Say, *Letters*, p. 31.

57. Ibid., p. 29n.

58. Say, *Treatise*, p. 395.

59. Say, *Letters*, pp. 37—38.

60. Ibid., pp. 49—50.

61.《论消费对生产的影响》于1844年发表,转引自Hnery Hazlitt 主编的 *The Critics of Keynesian Economics*(New York,NY:Arlington house,1977)。

62. J. S. Mill,"*Of Influence*"(pp. 41—42)。

63. Ibid., p. 42.

64. Ibid., pp. 44—45.

65. 就是凯恩斯对预期的重视导致像Ludwig、Lackmann和G. L. S. Shackle这样的思想家把凯恩斯称为"主观主义者"。

66. Keynes, *General Theory*, p. 22.

67. 当然,凯恩斯下的"古典学派经济学"定义包括像马歇尔和庇古这样的新古典学派经济学家。

68. Friedrich A. Hayek, *The Pure Theory of Capital* (Chicago:University of Chicago Press,1941),pp.373—376.

69. 笔者要感谢奥本大学(Auburn University)的Roger Garrison贡献了这一洞见。

70. Keynes, *General Theory*, p. 64.

71. Ibid., p. 21.

72. 这个词组与有效总需求不足是同义词。

73. 这并不意味着对我们之前观点的摒弃。凯恩斯和马尔萨斯都抛弃了他们心目中的市场法则。

第四章

拉弗曲线

政府的苛捐杂税与收入不足

阿瑟·B. 拉弗

"调高税率会抑止市场部门的生产,因此,税率超过一定水平可能不利于税收增加"这个命题是经济学文献中一个历史悠久的问题。这个命题最近的重新提出在经济学家和政策制定者中间引发了很多争议和关注。这方面争议的解决取决于对税率变化与经济活动因而与税收收入之间经验关系的确定。但到目前为止,这种关系仍然是一个少有系统经验研究问津的主题。

在本文的第一部分,我们将介绍一个考察税率、产出和税收收入的简单模型,然后介绍一些关于现在被普遍称为"拉弗曲线"的东西的历史先例,最后在第三部分回顾1962年和1964年美国联邦所得税减税的证据以确定这两次减税的税收收入效应。

税率、产出和税收收入:一个简单模型

在任何分析税收对经济活动影响的严肃考察中,最重要的就是区分税收收入与税率。税收收入可以通过一种收入效应来影响经济活动,而税率通过一种替代效应来改变市场和非市场活动的相对报酬。

有学者早就认识到,在一个封闭的一般均衡系统内部,相对价格变化通常不会导致任何总收入效应。[1]税收诱致型相对价格变动是否会(在经济主体因回应税率变化改变自己的行为之前)导致收入效应取决于政府如何处置由税率变化带来的增量收入。如果税收收入或者它们的等价公共服务以一种与税收征收无关的方式配置使用,那么,税收的个人收入效应在无税收征收成本或者税收分配效应的情况下通常会消失,而只剩下税收的替代效应。如果政府利用税收收入来提供公共服务,而所提供公共服务的价值不多不少正好等于私人消费损失的价值,那么,税率变化会造成零总收入效应。

以上观点可用一个反映税率、产出和税收收入的简单静态模型来表示。[2]这个模型假设,市场部门的生产要素供给部分取决于税后要素报酬。因此,要素

供给函数被假设为一个向上倾斜的函数。生产要素需求取决于生产要素的边际产品。在竞争水平和要素流动性既定的情况下,要素边际产品等于含税要素报酬。因此,用于生产过程的最佳要素组合取决于相对要素报酬。假设生产过程只需要两种生产要素,譬如说劳动力和资本;市场部门只生产一种产品,我们称它为"市场产出"。

在这个框架内,人们工作不用纳税;企业主管也不用根据社会良知对企业进行重新布局;人们部分是为了赚取税后收入而工作;企业在某种程度上基于对税后利润的考虑来进行区位决策。

调低某个行业的税率必然会提高这个行业的税后利润率。在一个行业的税后回报率上涨以后,这个行业的活动就会增加,而税基就会扩大。这些推导应用于市场部门的生产就能显示,市场产出水平与市场产品税率负相关。由于生产过程只使用两种生产要素,因此,市场产品税率必须是生产要素等权重税率。于是,显然有多种产生相同水平产品的生产要素税率组合。也就是说,有多种产出水平相同的生产要素税率组合。

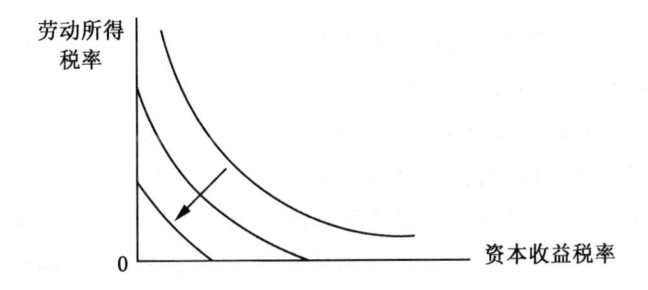

注:箭头表示产出方向,也就是:等产出曲线在原点的右上方距离原点(在原点上,劳动所得税率和资本收益税率都为零)越远,劳动所得税率和资本收益税率就越高,而产出水平就越低。请注意,各等产出曲线以正产出与坐标的两根轴相交(也即,即使对任意一种生产要素都不征税,产出仍为正值)。最后,以上各等产出线的凹性表示要素税率间的边际替代率递减这个隐含假设。

图 1　等产出曲线

图 1 给出了一组等产出曲线。在这个包含资本和劳动力两种要素以及一种市场产出的双要素模型中,无论增加哪种生产要素的税收,增税的总税收收入效应都会产生相互抵触的影响。例如,调高劳动所得税的税率就会引发以下反应:

1. 规模效应——调高劳动所得税率肯定会推高最终产品的实际税率,从而导致市场产品产出下降,进而又导致两种生产要素使用量的减少。

2.替代效应——调高劳动所得税率会导致劳动服务相对成本上涨,从而产生一种资本服务取代劳动服务的替代效应。

很明显,在调高劳动所得税率的情况下,规模效应和替代效应会彼此强化,从而导致劳动服务使用量明确减少;但在调高资本收益税率的情况下,规模效应和替代效应倾向于相互抵消,而资本服务使用量是否增加取决于两种效应的相对强度。下面假设规模效应大于替代效应,那么,资本服务使用量就会明确减少。

劳动力税楔的增大会产生以下效应:

1.劳动力人均税收增加,从而倾向于增加税收收入。有人把这称为"天真的财政估计",而我们更愿意称它为"算术效应"。

2.劳动力使用量减少,从而倾向于减少税收收入。我们称这种效应为"直接反馈效应"。

3.资本使用量减少,从而倾向于减少税收收入。我们称这种效应为"间接反馈效应"。

在某些情况下,劳动力人均税收增加(算术效应)居于支配地位,而劳动力税楔增大会导致税收增加。有时,第二种效应(直接反馈效应)占据支配地位,税收趋于减少。相同的条件集合也适用于资本税楔变化。

当然,在实际中会出现很多额外的影响因素。例如,税率越高,避税和逃税问题就越严重,从而加剧伴随着税率调高的税收收入抵消效应。在可能的情况下,要素替代会降低经济对当前税负较重的要素的依赖。时间越长,抵消效应就越大;初始税率越高,抵消效应就越大。总的来说,税率与税收之间的关系远非显而易见。通常,税率越高,收到的税收就越少;高税率也会导致产出减少。在调高税率能增加税收时,说明税收还在正常范围内;而在调高税率会导致税收减少时,说明税收已经处在禁止范围内。

一种分析税率变化影响效应的方法就是确定能保持税收总收入不变的资本收益税和劳动所得税税率变化组合。这种分析框架十分有用,因为它把总支出问题与总税收政策问题分离开来。因此,如果劳动所得税和资本收益税都处在正常范围内,那么调低劳动所得税率就可以与调高资本收益税率相组合,或者调高劳动所得税率与调低资本收益税率相组合。此外,如果劳动所得税率已经处在禁止范围内,而资本收益税还在正常范围内,那么,调低劳动所得税率,根据定义应该可以增加税收,因此应该与调低资本收益税率相组合为好。

一种有代表性的劳动所得税和资本收益税税率配对可以用一张双轴图来

表示。横轴表示资本收益税t_k,而纵轴则表示劳动所得税t_l。表示创造相同数额税收的各不同税率对子点的轨迹被称为"等税收曲线"。这样曲线在图2中被画成了椭圆形。这条椭圆形曲线的位置和角度纯粹是任意决定的,而图2只有举例说明的用途。等税收曲线可被分成4个不同的区域。在从P到S的这个区域中,两个税种的税率都处在它们"正常"范围内;只调高资本收益税率或者劳动所得税率,都能增加税收。因此,如果想要让税收留在等税收曲线的PS区域内不变,那么,调高其中一个税种的税率就必须与调低另一税种的税率相配对。

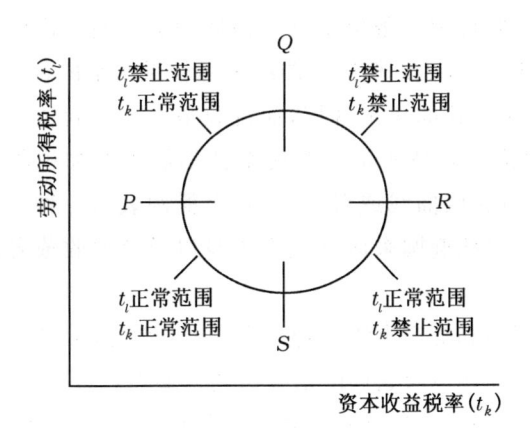

图2　等税收曲线

在PQ区域内,劳动所得税处在禁止范围内,而资本收益税则处在正常范围内:调高劳动所得税率会导致净税收减少,而调高资本收益税率则会导致净税收增加。因此,调高劳动所得税率(沿着纵轴上移)必须与调高资本收益税率配对(沿着横轴右移),才能维持相同水平的税收。所以,这个区域的等税收曲线呈向右上升趋势。想要保持税收不变,那么,调高劳动所得税率,就必须同时调高资本收益税率。

在QR这个区域,两个税种都处在禁止范围内,无论调高哪个税种的税率,都会导致税收减少。因此,如果调高资本收益税的税率(曲线右移),那么就必须调低劳动所得税的税率(曲线下移),才能保持税收总收入不变。等税收曲线在这个区域呈向右下降趋势。

最后,在RS区域内,劳动所得税处在正常范围内,而资本收益税则处在禁止范围内。在这个区域内,调高劳动所得税率会增加税收,因此必须与导致税收减少的资本收益税率调高配对,这样才能保持税收总收入不变。

在 PQ、QR 和 RS 这三个区域中，至少有一个税种的税率处在禁止范围内，调高这个税种的税率，会导致税收净收入减少。在 QR 这个区域内两个税种的税率都处在禁止范围内。只有在 PS 这个区域里，两个税种的税率都处在正常范围内，因此，无论调高哪个税种的税率都会导致税收净收入增加。

从这条椭圆形税收曲线的假设关系中，我们看到在除 PS 外的其他任何一个区域里，在不减少总税收或总支出的情况下，至少有一种税收税率的调低可以与另一种税收税率的调低相配对。只有在 PS 这个区域里，一种税收税率的调低必须与另一种税收税率的调高相配对，才能保持税收总收入不变。

较高水平的税收可用一条位于以上描述的那条曲线内侧的新的税收椭圆形曲线来表示。于是，外侧的椭圆形曲线表示较低水平的税收收入。但无论是哪条曲线，都有以上描述的 4 个区域，而税收最大值点就位于税收不能再增加的那个点上，即无论是调高还是调低税率都不能再增加税收的那个点上。于是，我们就有整组等税收曲线或者椭圆，每个椭圆表示一种水平的税收或者支出。我们可以利用这些椭圆来区分税率本身以及总税收或者总支出的影响效应。

把等税收曲线组和等产出线组合并在一起（见图3），我们就能用这些曲线组来表示许多一般命题以及它们的衍生命题。显然，对应于每个水平的（税收）收入（或者支出），就有一对能使产出最大化的税率，这对税率可通过寻找等（税收）收入线与等产出线之间的切点——距离原点最近的交点——来确定，并且用点 O^* 来表示。无论是 A 点上的税率对子还是 B 点上的税率对子，都会产生一条距离原点较远的等产出线（等产出线 2）。在这个例子中，通过调整税率使得两个配对的税率在 C 点上与等产出线 2 相切，这样就能在不损失产出的前提下增加税收。当然，这对税率只能在图上导出一条位于内侧的较小的税收椭圆。较小的椭圆意味着较多的税后收入（或者支出），而产出则保持不变（等产出线 2）。

或者，通过把税率对子移到位于较高（水平产出）等产出线 1 上的 O^*，就能在保持税收收入不变的同时扩大产出。取一对能创造最大产出的税率，以便给定水平的税收收入能导出产出效率线 EL。这条产出效率线表示在产出减少最少情况下对应于任何水平政府支出的确切税率对子。这条产出效率线横穿点 O^* 和 C，并且在税率等于 0 的 L 处和税率能创造尽可能多税收的 E 处结束。[3]

税收椭圆也可用来探索不同税率对子影响实得净工资和每种生产要素实得净收益的终极效应。此外，使用等税收线可使税收从而使政府支出保持不变。每种生产要素的税率单独都是税收归宿，可用税率对子来明示。而税收负

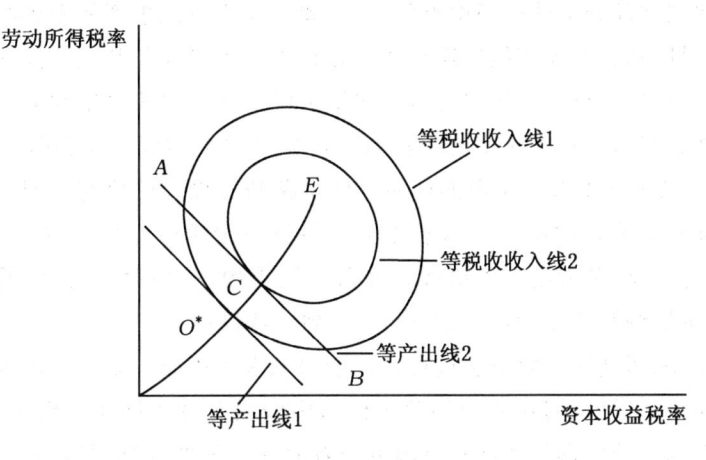

图 3 最佳税率组合

担则是由税收变化导致的实得净工资和实得净收益的实际变化。

　　税收结构归宿与税收结构负担有很大的区别。被课征某种税收的个人如果能把税收向前转嫁给消费者或者向后转嫁给供应商,那么就完全可能不遭受净收入损失。同样,未被征税的人也完全有可能因为课征于别人的税而遭遇大量的净收入损失(承担税负)。

　　在 PS 区域内保持税收不变的条件是,资本收益税增加必须由劳动所得税减少相伴。资本收益税增加会导致资本使用量减少,资本需求的减少也会后移影响到劳动力需求,从而导致劳动者减少纳税。劳动服务需求减少会导致工资支付额下降,税前工资额下降和劳动者纳税减少影响净工资的总体效应模糊不清。更加直观地看,通过对资本征税来使劳动力升级,通常会伤害劳动力;类似地,对富人课税,有时是一个导致穷人进一步贫困的有效途径。

　　概括起来,有 5 个基本要点需要注意:

　　1.税率变动以一种直接的方式影响产出,税率下降对应于产出增加。

　　2.税率变化直接影响两种生产要素的使用量,调低两种要素任何一种的税率会增加两种要素的使用量。

　　3.在政府支出保持不变的条件下,税率组合变化会影响产出。征税方式非常重要,就如总税收和总支出。

　　4.调低任一要素的税率可能会也可能不会减少税收。

　　5.在税收保持不变的条件下,税率对子变化可能会改变税后支出或者消费能力分布,不过只是通过间接的方式。如果调高一种要素的税率并且调低另一种要素的税率,那么,这另一种要素通常最终会陷入不断恶化的经济状况。

本文在这部分构建的理论模型表明，如果税率以及生产要素供给和需求弹性可以计量，那么就能直接确定税率是处在正常范围还是禁止范围内。对于美国经济，这样的分析可采用现有研究的税率以及生产要素供给和需求弹性估计数据来确定产出相对于税率的弹性值。普林斯顿大学唐·富勒顿（Don Fullerton）在一篇论文中报告了根据这些总体思路精心设计的研究得到的结果。富勒顿的基本结论是，"虽然可以想见美国经济在全美劳动所得税处于'禁止范围'内运行，但全美劳动力供给弹性和劳动所得税率合理估计值仍低到足以表明，大范围地调低劳动所得税率很可能导致税收减少"[4]。

然而，采用这种一般方法进行估计会遇到多个困难。第一个困难就是劳动力并非同质，尽管我们在构建的简单模型中假设劳动力同质。现实中，劳动力供给弹性和劳动所得税边际税率因劳动者而异。就像富勒顿认识到的那样，某些劳动群体可能有非常高的劳动力供给弹性或者劳动所得税边际税率，以至于他们目前要缴纳已经达到禁止性水平的所得税，但高度总体化的分析未必能反映这种情况。例如，虽然大部分研究显示，已婚男性劳动力通常只有很低的供给弹性，但最近有研究似乎表明已婚女性劳动力可能有很高的供给弹性。因此，配偶适用高边际税率的夫妇第二劳动力缴纳的"婚姻惩罚税"就相当于课征于高供给弹性要素的高税率，并且很可能表明已婚妇女要按禁止性税率缴纳劳动所得税。[5]同样，最近有证据显示，小企业主由于比大多数雇员有更大的工作时间支配权，因此，劳动力供给弹性大大高于一般男性劳动力。[6]最后，边际税率对于高收入者来说可能很高，而对于最贫困的劳动者和社会保险金领取者——福利金收入随着劳动所得的增加而持续减少——来说甚至可能更高。[7]

最后，税基其实并不像我们到目前为止所假设的那样等于市场部门的产出。税收可通过采取避税手段来加以规避。避税通常要承担一些由不便造成的成本、律师和会计师费，而且会减少税前税收。但是，税率越高，这些成本和费用就越能忍受，而进行避税和逃税的人就越多。因此，即使产出相对于税率的弹性小于1，调高税率也可能会导致税收减少。由于所有这些原因，考察劳动力供给弹性估计值的方法可能很重要，但对于回答美国是否处在禁止性税收状态这个问题用处有限。[8]

若干历史先例

虽然税率、经济活动和税收之间的经验关系目前仍是一个有争议的问题，但是，早期的经济学文献已经明确承认"税率过高可能达不到增加税收的目的"这一思想。早在14世纪就已经有学者认识到税率与税收总收入出现反向关系的潜在可能性。穆斯林哲学家伊本·海勒顿(Ibn Khaldun)早就指出：

"本朝元年,通过少量计征收到了很多税收。本朝末年,大肆计征只收到了很少的税收……"[9]

早期的经济学家还认识到高税率有可能导致税基流失,因为经济主体会从市场部门转入(不用纳税的)地下经济。按照斯密的说法：

"高税率有时通过减少应税商品消费,有时通过鼓励走私,往往比更加适中的税率创造较少的税收收入。"[10]

同样,让·巴蒂斯特·萨伊也表示：

"税收达到极端水平时就会导致臣民个人贫困化、国家又不会因此而富强的悲惨结果……因为,纳税人会减少工作时间,生产者会少赚利润,而财政大臣会少征到税收。"[11]

如此看来,斯密和萨伊当时已经意识到调高税率会产生减小税基的替代效应。此外,萨伊已经明确认识到税收相对于税率的弹性即使为正,也小于1。他写道："由此造成的经济活动减少是一个不同税种不能等比例为财政大臣带来税收的原因,而且就是这种现象成就了'在财政算术中2加2不等于4'这句格言。税收过重会断送生产和消费,而且还会捎上纳税人。"[12] 显然,在萨伊看来,税收的全部结果不只是把资源从私人部门转移到公共部门："一个掠夺个人钱财但又不能让财政大臣受益的税种绝不会以任何公共消费来取代被它毁灭的私人消费。"[13]

后来的经济学家也认识到了特定税率组合以及某个税种影响其他税种收入的间接效应的重要性。19世纪美国经济学家亨利·乔治(Henry George)在他的《进步与贫困》(*Progress and Poverty*)中写道：

"其实,税收方式就像税收金额那样重要。马背上驮的货物即使很轻,摆放不当也能累垮一匹本来能够轻松驮载重得多但摆放得当的货物的马,因此,人们可能因缴税而变穷,他们创造财富的能力也会被税收所破坏。如果换一种征收方式,税负就能轻松承受……"[14]

最后,关于税收的间接反馈效应,20世纪一位名叫马丁·布朗芬布伦纳(Martin Bronfenbrenner)的经济学家表示：

"一种直接形式限制了对特定被考察税收的关注。就像应用于直接形式,应用于啤酒税的论证仅仅表示,税率调高以后,啤酒税的收入有所增加,反过来也一样。一种间接形式应用于一般……税收体系,就像应用于啤酒税那样显示,虽然税率调高以后,啤酒税的税收也许会增加,但其他税种的收入会减少,而且减幅大于总增幅……"[15]

以上对经济学说的简要回顾表明，早期的经济学家也已经认识到本文第一部分所讨论的模型的显著特点。

"肯尼迪"减税

虽然税率调高超过某一水平可能会实际减少税收收入这个理论命题现在已经被广泛接受，[16]但是，关于任何现实世界的政府真的会在"拉弗曲线"的禁止性区间铤而走险的问题，仍存在很大的意见分歧。以上引用的相关观点表明，至少有些作者不但认为采用禁止性或者过高的税率有理论可能性，而且还把这看作是一种经验现实。当我们想到18世纪的政府在把进口关税作为收入来源方面比现代政府有过之而无不及，并且早就把禁止性关税作为某种比理论好奇心关注对象更加重要的东西来关注时就不会感到太意外。现代政府为了收入，无论如何首先会开征课征于经济活动的广税基税种，而认为现代政府可能会在"拉弗曲线"的禁止性区间冒险的看法肯定会招致大量的反对意见。[17]这个问题基本上就是一个经验问题，而18世纪和19世纪经济学家的评论提供了有关这个问题的适当证据。

有关这个问题的一种研究方法就是考察过去税率大幅变化的例子来确定税率变化的收入效应，但这种研究方法没有解决现代税制是否会在禁止性区域冒险这样一个判断和推理问题。这种问题也不可能采用控制实验的方法来解决，但是，过去的减税经历越是与目前的情况相像，那么对目前政策就越具有显著的意义。

1962年和1964年的"肯尼迪"减税就是这样一种经历。20世纪60年代中期的经济环境与80年代初期的经济环境存在一些明显的区别。通货膨胀和预算赤字今天至少要比那时高出10倍，失业也明显更加严重。政府支出的构成也由国防开支以及商品和服务购买支出转变为泛福利制度的维持支出。1979年，美国的国防开支占联邦政府总支出的21.3%，转移性支付占联邦政府总支出的41.2%，而在1962年这两个比例分别是46.2%和25.1%。

不过，这些差异只是很有限地降低了比较这两个时期的恰当性。在收入有可能减少的情况下决定是否调低税率时，预算规模是一个重要的考虑因素。但是，赤字规模与某个税种是否处在禁止性区域内这个问题只有很小的关系。而今天通货膨胀率的上涨导致任何幅度税率调低的作用都会被部分抵消，因为个人由于"所得等级攀升"而适用较高等级的税率，从而减小税收增加或者减少的绝对量值。

此外，这两个时期有一些重要的相似之处。支撑经济的基本制度框架基本没变:譬如说较之于日本或者巴西,美国经济今天与 50 年前相比仍有更多的共同之处。1963 年以前的美国经济就像今天一样,特点就是平淡无奇的业绩表现。联邦储备委员会当时测量的产能利用率是 83.3%,而 1980 年第一季度的产能利用率是 83.7%。1962 年,失业率是 6.7%。

再者,有确凿的证据表明今天的实际税率要高于肯尼迪减税之前的实际税率,从而提高了今天的税率落入禁止性区域的概率。税率越高,调低税率增加税收的可能性就越大。据卓伊内斯(Joines)估计,20 世纪 70 年代初,美国资本收益税的加权平均税率提高到了大致与肯尼迪减税前相同的水平,而后直到现在差不多保持没变。[18] 到了 70 年代中期,劳动所得税加权平均税率已经大大高于 1963 年(见图 4)。

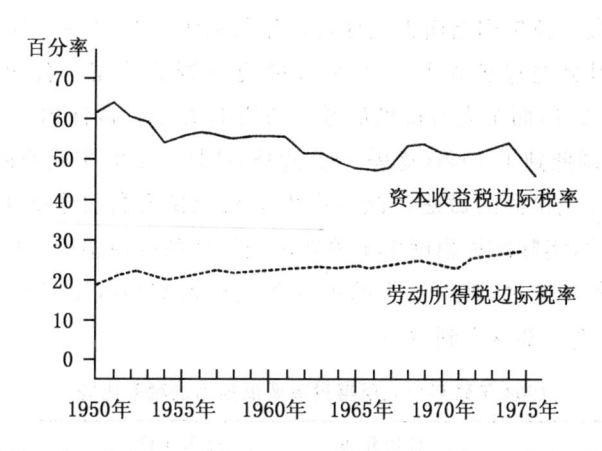

资料来源:Douglas H. Joines,"Estimates of Effective Marginal Tax Rates on Factor Imcomes",*The Journal of Business*,in press.

图 4　资本收益税和劳动所得税边际税率

税率上涨背后有 3 个主要因素:
1. 被称为"税级攀升"的通货膨胀引致型公司所得税实际税率上涨;
2. 通货膨胀引致型实际经济折旧少报以及实际资本收益多报;[19]
3. 社会保险税税率调高和工资基数增大。

所有这些因素一直持续到 1979 年以后。到了 1979 年,联邦、州和地方个人所得税收入占私人个人收入(即不包括个人收到的转移性支付的个人收入)的 15.6%,而 1963 年这个比例是 11.4%。1979 年,政府总收入占国民生产总值的 36%,而 1963 年这个比例是 28.3%。

由于通货膨胀在继续,社会保险税还会进一步增加,政府还颁布了对国内石油生产课征"暴利税"的法令,因此,以上这些百分比在 1981 财政年度还会进一步提高。基于以上种种原因,分析肯尼迪减税的经济和收入效应,对于预测今天实行全面减税的效果不无助益。[20]

减税

1962年,美国国会通过了一项投资税收抵免法案,并且取消了现行的折旧时间安排限制。肯尼迪和约翰逊政府就在这一年首次调低了实际税率。企业投资于使用寿命8年以上的生产者耐用设备可享受相当于投资额7%的税收抵免,但投资于使用寿命短于4年的设备就不能享受税收抵免;公用事业的设备投资可享受3%的税收抵免(而不是7%);而建筑物投资则不能享受税收抵免。此外,国内税收局对其公布的折旧指南进行了修改,并且以资产类别申报取代了逐项详细申报。新折旧指南把应计折旧年限缩短了30%~40%。

1964年,国会通过公司和个人所得税税率调低法案。公司所得税率从52%调低到了48%,而个人所得税最低一档税率从20%调低到了14%,最高一档税率从91%调低到了70%(见表1)。此外,还推行200美元的最低减扣标准加每人100美元免税额的做法。此举产生了从纳税人名册中除去了很多纳税人的效果。因此,实际减税幅度大于单独调低税率的减税幅度。1964年的减税方案在年中获得了通过,其中一半的税率调低可追溯到这个日历年度的年初,到1965日历年度全部落实到位。[21]

表1　　　　　　　　　1964年联邦个人所得税率调低前后的税率比较

所得水平 (美元)	日历年度 1954~1963年 (%)	日历年度 1965~1967年 (%)	税率调低幅度 (%)
0~500	20	14	−30.0
500~1 000	20	15	−25.0
1 000~1 500	20	16	−20.0
1 500~2 000	20	17	−15.0
2 000~4 000	22	19	−13.6
4 000~6 000	26	22	−15.4
6 000~8 000	30	25	−16.7
8 000~10 000	34	28	−17.6
10 000~12 000	38	32	−15.8
12 000~14 000	43	36	−16.3

续表

所得水平 （美元）	日历年度 1954～1963 年 （%）	日历年度 1965～1967 年 （%）	税率调低幅度 （%）
14 000～16 000	47	39	−17.0
16 000～18 000	50	42	−16.0
18 000～20 000	53	45	−15.1
20 000～22 000	56	48	−14.3
22 000～26 000	59	50	−15.3
26 000～32 000	62	53	−14.5
32 000～38 000	65	55	−15.4
38 000～44 000	69	58	−15.9
44 000～50 000	72	60	−16.7
50 000～60 000	75	62	−17.3
60 000～70 000	78	64	−17.9
70 000～100 000	87	69	−20.7
100 000～150 000	89	70	−21.3
150 000～200 000	90	70	−22.2
200 000 及以上	91	70	−23.1

资料来源：Joseph Pechman, "The Individual Income Tax Provisions of the Revenue Act of 1964", *Journal of Finance* (May 1965): 247−272.

经济效果

一般认为，肯尼迪减税方案确实为 20 世纪 60 年代中期经济扩张做出了重要贡献。失业率从 1963 年的 5.6% 下降到了 1966 年的 3.8%；产能利用率上升了 8 个多百分点，1966 年上涨到了 91.9%，而实际国民生产总值在 1963～1966 年间以 5.7% 的复合年增长率增加（在之前的 3 年里，年复合增长率只有 4.1%）1963～1966 年间，国民生产总值的增长速度略快于政府支出，而 1960～1963 年间政府支出的增长率比国民生产总值高出 5%。1962～1966 年，政府支出占国民生产总值的比例逐年下降，因此，经济活动的增长似乎不能全部归功于政府支出增加的刺激作用。

收入效应

美国经济是否在禁止区域内运行，即与减税相关的美国经济活动和一般税基扩大是否足以抵消税率调低的负收入效应，是一个颇有争议的问题。有大量的轶事证据证明，高收入者处在禁止区域。迈克尔·K.埃文（Michael K. Evan）考察20世纪60年代上半期数据的研究表明，从应税收入超过10万美元的个人那里征收到的税收从1962年的23亿美元增加到了1963年的25亿美元，然后又分别增加到了1964年的30亿美元和1965年的38亿美元。[22]

但孤立地看，个人所得税总进度计划似乎并没有处在禁止区域内。随着减税的推进，个人所得税总收入在1963～1964年间有所减少。这说明个人所得税加权平均税率仍处在正常范围内。因低收入个人少纳税而少收到的税收超过了因高收入个人多缴税而增加的税收。[23]

有关税率影响经济活动的反馈效应造成的税收损失估计值，可能有助于预测今天类似于1962年和1964年减税法案的所得税减税方案的收入效应。首先要取得在不减税情况下应该征收到的税收估计值，然后必须拿这些估计值与实际税收数据进行比较，两者之差就是减税导致的税收变化。

维克多·A.坎托（Victor A. Canto）、道格拉斯·H.卓伊内斯（Douglas H. Joines）和罗伯特·L.韦伯（Robert L. Webb）根据以上思路进行了一项研究。[24] 通过分析税率调低前这个时期联邦个人所得税和公司所得税收入以及州和地方所得税收入的统计数据获得了肯尼迪减税方案实施后几年不同收入序列的预测数据。这几个研究者使用了一个有时被称为"博克斯—詹金斯模型"（Box-Jenkins model）或者"自回归求和平均模型"（ARIMA model）的一种单变量时间序列模型。查尔斯·内尔森（Charles Nelson）的一项研究显示，这样一种方法虽然简单，但能够只凭借对时间序列过去历史的了解来预测时间序列。[25] 一般情况下，这种方法能够做出与大型复杂的计量经济学模型一样精确甚至更加精确的预测。

第一步，对时间序列模型进行调整，以便它能适合两个联邦税收收入序列——实际个人所得税收入和实际公司所得税收入。从分析的角度看，幸运的是，从1950年到肯尼迪减税期间联邦所得税率没有发生过重大变化。因此，这些年间发生的税收收入变异可归因于经济的正常运行，而不是税率变化。此外，这个时期包括充分多的季度观察值，足以用来识别和估计单变量时间序列模型。因此，这些时间序列模型可以用来预测在经济持续沿着其正常路径运行、没有实施肯尼迪减税方案情况下的税收收入。

第二步,坎托、卓伊内斯和韦伯拿他们的研究结果与佩奇曼(Pechman)和美国财政部的估计数据进行了比较。[26]分析一直进行到1966年。1966年以后,越战支出明显增加,并且还发生了明显的财政政策变化——美国开始根据一种凯恩斯模式利用财政政策来刺激经济活动和税收收入。同样的单变量时间序列方法被用来估计在联邦税收政策无变化情况下的州和地方税收收入(即税收政策变化的间接反馈效应)。

坎托、卓伊内斯和韦伯推断:

"根据时间序列分析,肯尼迪减税计划影响联邦个人所得税、联邦公司所得税以及州和地方所得税收入的合并收入效应截至1966年就是25亿美元(1963年第四季度不变价值美元)的税收损失(见图5)。考虑到与这个估计值有关的统计不确定性,这个损失估计值几乎与0没有什么差别。此外,这个估计值与美国财政部联邦税收损失320亿美元(1963年第四季度不变价值美元)的估计值相去甚远。造成这两个估计值相去甚远的原因很可能是,财政部早在20世纪60年代中期以及现在使用的静态税收收入估计值大大高估了联邦减税计划的负收入效应。这些结果从累积到1966年的角度看,1962年和1964年实施联邦减税计划有可能增加了税收收入,也可能是减少了税收收入。此外,1966年上半年联邦个人所得税收入的相对增加表明,在大约2年的时间里,联邦个人所得税收入超过了1964年要是没有减税能够收到的个人所得税收入。而且,到了1966年,联邦公司利润税收入以及州和地方所得税收入似乎已经大大超过了之前不减税能够获得的税收收入。这些结果表明,如果减税的净效应可按现值并用无限扩展到未来的税收流净变化计算,那么甚至更有可能发现肯尼迪减税计划实现了'自负盈亏'。"[27]

虽然与越战不断升级联系在一起国防支出的增加阻止了进一步的经验推断,但是税收收入的走势十分清晰:1967财政年度初,肯尼迪减税计划的实施以增加税收的方式产生了可观的红利。这些估计值存在很大的不确定性,但这项研究提供的不同点估计值对于肯尼迪减税行动的总预算效应还是非常保守的。

本分析没有把许多税源包括在内,如州和地方财产税和销售税。随着经济的扩张,这些税源也可望产生更多的税收。如果把政府支出也包括在内,那么政府支出变化也会产生有关这些减税措施净预算效应更加乐观的估计值。

与肯尼迪的减税计划相比,里根政府建议的税率调低方案(总共调低30%,分三年实施)比较适中。与1964年相当的个人所得税率调低(按国民生产总值计)可能会导致大约400亿美元的静态税收收入损失。相当的公司所得税率调低会导致另外100亿美元的静态收入损失。

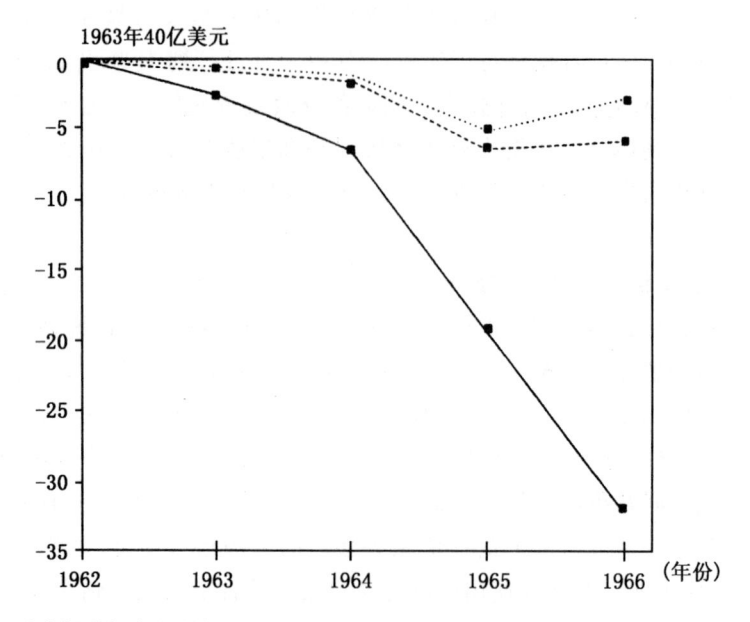

```
        1963年40亿美元
    0
   -5
  -10
  -15
  -20
  -25
  -30
  -35
     1962    1963    1964    1965    1966  (年份)
```

—■— 财政部联邦个人所得税和公司所得税收入累积变化估计值。
--■-- 联邦个人所得税及公司所得税收入累积变化时间序列估计值。
⋯■⋯ 联邦、州和地方个人所得税及公司所得税收入总累积变化时间序列估计值。

资料来源：Victor A. Canto, Douglas H. Joines, and Robert I. Webb, "Empirical Evidence on the Effects on Tax Rates On Economic Activity", *Proceedings of the Business and Economics Statistics Section*: *1979* (Washington, D.C.: American Statistical Association, 1979).

图5 肯尼迪减税的累积收入效应

比较而言，里根的第一期个人所得税减税计划将减少不到 200 亿美元的静态税收损失。此外，1964 年春季通过的肯尼迪减税方案计划分 2 年完成。上半期减税追溯到 1964 日历年年初开始执行，全部减税方案于 1965 年 1 月 1 日完成。里根减税方案计划分 3 年完成。因预期会追加调低税率而出现的经济扩张有可能进一步减少实际税收损失（较之于 20 世纪 50 年代经历的实际税收损失）。最后，目前的资本收益税和劳动所得税实际边际税率与肯尼迪减税时这两种税收的实际边际税率相同，或者比后者更高。实际边际税率较高本身就会提高一种税收处在禁止范围的可能性。因此，全面调低税率的税收反馈效应有可能比 15 年前经历的这种效应更大。

我们可以合理推断，按税收总收入计，在税率调低 10% 不到 2 年的时间里，税收能实现"自负盈亏"。此后，每期减税将对税收总收入做出正贡献。到实行减税计划的第三年,有可能出现这样的情况:第一期减税增加的税收净收入将完全抵消由最后一期税率调低10%导致的税收减少。应该指出,很大一部分这类收入属于州和地方政府,因此,即使不能完全解决,也至少能缓解这些政府机构明显的财政困难。

就如同在20世纪60年代一样,财政支出占国民生产总值的百分比可望下降。今天,很大一部分的联邦预算被用于实施收入维持计划,因此,有很大一部分的总体财政研究分析了超预期经济增长对财政支出的影响。所以,里根的减税计划比卡特政府尝试的计划有更大的概率在恢复美国经济活力的同时实现预算平衡。

注释

1. John R. Hicks, *Value and Capital*, 2nd ed. (Oxford University Press, 1946), p.64.

2. 关于这个模型的形式推导,请参阅 Victor A. Canto、Douglas H. Joines 和 Arthur B. Laffer 的"Taxation, GNP, and Potential GNP", *Proceedings of the Business and Economic Statistics Section: 1978* (Washington, D. C.: American Statistical Association, 1978)。

3. 重要的是还应该记住,在这个沿用到现在的框架里,所有的支出全部采用一次性转移的形式发生,因此支出本身不会增加产出。

4. Donald Fullerton, "On the Possibilty of and Inverse Relationship between Tax Rates and Government Revenues," Working Paper no. 467, National Bureau of Economic Research (New York), April 1980.

5. Ibid., p. 20.

6. Terrance Wales, "Estimation of a Labor Supply Curve for Self-Employed Business Proprietors," *International Economic Review* 14 (February 1973): 69—80.

7. 请参阅 Arthur B. Laffer 的"*Prohibitive Tax Rates and the Inner-City: A Rational Explanation of the Poverty Trap* (Boston: H. C. Wainwright & Co. Economics, June 27, 1978)。

8. 由于劳动力流动性意味着一地的要素供给弹性可能远大于一国总体的要素供给弹性,因此,某些地方有可能是在禁止区间内运作。关于这个问题的证据,请参阅 Ronald E. Grieson、William Hamovitch、Albert M. Levenson and R. Dale Morgenstern 的"The Effect of Business Taxation on the Location of Industry" (*Journal of Urban Economics* 4, April 1977) 以及 Ronald E. Grieson 的"Theoritical Analysis and Empirical Measurements of the Effects of the Philadelphia Income Tax" (*Journal of Urban Economics*, in press)。关于瑞典税率高于能使税收最大化的税率的证据,请参阅 Charles Stuart 的"Swedish Tax Rates in Revenues" (mimeographed, University of Lund, Sweden, 1979)。

9. Ibn Khaldun, The *Muqaddimah*; quoted in "Taxation and the Reason for High and

Low Tax Revenues,"*Wall Street Journal*, September 30, 1978.

10. Adam Smith, *An Inquiry into the Nature and Causes of the Wealth of Nations*, ed. E.Canaan(Chicago: University of Chicago Press, 1976).

11. J.B.Say, *A Treatise on Political Economy*, trans. C.R.Prinsep(New York: Kelley, 1971), p.449.

12. Ibid., p.450.

13. Ibid.

14. Henry George, *Progress and Poverty*(New York: Robert Schalkenbach Foundation, 1979), p.409.

15. Martin Bronfenbrenner, "Diminishig Returns in Federal Taxation?" *Journal of Political Economy* 52(October 1942): 699—717.

16. Seymour Zucker,转引自多个经济学家的文献,反映了目前的主流思想:"在哈佛大学的 Martin Feldstein 看来,税率调低到某一点会实际增加税收的理论原理,就是我们现在在第一周的财政课程中教授的内容"("Commentary/Economics," *Business Week*, August 7, 1978, pp.62—64)。

17. 以下引语清楚地说明了很多经济学家关于全面调低税率的观点。Herbert Stein 在 "*The Real Reason for a Tax Cut*"(*Wall Street Journal*, July 18, 1978)中表示,"经济学家不能认为自己肯定知道肯普—罗斯(Kemp-Roth)减税法案不会增加税收。他们可以或者只应该表示可获得的证据表明这个结果极不可能出现。也许,这样的减税方案有可能增加税收,就如同火星上有可能存在人类生命。但我不会采用加盟的方式到火星上去投资一家麦当劳,我也不会把国家经济政策这个赌注压在减税能增加税收的假设上"。

类似地,在一封致众议院筹款委员会主任 Al Ullman(犹他州)的信中,约翰·肯尼斯·加尔布雷思以他惯常的克制提到了肯普—罗斯减税法案及其增加税收的潜在可能性。加尔布雷思在信中说:"税收可从增加的产出中补回的说法当然令人吃惊,而且是不负责任的胡言乱语。"[*Tax Reduction, Economists Comment on H.R. 8333 and S. 1860*(Washington, D.C.: U.S. Congress, House Ways and Means Committee, 1978], p.42)。

18. Douglas H.Joines, "Estimates of Effective Marginal Tax Rates on Factor Incomes," *Journal of Business*, in press.

19. 请参阅 Arthur B. Laffer and R. David Ranson 的"*Inflation, Taxes and Equity Values*"(Boston: H.C. Wainwright & Co., Economics, September 20, 1979)。

20. 如现在的经济比 1963 年更加接近"充分就业",那么,现在的税率就有可能产生比 1963 年小的扩张效应。虽然我们并不清楚这些数字是可获得资源被充分利用的可靠指标,但仍有必要指出,总失业率 1963 年是 5.6%,1980 年 1 月是 6.2%,1980 年 6 月是 7.7%。同样,联邦储备委员会的制造业产能利用率指标 1963 年是 83.3%,1980 年 1 月是 83.8%,1980 年 6 月是 78.4%。

21. 请参阅 Nicholas J.Gonedes, "Evidence on the Tax Effects on Inflation under Histori-

cal Cost Accounting Methods"(unpublished paper, University of Pennsylvania, May 1980).

22. Michael K. Evans, "Taxes, Inflation, and the Rich,"*Wall Street Journal*, August 7, 1978. Reprinted in Arthur B. Laffer and Jan P. Seymour, eds., *The Economics of the Tax Revolt* (New York: Harcourt Brace Jovanovich, 1979).

23. Ibid.

24. Victor A. Canto, Douglas H. Joines, and Robert I. Webb, "Empirical Evidence on the Effects of Tax Rates on Economic Activity,"*Proceedings of the Business and Economic Statistics Section: 1979*(Washington, D.C.: American Statistical Association, 1979).

25. Charles R. Nelson, *Applied Time Series Analysis for Managerial Forecasting* (San Francisco: Holden Day, 1973); and "The Predictive Performance of the FRB-MIT-PENN Model of the U.S. Economy,"*American Economic Review* 62(October 1972): 902—917.

26. Joseph Pechman, "The Individual Income Tax Provisions of the Revenue Act of 1964,"*Journal of Finance* 20(May 1965): 247—272. 请参阅 idem, *Federal Tax Policy*, 3rd ed. (Washington, D.C.: Brookings Institution, 1977).

27. Canto, Joines, and Webb, "Empirical Evidence."

拉弗模型评论

马克斯·莫斯泽

有人觉得应该小心求证拉弗曲线。拉弗认为，调高税率会通过消除激励来影响工作，从而导致产出减少，进而减少政府的税收总收入。当然，调低税率会增加税收的论点也值得关注。这个论点像苹果派一样受欢迎，像母亲那样神圣，当然也不会令人感到意外。本人痛苦地意识到与拉弗教授一起进入了竞技场；首先是因为拉弗的理论力量强大，其次是因为赢得这场辩论就是取得了皮洛士式的胜利（指付出巨大代价获得的胜利。——译者注），所以，我觉得自己必败无疑——虽然有可能不是直接输在他的手里。即使站在反对拉弗一边的人仍必须继续按现行高得难以接受的税率纳税，坚持这种立场既没有希望得到奖励，也没有希望享受减税，但就像我要证明的那样，拉弗曲线的效度实在是值得商榷。

拉弗教授既是席卷美国的纳税人抗税运动的缔造者，又是这场运动的鼓动者。快速加重的税负以及由税负支撑的政府部门的扩大引发了一场仍在不断高涨的抗税运动。拉弗博士就站在这场运动的前沿阵地，并且充当了这场运动的学术领袖。他通过以广为接受和正统的方式运用经济学理论为支持调低税率要求提供了理论框架。没有一项对美国目前经济问题的严肃考察，没有一项减税或者税收改革的重要建议能够不包括拉弗曲线分析。肯普—罗斯减税法案是这个学说被公众接受、具有政治影响力和号召力最具有说服力的证据。

拉弗曲线只是一条倒置或者侧放的 U 形曲线。这条曲线表明，调高税率并不能使政府的税收无限期和无限制地增加。调高税率超过了临界点以后就会产出较少的税收，这个结果基于一种人们对调高税率做出的简单而又基本的回应。然而，对于任何上涨的价格，经济学家也会做出相同的反应。拉弗曲线把这种行为一般化到工作需求。随着税率（即政府的工作价格）的调高，（对政府的）工作需求量就会减少。这种情况可用图 1a 中的拉弗曲线来表示。今天，在所有的基础经济学课文中都能看到如图 1a 所示的拉弗曲线。拉弗曲线证明了一家单位成本不变并有一条线性需求曲线的企业如何能够使自己的利润最大化(如图1b所示)。随着价格的上涨,需求量会逐渐减少。最初的情况是价格上涨,需求量趋于减少,结果导致总收入增加。没过多久,数量减少会超过价格上涨,所以,虽然或者由于价格或税率上涨,但或者因此收入或税收也开始减少。

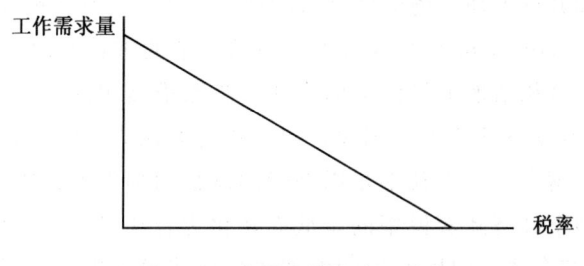

图1a 工作需求量取决于税率

上述这个过程是否会通过需求机制(调高课征于工作权利的税收的税率导致工作需求量减少)或者通过激励机制(税率调高以后就需要支付较多的报酬才能获得相同的工作努力)发挥作用并不重要,结果基本相同。调高税率,导致工作欲望减弱,从而导致总产出减少,进而导致税收总收入减少,因为税收以产出为基础。

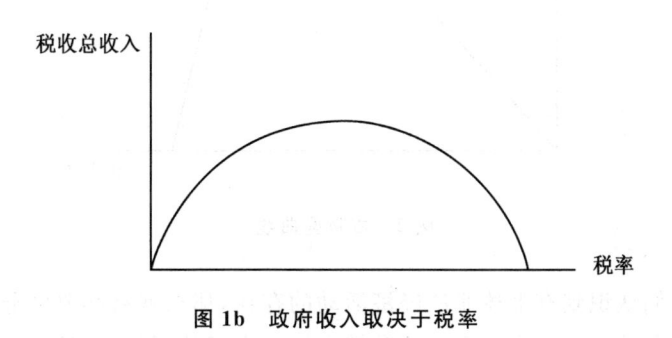

图1b 政府收入取决于税率

地下经济

财政政策的供给侧观就是建立在"边际税率越高,休闲替代工作的诱惑就越大"这个合理命题上的。高税率会导致工作报酬减少,而同时又会导致休闲成本下降。此外,所得税的累进结构会加剧这种负激励效应。鉴于纳税人能从每一税后美元获得的增量满意度递减,因此,这个问题就变得特别重要。

裘德·万尼斯基[1]不但强调这种严格的法律和伦理意义上的经济动机,而且还认为"在货币经济中,要是劳动成果全部被政府没收,那么就没人愿意工作"。由于个人试图通过不缴税来增加自己的经济收益,因此会出现一种建立在现金和易货交易基础上的地下经济。所以,高税率除了明显不受欢迎外,还会鼓励犯罪。由于在非自由市场上不可能达到很高的生产率水平,也不可能实现最佳专业化和开展追加市场交易活动,因此,总产出会有所减少。彼特·M. 古特曼(Peter M. Gutmann)[2]甚至引入了一条所谓的古特曼曲线,他的贡献就在于使我们越来越相信地下经济会因为通货膨胀推高实际税率而变得活跃起来,但却会抽掉份额不断增大的国民产出。古特曼认为,纯粹的激励效应——他对拉弗曲线的解释——单独不足以补偿因减税而损失的税收。只有依靠古特曼效应——地下经济随着税率的调低而转化为合法经济——与拉弗效应的合力,市场交易和合法的国民产出的增加才能促使税基扩大,并足以抵消税率调低对税收造成的负面影响。"古特曼曲线与拉弗曲线非常相似,但故意右偏(见图2),以表明我本人关于政府收入在50%的税率上达到最大值,在税率超过50%后转而开始减少的观点。"

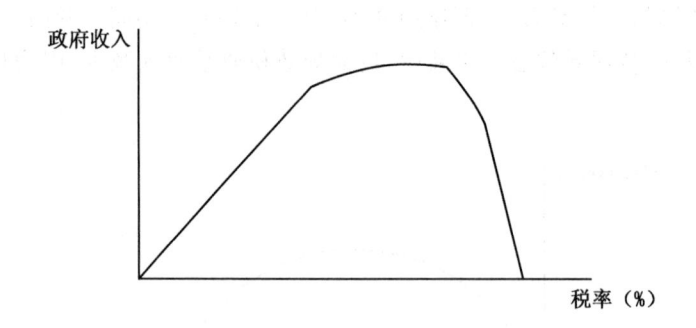

图2　古特曼曲线

一旦我们认识到有上述非法经济活动的存在,那么就有必要区分税收的政府收入效应和总产出效应。经济活动转入地下市场的可能性表明,调高税率对政府收入的影响大于对总产出的影响。开始时,调高税率的总产出效应看似接近0。但是,作如下假设似乎更加合理:虽然不是大多数人,但有些人的伦理观念阻止他们参与非法市场活动。而且,即使从事非法市场活动,他们也会发现自己在这种市场上的专业化和交易能力小于在公开、合法市场上的专业化和交易能力。专业化和交易能力的降低立刻就会导致次优的社会资源配置和低效的资源利用。与此同时,还会发生隐蔽经济活动和征税人收入成本。这些成本必然高于合法交易的同类成本——当事人只有很少的动机申报自己的收入。

以下假设也不切实际：人们会采用不经过一个较长的过渡时期一下子从公开经济转入隐蔽经济的方式来回应税率上调。税率调高后立刻会出现的情况是逃税和避税——我们大多数人熟悉的策略。由于免税商品相对非免税商品交易成本较低，因此，资源配置和需求满足方式都会发生变化。这就意味着，使用者支付的价格——在扣去节税额以后——低于社会生产这些免税商品和服务的成本，从而鼓励免税消费。消费过度，即超过价格等于社会增量成本时的消费，就会导致资源次优配置，具体表现为产出束变小。此外，必须认识到整个避税产业既是税率调低后产出减少造成的扭曲结果，又会由于税率下调而导致产出减少。牲畜饲料计划与商品避税套利只不过是一些免税世界无任何对应物的避税策略而已。

总而言之，调高税率最初会导致产出小于税收的减少。调高税率过了某一点以后就会导致避税和逃税行为增加，从而会导致产出减少。但不管怎样，即使税率调高到100%，产出也不会一路下跌到0。无论税率如何，有些经济活动仍会合法进行，政府服务以及政府服务收入就是最明显的例子。当税率达到100%时，这些经济活动即使完全消失，也绝不会转入地下（当然，它们会随着税率的调高而减少，但这是税率调高影响劳动者的负激励效应的结果，而不是税率调高的地下经济效应的结果）。

以税率为自变量的最后产出函数曲线可以分为三段或者三个阶段。第一阶段是与税率无关的合法产出和最低非法产出。在第二阶段，总产出开始减少。非法经济活动没有公开市场交易有效；而且，在这个阶段，避税行为开始增加。随着税率的调高，非法经济活动增加，而社会总产出则趋于减少，但只是略有减少而已。最后，地下经济活动达到极限：税率调高不能导致把更多的生产活动转入非法经济领域（详见图3a）。

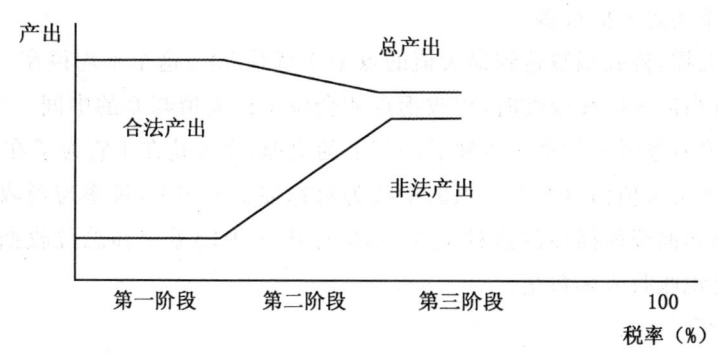

图3a 产出对税率变化做出的反应

不过,政府的税收函数与产出函数不同。如图 3b 所示,第一阶段,由于产出没有随着税率的调高而减少,而是保持不变,因此,总税收增加。第二阶段,税率继续调高,产出开始减少,税收起初继续增加,但到了某一点后开始减少。一旦非法产出达到某个最大值,而总体经济活动跌到最低水平,税收则重新开始增加。最后阶段就不在这一节介绍了,因为它与经济活动转入非法无关。

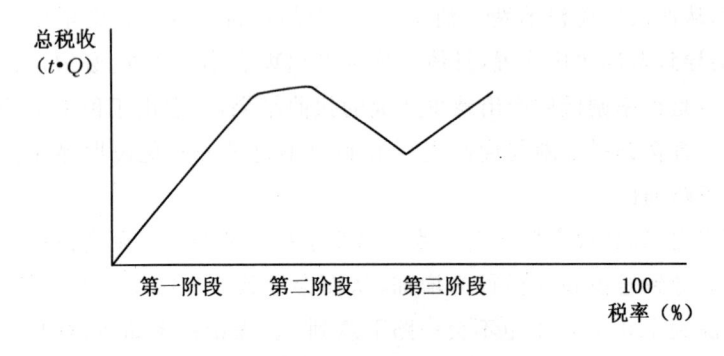

图 3b 税收同产出随税率而变化

古特曼在以上引文中表达了一种经常说到的观点"拉弗曲线在 50% 的税率上达到峰值"。而且他也觉得美国的现行税率还没有高到足以使拉弗曲线效应实际发挥作用的程度。由于横轴表示平均税率,而 50% 的平均税率表明最高收入档次上的边际税率非常陡峭,因此,这段评语令人困惑。那么,想要让总税收函数曲线调头下跌到底需要多高的税率呢?

1978 年联邦个人所得税的平均税率(占个人所得的比例)只有 13%,州和地方个人所得税约占个人所得的 2.5%。此外,只有 20% 的个人所得在 1978 年按 28% 或者更高的边际税率缴纳所得税,因此比 50% 再高就会导致税收不增反减的税率还是要低很多。

不管怎样,税收函数达到最大值的点未必就是 50% 这个平均税率。如图 1 所示,只有当需求曲线线性时,税收拐点才会位于最大值与 0 的中间。可见,拉弗曲线既没有逻辑上的理由也缺乏经济上的道理,原因就在于它为了在 50% 的税率上达到最大值而以两个端点的中线为对称轴。事实上,税率与税收之间的关系,即拉弗曲线所描述的这种关系,不同于图 1 中的需求和总税收曲线。在图 1 中,总税收收入函数是:

$$R = PQ \tag{1}$$

式中,$Q = f(P)$

因此,$R = Pf(P)$

并且 $0=Pf'(P)=f(P)$ (2a)

或者 $0=1+[p/f(P)]f'(P)$ (2b)

这是达到某个最大值的必要条件。这也意味着需求弹性,方程式(2b)的第二项,必须等于1,税收才能达到最大值。比较而言,最简单的税收方程式是:

$T=twL$ (3)

式中,T=税收总税收,t=平均税率,w=生产要素报酬率,L=要素使用量。

在本例中,$w=h(t)$,

$L=g(w)$,

因此,$T=t[h(t) \cdot g(w)]$ (4)

最大值的一阶条件是:

$O=1+E_{w \cdot t}+E_{L \cdot t}$ (5)

这个拐点取决于相对于税率的要素报酬弹性$E_{w \cdot t}$和供给弹性$E_{L \cdot t}$,而且会对导致要素报酬率变化的税率做出回应。即使方程式(3)中的简式税收函数也会导致一种复杂的关系。此外,最大化过程至少需要2个约束因素。首先,家庭总收入wL必须不能跌到最低生活水平以下。其次,生产要素供给函数——尤其是在劳动服务供给挣得的大部分收入时——在最多和最少可以或者必须出售工作时间或/和工作日方面受到的任意制度约束。

此外,税收函数需要分解,分解后就变为:

$T=\sum_{j} \sum_{itj} W_{jit} L_{ji}$ (6)

由于各行各业的市场状况赋予参与者应对成本上涨(如税率变化引起的成本上涨)的不同自由度,因此,要素报酬弹性因参与者而异。相似的考虑因素应该也适用于资源供给弹性。最后,应该具体引入几种适用于不同税种的税率:普通劳动所得税、股息所得税、资本收益所得税和公司所得税。

这些会导致复杂化的因素表明,拉弗曲线至少并不是在50%的平均税率上出现最大值。事实上,拉弗曲线也许根本就不是一条循规蹈矩的平滑函数的曲线。因此,虽然我们可以恰如其分地说"倘若政府收入实现了最大化,税率就会过高",但是,希望通过考察拉弗曲线来找到这个临界点的想法还是太过简单化。

微观市场问题

拉弗曾把所得税作为要素所有者接受的价格与企业支付的成本之间的一种楔子。这个楔子就是税额。如果价格用纵轴表示,那么,这个税楔就会使供给曲线向上移动或者向左移动。开征所得税以后,资源所有者就会减少他们愿意供给的工作数量——除非他们对价格的回应完全缺乏弹性。于是,税楔同样表示税前提供相同服务水平需要追加的资源数量。税收的实际影响效应取决于要素供给曲线的弹性。

由于所得税就是另一种工作成本,因此可被作为一种课征于卖方的间接工商税。所得税会导致供给曲线上移,并且会被加入卖出价。工作供给者当然希望全额收回自己缴纳的税款,但是,这并不意味着税后价格会比税前高出全部的税款。所得税的影响还取决于需求弹性。如图4所示,对于一条既定的供给曲线,税收具有价格和数量效应。只有在需求完全无弹性时,税收才会在无论什么供给弹性下全部由买方承担。显然,在需求量完全不会对价格做出回应的情况下,供给、生产和交易数量不会因税收而发生变化。

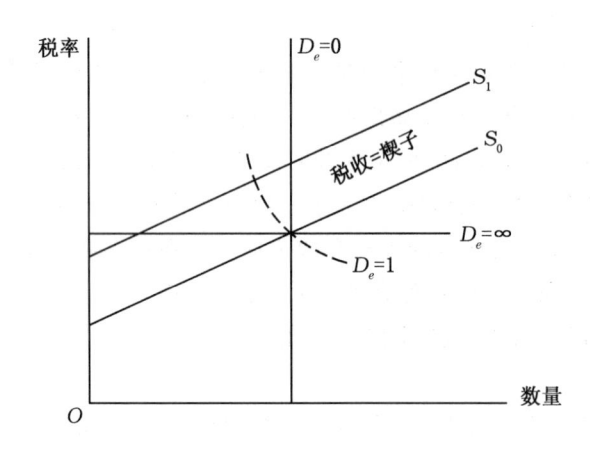

图4 需求弹性对资源供给的影响

随着需求弹性的增大,要素供给者转嫁税收的能力逐渐减弱。数量调整幅度变大,最后会达到另一个极端:需求弹性无穷大,意味着税后不能改变价格。税收的全部影响表现为数量减少。拉弗教授提醒我们注意税收的负激励效应。显而易见,在任何大于0的需求弹性上,税后会导致经济活动减少。类似地,取消税收或者减税就能增加产出。

不过,家庭的供给曲线不像企业的供给曲线,并非由利润目标来驱动。家庭可以把自己的劳动力和资本资源用于替代性的用途。随着税率的调高,按照市场收入计算,这种替代效应会导致把劳动力和资本用于休闲变得更有价值或者成本较低。替代效应会被收入效应——获得能使总满意度最大化的收入的欲望和需要——所抵消。随着税率的调高,必须供给更多量的资源才能维持之前的满意度水平。所以,供给曲线因回应税率变化而做出的位移幅度取决于替代效应与收入效应之间的相互影响及其净值。

不幸的是,这些因子的量值并非随手可得。但是,可对它们的相对规模做一些推论。假设税收增加 10 美元,那么,供给曲线在替代效应的作用下最多会向上移动 10 美元。然而,供给曲线上移幅度也可能小于税收增加额。收入效应也可能会抵消部分供给曲线增幅。随着税收的增加,个人挣更多毛收入的需要增大。由于收入效应把供给曲线维持在小于税收增额的上移幅度上,因此,供给曲线的上移幅度小于税收增额(见图5)。在图5中,初始供给曲线S_0先是在替代效应的作用下上移到S_{1s},然后又在收入效应的作用下下移到了S_{1s+y}。

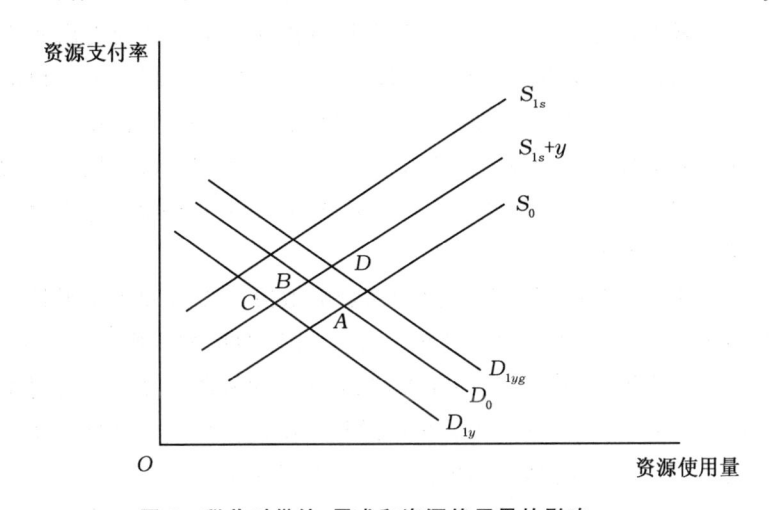

图 5 税收对供给、需求和资源使用量的影响

现在可以计算增税的总工作和产出效应。税收会导致工作动机减弱,从而导致供给曲线上移 1 个楔子,但幅度小于税收增额。然后,收入效应也开始发挥作用,为挣得相同实得收入就必须出售更多的资源。于是,供给曲线开始下移。净效应难以确定,但供给曲线的总移动幅度小于税收的增额。如果想在增税后保持需求曲线不变,那么就得使用较少的资源,并且减少市场产出。但是,维持满意度水平的欲望越强烈,供给曲线因两种效应相互抵消而移动的倾向就越明显。

如果作为卖方的家庭的供给函数和净收入双双出现净减少,那么,总需求就会趋向于下移。但是,如果边际消费倾向小于1,总需求趋向下移的幅度就小于收入减少的幅度,而政府会通过自己或者领取转移性支付的家庭把税收收入全部花光。因此,政府自己和领取转移性支付家庭的支出增加将会超过税收导致的家庭支出减少。因此，对总产出的需求会增加，总需求曲线会上移。图5反映了这些相关曲线的移位情况。

总的来说，没有决定性的理由可以相信税后状况会导致产出小于税收变化前均衡状况下的产出。最初，供给曲线S_0和需求曲线D_0相交于A点，描绘了税收变化前的状况。我们只考察替代效应大于收入效应情况下的供给曲线移位问题。供给曲线S_{1s+y}和需求曲线D_0相交于B点的新位置表示产出随着税收的增加而减少。如果把需求变化考虑在内，那么，需求曲线就会上移到D_{1yg}，而与供给曲线S_{1s+y}的新交点是D。D点可能位于A点左边或者右边，这表示要素资源使用量的减少或者增加。

如果要素卖方的收入效应加上政府和转移支付领取者的支出效应大于资源卖方家庭的替代效应和支出效应，那么，增税后的产出就大于增税前均衡状态下的产出，D点就位于A点的右边。这里也许存在一个税收悖论。因为，如果供给曲线移动幅度小于税率调高幅度，而需求曲线移动幅度则大于税率调高幅度，那么，即使工作动机和储蓄动机有所减弱，税率调高幅度越大也意味着产出增加越多——而不是越少。[4]

税收变化对资源使用量和产出的净影响取决于需求和供给弹性。需求和供给弹性越大，价格上涨的幅度就越大，而产出减少的幅度则越小。那么，怎样的数值看起来比较合理呢？从即期看，对劳动力和机器的需求不会对价格变化做出大幅度回应，替代受到嵌入式生产过程的限制。虽然管理层希望最大限度地降低成本，但几乎不可能大幅度改变生产要素使用。

即使在短期内，特定产业、职业和区位的劳动力供给很可能比劳动力总供给对价格机会做出更大的回应。虽然劳动力总供给存在一定的价格弹性，但似乎没有理由认为存在很大的价格弹性。虽然劳动力供给并非静止不变，但是，它的波动可能是制度和技术变化的结果，并且又受到制度和技术变化的约束。当前的经济衰退—通货膨胀能够为考察劳动力如何回应实际工资变化提供一些洞见。过去的两年见证了实际工资的持续下降，只有很少的迹象表明劳动力参与率——劳动力供给指标——有所下降。肯定没人会遭遇货币幻觉的干扰，因为价格加速上涨人所共知。劳动者对于实际工资变动显然没有很大的回应能力。由于家庭不可能感受不到通货膨胀速度，因此收入效应似乎也大大强于替代效应。

我们来看看妇女劳动力参与率提高问题。在过去的60年里，妇女劳动力参与率在社会福利计划不断增多和实际税率不断调高的背景下获得了不断提高。社会福利计划增多和实际税率不断调高这两个因素导致有报酬工作相对于休闲的价格下降。我们难以接受这样一个假设:鉴于妇女劳动力数量持续增加,因此,即使从长期看,劳动力供给曲线也不可能有很大的弹性。此外,自1965年以来,实际税率的调高始终陪伴着实际工资增长率的下降(详见表1)。课征于个人劳动所得——个人所得减去转移支付——的实际税率在整个考察期(见表1的第5行)里都有所上涨,1979年几乎又比1965年增加了一半。此外,这是平均实际税率,因此,随着平均税率的上涨,边际税率往往会被系统低估。由于已婚妇女几乎都不是家庭的主要收入者,因此,在累进所得税下,适用于她们收入的税率要高出她们的男性配偶一大截。即使女性劳动者挣得更多,但考虑到家庭形成年限以及她们因此而进入了劳动者行列,她们的收入仍得按照较高收入等级的边际税率纳税。但是,妇女劳动力参与率持续不减。事实上,妇女劳动力参与率在税率屡创新高的那些年里已经有所上涨。在从1965年到1973年的9年里,妇女劳动力参与率的增长率只有2年超过2%。在此后的5年里,妇女劳动力参与率的增长率比2%的5倍还要高。周实际工资增长率(表1第9行)在妇女劳动力参与率不是很高的早期要高于考察期最后5年,而考察期最后5年,劳动力参与率增长较快。所有这些数据所显示的相关性没有一个可以用来证明劳动力供给相对于实际税率或者实际工资有很大的弹性这一论点。

表 1　经挑选的收入、税收、支出和劳动力参与率数据

年份 项目	1965	1966	1967	1968	1969	1970	1971	1972	1973	1974	1975	1976	1977	1978	1979
1.个人收入	537	585	627	685	746	801	859	943	1 052	1 155	1 256	1 382	1 532	1 717	1 924
2.转移性支付	40	45	53	60	67	80	94	104	119	141	178	194	208	224	252
3a. 个人劳动收入[1]	497	540	574	625	679	721	765	839	933	1 014	1 078	1 188	1 324	1 493	1 672
3b. 个人缴纳的税款[2]	65	75	82	97	115	115	116	141	151	170	169	197	226	259	300
4.可支配劳动收入	432	465	492	528	564	606	649	697	782	844	909	991	1 098	1 234	1 372
5.实际税率	13.1	13.9	14.3	15.5	16.9	16.0	15.2	16.8	16.2	16.8	15.7	16.6	17.7	17.3	17.9
6.减去转移性支付的消费	390	420	437	476	513	539	574	629	691	749	801	896	1 002	1 127	1 258
7.劳动收入的消费倾向[3]	90.3	90.3	88.8	90.2	91.0	88.9	88.4	90.2	88.4	88.7	88.1	90.4	91.3	91.3	91.7
8.各产业的周实际工资	139	147	151	155	158	160	163	168	172	168	167	171	176	177	
9.劳动力参与率增长率(%)	3.1	5.8	2.7	2.6	1.9	1.3	1.9	3.1	2.4	−2.3	−0.1	2.4	2.9	0.6	
10.总计	58.9	59.2	59.6	59.6	60.1	60.4	60.2	60.4	60.8	61.3	61.2	61.6	62.3	63.2	63.7
11.男性	80.7	80.4	80.4	80.1	79.9	79.7	79.1	79.0	78.9	78.7	77.9	77.5	77.7	77.9	77.9
12.女性	39.2	40.3	41.1	41.6	42.8	43.3	43.3	43.9	44.7	45.6	46.3	47.3	48.5	50.0	51.0
13.增长率	1.3	2.8	1.2	1.2	2.9	1.2	—	1.4	1.8	2.0	1.5	2.2	2.5	3.1	2.0

资料来源：Wharton Econometric Associates Data Bank.

注：1. 工资、薪水、利息、租金、股息和业主收入；2. 联邦、州和地方政府税收和非税付款；3. 假设转移性支付的消费倾向等于 1。

在整个考察期里,男性劳动力参与率呈下降趋势。这主要反映了男性劳动力年龄组别变化。年龄较大组别的参与率下降,而 2 个年龄最轻组别的劳动力参与率上涨。有人可能会认为,鉴于成年劳动力已经积累了养老金享受权利和其他资产,他们会因为收入效应并不会立刻产生作用而有更多的机会退出劳动力行列。然而,有人可能会坚持认为年龄较轻组别的劳动力只有较少的资源,因而对于经济选择只有较小的回应能力。所以,有关男性劳动力参与率的数据较难令人信服。似乎只有很少的证据能够证明劳动力供给具有弹性,这也意味着税率变化的数量效应可能较小。

即使税率变化的替代效应大于收入效应,供给对税率调高的回应表现为曲线上移,但是,产出减少未必会导致政府税收减少。如果对资源的需求没有弹性,那么,在较高的供给价格上,即使资源使用单位减少,工资总额和劳动收入也会增加。税率调高以后,总劳动收入也会增加。由于政府的税收收入与资源收入有关,因此,税收也会增加。尽管税负增加会产生负激励效应,但是,税收增加这个结果只有在需求无弹性的条件下才出现。由此可见,拉弗曲线的预测结果被证明并不正确。[5]

对投资资本这种劳动力—资本生产函数中另一资源的需求,对于价格并没有很大的回应能力。大量的货币政策[6]和降低利率无效的研究文献就都证明了这一点。但供给侧的情况较难说清。一个复杂化的因素就是企业储蓄的作用以及个人利用这种工具增加个人资产余额的方式。过去的两年见证了名义利率水平和个人储蓄率的急剧变化。鉴于储蓄率和实际利率下降,因此,可以推断个人储蓄函数有很高的利息弹性。但是,投资资本需求的减少也许可归因于通货膨胀预期增强、投资转向大宗商品以及实际收益下降。

即使储蓄供给具有利息弹性,减税也只会增加储蓄量,而且在无弹性投资需求的作用下并不会导致政府收入增加。在国会给大部分储蓄者制造了大量的麻烦,并且允许它们继续存在下去的情况下,探讨个人储蓄函数的个人所得税率弹性看起来好像不会有什么结果。这些小储户要面对存折储蓄最多不得超过 6% 的规定、有关较长期存单的最低要求规定和财政部的天量债券和国库券发行。就在最近,国会又对货币市场基金采取了新的限制措施。但与任何其他能想得到的措施相比,国会采取这些新的限制措施更多是为了规避对货币市场实施的任意法律限制和鼓励储蓄。考虑利息所得减税或者免税是否会增加个人储蓄,其实是欠妥之举。政府可以轻而易举地通过限制个人储蓄过度增加,从而阻止大部分家庭进入货币市场和获得不断提高的储蓄回报率来达到这个目的。

显然，税收在资源的边际收益产品及其市场报酬之间强加了一个楔子。但是，像拉弗那样把这个楔子视为常量是否合适这一点值得商榷。拉弗在他的"古典模型财政政策的产出和就业效应"(*The Output and Employment Effects of Fiscal Policy in a Classical Model*)中虽然正文阐述了比例税，但图1和图2显示了一些斜率不变的位移。本文在图6中复制了拉弗的图解。图6表示一种定额税，而不是一种与收入水平挂钩的税收。这种定额税沿着供给曲线上移，但没有改变斜率。因此，无论工资水平如何，负激励效应的量值保持不变，从而导致税收的相对负担及其相关的抑制效应随着所得的增加而减小。此外，美国的所得税采用累进结构，累进所得税会导致实际税率随所得的增加而提高。这就意味着税楔会随着工资水平的提升而增大。如图7所示，供给曲线上移到S_C，因为税收在任何所得水平上保持不变。S_P是表示累进税结构的供给曲线。在最低税级上，其对于任何工资水平的相对税负和货币负激励作用相同。高收入者面对的税楔相对而言要大于最低收入者要面对的税楔。

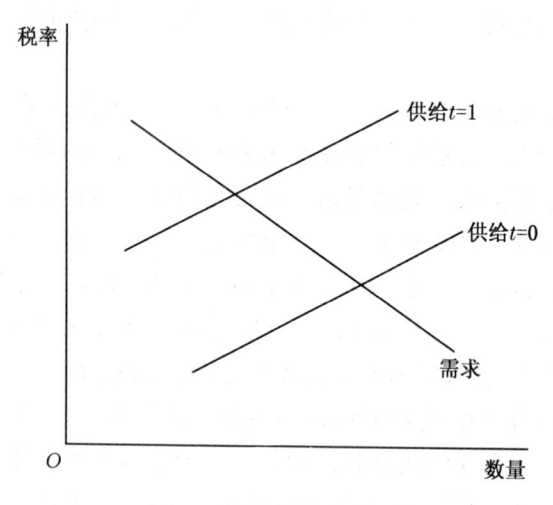

图6 定额税的数量效应

对于任意一条需求曲线，比例税或者累进税减税要比定额税减税引发大得多的数量回应，见图7中的曲线S_P和S_C位移。但是，如要评估税收变化的经济和税收收入影响，就必须考虑资源需求弹性。如果工资水平结构反映劳动力技能的职业分布和稀缺性，那么就可以合理地假设对低工资劳动力需求的弹性远大于对高工资劳动力的需求，这是相对替代便利性造成的结果。管理人员和专业技术人员受替代性生产过程的影响较小。机器无法胜任管理人员所做的工作，其他人也许没有受过完成这些工作的专门训练或者没有机会做这样的工作。

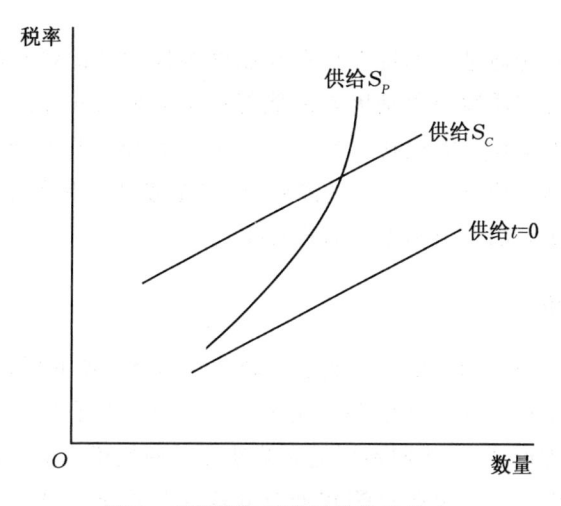

图7　定额税与累进税的供给效应

在供给侧,鉴于税务部门实行差别税楔,因此,劳动力供给弹性随工资水平的提高而下降。低收入劳动力的供给弹性小于高收入劳动力,但低收入劳动力要比高收入劳动力面对弹性大得多的需求曲线。因此,在这两种情况下,数量效应被价格效应所抵消。对于低收入劳动力来说,这是供给曲线无弹性的结果;而对于高收入劳动力来说,则是由需求曲线无弹性造成的。因此,无论工资水平如何,税率变化似乎会对工作供给量产生相同的相对影响。

看起来我们可以合理地推断,供给可能只有很小的税收变化回应能力。但不管怎样,即使供给弹性很大,劳动力市场的制度刚性是否能够满足追加的工作意愿这一点仍然值得怀疑。虽然资源配置效率和帕累托最优都是有用的机制,但不幸的是,现实世界只提供了为数有限且非连续的选择机会。这个缺陷在劳动力市场上比在任何其他市场上都要明显。无论是没有找到工作还是想要保住工作,个人都不能就每个工作日的工作时间和每年的假期进行讨价还价;加班也不能随心所欲,而是必须在需要时才能加班;兼职也不受鼓励,虽然第二职业这个称谓最坏就是意味着欺骗,最好也就意味着无力应付开支。我们时常听人说起某个教授兼了两份甚至三份教职,而且在他任职的每个机构都有惊人的表现,但一旦被人发现就不得不辞去其他教职。但是,我们很难想象经理人在两家不同的公司兼职。而且,鉴于现在主要实行每天工作8小时、每周5个工作日的制度,因此,兼职就意味着只能提供较少的工作时间。此外,有些管理人员和专业技术人员的职责仅限于正职。因此,需要大幅度的税率变化才能导致供给曲线的移位足以驱使人们愿意在较少的时间里完成8小时的全职工作。

拉弗曲线不能通过声称现在仍存在制度刚性和最优状态被扭曲的现象来得到证明。需要实质性的激励因素才能促使个人采取非连续的劳动服务供给模式。"合理"的减税不能达到这个结果。或者，调整工作时间并排除劳动力和资本自由流动回应价格小幅变动的障碍，也许能够以小得多的成本创造出大得多的结果——更多的产出和更多的政府收入。

宏观方面

拉弗供给经济学的实质就是奖励为刺激工作努力所必需，以加强奖励来鼓励生产。由于征税会导致有效薪酬减少，因此，所有政府的行动都会导致产出减少。传统的理论认为，我们不可能先验地知道调低税率会刺激还是抑制工作意愿。[7]收入效应——表明在报酬较低时就需要较多地工作——有可能大于替代效应，但也有可能小于替代效应——在休闲相对于工作的成本有所下降时。拉弗[8]把全体纳税人和转移支付领取者合并在一起，由于前者的损失成了后者的收益，因此，拉弗声称两者的收入效应加在一起等于0。现在剩下的是两者的负替代效应，因此会导致收入和产出减少。

我们没有理由相信全体纳税人和转移支付领取者的收入效应绝对值相等。这两种收入效应的绝对值是否相等取决于社会成员的品位构成。实际上，随机选取的社会成员不可能品位相同。品位相同需要更加严格的条件，它们要求收入、职业、受教育程度和社会地位大相径庭的个人具有相同的品位。事实上，证明这一论断的举证责任应该由拉弗教授来承担。

当然，政府取走的美元确实会转化为转移支付领取者的收入。然而，在政府课征个人所得税的情况下，纳税人必须多挣钱才能恢复到以前的净收入状况。在课征累进所得税的情况下，高收入者纳税产生的正收入效应必须大于转移支付领取者所感受到的负影响。如果存在边际税率的话，转移支付领取者必然都集中在远低于边际税率的税级上。

拉弗所憧憬的经济结构当然是一种资源所有者具有高度税后报酬回应能力并可以自由进出市场的成本有偏型结构。工作供给量随着税率的调高而减少，雇主会因为税楔增大而少雇员工。在拉弗的研究中根本没有承认销售、价格和企业利润预期的作用。无论资源投入多么便宜，企业只根据自己的最终需求预测来生产产出。由于忽视了这个因素，因此，拉弗才会认为"政府支出逆周期增长，而经济则顺周期增长。"[9]之所以会出现这种结果，原因就在于因税率调高而有所减少的实际产出是为那些支撑这种资源使用不足的局面而保留的。

在这种情况下,转移性支付只产生了较小的工作激励。即便在衰退时期,那些仍然没有工作的人虽然周围都是开工不足的工厂,但仍将选择不工作或者减少工作时间,原因就在于实际报酬有所减少。替代效应是否有那么大这一点值得商榷。然而,这个序列分析忽略了总需求的作用。由商业周期启动的失业津贴和其他转移性支付可能也有它们的福利维度。然而,对于宏观经济学家来说,它们都是自动稳定器,会通过维持总需求来抑止就业和产出——以及收入和税收——的减少,从而营造通过提高利润率来鼓励生产的商业氛围。因此,我们有理由认为这种收入效应大于替代效应。

增税抑制工作的假设有一个隐含的推论:能够逃税的职业和行业在增税时会迎来劳动力流入,这些职业和行业有望得到扩展。服务员和出租车司机瞒报小费是很难监管的。如表 1 所示,1965 年以来的实际税率出现了上升趋势。我们根据税收账目预计经营良好的餐馆和可叫到的出租车数量会增加。但在这个时期,传统的餐馆让位于快餐店,出租车越来越难叫到。这些结果有悖于认为税率对于刺激资源供给具有重要意义的理论推测。

据美国国内税收局的一项逃税研究[10]估计,1976 年少报的个人收入要占到个人总收入的 6%～8%。这个差额——差不多有 1 000 亿美元——大多可归因于个体经营者和合伙经营者。一些非正式的实证研究并不支持实际税率调高会导致小企业和个体企业近期有所扩张的论点。相反,近期连锁加盟倒是获得了快速发展。这种经营方式采用的会计程序推行一种能使特许人利润最大化的审计方法,从而降低了个体经营者向国内税收局少报收入的可能性。无论连锁加盟扩展的原因是什么,这些与税收有关的特点令人对实际税率变化是决定总产出供给的重要因素的假设表示怀疑。

美国国会发起了多项研究旨在评估肯普—罗斯法案提出的大规模减税的立法适宜性。例如,沃尔特·W. 海勒阐明了 1964 年肯尼迪—约翰逊减税计划不是通过供给侧激励而是需求侧激励发挥作用的。海勒证明[11]肯尼迪—约翰逊减税计划取得成功是美国人消费意愿和能力提升的结果,并且指出:如果产出恢复是供给发生政策导向型变化的结果,那么,生产率和产能的大幅度提高应该发生在减税以后,但并没有发现这些方面的重大变化。因此,他摒弃了供给侧观。

计量经济学模型研究和模拟也没有得出确定的结果。主流模型——Warton 和 DRI 模型——并没有构建能够用于检验减税计量经济效果的结构方程式。计量经济学家先是通过对与税收有关的变量赋值来处理税率变化,然后就是让模型自己运行。拉弗教授和迈克尔·伊文思也分别构建了一些模型。据称,这些模型的模拟结果还真支持供给侧观。据说,他们俩证明了通过调低税率可以大幅度增加产出和税收。由于和平时期即便不是完全没有,也很少实施本质上是供给侧的减税方案,因此很难知道哪些数据点可用来估计这些供给侧模型的参数。所以,比较明智的做法是把供给学派的计量经济学研究结论放到以后去评判。

不过,有一件事情是确定无疑的,那就是想要让拉弗曲线的供给侧效应发挥作用,想要让调低税率大幅度增加产出且足以补偿调低税率导致的税收损失,乘数效应必须要大。例如,2 240亿美元的联邦所得税要占到1979年14 320亿美元实际国民生产总值的15.6%。平均实际税率达到10%的减税要求实际产出增加到22 400亿美元,这样,按调低后的新税率征收到的税收才能与上年实际收到的税收持平。也就是说,实际产出必须增加8 080亿美元,这次减税的税收损失是810亿美元(1979年的税收减去1979年10%的国民生产总值)。这样就需要一个像10这么大的乘数——8 080亿美元除以810亿美元。相比之下,计量经济学模型只得出了一些没有超过2的税收乘数,而且大部分乘数都位于1.25和2之间。当然,这样的乘数差异并不实际,与过去25年的主要模型得出的结果并不相符。

结束语

拉弗曲线的贡献具有重要意义,它提醒我们供给侧的影响十分重要,并且必须在经济政策决策时将其考虑进去。当然,如果减税的激励效应被低估,那么,拉弗教授的研究将有助于证明激励效应的重要性。然而,我们是否有能力把税率从目前的水平调低到能够增加税收的程度这一点仍值得怀疑。减税以后出现的产出增加主要与需求和乘数有关。在能够证明减税可大幅提高生产率和产能之前,供给侧激励只能在宏观政策中扮演次要的角色。目前的去监管行动如果能够扩展到劳动力市场和小储户货币市场,那么很可能比减税带来更大的产出和税收回报。而且,这样的政府干预解除行动也是与我们限制政府作用的传统一脉相承的。它们的影响效应和边际效果都要比拉弗教授和肯普—罗斯法案建议的那样大规模的减税容易管理和测算。

注释

1. Jude Wanniski,"Taxes,Revenues and the Laffer Curve,"*Public Interest*,Winter 1978.

2. Peter M.Gutmann,"Taxes and the Supply of National Output,"*Financial Analysts Journal*,November/December 1979.

3. V. A. Canto, A. B. Laffer, and O. Odogwu, "The Output and Employment Effects of Fiscal Policy in a Classical Model," mimeographed (Los Angeles: University of Southern California, 1977).

4. 可能有很多税收幻觉在起作用。这意味着,宁可为挣到较多的税前收入(但较低的税后净收入)而更加辛苦地工作、工作更多的时间;而不愿较少地工作并挣到较低的毛收入但较高的净收入。

5. 如果生产函数是柯布—道格拉斯函数,那么,对资源需求的弹性是 1;无论税率如何变动,收入保持不变。

6. 例如,请参阅 Michael K. Evans 的 *Macroeconomic Activity* (New York: Harper & Row, 1969)。

7. Richard A. Musgrave and Peggy B. Musgrave, *Public Finance in Theory and Practice*, 2nd ed. (New York: McGraw-Hill, 1973), p.407.

8. Arthur B. Laffer, "An Equilibrium Rational Macroeconomic Framework," in *Economic Issues of the Eighties*, ed. Nake M. Kamrani and Richard Day (Baltimore, Md.: Johns Hopkins University Press, 1980).

9. Ibid.

10. Department of the Treasury, Internal Revenue Service, *Estimates of Income Unreported on Individual Income Tax Returns* (Washington, D.C.: Government Printing Office, September 1977).

11. Walter W. Heller, "Tax Cuts, the Kemp-Roth Bill and the Laffer Curve," statement before the Midyear Review Hearing, Joint Economic Committee, June 28, 1978. 这种观点和其他观点可在 Donald W. Kiefer 的 "An Economic Analysis of the Kemp-Roth Tax Cut Bill..." (Washington, D.C.: Congressional Research Service, Library of Congress, July 31, 1978) 中找到。

拉弗曲线为减税辩护所暴露的不足

大卫·亨德森

拉弗教授的这篇文章[1]令我不禁要提出以下四个问题,我将在下文逐一回答。

1.拉弗曲线是对经济现实的一种精确描述？

2.我们是否处在拉弗曲线的禁止区域,即调低税率反倒增加税收的区域？

3.如果我们并没有处在禁止区域内,那么,我们是否还能调低所得税税率,并且在不削减政府支出的情况下取得正的产出效应？

4.我们是否应该让我们回答第二和第三个问题的答案来决定我们的减税立场？

我们知道零税率和极高的税率都会导致零税收,位于两者之间的税率能创造正税收。因此,可以说拉弗曲线是贴近现实的。但是,据说拉弗曲线并不像拉弗1974年在华盛顿一家餐馆画在餐巾纸上的那条曲线那么简单(见图1)。拉弗曲线应该看上去像本文图2中的那条曲线,因为调低税率并不一定会促使纳税人更多地工作。如果纳税人拿他们因税率调低(从 A 点调低到 B 点)而获得的较多实得薪水去"购买"更多的休闲,并因此而少工作(用经济学术语来说,如果税率调低的收入效应大于税率调低的替代效应),那么,税基就会实际缩小,而税收减少的幅度可能会超过税率调低的幅度。拉弗排斥了这种可能性,并且声称因减税而导致的政府服务减少会导致人们的实际收入减少,从而导致人们对休闲的需求减少,而减少的休闲需求正好等于实际收入增长所增加的休闲需求。但是,拉弗必须就像他承认的那样假设,人们会把增加后的实际收入用于购买他们认为不多不少正好是政府会用他们的钱购买的商品,才能说这样的话。不过,我觉得这个假设没有道理,而更有可能的是人们会认为他们为自己选购的商品的价值远高于政府为他们选择的商品的价值。在这种情况下,税率调低会导致纳税人的实际收入和对休闲的需求增加。因此,我们不能排斥拉弗曲线呈现更复杂形态的可能性。

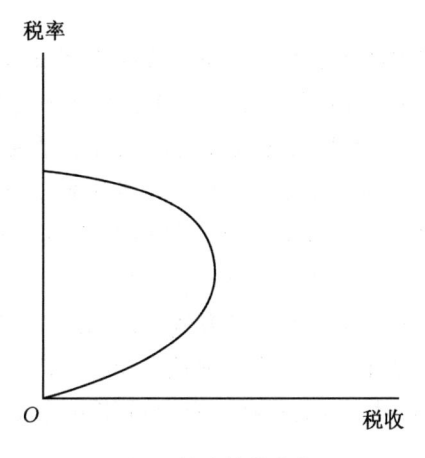

图 1　简式拉弗曲线

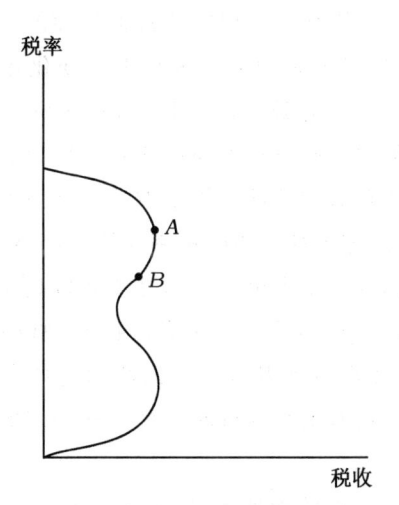

图 2　形态比较复杂的拉弗曲线

调低税率是否会导致税收增加,在很大程度上取决于劳动力供给的弹性,也就是取决于劳动者如何回应增加后的激励。[2]如果平均税率是30%,而边际税率是40%,[3]那么,想要把税率调低10%而税收保持不变,纳税人就必须以多工作8.33%的方式来回应。(至于这个结果是如何导出的,请参阅本文附录A部分。)只有在他们的劳动力供给弹性是1.25,高于几乎所有研究这个问题的经济学家所发现的劳动力供给弹性的情况下,纳税人才会这样做。大多数经济学家研究发现,男性劳动者的劳动力供给弹性为0,[4]而女性劳动者的劳动力供给弹性在0.6与2.1之间。[5]但不管怎样,由于以下原因,我们必须谨慎对待他们的这些研究发现：

1.进行这方面研究的经济学家在求净工资时大多没有从收入中减去税金，因此，他们低估了劳动力供给的真实弹性。当毛工资在我们的累进税制中增加了一定百分比以后，纳税人就得按照较高的收入等级纳税，而税后工资则以较小的百分比增加。用工作时间变化百分比除以毛工资变化百分比，就会得出太小的劳动力供给弹性估计值。计算劳动力供给弹性的正确方法应该是用工作时间变化百分比除以税后工资变化百分比。

2.没有一个经济学家关注过工作努力强度的问题，他们都是简单地用工作时间来测度工作努力。如果劳动力供给弹性是正值，那么不考虑工作强度就会低估劳动力供给的真实弹性，因为增加工资会诱使劳动者在既定工作时间里更加努力地工作。

3.大多数经济学家也没有考虑到很多人把工作多少时间作为一生计划的一部分来决定这样一个事实，因而令人误解地只把目前的工作时间变化归因于目前的工资变化。劳动者也可能是预期到未来工资变化才改变目前的工作时间的。不过，这种情况也许不会导致问题，因为目前工资上涨通常预示着未来工资也会上涨，而现在调低税率则意味着现在和未来税后工资增加。

此外，拉弗的论证比现有的劳动力供给弹性估计值所显示的更加有力。而且，就像拉弗指出的那样，把弹性和边际税率应用于经济现实，很可能低估调低税率的劳动力供给效应，因为丈夫也工作的妻子要按高于平均水平的边际税率纳税，并且有很高的劳动力供给弹性。再者，由于已婚妇女的工资和生产率低于男性劳动者，因此，由女性劳动者多工作创造的追加产出也许没有以其他方式创造的产出高。因此，仍有很大的可能性没有充分多的新劳动力供给能够阻止税收减少。[6]

不管怎样，即使劳动力供给弹性太低，不足以补偿由调低税率导致的税收损失，劳动力供给也不是扩大税基的唯一因素。就像拉弗指出的那样，调低税率也可能导致储蓄和资本形成增加，并且导致避税激励减小。就如莫斯泽教授指出的那样，调低税率会导致生产从"地下"转为"地上"。[7]

那么，难道就没有任何其他方式可用来确定调低税率是否会增加税收？我们可以考察以往调低税率所产生的影响效应和税收增加的情况。如果以往的税率调低曾经导致税收增加，而税率调高曾导致税收减少，那么，今天调低税率也很有可能导致税收增加，因为目前的税率高于几年前的税率。

拉弗教授考察了以往的减税行动，并且援引了坎托、卓伊内斯和韦伯分析肯尼迪—约翰逊减税计划实施效果的研究成果。[8]这三位学者研究断定，1962年和 1964 年的两次税率调低只导致了税收的小幅减少,但并没有令任何其他同时扩大税基的因素发生变化,如降低关税以及婴儿潮一代的到来。拉弗通过援引查尔斯·内尔逊(Charles Nelson)的研究发现来为自己的考察方法辩护。内尔逊研究发现,一种只利用一个变量历史数据的简单方法通常能与一种考虑其他因素的模型做出一样准确甚至更加准确的预测。[9] 关于这个问题,是否应该批评拉弗先生,我倒是有点犹豫不决,因为内尔逊教授是一个才华横溢、受人尊敬的时间序列分析专家,而我只知道一些时间序列分析的皮毛。难道坎托、卓伊内斯和韦伯或者拉弗就不应该证明他们的方法适用于本例,而不仅仅适用于大多数情况?我怀疑,如果他们用其他国家和美国的劳动力增加数据来调整美国的贸易,那么就可能发现美国的税收因为 20 世纪 60 年代初的减税而大幅度减少。如果是这样,我们就可能倾向于相信今天调低税率也可能导致税收减少。[10]

假如调低税率会导致税收减少,那么应该怎么应对?拉弗教授认为,即使税率调低 10%,也不可能立即"完全自我补偿"。减税引发的经济增长可能要间隔不到 2 年的时间才能补偿所损失的税收。那么,其间会出现什么情况呢?如果政府没有因为收入减少而相应减少支出,那么,财政部只能增加赤字,并且向公众和联邦储备银行发售债券。如果财政部把债券卖给公众,那么它要在未来某个时候拿税收来偿付债券。如果把债券卖给联邦储备银行,那么就会导致通货膨胀加剧,通货膨胀其实也是一种税收。因此,虽然所得税减税可能会改变税收结构,但并不一定能够减少总税收。如果是这样,拉弗的整个论证就站不住脚。的确,调低所得税率能鼓励生产,但预期未来税收会增加或者通货膨胀可能会抑制生产。影响生产的净效应可能是正值、负值或者为 0。[11]

我们即使希望为减税提供论据,也不能并且也不需求助于拉弗关于政府不必减少支出的主张。减税还有很多其他充分的理由。税收掠走了我们的收入,并且否定我们以任何我们觉得合适的和平方式使用我们自己的收入的自由。税收否定了我们的公民自由[12],并且减少我们的物质福利。[13] 税收为政府在国外发动战争提供了资金便利。[14] 这些都是主张减税的充分理由。

此外,说我们必须同时削减财政支出和税收,并不是说削减支出必须先行。事实上,如果我们希望削减财政支出,那么也许绝不应该实施减税。一种更好的减税策略可能是并且曾经是先减税,而且让议员和特殊利益集团去为谁得到了什么争论不休。这种策略在州的层面执行起来比较容易[15](因为大多数面对债务约束的州都不能通过增加财政赤字来回应减税),但在联邦层面至少也部分有效。想必,联邦政府操纵赤字的能力多少要受到一些限制,要求联邦政府平衡其预算的宪法修正案肯定对于限制联邦政府操纵赤字的能力有所帮助。

但是,拿拉弗曲线作为支持减税的依据就像是海市蜃楼。

附录

A 部分

假设边际税率,也就是全体纳税人的边际税率的加权平均值是 40%,而平均税率是 30%;国民收入是 1 000 美元。因此,税收是 300 美元。

税率调低 10%,会导致边际税率下降到 30%,而平均税率下降到 27%。如果国民收入保持不变,那么,税收将减少 10%,从 300 美元减少到 270 美元。拉弗把这称为"算术"效应。但是,工作激励的增强会扩大税基。减税增加的新收入可能要按 36% 的边际税率纳税。30 美元的新增税收应该能够保持税收不变。因此,国民收入必须增加 30/0.36 或者 83.33 美元,或者说增加 8.33%。

来自于每一美元追加收入的税后工资从 60 美分增加到了 64 美分,或者说增加了 6.67%。要想使收入增加 8.33%,劳动力供给弹性(等于劳动力供给变化百分比除以工资变化百分比)必须是 1.25。

B 部分

假设所有的妇女都已经结婚,妇女每星期的平均工作时间是 20 小时;所有的男劳动力每周工作 40 小时;男性劳动力的供给弹性为 0,而女性劳动力的供给弹性则为 2;工作妇女的工资是男劳动力工资的 60%;国民收入为 1 000 美元。

在边际税率和平均税率分别从 40% 和 30% 调低 10%,男劳动力的工作时间保持不变,而女劳动力增加工作时间。女劳动力的税后工资在减税后增加了 6.67%(就如附录 A 部分),她们对减税的回应就是多工作 13.34% 的时间(因为她们的劳动力供给弹性是 2),或者每周多工作 2.67 小时。这个经济体的周收入增加了 (2.67×0.6)÷(20×0.6+40),或者增加了 3.1%。

减税以前的税收是 300 美元(1 000 美元的 30%),倘若减税没有扩大税基,那么,税收就会减少到 270 美元。由于收入增加了 31 美元(1 000 美元的 3.1%),减税产生了 11.16 美元(等于 0.36×31)的新增税收,因此,税收最后是 281.20 美元。减税的净结果仍然是税收大幅度减少。

注释

1. Arthur B. Laffer, "Government Exactions and Revenue Deficiencies," *Cato Journal*, 1 (Spring 1981):1.

2. Moszer 教授(Max Moszer,"*A Comment on the Laffer Model*",*Cato Journal*,1,Spring 1981:23)对劳动者能够选择自己的工作时间的说法提出了质疑,并且提到了"能够或者必须拿到市场上交易的最大和最小小时数和/或天数方面的任意制度约束"。他正确地指出,个人在选择自己的工作时间时会遇到一些困难,但这并不等于说时间约束任意武断。时间约束并非由法律规定,很可能是劳动者的一般偏好。如果大多数劳动者的时间偏好因一般所得税减税而发生了变化,那么,这种制度约束也会发生变化,因为企业主相互竞争,要选择能满足员工偏好的工作时间。即使这方面的约束是法律强制规定的,调低税率也会增强摆脱约束的激励。此外,男女劳动者的工作时间也不同,他们的劳动力供给弹性常被证明非零,这也是他们能够选择自己工作时间的一个证据。

3. 有意把边际税率设在高位,是为了纠正拉弗偏爱的案例的偏差。边际税率越高,税后工资因减税而增加的幅度越大,减税的激励效应也就越大。举两个极端的例子,一个是边际税率调低 10%,从 90% 下降到 81%。减税后,税后工资从占毛工资的 10% 增加到了占毛工资的 19%,或者增加了 90%;另一个例子边际税率也是调低 10%,但是从 10% 调低到 9%,减税后,税后工资从占毛工资的 90% 增加到了占毛工资的 91%,或者说只增加了 1.1%。

4. 请参阅 Glen G.Cain and Harold W.Watts,"Toward a Summary and Synthesis of the Evidence," in Cain and Watts,eds.,*Income Maintenance and Labor Supply*,Institute for Research on Poverty Monograph Series(Chicago:Rand McNally,1973),pp.332—335.

5. 请参阅 James P.Smith,ed.,*Female Labor Supply: Theory and Estimation*(Princeton,N.J.:Princeton University Press,1980).

6. 请参阅 Appendix,Part B,for a sample calculation using a women's labor supply elasticity of 2.

7. Moszer,"A Comment on the Laffer Model,"p.25.

8. V. A. Canto, D. H. Joines, and R. I. Webb, "Empirical Evidence on the Effects of Tax Rates on Economic Activity,"*Proceedings of the Business and Economics Statistics Section: 1979* (Washington,D.C.:American Statistical Association,1979).

9. Charles A. Nelson, *Applied Time Series Analysis for Managerial Forecasting* (San Francisco:Holden Day,1973); and "The Predictive Performance of the FRB-MIT-PENN Model of the U.S.Economy,"*American Economic Review* 62(October 1972):902—917.

10. 我很高兴地注意到,拉弗在把他口述的内容写成论文的过程中减少使用了波多黎各和加利福尼亚州减税后税收增加的证据。正如我在芝加哥讨论他的口头报告时表示和他自己现在指出的那样,由于劳动力在一国内部有很高的流动性,而在国家之间只有很低的流动性(主要是因为移民障碍,但拉弗没有提到这一点),一地的劳动力供给弹性远大于一国的整体劳动力供给弹性。因此,譬如说,一州之内的减税可能会比全国范围内的减税导致相对较大的劳动力流量和相对较大的税基扩展。

11. Milton Friedman 在 "The Kemp-Roth Free Lunch"(*Newsweek*,August 7,1978,p.59)中提出了这种论点。

12. 请参阅 Ronald Hamowy,"The IRS and Civil Liberties:Powers of Search and Seizure,"*Cato Journal*,1 (Spring 1981):225.

13. 请参阅 Jude Wanniski,*The Way the World Works*(New York:Simon and Schuster,1978).

14. 请参阅 Lloyd Dumas,"Taxes and Militarism,"*Cato Journal*,1 (Spring 1981):277.

15. 例如,当税收指数化导致明尼苏达州1981年的预期税收减少时,明尼苏达州的州长提出了一项削减州财政支出8%的计划(*Wall Street Journal*,January 14,1981)。

第五章

宏观经济模型中的供给侧因素

供给经济学时代

奥托·埃克斯坦

当前的经济衰退为在 20 世纪 80 年代把美国经济纳入比较健康的发展轨道提供了非同寻常的机会。这场衰退的严重性导致财政刺激变得在所难免,尤其是考虑到 2 年增减相差 730 亿美元的充分就业预算(见表 1),再加上截至 1981 年征收的 250 亿美元能源税,工薪税将增加 230 亿美元,通货膨胀又使得纳税人个人多缴 280 亿美元的税收,美国经济将持续经受自第二次世界大战爆发以来最严重的增税努力。我们非常需要平衡预算,但目前还没有付诸实施的增税计划不能在严重的经济衰退时期付诸实施。

财政计划应该如何修改?我们已经有过惨痛的教训:积极的反衰退政策是导致目前经济绝境的主要原因之一。成功的刺激政策以 1964 年的减税计划付诸实施而告终。自那以来的重大行动,无论是 1971 年的新经济计划还是 1975～1978 年匆匆制定的反衰退支出计划,无一不促成了需求过度,从而导致核心通货膨胀加剧,最终引发了信贷紧缩和痛苦的经济衰退。如果历史有什么借鉴意义的话,那么,全面减税和放弃预算纪律的传统反衰退方法只能导致 1981～1982 年复苏加速,随后是核心通货膨胀加剧、再度繁荣、石油输出国组织发起的第三轮油价上涨、再度信贷紧缩和经济衰退这种循环的周而复始。

笔者相信,几乎每一个负责任的经济形势观察者,无论是经济学家、实业家还是政治领导人,都清楚目前的基本形势,并且绝不希望继续推行在过去的 15 年里表现如此拙劣的政策组合。那么,我们应该做些什么呢?关于这个问题,笔者也同样相信各政治派别态度端正的成员都一致同意:接下来应该实施的经济政策组合必须针对我们的基本问题,即生产率停止增长、家庭生活水平不再提升、美国的领导作用在削弱。

表 1　　　　　　　　近几年的预算行动:现行政策一览表

	1978 年	1979 年	1980 年	1981 年
充分就业预算[1]盈余或赤字(赤字加"—"号)	—29.9	—12.4	1.2	51.0
较之上一年的变化	4.5	17.5	13.6	49.8
变化原因:				
支出变化[2]("—"表示减少)	1.2	6.0	—7.0	12.1
通货膨胀引致型个人税收[3]增加	5.7	8.7	12.4	12.9
社会保险税增加	8.0	10.0	5.6	17.1
暴利税(净额)			6.1	8.9
石油进口税、天然气税			7.1	2.8
其他	—1.4	1.4	2.5	—4.0
税收变化(用"—"号表示)[4]	—9.0	—8.7	—13.1	0

注:1. 假设失业率与充分就业相差 6.1%。
　　2. 充分就业支出—国民生产总值比率变化的名义量值。
　　3. 假设个人税收相对于应税收入的弹性是 1.5。
　　4. 这一项还包括《1978 年税收法案》和 1977 年减税行动的影响。

新供给经济学

可用来解决长期问题的智力资本(知识体系)被认为是"供给经济学"。在从亚当·斯密(1776)开始一直延续到约翰·斯图亚特·穆勒(1848)的经济思想史中,供给一直先于需求,并且在微观经济学领域也一直至少与需求平分秋色,但必须承认自大萧条和凯恩斯的国民收入研究(1936)兴起以来,需求就使供给在宏观经济领域黯然失色。但不管怎样,供给理论很快就在严肃的学术文献中重新赢得了声望:R.F. 哈罗德(Harrod,1939)的路径突破型增长模型至少采用一种简单的方法分析了总供给和总需求匹配增长的必要性,而多玛(Domar,1946)的模型把哈罗德的思想引入了美国的研究文献。索罗(Solow,1956)创建的现代增长理论恢复了柯布—道格拉斯总生产函数的活力,证明了生产在经济中发挥的核心作用,并且发起了一场探索总生产函数优化运动。即使在凯恩斯学派占据主导地位的岁月里,瓦西里·列昂惕夫(Wassily Leontief,1939)的投入—产出分析法也催生了一些以生产和供给为焦点的理论和经验模型。库兹涅茨(Kuznets)关于经济发展的研究、肯德里克和丹尼森(Kendrick and Denison)的增长与生产率研究、舒尔茨和贝克尔(Schultz and Becker)的人力资本研究以及格里利兹(Griliches)、乔根森(Jorgenson)和很多其他学者使得20世纪50和60年代成了经济供给侧学术研究最多产的20年。

然而,这么多的著述只对用来制定政策的宏观经济学产生了很小的影响。总需求好像是战后几十年里产出和价格水平的决定因素,总供给增长可以恰如其分地用最简单的生产率计算方法来构建模型,然后用劳动力供给量乘以根据历史数据外推获得的生产率发展趋势来表示。至少隐含地根据这些生产率预测数据总结出来的奥肯(Okun)定律看起来完全适合用来识别总需求与总供给之间的缺口、估计失业率,并且有助于设定财政政策衡量指标。1964年的大规模减税计划就是根据奥肯定律估计得到的这种"缺口"值除以个人所得税减税乘数可接受估计值计算出来的。即使在1965年后的几年里,需求也已经变得过度,已经开发出了一些高度精致的总生产函数估计方法。其实,比较简单的估计方法就够用了:税收应该已经增加,但并不是经济分析方法存在问题导致了政策出错。

从20世纪70年代初开始执行政策分析任务的大型计量经济学模型确实已经包含某些供给侧元素:总生产函数、复杂的投资和资本存量方程、详细的工业生产和产能衡量指标以及资金可获得性方程,但仍运用了一些相对比较简单、反应比较迟钝并且秉承了柯布—道格拉斯传统的生产函数。柯布—道格拉斯传统的特点就是投资与潜在产出之间的联系相对比较脆弱、缓慢,技术剩余外生并不受政策影响,能源自然也没有被纳入考虑范畴。

20世纪70年代,宏观经济研究受到了不同但日益严峻的挑战。1971~1973年的世界性经济繁荣导致物质生产产业出现了严重的产能不足,但综合测量指标并没有显示产能短缺问题。1973年石油输出国组织发动的石油革命以及随后发生的世界油价飙升对整个工业世界经济业绩产生了毁灭性的影响。1973年生产率增长的终结以及由此而导致的就业激增否定了奥肯定律或者任何简单的生产率趋势计算结果。

以上种种变化对已经做出多次不同反应的经济政策提出了挑战。经济政策做出的第一次反应就是要求制定经济计划,以确保特定商品短缺不至于再度影响一般经济增长。汉佛莱—霍金斯(Humphrey-Hawkins)运动需要分析、报告和政策承诺,而政策承诺扩大了政府对保证私人经济部门供给负责的责任范围。这场运动的高潮就是通过了掺了水的《汉佛莱—霍金斯法案》,而这项法案的主要产物就是延续至今的制定难以实现的目标的难堪。

最近的一些供给导向型经济政策应归功于澳大利亚的著名计量经济学家柯林·克拉克(Colin Clark),他在20世纪40年代末率先提出了税负超过25%

就有可能导致通货膨胀的论点。他认为,加重税负会抑制储蓄和工作,减少产出供给,并且导致凯恩斯提出的需求约束效应失效。不过,当时并没人听信克拉克的论点,或许是因为很多西方国家都超越了 25% 这个税负极限,而且并没有明显殃及它们的经济。50 年代初,哈佛商学院开展了一系列关于税收的工作和投资效应的重要研究,并且因发现这些税收效应既小又风险难以确定而自鸣得意。但是,费尔德斯坦(Feldstein)和其他一些学者的一系列理论和计量经济学研究逐渐发现了一些更加重要的税收和转移支付负激励效应。到了 1975 年,拉弗、万尼斯基和罗伯茨重提克拉克的思想,他们强调边际税率过高具有负激励效应。这种论点以具体表现为"拉弗曲线的"比较极端的形式成为肯普—罗斯运动的思想基础。肯普—罗斯运动根据提升总供给比提升需求重要的理论,主张在不采取任何像削减政府支出或收紧银根这样的抑制性抵消措施的前提下实施减税。

数据资源公司模型中的供给经济学元素

最近为国会联席经济委员会起草的报告"税收政策与核心通货膨胀"[1]描述了数据资源公司(Data Resources, Inc.)模型中的供给特点。供给思想可以说在经济学中无处不在,以至于数据资源公司构建的模型总共有 800 个方程式,其中一半以上能够被称为"供给导向型"。然而,与政策有关的供给问题却要少很多。表 2 列示了数据资源公司目前使用的模型具有的关键供给政策特点。其中的有些供给政策特点早已纳入该模型,而且自那以来一直是该模型不可或缺的组成部分,而其他供给政策特点则在去年才被纳入模型。学术文献早就确定了公司税变化影响投资的效应,而公司税的投资效应也已经完全被纳入数据资源公司的模型。数据资源公司运用了经过修改的约根森的新古典学派投资理论,因为约根森的投资理论更加强调财政影响效应以及更加复杂的产出预期机制。数据资源公司把个人税的影响效应纳入模型仍是相对较新的做法。之前的计量经济学模型几乎不考虑克拉克、费尔德斯坦、拉弗和其他学者所强调的影响效应,因为相关的文献仍非常有限。数据资源公司在大量搜寻了不同历史时期的估计值和备选规范以后选择了它现在采用的参数。被选中的参数都是统计实验的典型值,而不是统计实验的异常值。

表 2 还表明,供给经济学的建模工作远非完美。现阶段的模型几乎不能反映税收和社会保险对个人储蓄的影响。关于税制的普通股估价效应以及由此而产生的对资产组合选择和公司财务的影响的研究仍处在可信赖方程认定阶段的初期。此外,人力资源投资仍没有被明确纳入模型。潜在产出和生产率方

程中的剩余残差时间趋势仍是有待完成的分析任务的一个测量指标。

表2　　　　　　　　对数据资源公司模型中税收供给效应的总结

税收因素	方程式	统计检验结果	税收的供给效应描述
公司所得税率	宏观和行业研发投资	运用约根森理论已确定的效应	影响资本租赁价格和现金流，1982～1985年投资—税收弹性是－0.28
折旧期限	研发投资	同上	同上，投资—税收弹性是－1.13
投资税收抵免	设备、研发投资	同上	同上，投资—税收弹性是－0.90
个人税	劳动力供给	在5%的水平上显著	

供给导向型税收政策的说明模拟

为了在现行政策背景下运用新的分析工具，首先有必要确定基本供给乘数或者表示税收政策影响经济关键维度的弹性。为了举例说明这些工具的用途，我们对模型进行了一系列模拟。

在进行模拟练习时，重要的是应该区分根据公共财政研究文献早已确定的"差别归宿法"分析供给措施的模拟结果以及允许供给和需求效应同时出现的模拟结果。差别归宿法要求把"抵消"定义为"对凯恩斯总需求效应的抵消。只有在总税收活动因实施抑制性抵消政策而保持不变的情况下才能证明纯粹的供给乘数。

不同经济背景下无抵消措施的个税大幅减少

一项典型的肯普—罗斯减税法案建议在3年内减征个人所得税30%。我们在假设没有任何抑制性抵消措施的前提下对这个减税方案进行了模拟。政府采购的实际水平保持不变，用银行增加准备金并保持利率不变来表示中性的货币政策。

第一次模拟把减税政策应用于一个资源正得到充分利用的经济体。在基准情形中，失业率平均为6%。其他条件取自今天的实际情况，包括石油输出国组织1981年和1982年分别把石油价格提高了6美元和8美元。国内立法取消油气价格管制的规定将加剧能源价格上涨。社会保险税调高是另一个重要冲击。总冲击通胀率被估计为随后3年每年2%。表2大致列示了这次模拟的结果。[2]正如我们所预期的那样,减税导致消费者购买力增长,从而导致经济陷入了一种需求过度和通货膨胀加剧的状态。低失业导致工资每年额外增加1%,工业产能的高利用率导致交货条件恶化,而且还导致批发价格每年上涨1.6%。国民生产总值平减指数到1985年上涨1.8%。联邦储备委员会根据实际利率不变原则,通过规定准备金提高货币供给增长率来调节通货膨胀。

减税的确有重要的供给效应。潜在国民生产总值到1985年将增长1.9%,生产率将提升相同幅度。到1985年,劳动力供给因税负减轻这个促进潜力的有利因素而增加30万。尽管减税主要集中在个税方面,但资本存量也将以较快的速度增加。较高的经济活力将创造更多的利润,并且导致更高的产出预期,从而促使投资每年递增3.3%。到1985年,较大的供给和需求效应将使实际国民生产总值增加2.6%,而价格水平上涨5.0%或者每年平均上涨0.5%,通货膨胀率是每年1.0%。1985年,核心通货膨胀率将加剧1.1%。

虽然潜在和实际产出又将出现净增长,但这个特定的供给和需求刺激组合的主要影响效应是导致通货膨胀加剧。由于需求处于高位,因此,实际通货膨胀率将逐年略有上升。由于核心商品和服务价格预期受到注意的过程比较缓慢,因此,核心通货膨胀随后会加剧。但不管怎样,如果新政策的基本目标是摆脱目前9%以上的核心通货膨胀率,那么,这个关键经济业绩指标的恶化有可能导致这一特定政策选项在所分析的经济背景下缺乏吸引力。

倘若在深度衰退的背景下考虑这种减税方案,那么,替代方案就会变得略微更加可取,但通货膨胀仍会以一种不可接受的程度加剧(见表3)。为了分析这种情况,一种深度衰退的情形被用作基准情形,并且重复了以上的模拟练习。在一个萧条经济中,减税能缩小通货膨胀压力,并且增加产出。通货膨胀每年加剧0.7%,而实际产出也每年增加0.7%。减税的供给效应在萧条比较严重的经济中略微稍大,5年潜在产出增长2.2%,略高于基准情形1.9%的潜在产出增长率。

表3　　　　　　　　　　无抵消措施的个税减税模拟结果

	1981年	1982年	1983年	1984年	1985年
政策变化(10亿美元变幅):					
个税收入	−29.9	−66.7	−115.5	−127.1	−137.1
联邦赤字(国家情报局)	−24.7	−53.2	−97.3	−118.3	−146.8
影响效应(水平百分比差):					
实际国民生产总值	0.7	1.8	2.8	2.6	2.6

续表

	1981 年	1982 年	1983 年	1984 年	1985 年
潜在实际国民生产总值	0.1	0.5	1.1	1.6	1.9
劳动力供给	0.1	0.3	0.4	0.4	0.3
生产力	0.2	0.6	1.4	1.8	1.9
速率差：					
失业率	−0.5	−1.1	−1.3	−0.9	−0.8
通货膨胀率：					
国民生产总值平减指数	0.1	0.5	1.2	1.8	1.8
核心通货膨胀率	0.1	0.1	0	0.5	1.1
工资增长率	0.1	0.7	1.4	1.7	2.0

这些模拟实验显示，无抵消措施的大幅度减税即使在一个衰退经济中也会对价格产生严重的不利影响。无抵消性政府采购减少的减税效应最初是"衰退"经济所需要的刺激。不幸的是，这种"刺激效应"比刺激经济所需的持续时间长，并且还会加剧通货膨胀。

被政府支出削减全部抵消的个税减税

一次基于"差别归宿"法并为抵消需求效应而考虑抵消措施的模拟练习得出了更加可靠的结果。我们进行了这样一次模拟，在这次模拟中，肯普—罗斯式个税减税被联邦政府足以保持失业率不变的非军事商品和服务购买支出减少所抵消。由于政府采购的需求乘数效应必然多少要比个税减税的需求乘数效应大，因此，这样一种减税和政府支出削减组合多少会导致政府赤字增加。表 4 大致给出了模拟结果。

表 4　　　无抵消性政府支出削减相伴的个税减税模拟结果（基准情形）

	1981 年	1982 年	1983 年	1984 年	1985 年
政策变化（10 亿美元变幅）：					
个税收入	−30.7	67.2	116.5	−126.4	−134.2
联邦赤字（国家情报局）	−25.3	−52.9	−93.6	−105.1	−121.6
影响效应（水平百分比差）：					
实际国民生产总值	0.7	1.9	3.1	3.5	3.8

续表

	1981 年	1982 年	1983 年	1984 年	1985 年
潜在实际国民生产总值	0.1	0.5	1.1	1.7	2.2
劳动力供给	0.1	0.2	0.4	0.3	0.2
生产力	0.3	0.8	1.8	2.6	2.6
速率差：					
失业率	−0.3	−1.0	−1.3	−0.9	−1.3
通货膨胀率：					
国民生产总值平减指数	0	0.3	0.7	1.3	1.2
核心通货膨胀率	−0.1	−0.1	−0.1	0.2	0.6
工资增长率	0.1	0.4	0.9	1.0	1.4

个税减税的供给效应很大，并且只受到政府支出削减很小的影响。潜在国民生产总值的增长率上涨 0.3 个百分点，到 1985 年就能达到 1.6 个百分点的水平。劳动力供给因税负减轻而增加 20 万，而生产率年增长率上涨 0.3 个百分点。实际通货膨胀率和核心通货膨胀率主要由于生产率增长而平均每年降低 0.2%（见表 5）。

表 5　　　有抵消性政府支出削减相伴的个税减税模拟结果

	1981 年	1982 年	1983 年	1984 年	1985 年
政策变化（10 亿美元变幅）：					
个税收入	−32.9	−75.5	−131.8	−154.4	−178.1
联邦赤字（国家情报局）	−20.3	−41.0	−65.7	−65.6	−68.6
政府支出	−11.6	−31.2	−59.6	−79.8	−99.6
影响效应（水平百分比差）：					
实际国民生产总值	0.1	0.4	0.9	1.3	1.6
潜在实际国民生产总值	0.1	0.4	0.9	1.3	1.6
劳动力供给	0.1	0.1	0.2	0.2	0.2
生产力	0.1	0.3	0.7	1.2	1.6
速率差：					
失业率	0	0	0	−0.1	0

续表

	1981 年	1982 年	1983 年	1984 年	1985 年
通货膨胀率：					
国民生产总值平减指数	0	0	−0.2	−0.4	−0.2
核心通货膨胀率	−0.1	−0.2	−0.4	−0.5	−0.5
工资增长率	0	0	−0.1	−0.2	−0.2

有货币政策抵消的个税削减

如果个税大幅削减与联邦储备委员会的货币主义政策观合并在一起，那么就会出现有利的供给效应，但要对资本供给尤其是住房存量采取一些抵消性削减措施。

我们进行了一次模拟练习，在这次模拟练习中，我们用旨在抵消总需求效应的货币政策来抵消削减个税的供给效应。为此，银行准备金供给被大幅度减少，从而导致信贷市场严重紧缩。模拟结果如表 6 所示。

表 6　　有旨在保持失业率不变的货币政策相伴的个税减税模拟结果

	1981 年	1982 年	1983 年	1984 年	1985 年
政策变化(10 亿美元变幅)：					
个税收入	−32.6	−74.8	−130.6	−152.5	−174.7
联邦赤字(国家情报局)	−33.6	−77.1	−134.9	−160.3	−189.8
影响效应(水平百分比差)：					
实际国民生产总值	0.1	0.4	0.8	1.2	1.3
潜在实际国民生产总值	0.1	0.4	0.8	1.2	1.3
劳动力供给	0.1	0.1	0.2	0.2	0.2
生产力	0	0.3	0.7	1.1	1.3
速率差：					
失业率	0	0	0	0	0
通货膨胀率：					
国民生产总值平减指数	0	−0.1	−0.3	−0.5	−0.5
核心通货膨胀率	−0.1	−0.2	−0.3	0.4	−0.3
工资增长率	0	0	−0.1	−0.2	−0.3

这个供给组合导致潜在国民生产总值每年增长 0.25%，或者在第五年增长 1.3%。生产率以相同的幅度增长。信贷需求增加，而利率明显上涨。随着利率

的上涨,货币流通速度加快。因此,联邦储备委员会为了回应减税措施不得不调低其货币政策目标。通货膨胀放缓,核心通货膨胀率下降 0.2%。

这个减税组合导致政府赤字也非常令人不安。利率上涨抵消了回馈收入,因此,财政赤字增幅并不小于减税幅度。减税第三年,财政赤字超过千亿美元,并且快速增加。

产出构成也受到影响。房地产业受到高利率的困扰,因此,平均开盘数减少 20%。此外,1985 年,实际消费增加 2.2%。企业固定资产投资小幅上涨 0.4%,并且与劳动力供给增加和生产率提高一起导致潜在国民生产总值每年轻松增加 0.25%。

三种公司税减税模拟

公司税削减(无论是税率调低、折旧方法改革还是投资税收抵免)效应分析是一个有定论的领域,数据资源公司的模型模拟得出了一致的结果。表 6 列示了 3 次模拟练习结果,这三次模拟练习都是根据差别归宿法,采用个税增加和政府支出减少作为财政抵消性措施完成的。实际利率保持不变。

由此可知,根据决策按现值计算结果进行的新古典投资理论,调低公司税率没有投资税收抵免或者解除折旧方法限制有效。税收减免对投资回报率的激励影响要远远大于全面调低税率,因为后者主要作用于既往投资已经实现的利润。根据数据资源公司的模型,以上三种公司税削减措施的现金流效应相似,但现实中,激励措施更加正确地把已经增加的现金流集中用在有最好投资机会的公司身上。

调低税率具有最有利的影响股权资本投资成本的效应。数据资源公司的模型反映了明显的投资者评估股票价值的现实——公开报告的税后收益是股票估价的依据。投资税收抵免和折旧计提往往不是完全采用报告收益,因此对股价的刺激效应较小。但应该承认这里有点假设投资者非理性的意味,因此,投资者感觉不到投资激励措施会扩大已缴税款与应缴税款之间的缺口。

笔者在最近为这个委员会起草的报告中详细介绍了一项表现为改革折旧方法和扩大投资税收抵免额的大规模税收激励政策。[3]这份报告的结论表明,几种旨在 3 年后减少应计税金 18%的措施,到了第五年能够实现核心通货膨胀率下降 1%的目标,其他通货膨胀率也以相似的幅度下降。由于这种减税组合与以上分析的大幅调低个税税率方案相比只导致少得多的税收损失,因此可以认为,公司税激励是更加有效的降低核心通货膨胀率和促进潜在国民生产总值增长的手段。

表 7　　　　　　　　　公司所得税不同减税策略的影响效应

	减税策略		
	调低税率	投资税收抵免	折旧方法改革
1985年水平(1972年千亿美元)变化百分比：			
生产者耐用设备投资	2.6	9.4	12.0
生产者耐用设备存量	1.4	4.3	5.0
潜在国民生产总值	0.2	0.6	0.7
1985年速率变化百分比：			
隐性国民生产总值平减指数	0.2	0.2	0.2
核心通货膨胀率	0.2	0.4	0.7

个税减税和公司税减税结果不同的原因是多方面的。个税减税主要着眼于劳动力供给相对比较适中的增长和生产率提升，而公司税激励旨在促进资本存量大幅度增加，从而促进生产率和潜在国民生产总值的大幅增加。因此，稀缺的税收资源用于公司税减免看起来效率更高。此外，美国经济目前并没有受到劳动力短缺的困扰，而是受到工业产能不足的困扰。从20世纪60年代开始实行的长期监管以及持续数十年的美元汇率高估削弱了美国初级加工业的竞争力，进而导致美国经济生产结构严重失衡：基本情况就是劳动力相对于现有工业资本存量而言太多。因此，随着美国经济达到繁荣的程度，虽然失业率仍维持在6%以上，但工业产能利用率已经处在通货膨胀的区间。削减个税并没有导致这些工业瓶颈的明显缓解，而投资税收抵免和折旧方法改革直接把工业所需的税收资源集中在工业投资上。

表8列示了不同减税措施增加潜在国民生产总值和降低通胀压力的相对效率。该表显示了通过个税减税、折旧方法改革、投资税收抵免扩大或调低公司税率每减少千亿美元税收实现的核心通货膨胀率下降百分比和潜在国民生产总值的增长百分比。由此而产生的排序显示，针对公司的减税措施看来是一些远远比个税减税有效的供给激励措施。虽然这个排序受到数据资源公司模型中特定参数的影响，但需要大幅改变这些参数才能颠覆这些结论。如果我们真能继续提高生产率，增强我们的国际竞争力，并且重新把经济纳入正常的增长路径，那么，公司税收的重大改革必然是第一步。

表 8　　　　　　　　　　　不同供给侧减税措施的相对效率[1]

	潜在国民生产总值效应[2]	核心通货膨胀效应[3]
个税减税	0.16	－0.003
调低公司税率	0.38	－0.021
扩大投资税收抵免额	1.60	－0.061
折旧方法改革	1.16	－0.070

注：1. 假设政府采购产生抵消效应；

2. 定义为 1985 年潜在国民生产总值的增长率，或者 1985 年总税收损失导致的核心通货膨胀率下降幅度；

3. 1985 年每减税千亿美元导致的核心通货膨胀率变化幅度。

然而，这也并不是说，在这次衰退期里必须把减税措施全部聚焦于公司侧。在过去的 15 年里，个人税负快速加重，典型劳动者的个人税负在过去的 15 年里加重了 50% 以上。单单出于公平的考虑，也足以证明早期的个税减税是合理的。此外，税负会影响劳动力参与率，并且对生产率产生负面影响。虽然个税减税测得的效率和增加的供给少于公司税减税测得的效率和增加的供给，但是，两者的混合使用仍被证明是合理的。国会联席经济委员会 1980 年的报告（第 44 页）中推荐的个税减税与公司税减税五五开方案就是一种合理的组合。这种组合方案为对投资进行大幅度的税收激励和向劳动者提供意义深远的减税留下了空间。笔者力促诸位注意减轻中等收入（10 000～25 000 美元）劳动者的税负，而不是给已经得益于 1978 年税改法案的高收入者以及税负在过去的 10 年里已经大幅减轻的低收入者追加减税。

结论性评语

对于经济学家、议员和负责经济政策制定和实施的官员来说，新思想与新问题的交互是一项激动人心的事业。我们正处在一个扭转美国经济持续下滑趋势以及运用新的观念实现大逆转的大好时机。迄今为止，美国政府一直坚定地运用美好的需求约束和信贷稀缺旧观念来制造为让我们的经济摆脱当前的通胀氛围所必需的衰退和失业。政府和国会在为启动衰退付出了政治代价，并且导致我们社会付出了人性代价后，现在有机会收获衰退带来的好处，并且为采用新观念解决我们遇到的长期问题创造一个良好的开端。

遗憾的是，我们必须承认与供给侧思想联系在一起的不确定性。对于我们的经济系统来说，不遗余力地实施大规模的供给侧减税有可能是在冒险，因为这样做只有在关键的供给乘数效应达到极端值的情况下才可能成功地实现目标。

根据数据资源公司在认真但有限地研究历史数据的基础上构建的模型所收入的参数,供给侧措施能够做出基本的贡献,但并不足以允许我们忽视问题的需求侧。一般来说,我们需要比过去 15 年经历的更加严厉的需求约束。虽然我们正在经历经济衰退,但仍必须转向充分就业预算所要求的财政约束。

在一个衰退环境下安排的增税需要采取一些刺激性财政行动,供给经济学要求这些行动聚焦于税收侧,但促进工业资本形成的激励应该被安排在议事日程的最前列。

如果我们加大激励企业投资和个人工作的力度,那么就能为美国经济在 20 世纪 80 年代实现根本好转创造一个良好的开端。

注释

1. Otto Eckstein, "*Tax Policy and Core Inflation*", a study prepared for the U. S. Congress, Joint Economic Committee, April 1980.

2. 关于详细说明本文表 2～表 6 数据的附录,可参阅 Otto Eckstein, "A Time for Supply Economics" (*in Forecasting the Supply Side of the Economy*, Hearings before the U. S. Congress, Joint Economic committee, May 21, 1980。

3. Eckstein, "*Tax Policy and Core Inflation*".

经济的供给侧:一种基于沃顿模型视角的观点

劳伦斯·R. 克莱因

我把自己的美国经济学协会会长就职演说(1977年12月)取名为"供给侧"[1]并非巧合。这篇讲话是由20世纪70年代为沃顿模型构建一个完整的供给侧板块而做出的巨大努力促成的。没有什么比主流大型计量经济学模型忽略经济供给侧这样的指责更加真实、确切。

沃顿模型之所以能够完全预测到1973年石油禁运的衰退性影响以及随后能源市场价格的节节攀升,是因为沃顿模型1973年10月的预测考虑到了供给侧的限制因素。一篇题名为"需求导向型系统中的供给约束:对石油危机的一种解释"(Supply Constraints in Demand Oriented Systems: An Interpretation of the Oil Crisis, January 1974)提交给维也纳研讨会的论文对这些限制因素进行了充分的说明。[2]

沃顿计量经济预测公司(Wharton Econometric Forecasting Associates)长期强调供给侧建模工作的另一个原因则是,我们已经认识到总需求管理政策无力完全解决我们这个时代的经济问题。这倒并不是要否定需求侧政策的重要性。需求侧政策必不可少,但并不充分。在需求侧政策已经以一种适当的方式落实到位以后,我们必须把注意力转向那些旨在解决以下棘手问题的政策:更加均衡地在供给和需求之间配置精力、保护环境、实现公平的收入分配、提高生产率、抑制通货膨胀和稳定美元币值。为了实现所有这些目标,我们必须大大超越需求管理。这个观点得到了很多计量经济学家的认同,并且在《汉佛莱—霍金斯法案》终极版本的公开声明中找到自己的位置。

沃顿模型中的供给侧内容

沃顿公司开发了两种解释美国经济活动的模型:一种是季度模型,聚焦于短期商业周期分析;另一种是年度模型,以逐年的方式注重数十年或者长期趋势分析。相比之下,主要是后一种模型更加关注供给侧问题,但短期和长期两种模型都包含大量的供给侧内容。

沃顿年度模型的核心部分就是一个大约由 56 个被列入正方阵列的部门组成的投入—产出系统，这个正方阵列的"列"表示投入，"行"表示产出。各投入—产出系统本身包含大量关于经济中技术和产能限制的供给侧信息，但这些信息在沃顿模型中主要被用于反映供给侧现象。表中的系数就如同传统的投入—产出分析并非固定，而是可变的，它们随着相对价格的变化而变化。这个特点对于阐释供给侧因能源产品相对价格大幅变动出现的技术变化具有特别重要的意义。沃顿模型通过这种方式利用投入—产出系统，就能够预测到国家能源消耗—国民生产总值比率——自 1973 年石油禁运以来一直保持着很快速度的重要发展——是否下跌。

沃顿模型不但对自 1973 年以来的能源消耗格局变化进行预测，而且还通过把相对于国内通货膨胀的能源进口价格与经济实际增长率下降挂钩来研究能源对经济的影响。能源消耗的真实状况也能反映包括农产品在内的其他基础材料市场的状况。能源、原材料、资本和劳动力成本都会影响沃顿模型中的国内价格。这些因素的影响会因生产率的提高而减弱，或者因生产率下降而加剧。生产要素的生产率也是沃顿模型中的一个重要变量，并且由生产函数的技术关系生成。

商品——无论是投入品还是产出品——供给，都是影响经济供给侧的因素。生产要素供给也有助于供给侧分析。关于这一点，沃顿模型在开发劳动力供给方程方面已经走得很远。人口、劳动力参与和失业都按年龄和性别组别来分类。出生和死亡这样的基本人口变化过程在一定程度上会影响人口和劳动力估计值，而实际工资、可支配收入和失业率则都是这些关系的重要变量。这三个变量被沃顿季度模型的劳动力供给函数所采纳，而沃顿年度模型只在一个现时滞后分布中引入了失业率。

目前，大家都非常关注税收的经济激励效应问题。事实上，供给经济学的确切含义常常由于被说成只关心税收相关型激励的学说而被扭曲。沃顿模型恰当地把税率与劳动力供给联系起来。模型中的各个劳动力参与方程表明，工作努力供给对间接税做出反向反应，因为这种税收会削弱实际工资的激励作用（通过扩大分母）。一般来说，间接税增加（在其他条件保持不变的情况下）会导致实际产出和就业人数减少。这就是石油输出国组织提高原油价格导致产出受到限制、通货膨胀加剧的原因所在。这是一个非常自然的模型结果，而且也是我们过去 7 年研究的一个特点。

直接税也被纳入了模型的劳动力供给方程式中。随着人均实际可支配收入的增加,劳动力供给趋于减少。这是一种被称为"劳动力供给曲线后弯"的经典经济现象。可支配收入就是个人毛收入减去税收,因此,随着税收的减少,可支配收入就会增加,而劳动力供给(相隔1个分布时滞)则减慢。

特殊的税收激励——投资税收抵免、加速折旧和雇佣税收抵免——都会起到同向作用。随着激励力度的加大,生产和就业趋于增加,于是就会出现周期性的生产率提升以及随之而来的抑制通货膨胀压力的倾向。在投资激励的情况下,生产率会以趋势增长的形式获得追加提升。中期还会产生增强经济实际增长和抑制通胀的效应。

沃顿产能利用率指数(Wharton Index of Capacity Utilization)作为供给侧经济约束指标差不多已经使用了20年,我们沃顿团队内部也就采用其他指标测量的问题发生过争论,但这些指标给人以误导性印象:经济中闲置产能充裕。沃顿指数完全可用来提供早期与越战军费开支节节攀升、1973年大宗商品价格暴涨以及1977～1979年经济扩张联系在一起的通货膨胀压力预警。沃顿指数由于其本身的构造对于供给限制因素比其他指数敏感,因为它与经济各部门的一般均衡间接相关。在沃顿季度模型中,产能的产出由经济系统的生产函数外生,因此,产能的产出和产能利用程度是经济系统不可分割的组成部分,并且会生成投资和生产率。这种方法论在"宏观计量经济模型中的失业率和产能利用率直接估计"(*Direct Estimates of Unemployment Rate and Capacity Utilization in Macroeconometric Models*)一文[3]中得到了充分的论证和说明,而且也表明我们早就认识到产能约束问题是沃顿模型结构中的重要构件,并且在通货膨胀分析中发挥了很大的作用。因此,关于供给侧一直被忽视的说法是完全错误的。

沃顿模型中的若干供给侧敏感问题

为了举例说明供给侧效应如何通过沃顿模型发挥作用,让我们来考察一些关于石油价格假设的变化。根据一项对1981～1989年(1979年11月完成)的基准预测,世界油价被认为平均要上涨9.0%。根据另一替代性预测,我们把油价上涨轨迹提高到了12.3%的平均上涨率。

平均而言,实际经济增长率从2.9%下降到了2.66%,而用于衡量总体通货膨胀的国民生产总值平减指数从基准预测中的6.84%上涨到了平均7.33%。因此,模型生成了反映国外油价变动导致美国通货膨胀加剧、经济增长减慢程度的量化估计值。临近10年考察期结束时,失业率在高油价的替代性预期下达到了一个全新的高点,而生产率增长率从下降0.1%增加到了下降2.0%。非常重要的能源消耗—国民生产总值比在两次预测中都有所下降,但在基准预测中到1989年降幅达到了46.8千BTU/GNP(千英制热量单位/国民生产总值,1972年的美元),而在替代性预测中下降到了45.55千BTU/GNP的低点。按人均消耗百万英制热量单位计,1989年的两次预测数据分别是359.4和343.1,节约4.5%。

表 1　　　　　　　　油价替代性预测涨幅(%)的影响效应

项目＼年份	1980	1981	1982	1983	1984	1985	1986	1987	1988	1989
基准预测油价涨幅	24.9	13.8	9.0	9.0	9.0	9.0	9.0	9.0	9.0	9.0
替代性预测油价涨幅	24.9	14.7	10.3	11.9	14.3	13.7	12.5	12.0	12.0	12.0
基准预测国民生产总值涨幅	0	3.4	3.1	2.8	3.3	2.9	3.0	2.7	2.8	2.7
替代性预测国民生产总值涨幅	0	3.3	2.9	2.7	3.0	2.4	2.8	2.5	2.5	2.6
基准预测通货膨胀率	9.1	8.2	8.1	7.5	7.0	6.5	6.5	6.4	6.3	6.3
替代性预测通货膨胀率	9.1	8.2	8.3	7.7	7.4	7.0	7.1	7.1	7.0	7.0

一项颇受欢迎的供给侧经济效应政策建议,就是通过增加投资来解决生产率增长速度减慢的问题。由此而产生的投资支出将刺激经济(通过需求侧),同时又有减小通胀压力(通过供给侧——提高生产率)、防止滞胀的作用。

沃顿模型的输入数据经修改能反映投资税收抵免从10%增加到20%及其非住宅建筑和设备投资扩展部分。终极结果是实际产出增长率上升、通货膨胀率下降、年生产率增幅扩大。相关数据如表2所示。表2对投资税收抵免替代性预测数据与1979年12月完成的基准预测数据进行了比较。投资税收抵免政策是根据便于本次模拟练习应用的原则选择的,但通过加速折旧或者其他投资激励手段可以实现类似的改进。

根据表2,投资税收抵免增加使得考察期前5年的实际增长率提升了略低于0.5个百分点,但两次预测的增长格局在1985年以后几乎趋同;而生产率增幅的提高和通货膨胀率的下降更加持久,并且贯穿这个考察期。

表 2　　　　　　　　　　　　投资税收抵免的影响效应

项目＼年份	1980	1981	1982	1983	1984	1985	1986	1987	1988	1989
基准预测国民生产总值增长率	−0.3	2.5	2.3	2.5	2.7	3.0	3.0	3.1	3.0	3.2
替代性预测国民生产总值增长率	−0.1	3.1	2.7	2.7	3.1	3.1	3.0	3.0	3.1	3.0
基准预测通货膨胀率	9.3	7.7	7.7	6.8	6.8	6.5	6.5	6.2	6.0	5.7
基准通胀率下的替代性预测投资税收抵免增长率	9.3	7.5	7.5	6.6	6.5	6.1	6.2	5.9	5.6	5.3
基准预测生产率增长率	−0.5	1.9	1.2	1.2	1.3	1.5	1.4	1.5	1.4	1.6
基准生产率下的替代性预测投资税收抵免增长率	−0.4	2.2	1.4	1.4	1.6	1.6	1.5	1.6	1.7	1.6

税收与经济激励

通过投资税收抵免、雇佣税收抵免或者折旧计提等实施的定向减税在沃顿模型中，都朝着促进资本形成或者就业的预期方向发挥了作用。同样，间接税减税也起到了抑制物价的作用，而且还刺激了最终需求。这些都是业已确定的税收效应，并且在沃顿模型——无论是季度（短期）模型还是年度（中期）模型——中都扮演了重要角色。但是，对于某些经济学家和很多关心这个问题的公民来说，供给经济学，就像我们已经指出的那样，被视为与直接税普遍减税紧密联系在一起的。

减税通过增加需求侧的支出来刺激经济。减税的这个效应在运用需求导向型模型进行典型的财政政策模拟中已经得到了清晰的证明。在很短的期限内，减税会导致预算赤字（或者减少预算盈余），并且有利于一般通胀压力的生成。通过供给学派关于调低税率会激发工作动机、提高生产率、增加公共收入并最终抑制通货膨胀的论点，正在继续的经济辩论被注入了一个新的元素。

工作动机是一种主观因素。虽然并非不可能在工作动机与税收之间设定关系，但这是一个很难完成的过程，不能就凭嘴上说说来验证。要令人信服，除了个人直觉之外，还需要一些能用于论证的物证。

调低税率能诱致更多工作努力的论断大概与 1978 年间"调低资本收益税税率能诱使更多的资金流向风险资本投资的论断具有相同的科学验证地位。在前一种情况下，主观投资决策会对资本收益税率做出反向回应的观点并没有得到证明。这个假设有一定的道理，但必须通过深入研究，在我们赋予前面提到的投资与定向减税激励间关系相同置信度的基础上确定减税与工作努力之间的关系。有很多投资税收激励变化的历史数据可用来估计这种变化影响资本形成的效应,但资本收益税率变化与投资变化或者个人所得税率变化与个人工作努力变化却没有可比的数据。

为了确定减税支持者们认为存在的这种关系,必须采用系统抽样法搜集劳动者面试和工作场所调查资料。虽然生产率因减税而独立增长,通胀因子可能会下降或者受到限制,但是我们并不知道减税的这种效应是否有牢固的事实基础。"劳动力供给曲线后弯"是有证据可以证明的,而这种减税效应作用方向相反。它会误导我们认为这种效应必然大于生产率提升效应,但有很好的证据证明工作与休闲之间的此消彼长关系是一种真实现象。

若干试探性回应

在听证会上,参议员本特森(Bentsen)还刨根问底地提了一些问题。

本特森:税收、通货膨胀和政府监管会对需求导向型计量经济模型没有适当反映的劳动力供给、资本和生产产生影响吗?

克莱因:一些更加知名的计量经济学模型收入了大量的供给侧内容,而且没有像很多人认为的那样的严重需求取向。税收、通货膨胀和政府监管对于投资过程的影响没有得到很好的理解。政府监管会影响劳动生产率,而且这种影响是得到一些模型明确证明的。仍有待解决的主要问题是:直接税的税率是否会以这样或者那样的方式产生影响。间接税的影响已经被一些模型所证明。

本特森:供给侧的哪些方面有最吸引人的调查和研究前景?

克莱因:计量经济学模型能够近似地反映现实,而且能够明显改善对业已存在的供给侧影响效应的估计。为了改进政府监管并把政府监管讨论扩展到环境保护、竞争力维持、卫生安全保障,还有很多工作要做。政府监管的更多方面以及它们的相关成本都应该明确纳入计量经济学模型。能源和其他资源的供给限制因素应该在模型中分开展示。这方面的很多限制因素已经被纳入模型,但仍有很大的改进余地,尤其是在开发新的供给内容这一侧。现在应该开始一些明确的研究项目以便调查资本收益税、增值税和一般所得税的影响效应。

储蓄供给应该按资产/负债工具和部门分类纳入计量经济学模型,这项工作可以最高效地通过把资金流系统完全融入大型供给—需求模型来完成。

本特森:为了对供给侧因素有一个新的认识,应该重新评估、修改甚或废弃哪些传统的政策工具、方法或者经验法则?

克莱因:应该认识到传统的通货膨胀—失业此消彼长观并非是绝无仅有的

叙事。如果价格因受到供给侧的冲击而上涨,那么像沃顿模型这样的合适的供给侧模型就能在通货膨胀与失业之间生成一种正向关系。我们还应该充分认识到,如果在面对目前我们遭遇的这类问题的情况下还必须要实现经济稳定,那么就必须采取旨在实施结构性变革的供给侧政策来对需求管理进行补充。

本特森:政府在未来同时解决生产率、通货膨胀和失业三方面的问题,而不是解决其中某一方面问题的过程中是否能够更加巧妙地运用经济激励措施?

克莱因:首先,政府应该确定多重目标,有可能同时改善生产率、通货膨胀和就业预期。其中最有希望的一条途径就是把均衡、合理的投资激励措施引入税收制度,建立青年差别化的最低工资制度,恢复原来的社会保险工薪税增长幅度,最大限度地降低政府监管经济的程度,加大节能鼓励力度,并且增加能源供给。以上这些还不是政府政策目标的全部,而只是政府政策目标的主要部分,但足以使我们能够沿着进一步稳定经济的道路上前行。

注释

1. Lawrence R. Klein, "The Supply Side," *American Economic Review*, 68 (March 1978):1—7.

2. Lawrence R. Klein, "Supply Constraints in Demand Oriented Systems: An Interpretation of the Oil Crisis," *Zeitschrift fur Nationalökonomie*, 34 (March 1974):45—56.

3. Lawrence R. Klein and Vincent Su, "Direct Estimates of Unemployment Rate and Capacity Utlization in Macroeconometric Models," *Internatonal Economic Review*, 20 (October 1979):725—740.

计量经济学建模的新发展：供给经济学

迈克尔·K. 埃文斯

在过去的 15 年里，美国经济形势不断恶化。在从 1948 年到 1965 年的这个时期里，平均通货膨胀率只有 2%，而今天已经接近 10%。在那个时期，生产率以年均 3% 的速度增长，而今天停滞不前甚至出现了下降。如今的失业率远高于 20 世纪 50 年代和 60 年代，而美国经济的最高潜在增长率从 3.5% 下降到了 2.7%。美元这种曾经的国际贸易基础货币在过去的十多年里表现长期疲软。

造成这些问题的主要原因就是：无论是公共部门还是私人部门，资源配置从投资转向了消费。在过去的 15 年里，财政和货币政策一直朝着补贴消费、惩罚投资的方向倾斜。我们实行了减税、退税，并且大幅度提高了用于转移性支付的国家资源比例。在这些经济刺激政策导致需求过度的同时，货币政策则被用于减少投资和引发经济衰退。这种恶性循环导致从 1965 年开始通货膨胀率持续上涨，而且不知何时会停止。

一些政治因素在某种程度上对这种恶性循环起到了推波助澜的作用。为低收入者减税辩护要比为企业减税辩护容易。对于高收入纳税人尤其是那些已经有足够多的储蓄而不"需要"进一步减税的纳税人来说，退税比减税更加"公平"。我们能以减轻穷人、病人和老年人的疾苦为由来为增加社会福利救济金辩护。此外，个人所得减税和转移性支付与企业税减税相比，会以较短的时滞影响经济。

然而，在过去的 15 年里几乎排他性地执行需求导向型政策的另一个原因是，现有的大型计量经济学模型全都显示，这些政策会对经济产生比供给侧减税更加有利的影响。这些模型都引入了需求增加自动会产生增加总供给的"扩散效应"，从而确保经济实现均衡、非通胀性增长的隐含假设。

但是，总需求与总供给均衡并不能靠任何魔力。如果不采取投资激励措施，那么资本形成就会停止。如果不采取工作激励措施，那么，劳动力参与率就会下降,已经加入劳动力行列的人就会减少劳动服务供给,而劳动生产率就会下降。结果,经济总产能就会以慢于总需求的速度增长,最终会导致经济出现瓶颈、短缺,而且还会导致通货膨胀加剧。

根据凯恩斯需求经济学,必须通过制造"经济萧条"并减少总需求来遏制通胀加剧。确实,必须扩大总需求与总供给之间的缺口才能减小通胀压力。当然有两个途径可以实现这个目标。一是实际减少需求,从而导致失业加剧;另一是增加总供给,从而提高经济的生产可能性曲线,并且在降低通货膨胀的同时增加就业和产出。这就是支撑我们供给侧建模工作的基本假设。

就像已经指出的那样,过去 15 年的财政政策分析大多基于政府增加支出能比等量的减税更大幅度地增加需求和产出。得出这个结论的推理过程即便没错,也过于简单。如果政府增加支出,那么,所有的资金都被用于增加总需求;但如果政府减税,那么部分资金被用于储蓄。由于现有的凯恩斯主义模型都没有考虑到储蓄与投资之间的这种关系,因此,需求不会等量增加。

此外,这些模型还显示,削减个人所得税会产生比削减公司所得税更大的影响效应,而且在很大程度上是因为相同的原因。与企业相比,个人会把较大比例的减税省下的收入用于消费,而把剩下的钱用于储蓄也无助于经济增长或者繁荣。

我们构建的供给侧模型正好得出了相反的结论:削减所得税能对经济产生比增加政府支出更大的影响。支撑这个结论的供给侧机理可以定性地概括如下:具体来说,削减个人和公司所得税会启动以下事件链。

1. 调低个人所得税率能够提高税后个人储蓄回报率,从而提高个人储蓄动机。储蓄的增加会导致利率下降,从而导致投资增加。

2. 调低公司所得税实际税率,无论是通过调低税率、扩大投资税收抵免额度还是放开折旧计提的方式都能通过提高平均回报率来增加资本投资。

3. 个人和企业储蓄的增加会导致流动性扩大,贷款需求减少,从而导致利率下降。

4. 投资—国民生产总值比的提高能够提升生产率,并且意味着单位投入能够生产更多的商品和服务。因此,单位成本不会快速上涨,而通货膨胀增速趋于放慢。

5. 调低个人所得税率能提高劳动力参与率和工作努力程度,从而增加为生产更多商品和服务所必需的劳动力供给。

6. 因此,劳动力供给、资本存量和生产率都会因为税率调低而增加或者上涨,从而扩大美国经济的最大产能。

7. 扩大最大产能的结果就是由短缺和瓶颈造成的通胀压力趋于减小,从而降低通货膨胀率。

8. 最大产能的扩大还允许为出口市场生产更多的商品和服务,从而增加我们的对外盈余并使美元变得坚挺,进而降低通货膨胀速度,因为进口减少,而不是价格上涨。

9. 由于工资谈判至少部分基于税后收入水平,因此,调低个人所得税率会导致工资小幅上涨,从而有利于进一步降低通货膨胀。

10. 调低税率可通过多个渠道来降低通货膨胀。通胀压力随着实际和最大潜在国民生产总值间缺口的增大而减小;生产率得到提高,从而降低单位劳动成本;美元变得坚挺,从而减少输入型通货膨胀;而工资水平以较慢的速度上涨。

11. 通货膨胀放慢,导致实际可支配收入增加,因为税级膨胀得到遏制。收入增加导致消费、产出和就业增加。

12. 通货膨胀减速导致利率下降,从而刺激了厂房、设备和住宅投资。

13. 通过提高经济生产商品和服务的最大潜能来满足因通货膨胀减速而增加的商品和服务需求,从而促成均衡、非通胀性增长。

我们现在来对供给侧模型包含的以上每种关系的经验证据进行简要点评。

之前关于消费函数的经验研究成果绝大部分表明,利率对可支配收入用于消费或者储蓄的比例不会产生显著的影响。确实,储蓄率与利息率之间的简单相关性并没有揭示上述影响关系。但是,我们发现在实际税后回报率与个人储蓄之间存在一种很强的关系。在进行了实证检验之后,我们认定,实际税后回报率能够最佳地用"长期债券收益率 $X(1-$平均个人所得税率$)-$过去 4 年的平均通货膨胀率"来表示。我们发现,这样定义的实际税后回报率会对消费和储蓄产生重要的影响。具体来说,回报率每上涨 1%,即从 3% 上涨到 4%,储蓄就能增加 120 亿美元。此外,我们还发现税后回报率对于储蓄的影响最近几年随着利率和通货膨胀率的上涨而不断扩大。

100 亿美元的普惠性个税减税,即把平均税率从 30% 调低到 29%,相对于高收入增加而言,只对储蓄产生较小的影响,但就像我们在下文要指出的那样,会对劳动力市场表现产生大得多的影响。不过,因减税、回报率上涨而增加的储蓄大约只有 10 亿美元。此外,通过提高回报率仅为增加储蓄而实施的同规模减税大约可增加 130 亿美元的储蓄。因此,减税形式对于确定减税对消费和储蓄的影响非常重要。

现有的计量经济学模型虽然没有收入个人储蓄的研究结果,但已经包含一些投资回报率上涨与资本投资增加之间的正向关系。无论是通过降低利率、提高股价、降低公司所得税、增加投资税收抵免、采取更加有利的折旧计提方法还是采用我们的供给侧模型没有专门收入的税收优惠，都能提高投资回报率和增加资本投资。现有模型仍有的缺陷就是它们没有能力把储蓄和投资变化以及投资变化与生产率和经济增长变化联系起来。

我们的模拟结果显示，税后利润增加10亿美元（无论是通过调低所得税率、增加投资税收抵免额还是缩短折旧期限）都能使企业固定投资大约增加7亿美元。我们还发现，利率下降1%，即从9%下降到8%，就能增加投资14亿美元，而由利率下降导致的股价上涨能增加投资21亿美元。

在供给侧模型收入的最重要关系集之一就是储蓄与投资之间的关系。因为，如果储蓄增加，而储蓄资金只是成为闲置现金余额，那么投资就不会增加。不管怎样，这些收入我们模型的关系有充分的文献证据。

个人储蓄每增加100亿美元，就会增加30亿美元的定期存款和16亿美元的储蓄机构存款，并且还会减少36亿美元的贷款需求。

由于商业银行资产负债表发生以上这些变化，因此，银行对美国政府证券的需求也会增加115亿美元，从而大约导致利率下跌1%，股票市场价格上涨3.2%。

这些变化会对投资产生两种相关效应。首先，利率下降、股价上涨，会刺激企业固定投资；其次，信贷便利会提高住房项目开工率和增加活动房屋生产，并且以较低的程度增加生产者耐用设备投资。

就如同所预期的那样，非住宅投资对利率和股价变化，比设备投资更加敏感。因此，我们发现，个人收入每增加100亿美元，非住宅建筑投资就会增加25亿美元，而生产者耐用设备投资就会增加13亿美元。由于信贷宽松和利率下降，住宅建筑投资就会增加15亿美元。这些当然只是由收入和产出增加引发投资增加的第一轮影响效应。然而，这些结论证明了已经纳入供给侧模型的储蓄与投资之间的强关系。因为，如果储蓄与投资之间没有很强的关系，那么就观察不到两者的任何第二轮影响效应。

我们的供给侧模型还实现了另一个重要突破，那就是对迄今为止一直被作为外生变量处理的生产率进行了内生的解释。除了由国民生产总值和产能利用水平波动造成的生产率变动外，我们还发现了4种导致战后头20年生产率长期增长率由每年3%下降到目前几乎为0的因素。生产率增长与投资率密切相关，而且还取决于下文要介绍的多个其他因素。

以下因素导致生产率年增长率下降了如下幅度：

1. 轿车和小卡车除外的企业固定投资—国民生产总值比率下降：1%。
2. 政府减污、职业卫生安全、消费品安全、有毒物质控制法和其他联邦法律规定的标准监管成本：1%。
3. 家庭第二劳动力比例上升，第二劳动力平均受教育和培训最初低于家庭第一劳动力：0.5%。
4. 能源相对价格上涨：0.5%。

我们现在回过头来考察税率变化对劳动力市场变量的影响。除了减税会对储蓄和投资产生有利的影响外，我们还发现个人所得税变动与劳动力市场状况之间存在的一些显著关系。劳动力市场状况可细分为3个方面，即劳动力参与率、工作供给量和质量以及工资水平上涨。

劳动力参与率最好细分为家庭第一和第二劳动力。个人所得税变化对在这里被定义为25~54岁男性的家庭第一劳动力的影响显著但很小。个人所得税边际税率每调低1个百分点，只导致家庭第一劳动力增加0.05%，但却导致家庭第二劳动力增加0.37%。不管怎样，个人所得税边际税率调低1个百分点导致的劳动力总增量差不多是0.25%，或者按美国目前的劳动力规模计，差不多增加27万个劳动力。

劳动力参与率方程还显示，实际最低工资（按通胀率调整后）每增加1%，就会导致16~25岁组别的劳动力参与率下降0.2%。在劳动力年龄组别谱系的另一端，人均实际社会保险金每增加1%，就会导致55岁以上组别的劳动力参与率下降0.4%。

把劳动力使用量与产出、资本存量和生产率联系起来的方程式通常被称为"逆生产函数"或者"劳动力需求函数"，但它们实际上就是一种简式劳动力需求和供给方程，因为劳动力使用量取决于企业的劳动力需求以及劳动力供给意愿。

这些合并效应非常显著。我们发现，包括社会保险税在内的个税平均税率每调高1%，就会导致劳动力使用量减少0.5%。劳动力使用量减少是由多个因素造成的。首先，由社会保险税增加促成的劳动力成本上涨会导致劳动力需求减少。其次，个税税率调高会导致周工作时间减少。我们发现，这个影响效应导致的劳动力供给减少要占到劳动力总供给减少的一半以上。第三，税率调高导致某些组别劳动力的休闲时间、缺勤率和工作厌恶程度增加或者提高。

我们发现税收变化的工作努力效应相当惊人，而且这一发现得到了我们为1962年和1966年进行的一些横截面研究的支持。我们之所以选择1962年和1966年，是因为要把大幅减税的1964年包括在内。我们采用国内税收局的磁带资料,并根据收入类别对所得税纳税申报单进行了分类,以便确定减税会对工作努力产生什么影响。

我们基本上采用了以下这些方法。我们知道1962～1966年间,税率大幅调低。对于任何给定水平的调整后毛收入(AGI),我们考察了工薪收入以及营业和业务收入占AGI的比例——换句话说,本期工作努力创造的劳动所得——发生了什么变化。如果这个比例保持不变,我们就能断定税率调低没有对工作努力产生显著影响。请注意,通过控制AGI在回归分析中保持不变,我们就能自动把经济总体增长或者生产率提高造成的工作努力增加排除在回归分析之外。我们的分析严格局限于对任何给定水平收入的边际分析。

我们发现,税率调低1%就会出现以下结果。税率调低1%,低收入劳动者大约就会提高0.1%的工作努力,而中高收入劳动者大约则会降低工作努力0.25%。我们发现,高收入劳动者——应税收入在12万美元或以上——的工作努力弹性超过2。他们的工作努力弹性很可能由于以下原因而被高估。当最高边际税率从91%调低到70%时,很多个人干脆就会把他们的某些报酬由资本收益和股票期权重新转化为劳动收入。因此,在排除了经济增长因素以后,虽然最高税率大幅调低,但按最高税率征收到的税收收入仍从1962年到1966年翻了一番多。

虽然高收入劳动者的工作努力弹性被高估了,但是,这些合并截面和时间序列最后显示,工作努力与税收水平呈反向关系。此外,这个结论并不只局限于收入谱系的低端,而且在各个收入水平上都显著,而且它的适用性也随着所适用边际税率等级的提升而提高。

因此,税率调高会导致劳动力参与率和企业的劳动力使用量下降。然而,税率调高的故事并非到此结束,而且还会通过提高工资水平来推高劳动力成本。我们发现,税率调高1%,就会直接导致工资水平上涨0.4%,如果把工资水平和单位劳动力成本上涨对价格的第二轮影响包括在内,那么就会导致工资水平上涨0.7%;而税率调低1%,则最终因单位劳动力成本下降而导致价格下跌0.7%,如果把利率和其他要素价格下降考虑进去,那么,价格下跌幅度就更大。

这样,供给侧模型结构直接把主要生产要素及其主要相关因素——劳动力、资本及其生产率增长——与美国经济的最大潜在国民生产总值联系在一起。因此,我们的供给侧模型并不必然从属于关于未来几年潜在国民生产总值会以多快的速度增长的外生性假设。潜在国民生产总值的未来增长率直接与劳动力投入、资本存量和生产率有关。

假设没有发生抵消性生产率下降的情况,劳动力供给每增加1%,就能导致潜在国民生产总值增加 2/3 个百分点。足以使资本存量增加 1% 的投资增量能使潜在国民生产总值增加 1/3 个百分点；按目前的水平计，这个规模的投资增量能使企业固定投资大约增加 10%，并且能使总投资增加 1%，进而导致生产率提高 0.6%。

生产率提高 1%，不但能使最大潜在国民生产总值增加 1%，而且最初还能使价格下降 2/3 个百分点，因为劳动力成本要占到要素总成本的 2/3。这还只是生产率提高的第一轮效应，因为价格下跌还会导致工资下降以及单位劳动力成本和价格的进一步下降。生产率上涨 1% 的总效应是导致价格大约下跌 2%。

由于最大产能采用内生法来处理，我们还能把其他创新成果引入供给侧模型。具体来说，供给侧模型引用了累积缺口概念。当这个缺口是负值时，我们把累积缺口定义为 99% 的最大潜在国民生产总值与实际国民生产总值之间的累积差。当累积缺口为正值——实际国民生产总值小于最大潜在国民生产总值——时，由于存在瓶颈和短缺，因此不会生成通胀压力。然而，当累积缺口为负时，价格就开始以快于要素投入成本上涨的速度上涨。

虽然累积缺口这个概念涵盖经济系统的各个部门，因此涵盖面更广，但看起来并没有与某个产能利用指标相差很大。我们累计计算了各考察期差值为负的累积缺口。因此，这个概念表明，通胀压力是多年形成的，并不会一出现温和的经济衰退就销声匿迹。在经济接近满负荷运行时出现的低效率和扭曲问题不会在一夜之间得到逆转，并且一直要遗留到累积缺口再次归零。累积缺口概念也表明通胀预期是逐渐形成的。

供给经济学在我们模型中得到体现的最后一个方面就是把国际部门融入美国经济。再说，理论经济学家早就假定两者之间存在强关系，但这些关系从未在宏观经济模型的背景下得到经验证明。

供给侧效应在两个特定方面显得非常重要。首先，实际和最大潜在国民生产总值之间缺口的扩大会使出口增加，因为美国经济缺口产能的增强允许为出口市场生产更多的产品和服务。实际国民生产总值与最大潜在国民生产总值之间的缺口每扩大 1%，按美国目前的出口规模计，出口每年就能大约净增 7 亿美元。由于国民生产总值缺口具有累积性，因此出口净增额还会继续线性增加，如 3 年后可增加 21 亿美元。

第二个重要效应就是把与国际收支净差额规模密切相关的美元贸易加权平均值与总体通胀率联系在一起。我们发现，美元对德国马克、法国法郎、比利时法郎、荷兰盾和日元贸易加权平均值的相对价值每下跌 10%，就会导致生产者价格指数上涨1.3%,并且在2年后导致消费者价格指数大约上涨1.3%的一半那么多。

因此,我们能够证明多个具有显著通胀和增长率效应的供给侧关系。我们列举的数据都与消费者价格指数变化有关,并且仅仅是一些影响估计值而已。首先,个人所得税率每调低1个百分点,就会导致工资水平因而价格大约下跌0.5%。其次,生产率每提高1个百分点,就会导致价格下跌2/3个百分点。第三,美元的贸易加权平均值每增加10%,就会导致通货膨胀大约下降0.6%。第四,实际和最大潜在国民生产总值缺口每扩大1%,3年后就会导致价格下跌0.4%。有必要重复指出,所有这些数据都只是一些影响估计值,并没有考虑工资、价格、生产率和其他生产要素之间的相互影响。其实,价格的最终变化在初始影响的2到3倍之间,具体取决于当时的周期性条件。

于是,我们发现需求侧经济学主张的解决通货膨胀的方法,即"必须减少产出并增加失业,才能控制通货膨胀率",仅仅是几种备选方案中的一种而已。我们也能通过提高生产率、调低个人和公司所得税率和提升美元的币值来降低通货膨胀。我们并不否定"实际国民生产总值与最大潜在国民生产总值缺口的大小是决定通胀率的因素之一"的说法,但认为还必须关注其他因素。

我们现在运用一个我们最近构建的初级版供给侧模型来考察个人所得税分3年普减30%的影响效应。我们考虑以下三种情形:

1.基准情形:没有进一步减税。联邦政府收入每年增加15%,而支出每年减少12%,假设有9%的通货膨胀率和3%的平均实际增长率。在这组假设条件下,预算先是在1983财政年度实现了平衡,此后盈余快速增加。

2.连续3年每年普减个人所得税10%,而政府支出没有发生补偿性的减少。联邦预算在1983财政年度达到−620亿美元的赤字峰值,并且在整个1980~1985年期间持续赤字。

3.同样是连续3年每年普减个人所得税10%,但在1984年首次实现预算平衡之前政府没有增加实际支出。之后,政府支出和税收等量增加。

以上三种情形的模拟结果如表1所示。

表1

财年	情形A 收入	情形A 支出	情形A 盈余或赤字	情形B 减税导致的收入变化	情形B 减去：回增	情形B 等于：总收入	情形B 盈余或赤字	情形C 节支导致的收入变化	情形C 总收入	情形C 总支出	情形C 盈余或赤字	备注 情形A中的GNP 金额	备注 和失业率 金额(%)
1979年	466	494	−28									2 314	5.8
1980年	532	569	−37									2 527	6.8
1981年	618	638	−20	−29	6	595	−43	−5	590	620	−30	2 783	7.9
1982年	711	715	−4	−66	16	661	−54	−11	650	676	−26	3 118	7.3
1983年	817	800	17	−115	36	738	−62	−19	719	737	−18	3 492	6.9
1984年	940	896	44	−132	48	856	−40	−19	837	837	0	3 911	6.5
1985年	1 081	1 004	77	−152	65	994	−10	−22	972	972	0	4 380	6.1

情形A：没有进一步减税，收入每年增加15%，支出每年减少12%。
情形B：连续3年每年每减10%的个人所得税，政府支出每年增加12%。
情形C：减税同情形B，但政府支出在预算实现平衡之前每年只增加9%。1980年后的基本经济假设：经济每年实际增长3%，通胀率（国民生产总值平减指数）每年9%。

失业和通胀效应(%)

财年	情形B 失业减少	情形B 新失业率	情形B 通胀效应 需求侧	情形B 通胀效应 供给侧	情形B 总效应	情形C 失业减少	情形C 新失业率	情形C 失业率下降	情形C 通胀效应 增长率 需求侧/供给侧	情形C 税收减少	情形C 总效应
1981年	0.3	7.6	0	0	0	0.1	7.8	0	0	0	0
1982年	0.9	6.4	+0.6	−0.3	0.3	0.3	7.5	0.1	−0.2	−0.3	−0.4
1983年	1.6	5.3	+1.2	−0.9	0.3	0.7	6.2	0.4	−0.8	−0.9	−1.3
1984年	2.0	4.5	+3.5	−2.7	0.8	1.3	5.2	1.3	−1.6	−2.7	−3.0
1985年	2.4	3.7	+6.6	−4.8	1.8	1.8	4.3	2.3	−2.6	−4.8	−5.1

即使类似于原肯普—罗斯法案的情形 B 也没有导致经济状况大幅度恶化。虽然预算赤字在 1983 财年达到了 620 亿美元的峰值,但调低税率的供给侧效应还是实实在在的。通胀率每年约只上涨 1%。虽然通胀率起先加速上涨,但最终还是维持在 4% 以下。到了 1985 年,失业率已经跌到了 3.7%,而不是像基准情形中预测的 6.1%。

与最近的罗斯—阿姆斯特朗法案(Roth-Armstrong bill)相似的情形 C 看上去要远优于情形 B。失业率到 1985 年就会下跌到 4.3%,而通胀率在 1984 年和 1985 年每年约下降 2%。在情形 C 中,通胀加剧的影响效应被税率调低的供给侧效应不但通过减少失业所减小,而且还被政府削减支出产生的有利影响效应——通过把部分资源从公共部门转移到私人部门而提高了生产率——所减弱。

最后,一项连续 3 年每年削减 10% 的个人所得税(在表中每年减税结果分行表示)并在 3 年里每年保证政府实际支出水平大约提高 3% 的计划,将导致通货膨胀率约每年上涨 1%,即从目前基本通胀率 9% 上升到 10%,而且到 1985 年导致失业率上涨略高于 2%。一项包括同样连续 3 年每年削减个人所得税 10% 但在联邦预算实现平衡以前政府支出增加不超过通胀率的计划,不但能够导致失业率到 1985 年下降差不多 2%,而且还能导致通胀率每年差不多下降 2%。

与供给侧税收政策有关的证据

罗伯特·凯勒赫

引　言

本文对"供给侧"税收政策的证据进行简要综述。全文安排如下：首先，由于财政政策的供给侧毕竟对于不同的人意味着不同的东西，因此，笔者简要介绍了区分供给侧税收政策与其他税收政策的标准。其次，笔者概括介绍了一些关于不同减税策略的经验研究证据。具体来说，简要回顾了减税的劳动力供给效应以及储蓄和投资效应，因而简要介绍了关于（尤其是肯普—罗斯型）减税的总供给或者总产出和税收收入效应。第三部分总结关于税收政策的现有经验证据和传统观点可能引发误导的原因。在结束了第三部分的分析以后，笔者介绍了从似乎与减税策略关系更加密切的历史经验总结出来的4方面证据。

供给侧减税

供给侧财政政策对于不同的经济学家仍意味着不同的东西。例如，常有人说，任何影响总供给的税收政策就是供给侧税收政策。某些大型计量经济学模型的兜售者声称，他们的模型兼收并蓄了供给经济学的元素，因为它们包括测量总供给或者生产的变量以及一些一旦发生变化就会影响总供给的税收变量。

然而，早期的供给经济学支持者认为，供给侧税收政策不只限于认识到税收变化会影响总供给。当然，重要并能区分供给侧政策与其他政策的因素，是税收变化影响生产要素从而影响总供给的方式。具体来说，这些经济学家强调与总供给相关的税收变化主要是税率变化，更具体地说是边际税率（据以对追加经济活动增量征税的税率）变化。也就是说，是边际税率（而不是平均税收水平）影响纳税人的动机和行为。因此，这些经济学家对税率与税收进行了重要区分，而且还认为税率变化就是相对价格变化，因此会影响纳税人的选择、资源配置，从而影响真实经济活动。所以，根据这种观点，税率变化应该被视为相对价格变化,而不是税收或者收入变化。对于总供给来说,重要的是相对价格变化,而不是收入或者支出变化。由此可见,早期的供给经济学支持者并没有把减税看作是购买力或者消费的增加。

另一方面,凯恩斯学派的税收政策强调消费水平作为经济活动决定因素的重要性。由于消费增加被认为是增加生产所必需,因此,预算赤字被视为经济扩张的刺激手段。例如,退税和力度更大的免税在凯恩斯学派经济学家看来是具有传导力的减税,而供给学派的拥护者则认为这样的税收变化几乎不会或者根本就不会对税率产生影响,因而几乎不会影响纳税人的行为动机和总供给。

对若干经验证据的简要回顾

减税与劳动力供给

已有几项经验研究考察了减税的劳动力供给效应。这些经验研究一致或者大多表明,削减个人所得税只会对劳动力总供给(通常用工作时间来测度)产生有限的影响。也就是说,工作时间与税后工资水平低度相关(即劳动力总供给对工资只有很低的弹性,或者从某种程度上说没有弹性)。例如,劳动力供给对税收变化的弹性据估计从约 0.1 增大到 1 左右(即所得税削减 10%,工作时间就会增加 1% 到 10%)。[1]

这样的劳动力供给弹性(约 0.1)对于最佳适龄男性劳动力来说是非常低的。例如,个人所得税削减 10%,只能增加这类劳动力供给 1%。[2] 也就是说,个人所得税减税被认为几乎或者根本不会对最佳适龄男性劳动力的工作时间供给产生影响。家庭第二劳动力以及年龄较轻和年龄偏大的劳动力(总共约占总劳动力的一半)被发现对税后工资水平变化的反应更加敏感(如女性已婚劳动力的供给弹性被估计为 1.0 左右)。[3] 此外,另一些证据显示,高工资劳动力对税率变化非常敏感。因此,总的来说,已有证据倾向于显示,个人所得税减税对最佳适龄男性劳动力的劳动服务供给只产生很小的影响,而对其他劳动力供给则往往产生较大的影响。

减税与储蓄

虽然有些研究仔细考察了这个问题,但考察这个问题的研究大多认为,储蓄不会对利率变化做出反应。例如,迈克尔·J.波斯金(Michael J.Boskin)指出,"储蓄对利率完全无弹性的观点在经验和政策取向型宏观经济学家中间大有市场"。[4] 这种传统的观点坚持认为,减税虽然会提高储蓄的税后回报率,但对增加储蓄供给几乎或根本就没有影响。由于这个缘故,一些大型计量经济学模型也忽略了税收的个人储蓄效应。

但不管怎样,最近有证据驳斥了这种被广为接受的观点。波斯金采用更加相关的利率测量手段研究发现,储蓄的利息弹性竟然也有 0.4。[5]虽然按传统的标准来衡量,这并不是一个很高的弹性,但大大高于几乎之前的所有估计值和传统看法。埃文斯、图雷(Turé),尤其是金(King)、萨默斯(Summers)以及波斯金和劳(Lau)最近也研究得出了表明储蓄具有实质性利息弹性的结论。[6]这些新的证据倾向于表明,储蓄的利息弹性大于传统认为的弹性,最近的一些估计值甚至高达 2.0 和 2.5!这就意味着,能够提高储蓄的实际税后回报率的减税有可能诱使储蓄大幅增加。[7]

减税与投资

虽然得到广泛认同的传统观点坚持认为减税对储蓄和劳动力供给只有相对较小的影响,但现在达成的共识则认为税率变化能对投资产生显著影响。有证据表明,直接针对投资的减税也许是通过其增加资本存量的效应来刺激总供给的最有效方面。例如,数据资源公司(是这种共识的代表)指出,旨在激励投资的减税是促进实际国民生产总值增长的最佳方式。大部分大型计量经济学模型收入了减税据以促进投资的不同机制,这些机制包括改革折旧计提方法、扩大投资税收抵免额和下调公司所得税率。当然,这些机制的终极投资和资本存量效应取决于减税规模和方式。数据资源公司表示,不同税收策略具有如下投资—税收弹性(1982~1985 年期间):(a)下调公司所得税率的投资—税收弹性是-0.3;(b)折旧期限变化的投资—税收弹性是-1.1;(c)投资税收抵免的投资—税收弹性是-0.9。[8]

就以折旧计提改革效度为例,数据资源公司对所谓的 10—5—3 议案进行了研究,并且认定:如果这项议案能在 1980 年获得通过,那么,到 1984 年企业实际固定投资将增加 209 亿美元(而且在 1984 年前的考察期里年均增加 100 亿美元)。[9]有几个作者辩称,如果选择正确,针对投资的减税在政府不遭受任何重大收入损失的前提下能够导致投资大幅增长;其中的某些减税方式有望能够"自负盈亏"。[10]

减税与总供给

那么,所有这一切对于总供给来说意味着什么呢?从以上讨论来看,传统的观点坚持认为,减税——从某种程度上讲——确实能增加劳动力、储蓄和投资供给,因而能增加总供给。然而,传统观点坚持认为,从不同要素供给对于税收变化的弹性的角度看,减税的总供给效应并不是很大。

例如,埃克斯坦对数据资源公司模拟过的肯普—罗斯型所得税减税进行了模拟,[11]数据资源公司的模拟结果是潜在产出对所得税只有很低的弹性,即－0.05。如果肯普—罗斯减税法案在1980年获得通过,那么,实际国民生产总值可能增长2.6%,而潜在国民生产总值到1985年可能会增加1.9%。因此,根据数据资源公司的模拟结果,个税减税对总供给只有很小的影响(数据资源公司的模拟显示,在过去15年里,个人所得税率调高了50%,而潜在国民生产总值只减少了2.5%)。当然,对肯普—罗斯减税法案的一致看法是以"无论是劳动力还是资本对个税税率调低只做出很少或者根本就不会做出反应"这一假设为前提的。请记住,数据资源公司的模型基本上就是一种需求导向型收入—支出模型,只包含有很少或者根本就不包含任何供给侧影响因素。

另一方面,拉弗、埃文斯、图雷和其他学者也构建了一些供给侧模型。例如,埃文斯模型具有一种储蓄和劳动力回应减税的更有弹性的反应能力。埃文斯表示,三五年以后,我们就会重视肯普—罗斯型减税的供给侧效应。他认为,如果减税没有政府削减支出相伴,那么,失业率到1985年就会减少2.4%;而如果减税有政府节支相伴,那么,失业到1985年就会减少1.8%(如果减税没有政府节支相伴,那么,减税就会导致通货膨胀恶化——上涨1.8%;但如果减税配之以政府支出约束,那么通胀就会大幅减缓——下降5%)。[12]

减税与税收

关于所谓的拉弗曲线,只有很少的经验证据。传统观点常常倾向于把减税等同于税收减少,因此,税率和税收通常都被推定会以同比例下降或减少。但由于传统观点承认肯普—罗斯型减税能诱使总供给小幅增加,因此不得不承认有反馈效应存在,税收以低于税率调低幅度的比例减少。例如,豪斯曼(Hausman)估计,税率调低10%,税收就会减少6.1%。[13]但是,传统的观点强调肯普—罗斯型减税并不能"自负盈亏"(尤其是在短期内)。

有一些证据显示,针对特定部门(即投资)的减税、针对特定群体(即高收入群体)的减税或者针对特定地方的减税也许能够"自负盈亏"。也就是说,税基狭窄的税种要比宽税基税种更可能具有拉弗(自负盈亏型减税)效应。由富勒顿完成的宏观层面有关(劳动力)拉弗曲线的唯一经验研究表明,美国可以令人信服地在禁止区间内运行。但是,如果要让这种情况发生,劳动力供给对税率的弹性就必须大于现有的大多数估计值。[14]

埃文斯和拉弗的供给侧模型都表明,肯普—罗斯型减税在长期的时间框架内能够自负盈亏。例如,埃文斯模型显示,即使政府支出仍以10%的速度增长,这种减税到1985年也有可能创造780亿美元的盈余。而拉弗模型则显示,肯普—罗斯型减税会导致税收总收入在超过无减税时的税收总收入后到第五年会有所增加。[15]

对现有证据的评论

那么,是什么原因导致供给侧理论没有获得更多的经验研究支持呢?难道是因为供给侧理论是一种错误的理论?难道是因为缺乏适当的数据可用?难道是因为这种理论难以检验?这一节将回顾一些表明以上证据有很多可能会引发误导的论点。

测量问题

很多关于供给侧税收政策的经验证据都存在测量问题。如上所述,对于供给经济学家来说,边际税率是一个至关重要的税收变量。然而,边际税率因纳税人个人和经济部门而异。此外,由于通货膨胀和经济增长,边际税率还因时而异,因此,在测量总边际税率方面存在很多问题。结果,"平均税率"甚至"税收水平"常在不同的经验研究中被用作"边际税率"的代理变量(例如,奥托·埃克斯坦在美国国会联席经济委员会举行的听证会上作证时承认,数据资源公司在其有关肯普—罗斯型减税模拟中采用税收水平变化作为边际税率的代理变量!)。[16]采用这样的变量当然能够导致调高边际税率可能会影响经济活动的效应模糊不清。如此看来,很多旨在检验供给学派命题的研究都采用了一个错误的税率变量。

大多数劳动力供给经验证据存在的问题与把"工作时间"作为"劳动力供给"的代理变量有关。由于实行每周工作40小时的制度,因此,对于很多劳动力来说,这个变量没有希望对税收变化做出回应,但其他与劳动力供给有关的变量也许仍能对税收激励做出反应。例如,像工作动机、企业家精神、工作强度、工作质量、创新、管理技能和志向这样的变量虽然难以测量但可能会对税收激励做出回应,并且对于劳动力供给来说非常重要。而且,减税也许会导致缺勤率下降、做兼职工作的人增多、推迟退休和失业期缩短。此外,减税有可能鼓励人们承担更多的责任并且积累更多的人力资本。传统的经验研究都没有测量减税的这些影响效应。正是由于以上种种原因,劳动力供给回应税收变化的弹性无疑要大于通常认为的弹性。

最后，任何这方面的经验研究都没有认识到所谓的地下经济的影响效应。如果能够测量地下经济的影响效应，那么，市场上的劳动力供给也许就更有弹性回应税收变化。关于这一点，几乎所有的经济学家都承认，与宽税基税种相比，拉弗曲线更适用于窄税基税种。地下经济（更不用说税制漏洞）的存在意味着个人所得税的税基要比一般认为的狭窄很多（并且正变得越来越狭窄）。因此，拉弗曲线可能要比通常认为的更加可信。

对大型计量经济学模型的评论

常被用来模拟像肯普—罗斯法案这样的税收政策的大型计量经济学模型由于多个原因而存在缺陷。一般来说，这些模型都是一些需求导向型收入—支出模型，因此没有很好地考虑供给侧因素。首先，由于都是一些收入—支出模型，因此，它们非常重视支出流，而不是相对价格。结果，这些模型就无力发现边际税率变化可能诱发的影响效应（例如，在数据资源公司的模型中，税收变化对储蓄或者劳动力供给没有明显的影响。事实上，在1980年6月以前，数据资源公司模型的工资方程式中甚至没有税收项）。由于这些模型不能发现减税影响总供给的路径——仅有的反馈效应常常要通过总需求才能产生，因此，它们夸大了税收损失。

其次，储蓄在大多数计量经济学模型中没有得到适当反映。也就是说，税收在这些模型中常被假设为对储蓄没有任何的独立效应。例如，埃克斯坦承认，"现有模型几乎没有反映税收和社会保险对个人储蓄的影响"。[17]此外，就如埃文斯指出的那样，在这些模型中，储蓄变化不会转化为投资变化，储蓄被构建成会阻止需求，而投资则会增加需求。

第三，减税的很多一般效应在这些模型和研究中没有得到应有的反映。例如，很多肯普—罗斯型减税研究隐含的"课征于个人的税收只影响劳动收入"一般观点根本就是错误的。个人所得税会影响小企业以及利息、股息和资本收益收入，因此，个人所得税很难与资本形成没有关系。[18]实际上，调低个人所得税率至少会同时影响4种相对价格。具体来说，调低个人所得税率会影响：(1)休闲与工作的相对价格，即用所放弃收入计算，个人所得税率调低后，休闲变得比较昂贵（极端地说，调低税率会导致"免税"的失业金和福利金相对于工作的吸引力下降）。(2)本期消费与未来消费——储蓄和投资——的相对价格。按照因不储蓄或投资放弃的未来消费计，税率调低后，本期消费就变得比较昂贵。(3)市场经济下工作与非市场（地下）经济下工作的相对回报。(4)应税部门与可避税部门的相对投资回报。因此，极端地看，税率调低以后，资源会由休闲转向工作，由消费转向储蓄和投资，由可避税投资转向生产效率更高的应税部门。

肯普—罗斯型减税或者计量经济学模型研究都没有考虑到所有这些相对价格变化，也没有反映这些有利于储蓄和投资以及市场化劳动的资源转移。如果有关肯普—罗斯型减税和计量经济学模型研究能够考虑这些相对价格变化并反映这些资源转移，那么就能发现总供给回应税率下调的能力无疑要大于通常认为的总供给回应能力。

时间框架

最后，供给经济学通常关涉长期问题。但很多供给侧研究以及大型计量经济学模型都关注相对短期的时间框架。例如，爱丽丝·瑞福琳（Alice Rivlin）在美国国会联席经济委员会前就供给经济学问题作证时承认宏观经济学模型在解决与长期经济增长有关的问题上存在缺陷。[19]经济学家都承认，考察的时间框架越长，弹性就越大。因此，研究的时间框架越长，供给经济学就越显得有意义。所以，供给经济学不适合用来进行稳定政策研究，而适用于长期经济增长研究。

若干涉及面更广的历史证据

由于以上列举的很多计量经济学研究证据并不充分，因此有必要考虑采用有关供给侧税收政策的其他信息来源。其中的一个信息来源就是有关供给侧税收政策实施的历史事件。有很多"因果关系"证据可以证明调低税率与——尤其是窄税基税种（如关税）的——税收增加相关。例如，古典学派经济学家经常描述这种情形。[20]在19世纪格莱斯顿主政时期的英国，税率下调以后，经济增长，税收增加。[21]历史上，调低所得税率的例子并非很多。不过，最近波多黎各的经验是这方面的一个例子。波多黎各从1977年到1979年每年削减所得税5%，并且收到了经济增速加快和税收增加的明显效果。[22]

美国只有很少的显著调低联邦所得税率的经验。20世纪20年代的梅隆（Mellon）减税和60年代初的肯尼迪减税很可能是美国仅有的好例子。虽然对于梅隆减税还没有任何严格的经验研究，但是，因果性证据似乎支持供给学派的立场。具体而言，减税——调低边际税率——与经济快速增长和税收增加相关。

20世纪60年代初，美国再次下调所得税边际税率。尽管不同的历史时期之间总是存在很大的差异，但肯尼迪减税计划仍是一个反映肯普—罗斯型减税可能产生的影响的有用例子。1964年，个人所得税的最高边际税率由91%调低到 70%，而最低边际税率则从 20% 调低到 14%。税率下调分 2 年完成。企业税也在削减之列。总减税额达到 120 亿美元——应该强调这是 1964 年的美元。

几个来源的证据都表明，肯尼迪减税起到了作用，但并不是由于凯恩斯学派所说的原因。具体来说，丹尼森(Denison)对 1962 年和 1963 年实际与潜在国民生产总值缺口给出的估计值显示，这个缺口太小，因此，需求侧政策无法保证实际国民生产总值实际增长。[23]另有其他因素必然也会导致总供给(潜在国民生产总值)增加。实际情况看起来与总供给因回应各种税收激励而实现的增长完全相符，而且也得到了坎托、卓伊内斯和韦伯最近完成的两项扩展型经验研究的支持。[24]

关于税收收入的证据也似乎支持供给学派的观点。坎托、卓伊内斯和韦伯的研究显示，肯尼迪减税到 1966 年只导致了个人所得税收入的小幅损失——而且在很大程度上被公司所得税和其他税种由于经济实际增长而增加的收入所抵消。这项减税计划的一个设计者沃尔特·W. 海勒在 1977 年美国国会联席经济委员会作证时也支持了这些结论：

"减税……是在 1965 年年中越战升级之前帮助我们实现 30 亿美元盈余的主要因素……执行减税计划减少了 120 亿美元的税收……但在 1 年内，联邦财政收入已经多于减税之前。"[25]

(当然，海勒肯定认为，税收收入来自于凯恩斯学派提出的需求侧乘数效应。)

结束语

在笔者看来，我们可从以上分析得出以下结论：供给侧削减所得税和企业税很可能导致劳动力、储蓄、投资供给进而导致总供给一定程度的增加。减税导致经济实际增长，因此，税基会扩大，但税收不会按税率调低的比例减少。简而言之，由于这些反馈效应，预算赤字不会有很多人预计的那么大。此外，随着经济的实际增长，有些政府支出(如转移性支付)可能会减少，从而进一步减少赤字。虽然总供给会增加，但减税至少在短期内会导致赤字增加。不管怎样，就减税会导致储蓄增加这一点而言，预算赤字部分可以在不增加货币供应量的情况下得到弥补。从长期看，减税的供给侧效应应该更大。因此，在长期的时间框架内，赤字应该不会那么令人不安。供给经济学在长期经济增长政策研究方面要比在短期经济稳定政策研究方面有更多的用武之地。虽然调低税率会导致 2~3 年的赤字增加，但过后就能导致经济更加坚挺。从长期看，未来的纳税人能够得益于经济走强、赤字减少。那么,鉴于这些推论,是否应该减税呢？在决定这样的政策时应该考虑多个因素：个人和企业所得税的税率,近几年,个人和企业所得税的税率大幅度上涨。就如古典学派经济学家反复有力地指出的那样,如果纳税人在花很多的时间和资源来避税或者逃税,那么就说明税率很可能太高(地下经济也许能告诉我们某些东西)。除了税率太高之外,适用于劳动所得、储蓄收益和投资回报等的税率由于通货膨胀而每天都在上涨。除了这些税率由于通货膨胀而上涨外,调高社会保险税率和暴利税率也已经列入计划。总之,税率不但太高,而且每天都在上涨,甚至还会按计划进一步上涨。因此,从某种意义上讲,肯普—罗斯型减税只是在抵消过去、现在和将来税率的上调。虽然一些供给学派的发烧友仍然认为可以在不考虑政府支出的情况下实施减税,但是,很多供给学派的经济学家表示有必要限制甚至削减政府支出(按照占国民生产总值的比例)。这些经济学家普遍认为,在可能的情况下,限制政府支出应该与减税相伴而行。如果两者双管齐下,那么预算赤字必将会减少,而且不会再那么令人不安。

供给侧减税对于货币政策的意义

几乎所有的供给经济学家都已经认识到货币数量控制对于供给侧减税政策的重要性。也就是说,这些经济学家都已经认识到这些税收政策必须与稳定的货币供应量增长政策双管齐下。这种对货币数量控制的关切尤以里根总统某些供给学派的经济顾问为代表,他们主张与联邦储备委员会一起执行"货币协议"。这种关切的结果就是,联邦储备委员会在货币数量控制上的努力应该得到了里根政府的有力支持。由于供给学派主张的税收政策意味着短期内联邦政府预算赤字会有所增加,因此,坚持货币政策目标对于以后几年就显得尤为重要。不过,赤字增加并不必然会导致货币供应量增加。与利率目标有关的一个问题就是,(无论公共部门还是私人部门)信贷需求的增加会导致利率上涨,联邦储备委员会——通过制定利息目标——来调节信贷需求。美联储转向准备金目标制定程序的一个主要原因就是要最大限度减少信贷需求调节。换句话说,制定准备金目标,就意味着我们应该关注旨在改进货币数量控制和准备金目标制定程序的努力,并且绝不应该重新恢复对利率的关注。

注释

1. 如请参阅 Harvey Rosen 的"What is Labor Supply and Do Taxes Affect It?"(*American Economic Review* 70, May 1980: 171—176)、Don Fullerton 的"On the Possibility of an

Inverse Relationship between Taxes and Government Revenues"(*Working Paper Series*, National Bureau of Economic Research, Inc., April 1980)以及 Jerry Hausman 的"Income and Payroll Tax Policy and Labor Supply"(*Paper prepared for a conference on "The Supply-Side Effects of Economic Policy"*, Washington University and the Federal Reserve Bank of St. Louis, October 24—26, 1980。这里的劳动力研究是指横截面研究,所以与时间维度无关。因此,这些研究并没有提供有关回应时间的信息。

2. Hausman,"*Income and Payroll Tax Policy*,"p.25.

3. Rosen,"*What is Labor Supply?*"p.171(如已婚女性劳动者的弹性据估计高达 1.0)。

4. Michael J. Boskin,"*Taxation, Saving, and the Rate of Interest*",*Journal of Political Economy* 86, no.2, pt.2(April 1978):54。Boskin 的研究运用了年度时间序列数据。因此,他的研究结论暗示,税后回报每增加 10%,就会导致储蓄每年增加 4%。其他所提到的研究可做类似的阐释。

5. Ibid.

6. Michael K. Evans,"An Econometric Model Incorporating the Supply-Side Effects of Economic Policy,"paper prepared for a conference on"Supply-Side Effects of Economic Policy,"Washington University and Federal Reserve Bank of St. Louis, October 24—26, 1980; Norman B. Turé, testimony before U.S.Congress, Joint Economic Committee, *Forecasting the Supply Side of the Economy*; *Hearings*, Ninety-sixth Congress, Second Session, May 21, 1980; M.King,"Savings and Taxation,"in G.A. Hughes and G.M.Heal, eds., *Essays in Public Policy* (London: Allen Unwin, Ltd., 1980); Lawrence H.Summers,"Tax Policy in a Life Cycle Model"Working Paper Series, National Bureau of Economic Research, Inc., 1978; and Michael Boskin and L.J.Lau,"Taxation, Social Security, and Aggregate Factor Supply in the United States,"in *Compendium of Tax Research*, U.S.Treasury Office of Tax Analysis(Washington, D.C., 1978).

7. King, "Savings and Taxation," Summers, "Tax Policy in a Life Cycle Model;" and idem, "Tax Policy and Corporate Investment," paper prepared for a conference on "The Supply-Side Effects of Economic Policy," Washington University and Federal Reserve Bank of St. Louis, October 24—26, 1980.p.32.

8. Otto Eckstein, "A Time for Supply Economics," prepared statement submitted to U.S. Congress, Joint Economic Committee, Ninety-sixth Congress, Second Session, May 21, 1980.

9. Otto Eckstein, "Tax Policy and Core Inflation," a study prepared for the U.S. Congress, Joint Economic Committee, Ninety-sixth Congress, Second Session, April 10, 1980.

10. Summers, "Tax Policy and Corporate Investment."

11. Eckstein, "A Time for Supply Economics."

12. Evans, "An Econometric Model."

13. Hausman, "Income and Payroll Tax Policy and Labor Supply."这项研究采用了横截

面数据。请参阅注释 1。

14. 例如，Fullerton 的研究显示，劳动力供给回应税率的高弹性——至少高达 1.7（与至少 30%的税率一起）——有可能使得拉弗效应可信。应该记住，Fullerton 的论文只适用于劳动力，而拉弗曲线可适用于所有生产要素。

15. Evans,"An Econometric Model;"and Arthur B.Laffer and David Ranson,"The Prototype Wedge Model:A Tool for Supply-Side Economics,"(Boston:H.C.Wain-wright & Co., Economics) September 14,1979.

16. King,"Savings and Taxation;"Summers,"Tax Policy in a Life Cycle Model;"idem, "Tax Policy and Corporate Investment."

17. Eckstein,"A Time for Supply Economics,"p.26.

18. Alan Reynolds,"Individuals and the Tax Question,"*Wall Street Journal*, October 24,1980;还请参阅"*World Report*,"First Chicago Corporation,July-August 1980.

19. Alice Rivlin,Statement before U.S.Congress,Joint Economic Committee,*Forecasting the Supply-Side of the Economy:Hearings* Ninety-sixth Congress,Second Session, May 21,1980.

20. Robert Keleher and William P.Orzechowski,"Supply-Side Fiscal Policy:An Historical Analysis of a Rejuvenated Idea."Ch.herein.(Unpublished paper.See Chapter 3.)

21. Ibid.

22. Ibid.;also,Andrew W.Mellon,*Taxation:The People's Business* (New York:MacMillan & Co.,1924);Jude Wanniski,*The Way the World Works* (New York:Basic Books, 1978);and Rep.Jack Kemp,"Kemp on Stein:Are We All Supply-Siders Now?"letter to the *Wall Street Journal*,April 4,1980.

23. E.F.Denison,*Accounting for Slower Economic Growth* (Washington,D.C.:Brookings,1979);Paul Craig roberts,"The Economic Case for Kemp-Roth,"in Arthur B.Laffer and Jan P.Seymour,eds.,*The Economics of the Tax Revolt* (New York:Harcourt Brace Jovanovich,1979)p.61.

24. Victor A.Canto,Douglas H.Joines,and Robert I.Webb,"Empirical Evidence on the Effects of Tax Returns on Economic Activity,"*Proceedings of the Business and Ecoomic Statistics Section of the American Statistical Association* (Washington,D.C.,1979);idem, "The Revenue Effects of the Kennedy Tax Cuts,"unpublished manuscript,University of Southern California,November 1980.

25. Walter W.Heller, Statement before U.S.Congress,Joint Economic Committee,February 7,1977.

第六章

政策教训:肯尼迪减税与撒切尔实验

肯尼迪减税

布鲁斯·R. 巴特利特

约翰·F. 肯尼迪 1961 年 1 月就任总统时，美国经济还处在一次衰退的复苏过程中。在 1960 年的后 3 个季度里，实际国民生产总值出现了负增长，而失业继续加剧。虽然国民生产总值在 1961 年有所回升，但失业率仍然居高不下，这一年平均达到了 6.7%。到了 1962 年年中，肯尼迪和他的经济顾问们认定有实行一次全面减税的必要性。肯尼迪先在当年 6 月 7 日的一次记者招待会上提到了这种可能性，但直到那年晚些时候还没有完整阐述他的减税计划。肯尼迪 1962 年 12 月 14 日在纽约经济俱乐部发表的一次讲话中大概讲述了他的减税想法：

"联邦政府帮助经济增长的最直接和显著的行动，就是使得增加私人消费和投资需求成为可能——消除抑制私人消费的约束因素。在过去，部分可以通过增加使用信用和货币工具来做到这一点。但是，目前我们的国际收支状况限制我们使用这些扩张工具；也可以通过以快于必要速度的速度增加联邦政府的支出来做到这一点，但这样做很快就导致政府和经济陷入混乱状态。如果政府想保住人民的信任，那么就必须不多花一个能被国家需要证明是不合理的便士，并且以最大的效率来花钱。

"增加消费者和企业需求的终极和最佳手段就是减轻私人收入的负担，并且消除我们的现行税制约束个人首创性的制约因素——而本届政府在去年夏天承诺的全面削减个人和公司所得税的方案将于 1963 年提交议会审议通过并且付诸实施。"[1]

肯尼迪好像是在说，虽然凯恩斯经济学认为能够很容易地通过增加政府支出或者增加货币数量来刺激总需求，但是，由于美国贸易赤字，而增加政府支出又仅仅出于宏观经济的原因而遭到抵制，因此，减税是唯一可行的选择。减税还有它特殊的政治魅力，就像总统经济顾问委员会主任沃尔特·W. 海勒所指出的那样，"实施减税有可能诱使保守势力和开明力量结成联盟，以便即使在面对现有赤字的情况下仍能够为争取实施扩张性财政政策、扩张经济和增加政府支出而努力"[2]。

然而,保守派虽然一般都支持减税,但更加关心赤字性支出问题。因此,肯尼迪从一开始就阐明了他的观点"高税率会减少税收,而降低税率则能够增加税收"。以下引文同样转引自肯尼迪在纽约经济俱乐部发表的讲话:

"我们的正确选择并不是在减税与避免巨额联邦赤字之间。我们越来越清楚地认识到,无论哪个党派执政,只要我们的国家安全需要不断的增强,受到限制性税率制约的经济绝不可能创造足够的收入来平衡预算,因为这样的经济绝不可能创造足够的就业机会或者利润。过去10年的教训肯定就是,预算赤字并非是挥金如土的政府造成的,而是因为经济增长缓慢,并且遭遇了周期性衰退——但任何新的衰退都可能打破所有的赤字纪录。总之,现在的问题就在于税率太高、税收太少——从长期看,增加税收的最可靠方式就是现在就调低税率……我再重复一遍:我们的现实选择并不是在减税导致赤字与预算盈余之间,而是必须要在两种赤字(一种结果令人讨厌地会导致税收不足和经济受抑制的长期慢性赤字,而另一种由旨在刺激经济、增加税收和实现未来预算盈余的减税造成的暂时性过渡赤字)之间做出。第一种赤字是浪费和虚弱的征兆,而第二种赤字则标志着对未来的投资。"[3]

肯尼迪在他于1963年1月21日公布的经济报告中继续阐述了他的减税主题。就像他指出的那样,"充分就业就是一个不切实际的沉重的税收负担,已经到了非消除这个负担不可的时候了"[4]。3天以后,也就是1月24日,肯尼迪向国会传递了他的减税信息,并且大致披露了他的减税方案的细节:

(1)调低个人所得税各个档次的税率。个人所得税的税率从最低一档的税率20%和最高一档的税率90%——基本上与第二次世界大战期间的个人所得税最低和最高税率相同——分别调低到14%和65%。每个档次的税率平均调低20%,分3年调整到位。

(2)公司所得税的税率从52%调低到47%,特别是调低适用于小企业的税率。

此外,肯尼迪还提出了多项税收"改革"建议,旨在增加34亿美元的收入并补偿税率调低导致的税收损失。[5]

众议院筹款委员会在整个夏季的大部分时间里都在审议这个税收法案,第8363号决议直到1963年9月13日才在法律上完全生效。这项税收法案开宗明义地宣称,国会认为,该法案规定的减税通过刺激经济,有可能在经历了一个短暂的过渡期后增加(而不是减少)税收。众议院筹款委员会的报告详细阐述了这个问题：

"我们承认，在很多人看来，把减税作为增加税收的一个途径似乎自相矛盾。然而，过去的经验证明，这种情况有可能发生。实际上，从目前的状况来看，这种情况有望出现。1954～1956年这个时期发生的事件表明，这种情况很可能出现。1954年，国会批准在朝鲜战争期间强制性增收个人所得税到这个时期结束，确定削减消费税，允许征收超额利润税到期末，并且还确定削减其他税收。减税总额大约高达74亿美元。但仅过了2年，也就是1956年，总共收到32亿美元的税收，已经超过减税前的水平。"[6]

然而，众议院筹款委员会的共和党成员称肯尼迪的减税计划在财政上不负责任而表示反对，原因就是税收减少，而支出却不减。换句话说，他们认为，通过增税来平衡预算要比忍受暂时赤字的困扰更加重要。[7]他们似乎不明白（就如同很多人到现在还不明白），税率并非固定；由于通货膨胀或者实际收入的增加，纳税人就得按较高档次的税率纳税。肯尼迪和他的顾问们把这种现象称为"税负加重"，并且认为必须用像减税或者联邦扩展计划这样的"财政红利"来加以补偿。[8]

在辩论会上，众议院筹款委员会主任威尔伯·米尔斯（Wilbur Mills）试图驳斥共和党议员谴责减税会导致更大赤字的观点：

"'减税能给我们这个国家创造为解决我已向诸位列举的问题所需的增长率，减税在经过一个短暂的过渡期后会实际增加税收，并且还会使税收超过减税前的水平'这种想法并非像有些人说的那样是什么新的想法……议长先生，就是根据这种推理，本人得出了以下结论：这个法案会使国民生产总值获得充分多的增长，因此，由国民生产总值增长所增加的税收会使联邦预算实现平衡，并且比在不减税的情况下更早实现预算平衡。

"议长先生，在我看来，这项减税法案本身在未来几年里大约就能使国民生产总值增长500亿美元。如果真是这样，那么，减税至少能增加120亿美元的税收。"[9]

参议院多数党领袖麦克·曼斯菲尔德（Mike Mansfield）和后来成为参议院财政委员会主任的参议员罗素·朗（Russell Long）都在参议院辩论会上做了相似的陈述。[10]

那么，这项减税计划实际为美国经济做了些什么呢？几乎所有的肯尼迪减税计划计量经济学研究一致认为，它能高度刺激美国经济。约翰逊总统经济顾问委员会主任阿瑟·奥肯（Arthur Okun）表示，"1964年的减税被认为到1965年年中为我国的国民生产总值做出了250亿美元的贡献，到了1965年年底收到了国民生产总值增长 300 亿美元的效果,并且最终导致我们的国民生产总值增加了 360 亿美元"。[11]数据资源公司、沃顿计量经济学预测公司和国会预算局的劳伦斯·克莱因也做出了类似的估计。[12]

这次减税很可能在失业率上能够看到最显著的效果。如表 1 所示,从 1961 年到 1969 年,美国全员失业率差不多下降了 50%。黑人成年男性失业率下降显著,从 1961 年的 11.7% 下降到了 1969 年的 3.7%。在美国近代历史上的任何其他时期,美国少数民族都没有遇到过这么好的事情。

虽然关于这次减税的总体经济效果也许没有引发很大的争论,但关于它的税收效果仍存在很大的争议。国会议员杰克·肯普(Jack Kemp)根据国会研究服务中心完成的一项研究辩称,这次减税大幅增加了税收。[13]财政部强烈驳斥了这种观点,并且指出实际税收收入与 20 世纪 60 年代初总统预算报告中的税收估计值接近。[14]这显然并不能证明什么,因为估计值本身考虑了反馈效应。值得注意的是,俄亥俄州民主党国会议员、众议院筹款委员会委员查尔斯·瓦尼克(Charles Vanik)最近谴责说,税收从未恢复到原来水平;由于肯尼迪实施减税,政府仍在损失税收。就像他向众议院报告的那样:

"是的,政府的开支和浪费促成了我们的债务和赤字。但是,过去 15 年实施的减税对我们的债务和赤字造成的影响要比其他因素造成的影响大 10 倍……1962 年的减税使财政部累计付出了 100 亿美元的代价,财政部为 1964 年减税付出的代价是 2 280 亿美元,1971 年减税的代价是 736 亿美元,而 1975 年减税的代价则是 560 亿美元。"[15]

表 1　　1961~1969 年美国失业率变化(%)

年份	白人 总计	男性	20 岁以上的男性	女性	20 岁以上的女性
1961	6.0	5.7	5.1	6.5	5.7
1962	4.9	4.6	4.0	5.5	4.7
1963	5.0	4.7	3.9	5.8	4.8
1964	4.6	4.1	3.4	5.5	4.6
1965	4.1	3.6	2.9	5.0	4.0
1966	3.3	2.8	2.2	4.3	3.3
1967	3.4	2.7	2.1	4.6	3.8
1968	3.2	2.6	2.0	4.3	3.4
1969	3.1	2.5	1.9	4.2	3.4

续表

年份	黑人和其他人种				20岁以上的女性
	总计	男性	20岁以上的男性	女性	
1961	12.4	12.8	11.7	11.9	10.6
1962	10.9	10.9	10.0	11.0	9.6
1963	10.8	10.5	9.2	11.2	9.4
1964	9.6	8.9	7.7	10.7	9.0
1965	8.1	7.4	6.0	9.2	7.5
1966	7.3	6.3	4.9	8.7	6.6
1967	7.4	6.1	4.3	9.1	7.1
1968	6.7	5.6	3.9	8.3	6.3
1969	6.4	5.3	3.7	7.8	5.8

资料来源：U.S. Department of Labor, Bureau of Labor Statistic。

这种说法显然十分荒唐。这只不过是在打破全部规则的同时保持其他一切不变的惯用伎俩。换句话说，瓦尼克是在假设，即使不减税，我们也能取得等量的经济增长。这样的假设显然是站不住脚的。

但有数据显示，税收确实以非常快的速度增加，并且超过了在没有减税的情况下能够实现的税收。例如，据约瑟夫·佩奇曼（Joseph Pechman）在1965年完成的一项有关减税的研究中预测，1965年损失税收84亿美元。但一项实收税收研究显示，实收税收比预测多131亿美元（见表2）。

表2　　　　　　　估计税收损失额与实际税收增加额比较

调整后毛收入档次（千美元）	百万美元				估计值差（%）
	估计税收损失额	1965年估计税收额	1965年实际税收额	差　额	
0～5	1 656	4 374	4 337	-37	-0.8
5～10	3 411	13 213	15 434	+2 221	+16.8
10～15	1 412	6 845	10 711	+3 866	+56.5
15～20	467	2 474	4 188	+1 714	+69.3
20～50	914	5 104	7 440	+2 336	+45.8
50～100	342	2 311	3 654	+1 343	+58.1

续表

调整后毛收入档次（千美元）	百万美元				估计值差（％）
	估计税收损失额	1965年估计税收额	1965年实际税收额	差　额	
100＋	204	2 086	3 764	＋1 678	＋80.4
合计	8 406	36 407	49 530	＋13 123	＋36.0

资料来源：Internal Revenue Service, Statistics of Income－1965, Individual Income Tax Revenue; Joseph A. Pechman, "Evaluation of Recent Tax Legislation: Individual Income Tax Provisions of the Revenue Act of 1964", *Journal of Finance* (May 1965), p. 268.

另一项由迈克尔·K. 埃文斯博士完成的研究显示，税收在档次较高的税级上实现了大幅增加（见表3）。收入超过10万美元的纳税人缴纳的所得税占所得税总收入的百分比从1963年的5.1％增加到了1964年的6.3％、1965年的7.6％、1967年的8.5％和1968年的9.2％。就如埃文斯指出的那样，这些数据有力地驳斥了"为富人减税就是'对财政部实施抢劫'"的观点。[16]

表3　　　　　　　　　　肯尼迪减税计划与富人缴税

年份	最高税率（％）	从以下各档次调整后毛收入收到的税收（百万美元）：		
		100万美元以上	50万～100万美元	10万～50万美元
1961	91	342	297	1 970
1962	91	311	243	1 740
1963	91	326	243	1 890
1964	77	427	306	2 220
1965	70	603	408	2 750
1966	70	590	457	3 176

就是由于这个原因，很多人今天还像安德鲁·梅隆（Andrew Mellon）在20世纪20年代那样认为，向富人多收税的最佳途径就是调低他们适用的税率。就如《华尔街日报》最近指出的那样：

"按理说，而且我们也完全相信，如果富人多缴税，那么，美国的经济就能从中受益匪浅。多年来，我们也一直这么认为，至少是私底下这么认为。不过，我们没能使政治家们理解的是，他们不能通过调高税率来让富人多缴税。如果调高税率，富人雇用律师和会计师为他们寻找避税手段就会变得更加有利可图，而这种不当努力的成本对于我们的经济来说就是一种纯粹的损失。或者，富人们完全停止工作，并且把钱花在喝香槟和玩游艇上，这对于经济来说也是一种纯粹的损失。以上无论哪种方式都会导致税收减少，而政府支出的负担就落在了中产阶级和穷人身上。"[17]

最后，关于肯尼迪减税计划到底是否增加了税收这个问题，我们应该注意到1977年沃尔特·W. 海勒在向国会联席经济委员会作证时做出了肯定的回答。在回答参议员雅各布·贾维茨（Jacob Javits）援引众议员肯普使用的数据提出的问题时，海勒回答说：

"1965年的减税到底结果如何难以确定。但只要我们能够仔细分析，就能发现这次减税似乎产生了巨大的刺激效应，对经济产生了成倍增加的影响。这是导致我们在1965年年中越战升级困扰我们之前实现30亿美元预算盈余的主要因素，1965年减税额达到了120亿美元，相当于今天大约330亿或者340亿美元。减税不到1年，联邦财政的收入已经超过了减税之前……那么，这次减税是否可增加税收呢？我想，这方面的证据很有说服力。"[18]

那么，肯尼迪减税的刺激效应为什么没有持续下去呢？原因就是1965年以后政府支出过多、货币数量增加导致通货膨胀，而通货膨胀又推高了应税收入档次。考虑到过去15年的增税量级，这次减税似乎已经相当到位，足以通过调低税率让每个纳税人在肯尼迪减税后回归原先的相对纳税状况。

如表4所示，尽管自1964～1965年以来实施了多次减税，但是，每次减税都倾向于不断推高用占个人收入百分比表示的总税负，而且税法规定的累进性也因通货膨胀而大幅提高。

表4　　1968年、1972年和1977年按边际税率分类呈现的应税收入分布

边际税率(%)	汇总表		
	应税收入百分比		
	1968年	1972年	1977年
14～19	72.78	65.45	49.13
22～32	19.90	26.97	39.06
36～48	3.52	4.00	6.65
50～70	4.11	3.60	5.12

边际税率(%)	按个人税率进行的分布		
	各档边际税率应税收入百分比		
	1968年	1972年	1977年
14	13.80	11.20	7.52

续表

边际税率(%)	按个人税率进行的分布 各档边际税率应税收入百分比		
	1968年	1972年	1977年
15	12.06	9.81	6.61
16	11.35	9.67	6.82
17	9.85	8.34	5.97
19	25.72	26.40	22.21
22	11.12	13.72	15.90
25	4.70	7.79	12.45
28	2.48	3.33	6.39
32	1.60	2.13	4.32
36	1.12	1.35	2.50
39	0.82	0.90	1.49
42	0.65	0.75	1.18
45	0.51	0.60	0.91
48	0.42	0.40	0.57
50	2.25	1.54	2.65
53	0.53	0.38	0.47
55	0.32	0.27	0.34
58	0.21	0.17	0.20
60	0.14	0.14	0.18
62	0.16	0.17	0.22
64	0.10	0.12	0.15
66	0.07	0.09	0.11
68	0.05	0.07	0.09
69	0.03	0.06	0.06
70	0.25	0.59	0.65

资料来源：Internal Revenue Service, Statistics of Income; Tax Foundation Computations。

就如我们能看到的那样，表中呈现出受高边际税率——追加收入适用的税率——影响的纳税人占比显著上升的趋势。这种趋势会转化为对纳税人行为动机的严重影响，因为纳税人能从追加收入中获得的净收入逐年减少。

具有讽刺意义的是，20世纪20年代以来最大幅度的税率下调是一个由开明的民主党人出于绝对开明的原因——刺激需求——实施的。然而，今天开明的民主党人成了参议员威廉·罗斯(William Roth)和众议员杰克·肯普致力于复制肯尼迪减税的主要反对势力。同样具有讽刺意义的是,当年肯尼迪减税计划的主要反对势力是关心预算赤字问题的保守的共和党人,而今天是保守的共和党人士希望仿效肯尼迪。但不管怎样,经济数据明白无误:肯尼迪计划付诸实施后的那个时期是我们国家在过去的 1/4 个世纪里经历的最好时期。如果我们希望恢复 20 世纪 60 年代中期我们国家出现的那种经济健康状况,那么,一个从现在做起的好办法就是帮助纳税人恢复他们在 1965 年所处的相对纳税状况。

注释

1. *The Commercial and Financial Chronicle* (December 20,1962).

2. Walter Heller, *New Dimensions of Political Economy* (Cambridge:Harvard University Press,1967),p.113.

3. *The Commercial and Financial Chronicle* (December 20,1962).

4. *Public Papers of the Presidents of the United States*,John F.Kennedy,1963(Washington:U.S.Government Printing Office,1964),p.60.

5. Ibid.,pp.73—92。随后,国会只把个人所得税最高边际税率调低到了 70%,并把公司所得税最高边际税率调低到了 48%。

6. House Report No.749,88th Cong.,1st sess.,pp.6—7.

7. Ibid.,pp.C5—C28.

8. Heller, *New Dimensions*, p.65; Herbert Stein, *The Fiscal Revolution in America* (Chicago:University of Chicago Press,1969),pp.399—400.

9. *Congressional Record* (September 24,1963),p.17907.

10. Idem (January 23,1964),p.1002;idem (February 25,1964),p.3397.

11. Arthur M.Okun,"*Measuring the Impact of the 1964 Tax Reduction*,"in Walter Heller, ed., *Perspectives on Economic Growth* (New York:Random House,1968),p.47.

12. Lawrence R.Klein, "*Econometric Analysis of the Tax Cut of 1964*," in James Duesenberry, et al., eds., *The Brookings Model:Some Further Results* (Chicago:Rand McNally & Co.,1969),pp.459—472; Committee on the Budget,U.S.House of Representatives, *Economic Stabilization Policies:The Historical Record*,1962—76(Washington:U.S.Government Printing Office,1978),pp.11—147; Congressional Budget Office, *Understanding Fiscal Policy*(Washington:Congressional Budget Office,April 1978),pp.23—25.

13. *Congressional Record*(July 14,1977),pp.H 7156—57 (daily edition).

14. Committee on the Budget, U.S.House of Representatives, *Leading Economist's Views of Kemp-Roth*(Washington:U.S.Government Printing Office,1978),pp.94—96.

15. *Congressional Record*（March 15,1979）,p.H 1376(daily edition).

16. Michael K. Evans,"Taxes, Inflation and the Rich,"*Wall Street Journal*（August 7, 1978）.

17. Editorial,"Tax the Rich!"*Wall Street Journal*（March 8,1977）.

18. Statement before the Joint Economic Committee,Congress of the United States,February 7,1977.

重温肯尼迪经济学

沃尔特·W. 海勒

那么,20 世纪 60 年代的创举和经验证明了哪些投资激励方法有效呢？60 年代的实践在财政和货币政策制定及管理方面有什么可供 80 年代借鉴的经验呢？60 年代初举世瞩目的物价稳定是否说明收入政策在控制 80 年代通货膨胀方面可以合理地发挥作用呢？60 年代的减税行动是否能够实际帮助并安慰"供给侧减税计划"及其支持者们？

时间的流逝以及 20 世纪 70 年代令人心酸的经济体验催生了一些新的视角和发人深省的新思想。但是,为了确定这些新的视角和思想是否可信,我们的讨论必须始终基于对 20 世纪 60 年代的经济思想、经济政策和经济现实的"高保真"认知。但对比鲜明的是,最近有关那个时期经济体验——尤其是 1964 年的减税——的很多讨论似乎不可思议地偏离了主题。因此,很难保证从 60 年代的真实体验中吸取教训。

那些正在极力寻找不可依靠的历史人物作为依靠的超级供给学派学者重新把 1964 年的减税经历阐释为一个原汁原味的供给侧成功故事。很多终于不再颂扬而是希望忘记 60 年代的反凯恩斯学者只看到了一种关于需求管理、微调和"财政主义"等问题的彻头彻尾的偏见。[1] 而一个偶然的叛道离经者告诉我们,60 年代初的经济扩张几乎完全可以归因于扩军备战。

笔者将作为这个过程的一个直接参与者尽可能地使这篇简短的评论客观公正,并且使 60 年代初期的那段经历重新受到关注。在这个过程中,笔者将尽量避免患上"对过去的记忆比事发当时还要清晰"(留恋过去)综合征。笔者不能自诩保证做到百分之百的客观,但在每个可能的场合都会对照我们当时(在我们的经济报告、讲话、证词和送呈总统的备忘录中)公开或者私下披露的数据和发表的观点对本人记住的事件和政策以及它们背后隐含的思想进行验证。笔者希望,那些出现或者重现的事情——因为这在一定程度上都是一些广为流传的故事的重复——能对评价当今"修正学派"的观点有所裨益。

肯尼迪政府的经济政策及其制定的主要特点

也许有必要先提出一些问题:1961年很快就被新闻媒体称为"新经济学"的新前沿经济学是不是一种新的经济学?肯定不是——其中的很多理论元素可追溯到近1/4个世纪前的约翰·梅纳德·凯恩斯。但不管怎样,所谓的新元素就是在一个有志向、负责任的总统的领导下把现代经济学付诸实践——并且转化为量化目标。最初,肯尼迪总统指示他的经济顾问委员会"不但要从字面上而且还要从精神上回归《1946年就业法案》"。

肯尼迪政府的经济政策和制定过程有6个鲜明的特点。《1946年就业法案》旨在实现"充分就业、生产最大化和购买力最大化"而做出的模糊不清的授权被转化为充分就业、物价稳定、经济增长率上涨和对外支付平衡(在维护经济选择自由和提高经济机会质量的约束下)的具体目标。

第二个而且也许是更加重要的特点就是,总统经济顾问委员会把一些重要的定性目标转化为具体的量化目标,而肯尼迪总统也支持这些量化目标。因此,肯尼迪政府采纳了4%的失业率(顺便说一下,1960年的经济衰退一度导致失业率上涨到了7%),取代了艾森豪威尔时代笼统、模糊的"充分就业"承诺。经济增长目标(也就是经济产能增长)被定为4%的年增长率,取代了为1953～1960年制定的潜在国民生产总值3%～3.5%的年增长率(而这个时期实际国民生产总值的实际年增长率是2.5%)。至于物价稳定,目标就是维持略高于1%的低年通胀率,这可是艾森豪威尔时代留下的深受欢迎的遗存(但付出了8年里发生3次衰退、高失业和低增长的沉重代价)。这些量化目标被采纳并被政府上下接受以后就形成了一种以往比较抽象的定性目标不可能做到的政策约束。

第三个特点是随后就把政策焦点由缩小商业周期波动转变为挖掘经济的充分就业潜力。仅仅逆转经济衰退和减缓经济扩张速度是不够的,成功与否应该采用是否实现了不断调整的目标——是否充分挖掘了经济不断提升的充分就业潜力——来衡量。关键是要在不触发通货膨胀的前提下缩小实际产出与潜在产出之间的差距。充分就业以及缩小差距的概念并不是什么新的东西——可追溯到杜鲁门(Truman)政府由莱昂·凯士林(Leon Keyserling)领衔的经济顾问委员会。但是,在肯尼迪之前,我们国家从未有过一个总统愿意接受这些看似非正统的经济学说,并且不加掩饰地把现代经济学放在如此重要的位置上。

第四个特点就是发展了工资—价格自动限制新政策。1962年1月,为了诱使劳方和企业把工资和价格增长幅度控制在生产率增幅以内,从而确保财政—货币刺激不至于推高物价和工资,而是促进产出、就业、利润和投资增加,肯尼迪政府引入了工资—价格管制指导标准。事实上,1961～1965 年的档案资料显示,这些指导标准发挥了它们的作用——制造业工资的增长幅度确实没有超过生产率的增长幅度,因此为价格持续稳定以及实际工资增加和生活水准提升做出了贡献。企业利润也在这几年里翻了一番。

第五个虽然较难感觉到但并不因此而不重要的特点就是政策协调,通过白宫娴熟、巧妙的管理用好了"三巨头"(财政部长、预算局长和总统经济顾问委员会主任)和"四巨头"(再加上联邦储备委员会主席)这样的政策工具。政策协调就是要消除不同机构之间在政策执行方面的分歧,并且向国会和公众展现政府团结一致的形象。政策协调的一个关键就在于一位快速接受现代经济思想并拒绝陈腐思想的贤明总统的领导力。因此,疲弱经济中的赤字是魔鬼的工具,而公债是"我们子孙后代的负担"这样的信念遭到了唾弃。约翰·F. 肯尼迪是第一位放弃这些陈腐思想,把预算无须年年平衡但必须在充分就业条件下实现平衡定为目标,从而推行更加积极的经济政策的总统。

肯尼迪总统还采取一项与他的新积极主义观相匹配的措施,就是把白宫作为"公共经济学教育的讲坛"(甚至在就职以前,他就敦促我们这样使用白宫)。就像他经常鼓励其幕僚向新闻媒体、电视台等解释清楚国家的经济目标、观念和政策那样,总统也为自己规定了明确的目标——通过全国性电视节目、记者招待会和 1962 年 6 月著名的耶鲁大学演讲向企业界和金融集团发表讲话。

最后,我们还应该提一下肯尼迪总统要求他的政府关注经济思想的质量。除了总统经济顾问委员会以外,他还聘请大卫·贝尔(David Bell)在预算局,道格拉斯·狄龙(Douglas Dillon)和罗伯特·鲁萨(Robert Roosa)在财政部,乔治·鲍尔(George Ball)在国务院以及卡尔·凯森(Carl Kaysen)在白宫担任经济和财政要职。当时在总统经济顾问委员会担任委员的有克米特·戈顿(Kermit Gordon)、詹姆斯·托宾(James Tobin)、加德纳·阿克利(Gardner Ackley)和约翰·刘易斯(John Lewis);工作人员有肯尼斯·阿罗(Kenneth Arrow)、威廉·卡普伦(William Capron)、理查德·库珀(Richard Cooper)、阿瑟·奥肯(Arthur Okun)、乔治·佩里(George Perry)、弗农·拉坦(Vernon Ruttan)、沃伦·史密斯、罗伯特·索罗(Robert Solow)、南希·蒂特斯(Nancy Teeters)和劳埃德·阿尔曼(Lloyd Ulman);顾问有奥托·埃克斯坦(Otto Eckstein)、约翰·迈耶(John Meyer)、约瑟夫·佩奇曼(Joseph Pechman)、保罗·萨缪尔森(Paul Sanuelson)和查尔斯·舒尔茨(Charles Schuitze)。

任职首年：供给经济学

除了1961年初反衰退组合拳中的迅捷但适度的需求刺激外，肯尼迪上任第一年基本上就是采取供给和成本侧措施的一年。我们没有使用"供给经济学"这个流行名称，但供给经济学用在这里倒是恰如其分。这些措施完全能说明它们的确是供给侧措施：(1)推行投资税收抵免——迄今仍是通过企业资本形成促进增长的税收激励措施的支柱。投资税收抵免方案于1961年提出，但由于企业界和劳工界的担心更经常是抵制，因此一直拖到1962年才获得通过并付诸实施(无论是由于它的内容新颖还是形式新颖，投资税收抵免起初受到了很多企业领导人的反对。道格拉斯·狄龙部长喜欢讲述有一个人要他一五一十地解释投资税收抵免的故事，最后，那个人补充说，"最后一个问题：你知道我为什么要反对它吗？")。(2)1962年还放开了税法折旧指南。(3)推出了旨在降低长期利率、促使资金流向长期投资，同时又维持短期利率以阻止资金流向海外的"货币扭曲"政策。(4)通过推行劳动力培训和再培训计划来增加人力资本投资。(5)运用工资——价格管制指导标准来确保经济激励措施不至于导致工资——价格螺旋形通货膨胀。(6)或许是最少得到认可的1961年末做出的支持"剑桥——纽黑文增长学派"倾斜性财政——货币组合配方——相对于消费而言，更有利于资本形成——的决策。那么，如何按这张配方"抓药"呢？通过推迟减税，寄希望于经济在当时已有税负下努力实现充分就业，从而实现一种充分就业下的盈余。这样就能增加储蓄并促进投资。

请允许我在这里停留一下说明两个经常被误解的问题。首先，虽然减税影响工作努力和储蓄的供给侧效应最多也只能算是模糊不清，但在充分就业条件下实现盈余无疑会产生供给侧的正效应。

具体而言，确实有很多证据表明，像投资税收抵免和更加自由的折旧这样的针对性强的措施具有明显的投资回应性(即投资对这些定向明确的措施会作出显著的回应)。但关于这些措施的工作回应性，证据含糊不清。很多研究显示，现有劳动力对减税的回应比较混杂：(1)有些劳动力——"工作卖力、讨好上司者"——会增加工作，但随着他们工作努力回报率的提高，他们的休闲成本趋于上涨；(2)那些被锁定在固定工作时间制上的劳动力工作努力不变；(3)那些懒散的劳动力会减少工作努力，因为减税以后，他们通过工作较少的时间就能达到自己的税后收入目标。除了某些供给经济学家发表过一些不严谨——但自信——的言论以外，就连劳动力对减税净回应的符号——是正还是负——都还没有得到过认真的研究，更不用说劳动力回应减税的量值了(有研究显示，实得收入增加会诱使配偶和家庭第二劳动力做出显著的正工作努力回应)。

同样,关于储蓄,我们也不能肯定怎样的回应占据主导地位:储蓄税减少有可能导致储蓄增加,但也可能导致储蓄减少,因为减税后储户在少储蓄的情况下也能达到既定的目标生活水准。经济学家大多赞同,总的来说,储蓄会对减税做出适度正回应。我们都知道,只要经济不是在低位运行,只要货币当局没有通过一味追求错误的目标来抵消政府削减赤字或者增加盈余的影响效应,那么,政府削减赤字或者增加盈余就会形成净储蓄(即,既不减少负储蓄也不减少正储蓄),并且为企业投资和住宅业释放资金。

其次,虽然肯尼迪总统设法让国会批准一些重要的社会计划和国防支出增加项目,但是,他在民政计划上取得成功的概率是不高的,而国防总支出占国民生产总值的百分比在他执政期间持续下降。笔者之所以要强调这一点,是因为说肯尼迪总统想通过国防建设来重启经济只是一些挥之不去的道听途说。最近,《纽约时报》的一名客串专栏作家自信地断言,"只有在肯尼迪总统成功地说服国会同意国防支出因柏林危机必须增加50%后,才能实现20世纪60年代经济增长率的提高"。按绝对值计,60年代上半期,美国的国防支出增幅不到10%,从1960年的460亿美元增加到了1965年的500亿美元。更重要的是,按相对值计,国防支出占国民生产总值的比例从1960年的9%下跌到了越战升级前不久1965年的7.5%左右。原来,国防驱动了1961~1965年的经济扩张的说法也不过如此。

需求侧的再接再厉:1964年的减税

朝着需求侧经济学的转向发生在1962年。那年,情况已经变得非常明朗:税负过重,经济不堪重负,难以实现繁荣。遗憾的是,剑桥—纽黑文学派预期的充分就业大盈余只能是南柯一梦。1962年的经济扩张软弱无力,国会又没有心情实施预算—支出侧的经济刺激,而个人所得税的最高税率仍然高达91%——实在是太高,我们在1962年3月发起了大幅减税的攻势,主要目的是加快经济扩张的速度,并且让经济充分发挥其充分就业状态下的潜力。

从1962年3月起,总统经济顾问委员会呼吁减税100亿美元——后来又增加到120亿美元。财政部最初赞同减税30亿或者40亿美元,主要是为了推进税收改革。但没等我们在1962年末与内阁经济增长委员会达成一致,总统就提出了减税120亿美元的目标。白宫9个月的减税计划孕育期过后,接着又是国会15个月的审议。面对巨大预算赤字和正在扩张的经济推行大幅减税计划,这可是前所未有的,可谓道路坎坷。

在这场博弈的初期,肯尼迪总统不得不大幅压缩他的一揽子改革计划,以便明晰减税路线。肯尼迪内阁的很多成员只发声表示了不温不热的支持(有些成员私底下表示反对或者忧虑,唯恐减税会剥夺他们实施自己的计划所需的收入。减税能够刺激经济并且为日后增加拨款打下比较可靠的基础的说法可不容易让别人接受。

这里需要为"减税能够促进供给,通过释放大量的工作努力、储蓄和投资来创造税收,补偿最初因减税失去的税收,因此能为自己买单"这种奇怪的想法另外说上几句话。一个经济体就如20世纪60年代初的美国经济,在远低于其潜能的水平上运行时,减税的需求侧效应能够提高购买力,并且重新把闲置的机器、工厂和劳动力投入生产,从而扩大税收基础——虽然不足以为减税全额买单,但足以显著减少由减税导致的税收损失。[2]减税的即时需求刺激效应——更不说减税的长期延迟供给刺激效应——能够创造足够的收入来为自己买单,但遗憾的是,这种想法并没有得到统计证据分析的支持。[3](有一次,为了生动地回答时任国会联席经济委员会主任已故参议员休伯特·汉弗莱(Hubert Humphrey)提出的一个有诱导之嫌的问题,我表示减税能够为自己买单——但正在仔细寻找证据。后来,我在致《华尔街日报》的一封信中公开承认了错误。)

无论如何,减税——个人所得税削减20%,再加上此前企业20%的公司所得税减免——在肯尼迪总统去世之后就成为法律。显然,在受越南事件拖累之前,减税还是很有希望"兑现"的。

减税法案在1964年3月获得通过、付诸实施以后促进了经济更加有力的扩张,并且在没有引发通货膨胀的情况下促进了失业的减少。到了1965年7月(就在越战升级之前),失业率下降到了4.4%,而消费者价格指数每年只按1.5%的速度上涨。在给定的非通胀环境下,有可能结合实施扩张性财政政策和融通性货币政策,而不是采用背道而驰的财政政策和货币政策。把个人所得税的最高税率从91%调低到70%,有助于在某种程度上减弱避税动机,并且增强投资动机,而调低低收入档次的税率和增收资本收益税有助于提高税收结构的公平性。通过实施同时强调需求和供给激励的双轨政策,减税就能在鼓励冒险并扩大投资资金流量的同时有力地刺激需求。实际上,私人投资占国民生产总值的比例在1965年达到了"二战"后的新峰值。(然而,我们不能简单地把投资增加等同于生产率增速加快,就如在1964年减税后生产率增速下降的同时资本积累速度加快这一事实所能证明的那样。)

就如后来的事件所证明的那样,更加充分地为政府计划融资的可靠路径似是而非的是减税。通过减税来加快经济扩张速度,经济就能快速恢复到充分的繁荣。无论是这样创造的氛围还是由此产生的充裕的联邦、州和地方政府收入流，都会导致我们国家以一种更具同情心的态度去对待政府社会计划扩展。就如肯尼迪总统在他逝世前 11 天的一次对话中指出的那样，"我们先争取给大家减税，然后争取实行我们的支出计划"。11 月 19 日，他又肯定地对我说，直接针对贫困的攻坚战已经纳入他 1964 年的计划。减税后的 2 年——从 1964 年第一季度到 1966 年里——国民生产总值增加了 17%，按照调低后的平均税率就能使政府支出增加 13.5%。

减税计划反映了肯尼迪的格言"成功需要数以千计的先辈的努力，而失败只需要一己之力"的另一面。一反常态，我十分看重新泽西州美国纳税人联盟在 1964 年 4 月发表声明郑重地宣称"我们已经计划、准备并且实际发起了导致最近(联邦)减税的改革运动"。这份声明除了反映了一种极好的分寸感以外，还表明减税还得到了合法化的场外博弈的支持。

虽然减税取得了成功，但肯定有人会在事后说三道四。当由于越战，约翰逊总统和国会不得不扭转"新经济学"——以便利用增税来削减总需求和抑制通货膨胀——时，政治过程被认为已经不足以解决问题，直到 1968 年年中才最终立法通过了增税计划。其间，每年大约 250 亿美元的越战支出又压在一个已经按充分就业计划运行的经济体上，从而产生了有害的影响，导致经济过热，并且把通货膨胀这只老虎放出了笼子。要不是越战这场人类和政治大悲剧，经济代价也许不会这么大。但是，我十分怀疑，如果没有越战，我们可能会更远地偏离肯尼迪总统在他执政的令人振奋的 1 000 天里为我们确定价格稳定的经济增长进程。

注释

1. Irving Kristol 是这种观点的极端形式的代表。他认为，"这个凯恩斯假设是：只要总需求足以实现充分就业，我们就不必关注储蓄、投资或者创业冒险的动机。实际上，只要总统经济顾问委员会聪明的经济顾问们把经济需求'微调'到适当的水平，就定能通过税收和监管来抑制这些动机"(*Wall Street Journal*, December 19, 1980)。

2. Arthur Okun, "The 1964 Tax Cut," in Walter W. Heller, ed., *Perspectives on Economic Growth* (New York: Random House, 1968).

3. Office of Management and Budget, *Midsession Review of the 1982 Budget*, July 15, 1981.

撒切尔实验:一曲挽歌?

约翰·伯顿

一、撒切尔实验评述

玛格丽特·撒切尔与社会民主背景

1979年5月玛格丽特·撒切尔的掌权执政,最初在英国和海外都被视为英国治理和经济政策走向的分水岭。

在之前的整整30年里,英国政府——无论属于哪种政治色彩(工党、保守党或者自由党—工党联盟)——都是在所谓的混合经济路线下运作,并且普遍默认得到各党派政治家、行政部门官员、大多数媒体评论员和一般公众支持的这种总纲领和政治经济理念。

20世纪50年代,在两个最著名的巴茨凯尔主义实践者——保守党人R. A. 巴特勒(Butler)和工党领袖休·盖茨克尔(Hugh Gaitskell)——之后,这个达成共识的经济政策政治组合在英国被称为"巴茨凯尔主义"(指政敌共同支持同一政策的现象。——译者注)。这个词现在一般已经不用,而笔者在这里把这种达成一致的观点称为"社会民主纲领"。这是经济政策方面的一种实用主义"理念"、一种公开回避意识形态(或者其他)原则的"理念",一种为了应对短期政治压力或者经济问题而以特殊方式胡乱修补经济的"理念",一种回避基本疑问或者问题的"理念"。

具体而言,第二次世界大战后从20世纪50年代初到1979年英国各届政府都接受由以下各项组成的拼凑物:采用凯恩斯主义总需求管理来稳定经济并实现充分就业;由政府官僚提供"免费"(即零价格但由税收提供资金)福利服务的扩展型福利国家;通过向穷人提供社会保险金、恐怕要通过在收入等级表另一端按高边际税率征税来筹集资金的收入再分配;在英国工业继续保持大量的国家所有权(无任何重大变化);持续不断地努力运用收入政策来治理通货膨胀;通过法国式的经济计划(即合作/指导性计划)来努力提高经济协调发展的水平;把工会作为一个"重要的经济利益集团"来接受和对待;通过补贴和政府发起的兼并扩大对"私人"产业的财政干预,以提高产业效率并解决"区域"(常常是优势微弱的选区)问题。

撒切尔实验的根本原因

到了1979年,英国广大公众(尽管心神不安而且也不总是明白,但)越来越觉得以上所说的达成一致的社会民主纲领并没有像许诺的那样发挥作用。其他文献广泛地分析了失败的性质和原因,本文不再赘述。可以说,到了20世纪70年代后半期,公众普遍认为大势中出现了一些严重的问题。有人觉得社会民主纲领的实用主义性质并没有给经济带来某种均衡的混合,而是把经济搞得乱七八糟,并且展现出一种无时不在的政府支出和税收增长趋势,原因就是各届政府为了弥补上届政府干预造成的讨厌结果而不断加大干预力度。此外,凯恩斯主义并没能在零通胀或者可接受的通胀水平上实现充分就业的目标。凯恩斯主义盛行时代的英国现实是失业水平长期持续提高,并且伴随着通货膨胀率的不断上涨。又是福利官僚机构以及中央和地方各级政府部门的低效率日益成了日常生活中一种司空见惯的赤裸裸现象。并不是"富人"在为官僚机构在社会福利名义下的扩展买单。英国直接税的水平不可逆转地不断提高,对福利国家的财政冲击真的在向广大选民袭来。同样已经有人认识到,英国税收体系日趋陡峭的累进性,尤其是这种累进性已经影响到了收入最低和较高的群体——有些低收入群体要按超过100%的边际税率纳税,因此正在导致厌恶工作的情绪。最后,尽管收入政策的实验接连不断,但没有一次能够成功地遏制通货膨胀。这些收入政策中的最后一项,工党政府与工会代表大会在1974~1979年间签署的"社会契约"使当时的政府为工会付出了巨大的代价——但几乎没有产生平息工资和物价通胀的长期效果。根据政府与工会签署的社会契约,政府以大刀阔斧地修订劳动法的代价换取了工会遵守收入政策的承诺,而劳动法的修订大大增强了工会的力量。[2]

1978~1979年冬季,政府与工会之间签订的社会契约——从任何意义上讲都不是什么可依法强制执行的协议——最终以失效告终。具体而言,公共部门工会凭借自己的力量提出了过分的工资要求。在随后的罢工潮中,政府对工会表现出了极大的耐心,为换取工会支持收入政策做出了很大(超出了大多数人能够理解的程度)的让步。不过,所有的让步仍在法律允许的范围内。随后,工会就收回了对收入政策的支持。立法革命在通货膨胀方面显然只取得了一些暂时的收获。1978~1979年冬天，汽车货运业爆发了大规模的罢工，有可能造成严重的食品供应和工业原材料供给中断。其间，公众还遭遇了公共部门——医院、殡葬、垃圾处理、公立学校和供水等——的总罢工：伤病患者进医院看病被罢工纠察拦下是引起公愤的具体焦点。

发动撒切尔"革命"的一个根本原因就是：选民觉得实用主义社会民主纲领出了问题。就像拉尔夫·哈里斯勋爵所指出的那样，"毫无疑问，玛格丽特·撒切尔是在1979年5月被对工会的过分行为、税收、官僚主义和通货膨胀普遍感到不安的公众送上首相宝座的"[3]。

撒切尔革命还有一个知识性的原因。古典自由主义经济思想从20世纪60年代末，尤其是70年代开始在英国强劲回潮。米尔顿·弗里德曼（Milton Friedman）、弗里德里希·哈耶克（Friedrich Hayek）和其他古典自由主义经济学家的著作重新开始受到青睐，并产生了影响。

英国两位明显受到他们影响的政治家是现任工业国务大臣的基斯·约瑟夫（Keith Joseph）爵士和现任首相玛格丽特·撒切尔。基斯·约瑟夫爵士——这位英国保守党的终生党员——曾宣称他是在1974年4月真正皈依保守党的，而且是发生在聆听了保守党这位新党魁的很多阐述基本上是古典自由主义立场的讲话和短论以后。[4]玛格丽特·撒切尔虽然在表达上没有那么学术性，但走的是同一条道路。[5]他们俩虽然显得有点严肃，而且因此而缺乏那种具有"电视魅力"的人格，但至少提供了一种取代社会民主纲领没完没了的变幻的新的备选方案。

很多英国人希望自己能够免受滞胀、低增长、日益臃肿的政府官僚机构、罢工和工会滥用权力等慢性"英国病"的侵扰。他们希望看到一些不同的东西。在1979年5月举行的大选中，他们看到了自己想要的东西。玛格丽特·撒切尔是以在下议院占据43个席位的明确多数掌权执政的。

撒切尔的选前许诺

无论给玛格丽特·撒切尔带来选举胜利的确切力量对比如何，有一点可以说是没有疑问的，那就是她在1979年春天掌权执政时获得了以下授权：恢复英国经济的协调性；拒绝并扭转政府干预措施；减少政府支出、浪费和税收；通过控制货币供应量来应对通货膨胀；削弱工会的力量。

撒切尔政府的以上受命至少也是英国公众所期待的。仔细考察详细交代了十大承诺的保守党选前政策文件《振兴经济的正确方法》[6]就不难发现，撒切尔主义在英国人心目中的形象并不完全与实际承诺相符。这个文件列明了保守党的四个"硬性"承诺。第一,营造更加稳定的经济氛围,尽可能减少经济变动,并且坚决叫停立法。第二,由政府严格控制货币供应量增长率。第三,严格管理政府支出。第四,削减课征于收入、资本和储蓄的税收。第一个承诺是一种"渐进主义"策略,第二个承诺是(弗里德曼式)货币主义策略[7],而第三和第四个承诺则就是美国人所说的"供给侧经济政策"。

虽然用这样的方法介绍这四大选前承诺看起来很简单,但稍加思索就能发现它们的含义并不明确。首先,没有具体阐明撒切尔政府如何对货币供应量实行"严格控制"。其次,"严格管理"政府支出并不包含任何如何削减政府支出、削减哪些项目和削减多少等的信息。在下文,我们将看到这些含义不明的承诺如何反映撒切尔实验的严重缺陷。

《振兴经济的正确方法》还有两个重要缺点。首先,该文件只字未提工会法修订这个主题。上文没有介绍的策略 7 提到了"鼓励采用更好的集体谈判方法"这个目标——这可以是指随便什么或者根本就没有任何意义。这个文件随后也提到了制定集体谈判程序"操作守则"(即一些政府为谈判各方笼统规定的指导原则)以及有关只雇用和优先雇用工会会员协议谈判的"操作守则"。然而,建议与法定改革完全是两回事。

这个文件的另一个缺点就是没有明确交代产业政策。它的主要积极承诺就是供给侧的经济政策以及"通过逐渐、彻底地废除已经发展到阻碍英国工商业内在活力"的制约因素来重新刺激经济增长的目的。[8]

除此之外,保守党的选前政策文件几乎没有任何阐述产业政策的正面信息。具体而言,该文件几乎或者根本就没有谈及政府如何实际处置失败企业或者产业,也没有谈到政府如何制止只有屈服于工会(和其他)的要求才能享受对失败企业或产业采取的救助行动。

我们将在下文看到撒切尔经济策略的各种不同缺陷最终是如何严重削弱其一般可行性的。

撒切尔实验的国际意义

撒切尔实验具有四个重要方面的一般国际意义。首先,根据英国的政治制度,任何一届政府——只要保持下议院的多数支持——就有权力实行大规模、彻底的经济和政治改革。英国根本(或者说几乎)没有约束政府行政机构的成文宪法。因此,以下议院多数席位为基础的英国政府不会受到那种约束美国总统行动或者联合政府(如目前的瑞典政府)必不可少的政策折中的宪法规定的制衡。这就意味着,如果一个真正崇尚集体主义的政党在英国掌权执政(由于工党现在十分偏左,它的"社会民主成员"分离出去成立了他们自己的新政党,因此,这种情况也不是绝对不可能出现),那么,我们也许就能见证英国政治和经济很快就会出现东欧式的情况。此外,英国政治制度的相同特点允许一个转向选择自由和自由企业理念取向的政府朝着这个方向进行迅速、彻底的变革。换句话说,撒切尔实验具有重要的国际意义,因为英国迅速"回归自由市场"只会遇到很小的政治—制度障碍。如果英国做不到这一点,那么,其他国家要完成这个任务估计肯定会遇到更大的困难。撒切尔实验与美国的里根实验具有非同寻常的关联性。就如阿特金森(Atkinson)指出的那样:

"虽然撒切尔(在英国)推行的政策极其不得人心,但在政府内部几乎没有反对意见。除了在一些特殊场合,议会也体现了政府的意志。相比之下,我们很难想象,美国国会会赞同整个里根计划——尤其是关于大幅度削减联邦政府支出的许诺。"[9]

第二个导致撒切尔实验具有国际意义的特点就是首相本人的性格。《真理报》(*Pravda*)叫她"铁娘子"。而这个绰号还真有一些真实的元素。撒切尔夫人(正确地)——在国内和国际——被看作是一个非常坚韧的首相。在当今西方政治领导人中,可能除了里根总统以外,撒切尔被认为是最迷恋自由社会或者自由市场观的。如果铁娘子都不能成功发动一场市场反革命,那么,我们就不得不要评判未来个性没有那么强的人能够做到这一点的可能性。

关于这个问题,有必要做一些说明。按照英国宪法,英国的治理权并不是掌握在首相手中,而是由内阁掌握。英国的政府体制从形式上看,是一种内阁政府。首相就如同其他内阁成员,也就是一名阁员,只不过是第一阁员而已。英国政府内阁根据集体负责的原则开展工作:内阁集体决策,每项决策的责任集体承担。事实上,英国首相与美国总统之间在这方面的区别通常比实际还要明显,因为首相有权任命内阁成员并且能要求他们辞职。但不管怎样,英国首相与美国总统之间仍然存在区别。

在目前的背景下,这一点很重要,因为玛格丽特·撒切尔的内阁并不完全隐没在她的背后。以上引文说在这届英国政府内部几乎没有反对撒切尔政策的声音,其实完全不正确。英国的新闻记者通过把英国内阁分成"湿派"(虽然没有反对撒切尔实验的方向,但反对撒切尔实验的速度)和"干派"(理念上与撒切尔保持一致)来描绘这种情形。就业大臣詹姆斯·普赖尔(James Prior)是"湿派"最著名的成员,这个派别喜欢"大胆"的再通胀策略和一般的"软"改革方法——最著名的就是工会改革;"干派"赞成稳健财政并推行一般的撒切尔计划。然而,采用这种"湿派"和"干派"二分法来描述撒切尔内阁的情形有过分简单化之嫌。或许,政治学家罗伯特·麦肯齐(Robert McKenzie)教授对撒切尔内阁进行了更好的评价。按照他的估计,在这届英国政府内阁中(最多只)有1/3的成员赞成,1/3怀疑,而另外1/3是积极反对撒切尔夫人的经济政策。[10] 英国政府内阁内部的这种分歧肯定阻碍了撒切尔实验特别是(湿派抵制的)削减公共支出方面的实验的开展。因此,我们必须推测,撒切尔夫人没能在内阁中排除自己的反对者,因为她担心这么做有可能导致下议院保守党议会内部的分裂。对于撒切尔夫人来说,更明智的做法可能就是在公众舆论还处在选举后的"蜜月"期,她的政治行动和内阁成员任命可能性处于最高点时,从执政之初就组建一个忠于她的人占绝对多数的内阁大臣团队。

说撒切尔实验具有国际意义的第三个原因是,英国(尽管——或许由于——有着"欧洲病人"的身份,但)仍然对其他国家思想和政治发展具有一定的重要性,而且这种重要性远远超过了英国的实际人口规模、经济表现或者军事"打击力量"。英国发展对于其他国家思想和实践的这种影响力在美国表现得最为显著:早就有人(美国人)说,美国在政治发展方面总是——间隔一个很长的滞后期——跟随英国。蒂勒尔(Tyrell)曾经指出:

"自——粗略地说——19世纪头25年以来,美国领导人心里有一种强烈的文化自卑感。这种自卑感(与已经养成的习惯一起)赋予欧洲特别是英国一种影响美国人生活的强大力量。英国人的'进步'方式在整个19世纪受到了渴望按照英国路径管理美国的美国人的赞扬。而这些美国人是那样的成功,以至于今天我们政府的支出大多按照一些类似于英国的制度来管理。"[11]

今天,英国或者其他国家都不是非常重视:如果撒切尔实验无论是在经济上还是政治上(或者在这两个方面)失败,那么,其他西方国家在政治变革的方向上就可能分道扬镳。很多国家的人民,尤其是他们的政治家会把撒切尔实验的成功或者失败看作是他们自己某些一般问题的答案。我们还能扭转朝向集体主义的趋势?我们还有其他生路吗?或者说,我们必须承认目前的情况已经不同?同样的政治处方是否能对我们国家灵验?

这就是我们说撒切尔实验具有国际意义的第四个重要原因:美国的里根实验可从中吸取经验教训。

撒切尔实验与里根实验

里根凭借与撒切尔选前承诺非常相像的一揽子建议成功当选总统并组阁执政,对政府支出、预算赤字和货币供应量增长率进行控制,而且还削减税收——或至少降低税收增长率。里根总统在执政期间通过不拘一格地推行供给经济学恢复了经济增长。

由于撒切尔实验的结果从令人失望变成令人恐惧,因此,里根经济政策的执行者们设法强调里根计划与撒切尔计划之间的区别。他们发出的信息是"我们的计划能在这里产生作用,因为我们执行的是一种完全不同的计划"。

(假设)两种计划的基本区别可用两个方程式来表示:

命题 1:$\dot{P} = \dot{M} - \dot{Q}$

命题 2:$G = T + C + \Delta B + \Delta M^H$

式中:$\dot{P}$ 表示物价上涨率;

$\dot{M}$ 表示货币供应量增长率;

$\dot{Q}$ 表示经济的实际产出增长率;

G 表示政府支出额;

T 表示税收收入(包括直接税和间接税收入);

C 表示公共服务价格;

ΔB 表示政府借款增加额(即国债增额);

ΔM^H 表示用于为(部分)政府支出筹集资金的货币存量增额。

方程式 1 是货币数量论的动态表达形式;物价上涨(假设)由货币增长超过实际产出增长造成。方程式 2 表示政府预算约束,也就是表示政府支出不能大于它的收入($C + T$)、借款(ΔB)和新货币发行(ΔM^H)之和。

现在可以对撒切尔计划与里根计划之间的推定区别进行定义。刘易斯·勒曼(Lewis Lehrman)这位对大卫·斯托克曼(David Stockman,时任美国国会预算局局长)产生过重要影响的供给经济学家表达了以下观点。由方程式 1 可知,有两种方法可用来降低通货膨胀率:降低 $\dot{M}$ 或者提高 $\dot{Q}$。玛格丽特·撒切尔把重点放在了降低 $\dot{M}$——货币数量控制——上,从而导致了经济衰退。这种方法的替代方法就是供给经济学主张的方法:提高经济增长率。供给学派并不否定限制货币增长的必要性,但把通过采取刺激产出的措施提高经济的自然增长率——而不是把凯恩斯学派主张的需求管理——视为遏制通胀的主要手段。于是就有了唐纳德·T. 雷根(Donald T. Regan)财政部长的如下陈述"通货膨胀的大幅度下降和经济增长的恢复不但相容,而且密不可分"。[12]

供给学派认为,通过解放市场,缩小公共部门的规模(从而为私人部门的扩张释放资源)并且减税刺激纳税人更加努力地工作和创建新企业,就能自然——而不用采取凯恩斯主张的人为方式——促进经济增长。换句话说,他们建议主要是通过操纵方程式 2 中的变量 G 和 T 来开展里根实验。

著名的供给经济学家阿瑟·B. 拉弗（南加州大学私人企业研究中心主任）因此指责,撒切尔实验必然会发生故障,因为它没有充分的自由市场取向:

"坦率地说,玛格丽特·撒切尔和英国保守党付诸实施的政策并没有以自由市场为取向,税收最终没有减少;而受到保守党影响的政策的优势反映了对私人激励和自由市场规则的进一步偏离……

"首相候选人玛格丽特·撒切尔并没有像她承诺的那样降低,而是提高了总体税率。"[13]

还有人指出,撒切尔政府实际上允许政府支出（包括转移性支付和国债利息）重新开始增长,并且增加到了占国内生产总值 47% 的水平,而不是逐渐减少政府支出。[14]

那么,倚重供给经济学的里根实验是否能在撒切尔实验失败的地方取得成功呢？供给学派的分析和论点是否正确呢？

我们有充分的理由断言,供给学派自己也会在一定程度上令他们自己和里根政府感到失望。

首先,就如前文所指出的那样,撒切尔的选前承诺完全就是一种基于供给经济学的承诺。撒切尔夫人和她的亲密同事基斯·约瑟夫爵士和杰弗里·豪（Geoffrey Howe）爵士持有与拉弗、勒曼、斯托克曼和雷根相同的基本经济理念。基本策略主张也相同:撒切尔实验中显得那么艰难的东西就是把这种经济理念转化为政治实践。供给学派的政策主张说说容易——削减政府支出和税收,解除监管,实行市场自由化,但执行起来困难重重,因为（那些得益于政府支出水平和配置的）强大的游说集团会强烈反对任何这样的行动。这里,供给学派忽视了撒切尔实验活生生的教训。本文试图提供一些被遗忘的洞见。

其次,供给学派在证明通货膨胀能够相当快地通过提高"自然"（即长期或者均衡）经济增长率得到抑制时表现出了一种朴素的乐观主义。货币供应量增长率很快就可以被政府控制（至少理论上可被政府控制,但在撒切尔实验的实践中,政府并没有做到这一点）。长期经济增长率肯定会受到政府的影响,但任何这样的影响都要间隔很长时间（甚至不知要过多久）才能显现。此外,经济的自然增长率（即便在长期内也）不可能像货币供应量增长率那样显著变动:经济的自然增长率也许可能通过市场自由化过程获得几个百分点的增长,但我们肯定不能指望（根据可获得的证据）里根政府设想的政府支出和税收削减方案会以某种方式促使一个停滞不前的经济体出现两位数的增长。但是,如果一个（像美国或者英国这样的）通货膨胀达到两位数的经济体想要通过供给侧行动而不是货币侧行动来战胜通货膨胀,那么就必须实现两位数的增长率大涨。这就是方程式1展示的货币数量论的简单意蕴。

里根的"减"税幅度太小。就如阿特金森指出的那样:

"里根(许诺的)'减'税实际上是不增税。英国的个人所得税指数化程度还很低,因此还不至于随通货膨胀自动增加。撒切尔政府第一年预算中的所得税减税还真降低了所得税的实际税负——而并非像美国那样仅仅是放慢了所得税税负的增长速度。但是,即使这种真正的'激励'增强也不能像许诺的那样激活英国经济。"[15]

其实,事情很简单,降低通货膨胀唯一迅捷并最终有效的方式就是降低货币供应量增长率。而且,所有的证据都显示,货币供应量增长率的变化(至少是非预期变化)会对产出和就业产生影响。其必然结果如同历史上历次货币稳定危机所显示的那样,就是货币供应量增长率下降导致经济衰退。

一般来说,里根实验最终会遭遇与困扰撒切尔实验相同的问题,无论这些问题来自哪一侧。公共支出将被证明很难控制,更不用说是削减了。公共支出削减努力必然会导致经济调整问题,并且最终至少会导致政府做出某些让步。此外,很多支出削减行动早晚会招致常常是经济实力雄厚、直言不讳的游说团体及其代表人物的反对。他们的呼声将会被某些政府官僚的策略所放大,这些政府官僚本身就在设法限制并扭转支出削减行动对他们所在机构的规模产生的影响,因此,他们有动机以一种使公众抗议声最大化的方式来执行支出削减计划。

此外,里根政府会发现,想要以任何合理的速度抑制通货膨胀,必须急剧降低货币供应量增长率;但是,这样做,在不导致政府借款激增(因此会导致利率大涨——殃及企业,就如同撒切尔实验所显示的那样)或者不放弃"减"税计划的情况下,必将会对联邦政府支出水平产生极其严厉的影响。而削减政府支出和降低货币供应量增长速度的初始结果必将是失业增加,从而导致(所得税和销售税)收入损失和政府的失业救济支出增加。

里根政府将面对与撒切尔政府一样的恶性循环问题,而且很难通过依靠供给经济学这根"魔杖"的立竿见影效应来躲避。

但是,所有这一切都不能否认:由于多个原因,里根实验的情况不同于撒切尔实验。

第一,进行这两种实验的背景不同。我们已经在前文指出过这方面的某些区别,另一些区别也很重要。一个首要的不同因素就是美国和英国两国的公共部门规模不同。英国大约有1/4的就业人口直接或间接受雇于(中央或者地方)政府或者国家控股公司。很多其他人领取某种形式的政府转移性支付,因此,英国有一半人口领取政府的付款。所以,很多选民能得益于维持公共部门规模不变。美国这个政治问题虽然也很严重,但规模要比英国小。

第二,英国的工会化程度比美国高(大致上,英国的工会会员人数要占到劳动力的一半,而美国是1/5)。有证据显示,工会化劳动力市场的工资调整要比非工会化劳动力市场迟钝。因此,在美国,货币紧缩政策见效较快,但失业和产出损失成本较低。

第三,英国经济远比美国经济开放。在过去的几年里,高利率(吸引外资流入)和大量的北海石油出口收入一同在外汇市场上把英镑汇率推高到了高水平,结果导致英国(非石油)出口产业受到了国际竞争力削弱的困扰。美国经济较之于英国经济的相对封闭性缩小了货币紧缩效应的影响(但不可能完全不受影响)。

第四,美国的任何一届新政府都有能力安排"自己人",不但把他们安排在内阁的职位上,而且还会把他们安置在各级政府机构。在英国,一届新政府上台会重组内阁,但"公务员都留任"。英国的内阁大臣被同一些常任官吏所包围,这些常任官吏在维持现有机构规模方面显然有自己的既得利益。因此,在英国,任何一届新政府的"车队"都由"印第安人"公务员常规力量来驾驭。虽然(根据英国的宪政理论)公务员被认为都是一些政治上中立的顾问和内阁大臣们的工具,但是,英国的公务员——为了过上"平静的生活"——都有动机抵制彻底的变革,在关系到费用削减型改革时更是如此。

第五,由于撒切尔实验先于里根实验,因此,新上任的里根政府和它的顾问们可以吸取一些经验教训,并且至少可避免一些潜在的危险。这种远距离吸取经验教训的最显著例子与撒切尔政府在上台后的"蜜月期"里大幅度果断削减政府支出有关。1981年2月,美国众议院预算委员会的一些代表访问英国近距离考察撒切尔实验。在离开英国之前,美国众议院预算委员会主任共和党人吉姆·琼斯(Jim Jones)表示:"如果我们针对这里的情况做一个总结的话,那么就是在采取任何其他行动之前,我们应该迅速、大幅度、明确地削减(政府)开支。"[16]

在当月的晚些时候,里根总统对外宣布打算在联邦政府预算中削减491亿美元的政府支出,这说明美国人至少已经把撒切尔实验的一个经验教训带回了家。

最后,撒切尔实验和里根实验是在特点明显不同的社会文化氛围背景下进行的。在英国,"英国病"无论在程度上还是时间上都已经根深蒂固,从而导致国民情绪长期悲观。国家控股和所有制已经深深、广泛地根植于英国经济(如国民医疗保健制度、国有化工业企业、福利国家),而且由来已久,以至于它们的继续存在已经被认为无可争议、不可改变。很多英国人,包括很多(即便不是大多数)受过高等教育的英国人,似乎都受到了集体主义魔力的困扰。他们甚至无法想象还存在其他形式的国家机关。在美国,情况有所不同——至少在程度上。美国人似乎一般还崇尚个人主义,对未来表示乐观,并且讨厌集中决策制;集体主义的魔力似乎还没有深深根植于普通美国人的心智。这些因素也许能使里根实验进行起来比较方便。[17]

因此,有各种各样的因素使得里根的四点"经济复兴计划"遇到的问题在程度上不同于困扰撒切尔实验的问题。里根可能会发现道路没有那么崎岖。但这并不会导致一般情况大相径庭。撒切尔计划和里根计划就它们的指导思想而言十分相似,并且是在两个经济、政治和社会结构等具有广泛相似性而且还有很密切的历史关联性的社会里执行的。因此,里根计划很可能遇到撒切尔实验已经遇到过的种类相同的一般问题,因为是在非常相似的环境条件下进行一种非常相似的政治经济"实验"。无论里根总统供给学派的经济顾问设法在撒切尔实验和里根实验之间搞怎样的差别化,这个基本事实都是不能回避的。罗纳德·里根最终要面对政治卢比孔河(意大利北部小河,曾经作为高卢和罗马共和国的界河。——译者注)的可能性并不小于玛格丽特·撒切尔。本文所介绍的撒切尔实验的经验教训,也许能使跨越这条界河变得比较容易。

二、问题出在哪里:病因诊断

想象与现实

撒切尔夫人刚上台时,股票市场也热情洋溢,股价在经济和利润将加速增长的预期中一路上扬。

虽然在执政 18 个月后英国的经济和政治困难有增无减,但在美国,撒切尔实验在某些方面仍受到媒体的好评和公开的赞赏。当时,一家美国媒体的评论员在谈到撒切尔夫人取得的进步时写道:

"她在她的政府最关键的位置上安排了重量级的自由市场拥护者,尤其是新的工贸大臣、预算主任和财政大臣。

"他们一起向社会主义倾向发起了进攻。撒切尔大幅度削减了所得税和公共支出,撤除了大权在握的价格委员会,使政府退出了集体谈判,并且还制定了一些关键产业的国有化计划。一些打破政府垄断(如邮局)的建议也已经付诸实施。"[18]

现实情况就像当时越来越多的英国人所理解的那样又变得更加暗淡。同月,《经济学家》在显著位置发表了卡斯特罗芬奇(Castrovinci)如此评论撒切尔夫人政策的重要文章:

"撒切尔夫人因承诺削减公共支出,通过严格控制货币数量来控制通货膨胀并重振工业而当选,但却目睹公共部门支出占国内生产总值的份额继续增长(工资上涨了20%左右),货币供应量激增,制造业产值下跌了10%以上以及企业利润下降。这个星期,英镑(兑美元的汇率持续上涨7年多)和失业(创40年来的新高)双双走高,已经超过了撒切尔政府对其政策可能的结果令其不安的预期的极限。撒切尔政府怎么会落到一个这么悲惨的下场?"[19]

这一部分,我们就设法回答这个问题。

撒切尔政府在英国公众心目中的形象也与它的目标相去甚远。英国公众普遍觉得,这个政府的具体计划从各个方面看都很激进,这份计划得到了两股政治力量的支持:撒切尔政府本身及其反对派。政府内阁大臣们的豪言壮语,尤其是撒切尔夫人本人,直到最近仍试图维护政府一直在为铲除"英国病"的病根而顽强地采取彻底行动这种形象;而撒切尔政府的反对者们也发表言论旨在传递这样一种信息:现政府代表着半个世纪或者更长时期里英国最反动、无情、亲资本主义的政府。工党极左的"劳工协调委员会"领导人托尼·本(Tony Ben)曾用以下一段话来描述撒切尔政府:

"我们得到的是旨在使财富和权力的天平彻底并且不可逆地向着有利于资本所有者而不利于劳动人民及其家庭的方向倾斜的政治策略……

"我们正在被迫被动接受一种旨在结束充分就业、肢解福利国家、扩大社会不公并且置雇员绝对从属于雇主的状态的无所不包的策略。为了达到所有这些目的,以前在英国不断壮大的工会运动现在已经开始在萎缩,并且中立化为工业和政治领域的一支重要力量。"

具体而言,撒切尔政府的反对者们通常从以下四个方面谴责撒切尔政府:

(1)撒切尔政府在推行一种"硬性"货币主义政策,对货币供应量进行严格控制,从而导致了目前的经济衰退。

(2)撒切尔政府对公共支出进行了"野蛮"的削减。

(3)撒切尔政府在肢解国有化工业企业,并且在竭尽全力恢复市场经济。

(4)撒切尔政府剥夺工会的"基本法定权利"(即各种豁免权),并且对工会的权力发起了严峻的挑战。

以上四个方面对撒切尔政府的谴责没有一个经得起推敲。无论是撒切尔政府的豪言壮语还是反对者们的谴责都不符合实际情况。的确,撒切尔内阁的某些成员希望牢牢控制货币供应量和公共支出。的确,撒切尔内阁中有为数更少的成员希望降低政府的工业涉入度,并且终止工会的某些豁免权。但实际上,撒切尔政府并没有做这些事。本章旨在分析撒切尔实验中这些政策失败的原因和后果。我们主要来谈货币金融政策、财政政策和供给侧政策这三个方面的问题。

货币金融政策的失败

撒切尔政府详细的货币金融管制计划被称为"中期金融战略",并且于1980年3月公布于众。撒切尔政府还公布了未来4年的货币供应量——具体而言,一个被官方称为"英镑M3"的货币总量——增长目标范围。英镑M3的增长目标设定为:1980～1981年增长7%～11%,1981～1982年增长6%～10%,1982～1983年增长5%～9%,1983～1984年增长4%～5%。[20]撒切尔政府的金融战略目标就是在几年内,通过以逐渐、稳定和可预见的方式降低货币供应量增长率,以最小的产出和就业代价把通货膨胀率降低到个位数。

尽管撒切尔政府做出了详细的承诺,也十分重视货币数量控制问题,并且把货币数量控制作为其治理通货膨胀的一个关键因素,但是,它并没有按计划实现自己的目标。有些计算结果显示,1980年2～10月实际测得的英镑M3增长率大约是目标增长率的2倍:按年率计算,英镑M3的增长率是20%,而目标增长率只有7%～11%。正如我们将在下文看到的那样,这么高的货币供应量增长率部分是由数据不实造成的。不管怎样,就像一篇比较权威的货币政策评论文章所评述的那样,"有一点可以肯定,货币供应量增长率没有以一种稳定和可预见的方式放慢增长速度,而是很可能加快了增长速度,但就是不知道确切的具体数据"[21]。1980年下半年实际测得的货币存量增长率很可能部分是由(1980年夏季)取消了自1973年12月以来中央银行强制规定的商业银行有息存款数量限制造成的。这种存款控制方式被称为"紧身胸衣",最初是为了阻止商业银行通过向存款人支付高利率来争夺资金而规定的。在20世纪70年代后半期,这种方式也被作为一种限制货币数量增长的手段来实现某些货币控制目标。

任何价格(在本例中涉及某些种类可贷资金的价格)管制计划总会遇到规避管制的问题,而且确实也碰到了这个问题。一种规避手段就是银行承兑票据,商业银行通过承兑商业票据的方式实际把钱贷给借款人,而且不会把这种业务反映在资产负债表中。因此,这种"紧身胸衣"存款管制方式的首要影响就是把自愿买卖双方的公开交易变成了隐蔽交易。换句话说,"紧身胸衣"的影响就是隐匿货币存量的实际增长率,但又无法抑制货币存量的实际增长。"紧身胸衣"被取消以后,这个迄今隐匿的货币增长分量重又恢复到了正常状态——并且被反映在银行资产负债表上和货币增长数据中。

不管怎样,虽然为剔除这种影响而对货币增长统计数据进行了调整,但是基本的货币增长率似乎仍大大超越了1979年和1980年的目标区间。[22]

那么,造成这种情况的原因是什么呢？主要的答案就是,英国货币当局选择了一种不适当的货币供应量(实际或者未被扭曲的)增长率控制手段——一种在很多货币数量论者看来肯定是不适当的手段。像美国米尔顿·弗里德曼教授以及英国布莱恩·格里菲斯(Brian Griffiths)教授及其银行与国际金融中心的同事这样的货币数量论者,都倾向于支持通过控制"基础货币"或者"高能货币"供给来控制货币供应量。因此,这个量值可用上一部分方程式(2)中的ΔM^H来表示,因为商业银行必须在它们的资产中持有一定比例的这种形式的资产。因此,这个量值也是控制商业银行存款额这个货币总供应量主要分量的一个手段。

但是,英格兰银行——相当于美国的联邦储备委员会——却宁愿设法通过控制利率水平来控制货币供应量。在过去的几十年里,英格兰银行一直把控制(特别是稳定)利率水平而不是控制货币供应量增长率作为它的一个主要目标。在20世纪70年代下半期,当英国政府要求控制货币存量时,英格兰银行做出的回应仅仅是使传统上受宠的技术适应新的需要。货币供应量可以通过控制利率水平加以控制,这种做法的思路就是选择一个利率水平,从而引发一定量的与所规定货币增长率相一致的商业银行贷款需求和供给。反过来,通过为政府新发行的证券选择一个适当的价格也能确定利率水平(或者说,有人就这么认为)。

在一个为控制货币数量而操纵利率绝不受政治约束的完全确定的世界上,这样的货币政策工具足以不辱使命。可是,我们根本就没有生活在这样一个世界上。

首先,我们生活在一个情况总在不断变化并且高度复杂的世界上。没人能够确定地预测对银行贷款的需求或者对金边(即政府)债券的需求。例如,英国财政部金边债券销售预测方程中有一个用来表示英镑M3过去超过3％变化(增加或者减少)的标准误差。其次,利率的确定经常受到政治干预,特别是为回应业主和企业游说团体而做出的政治干预。政客们更加渴望看到利率下跌,这样才能获得这些群体的"支持"。

因此，英格兰银行目前的做法并不是十分有效或者可预测的货币供应量控制方法。此外，由现行方法造成的货币供应量不规则波动导致了关于货币数量增长和未来通货膨胀的不确定性，从而加剧了供给侧的经济问题。

中期财政金融战略的另一个问题就是，即使货币增长因采用现行方法达到但没有超过预期目标，也会由于货币增长与通货膨胀之间存在很长的时滞而不可能在1983~1984年前把通胀率降低到个位数。正如银行与国际金融中心所指出的那样，"目前的货币目标似乎太高，无法有把握地提供一个在选举年能被作为政府政策成功的象征来炫耀的个位数通货膨胀率"。[23] 撒切尔夫人将不得不面对这样的谴责：她为了被认为是"硬性"货币主义政策所导致那么一点抑制通胀的结果，通过失业——失业率到时候有可能仍然很高——和产出损失造成了巨大的经济浪费。可是，这里的基本问题是这些政策根本就不是什么"硬性"政策。撒切尔实验的渐进性似乎实在是太过"渐进"。

货币主义与失业

那么，撒切尔政府采取的实际"软性"且不稳定的货币控制政策是否应该为高失业负责呢？这就是很多现状批评者所认为的——货币主义应该对失业加剧负责，目前失业率已经占到劳动力的10%以上。1981年4月，约有350位经济学家联名致信伦敦《泰晤士报》，把这种失业状况归咎于推行货币主义政策，并且呼吁放弃这种政策。

关于这个论点，有很多问题值得注意。首先，自20世纪60年代中期以来，英国与其他西方国家一样，基本失业率持续上涨。很多因素可用来解释基本失业率的增长，包括世界经济的结构性变化，通货膨胀变化不定，立法（如有关裁员补贴、妇女同工同酬的立法）提高了劳动力成本，政府增发失业金产生了失业期延长（进而失业水平提高）和黑色经济（地下经济）壮大的效果。对这些因素进行精确的重要性比较超越了我们现有的知识范畴，但有一点我们大家都知道，那就是"自然"（或者均衡）失业率好像是长期以来一直在攀升。

不管怎样，当前的失业率也有可能高于潜在自然失业率。据某些研究估计，1977年度的自然失业率位于占劳动力4.5%和6%之间的水平上。[24] 据利物浦宏观经济研究小组的最近估计，英国的自然失业率到了1980年已经上涨到了占劳动力的8%水平。导致当前失业率与自然失业率之间出现这一偏差的一个主要因素，可能就是工资收入占货币供应量的比例在1979年和1980年这两年急剧上涨。失业水平与工资收入—货币供应量比之间存在一种显著的（正）相关性。[25] 工资收入占货币供应量的比例上涨时，失业率也会明显上涨。这就是英国在1979年和1980年出现的情况,1980年英国的工资收入上涨了23%。

这种相关性背后的作用机理似乎是一种标准的经济分析结果:当工资相对于物价和货币供应量上涨时,企业即被认为有动机减少劳动力投入。由此而产生的问题就是为什么1979年和1980年英国的工资收入上涨到了那么高的水平。首先,劳动力对物价将继续上涨的预期显然依然很高。其次,1980年工资收入一般水平的上涨严重受到了公共部门很高水平的工资协议的影响。就如银行与国际金融中心所指出的那样:

"1980年工资收入增加了23%,其中,私人部门的工资增加了17.5%,而公共部门的工资则大涨30%。实际上,公共部门的工资协议剥夺了私人部门劳动力的工作机会。"[26]

很多经济学家(主要是那些在公共部门如大学供职的经济学家)对上述问题视而不见,他们把高失业简单地归咎于货币主义,并且呼吁通过恢复通货膨胀来"治愈"失业。[27]

最后,撒切尔政府的货币政策暴露了严重的弱点。同时,英国某些天真的经济学家和政治家在某种程度上成功地实现了他们赋予"货币主义"糟糕公众形象的意图。我们也已经看到英国目前的货币和失业问题部分可归咎于限制公共部门工资支出的失败。由此导致我们去探讨我们关心的下一个问题。

预算政策的失败

英国保守党是依靠它削减公共支出和降低税收水平的许诺上台的。下面,我们分别考察保守党执政后在这两个方面的实际表现。

公共支出"削减"闹剧

撒切尔政府的左翼成员和工会批评者们成功地向英国公众传递了撒切尔政策导致"野蛮"削减公共支出的信息。由政府左翼成员和工会组织者大杂烩发起的"反削减"行动蔓延到了全英各地。

的确,撒切尔政府从上台伊始就着手采取可被称为"四轮公共支出削减"(1979年6月和11月以及1980年3月和11月)的行动。其间,英国各家报纸几乎持续连篇累牍地刊载了关于大肆宣扬的"削减"计划的故事:凡是讲述"削减"计划故事的报纸都配发了有关政府内阁内外"削减"计划暗战及其后果的报道。

所有这些宣传活动最奇特的一面就是,撒切尔政府迄今没有削减掉一点公共支出,而相反目睹了政府支出水平的大幅上涨,无疑还有资金在不同支出项目之间重新配置的问题,一些国内支出项目(如对外援助)遭到削减,而另一项支出项目（如国防开支）的预算得到了扩大。但毫无疑问，公共支出的总体水平——无论是绝对金额还是占国内生产总值的百分比——大幅上涨，并且大大高于前工党政府1978年度和1979年度的公共支出总体水平。

具有讽刺意义的是，前工党政府在1975～1976年度和1977～1978年度工会反对极其温和的背景下实际做到了对公共支出的大幅度削减——按百分比计大约减少了6%。但是，无论是工党还是工会（尤其是公共部门的工会）现在都成了撒切尔公共支出"削减"计划的可怕杀手。[27]

为了把现实与幻想区分开来，我们需要考虑两个问题：第一个问题是撒切尔政府据以上台的公共支出计划是什么；第二个问题是实际执行情况如何及其原因。

这些公共支出计划是撒切尔政府根据它的中期财政金融战略和1980年3月发布的公共支出白皮书制定的，并且清楚地反映了许多撒切尔政府的具体意图。首先，从1979～1980年度到1983～1984年度这个时期（撒切尔夫人的任期），计划公共支出金额需要减少4%。其次，为了控制公共支出，还必须采取更加严厉的现金限额控制：如果费用上涨快于计划金额，那么就得削减差额。第三，政府打算在1981～1982年度第一次真正削减支出额。因此，直到现在为止的所有削减都是因为1979～1981年度的公共支出甚至有所增加而删减之前的支付计划。所以，总的来说，政府最终打算适度削减自己的支出水平（大约削减占国内生产总值2%的支出），但显然没有像许多极左的政府批评者声称的那样有"肢解福利国家"或者"葬送公共部门"的打算。令人不堪的现实是，对于英国公共部门虚涨的支出水平，撒切尔政府显然并不打算有所作为。

有关"实际发生了什么"的故事也同样富有教益。现实情况是，公共支出和公共部门借款需要（PSBR，也称"预算赤字"）的实际金额始终高于政府的计划金额。那么，为什么会这样呢？有很多因素值得一提。

首先，撒切尔政府在一个选前承诺中，根据许多公共部门的工资协议已经给工会开出了一张现金支票。1979年的背景情况是，1978～1979年冬季，英国公共部门罢工接连不断，似乎严重破坏了之前公众关于"只有工党政府才能搞定（或者收买）工会"的感觉。为了平息这些不利于选举结果的罢工，詹姆斯·卡拉翰（James Callaghan）工党政府曾试图通过花钱来解决问题。首先，工党政府答应立刻在公共部门增加10%以上的工资。其次，政府成立了一个由休·克莱格（Hugh Clegg）教授担任主席的工资比照确定委员会负责处理——在选举之后——给中央和地方政府罢工工会会员增加工资（未明确规定金额，但被认为很多）的事宜。撒切尔夫人也参与了这种公开拍卖政治，并且承诺如果她能当选执政,那么到时一定兑现克莱格委员会的建议。

克莱格委员会的建议被认为是建立在与私人部门薪酬进行"科学"比较的基础上的,但其实是凭空杜撰的。除了市场检验——求职人数是少于还是多于空缺职位——之外,我们还真不知道劳动经济学家和劳资关系分析人士如何评判任何类别劳动力的适当工资。主要的问题在于:缺少任何科学确定不同工作非工资方面价值的方法。英国的公务员几乎都处于终身就业状态,并且享受完全不受通货膨胀影响的养老金计划。根据主观评判,所有这些相对于当前的工资能值多少钱呢?在缺乏市场的情况下,我们没有办法知道。而在就业受到资助公共部门,根据定义,根本就取消了市场需求检验这一环节。

然而,克莱格委员会还是提出了他们的建议,他们的建议居然还得到了兑现。公务员的薪水增加了25%,公立医院的牙医和其他医生工资增加了30%,1980年公共部门的薪水平均增加了30%。克莱格委员会现在已经解散,而撒切尔政府发布了根据当前工资谈判达成的公共部门工资协议将工资上调6%的"指导方针"。具体来说,公务员工资增加了7%。在笔者写这篇文章时,英国又陷入了一系列的公务员罢工,包括企图导致征税系统瘫痪、叫停空中交通、推迟护照签发(从而断送很多人的休假计划)和阻止英国核威慑潜艇游弋的罢工。

导致公共支出超出计划水平的第二个原因就是,某些项目超过预定的目标和现金限额——这些项目超支是得到政府允许的。1979～1980年度,国防开支超支6亿英镑。1980年,地方政府支出(在英国,地方政府很大一部分支出由中央政府拨款提供资金)也大大超标。最后,国有化工业企业——尤其是像英国钢铁公司(British Steel)、国家煤炭局(National Coal Board)、英国铁路公司(British Rail)和英国造船公司(British Shipbuilders)这样的"亏损大户"——也都超过了它们的现金限额。在本章的下一节里,我们将比较详细地考察这最后一个问题。

第三,由于失业人数(主要是私人部门)远远超过政府预期,因此,预算的社会保险部分规模远大于预期。每年多1个劳动力失业,英国政府——或者更确切地说,纳税人——平均就得多支出5 000英镑。

公共支出超标造成了三个严重的后果。首先,1980年金额巨大的公共部门工资协议是在现金限额通常占公共支出增额只有13%～14%的情况下达成的,因此,达成这项协议的结果就是必须削减公共支出项目的金额。

其次,政府机构并不是削减它们的投入,尤其不是削减它们的人工投入,而通常是削减它们的办公室产出。英国工程雇主联合会(Engineering Employers' Federation)1981年2月作为预算计划提交给政府的一份报告尖锐地指出,自撒切尔政府掌权以来,总共只解雇了 2 977 名政府雇员,而同期英国劳动力市场被解雇人数多达 665 707 人。[29]与此同时,英国政府机构很多办公室的产出真的出现了大幅下降:

"减容方式几乎没有对公共部门就业产生影响,但却导致公共部门服务——养老院、成人教育中心、医院病房、托儿所——陷入了严重的混乱。在这方面,部分问题出在:公务员被赋予太大的决定哪些方面应该裁减的相机抉择权;他们制定的裁减策略似乎是先裁减关键服务部门,然后削减资本支出,再后可以想见地答应削减他们自己部门的工资总额,但会不惜一切代价地避免裁减各个部门的就业人数。"[30]

从这个意义上来说,撒切尔政府掌权以来无疑是对公共部门进行了裁减,但这些裁减表现为英国政府机构实际产出的下降和资本支出的减少。英国中央和地方政府机构通过降低劳动生产率(劳动力产出与投入之比)和资本投入来回应薪水总额的大幅缩减和现金限额的收缩。凡是他们没有做的恰恰是他们需要做的:解决组织冗余问题,提高工作效率,释放多余的劳动力投入。当然,所有这一切还只不过是期待而已。最后,这一切也反映了英国两个重要利益集团抵制甚至颠覆政府——一个人民为了减少公共部门(官员和公共部门工会)的浪费而推选出来的政府——意愿的力量。

公共部门支出超过计划造成的第三个后果就是,公共部门的借款需要必然远远大于计划。由上文的方程式(2)可知,政府只有 4 个为计划或非计划支出筹措资金的渠道:征税、收费、借贷和发行货币。目前执政的撒切尔政府一般忌讳采用增加公共服务收费的做法。这样一来,它只剩下三种方法可用。现政府也想履行它的税收和货币数量增加承诺(请看下文)。这样,现政府只有一种方法可用:不得不通过增加向非银行公众借款来为所增加的公共支出筹钱。公共部门的借款需要规模可用下列方程式来确定:

命题3:公共部门借款需要 $= G - T - C - \pi + N$

式中:G 表示政府总支出;

T 表示税收总收入;

C 表示公共服务收费收入;

π 表示国有化工业企业净利润;

N 表示公共部门金融资产净购置。

英国政府曾设法采用许多方法来降低公共部门借款需要的增加。政府增加了某些收费项目(如学生餐费和部分药费)。这些收费增额只占数额相对较小的公款。其次,政府曾试图通过向私人出售某些公共部门资产的方式把方程式(3)中的 N 变成负值。1980～1981 年度的政府支出计划(第 7746 号法令)显示了政府通过变卖公共部门资产筹集 10 亿英镑的意图,但这远远不够。1980～1981 财政年度,由于政府支出出现了非预期增长,因此,官方估计的公共部门借款需要额从 85 亿英镑增加到了 115 亿英镑。问题是,如果政府要借更多的钱,那么向非银行公众借钱的价格会被推高,即借款的利率水平会上涨。私人企业,很多本来已经受到利润率下降和流动性危机的困扰,因此觉得通过向银行借款渡过难关的成本提高了。结果,英国私人部门工业企业破产数和解雇员工人数增加。换句话说,英国公共部门调整失败进一步把问题转嫁给了私人部门。

减税惨败

保守党通过大幅削减所得税来恢复个人的工作、储蓄和投资动机。杰弗里·豪(Geoffrey Howe)爵士(财政大臣)确实是这么做了。所得税的标准税率从 33% 降低到了 30%,而 25 000 英镑以上的收入适用的所得税最高边际税率也从 83% 降低到了 60%。然而,为了弥补(部分)这一举措的"成本"(按少征到的税收计算),政府提高了消费税税率。这么做的理论依据是由直接税转换成间接税就能释放出更大的工作和创业努力。

这种理论其实存在严重的缺陷。阿瑟·B. 拉弗巧妙地表达了采用这种策略会遇到的基本问题:

"由于正式的经济原因,总是有一系列的所得税对应于任何给定系列的产品税,因此,从理论上讲,间接(产品)税和直接(所得)税之间没有任何解析差。如此看来,仅仅是把政府收入的来源从国内税收(直接税)转为关税和消费税不会对英国经济产生有利的影响……人们工作是为了获得商品和服务,他们并不关心自己消费能力是怎么下降的,而只关心自己的消费能力下降了多少。"[31]

此外,在 1981 年的春季预算中,财政大臣又推出了大幅调高汽油税和烟酒税的举措。造成这种局面的原因就是对中期财政金融战略货币目标的承诺,再加上公共支出水平的飙升。

供给侧政策的"失败"

如前所述,撒切尔策略的一个核心分量就是通过逐步提高经济系统的自由度来恢复英国经济的活力。基斯·约瑟夫爵士对撒切尔战略进行了如下直率的表述:

"仅靠货币主义是不够的……除非同时大幅度地缩减国营部门,并且大力鼓励私人企业。我们已经被过度治理、过度透支、过度课税、过度借贷和过度操纵……我们还必须大幅度地削减税收和公共支出,并且大胆地激励和鼓励财富创造者……"[32]

我们已经在前文看到撒切尔政府是如何履行大幅减税和削减公共支出的承诺的。在这一部分,我们来看看撒切尔政府其他供给侧政策被认定遭遇的失败。具体而言,我们将考察产业政策和劳资关系改善这两个问题。

撒切尔政府要就供给侧问题做点什么的意图,至少从执政一开始就非常明显。事实上,就如拉尔夫·哈里斯勋爵所指出的那样,"我们不难罗列一长列为扳正经济政策方向已经采取的措施"。[33]他具体列出了以下措施:(1)取消物价和利润的法定管制,并且停止执行正式的收入政策;(2)彻底废除外汇管制;(3)以33%~50%的折扣把廉租房卖给租户;(4)通过推行长至5年的短期新租约首次突破了实行了60年的租金管制;(5)降低所谓的就业保护保证程度;(6)暂停执行(税前)失业金的完全指数化;(7)在老旧城区创建"企业振兴区";(8)取消长途汽车和公共汽车经营管制;(9)终结优先邮件和慈善物品运送的邮局垄断经营权。不管怎样,虽然撒切尔政府朝着正确的方向取得了"一些"进步,但还是遭遇了一些重大失败——尤其是在产业政策和劳资关系政策这两个核心(和相关——就如在下文将要看到的那样)领域。

产业政策的 U 形掉头

20世纪70年代,基斯·约瑟夫爵士是作为当时(1974~1979年)执政的工党政府产业战略的严厉批评者出现的。工党政府产业战略的实质内容就是试图通过大量注入纳税人的钱来振兴英国产业,英国利兰公司(British Leyland)就是这方面的一个范例。基斯爵士毫不留情地批评了这种产业政策:

"为了保护英国利兰公司、克莱斯勒公司和其他获得高额救助的公司的一个工作岗位,全国上下就得丧失多个工作岗位。如果我们的内阁大臣和工会领导人真的想防范失业并保护生产性就业,那么就不应该像现在这样行动,而应该给这些浪费资源、代价昂贵的'胖子'瘦身,并且尽力改善中小企业的经济生存环境。"[34]

基斯爵士和玛格丽特·撒切尔在1974年创建的政策研究中心(Center for Policy Studies)发表了很多试图通过救助和补贴解决工业问题的理论和实践研究成果,其中也包括本作者完成的一项研究。

撒切尔政府执政之初,基斯爵士(被任命为工业国务大臣)曾经宣称将削减区域援助计划,并更加"坚定"地执行有选择的工业资助标准。

到了1980~1981年冬季,这种决心开始消失。首先,产业政策悄悄发生的巨大变化变得显而易见——现在看来,有选择的工业资助标准终于不必那么"坚定"地执行。其次,对英国利兰公司和英国钢铁公司等破产国有企业实施了一系列引人注目的救助行动。《每日电讯报》(Daily Telegraph)的专栏作家詹姆斯·怀特曼(James Wightman)指出：

"内阁大臣们发现用国家资金救助亏损国有企业要比他们重新掌权差不多2年之前想象的困难许多。

"撒切尔夫人绝不救助'跛脚鸭'的决心，由于内阁多数成员反对可能会导致大量冗员并且还有可能意味着关闭公营汽车和钢铁公司的行动而软了下来……基斯·约瑟夫爵士作为工业大臣在处理(英国)利兰公司和英国钢铁公司问题上的表现表明，这位上任前态度强硬的工业大臣已经不再那么锋芒毕露了。"[36]

基斯爵士不得不多次支用大量的公共资金救助多家分属不同部门的公司——具体来说，英国钢铁公司、英国利兰公司、劳斯莱斯公司、英国造船公司和英国航空公司，并且还要为本期公共支出增拨大约四五十亿英镑。1981年1月又宣布给英国利兰公司提供11.4亿英镑的新资助，1981年3月又资助ICL电脑公司2亿英镑，但最大的单一救助行动是提供资金弥补英国钢铁公司的亏损。1981年1月，英国政府宣布了新的"拨款安排"，主要用于注销大约27亿英镑的贷款和债务，提供金额高达7.5亿英镑的新贷款，并且还承诺在以后2年里再提供不少于10亿英镑的贷款。

然而，对于撒切尔政府来说，产业政策最具羞辱性的逆转发生在1981年2月矿工罢工之际。这次罢工的背景是政府在1980年颁布了一项煤炭工业法案，宣布分3年逐步停止发放营运亏损补贴。1981年2月，国家煤炭局宣布了一项旨在加快其闭坑进程的计划。大约有23个不经济或者已弃置不用的矿井将于1982年3月关闭（其中许多矿井的关闭已经与全国矿工工会达成一致）。虽然受这些矿井关闭影响的劳动力总共有20 000人，但据估计，其中多数潜在冗员可通过重新安置到利润率较高、更具发展前途的新矿井工作而免遭失业。公司方面考虑连续2年每年辞退2 500~3 000员工来解决冗员问题。考虑到英国煤炭业的规模，再与英国工业私人部门目前的裁员规模比较，这项裁员计划规模相对较小。

全英矿工工会(NUM)全国执行委员会向英国政府和国家煤炭局发出了最后通牒，限期一周"改变他们有关矿井关闭计划的主意"。否则，他们将把举行全国大罢工的建议提交其会员投票表决。1972年和1974年的矿工罢工——后次罢工导致爱德华·希思的保守党政府选举失败——仍记忆犹新。全英矿工工会约克郡分会信仰马克思主义的会长阿瑟·斯卡吉尔(Arthur Scargill)向500名矿工宣布："我们是在创造条件提前举行大选，以便一劳永逸地摆脱这个保守党政府。"[37]

撒切尔夫人和她的政府最初表示了迎接这一挑战的决心:"政府不会干预煤炭减产和可能的矿井关闭。撒切尔夫人已经在下议院明确表示……"[38] 8.82亿英镑"外部"(即公共)资金的现金限额仍要维持:"我们应该支持这样的安排。"撒切尔夫人坚定地表示。

由于已有130年历史的欧格里弗矿井(谢菲尔德附近)受到了关闭的威胁,因此,约克郡矿工工会领导人宣布了他们在接下来的10天里要采取工业行动的意图。尽管派遣罢工纠察队已被1980年通过的《就业法》宣布为非法(请看下文),但他们仍明确表示,他们将设法通过向其他矿区派遣罢工纠察队的方式举行破坏力尽可能大的罢工。全英矿工工会欧格里弗矿区的官员和工作人员也宣称,万一发生罢工,他们的会员不会提供应急掩护处,也不会检查通风系统或顶板支护,或者给渗水的矿井排水。[39]

政府开始流露出不安的情绪,推出了一项通过支付极其大方的裁员赔偿出钱消除罢工和破坏威胁计划。按照这项裁员赔偿计划,被裁矿工每人能领到"高达20 000英镑的赔偿(免税)——比英国工业私营部门通常支付的失业补贴要高出好几倍"[40]。

在全英矿工工会提请全体会员就罢工行动投票表决之前,全英国爆发了一系列的非正式(夜猫式)罢工,导致威尔斯的煤炭生产全部陷入停顿。在这种情况下,撒切尔夫人决定向全英矿工工会做出让步。英国煤矿局的一名高级官员后来(私下里)表示:"我们只能'背墙一战'准备罢工——结果,墙也倒了。"这个就在1周前在下议院大声叫喊"我没有被迫做任何事"的铁娘子显然也受到了恐吓。詹姆斯·普赖尔(James Prior)这个政府内阁的主要"湿派"人物被赋予自由裁量权就政府让步问题进行谈判。能源大臣丹尼斯·豪威尔(Denis Howell)于2月18日向矿工工会领导人递交了"投降书"。全英矿工工会主席乔·戈姆利(Joe Gormley)宣称:"明天我将召集的工会执委会就不必为是否举行全国性罢工进行投票表决了。矿井关闭计划不再存在,因此也不必采取罢工行动了。"[41]"投降书"许诺三方面的政策180度转变。首先,政府现在就"迫使"国家煤炭局"重新考虑(即终止)矿井关闭计划。其次,同意"复审"国家煤炭局1981～1982年度的外部融资限额:换言之,政府许诺提供为维持不经济矿井开工所必需的补贴。再次,还就限制从美国和其他国家进口低价煤炭这个问题达成了某种(未明示的)协议。后来还宣布政府将加倍补贴煤炭工业,而不是逐步停发补贴。

这份"投降书"对英国工业私营部门的士气产生了惊人的影响。有位经济新闻编辑在描述当时英国私营工业企业的一般情绪时写道:

"私营部门的所有企业都在经历重建的痛苦,在与工会抗争,并且降低它们的工资要求,现在必然感受到了莫大的幻灭感。公共部门能得到它想要的一切,而私营部门的企业为什么要因此而受苦?"[42]

有人表达了他们的担心:政府为了工会的利益做出的这次让步会导致英国公共部门目前和未来的工资纠纷变得更难解决,而且解决的成本会变得更高——公务员在当下工资纠纷中表现出来的执拗就是明证。还有人更加担心,矿业工会提出远高于它们在其他情况下可能提出的工资要求。它们现在已经习惯了品尝这种"丹麦金"(中世纪英格兰为筹措抗丹麦军费或向丹麦进贡而征收的一种赋税,后演变为一种土地税。——译者注)的味道。

那么,撒切尔夫人为什么要给自己制造这样的麻烦呢?新闻媒体的解释是:她不希望加入与矿工的对抗,原因就是这并非是她本人的选择。在政府做出让步后没几天,一档电视访谈节目给出了更具可能性和启示性的解释。内阁大臣约翰·比芬(John Biffen)是撒切尔夫人的一个私密同事,他承认:"令政府感到恐惧的恶魔就是因这个问题爆发大规模的罢工……"[43]《金融时报》(1981年2月20日)在一篇重要文章中对"在保守党执政的英国,矿工说了算"这个问题进行了评论。

政府做出让步的另一个原因很可能是:政府担心派遣罢工纠察队的方法被大规模采纳;公众明白政府的劳资关系立法改革(包括在1980年的《就业法》中)解决不了问题。这就促使我们去讨论另一个主题。

白皮书中有关工会问题的内容

一个把撒切尔夫人扶上台的公众关心的重大问题就是1978~1979年导致公众失望和愤怒的"不满的冬天"罢工潮。保守党承诺大胆处置工会力量这个棘手的问题。

大选以后,撒切尔夫人任命詹姆斯·普赖尔出任就业大臣,委托他来完成这项任务。有必要指出,普赖尔是英国出了名的主张用"软"办法解决工会问题的倡导者。据坊间流传,他私下里表达过这样的观点:英国的情况已经太过严重,对解决工会力量这个问题不要抱太大的希望;政府现在可以做的最多的就是保持情况不至于严重恶化的希望。

主要体现在1980年《就业法》中的政府承诺的劳资关系改革就是在这样一种态度中进行的。

1980年的《就业法》由两个分立的部分组成,其中的一个部分处置个人在工作中的权利,而另一部分则涉及集体劳动关系的法律环境。我们在这里只关心该法的后一部分。

英国工会运动的代言人曾想把1980年的《就业法》说成企图取缔工会运

动。[44]其实并不是这么回事。实际情况是,该法是政府想给人以它已就工会力量问题"做了一些事"——虽然在任何相关方面做了相当少的事——的感觉的产物。这是在进行掩饰。

这部法律只要是关系到集体劳动关系的条款,都涉及四个主要问题——工会投票表决、封闭式企业(只雇用工会会员的企业)、罢工纠察队和次生行动。

关于工会的投票表决(如罢工决定),《1980年就业法》赋予工会使用公共资金支付邮递投票费用的权利。这一赋权的指导思想是全面推行邮递投票允许温和的观点在工会决策中击败极端观点。但是,《1980年就业法》的这一条款极有可能形同虚设,因为英国工会联合会议告诫它的所有下属分会不要申请公共资金。确实也没有一家分会申请公共资金。

关于封闭式企业问题,1980年《就业法》比较详细地阐述了反对只雇用工会会员这种做法的理由,受到封闭式企业安排伤害的劳动者可以向劳资纠纷仲裁法庭提起诉讼。劳资纠纷仲裁法庭可以对不适当的解雇或者拒聘判处赔偿。然而,该法几乎没有扩大反对封闭式企业安排允许理由的范围,只是把反对的理由从之前的宗教原因扩大到了"其他根深蒂固的个人信仰"。英国仍允许所有已有的封闭式企业存续下去,只不过曾颁布惯例法规定封闭式企业必须接受"定期检查",但相关规定并没有真正的法律效力。不管怎样,想设立新的封闭式企业有点困难,因为法律规定必须组织投票表决,而且"赞成票的比例不得少于80%"。实际上,这部法律意味着,强制性工会化格局可能已经被冻结在目前的水平上(英国大约1/4的劳动力受到影响)。

1980年《就业法》禁止动用"飞行纠察队"(即流动纠察队)。罢工纠察队只能在他们的工作场所或附近执勤。英国还有一部有关罢工纠察队的习惯法,该法"规定"在任何工作场所入口驻守的纠察队员不得超过6人。不过,这部习惯法也没有实际法律效力。

就业法有关次生罢工(即工人针对非原始争议一方的雇主举行的罢工)纠察队的规定比较复杂。根据新颁布的就业法,次生罢工行动倘若因商业合同,如雇员与其非罢工纠纷雇主的雇佣合同而发起的为非法。但这一规定也有一个重大例外:由于供给纠纷针对直接供应商和客户的次生行动也可能是合法的。因此,法律准许采取针对直接供应商的次生行动,但不准发起针对直接供应商的供应商的次生行动。矿工担任纠察看护电站,就像英国矿工在1974年所做的那样,仍然是合法的。

因此,1980年《就业法》干脆取消了之前给予次生行动的一揽子保护,而且还解除了法官们的巨大审理负担,因为法官们无须确定任何次生行动的目的和是否可能导致混乱(不导致混乱可是允许发起针对直接供应商或者客户的罢工行动的基本依据)。

总而言之,1980年《就业法》几乎算不上英国集体劳动关系法的一次革命性变革,或许能给工会带来些许烦恼,给劳工律师带来一点收入,并且给法官制造一些麻烦。从长期看,1980年《就业法》进一步阻碍了封闭式企业的发展,但无法帮助反应迟钝的英国经济解除工会强加的刚性的束缚,而且也只能对前工党政府在1974~1976年间完成的集体劳动关系立法所成全的工会力量大发展产生最低限度的影响。

英国病这种基础病

我们已经看到撒切尔夫人在其主要战略推动下被迫倒退了2年,她所遭遇的某些失败(如货币政策方面的失败)是技术性的,是采纳了不良政策建议或者无力执行相关政策的结果。其他方面的失败(如旨在执行克莱格建议的选前承诺)代表了一种也许有其道理但也可能没有道理的选举实用主义。但是,撒切尔实验的关键失败都与一个深层次的根本问题有关。

英国病是一种涉及高通胀肆虐、经济萧条和工会力量过大三个方面的复杂疾病。英国病的基本特征就是经济萧条——英国经济本身已经病入膏肓。事实上,通货膨胀问题可被恰如其分地视为英国病的一种症候,而不是导致英国病的病因。英国病是英国经济结构僵化造成的结果。英国病产生的原因就是,历届英国政府无一例外地设法通过重复实行被视为灵丹妙药的公共支出增加和货币刺激政策来掩盖经济结构僵化导致的问题——失业、生产率低下和经济增长乏力。英国的情况清楚地显示,这些处方只能暂时缓解经济萧条引发的"病痛",但会导致持续不断的通货膨胀。

英国工会不但凭借它作为劳动力市场垄断者固有的势力,而且依靠它作为政治市场主要行为人在过去60年里发展起来的力量来采取行动,由工会引起、扩大并保护的很多刚性是导致这次萧条的主要原因。谴责工会是导致英国病的唯一责任人肯定是不公平的,但应该注意到其他必须分担这个罪名的责任方(如雇主、政客、官僚等)常常被工会发展壮大的程度所压垮和/或者吓倒。

撒切尔夫人试图通过治理其症候——通货膨胀——来治愈英国病。使英国这个病人得以苟延残喘的货币兴奋剂已经被取消——虽然有点不稳定,但至少撒切尔夫人这位护士有正确的目的,并且试图采取方向正确的行动。但是,治理这种症候与治理英国病并不是一回事。停用货币兴奋剂,仅仅是为了了解这种折磨人的主要病痛的实际严重程度。撒切尔夫人这个医疗团队没能直面英国病本身。

这种基础病与强大的利益集团(尤其是那些渗透并且经营英国无数官僚帝国的利益集团)和工会(尤其是公共部门的工会)在维持目前的资源低效率配置方面都有自己的既得利益。其中的很多利益集团都有能力维持现状。其中的很多官僚(大多是工会组织的官僚)较之于政府在以下方面拥有自己的信息优势,并且利用这种优势以对他们自己影响最小并对政府最难堪的方式来下达他们的指令。他们凭借其活跃分子有投票权的会员资格还拥有强大的政治力量。公共部门的工会并不必然拥有很大的经济力量,因为煤炭和钢铁通常能够更便宜地从国外进口,但就他们有封锁港口和电站的能力这一点而言拥有一定的"军事"力量。此外,他们代表了为数众多的选民(如仅全英矿工联合会就有23万会员)。

撒切尔政府有它明确的选前意图:进行经济的供给侧改革,治理英国病的基础病。事实上,就在基斯·约瑟夫爵士后来成为重要人物的政府当选的这一年里,基斯·约瑟夫撰写了一篇名为《解决工会问题是英国复兴的关键所在》(Solving the Union Problem is the Key to Britain's Recovery)[47]的时评,这篇时评当时被广为报道。然而,撒切尔政府的实际表现表明,它的主要成员(至今仍然)不敢或者没有能力大刀阔斧地开展供给侧改革。财政大臣私下里承认公共支出已经"失控",大量的公共资金继续用于救助濒临破产的国营公司。没能及时转弯的领导人在一个(相对于英国私人部门大量裁员而言)比较琐碎的裁员问题上刚遇到矿工的对抗就退下阵来。现政府的立法几乎没有触及工会力量这个基本问题。与此同时,政府不得不提高支出总水平以应付猛增的公共产出成本,但又要坚持中期金融战略所确定的货币目标。目前英国采用的就是一种用特殊镜子映射的或者一种倒像式的供给经济学。或者,就如克里斯托弗·斯托里(Christopher Story)所说的那样,"我们(在英国)遇到了一种稳定的危机,而不是实现了稳定"[48]。

很多文献倾向于把英国病形象地描述为一种由经济原因造成的经济现象。当然,英国病有它的经济问题,如劳动力市场刚性。但是,对近来的遭遇的思考表明,英国病更加危险的一个问题是政治性的。毫无疑问,直接可归因于工会运动扩张的经济问题虽然重要,但仍小于工会的政治影响:工会的政治影响力可以从工会挫败改革努力并且使很多人(包括现政府的很多大臣)相信改革的药方毫无效力的能力中窥见一斑。英国没人会怀疑,针对撒切尔政府政策的宣传阻击战成功地误导了英国公众,并且阻碍了这些努力付诸实施的经济改革措施的执行。"如果改革的药方真的产生了作用,那么,英国这个病人为什么仍然病得那么严重?"这是一个提出这个论点的人必须反复思考的问题。不幸的是,这个问题那么经常地有人提及，又有那么多的其他人重又提起了这个问题。

本文试图揭示的事实并不在此，而是撒切尔政府开出的处方。撒切尔政府开出的处方即使按照撒切尔本人的理念来评判，基本上也没有开对；这张处方即使开对了，也必须用在病人身上对症下药；即使已经对症下药，也不能过早停药，或者剂量不足，因为疗效才刚刚显现。

三、结束语——撒切尔实验的追思弥撒

后果

撒切尔政府没能迅速、果断地治愈英国经济的基础病——一种主要反映在公共部门的病症，这就意味着：除了私人工业部门之外，还必须进行力度更大的调整。英国的私人工业虽然已经遭遇高汇率和世界经济衰退的困扰，但仍不得不忍受更重的税收（尤其是国民保险税）和更高的利率。

因此，政府被置于巨大的工业压力之下。英国工商业联合会（CBI）会长特伦斯·贝克特爵士在英国工商业联合会1980年10月召开的大会上向撒切尔政府发起了攻击，并且公开阐明与政府进行"残酷斗争"的必要性。后来，在1981年春季预算案审议前夕，英国工商业联合会施压要求以减税、降息和旨在降低英镑汇率的外汇市场干预的形式对工商业进行大规模的救助。[49]尽管没有使用"再通胀"这个词，但实际上，很多议案提到了这个问题。工会全国代表大会也施压提出了自己的"再通胀"要求——但又希望看到在增加公共支出和降低税率的条件下出现的再通胀。[50]这样一来，由于工商业两侧都在施加压力，因此，政府被置于被迫放弃其放慢货币供应量增长速度的残存承诺。工商业两侧都呼吁恢复使用货币增长和财政扩张的药方。多名前首相——哈罗德·麦克米伦（Harold Macmillan）、爱德华·希思（Edward Heath）、詹姆斯·卡拉翰（James Callaghan）和哈罗德·威尔逊（Harold Wilson）爵士——纷纷发表了内容相似的讲话。如前所述，英国一个很大的经济学家群体也通过签署一封致《泰晤士报》的公开信施加了方向相同的压力。

撒切尔政府是否能够抵制这种诱人的再通胀呼吁已经是一个明摆着的亟待解决的问题。就如我们在前文看到的那样，撒切尔政府已经改变自己的某些策略。1981年2月，皮姆（Pym）先生这位资深内阁大臣发表讲话承认，面对执政以来糟糕的经济形势，政府必须"调整"其总体策略。[51]也许还要进行另一次"调整"。在白厅和议会大厦的走廊里有人已经在议论"除掉玛姬"，找个比较"听话"的人选取而代之。

英国的经济前景也不是非常乐观。虽然计量经济学预测在英国经济好转确切的时间上存在分歧,但目前很少有预测认为在1981年底之前英国经济会出现任何好转的迹象。[51]大部分预测认为,即使商业有所好转、通货膨胀下降,1981年后失业仍将处于高位。当然,没人能够做出肯定的预测。在下一次大选之前,撒切尔夫人完全有可能使英国的经济形势出现好转。但是,在笔者写此文时,还不能确切看到出现这种经济形势的可能性。我们不得不承认,只要政府回归其原先的计划,撒切尔夫人的策略就能够取得成功。但是,政府并没有表现出这么做的政治意愿。就像巴彻勒(Batchelor)陈述的那样:

"在执政的头两年里,撒切尔政府的政策处方有一半——微观经济(或者供给)侧——根本就没有付诸实施,而宏观经济策略则陷入了政治泥沼。"[52]

从政治上看,撒切尔政府很难退出这次俯冲——在之前的180度的转弯中再来一个180度的转弯,但这是现在撒切尔实验的唯一希望——也是一次真正值得一试的尝试。

是否还有一丝希望?

一旦事情没有像预期的那样发展,政府就会说由于出现了一些超出其控制力的因素,因此,情况"偏离了航线"。但有时,政府也非常幸运,对于撒切尔实验来说,有两个重要的运气来源。

首先是私人部门的调整。经济衰退的严重程度导致英国私人工商业部门发生了重大变化。几十年来第一次出现了真正的人员过剩和就业机会消失问题。私人部门工会"砍价者"的态度明显软了下来,而低工资协议——很多工资协议达成的工资增长幅度在6%或者以下——变得司空见惯。就像有些人所说的那样:

"我们正在经历英国工商业30年前应该经受的长期未兑现但又非常需要的暴跌,就像第二次世界大战以后德国和日本曾经经历的那种重要的结构性变化。这种结构性变化将导致生产率水平的长期提高,并且改善产业关系和出口竞争力。"[53]

这种观点是有证据可以证明的。利物浦宏观经济研究小组最近的一项研究表明,1980年英国制造业生产率的增幅已经高达6%。此外,英国经理人访谈研究证明,英国私人工商业呈现出一种"全新的气象"。特纳(Turner)报告称:

"我从未感觉到英国经理人阶层如此活跃,有这样的紧迫感……他们真正是在努力地工作,就好像他们就是依靠这种紧迫感在工作。有些经理人甚至未经工会允许就与员工对话。"[54]

特纳的报告还显示集体谈判中出现的新气氛。一个名叫 Ray Ashworth 的英国经理人表示：

"过去,我们知道,如果这里停工,我们就得损失(10万英镑)……因此,为什么不图省事放弃？……你可能不会相信我们过去的一些人员配备协议,员工们拿了加班费什么事都不做。现在,一切都在发生变化……这就是一个生存问题。"[55]

这样一来,组织冗余很快就在英国的私人工商业消失了。因此,有关的预测也许都是错的:英国的经济表现发生了结构性变化。然而,英国经济公营部门的组织冗余问题并没有在消失,或者至少并没有以足够快的速度在消失。这依然是撒切尔实验的一个薄弱环节。

其次是北海石油的税收红利。关于北海石油创造的税收的估计值大相径庭:政府自己的估计处于预测区间最悲观的一端,而其他相关预测则比较乐观。举例来说,宾斯托克(Beenstock)认为:

"多亏了北海石油,中期财政金融战略并不意味着公共支出的任何大幅度削减……恰恰相反,通过把公共支出维持在 20 世纪 70 年代的水平上……政府就很有可能实现它那到 1984 年所得税标准税率降低到 25% 的希望。"[56]

或许,这种乐观评价是正确的;或许,撒切尔夫人在维持公共支出并根据目标控制货币的同时还能够大幅削减其他税收。但是,如果真能这样,那将意味着撒切尔实验仅仅是依靠运气,即依靠地质机遇以及中东形势对世界油价的影响侥幸获得了"救助"。

若干最后的思考

由于前述和其他原因,要为撒切尔实验写一份讣告实在是太容易了。但是,在撒切尔实验的头两年,很多方面严重出错。

从中似乎可以吸取三大教训。首先,进行撒切尔/里根式实验的基本困难并非在于私营工商业,而是在于公共部门。公共部门各种强大的压力集团千方百计地设法阻挠改革。其次,撒切尔实验所遭遇的各种问题并非互不相关,而都可以追溯到解决深层次供给侧问题——尤其是公共部门的供给侧问题——以及果断面对有能力挫败所需政策的根深蒂固的利益集团的失败。最后并且也是最重要的是,如果想要这样的实验取得成功,那么必须行动迅速、果断——要赶在压力集团有时间组织起来并且挫败实验策略之前。仅有的得到成功解决的危机就是那些采取迅速、果断的行动予以解决的危机。拖拉的解决方案都以失败而告终。在这方面,里根总统——实行了大幅削减联邦支出的计划——也许能比玛格丽特·撒切尔做较多正确的事。但是,里根实验迟早会遇到类似的问题,而且,罗纳德·里根手中也没有北海石油这张牌可打。

此外,至少英国有越来越多的人日益认识到(虽然还没有明确表示有利于解决这个问题的意愿)工会力量创造了很多挫败稳定战略的机会。但是,直到里根当选,或者在里根当选后的几个月里只有很少的迹象表明里根政府内部也有任何类似的认知:美国工会的特权和豁免权是反对里根实验的潜在强大力量的一个隐蔽来源。这个特殊的差别也许会实际成为导致里根先生以及在美国实施撒切尔夫人试图在英国实施但迄今未获得成功的实验失败的原因。

注释

1. R.Emmett Tyrell,ed., *The Future That Doesn't Work: Social Democracy's Failures in Britain* (New York: Doubleday,1977).

2. John Burton, *Trojan Horse: Union Power in British Politics* (London: Adam Smith Institute,1979).

3. Lord Harris of High Cross, "Promises Progress, and Prospects... How goes the Thatcher Revolution?" *Guilt-Edged Review* (London: Montague Stanley and Co.,1980).

4. Keith Joseph, *Reversing the Trend* (Chichester: Barry Rose,1975); idem, *Monetarism Is Not Enough* (London: Center for Policy Studies,1976).

5. Margaret Thatcher, *Let Our Children Grow Tall: Selected Speeches 1975 — 1977* (London: Center for Policy Studies,1977).

6. Agnus Maude,et al., *The Right Approach to the Economy* (London: Conservative Central Office,1977).

7. 虽然米尔顿·弗里德曼被公认为货币学派的"领军人物",但是,他名下的货币主义思想只是不同货币主义思想中的一种。

8. Maude,et al., *The Right Approach to the Economy*, p.43.

9. Caroline Atkinson, "Thatcher and Reagan," *The Washington Post* (Outlook), February 1,1981, p.C1.

10. 在一次电视讨论节目中如是说。

11. Tyell, *The Future That Doesn't Work*, p.1.

12. Atkinson, "Thatcher and Reagan."

13. Arthur B.Laffer, "Thatcherism isn't Free Market," *Competition*, February 1981, p.5.

14. 政府支出数据取决于所选用测量指标的精确度,但根据各种指标计算得到的数据都表明政府支出有所增加。

15. Atkinson, "Thatcher and Reagan."

16. 转引自 "Reagan's Bold Experiment" (London, *Daily Telegraph*, February 2,1981, p.19。

17. 不管怎样,国民"情绪"是一个易变指标。撒切尔夫人最初是在从表面看国民对经济现实有新预期的背景以及痛苦的调整必要性下上任的。2年以后,公众舆论急速转而对她不利。英国专栏作家 Auberon Waugh 曾指出"……新总统要面对许多与撒切尔夫人遇到的相同问题,我真担心他可能遭遇同样难以克服的困难——国民决心的崩溃"("Hail to the Chief", *The Spectator*, November 15, 1980, p. 6)。

18. Joseph Castrovinci, "Thinking Out Realistic Solutions to America's Economic Problems," *San Francisco Business*, October 1980, pp.25—26.

19. "In Thatcherland", *The Economist*, October 25, 1980, p.13.

20. Tony Benn, "Towards a New Constitutional Settlement," in James Prior, et al., *The Role of the Trade Unions* (London: Granada, 1980).

21. Center for Banking and International Finance, *Annual Monetary Review* no.2 (London: The City University, 1980) p.5.

22. G. Wood, "Failure of Monetary Control—Another Whitehall Farce?" *Journal of Economic Affairs* 1(1981):79—84.

23. Center for Banking and International Finance, *Annual Monetary Review*, 1980, p.5.

24. J. T. Addison, "What Price Unemployment?" *Journal of Economic Affairs* 1(1981):89—94.

25. Center for Banking and International Finance, *Annual Monetary Review*, 1980, p.13.

26. Ibid., p.14.

27. 笔者在 John Burton 的 "Reflation Will Not Cure Unemployment"(*Journal of Economic Affairs* I, 1981, 84—88)。

28. "volume"一词在这里是指按照某个所选指数年度的通行价格结构评估的投入物理数量——教师人数、海军人数、公务员人数等。

29. "Employers Protest at Low Level of State Job Cuts,"(London) *Daily Telegraph*, February 14, 1981, p.8.

30. Center for Banking and International Finance, *Annual Monetary Review*, 1980, p.7.

31. Laffer, "Thatcherism isn't Free Market,"p.5.

32. Joseph, *Monetarism is not Enough*, p.199.

33. Lord Harris of High Cross, "Promises, Progress—and Prospects… How Goes the Thatcher Revolution?", p.iii.

34. Joseph, *Monetarism is not Enough*, p.14.

35. John Burton, *The Job Support Machine: A Critique of the Subsidy Mess* (London: Center for Policy Studies, 1979).

36. James Wightman, "Resolve on Lame Duck Firms Subdued by Cabinet,"(London) *Daily Telegraph*, February 2, 1981, p.2.

37. 转引自 D. Harding and P. Simmonds, "Who is to Blame for the Pits Fiasco?"(London, *Sunday Telegraph*, February 22, 1981, p.17。

38. P. Pryke,"No Intervention on Mining Cuts or Closures,"(London) *Daily Telegraph*,February 11,1981,p.10.

39. P.Routledge,"Yorkshire Miners Prepare for Disruption within Ten Days in Attempt to Save Threatened Pit,"(London) *The Times*,February 10,1981.

40. C.Leake,"20 000 Cash Lure for Miners:'Handshake'Plan to Avert Strike,"(London)*Daily Telegraph*,February 16,1981,p.1.

41. 转引自 R. Bedlow,"Pit Closures Abandoned"(London,*Daily Telegraph*,February 19,1981,p. 1。

42. Ian Fallon,"Out of the Jaws of the Miners' Defeat,"(London)*Sunday Telegraph*,February 22,1981.

43. Statement made on the *Weekend World* TV program,February 22,1981.

44. Jeremy McMullen,*Employment Law Under the Tories*(London:Pluto Press,1981).

45. 就如 Burton 在"*The Tojan Horse*"中描述的那样。

46. Sudha B.Shenoy,"Why Monetarism Is Not Enough,"*World Money Analyst*,August 1980.

47. Keith Joseph,*Solving the Union Problem is the Key to Britain's Recovery*(London:Center for Policy Studies,1979).

48. Christopher Storey,"Inflationary Road to Higher Unemployment,"(London)*Daily Telegraph*,January 30,1981,p.16.

49. Confederation.

50. Trades Union Congress,*Plan for Growth:The Economic Alternative*(London:Trades Union Congress,1981).

51. Business Brief,"Can the Government Win?",*The Economist*,June 21,1981,pp.108—109.

52. R.Batchelor,"Thatcherism Could Succeed,"*Journal of Economic Affairs* 1(1981):137—145.

53. Ian Fallon,"The Medicine an the Cure,"*Sunday Telegraph*,November 30,1981,(London)p.20.

54. G.Turner,"The Grindstone Gets Familiar with the Manager's,"*London Daily Telegraph*,February 13,1981a,p.18.

55. G. Turner,"What About the Workers?" *London Daily Telegraph*,February 16,1981b,p.16.

56. M.Beenstock,"Taxation,Public Expenditure and Oil Tax Revenue,"*Journal of Economic Affairs* 1(1981):73—77.

参考文献

Addison, J.T. "What Price Unemployment?" *Journal of Economic Affairs* 1 (1981): 89-94.
Atkinson, C. "Thatcher and Reagan." *Washington Post*, February 1, 1981, p. C1.
Batchelor, R. "Thatcherism Could Succeed." *Journal of Economic Affairs* 1 (1981): 137-145.
Beenstock, M. "Taxation, Public Expenditure and Oil Tax Revenue." *Journal of Economic Affairs* 1 (1981): 73-77.
Been, T. "Towards a New Constitutional Settlement." In J. Prior et al., *The Role of the Trade Unions*. London: Granada, 1980, pp. 34-60.
Burton, J. *The Trojan Horse: Union Power in British Politics*. London: Adam Smith Institute, 1979a.
Burton, J. *The Job Support Machine: A Critique of the Subsidy Morass*. London: Center for Policy Studies, 1979b.
Burton, J. "An Economy in the Grip of the Pressure Groups." *Daily Telegraph*, March 30, 1980a, p. 18.
Burton, J. "The Return to the Market: Will the 'Thatcher Experiment' Succeed?" *Svensklinje*, no. 4, 1980b.
Burton, J. "Reflation Will Not Cure Unemployment." *Journal of Economic Affairs* 1 (1981): 84-88.
"Can the Government Win?" *The Economist*, June 21-27, 1980, pp. 108-109.
Castrovinci, J. "Thinking Out Realistic Solutions to America's Economic Problems." *San Francisco Business*, October 1980, pp. 25-26.
Center for Banking and International Finance. *Annual Monetary Review*. No. 1. London: The City University, 1979.
Center for Banking and International Finance. *Annual Monetary Review*. No. 2. London: The City University, 1980.
Confederation of British Industry. *Budget Representations to the Chancellor, January 1981*. London: CBI Productions, 1981a.
Confederation of British Industry. *Economic Situation Report*. London: CBI Publications, 1981b.
Crawford, M. "If the Medicine is Working, Mrs. Thatcher, Why is the Patient So Sick?" *Sunday Times Business News*, February 15, 1981, p. 53.
Economic Forecasting Center *The Economic Outlook 1980-1984*, vol. 5, no. 5. London: London Business School Center for Economic Forecasting, 1981.
Fallon, I. "The Medicine and the Cure." *Sunday Telegraph*, November 30, 1980, p. 20.
Joseph, K. *Reversing the Trend*. Chichester: Barry Rose, 1975.
Joseph, K. *Monetarism is Not Enough*. London: Center for Policy Studies, 1976.
Joseph, K. *Solving the Union Problem is the Key to Britain's Recovery*. London: Center for Policy Studies, 1979.
Laffer, A.B. "Thatcherism Isn't Free Market." *Competition*, February 1981, p. 5.
Liverpool Research Group in Macroeconomics. *The Economic Outlook 1981*. No. 1. University of Liverpool: Liverpool Occasional Papers, 1981.
Lord Harris of High Cross. "Promises, Progress—and Prospects ... How Goes the Thatcher Revolution?" *Guilt-Edged Review*. London: Montague Loebl Stanley and Co., 1980.
Lord Roberthall. "Are the Unions Usurping Parliament?" *Journal of Economic Affairs* 1 (1981): 149-155.
Melloan, G. "The Cost of Good Intentions in the U.K." *Wall Street Journal*, February 19, 1981.
McMullen, J. *Employment Law Under the Tories*. London: Pluto Press, 1981.

Minford, P., et al. *The Economic Outlook 1980.* No. 4. University of Liverpool: Liverpool Occasional Papers, 1980.

Shenoy, S. "Why Monetarism Is Not Enough." *World Money Analyst,* August 1980, p. 12.

Stein, H. "Britain and the Ordeal of Margaret Thatcher." *Wall Street Journal,* February 25, 1981.

Story, C. "Inflationary Road to Higher Unemployment." *Daily Telegraph,* January 30, 1981, p. 16.

Thatcher, M. *Let Our Children Grow Tall: Selected Speeches 1975-1977.* London: Center for Policy Studies, 1977.

Trades Union Congress. *Plan for Growth: The Economic Alternative.* London: Trades Union Congress, 1981.

Turner, G. "The Grindstone Gets Familiar with the Manager's Nose." *Daily Telegraph,* February 13, 1981a, p. 18.

Turner, G. "What About the Workers?" *Daily Telegraph,* February 16, 1981b, p. 16.

Tyrell, R. E., Jr. ed. *The Future that Doesn't Work: Social Democracy's Failures in Britain.* New York: Doubleday, 1977.

Wood, G. "Failure of Monetary Control—Another Whitehall Farce?" *Journal of Economic Affairs* 1 (1981): 79-84.

第七章

里根现象：政策评价

里根经济计划:供给侧、预算与通货膨胀

詹姆斯·托宾

质疑里根总统经济复兴计划的演讲者有可能就像婚宴上的幽灵那样不受欢迎,里根总统在国会联席会议上表现了他非凡的顺应力和雄辩的口才。看到国会联席会议与会者在听完总统演讲后表现出来的高涨情绪,我真不想做一个扫兴的人,我希望总统的经济复兴计划是我也能支持的一项事业。我也希望自己能够满腔热情地迎接这次新的历程的开始。

我可以采用几种不同的方法来审视总统的经济复兴计划。我可以考察它的微观经济方面,总统计划是如何重新安排我们国家的重点问题的,如何重新配置我们国家的资源的,如何在个人、群体和地区之间进行收入再分配的。这些也许是最重要的问题、最基本的新方向。里根总统发起的这场反革命运动建议把资源从公共部门转向私人部门,从民用转向国防,从联邦政府转向州和地方政府,从社会计划受益人转向纳税人,从穷人和准穷人转向富人和很富有的人。这些建议值得逐一详细考察,并且根据它们的经济效率和公平性加以评估。

然而,里根政府首先把自己的计划作为宏观经济政策来宣传和兜售。里根总统和他的发言人呼吁,不是根据它们的内在价值,而是因为它们是解决滞胀问题的必要和充分条件而支持他们的反革命再配置和再分配主张。我们被告知在这里只谈治疗高失业、高通胀、低增长和低生产率的药方。我们被要求吞服微观经济的治疗药物,并不是因为它口感较好,而是因为它对治疗我们所患的疾病更加有效。目前,国会、媒体和公众已经把里根计划作为治疗我们所患的宏观经济病必不可少的药物来接受。

本人打算讨论里根计划的宏观方面。我先要提醒诸位只有很少宝贵的国际经验证据能够证明宏观经济管理与政府规模、税负、公债和社会转移支付负相关。一些宏观经济表现令我们羡慕的国家拥有比我们大得多的公共部门、更加慷慨的社会福利计划、更加沉重的税负和更加严重的预算赤字。被视为宏观政策的里根经济复兴计划由财政侧和货币侧两个方面构成。这两个方面一起

被用来制止通货膨胀并实现经济增长,具体如本文表 1 第四和第五栏以及表 2 第一和第三栏所示。

中性的财政政策组合

从传统的总需求分析角度看,里根政府的财政政策似乎既不是未来 5 年计划的重要刺激因素,也不是未来 5 年计划的重要紧缩因素。重要的是评判里根财政政策在去年和今年产生的影响,而不是把卡特总统的 1 月预算作为一种假想的参考路径。卡特预算由于没有把减税作为抵消财政拖累的手段而在随后的几年里大幅收紧了财政政策。国会预算局拿里根预算计划与一个更具现实性的基准——经过 1982 年和 1983 年削减某些企业税和个人所得税削减 10% 以及 1983 年以后为维持实际税率不变而将实施的未详细说明的减税等修改后的卡特预算——进行比较。国会预算局的预测表明,里根预算与这个基准在宏观影响方面并没有很大区别。如果说两者之间有什么区别的话,那就是里根计划略比假设基准宽松。里根计划支出和税收较少,而且净影响效应更加接近中性。

表 1　　货币政策目标与里根计划通胀和实际经济增长对货币流通速度的影响(年百分比、年平均值)

年度	(1) 货币(M—1B) 增长率 $\left(\dfrac{\Delta M}{M}\right)$	+	(2) 货币流通 速度增长率 $\left(\dfrac{\Delta V}{V}\right)$	=	(3) 名义 GNP 增长率 $\left(\dfrac{\Delta GNP}{GNP}\right)$	=	(4) 物价 上涨率 $\left(\dfrac{\Delta P}{P}\right)$	+	(5) 实际 GNP 增长率 $\left(\dfrac{\Delta Q}{Q}\right)$
1980 年实际增长	6.7		2.2		8.9		9.0		−0.1
	其他各栏隐含的所宣布政策				里根政府预测数据*				
1981 年	3.5～6		7.6～5.1		11.1		9.9		1.1
1982 年	3～5.5		9.8～7.3		12.8		8.3		4.2
1983 年	2.5～5		9.9～7.4		12.4		7.0		5.0
1984 年	2～4.5		8.8～6.3		10.8		6.0		4.5
1985 年	1.5～4		8.3～5.8		9.8		5.4		4.2
1986 年	1～3.5		8.3～5.8		9.3		4.9		4.2

* Office of Management and Budget, Fiscal Year 1982 Budget Revision, March 1981, Table 6, p.13.

注:(3)与(4)+(5)之间的差是原始数据,并因二阶效应 $\left(\dfrac{\Delta P}{P} \cdot \dfrac{\Delta Q}{Q}\right)$ 而逐季复合计算,表中数据均为约数。

表2　1980～1986年度里根计划实际国民生产总值和失业数据与传统估计值比较

	（1）	（2）	（3）	（4）	（5）	（6）
	\multicolumn{2}{c}{GNP(1980年,10亿美元)}	\multicolumn{2}{c}{失业率(%)}	GNP(1980年,10亿美元)	里根计划与常规估计GNP增长率比
	里根计划	失业率6%时的估计值	里根计划	CBO替代计划	里根计划失业率下的估计值	
1980年	2 629	2 746	7.2	7.2	—	—
1981年	2 658	2 815	7.8	7.8	2 663	0.998
1982年	2 769	2 886	7.2	7.9	2 802	0.998
1983年	2 908	2 958	6.6	7.8	2 914	0.998
1984年	3 039	3 032	6.4	7.7	3 001	1.013
1985年	3 167	3 108	6.0	7.5	3 108	1.019
1986年	3 300	3 185	5.6	7.2	3 217	1.026

注：(1)和(3)是美国政府管理预算局"Fiscal Year 1982 Budget Revisions"(March,1981,Table 6,p.13)的数据。GNP的数值用同一计划给出的平减指数预测值折算成1980年的美元。

(2)和(5)是本文作者的估计值，本文作者假设：(a)潜在GNP每年按2.5%的速度增长；(b)$Y^* - Y = Y[0.025(U - 6.0)]$，式中，$Y^*$表示潜在GNP(2)，$U$表示失业百分率(3)，0.025是所假设的奥肯定律系数，解该方程式可求得Y"实际GNP"(5)。

对于1986年，(6)=(1)/(5)，里根计划给出了2.6%的实际GNP，高于在传统奥肯定律计算式中用失业率预测值表示的实际GNP增长率。

(4)是国会预算局(CBO)根据预测较不乐观的里根预算估计的失业率(Congressional Budget Office, An Analysis of President Reagan's Budget Revisions for Fiscal Year 1982; Staff Working paper, March 1981, Summary Table 3, p. xviii)。

即使政府乐观的通胀预期被国会预算局和私人模型构建者比较悲观的价格预测(请参阅表3)所取代，里根方案中高就业水平下的预算赤字(比方说按6%的失业率计算)在未来几年里也将实际略有缩减。国会预算局和私人模型构建者比较悲观的价格预测数据都是用传统的凯恩斯计算方法计算得出的结果，其中不包括供给学派的乐观估计(这些计算方法也不适合把我们推荐给私人企业的通货膨胀会计应用于联邦政府，尽管通货膨胀会计一定能够告诉我们实际预算已经平衡)。

预算构成以及预算总额和余额都会影响预算对宏观经济的作用。在里根计划中,联邦政府的商品和服务采购由于国防建设、转移性支付和减税而增加。预算构成变化很大,但本人觉得它们没有改变我们刚才讲述的宏观故事。虽然预算总额没变,但国防采购有所扩大,而购买力由具有高边际消费倾向的流动性约束型转移性支付领取者向高所得纳税人的转移则适度减少。有些经济学家认为国防支出具有内在的高通胀性,并且有预感地指出里根计划的国防建设支出按百分比计可与约翰逊的越战支出狂潮进行比较。这种类比远非完美。这次国防建设始于一个资源闲置量远大于1966年1月的经济,并且缺乏实战提供的忽视成本和预算约束的强制性。

表3　　1980～1984年度联邦预算:支出、收入、赤字和高就业水平下的赤字

	(1)	(2)	(3)	(4)	(5)	(6)
	预算支出(10亿美元)			预算收入(10亿美元)		CBO替代通胀方案中的GNP平减指数增长(%)
	里根计划估计值	CBO对里根计划的估计值	6%失业率和CBO通胀率下的估计值	里根计划估计值	6%失业率和CBO率下的估计值	
1980年	580	580	577	520	554	
1981年	655	660	657	600	662	10.3
1982年	695	708	716	650	710	9.2
1983年	732	740	761	709	765	8.6
1984年	770	782	812	771	827	8.1

	(7)	(8)	(9)
	赤字(10亿美元)		高就业下的赤字(10亿美元)
	里根计划估计值	CBO对里根计划的估计值	6%失业率和CBO通胀率下的估计值
1980年	60	60	23
1981年	55	60	−5
1982年	45	58	6
1983年	23	31	−4
1984年	−1	11	−15

注:(1)、(4)和(7)是国会预算局的数据("*An Analysis of President Reagan's Budget Revisions for Fiscal Year 1982*", *Staff Working Paper*, March 1981, Summary Table 1, p. xiii)。

(2)和(8)是里根计划加替代性计划假设、支出比率和其他因子,CBO,(p. cit., Summary

Table 4,p. xxi)。

(6)是国会预算局根据里根计划预测的替代性通胀数据(op. cit. Summary Table 3, p. xviii)。请与表 1 的里根计划第四栏作比较。

(3)是(1)加上取自于国会预算局汇总表 4(op. cit.)再估计值总计数减去笔者估计的由国会预算局汇总表 2 中的失业预测值与 6％失业率之间的差额造成的支出减额数值。大体上,(3)与(1)的差是通过加上国会预算局较高的通胀和利率估计值造成的支出并减去由预计失业率高于 6％造成的支出(主要是失业金)求得。

(5)由(4)乘以$[1+1.5(x-1)]$求得。式中,x 是表 2 第(2)栏与表 2 第(1)栏之比,即潜在 GNP 与预计实际 GNP 之比。收入对 GNP 的弹性假定为 1.5。

(9)＝(3)－(5),负数表示盈余。

当前政坛观察家没人能够容忍讽刺共和与民主两党角色互换的评论。现在,共和党人为了反对民主党的攻击而为计划赤字辩护,不但为了阻止经济衰退,而且还为了支撑刚刚起步的复苏而主张减税,并且反对民主党为了进一步向企业倾斜而不惜牺牲个人利益的减税建议。是一位民主党总统甚至从 1977 年起就故意不赞成为弥补财政负担加重和收入档次上移而实施减税,并且假装神圣地放弃了旨在克服近期经济衰退的反周期财政措施。是国会中的民主党议员现在发出了恐怖的警告:即使在失业率达到 7.5％、产能利用率糟糕到只有 80％的情况下,以 3 年的减税来刺激经济也会导致通货膨胀效应。是共和党人——其中的某些共和党人确实不相信他们的新的信仰——表示,试图通过不断提高实际税率的方式来平衡预算,无异于没事找事、自寻失败。最后一件具有讽刺意义的事情就是,这是一份由共和党总统提出的预算案。这位总统是捍卫自由企业主张的英雄,在他看来,证券市场目前正在反映一项不信任动议。

在那些认为如此大幅度的减税就是一种不计后果的赌博行为的人——无论是开明的民主党人还是保守的投资银行家——看来,里根政府的预算正在替别人忍受严厉的谴责。这么说并不就意味着同意里根政府关于他们的一揽子财政政策能够提高国民储蓄倾向的过度吹嘘,而只是想说里根政府的一揽子财政政策并不会降低国民储蓄倾向;在不削减公共支出的情况下,减税本身显然会降低储蓄占国民生产总值的相对份额。这么说也不等于同意拉弗关于减税能实际维持甚或增加收入的观点。就如本人将在下文解释的那样,拉弗的观点最不可能成为现实。

在评判里根政府的一揽子财政政策无损还是有损于它的宏观经济效果时,笔者首先要声明本人并不赞同这个问题。笔者有严肃的微观经济和分配方面的不同意见,但在这里仅限于谈论两个宏观经济方面的保留意见。首先,我为我们再次丧失了利用减税来接近通货膨胀目标的机会表示遗憾。我们可以削减直接推高劳动力成本和物价的税收,如降低工资税。我们甚至可以走得更远,向反通胀工资和价格行为实施税收激励。其次,我们可以采用一个不同的财政—货币政策组合,一个旨在促进资本形成和增长的更优组合。在笔者看来,这个政策组合包括一项紧缩性预算政策,同时又有一项能为我们降低实际利率的货币政策作为补偿。

货币政策:反通货膨胀——美联储分内的事

现在,我来谈谈货币政策,里根复兴计划的最大矛盾就出现在货币计划中。总统和他的政府把治理通货膨胀的责任指派给了联邦储备委员会。实际上,在他们看来,"你们关心的是物价问题,而我们是在再次促使经济复苏"。总统和他的经济政策制定者们在批评过去"枪法"有问题的同时命令美联储在未来的5年里把货币增长速度减慢一半。这也是美联储的政策,任何听信保罗·沃尔克(Paul Volcker)的人都明白这一点。现在,沃尔克即使本人没有这方面的能耐,也有贝利尔·斯普林克尔(Beryl Sprinkel)和其他一些货币主义者相助。

本文表1的第一栏列示了美联储和联邦政府的货币目标。认为"货币与物价可以分开并将货币问题交给中央银行处理,而国会和政府可以只关心预算、税收、就业和产出等问题"的想法是一种给新经济学出难题的谬论,一种现在已经上升到总统政策主张的高度的谬论。如果美国铁路公司(Amtrack)在纽黑文车站把机车挂在列车的前后两端——那里现在仍只有一条铁路,一辆机车向西去纽约,而另一辆机车往东去波士顿,并且做广告称列车将同时抵达这两个目的地,那么,大多数人可能会表示怀疑。里根把沃尔克这辆机车挂在了美国经济这趟列车的一端,而又把斯托克曼—肯普这辆机车挂在了列车的另一端,并且告诉我们美国经济这趟列车能同时给我们带来充分就业和通货紧缩。

表1反映了这个矛盾。该表的第三栏是政府官方的名义国民生产总值预测数值,等于该表第四栏和第五栏的合计数,也就是里根的通货膨胀和实际产出增长方案。拿第三栏的美元国民生产总值预测值减去第一栏中的货币目标值,就能得到第二栏里的 M1B 流通速度的隐含增长率。这两个数字相当于 M1B 目标区间的上、下限。

迄今为止还从未有过一个 M1B 流通速度平均增长率超过 5% 的 2 年期。在未来 5 年的每一年里,M1B 流通速度增长率必须达到 7%、8%,几乎必须达到 9%,里根方案才能设想成真。这样的 M1B 流通速度增长幅度已经超越历史水平,甚至是金融创新空前的最近 10 年的历史水平。美国金融业是美国一个技术依然领先于世界的行业,因此,我们不能完全排除在现金节约方面取得更快进步的可能性。但是，如果政策制定者们打算接受源自货币流通速度奇迹或者进一步监管变革的救助措施，那么就可能把幻影当作真实的东西，把表象当作现实。虽然美联储可能会为找到能走出他们自己钻进去的公信力死胡同的逃生路线而去冒险，但我还是认为美联储的真实意图是真的不想超越自己的目标；如果政策需要的话，他们还可能低于目标行事。

无论里根政府是否明白这一点，美联储的行为会导致名义支出占国民生产总值的份额的增长速度显著低于官方预测值（第三栏）。当然，另一种实现货币流通速度高增长的方法就是进一步推高名义利率和实际利率，使它们高于我们目前苦受干扰的水平。但是，高名义利率和实际利率与总统承诺的实际和名义国民生产总值大幅度回升互相矛盾。此外，如果政府的通货膨胀和利率预测成为现实，那么货币流通速度增长就会放慢。

缺失：通货紧缩策略

就如同高名义利率和实际利率与名义国民生产总值和实际国民生产总值大幅度回升这对矛盾对总统计划的可信性具有毁灭性的影响，里根方案还包含一个更加致命的缺陷。这个缺陷就是把第三栏的名义国民生产总值分为第四栏的通货膨胀与第五栏的实际产出增长。预期价格通胀会像第四栏所示的速度那么快地下降，而产出会像第五栏预测的那样有力回升，这可是藐视历史经验之举。经验告诉我们，鉴于当前的通货膨胀具有顽固的惯性，这种组合是一种最不可能出现的情况。经验还告诉我们，通货紧缩必然会导致经济衰退、长期萧条和高失业。不知这届政府怎么会预期通货膨胀将减慢一半，而产出却会以快于其5年可持续潜在增长率的速度增长呢？

华盛顿已经做出的唯一回答就是求助于自我实现的预期。公众将会读到第五栏中的信息，观察到这届新政府的最后预算方案，相信它们就如所宣传的那样是治理通货膨胀的良药，于是就会采取行动，从而导致预期成真。这就是说，公众会协商降低工资谈判的要求，从而放慢价格上涨的速度。白宫之前乐观的通货膨胀预期并没有自我实现或者成真，但这次情况不同。

这是一种预期论点，但肯定不是一种理性预期理论。理性预期需要一种有意义的模型，一种真正把政策措施与结果联系在一起的模型。理性预期不但会导致这样一种模型，而且还会产生于这样一种模型。在我们这个案例中，并不存在这样的模型，而罗伯特·卢卡斯和罗伯特·霍尔如同莱恩·柯克兰和塞姆·邱吉都不可能相信广为宣传的通货紧缩，并且也不可能根据广为宣传的通货紧缩采取行动。

两个主要的英语国家都掌握在保守的经济势力手中,但是,英国玛格丽特·撒切尔的政策和公开立场与美国罗纳德·里根的政策和公开立场大相径庭。英国首相就像一个威严的老师训斥一班不守纪律的学生那样威胁英国的工人、经理人和平民百姓:你们不停止膨胀你们的工资和价格,你们就没有工作、利润和繁荣。我们的总统许诺通货紧缩不会导致流泪,但会带来繁荣。他鼓励工会和企业管理人员像往常那样管理企业。毕竟,通货膨胀仅仅是政府惹的祸,而我们公民被要求做到的就是接受税收这只甜饽饽并停止怜悯穷人。美联储确实已经在奉行一种撒切尔式的政策,不过是低调进行的。我本人是千把个倾听和读懂保罗·沃尔克并且明白 M1B 并不是一种"军用步枪"的美国人之一。我也十分关注亨利·华里奇(Henry Wallich)。我相信他们会做他们表示自己将要做的事,我真的很担心。如果我是莱恩·柯克兰,那么就会认真对待货币威胁,并且告诉我的选民要从容应对。

美联储的无声威胁完全不同于女王陛下的首相,她面对议会两院和全体国民表示,她并不关心有多少人失业、失业多久,或者实际增长率或下降率是多少;消除通货膨胀,无论需要多大的努力,无论需要努力多久,她都会坚持下去。里根并没有做过任何这样的表示,而沃尔克在皮奥里亚城或者斯皮坎市、在决定工资和价格的工作场所和办公室并不非常知名。金融界可以准确无误地听到美联储的威胁,但债券市场似乎并没有做出反应。总之,虽然里根的反通胀策略有赖于预期,但是,里根政府既没有做任何事也没有说任何话以使预期产生有利于反通胀的作用。

请诸位不要抱有任何幻想,在我们这个国家,只要工资年增长率超过 10%,就无法降低通货膨胀率;也不会出现任何能使这样一种货币工资趋势生效的任何可能的生产率奇迹。年生产率下降 2% 的趋势也许会神秘地再现,就如它神秘消失的那样。如果我们非常、非常幸运,那么,加快投资和研发速度的政策也许能够再增加半个或一个百分点的生产率增幅,当然不是今年或者明年,而是相隔一段时间后的某些年。不过,即使运气再好,我们仍有可能遇到 7%~8% 的核心通货膨胀率,除非能够打破现有的货币工资格局——在劳动者能够要求通过提高生产率来增加工资的情况下有可能较难打破现有的货币工资格局。我们还必须预期从国外进口或者美国生产的美国劳动和资源基础型商品贸易出现不利的趋势。出现这种不利的趋势一般相当于劳动生产率下降半个或者 1 个百分点。

我要在这里强调的是,我们经济的核心部门——非农"固定价格"部门——顽固的货币工资惯性趋势,因为我们除了使通货膨胀率非常接近可持续生产率增长趋势之外,不可能找到任何永久性地解决通货膨胀的方法。从短期看,尤其是逐月和逐季看,人气价格指数有可能围绕这个核心通货膨胀率大幅波动,偏离与美国工资松散耦合的弹性价格的权重。例如,在未来的 18 个月里,消费者价格指数中的各不稳定因素也许比较有利,而政府也许有能力在反对通货膨胀的斗争中取得显著的胜利。如果抵押贷款利率维持在现有水平不动或者有所下降,那么住房分量对消费者价格指数上涨的贡献度就会小于 1979~1980 年度。我们或许已经通过向沙特阿拉伯出售机载预警与控制系统、放慢经济增速和忍受今年早些时候一举取消国内物价管制而换来了石油战线的暂时喘息。我们的货币紧缩政策虽然没有起到任何其他作用,但正在提升美元兑换其他货币的汇率,这也许不利于美国的进出口状况,但会降低某些进口品和世界贸易商品的美元价格。食品价格预期总是变化无常,由于粮食禁运和全球粮食库存处于低水平,因此并非非常不利。本人无意预测价格,但想提请诸位注意价格指数易变因素方面的暂时运气并不意味着最后的胜利,任何超过暂时不幸的灾难都能解释对 1979~1980 年度恶性通货膨胀加剧的恐惧。

本人在刚开始发言时已经指出,最近几年通胀记录令人羡慕的国家也并非始终是那些推行里根式财政政策的国家。如果成功的国家都有一个共同的特点,那么就是这些国家都有某种落实货币工资决策的方式。

本人认为,无论是谁赢得 1980 年 11 月的选举,美国难得有机会利用美国人在新总统上任之初表示好感的窗口期来赢得控制美国工资—价格螺旋形上涨的斗争。笔者认为,想要在不延长经济衰退和停滞不前的情况下实现通货紧缩,有必要向大家保证每个其他人都将实施通货紧缩。否则,每个群体关于自己将损失实际和相对收入的恐惧和猜疑会导致现有的通货膨胀格局加剧,而且还会导致难以采取撒切尔式政策,甚至更难推行一种没有明显、可信威胁的自相矛盾的政策。

由于这个原因,本人赞成事先宣布在一个为期 5 年的过渡期里逐渐降低工资增长标准的时间表。如果工资增长比例没有提高,那么就向遵守时间表的企业的雇员和雇主提供工薪税退税优惠,以鼓励他们遵守工资增幅递减时间表。工资增幅递减时间表应该与政府、国会和美联储庄严承诺的宏观经济紧缩政策保持一致。由于名义国民生产总值增长与工资—成本型通货膨胀双双趋于下降,因此既不会出现受到抑制的需求拉动型通货膨胀,也不会因为在货币成本膨胀不减时降低货币需求增幅而殃及实际经济表现。

这样的政策显然要以劳方、资方和政府之间达成共识为条件,而这样一种共识显然要以一位人气十足的总统的坚强且令人信服的领导为条件。今年,我们已经失去了这种机会,就是因为我们丧失了奉行"突然停用毒品"政策的机会,从而有可能导致通货膨胀以快于之前的统计数据令我们相信的速度逐渐消失。

供给经济学:没有免费的午餐

那么,我们难道不能寄希望于最近的新发现"经济有它的供给侧"?这一值得注意的发现在使里根计划有理化的辩护中扮演了一个重要角色。但是,就如我在前面指出的那样,作为宏观战略的里根财政计划并非真正取决于拉弗—肯普演算。里根计划中的正式宏观经济方案包含那么一点供给侧魔法。在未来5年内,实际国民生产总值相对于预计失业率而言,多少要超过"奥肯定律"洞见所允许的增幅(请参阅本文表3第6栏)。与通常同失业率降幅相伴的国民生产总值增长率比较,国民生产总值实际年增长率似乎平均要高出半个百分点。但我们不清楚这半个百分点的国民生产总值额外增幅来自何处。

来自劳动力供给?供给学派的洞见告诉我们,调高个人所得税边际税率会减少生产性劳动供给;尤其是从1977年以来,个人所得税边际税率有所提高这一点无可争议,但调高幅度并没有通常所说的那么大。布鲁金斯学会(Brookings Institution)税收档案允许我们计算与配偶和2个孩子生活在一起的养家糊口者各收入档次联邦个人所得税的平均边际税率:1960年18.8%;1965年15.9%;1970年18.2%;1975年18%;1980年21.6%。然而,我们很难在最近的遭遇中找到能够证明劳动力供给倾向有所降低的证据。劳动力参与、加班时间、兼职和因产业结构变化而调整的周工作时间这些指标似乎无一与始于20世纪50年代和60年代的趋势及周期性影响不符。无论我们是否相信,我们700万失业同胞大多是真正愿意工作的,很多没有参与到劳动力行列中的同胞也是愿意工作的。最后,我要说的是,虽然政府的税收法案降低了纳税人的边际税率,尤其是那些高收入纳税人的边际税率,但是政府的预算削减方案将会严重影响依靠福利、食品券和其他转移性支付生活的低收入家庭和个人的工作动机。

如果我们相信一条曲线抵得上一种理论,那么,本人就严格根据劳动力供给对税后实际工资做出的回应来推导一条拉弗曲线。实际上,我推导出了两条拉弗曲线,一条是税收曲线,另一条是国民储蓄曲线(确切地说是税收加私人储蓄,税收加私人储蓄等于国民储蓄加假定不变的政府采购)。图1给出了这两条曲线,并且还包含对这两条曲线的导出做出的含义相当模糊但我希望是充分的解释。重要的参数有产出相对于资本和劳动力的柯布—道格拉斯(Cobb-

Douglas)弹性 α 和 $1-\alpha$ 以及劳动力供给弹性 $1/\beta$。在有数值的例子中,本人对 α 和 $1/\beta$ 都取值 1/3。这可是一个很大的劳动力供给回应估计值,比较一致的推测值并不超过 1/6。有了这两个数值,本人推导出的拉弗曲线在 5/6 的工资税率上达到峰值。国民储蓄曲线也包含了边际消费倾向。本人在这个例子中对资本收入的边际消费倾向取值 0.4,而对税后劳动收入的边际消费倾向取值 0.8。这第二条经济意义更加显著的拉弗曲线在 3/4 的税率上出现峰值。我现在怀疑这两条拉弗曲线的斜率现在有误,但希望我们能注意到这一点。

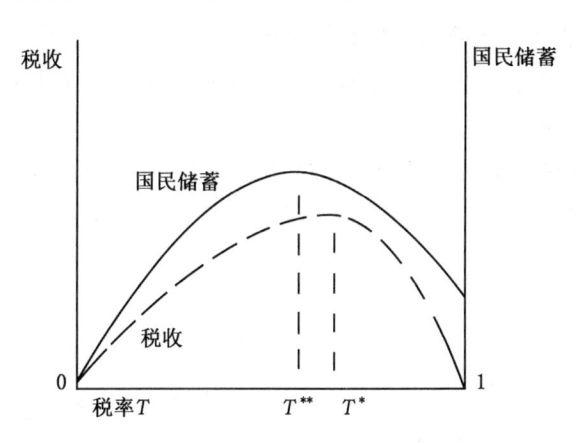

α = 资本产出份额

$\dfrac{1}{\beta}$ = 劳动力供给弹性

C_k = 资本收入的边际消费倾向

C_w = 劳动收入的边际消费倾向

$T^* = \dfrac{\alpha+\beta}{1+\beta}$

$T^{**} = \dfrac{1-\alpha}{(1+\beta)[C_w(1-\alpha)+C_k\alpha]}$

图 1　拉弗曲线

一种更加可信的供给导向型政策就是刺激非居民固定投资,以期加快资本相对于产出和劳动力供给的增长,从而提高劳动生产率。作为 1962 年推行投资税收抵免的肯尼迪团队的一名成员,我还是对这个目标抱有一定的同情心。显然,我没有时间详细讨论里根政府的投资激励措施,因此,我仅限于做四点简短的评论。

首先,就如本人在前面指出的那样,我本人对我们没能采纳把关注点由产出构成转向资本形成的财政和货币组合在一起的宏观经济政策而感到遗憾。

那么，我们为什么没能这么做呢？主要原因就是政府信奉货币主义教条，而美联储也因此而受到了约束。政府信奉的货币主义教条把我们锁定在一个不会因财政政策和其他宏观经济环境变化而变化的特定货币流通总量的特定路径中。

其次，有些方法可用来通过不会影响经济效率和税收公平的企业税来提供投资激励，就像目前的加速折旧方案所建议的那样。如果目的是要弥补因采用历史成本折旧法而造成的应税利润多报，那么有一些这样做的简单方法，而且不会把一种在通货膨胀消退后仍在采用的折旧方法编入税法。不管怎样，这种投资抑制因素通过税法中另一个通货膨胀扭曲因素名义利息的可抵扣性来加以部分或者全部抵消。

再者，无论现在颁布哪种投资激励措施，都应该立即付诸实施。它们的影响都将被政府建议的分阶段实施所淡化，因为这样做会导致投资项目推迟实施。

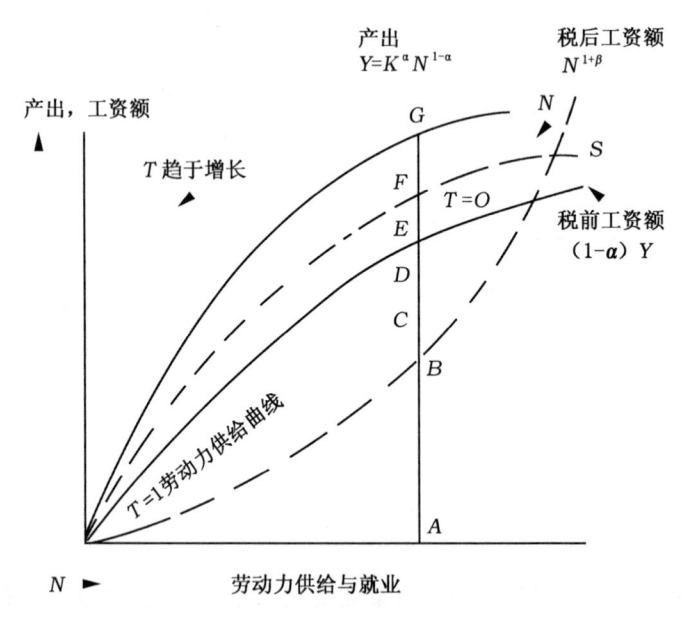

AB：劳动者消费　　　　BC：劳动者储蓄
CD：劳动者缴纳的税收　DE：资本所有者缴纳的税收
EF：资本所有者的储蓄　FG：资本所有者的消费
BF：可供政府采购和私人投资（G＋I）用的税收和储蓄
CE：税收收入

图 2　拉弗曲线推导

最后,厂房和设备并不是仅有的社会资本。倘若我们作为一个社会希望为将来多做准备,那么就还应该关心人力资本、自然资源以及公共部门设施和基础设施等一切在里根预算中被牺牲掉的项目的保护和改善。里根预算之所以砍掉了这些项目,是因为受到了只有私人企业的资本才具有生产性这种思想的影响。

我担心,滞胀仍将继续,而各方面——通货膨胀、失业、实际产出、利率和资本形成——的结果依然令人失望。我们将放弃大社会计划,逐步减少收入再分配,收回联邦政府的环境承诺,并且只有很少或者根本就没有宏观经济方面的进步可以炫耀。里根计划将无法履行那些它做出并且获得我们国家支持的承诺。我真想知道,一旦政府、国会和公众面对这种现实,将会发生什么情况。

里根经济计划

罗伯特·霍尔

请允许我先说明一下，本人绝不是总统计划的代言人。我最接近参加政策制定工作的机会就是作为通货膨胀特别工作小组的成员提供服务。这个工作小组于去年11月份提交了它的工作报告。自那以来，我又成了一个旁观的学者。

那么，是什么导致经济学家和公众认为今天的美国经济出现了问题呢？首先，美国经济苦受令人失望的实际增长率的困扰。这种失望情绪的严重形势出现在1973年，但实际上，据我们所知，20世纪60年代的实际增长速度在1969年就结束。自那以来，增长与衰退交替出现。但在这整个时期里，净增长率已经很低，而在过去的几年里就变得更加糟糕。今天对经济的预期是实际收入和实际增长仍将令人失望。就如本人所理解的那样，政府非常非常关心增长问题。

第二个首先是公众关心、其次令我牵挂的问题，就是通货膨胀。美国人对不停地与一种每年大约贬值10%的美元打交道已经非常厌倦。他们已经十分明确地表达了结束通货膨胀的愿望。终结通货膨胀是一种非常有力的政治承诺。我们作为经济学家有义务就我们能够怎么做发表一些自己的看法。

我所关心的第三个问题就是政府对资源在经济中的使用过度管制的问题。政府以不同形式——监管、税收和支出——简直就是实施了太多的干预。政府过度干预的一种特殊形式就是对储蓄收益课以重税。政府对一种最重要的储蓄和投资渠道——企业股权融资购置厂房和设备——课征税收几乎已经达到了导致危机的程度。这些股权融资购置厂房和设备的交易目前在美国被按照相当于60%或者70%的税率征税，这么沉重的税收简直就是横征暴敛。此外，就如托宾教授指出的那样，今天，我们还存在另外一个问题，那就是我们的税制由于允许利息减免税收而实际上就是在鼓励避税。由于通货膨胀的缘故，我们的税制已经完全处于失常的状态，而我们必须对此做点什么。

以上就是几个我想说的对我们经济不利的问题。现在请允许我来说说对此我们不应该做点什么。在座的诸位将发现我本人同意托宾教授刚才发表的观点。一个今天对于我们经济不应该做什么的典型例子就是英国人在做什么。请允许我对我眼里的英国宏观经济政策的构成元素做一回顾。首先,英国人大幅降低了货币增长速度,此举造成了常见的金融危机症状,包括高利率、估值过高的货币等。其次,政府支出持续增加。本人以为,这是英国人正要面对的核心问题,他们根本就没有着手解决预算问题。英国的部分预算问题表现为政府直接采购商品和服务,其中包括政府不顾玛格丽特·撒切尔关于自由企业的承诺,深度参与政府所有企业营运的令人悲伤的故事。英国预算的另一个重要压力来源就是转移性支付由于实际经济活动和就业萎缩而有所增加。最后,在笔者认为对供给学派论点的基本错误阐释的影响下,英国人在大幅度增加商品税的同时又大幅削减了所得税。这两种举措的净效应并不大,但却导致通货膨胀急剧攀升,从而导致生活费用指数对英国经济中的工资和转移性支付产生了巨大的反馈效应。而通货膨胀的加剧,无论从理论还是实际上看都没有被任何供给侧的回应所抵消。供给学派的一项基本研究显示,工作动机取决于实得工资与价格之比。但是,这个比率没有受到旨在增加实得工资的举措的影响,但却同时导致了物价上涨。

我们不要做英国人在做的事情。我高兴地看到,总的来说,里根政府没有朝着英国人的方向采取行动。我刚才在英国例子中所提到的3个元素没有一个出现在里根政府提出的政策中。那么,我们应该做些什么呢?我也有一张清单,这张清单只有一个元素不同于里根政府的政策。

首先,我们必须限制政府支出。我想,这一点是我与托宾教授刚才发表的讲话最大的分歧所在。我们有大量的联邦支出计划、转移性支付计划和我们的人民不想要的监管,它们对公众的实际可支配收入会产生不利的影响。我们应该对政府现在挥霍资金的所有漏洞列一张清单,而且还应该堵住这些漏洞。如果诸位仔细审议里根政府的预算方案,那么就能发现这个预算方案虽然没有杜绝全部的漏洞,但具有非常显著的支出削减特点。我们可以列举无数的例子,其中一个非常显著的例子就是进出口银行计划——简直就是一个在运行良好的经济中没有用武之地的计划的很好例子。这项计划当然无益于穷人,并且是一种应该省却的东西。当然,里根政府的预算方案中还有很多很多的东西可以省略。我本人列出的清单要比里根政府已经列出的清单长很多。此外,在政府成功地认定有漏洞存在,并且然后表示我们解决问题的方法就是把预算削减20%的情况下,本人建议削减预算的力度就更大。我认为,我们一旦发现漏洞就应该坚决堵住漏洞。联邦政府预算的有些部门——如能源部——就是预算漏洞的聚集地,它们消耗了很大一部分的实际国民生产总值。

请允许我明确表示,我没有把在过去的 20 年里美国实际用来消除贫困的那些支出包括在这个支出类别中。我非常高兴地看到像抚养未成年儿童家庭援助(AFDC)、补充保障收入、食品券这样的反贫困计划没有被削减掉。虽然这些反贫困计划并不完全令人满意,但却代表着朝向通过帮助那些社会底层成员这种最重要的方式改进收入分配的方向迈出了非常重要的一步。里根总统已经非常清楚地表达了保留反贫困支出的需要。我觉得非常令人遗憾,很多反对总统一揽子计划的人错误地把总统的一揽子政策说成首先是旨在取消花在穷人身上的支出。这种说法是完全不正确的。当然,总统的一揽子政策有些是试图改善转移支付计划的实施绩效,但在我看来我们可以正确地把大部分支出削减项目看作消除预算漏洞。

里根总统同样建议大幅度增加军费支出。本人觉得没有资格评判这一举措的合意性。但我认为,关于军费支出,经济学家有一个重要的问题要说——宏观政策能够在几乎任何支出水平上实现充分就业和物价稳定。在这一点上,我完全同意托宾教授的观点。有好的例子表明,有些经济体拥有比我们更大的公共部门,但也实现了充分就业和物价稳定。如果确实需要,只要不会自动导致任何明显的宏观经济问题,我可以支持比我们现在大得多的军队编制。当然,在一个把很大一部分产出配置于军事或者其他政府用途的经济体里,私人部门可用来投资和消费的资源必然会减少。在这个约束条件下,产出总水平和物价表现都是政策能够控制的东西。政府支出增加本身并不对总体经济表现构成威胁,政府支出的减少本身也不会对总体经济表现构成威胁。我们应该有能力设计出一些能够应对所有这些意外情况的宏观政策。

里根总统计划最富争议的一个特点,就是大幅度调低税率。我要强调的是,总统所建议的是降低税率,但并不必然导致税收减少。我们并不一定要接受拉弗曲线的劳动力供给基本原理来取悦于调低税率能够增加税收这个命题。这方面有一个很好的例子——1978 年付诸实施的资本收益税税率调低方案。在最近的一项研究中,财政部下结论称,大幅度调低税率的结果是收入仍基本保持不变。调低税率能够刺激收入,因为纳税人在如何安排个人事务和如何填写纳税申报单方面享有更大的自由裁量权。税率调低以后,避税动机就会急剧降低。1978 年调低资本收益税税率的结果确实就是如此。总收入中有很小一部分实际通过纳税人的所得税纳税申报单发生了流动。尽管从表面上看,边际税率很高,但奇怪的是,美国只有 11% 的个人所得作为个人所得税缴给了联邦政府。我完全同意"税收减少以后，人们会更加努力地工作"的证据远不足以支持"税收会对税率调低做出有利回应"的观点。资本收益税税率调低所显示的是，由于我们调低了最高边际税率，纳税人的避税动机急剧降低，并且意味着税收至少不会像简单的计算所显示的那样减少。

尽管我对供给回应税率调低的力度表示怀疑，但仍支持把减税作为恢复经济实际增长率的一个途径。完全标准的宏观经济研究认为，劳动力供给对于实际工资完全没有弹性，并且清楚地告诉诸位减税具有扩张性。这种在1961～1964年非常艰难但又成功推行的观点在今天看来是正确的。在我看来，今天仍应该推行这种观点。我们并非一定要相信劳动力供给有一种特异功能才能持有"是到减税的时候了"这种观点。

我还同意减税是迄今把政府支出置于控制之下的最好办法。在我看来，政府支出并没有膨胀得那么厉害的原因就是国会担心赤字。如果我们没有实行减税，那么就可能有更多的资金通过预算漏洞流失，这可不是我希望看到的结果。

财政侧的最后一个主题就是投资激励问题。就如我在开始时所说的那样，课征于某些种类投资收入的重税是我们目前最糟糕的问题。里根总统的加速折旧建议——10－5－3计划——完全是一种通过削减投资回报税来刺激投资的举措。我本人并不认为这是削减投资税的最佳方式。不管怎样，我更情愿看到以下变革组合：一方面，允许立即冲销全部的企业投资——这可是加速折旧法的终极扩展；另一方面，我们必须取消公司所得税项下的一切利息抵扣。这个建议组合甚至会提供比10－5－3计划更大的激励，并且取消我们现在支付给杠杆投资的无效补贴。从长期看，这样一种税收适用于无垄断收益的企业的实际税率为零。从某种意义上讲，就相当于建议取消公司所得税，我本人并不认为这是一个糟糕的主意。即使根据10－5－3计划，公司所得税会变成联邦收入的很小一部分。未来美国经济的主要收入来源就是工薪税——既不是公司所得税，也不是个人所得税。

关于货币纪律，我们需要的是建立一个长期货币政策框架。我们必须有能力承诺在未来5年或者10年里采取旨在稳定货币的行动，进而承诺稳定物价。我们需要一种具有说服力的表达这种政策的方式。在未来12个月里采取一种严格降低货币增长速度的政策，并不是一个问题，但我们必须向美国公众承诺我们在任何时候都不会把美国经济置于太困难的境地，而会使美国经济迎来长期的物价稳定。迄今为止，里根政府还没有以我希望看到的方式——没有令人信服地宣布一个长期货币政策框架——展示他们的方案。在一定程度上，这说明政府对联邦储备制度的认可，也说明里根总统不愿被人认为自己试图对一个政府的独立部门发号施令。

那么，美联储应该做些什么呢？我希望看到的那种声明应该按照名义国民生产总值的路径阐明货币政策目标。以托宾教授文章中表1第3栏的数据为例，并且表示这就是货币政策将要实现的目标。我希望能够实现该表第4栏和第5栏所示的目标。我们真的希望通货膨胀能够那么快地下降，年复一年地以那样异常的速度来提高实际经济增长率，但我们不能就这两个目标中的任何一个做出承诺。我们通过采取一种通情达理的长期货币政策能够承诺的就是该表第3栏所示的目标。我们能够承诺将动用货币工具把名义国民生产总值的增长率维持在相当高的水平上，也就是我们的经济不会经历急剧衰退，但会把名义国民生产总值增长率逐渐降低到一个不会导致通货膨胀的水平上。我本人不希望看到并且害怕越来越多地从政府那里听到的是货币增长率无论如何都要达到该表第3栏所列示的预定目标。我不能更加有力地赞同托宾教授对这个矛盾的评论，原因就是美国经济没有任何因素会把货币流通速度增长率推高到该表第2栏所示的高度。此外，就一项政策能够成功地终结通货膨胀而言，它也会逐渐降低利率。低利率应该能够导致货币流通速度下降。因此，问题相对于托宾教授的讨论甚至会变得更加复杂。

我对本届新政府所寄予的最大希望之一，就是它能履行关于经济实际强劲增长的承诺。就通过执行适当的经济政策来成功地促进经济增长这一点而言，美国经济需要更多的货币。如果我们需要更多货币的原因就是为了促进实际国民生产总值增长，那么，我们就不应该害怕增加货币。托宾教授上述表格第1栏列示的严格的货币低增长目标，正好对于快速增长的经济没有意义。我们可以通过宣布名义国民生产总值目标，而不是宣布货币增长目标来走出这个困境。到目前为止，里根政府在这方面的立场还不够坚定。

总之，联邦政府采取减少资源控制、调低税率和刺激投资的政策有望在解决经济问题方面取得进展。倘若这些政策能够与一个货币和物价稳定的良好长期框架耦合在一起，那么就能在经济政策制定方面向前迈出很大的一步。

第八章

关于经济增长的不同观点

经济低增长

莱斯特·C. 瑟罗

对于加快经济增长速度的关注犹如时尚流行一段时间后又会过时,经济增长速度连同导弹力量差距都是 1960 年总统竞选的关键问题之一。苏联的经济增长率超过了美国,而尼基塔·赫鲁晓夫(Nikita Krushchev)扬言要在经济和军事上把我们甩在后头。面对关键材料短缺和美国生产率增速急剧下降,加快经济增长速度再次成为一个重要的问题。

经济增速问题的核心是生产率——每工时的产出。我们的消费能力最终取决于我们的生产能力。如果我们每小时能够生产更多的产品,那么,我们每个人就能有更大的购买力购买我们所需的物品。如果生产率没有提高,虽然我们的货币收入可以增加,但是,我们不可能拥有更大的实际购买力。经济增速问题通常牵涉供给侧的问题。那么,我们如何能够增加可供私人消费、企业投资和政府支出的货物呢?要想找到这个问题的答案,就必须找到加快生产率增长速度的秘诀。

为了遏制通货膨胀,近几届政府都选择了收紧财政和货币政策,并且导致了产能闲置。无论产能闲置在制止通货膨胀方面多么有功效,但必须付出降低生产率增长速度的昂贵代价。随着产能的闲置,投资动机趋于减弱,几乎不需要新的和更多的生产设施。企业在意识到自己不需要扩张以后往往会削减新的生产流程研发项目。随着高失业的出现,劳动者会担心技术进步导致他们付出丢失工作机会的代价,他们将很难找到替代性工作。因此,为了阻止技术进步,他们愿意接受更加苛刻的就业条件。最后的结果就是经济停滞不前,我们的生产率在工业联盟中排名垫底以后继续下挫——我们的生产率增速大约只有日本的 1/3。[1]

除非我们能够扭转生产率增速下降的势头,除非我们能够加快生产率的增长速度并且赶上西德和日本已经达到的水平,否则,我们陷入相对落后的境地只是个时间问题。历史上有些强国被外敌所推翻,而很多强国是因为自己的内部失败而消失。那么,我们如何才能避免失败,并且使我国经济比以前更有活力呢?

这里的问题还是不在于发现能显著加快经济增长速度的政策(这样的政策有很多),而在于采取一些必然会导致某些人收入显著减少的政策。增加投资,必然会导致有些人占有的国民产品份额减少。那么,哪些人占有的国民产品份额会减少呢?撤走投资的过程甚至更加艰难。我们往往从投资和新产品的角度来考虑经济增长问题,但撤走投资是一个必不可少的先决条件。要想有劳动力和资本投入新的领域,我们必须有能力从生产率低下的旧领域抽走劳动力和资本。但是,每次抽走投资对于有些人来说就是不好的前兆。

撤走投资是我国经济做得最差的方面。我们没有采取公共政策来加快投资撤走过程,而是采取行动通过保护和补贴低效投资放慢了投资撤走的速度。虽然我们的钢铁工业缺乏竞争力,但我们仍对它进行保护;虽然我们的电视工业落后于其他国家,但是,我们谈判进行"有序"的销售安排以阻止外国电视机进入我们的市场;虽然纺织业是一个生产率低下、应该迁往国外的产业,但是,我们高筑关税壁垒来保护本国纺织业;我们的造船工业是一个完全依赖政府补贴生存的产业。我们采取的所有这些行动都是为了向某些人提供经济保障,但是,其中的每一项行动都把我们"囚禁"在一个生产率低下的领域。如果我们不能学会撤走投资,那么就不能与"现代增长一族"展开竞争。

经济增长过程

经济增长过程可以与复杂的公路建设工程进行比较。第一步是勘探地形,确定道路的走向,为实现理想的目标寻找尽可能好的线路。这是科学研究需要完成的任务。通常,科学研究要在道路建设工程其他工序之前完成。我们在理论上知道我们能够制造原子弹,要比我们能够实际制造原子弹整整早了40年。当时,我们已经知道,聚变能从理论上说是可能的(如氢弹爆炸),但整整过了几十年的时间,我们才把聚变反应技术应用于发电。

工程研究远远滞后于科学研究前沿。经过科学研究之后,现在已经确定道路的走向以及道路建设的基本方针,但还要进行道路设计。等工程研究完成以后,产品和生产工艺从理论上可行的阶段进入到生产工艺被掌握并能够被付诸实施的阶段。乘火箭旅行是一个起源消失在茫茫史海中的想法,但是,当我们有能力把人送上月球并返回地球以后,这种想法就成了工程知识的前沿。

虽然科学探索和工程设计都很重要,但都不会直接影响经济增长。地形也许已经探明,道路可以修建,但除非修建道路投入使用所能产生的经济效益大于修建道路的成本，否则就不会实际修建道路。太空旅行显然是可行的，但成本太高，因此没有经常性的登月旅行的经济需求。新知识只有在成本下降到我们能够生产我们需要并承担得起的产品和服务这个点上时才会变得与我们经济相关。

在道路实际投入建设之前，有必要进行进一步的科学和工程研究与开发。经济可行性必须具备，就是在这个点上，新知识开始影响生产率。我们修建道路，并且采用新的工艺生产比以前更好或者更便宜的产品，我们的生活水准就因此而得到提高。

然而，经济中并非只有新产品和新工艺，任何经济都是新的高生产率活动和老的低生产率活动的混合体，因此，我们需要把部分时间和资源转移到新产品和新工艺上。一些工厂采用最新的技术生产最新的产品，而另一些工厂则采用老技术生产老产品。经济的平均生产率水平取决于这两部分经济活动的相对权重。

我们的经济有各种不同的生产率。1977年，我们各不同工业门类之间的生产率差距几乎达到了5∶1的程度，每个工业门类内部通常也存在大约4∶1的生产率差距。结果就造成了非常离散的生产率分布，但不管怎样总有这样一个生产率点：过了这个点，任何陈旧过时的产品或工艺都会被舍弃不用。新产品和新工艺会把旧产品和旧工艺逐出我们的经济，旧路终将会被废弃。

由上可知，有三个因素支配着生产率增长。首先，经济可行性前沿以多快的速度催生生产率更高的经济活动。其次，我们的经济以多快的速度舍弃低生产率活动。最后，经济活动在高生产率与低生产率两端之间如何分布。我们的经济活动大多集聚在高生产率一端还是低生产率一端？科学和工程前沿知识只是在它们涉及遥远的道路建设工程，道路建设的速度制约着采纳生产率更高的技术和工艺的速度这个意义上与我们的经济相关。

我们已经能够看到日本和西德这样的国家生产率增长较快的某些原因。如果一个国家正处在战后重建阶段，那么就会建造新的工厂。即使它的最佳实践工厂并不比其他国家的最佳实践工厂好，但它的较大一部分工厂都将实际位于最佳实践前沿附近。这样，这个国家的这些工厂即使较之于最佳实践工厂并无任何优势可言，也能实现生产率的较快增长。

经常有人谈起这种现象，好像输掉战争、毁掉自己的国家，比赢得战争、躲过毁灭强，这简直就是愚蠢。为了战后重建，西德和日本必须把它们很大一部分的国民生产总值用于投资，结果就是在重建时期导致了生活水准比我们低很多。它们的生产率快速增长，但是以牺牲实际生活水准为代价。如果毁灭自己的国家有什么优势可言,那么,战胜国同样也有这样的优势。它们可以废弃陈旧的工厂(如果诸位愿意的话,可以把旧工厂炸掉),并且修建新的工厂。它们之所以没有这样做,是因为这样做会降低它们的生活水准。消费水平必然会下降,既因为生产减少,又因为投资需要增加。

不管怎样,重建的国家有一个好处。即使经济分析显示应该淘汰生产率低下的产业和产品,国家通常也觉得难以做到。因为这么做,员工会丢掉工作,而企业则要关门。劳动者和企业会进行游说,呼吁政府提供保护和补贴并进行监管。如果他们的游说活动取得了成功,那么,经济就会长时间陷入低效率运行,甚至比经济环境所能解释的时间还要长许多。在战后荒废时期,没有任何产业和产品需要保护和补贴;国家即使想保护和补贴它们,也没有这个能力;而所遭遇的经济损失可归咎于某个其他国家的军队。净结果就是陈旧过时的产业并没有得到重建,而低生产率产业的投资要以比平常快得多的速度撤走。

撤走投资

虽然有很多人在呼吁增加投资,但撤走投资甚至更加重要。以淘汰低生产率工厂的方式来提高生产率,对经济的作用就如同开设高生产率工厂,而且这样做只需耗用较少的资源,也没有必要进行很大的投资。关闭低生产率工厂,我们就能把被关闭工厂所在行业的劳动力和资本转入新的高生产率行业。新行业有了更多的劳动力和投资资金,就能以更快的速度增长。如此看来,真是不可思议,投资的精髓居然是撤走投资。

虽然我们可能会碰到研发和投资问题,但是,我们的主要失败就在撤走投资方面。我们就是不很善于撤走投资,这就是混合经济没有发挥作用的一个方面。资本主义毕竟是一种失败的学说。低效率者(多数)要被高效率者(少数)逐出商界,而生产率就在这个过程中得到提高。但是,我们极不情愿信奉我们这部分的经济信仰。这种不情愿在个人层面是有它的实际道德依据的(失败者就应该挨饿),但到了企业层面就没有任何道德依据。不管怎样,如果说个人和企业层面有什么区别的话,那么就是与保护个人的计划相比,我们有更多的企业保护计划(当然都是以保护个人的名义)。

生产率低下的企业通常都属于需求停滞或者减少的产业,这在一定程度上是因为不必再为满足新需求而开设新工厂,当然还因为人的问题:管理失去活力的产业几乎不可能像管理成长产业那么有效。成长产业能够吸引头脑灵活、积极进取的经理人,因为他们希望与自己管理的公司一起快速发展;失去活力的产业晋升机会较少,年轻、精明的经理人明白应该尽量规避这样的产业。有谁愿意到基本问题就是每天决定解雇谁，但没有令人振奋的新投资发生的企业去工作？在一个失去活力的产业里，人人都设法保护自己已经拥有的东西，而不是创造更好的东西，因为他们明白任何效率的提高只会导致更多的裁员。

结果就是管理者和普通员工都采取这样的态度和行动：使得产出不再增长或者开始下降的产业生产率快速增长实际成为不可能。这种现象在整个美国从铁路到学校的各行各业都已经司空见惯。效率随着产出的减少而下降。波士顿地区目前学校入学率在迅速下降，据我所知，任何地方的学校都不会设法几乎以入学率下降那么快的速度来减少它的工作人员。

撤走投资的基本问题，就是我们每个人都想躲避的一旦发生撤资就会产生的经济阵痛。有些人的境况会因为撤资而恶化，他们就有动机求助于政府援助，阻止或者减缓撤资过程。政府曾采取监管措施阻止铁路业废弃不经济线路，提供补贴来维持低效率的造船业。学校并没有因为入学率下降而萎缩，而是发现了特殊教育和增加教师的需要。虽然说起来容易，这样的事情不应该发生，但是，如果我们属于这种受影响的产业或者社区，那么人人都会要求同样的保护。

工艺创新

生产率问题常被表述为简单的投资太少问题。如果我们只是减少消费，并且把较大一部分的国民生产总值用于投资，那么，我们的生产率就会提高。这种分析的一个问题就是：如果现在增加投资有利可图，那么投资就会增加。在第二次世界大战以后的大部分时间里，美国经济遇到了储蓄欲望大于投资欲望的问题。结果造成连续衰退，需求（消费加投资）低于产出。即使有人想增加投资，由于并不缺少储蓄或生产设施，因此投资也不会发生。税收常常受到谴责，但美国的企业税并不比国外高。由于某些原因，我们似乎并没有很多有利可图的投资机会可以利用。

造成这种投资不足的部分原因可以在被经济学家称为"学习曲线"的背景下找到。学习曲线现象先是在第二次世界大战期间的"自由轮"和飞机生产过程中被发现。在工厂建立并投入运营之后，制造一艘轮船或者一架飞机的必要工时数随着制造轮船或者飞机数量的日益增多而迅速下降。资本设备并没有发生明显的变化，但生产率却急剧上升。

在民用生产中也观察到了同样的现象。随着新产品的推出或者新工厂的开办，劳动力成本通常会在开始几年里迅速下降，但随后即使劳动力在相同的资本设备下工作，劳动力成本的下降速度也会放慢。最终投资是否有利可图，具体取决于学习曲线的陡度以及工厂建成后的生产率提升速度。从相关的工程数据来看，预测生产成本并不容易，因为生产成本并非在时间上一成不变。有些跨国公司发现，它们能够在不同的国家或者地区建造相同的工厂，但却取得了截然不同的生产率结果。

学习曲线和技能与团队生产率的在职非正规获得有关。[2]在生产过程中，劳动者进行学习并提高他们个人的工作技能，学会作为团队成员与其他成员一起工作。新员工与已经入职工作一段时间的员工即使在接受的正规教育和掌握的工作技能方面完全相同，但在经验方面仍要逊于后者。在产品生产过程中，更好的新生产方法要靠经验来发现。生产过程中的每项创新也许很小，但很多小改进的累积效应常常很大。

净结果就是随着工厂学习曲线的下降，生产率大幅上升。在学习曲线底部生产的劳动力成本通常只相当于该曲线顶部生产的劳动力成本的几分之一。不过，学习曲线下降、生产率上升并不是一个自然而然的过程，它要依赖于高质量的管理和劳动力之间的合作。如果劳动者觉得不幸福，那么就能够浪费学习过程。倘若管理者无能，那么就可能错过推行劳动力节约型方法的机会。过早推行严格的规章制度有可能导致工厂停留在最初的生产率水平上，并且阻止工厂沿着学习曲线提高自己的生产率。（在英国，这是一个重要因素，因为在工厂投产之前，严格的规章制度就已经谈定。）问题就是最大限度并尽可能快地随着学习曲线的下降提高生产率水平。这样做的企业就能最大限度地降低生产成本，并且获得尽可能多的利润。

这样做就会在资本与清一色增加投资的呼声中得不到认可的劳动力之间创造一种相互依存关系。如果日本人能有比美国人陡峭的学习曲线，那么，同样的钢铁厂在日本可能是获利丰厚的投资项目，而在美国则是回报平庸的投资项目。想要增加投资，就必须改善劳动力市场的特点。新的技能和更高的收入有赖于新的投资，而新的投资则有赖于具有合作精神的劳动力。通过削减资本所有者的税负并且由劳动者来买单的方式只能增加资本所有者的收入，是不可能实现投资的增加或者生产率增速的提高的。在创造更加有利可图的投资机会的过程中，技能的获取和具有合作精神的劳动力就像增加资金购置新设备一样重要。发起阶级斗争不可能是一种实现目标的有效方式。请设想一下，那些相信所有的工作努力都取决于收入差别巨大的人会对一个大公司提供终生职位，相对工资几乎完全取决于年资而不是个人技能和功绩以及收入差别要比美国小50%的经济体做出怎样的预测。但是，日本人具有世界最高的生产率增长率。其中的原因是什么呢？

这个问题的答案可在日本制度提供的促使学习曲线下降的激励中找到。在终生就业和年功工资制下,技术进步就没有威胁性。无论发明什么,都不会威胁到就业或者工资。普通员工一年能领到两次大约相当于自己50%工资但取决于利润的年度奖金,陡峭的学习曲线就是通过这种奖金制度与每个员工的利益直接挂钩的。每个员工都有动机通过接受技术变革、学习新技能和以一种令美国雇主羡慕的方式为工业团队工作做出贡献来极大地提高生产率。这种现象通常被作为一种不可在美国复制的文化现象而遭到唾弃,其实很可能是一种与经济激励制度的关系比与文化的关系更加密切的现象。面对相同的激励措施,美国劳动者可能也会做出相同的反应。无论如何,我们都必须寻找一种能取得相同结果的激励制度。

近来出现的生产率下降

虽然我们必须要做出比简单扭转生产率增速下降趋势多得多的努力,但是,生产率增速下降也是一个值得关注的问题,因为它能告诉我们怎么做才能够加快生产率的增长速度,但更重要的是,它能生动地反映问题的复杂性以及像增加投资这样简单的单因素解决方法的不贴切性。

毫无疑问,美国的新产品和新工艺的引用率有所下降。私营企业经济的生产率从1948年到1965年年均增长了3.2%,从1965年到1975年年均增长了2.3%,而从1972年到1978年每年只增长了1.1%。[3]

关于绩效表现欠缺的问题,有人提出了各种各样的可能原因。现在的研发支出低于20世纪60年代。经常有人说投资有所减少。我们投资于厂房和设备的国民生产总值份额要少于我们的大多数工业化国家。政府的卫生、安全和环境监管有可能导致增长变得更加困难。劳动力的年龄—性别构成中没有经验(低生产率)的劳动力——妇女和青年——占比已经在增加。经济膨胀和紧缩交替型政策以及通货膨胀导致投资者不愿投资,不确定性也有所增加。在提高生产率方面,劳动者变得更加冷漠,不那么乐意合作。随着失业的增加以及对工作保障的担心,就业规则变得更加严厉。造成绩效不佳的可能原因几乎是举不胜举。

在普遍提到的原因中有两个根本就与事实不符。研发支出从20世纪70年代初占国民生产总值的3%下降到了70年代末占国民生产总值的2%略高一点。但是,生产率早在研发支出减少之前的1965年就已经开始下降。[4]此外,就如我们已经看到的那样,研发与生产率之间有一个很长的时滞。70年代研发缺失也许会导致80年代的生产率问题,但并不能解释70年代的生产率问题,更不能解释60年代的生产率问题。其他工业化国家的研发投资也在持续减少,而且情况比我们更加严重。

厂房和设备投资也不能解释经济衰退,因为这种投资并没有减少,反而是增加了。在我们的生产率增长最快时(1948~1965年),厂房和设备投资平均要占到国民生产总值的9.5%。生产率增速在1965年以后开始下降,但是,厂房和设备投资从1966年到1972年增加到了占国民生产总值的10.2%。生产率增速在1972年以后又开始了另一轮下降,但厂房和设备投资在1973~1978年期间仍保持在占国民生产总值10.1%的水平上,尽管其间发生了第二次世界大战以来最严重的经济衰退。[5]或许,我们应该进行更多的投资,但是,投资减少并不是造成我们当前问题的根本原因。

如果诸位对生产率增长格局进行分析,那么就能清楚地看到生产率的大幅上涨是与就业水平的激增或者充分就业的出现联系在一起的。相反,生产率增速下降,是因为经济远离对劳动力和机器设备的充分利用。之所以会出现这种情况,是因为我们有很大比例的常备员工和工厂是用来满足经济最高效地满负荷运行的需要的。管理人员、研究人员、销售人员、维修人员等在产出减少时不可能或者说不会被按比例裁减。结果就是生产率下降,因为现在生产1单位的产出需要更多的工时。相反,在产出朝着满负荷方向增加时,我们就不必增加常备员工。产出增加,而常备员工并没有增加,结果当然是生产率的快速增长。

我们大约30%的生产率下降可归因于产能闲置。我们在反通货膨胀的努力中有意选择了把商品和服务需求控制在低于经济能够满足的水平上。无论此举在反通货膨胀方面能创造多大的效益,但需要付出的代价之一就是降低生产率增长速度。这部分的生产率问题只有在我们解决了通货膨胀问题或者决定采用其他方法来制止通货膨胀时才可能得到解决。

大约40%的生产率下降可归因于产品和服务需求以及生产发生了变化。如果不同产业之间存在巨大的生产率差异,就像现实中的那样,那么,消费者、企业和政府所需的产出构成就能够对生产率增长率产生实质性的影响。如果需求转向高生产率产业,那么,经济的总体生产率就将快速增长。如果需求转向低生产率产业,那么经济的总体生产率就将低速增长。

美国不同产业之间存在很大的生产率差异。1977年,服务业1工时的工作能创造价值4.92美元(1972年的美元)的产出,而金融业则能创造23.59美元的产出,两者的每工时产出几乎达到了1∶5。[6]尽管通常有人相信制造业的工时产出远远高于经济总体的工时产出,但是,制造业的生产率(非耐用品制造业每工时创造价值8.44美元的产出,而耐用品制造业每工时创造8.42美元的产出)并没有远远超过经济的总体工时产出(8.09美元)。金融业、批发业、公用事业、通信业和开采业都是高生产率产业,而服务业、零售业、建筑业和农业都是低生产率产业。

由于不同产业之间存在如此大的生产率差距,商品和服务需求构成能够对生产率产生很大的影响。在第二次世界大战后的很长一个时期里,商品和服务需求构成的影响效应不断提高了生产率。我们丢弃了低生产率产业,主要是农业,并且进入了高生产率领域。但是,这个过程大约在1972年前后结束。产品和服务需求构成开始导致生产率增长速度下降,而不是提高。急剧摆脱农业的行动结束后,服务业(另一个低生产率产业)开始以快得多的速度增长。

从1948年到1972年,农业这个在1948年生产率比全国平均水平低60%的产业每年减少5亿工时的劳动力需求。这意味着每个离开农业、进入城市经济领域的劳动者劳动生产率的急剧提升,而这样的劳动者当时多达数百万。但是,到了1972年,这个过程基本上已经结束。农业生产率仍在快速增长,但农业已经变得规模如此之小,以至于无法再释放数以百万计的劳动力。1972年以后,农业每年减少5 000万工时的劳动力,这个低生产率产业再也不能释放大量的闲置劳动力。

现在出现了正好相反的情况,另一个低生产率产业服务业开始以快得多的速度增长。从1965年到1972年,经济中不到30%的工时增量出现在服务业,而在1972年以后,私营经济所增加的全部工时有47%来自服务业。由于服务业的生产率要比全国平均水平低40%,因此,每个流向服务业的劳动力都意味着平均生产率的急剧下降。于是,原先向高生产率产业的迅速转移变成了目前向低生产率产业的快速转移。

这些服务业增加的劳动力几乎有一半去了医疗卫生业。如果我们需要医疗保健,那么,这种转业就是我们需要的——但是,一个不可避免的后果就是降低了生产率增长速度。问题的本质能够在1972年以来我们经济中增加的30万安保人员中看到。由于安保人员保护了老商品,并且没有生产新产品,因此,他们并没有增加产出,而是增加了工作时间。从波士顿飞往洛杉矶的乘客人数没变,但现在接待他们需要更多的工作时间,因为他们的行李必须接受检查。净结果就是:虽然我们的幸福感也许有所提升,但生产率却下降了。

剩下的30%的生产率下降可归因于3个产业——开采业、建筑业和公用事业——的特殊问题。开采业和建筑业甚至经历了生产率负增长,现在的工时产出低于10年前;公用事业的生产率增速也在急剧下降。

电力、煤气和卫生等公用事业的生产率增速下降最容易解释。这些公用事业显然属于生产率增长高度依赖于产出增长的情况。追加产出是在新的高效率工厂创造的,而很大一部分的劳动力是为维护供电或供气系统所必需的常备员工。在能源消费增加时,这些公用事业的产出相对于就业人数就会快速增加。相反,在产出稳定或者减少时,生产率就保持稳定或者下降。随着能源价格的大幅上涨,产出增速有所下降,而有些年份产出甚至有所减少,从而导致生产率增速急剧下降,从每年增长6%以上,下跌到了每年只增长1%。明显的解决方法就是恢复快速增长的消费,但鉴于对能源价格的预期,这一点不可能做到。

1971年以来,开采业的生产率已经下降了23%。这是一个可以把部分责任推卸给政府强加的新的健康、安全和环境保护监管的领域。但是,问题的很大一部分是由地质条件造成的。有更多的油井产油减少,而且会反映为生产率下降。

这并不等于说政府的监管既不明智又无根据。提高健康、安全和环境保护的程度只会导致开采成本增加。如果我们想要安全的矿井和清洁的环境,那么,与我们不想要这些东西相比,我们就应该做好降低开采业生产率增速的准备,至少在一段时间里。

建筑业是另一个生产率负增长的产业——1968年以来,生产率下降了19%。建筑业的问题在一定程度上既是计量问题又是实实在在的效率问题。诸位如何来给一个不生产标准化产品的产业计量产出呢?标准的方法就是采用投入(建筑材料数额)来计量产出。但是,如果技术进步提高了建材使用的效率,那么,这种计量方法可能会低估建筑业的实际产出。我们也许还会要求我们的建筑比过去更加多样化——少建大型住宅项目、大规模的道路建设项目。结果,建筑业就没有机会得益于学习曲线或者规模经济。

随着对生产率下降原因的分析日趋周密,简单的方法不断被淘汰。即使问题的原因明白无误,解决的方法也未必如此。我们选择采用闲置部分产能的方式来与通货膨胀作斗争,此举能够解释我们30%的生产率下降。如果农业仍能释放大量的劳动力,那么,我国的生产率还会提高,但我国经济的产业生命周期已经过了这个阶段。如果我们不需要这么多的服务,我国的生产率就会有所提高。但是,如果我们在某种意义上能够购买比我们实际需要多的服务,那么,服务需求只是其中的一个问题。例如,有人可能会争辩说,医疗保险导致我们购买比没有医疗保险、看病都要支付现金时更多的医疗服务。可是,有谁还愿意过那种没有医疗保险的日子?如果我们碰巧只需要由高生产率产业制造的产品,那么我们的实际生活水准就可以更快的速度得到提高,但是我们做不到。

购买我们不想要的高生产率部门生产的产品,尽管能够加快生产率的增长速度,但并不能实际提高我们的生活水准。

如果能源价格下降,消费增加;如果能够轻而易举地做到开采安全和环境清洁;如果我们都愿意居住在相同的房子里,在相同的工厂中工作,并且在一样的商店中购物,那么,我们的生产率增长速度就会加快。可惜,这一切都是不可能的。只是一味地增加投资反而有可能导致生产率下降,因为这样做有可能把更多的资源配置于生产率低于平均水平的产业——建筑业。

就如同导致我们生产率增速放慢的原因错综复杂,因此需要多种多样的方法来加以解决。自从有相关测度数据以来(完全可上溯到19世纪),美国的生产率大约以每年3%的速度增长;在过去的几十年里,有些工业化国家的生产率达到了我们这个速度的2倍或者3倍。根据这些事实,解决生产率增速下降的问题基本上不可能找到一种简单的方法。目前的生产率增长速度是一个深深地嵌入在美国经济结构中的问题,必须推行重大变革才能实现生产率的大幅提升。

生产率与国际竞争

虽然任何部门的生产率增长都有助于我们总体生活水准的提高,但是,我们的国际竞争力主要取决于两个部门——农业和制造业——的生产率状况。在这一点上,我们不同于大多数其他工业强国。我们对这些工业强国20%以上的出口都是大宗农产品。虽然我们在制造业方面落后于它们,但在农业领域生产率继续每年以6%的速度增长。

在农业领域,问题并不在于生产率,而在于能不能向我们的生产者开放外国市场。农业是包括我们在内的每一个国家保护最多的产业。实际上,美国是世界上其他国家的最后供应商。每个国家只购买自己不能生产的商品。欧洲共同市场的农民有高价格的支持,努力生产进口多的产品。如果年成不好,欧洲共同市场就会变成一个巨大的农产品进口市场。如果年成正常,欧洲共同市场就是一个农产品大进口市场。如果年成很好,欧洲共同市场就会对自己的农产品出口进行补贴。其他国家也在做相同的事。它们的行为导致我们面临巨大的需求冲击和意外的价格变化,而且还剥夺了我们一个重要的出口市场。结果,我们就变得更加依赖我们相对薄弱的部门——制造业。

为了能在今日的国际竞争中生存下来,我们必须努力争取更加自由的农产品贸易。农产品贸易是我们具有最大比较优势的领域,但也是一个反映我们基本问题的领域。虽然我们在大部分大宗农产品生产方面拥有很大的比较优势,但不足以推进自由贸易,因为我们也像世界上其他国家保护它们的农民那样大力保护我国农业的薄弱方面(食糖、奶酪和加工肉制品),甚或有过之而无不及。如果我国的经济想要富有竞争力,我们就需要大宗农产品自由贸易,但我们不能这样要求,因为我们自己也没有践行自由贸易。总体而言,美国农场主可以实现收入的大幅度增加,但某些地区农民的收入有可能不增反降。在这方面,我们再也不能通过一个重要的零和元素来进行经济博弈。

想要在经济上与其他国家齐步并进,我们必须放弃我们自己在某些领域实施的保护,并且为我们其他领域的产品争取市场准入权。我们不再能够承受一个排斥美国大宗农产品的世界,这基本上就是意味着要对我们的盟友采取强硬措施。西德和欧洲共同市场其他成员国必须停止它们在保护农业的同时炒作制造业的自由贸易。如果日本想要出口汽车,那么就必须愿意进口我们的食品。

最近,东京回合的贸易谈判只取得了非常有限的进展,而且有限到了甚至在漫长的长征中还没有迈出第一步的程度。未来的贸易谈判必须在大宗农产品贸易方面取得进展。必要的话,如果其他国家不向我们的农产品打开它们的市场,我们就应该开始限制它们的制成品进入我们的市场。

在制造业,一旦闲置的产能得到调整,就没有任何证据能够证明生产率增长继续会减速。但是,制造业是我们的生产率增长率相对于世界其他国家而言最低的领域。常常有人把这些问题归咎于美国跨国公司。虽然这在大多数情况下是正确的,但是,在问题超过了它们的极限以后,烦恼就会达到最大程度。在过去,美国的跨国公司无疑以快于它们在国外没有生产设施时的速度把生产转移到国外,但美国跨国公司的这种活动已经明显趋向于减少。

跨国公司需要低工资、稳定的政局和受过教育的劳动力来创立能与美国竞争的生产设施。低工资在欧洲已经成为过去,而在亚洲政局稳定、劳动力受过教育的国家和地区(韩国、中国台湾和中国香港以及新加坡)则正在快速消失。当然,有很多低工资的国家仍会吸引低生产率产业,不过,这些产业正是我们应该撤走投资的领域。如果未来会发生什么情况的话,那么就是外国跨国公司应该有助于制造业生产率的提升。由于美国制造业的工资已经变得较低,因此,外国跨国公司目前正在开始进入美国。举例来说,过去,美国的子午线轮胎制造的生产率几乎没有得到增长。但现在,像米其林这样的公司给我们带来了我们似乎没有的生产子午线轮胎的知识。外国跨国公司进入美国以后,就会加快产业知识从国外的高生产率领域向美国的低生产率领域传播的速度。

如何加快生产率的增长速度

除了农业以外,我们的基本问题就是要加快生产率的增长速度。我们的研发支出也许太少(目前还无法估计研发支出占国民生产总值的确切比例),但这方面的真正问题是研发支出大幅度向新产品开发而不是生产老产品的新工艺倾斜。导致这种倾斜的原因有两个。

首先,新产品总比生产老产品的新工艺更有魅力。科学家和工程师研发新产品常有政府研发资金的资助。其次,而且更加重要的是,在一个生产几乎总是依靠私人部门的经济体中,我们在政府为生产工艺研发提供资助方面会遇到巨大的困难。在政府资金拨给大学开发新产品的情况下,即使取得成功也没人能够预先知道主要的经济受益人。政府官员也不可能被指控故意增加某家特定企业的收入。然而,生产工艺研发的潜在受益人是明确可认定的——目前在生产有关产品的企业。在涉及国防或者航天领域的情况下,我们大家都愿意为生产工艺改进提供公共研发资金,因为政府是这些依靠研发而得以以更高的效率生产的产品的终极买主。但是,一旦涉及民品生产,我们就不愿为生产工艺研发提供公共资金,因为有人会提出为什么纳税人必须帮助某些股东致富的问题。动用公共资金开展生产工艺研发,必然会把一部分纳税人的钱转移给另一部分人。然而,这是我们不能做的事。

但不管怎样,就如我们已经看到的那样,生产率问题的核心在于快速提高学习曲线的陡峭度。生产工艺研发支出为催生陡峭的学习曲线所需要,而学习曲线主要存在于私人部门。有人可能认为私人部门应该为提升自身的学习曲线陡峭度买单,但我们国家和外国政府都有充分的理由为研发提供资金。

研发支出之所以由政府提供,其中的一个简单原因就是任何私人企业都不能够希望独占全部的研发收益。新产品开发出来以后,也许并非由提供研发资金的企业使用。提供研发资金的企业并没有掌握为利用重大研发成果所必需的专门知识或者互补产品。如果产品是用公共资金研发的,那么,研发成果就不受专利权限制,而能够使用产品研发成果的企业就能有为利用研发成果所必需的使用权。政府之所以承担研发费用,是因为对全社会有利的投资有可能因为风险对于任何一家企业来说太大而无人愿意承担费用。

生产工艺研发也存在同样的研发企业不能独占研发成果收益的问题。现在假设研发成功了一种新产品——直接能把太阳光转化为我们现有航天卫星能用的电能的太阳能电池。鉴于目前的产量和生产技术,这种太阳能电池用于地面发电仍成本太高。您是一个考虑民品生产的制造商,并且知道要想投产制造这种太阳能电池,需要很大的工艺研发支出和初始投资。如果学习曲线非常陡峭,那么,您的投资将会有利可图;但也可能出现平滑的学习曲线,那么就会导致您的投资无利可图。

如果您能肯定只有您能独占工艺研发成功的收益,那么,您就可能冒这个风险。然而,您也知道这是完全不可能的。如果您取得了成功,而且学习曲线十分陡峭,那么,您也许能够最先在市场上销售自己的产品,但其他企业现在也知道有可能取得成功。由于它们知道存在陡峭的学习曲线,于是也会开始生产。最终,它们会发现您找到的赚取部分您预期能获取收益的路径。

其实,这个问题类似于一个书本上的国际象棋残局问题,如果您被告知这盘残局走 4 步就能赢下,那么几乎总能发现这 4 步棋。但是在实战中,您并不知道胜利在您的掌控之中,您不够仔细,并且绝不会发现能拿下这局棋的 4 步棋。第一个尝试学习曲线的人为跟随者们铺就了道路,向他们展示了成功是可能的事。但是,由于无法独占全部收益,因此,没人愿意做第一个吃螃蟹的人。即使有人愿意出头做第一个吃螃蟹的人,我们还要经历一个不同企业必须基本上要做无谓的重复工作——所需的生产工艺——的低效过程。

为了提高生产率的增长速度,我们必须找到一种政府参与生产工艺研发的可接受方法。这种方法很可能有 3 个基本组成部分。首先,我们大家必须接受任何政府计划都应该有特定的资助对象。赢家能够提前认定,就不会导致计划出错。只要我们推行一种企业的私人利润制度,政府旨在提高生产率的任何努力都会使受助对象赚取更多的利润。其次,如果我们有一种公平的税收制度,有利润总不是坏事,并且能使受助对象致富。税收改革以及对税制的公平感知是促进生产率的一个重要组成部分,因为它们在政治上允许我们把研发转向能够大幅度提高生产率的领域。最后,有政府资金资助的生产工艺创新应该可供同一产业每一家企业使用。其他企业应该有能力研究第一家企业是如何做的,以便它们能够在自己不必重复花费研发开支的情况下现实相同的生产率增长速度。

目前,我们在农业研发领域基本上就是这么做的:新的工艺先在试点农场进行试验,然后向其他农场推广。在这种例子中,试点农场由政府拥有,但这种方法在大多数产业运营活动中并不可行,因为生产单位规模太大。不管我们怎么做,都必须调整经济结构,这样才能从事更多的工艺研发,并且从陡峭的学习曲线中获得更多的潜在收益。新产品固然重要,但在任何时候,经济中还是老产品居多。生产率问题的核心就是要使老产品生产变得更加高效。

虽然与外国的类比应该审慎,但考虑日本在工艺创新方面取得的成功仍有助益。日本人并不是新产品开发的领先者,但却是改进老产品生产工艺的好手,因为日本在公私之间没有明显的界限,并且都愿意从事工艺研发。但为此,日本必须从一些日本人那里取走部分收入,并且把它们送给另一些日本人。当把钱送给私人企业时,我们就不愿这么做,因为我们不能证明把一些美国人的资源转移给另一些美国人的理由。[7]

加快撤资速度是加快生产率增长速度的第二个要素。歇业补贴、保护和有利的监管都将有助于加快撤资速度,但是,我们在找到一种向个人而不是向失败的机构提供经济保障的方法之前并不打算这么做。同时,我们还必须超越一种促进撤资并鼓励在高生产率领域再投资的自由市场政策。

我们并不需要一种由一个代理机构包揽全部经济决策的中央经济计划制度,但需要一个相当于企业投资委员会的国家机构把我国"夕阳"产业的投资引向"朝阳"产业。投资委员会在大公司的投资决策中扮演重要的角色,并且也能够在国家投资和撤资决策方面扮演同样重要的角色。

由于现行内部融资制度的约束,高生产率领域的发展常常受到资金只能来自内部的限制。这种限制通常会减慢高生产率领域的增长速度,并且导致美国的生产率低于应有的水平。同样,由于实行内部融资,"夕阳"产业常常有丰富的新投资资金,能够利用自己的内部储蓄来进行再投资,而它们稳定的现金流也同样允许它们到资本市场上告贷。夕阳产业的这些投资往往是不应该发生的。设立国家投资委员会就能有助于确保夕阳产业的这样的投资不会发生。

对于我们大多数产业竞争者来说,中央银行扮演了一个配置投资资金的重要角色。除了关心货币供应量和利率以外,中央银行还努力把资金引向有重大国家利益的领域。这种银行制度很可能在日本获得了最重要的发展,但在一定程度上也存在于意大利、法国和西德。过去,我们的重建金融公司也扮演了类似的角色,能够并且实际为新领域的大项目提供融资服务。

国家投资银行可被视为私人银行的竞争对手,但也可以像日本那样通过私人银行来开展工作。在混合经济国家,国家投资银行肯定能更多地代表政府开展工作,但应该认识到:如果我们打算与我们的一些比较成功的工业国家展开竞争,那么,我们就必须做好改变我们过去做事方式的准备。简单地回到过去并要求政府停止参与,无助于问题的解决。如果我们要在20世纪80年代能在生产率方面与其他工业国家展开竞争,那么就必须比新政之前或者之后做得更好。

虽然在经济变革时期踩住经济这台机器的刹车就能赢得很多东西,但我们还必须学会把我们的一只脚踩在油门上。如果别人已经学会如何更快地把他们的经济引向新的增长领域，那么，我们也必须这样做。我们不应该重复无谓的工作，我们只应该采纳别人已经学会的东西，并且使它们适合我们的文化和制度。

虽然投资的减少并没有导致我们目前的生产率问题，但增加投资很可能是解决生产率问题的一个重要手段。那些比我们做得好的国家把它们比我们大得多的一部分国民生产总值用于投资。但是，为了增加投资，我们必须做好两件事：一是采取激励措施增加投资，二是积累必要的资金进行投资。

问题最简单的部分就是加强投资激励，而最简单的解决方法可能就是取消公司所得税，并且合并企业和个人税收。在实行完全合并以后，公司所得税就不复存在，但每个个人股东就有义务就自己名下的全部收入（留存收入或者已付收入）缴纳个人税收。到了年底，股东应该收到一张相当于 W-2 表的表格，告诉他们应该在他们的其他收入来源中增加多少收入以及在他们的名下扣缴多少所得税。

由于公司的税后回报率几乎可以翻倍，因此，公司经理人有很强的动机增加投资。同时，我们可以提高个人所得税的公平性和累进性。每个股东不论贫富，现在都要按照与他们自己的收入状况而不是按照某个共同的税率缴纳税收，因此，有些股东的税负会有所减轻，而另一些股东的税负则会加重。

无论我们是保守分子还是开明人士，都应该赞同取消公司所得税。根据我们的税收原则，公司所得税既不公平也无效率。在一个课征个人累进所得税的国家里，每个收入相同的纳税人应该缴纳相同的税款（横向公平），而实际税率应该根据通过政治程序确定的税收累进度（纵向公平）来提高。公司所得税违背了这两个公平原则。当然还应该考虑以个人股东名义留存在公司的收益。适用低于 46％公司税率的个人税率纳税的低收入股东由于自己的公司收入份额而被课税太重，对于这部分股东来说，公司所得税简直就是高得离谱。相反，适用高于 46％公司税率的个人税率纳税的高收入股东由于自己的公司收入份额而被课以太轻的税。对于这部分股东来说，公司所得税简直就是一个合法避税的手段，或者就是一个税收漏洞。这样做不但违背了纵向公平原则，还违反了横向公平原则，因为两个收入相同的个人由于公司来源的收入不同而缴纳不同的税金。

不管怎样，应该指出，为了取消公司所得税的横向和纵向不公平性，必须同时取消课征于股息和留存收益的公司所得税。只取消课征于股息的公司所得税，会凸显公司所得税无法实现公平的避税手段的一面。

虽然公司是开支票给政府的法人实体，但它们并不缴税。它们只是从一些人——股东、顾客或者雇员——那里收钱,并且把收来的钱转给政府。绝没有把公司作为个人的对立面对它们征税这样的事情。对公司课税立刻就会产生公司所得税最终由谁来承担的问题。公司所得税的归宿是一个有大量文献论述但只有很少或者没有任何论证的经济学领域。根据所用确切的假设、归宿的定义和考察时期,公司所得税可以是一种课征于股东的税收、一种课征于消费者的税收或者一种课征于雇员的税收。(我个人认为,从短期看,公司所得税是一种课征于股东的税收,而从长期看则是一种销售税,但本人主张取消公司所得税并非基于这种认识。)虽然课征一种没人能够肯定自己是否要缴纳的税收,也许肯定会产生反面的政治效果,但单纯的经济效率和公平似乎就要求取消归宿不确定的税种。只要我们能够这样做,那么就能建立一种既公平又有我们想要的经济效果的税收制度。

由于利息支出是可以扣除的营业费用,而股息却不是,因此公司所得税还会导致资本结构发生债务资本增加、股权资本减少的偏倚。债务资本变得比股权资本便宜,这并不是由市场造成的,而是由税法造成的。从有效配置资本和构建有效的资本结构的角度看,政府没有理由干预导致企业青睐债务资本、远离股权资本的有偏选择。从构建一个健康、具有资本活力的经济的角度看,政府如果应该要做些什么的话,那就应该做出相反的选择。取消公司所得税,就可以避免公司资本结构出现这种偏差,从而提高资本市场的效率。

不过,资本市场的效率也可以从另一方面得到提高。由于财产收入的最高个人税率(70%)大大高于公司所得税税率(46%),而且大部分公司股份由高收入者持有,因此,公司有很强的动机留存收益,把留存收益用于再投资,并且以增加股本或者提高股票价格的方式来让公司的高收入股东受益。股东只要持有股票就不用缴纳任何个人所得税,而在出售股票时只需缴纳税率较低的资本收益税。虽然留存收益没有任何差错,但再次应该由市场而不是税法来确定公司应该留存多少收益,而不是把收益支付给股东。取消公司所得税,就可以取消收益留存的税收激励。结果,资本市场上的资金供给和需求都会增加,并且再次提高资本市场的运营效率。

就公司所得税实际上就是一种课征于公司产品购买者的销售税这一点而言,许多收益就会因为取消公司所得税而产生。公司产品的价格会随着公司所得税的取消对通货膨胀率产生的有利影响而逐渐下降。由于公司产品价格下降,因此,美国在国际市场上的竞争力也会有所增强,尤其是相对于那些能够降低出口产品增值税的国家的竞争力会提高。净结果就是美国企业能够销售更多的产品,而有更多的美国人能够获得就业机会。

既然取消公司所得税能够带来所有这些好处,那么,我们为什么还要征收公司所得税,并且要为保留这个税种而辩护呢?很多人,包括街上的行人,都认为公司所得税是一种课征于富人的税收。就如本人在前面所说的那样,这是一种错误的观点。就公司所得税是一种课征于商品的销售税或者课征于雇员的税种而言,公司所得税并不是一个课征于富人的税种。即使公司所得税最终由公司股东缴纳,它也不是一种很好的富人税。为了对中等富人征税,我们必须以很高的税率对穷人征税,并且赋予富豪避税手段。如果我们想对富人征税,那么,课征个人所得税是一种正确方法。

有些开明人士以低收入股东可能没有足够的现金缴纳他们名下的留存收益应缴的税金为由而反对取消公司所得税。这并不是什么问题,因为公司可以被要求为股东代扣税款,就如同它们替雇员代扣税款那样。每年股东会收到一张类似于表 W-2 的表格,表上列明了公司收益以及替股东代扣的税款,多退少补,就像他们现在就自己的工资和薪水收入缴税那样。

有些公司经理人以公司所得税鼓励公司留存收益并赋予他们更多的不受资本市场竞价影响的资金为由赞成课征公司所得税。从某种程度上看,这种观点无疑是正确的。但本人怀疑,在一个税制对公司支付收益还是留存收益中性的财务制度下,股东仍愿意容忍公司留存一大笔收益。

政府官员常常实用地以公司所得税收入不足,因此必须开征其他税收为由来反对像对个人收入那样对公司收入征税。财政部每年因课征公司所得税而少收到的税收大约在 40 亿到 100 亿美元之间,或者相当于目前征收到的个人和公司所得税收入的 2%～5%,具体要看采用哪种按收入档次分类的股权分布的估计值。为了正确地估计这个数额,有人估算过,仅仅取消课征于股息的公司所得税,财政部就要损失 130 亿美元的税收。收入短缺并不会由于部分个人股东有可能要比现在少缴税(部分个人股东会少缴税,部分个人股东会多缴税,差额取决于按收入档次分类的股权分布)而增加那么多,因为一大部分股票由无须缴纳个人所得税的机构(慈善机构、养老基金等)持有。

从长期看,很大一部分的收入短缺有可能得到补偿,而没有得到补偿的短缺也有可能产生重大收益。从养老基金收入增加这一点来看,养老基金可以降低缴费(从而导致应税收入增加),或者增加养老金支付额(也会导致应税收入增加)。如果非营利慈善组织收入增加,公众在一定程度上将会减少对它们的捐赠(从而增加应税收入)。就算慈善机构的收入增加会被年度捐赠的减少所抵消,慈善机构也能够更好地开展慈善工作。这就是我们首先要让慈善机构免税的原因。如果我们真的想要对它们征税,我们在任何情况下都可以轻而易举地通过立法来对它们课税。目前,我们就是不能一视同仁,对公司的收入课税,而对其他机构的收入免税。

在我们回顾了这些论点以后,就会发现没有任何正当的理由再保留公司所得税。公司所得税既不公平又无效率,因此理应被取消。所有的公司收入——留存或者已经作为股息支付出去的收入——都应该按照个人所得税适合于拥有个人所得的股东的税率缴纳税收。这样,我们就能提高税制的公平性,改进对投资资金的配置,并且创造一种强有力的促进投资的激励机制。

增加投资激励相对比较简单,筹措必要的投资资金——并非经济上,而是政治上——就比较困难。我们现在遇到了我在哈佛校友会上提出的问题。如果我们要把投资从占国民生产总值10%的比例增加到像西德那样占国民生产总值15%的比例或者像日本那样占国民生产总值20%的比例,那么,有谁愿意放弃5%或者10%的国民生产总值呢？保守人士表示,我们应该通过降低课征于储户的税收并增加课征于消费者的税收来催生额外储蓄。这基本上就意味着把富人的税负转嫁给穷人,因为富人的储蓄倾向自然要远高于穷人。

如果收入分配发生足够大的变化,额外储蓄肯定能够增加。假设年收入低于16 000美元的家庭(1977年占美国人口的60%)没有任何储蓄；年收入在38 000美元以上的家庭(占美国人口5%)把它们50%的额外收入用于储蓄。[8]想要把储蓄增加到占国民生产总值5%的水平,我们就必须把占人口60%的低收入家庭1 880亿美元的收入转移给占人口5%的高收入家庭。这样就意味着占人口60%的低收入家庭的生活水准要降低25%,而占人口5%的高收入家庭的生活水准则会提高46%(实际上,收入转移数额很可能比这更大,因为占人口60%的低收入家庭也会有点储蓄,而占人口5%的高收入家庭可能不会有50%的边际储蓄率)。想要实现这个必须实现的目标——增加储蓄,占人口多数的家庭必须忍受目前消费水平急剧下降的结果。毫不奇怪,他们都不愿这么做。但不管怎样,想要增加投资,就必须增加储蓄。

公平解决这个问题的直接方式就是让政府的预算出现适当金额的盈余,增加必要数额的税收,而我们的每种收入会随着一种新税制的施行有所减少。如果我们有一种公平的税制,那么就能实现税负公平分摊。但是,这会直接导致何为公平税制和何为税后收入公平分布的问题。

增加投资,加快撤资速度,加强生产工艺研发——它们都会导致基本的零和分布问题。部分人的收入必然会减少,而且减少的数额甚至会很大。对于那些有收入损失的人来说,这种结果即使会产生更大的社会效益,也是不能接受的。他们只关心如何防范自己的利益受损。

注释

1. Joint Economic Committee, *Manufacturing Productivity Growth*, 1960－77 5, no.7, p.1.

2. Lester C. Thurow, *The Zero-Sum Society: Distribution and the Possibilities for Economic Change* (New York: Basic Books, Inc., 1980).请参阅第三章。

3. Council of Economic Advisers, *Economic Report of the President*, January 1979, p.226.

4. U.S. Department of Commerce, *Statistical Abstract of the United States* (Washington, D.C.: U.S. Government Printing Office, 1978), p.622.

5. U.S. Department of Commerce, *Survey of Current Business* 59, no.7 (July 1979): 26.

6. Ibid., pp.52, 56.

7. Thurows, *The Zero-Sum Society*, 请参阅第八章。

8. U.S. Bureau of the Census, *Current Population Reports*, *Consumer Income 1977*, Series P-60, no.117 (December 1978), p.19.

经济增长与市场过程

理查德·H. 芬克

一、引言

本文旨在从一个所谓的市场过程视角——之所以要这样称谓这种视角，是因为它强调了市场参与者主观认知的非均衡性、不确定性、演进性和重要性——来提供一种市场经济的替代性经济增长观。由于一切经济现象都是个体行动的结果，因此，持市场过程观的经济学家对市场参与者个体在替代性制度环境下互动的预期和非预期结果进行了描述。由于任一个体的计划的成功都要取决于其他市场参与者的行动，因此，经济行为主体之间的计划协调对于成功的经济增长具有至关重要的意义。持市场过程观的经济学家把市场看作一种主要用来生成信息以及为促进计划协调所必需的激励因素的不断演进的制度。像价格、利润和利率这样的市场信号是一些在市场系统中自发演进的重要协调现象。由于不确定性和不完全信息遍布我们这个世界，因此，这些敏感的市场信号向市场参与者传递了生死攸关的信息，并且大大促进了生产者与消费者、互补和竞争性企业之间的计划协调以及全体经济主体的跨期活动。鉴于这种观点，把市场视为一种不但传播而且生成至关重要的市场协调信息的机制，因此，持市场过程观的经济学家特别关心意外扭曲这些市场信号，因而干扰计划协调的经济政策。

只有在掌握了一种符合逻辑的经济增长理论以后，我们才能明白导致美国面对重大生产率问题的原因，并且不会被很多看似正确实则错误的有关繁荣和停滞的解释所误导。本文第二部分"基于市场过程视角的经济增长"就提供了这样一种理论的雏形。由于本文有意解释一种替代性经济增长观，并且不是探讨理论要点，因此，文中的模型有意被简化，从而放弃了很多丰富的理论升华以及有关的假设。第二部分努力构建个体决策与经济增长之间的关联性，并且指出除总储蓄和总投资外考虑其他总体概念的必要性，而且建议聚焦于个人储蓄和投资计划方式的分析必须同时关注其他经济主体的储蓄和投资计划才能取得成功。第二部分重点关注价格、利润和利率在市场协调总过程中的功能问题。

第三部分"政府经济政策对经济增长的影响"基于第二部分介绍的基本模型证明了最近的经济政策是如何破坏经济持续增长的必要条件的。这些政策不但降低了储蓄和投资水平，而且还持续不断地干扰了市场协调。这一部分不但论述政府政策导致可用于投资活动的资源减少，而且还讨论政府政策意外扭曲个人在面对工业化经济中各种不确定性和复杂性时想要成功实施的计划所必需的市场信号等重要问题。举例来说，这一部分一定深度地展开，讨论了利率协调功能紊乱导致的货币混乱状况。尽管有很多例子都可用来说明计划协调对于取得成功的经济业绩的重要性，但我们以利率为例，因为大多数经济学家，包括供给学派的支持者们，不是完全无视这个特殊的协调问题，就是明确对这个问题表示怀疑。

第四部分"凯恩斯学派、新古典学派、供给学派和市场过程论者的不同观点"解释了凯恩斯学派和新古典学派的传统工具为什么无法解决某些动态经济中与经济增长有关的重要问题。相比之下，有一种市场过程框架轻而易举地使我们能够明白，理解很多当今经济问题的关键在于考察影响产业内和产业间市场协调的经济政策，而不是单纯地关注各产业部门的总体规模。凯恩斯学派宏观模型所采用的总体分析法根本就无视协调问题，这些模型被认为偏离了新古典学派的增长模型。总的来说，供给学派经济学家由于其中的两个原因而无视协调问题。第四部分还解释了供给学派在分析政府政策的影响时是如何混淆各种不同市场信号的协调功能的。

本文的第五部分"政策建议"把注意力放在了供给学派经济学家和里根政府提出的减税计划上，但并非没有提出严肃的保留意见。虽然税收是一个影响经济增长的重要因素，但它既不是唯一因素，也未必是最重要的因素。对生产率的关心必然会驱使我们去考虑除了影响经济增长的税收以外的重要政策结果。供给学派经济学家面临的最大挑战，就是要解决在现代文献中几乎被完全遗忘了的市场协调问题。某些供给学派经济学家建议的再工业化、工业福利和不同的折旧计划变革对目前被忽视的市场协调具有显著的意义，并且能够导致对经济持续增长的严重干扰。采用一种考察常常能协调产业内和产业间经济活动的市场机制的市场过程框架，就能轻而易举地对这些干扰进行评价。

二、基于市场过程视角的经济增长

当前，我们之所以非常关注税收、生产率和经济增长等问题，主要是因为美国经济无力维持令人满意的业绩记录。因此,我们看到了很多关于我国经济问题的竞争性解释以及甚至更多的关于如何缓解这些问题的建议。这一部分将试图介绍一种论述生产率和经济增长的市场过程理论,以便至少能够为读者提供一种可用来评价现行经济政策的工具。

关于经济增长,经济学家没能给出任何无所不包的终极定义。经济增长与包括技术进步、生产结构"延长"和资本存量增加在内的很多不同现象有关。笔者宁愿简单地把对经济增长的追求视为一种相对于当前生活水准提高未来生活水准的努力。[1]

作为一门科学,经济学并不会谈论任何关于经济增长有利条件的问题。只要有稀缺问题存在,人们必然会在竞争性目的之间进行选择,而选择其中的一个目的就意味着牺牲其他目的。就像任何一个目的一样,经济增长也有它的机会成本,因为它必然要与像增加当前消费或者休闲这样的其他目的展开竞争。提出提高经济增长率的主张,就是隐含地要求经济增长能带来的未来收益超过为实现增长必须做出的当前牺牲。哪个目的最重要,这是一个价值判断问题,而这样的价值判断问题超出了经济学这个价值无涉的学科的研究范畴。然而,经济学家所能做的,就是对不同制度环境下的经济增长的可能性与结果进行比较。

经济增长的制度环境就是不受干扰的市场经济。不受干扰的市场经济被证明是考察生产率和经济增长问题特别富有成效的环境,因为从一开始就剖析政府现行政策,我们能够更加清晰地了解政府现行政策的累积影响。然后,我们就能考察政府之前的政策(这有助于我们确定当前生产率)以及旨在改善我们的处境而建议的政策措施。

很多因素与决定一个经济体增长多少以及将实现怎样的增长相关,其中最重要的因素有时间偏好(储蓄—消费决策)、价格体系把资源配置于它们能实现最大价值的用途的能力、对计划的跨期协调以及新投资项目成功融入现有资本结构的程度。

为了解释这些问题,我们假设,您去法国蓝色海岸旅行乘坐的飞机失事坠入了大西洋,您多亏有高超的游泳技能而成了飘落到一个荒岛上的唯一幸存者。您在沉睡醒来、身心从飞机失事的噩梦中恢复过来并奋力爬上了海岸以后发现自己必须1天化8个小时寻觅食物才能生存下来。我们又假设您喜欢吃鱼(而不喜欢椰子和岛上的其他食物),因此,您一天捕8小时的鱼,并且把一天剩下的时间用于休闲(休息)。不久,您就对自己目前的生活水准感到不满,并且希望在未来能提高自己的生活水准。因此,您决定每天捕12小时的鱼。2天以后,您积累了足以维持第三天生活的鱼。现在,您至少面对两个选择:一是消费,譬如说,第三天晒日光浴;二是投资——织网以增加自己未来的生产可能性。通过2天储蓄或者积攒鱼,并且放弃当前的休闲消费,即晒日光浴,您就能通过织网来实现经济增长,也就是提高您未来的生活水准。这样,以后每天捕鱼4小时,而不是8小时,您就能满足一天的生活需要。您的储蓄行为允许您实现经济增长,而放弃当前的消费允许您生产资本品(渔网),并且发展更加长期、富有成效的生产结构。这在传统上被称为"延长生产或者产业结构",并且用生产过程的追加步骤被表示如下:

人 $\xrightarrow{1}$ 捕鱼 $\xrightarrow{2}$ 消费

人 $\xrightarrow{1}$ 织网 $\xrightarrow{2}$ 捕鱼 $\xrightarrow{3}$ 消费
（生产资本品）

在这种原始社会里,储蓄直接决定投资水平,因为您捕到的鱼的数量直接决定您能把多少天用于投资(织网)。这种储蓄与投资之间的直接关系在复杂的货币经济中发生了变化,因为货币的存在在储蓄与投资之间创造了一种"媒介"。储蓄行为与投资行为通常由很可能目的不同的不同个人群体(或者由作用不同的个体)来完成。这种复杂性提出了严肃的对所有不同计划进行协调的问题——一个各种经济系统都必须解决的经济协调问题。

在一个像美国这样的复杂工业社会里,价格体系是一个发现和传递关于无数种经济资源以及几乎有无限可能的资源组合的信息的重要机制。价格是经济内部无数个人主体赋予特定经济物品价值的体现。消费者的估价信息必然是分散、模糊和不完整的。市场价格对这种价值信息进行综合,并且把这种信息转换成可利用的形式。买方通过竞价努力构建特定商品是他们最为迫切需要并且对他们来说最有价值商品这样一种情形,因为他们愿意为买到这些商品出最高的价格。商品供给者为了实现资源的最佳利用会在需求者出价的指导下转向稀缺资源流经的领域。这个有关供给者与需求者互动的熟悉故事反映了价格在把稀缺资源配置到最有价值用途上的协调功能。由于价格是经济主体竞价的直接结果,因此体现了资源在他们计划中的价值。又由于价格传递了最精确、及时的信息,因此,对市场生成的价格进行外部干预会导致人们根据被扭曲的信息采取行动。而个人根据被扭曲的信息制定的经济计划不但会搅乱他们的行动,而且还因为复杂经济体内部的经济活动相互依存而会阻挠他人计划的实施。

另一方面,利润能为有效利用价格传递的信息提供激励。除了奖励成功的创业行为和惩罚创业失误以外，利润具有把稀缺资源控制权从没有能力读懂价格信号或者根据错误信息采取行动的企业家那里转移到被证明有成功记录的企业家（利润创造者）手中。利润会把资金——因此也把稀缺资源控制权——交给证明自己有良好判断力的企业家。因此，利润和亏损在市场经济中至少扮演两个关键角色：促进生产消费者迫切需要的产品，把资源交给那些最有能力把商品推向市场的人士手中。

利率是另一个重要的市场信号载体，它有助于通过反映个人对经济增长的偏好以及为实现经济增长而做出必要的当前消费牺牲的承诺来对资源在时间上进行重新配置。因此，利率对于配置储蓄和投资以及预测经济增长前景来说是一种关键的信息生成信号。由于利率往往趋向于它的市场出清水平，因此可以通过传递关于经济机会的信息被用来对储蓄者和投资者的计划进行事前协调。

个人的储蓄行为本身意味着个人对当前消费品需求的减少以及对未来消费品需求的增加。毕竟，很少有人无缘无故地进行无限期的储蓄——大多数人储蓄是为了增加未来几年的消费，为了自己养老或者留给继承人。个人储蓄多少取决于他们自己的时间偏好以及在市场上遇到的约束。时间偏好是对与稀缺资源本期控制权有关的未来控制权的主观评价。今天储蓄100美元以便明年能够购买价值110美元的商品的决策，就是表示一种反映为10%回报率的时间偏好。与今天消费100美元相比，您宁愿1年后消费110美元。如果您偏好今天消费100美元，那么说明您有较高水平的时间偏好——某个高于10%的回报率，或许是20%的回报率，能够诱使您为了1年以后有机会消费更多而在今天储蓄100美元。

由上例可知，时间偏好只不过是我们大家要在本期商品消费与未来商品消费之间做出的取舍而已，我们今天储蓄以期未来有更大的商品需求能力（未来商品消费）。这就是所谓的对经济增长的需求：以牺牲本期生活水准（消费）为代价来提高未来生活水准的偏好。为了实现这种水平提高后的增长偏好，就必须增加储蓄——为未来的收益在本期做出牺牲。

那么，市场如何回应这种本期消费品需求的减少和由增加储蓄决策导致的未来需求增加呢？市场以与任何其他两种商品相对需求发生变化时相同的方式做出回应——向企业家提供减少本期商品供给以适应本期需求的减少以及增加未来商品供给以适应未来需求增加的激励和信息（见图1）。

当人们减少本期商品需求时，由他们的储蓄提供的资金就会增加贷款市场上的贷款供给，而贷款供给的增加会降低利率（假定人们没有把这种"多余的

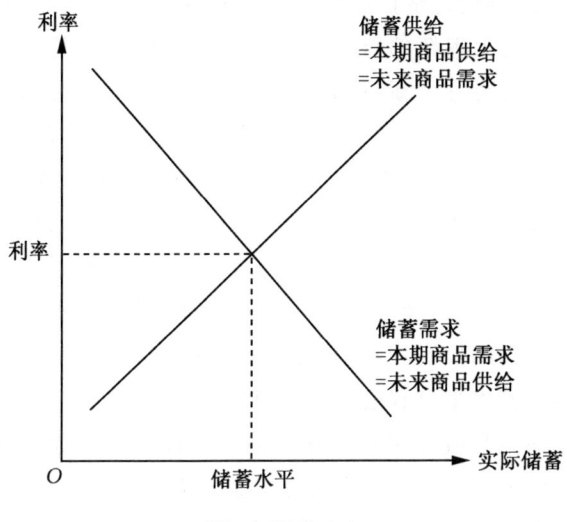

图1 利率确定

钱"都压在枕头底下）。利率的下降允许企业家借进这些资金把它们用于新的投资项目，而新的投资项目最终能为市场增加商品供给，就如同我们的荒岛例子中织网增加未来鱼的供给那样（见图2）。

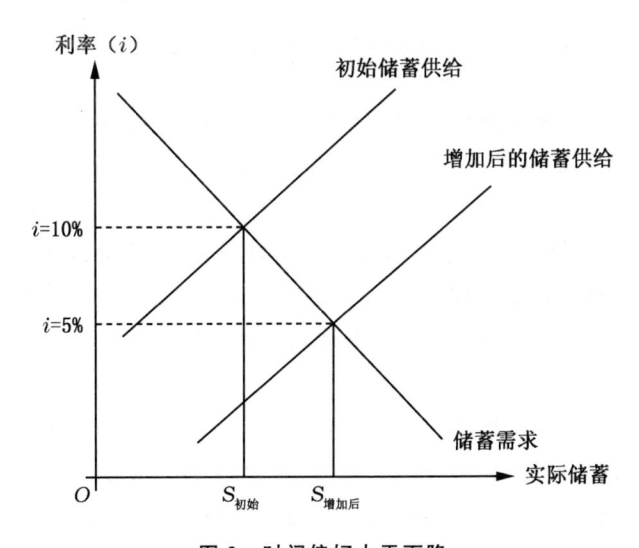

图2 时间偏好水平下降

以上讨论应该有助于阐明价格、利润和利率在任何经济增长讨论中对于跨期协调经济主体计划的重要意义。经济主体计划的跨期协调为储蓄转化成最有价值的投资所必需，而价格机制是完成这个协调过程的首要手段。

经济增长最不为人理解的特点或许就是创造用来与其他资本品履行互补功能的新资本品的必要性。新古典学派的经济模型常常会忽略这种特殊协调的重要性，因为他们的经济模型把资本作为一个同质的总量，而不是一种复杂的异质结构。不管怎样，不同类型的新投资不应该被视为等价物，因为每笔投资都会以不同的方式和不同的程度有效地与现存的资本结构"相互锁定"。西方对不发达国家的援助就给出了一个有关这个问题的例子。虽然像世界银行这样的机构提供资本贷款，让欠发达国家进行像炼钢厂、水力发电厂和机械化农场这样的技术先进的投资项目，但是，这些项目很少能够融入不发达国家的产业结构。这些国家多半只有很少或者根本就没有任何生产零部件、培训必不可少的高技能劳动力甚或使用新产业产品的支撑产业。如果我们把资本视为同质的总量，那么，欠发达国家的资本存量也将有所增加。因此，炼钢厂加入欠发达国家当地的资本存量看起来就像任何其他可比规模的投资那样有价值。然而，倘若我们把资本视为一种异质结构，那么，投在欠发达国家的钢厂就是一个不合理的投资项目，因为它无法融入当地已有的资本结构。

一个经济体管理协调其资本结构的水平，首先取决于其关键的市场信号——价格、利润和利率——履行协调功能未受阻碍的程度。

三、政府经济政策对经济增长的影响

如果在一个宏观经济市场过程框架内考察经济增长问题和宏观经济政策的影响效应，那么就会发现以下密切的关系：政府政策会危险地导致储蓄水平下降，并且扭曲市场活动，从而实际影响经济中做出的每一项经济决策：利率、投资动机（利润）、投资与特定经济部门的相对利润率（机会成本）以及企业家计划之间的协调和企业家计划与消费者消费计划之间的协调（价格）。无论是总需求模型还是总供给模型都无法充分体现这些密切的关系。

A. 储蓄

运用市场过程分析框架，就能发现一些值得注意的有关美国过去 20 年储蓄水平和经济低增长率的问题。哪些因素影响了个人——为经济增长融资——的储蓄倾向？一个重要的因素就是人们必须根据自己通过生产性活动获得的收入缴纳的所得税。缴纳所得税以后剩下的收入有很大一部分用于购买本期消费品，在购买消费品时多半还要缴纳销售税。如果某人拥有财产，那么还要缴纳财产税。如果您希望在自己过世后把财产留给自己的家人，那么，您的家人还要缴纳遗产继承税。如果某人想把自己的财产赠与他人，那么，受赠人健在时就要缴纳财产赠与税。无论剩下多少用于储蓄，储蓄产生多少利息收入，利息收入也要缴税。如果把所有的税收——无论是显性税收还是隐性税收——全部考虑进去，那么，个人的收入几乎有一半要用于缴税。然后，不可能把剩余收入的很大一部分用于储蓄。毫无疑问，剩余收入的最大部分常常是用于本期生活——衣、食、住等，因此，只剩下很小一部分收入可用于储蓄。

除去税收负担外，美国消费者用剩下的收入只能购买比不缴税少得多的商品，因为他们能购买的商品减少了很多，但他们由于政府数以千计的法规法令而必须承担要高很多的价格。像最低工资法、利率管制、牛奶价格补贴、天然气价格管制、租金管制这样的提高价格的管制措施以及给予从克莱斯勒到烟农和蜂农的补贴都会挤干消费者的钱包。

加大储蓄压力和进一步扭曲生产结构，会导致通货膨胀，从而破坏传统的储蓄渠道，并且驱使人们寻找替代性渠道积攒为未来做准备所需要的钱。贵金属、珠宝和艺术品就成了受青睐的保值手段。对金融机构实施的最高利率管制同样也会抑制储蓄，并且把储蓄逼向其他替代性机构。通货膨胀有助于导致为了获得比储蓄高的回报而把美元用于避税和或者逃税，就如会计师人数极大的增加和地下经济的快速发展所证明的那样。最后，由于税法、通货膨胀和政府补贴等原因，因此，本来可用于储蓄的钱通常都流向了像住房那样的耐用消费品。自第二次世界大战以来，任何对经济增长的全面论述都必须考察这些现象。

B. 生产

生产问题主要表现在两个方面。第一个方面就是政府的经济政策大大减少了可供未来消费的商品存量。一旦受到重重阻碍的储蓄流都被用于投资，政府政策对生产结构的影响甚至比对总产出的影响还大。价格在正常情况下把资源引向能够满足消费者最迫切需求的产业渠道，现在由于人为的原因而发生了变化。边际生产商退出产业，非专用性生产要素会向其他产业转移，而专用性生产要素则有可能陷入闲置状态，而不是被用来生产消费者需求最多的商品。资源从受到过度监管、价格被管制的部门转移到了受补贴产业这样的不怎么紧急的用途。正常情况下用于生产的努力和资金由于不受欢迎的监管而被改用来避免财富损失，而且还被用来争取补贴和有利的监管。所有这些扭曲因素都会对储蓄量和储蓄用途产生严重的影响。比本文更加深入的研究应该进一步考察由劳动法、关税、行政许可法等导致的生产率扭曲问题，因为生产率扭曲会改变相对价格，从而扭曲用于提供医疗、法律、水暖、电力、木工等服务以及进口和国产商品的资源的配置。

政府政策还会通过影响由钢铁厂等资本设备生产商的投资决策以及为供给有助于提高生活水准的商品所必需的研发来影响经济增长。简单浏览一些相关事实,就能说明问题。美国企业要按40%～50%的名义税率缴纳税收,剔除通货膨胀以后,美国企业的实际税负有时超过100%。如此高的税率对投资利润率会产生惊人的影响。根据哈佛大学的马丁·费尔德斯坦(Martin Feldstein)和美国经济研究局的研究结果,美国的平均投资回报率在4%左右。[2] 4%的资本投资回报率一般不足以激励很多企业家去冒险和进行投资努力。造成资本投资低回报率的其他原因包括根据不同经济学家估计每年高达200亿～2 000亿美元的隐性监管税。

另一个累及经济增长的因素是政府消耗了我们国家的大量资源,从而推高了其余资源的价格,并且扭曲了全部资源的相对价格。政府吸纳了按说应用于推助经济增长的资源,这一点在美国土地和劳动力市场上表现得那么明白无误。"美国土地面积有2 271 343 000英亩。联邦政府拥有、管理或者控制着略多于1/3的美国土地,接近760 532 000英亩。大部分共有土地位于西部,西部13个州大约63%的土地由联邦政府拥有。加上州和地方政府拥有的土地,美国各级政府总共大概拥有40%的美国土地。"[3] 政府控制这么多的土地,不但抬高了美国不同土地的价格,而且还扭曲了私有土地、战略性矿产资源和其他各种自然资源的价格。按可用于奠定经济增长基础的劳动力供给量计,美国1/5的劳动力就业直接与政府有关,而为从事政府指定的文书工作和影响评估报告研究等而间接脱离生产部门的劳动力人数甚至更多。因此,美国很多生产部门利用土地和劳动力这两个主要生产要素的费用要大于政府部门较小的经济体,而决定土地和劳动力配置的市场信号明显由于政府政策而发生了变化。

政府对低效企业提供救助和补贴,是另一个不但浪费宝贵的资源而且还干扰市场发挥正常激励机制作用的因素。现在,像汽车、电视和钢铁这样的重要产业为了减弱市场淘汰低效企业的竞争机制而都在谋求免受外国竞争威胁的保护。美国企业和美国公民个人都认为把稀缺资源用于发现降低他们承受的税收和被监管负担的途径,要比把它们用于生产更加有利可图。美国企业觉得,把钱花在为获得特定利益而在华盛顿游说上能带来比把钱花在生产上更高的回报,而通过游说争取选择性监管以把竞争对手逐出市场的成本要低于在竞争中击败竞争对手。

失业保险、最低工资、移民法、平权行动配额、福利、综合就业与培训法以及政府对劳动力市场的侵扰极大地提高了某些生产成本,并且导致资源流出它们最有价值的用途。在正常情况下作为市场机制组成部分的工会活动由于政府的干预而被扭曲，政府的干预允许工会在采用工会引致型工资等级表的产业里阻止低收入劳动力通过竞价取代高收入劳动力。罢工和罢工威胁能够导致通常用于增加生产的大量资源被用于维持库存以允许企业渡过罢工难关。所有这些因素都会影响经济增长，并且应该纳入任何的经济增长研究。

通货膨胀是另一个受到极大关注的影响因素，但并没有完全整合进经济增长的微观经济学研究。通货膨胀研究大多无视相对价格会随着新货币大量注入经济而被扭曲这一事实。相对价格由于政府增发货币以特殊的方式流入经济而被扭曲，因此会以某种方式提高特定的价格。随着这些被认为扭曲的价格持续上涨，企业家就会像他们应对所有相对价格变化那样做出回应——他们会把资源转移到新的（看似）可以盈利的领域。但是，在政府停止向经济注入新货币（或更经常是降低货币供应量的增长速度）以后，这种资源转移会被作为不当投资曝光。因此，我们完全有理由怀疑，由影响货币供应量的政府政策引致的经济繁荣从因果关系上看是与经济衰退联系在一起的（在不当投资被曝光以后）。研究经济增长问题的经济学家必须关注这些会造成大量资源浪费的商业周期。这样的商业周期之所以会浪费大量的资源，是因为经济中有些部门的大多数企业家由于某种原因而集体犯错误（在正常时期，只有一些企业家会犯严重错误）。那么，为什么这些高技能的职业人士在某个特定时点集体犯错并且引发经济衰退呢？由政府增发的货币制造的虚假价格信号可以提供某些值得关注的线索。

虽然有许多分析人士承认通货膨胀有收入再分配效应，但大多数人没有认识到或者否认通货膨胀会导致正经的资源再分配。通货膨胀导致资源再分配的最重要例子可能就是"时间市场"。之前已经有学者解释过经济增长、储蓄量与利率之间的重要关系。我们也已经说过如果个人降低自己的时间偏好水平（即减少本期消费，但增加储蓄），那么就在有效地为经济增长增加需求。在储蓄的增加导致利率下降，从而导致投资成本比以前低时，供应商会对这些未来需求做出反应，因为利息支出是影响投资决策的一个重要因素。不但大多数投资会受到利率下降的激励，而且不同的投资者会受到不同程度的激励。相对于期限较短的投资项目而言，长期投资项目的相对利润率会有所提高。一个简单的例子就能说明这个问题：

假设您面对两个在考虑了支出、预期回报和主观偏好以后净现值相同的投资项目。

在以下两式中，N 表示项目持续年限；i 表示年利率；R 表示投资项目能产生的预期净收入或回报。

$$NPV_1 = \frac{RN}{(1+i)} = \frac{1\ 100}{1.1} = 1\ 000(美元)$$

上式中，$N=1$

$i=10\%$

$R=1\ 100(美元)$

$$NPV_2 = \frac{R}{N} = \frac{100}{10\%} = 1\ 000(美元)$$

第二个投资项目的持续年限无限长，年利率也是10%，预期年投资回报是100美元。

第一个投资项目1年获得1 100美元，之后就没有收入。假设利率是10%，这个项目净现值是1 000美元。

第二个投资项目是永久性地每年回报100美元。假设利率是10%，这个投资项目的净现值是1 000美元；又假设您把全部的主观偏好都计入支出和收入。这两个项目对您来说应该是无差别的。

再让我们假设，利率因储蓄供给增加（见图2）而下降到5%。这两个投资项目的净现值将会增加，但程度不同。

$$NPV_1 = \frac{R}{(1+i)} = \frac{1\ 100}{1+5\%} = \$1\ 050 = \uparrow 5\%$$

$$NPV_2 = \frac{R}{i} = \frac{100}{5\%} = \$2000 = \uparrow 100\%$$

虽然第一个投资项目净现值会增加5%，但第二个投资项目的净现值会增加100%，从而使这个期限较长的投资项目成为一个吸引力大得多的投资项目。

这个例子说明利率发挥了至关重要的信号发布作用。就如被扭曲的价格导致资源在不同市场上配置不当，被扭曲的利率会导致资源在时间上配置不当。政府过去的货币政策会持续影响利率，因而会对资本品市场产生持续的影响。随着政府通过商业银行系统不断对经济注入货币，银行会发现自己有更多的资金可用于贷款。为了把货币增量贷放出去，银行就会降低利率，从而导致资金需求量增加，而且如前所述还会通过使期限较长的投资项目变得更加有利可图来改变不同投资项目的相对吸引力。企业家根据较低的利率来制定并实施自己的计划，其实就是在对利率的下降做出回应，就好像消费者对经济增长有更多的需求。这样，货币政策就会发出虚假信号，从而诱使企业家向并没有表达这种偏好的消费者供给更多数量的未来商品。倘若政府不再继续以递增的速度向经济注入货币，企业就会发现自己缺少可用于完成投资项目的资金。但其间，资本资源被错误地配置到经济各部门的风险项目。

经济分析人士既没有认识到货币当局实施信用扩张的后果,也没有充分评价货币当局减慢、停止或实际减少货币供应量的决定的次生影响。

货币供应量的减少(或者货币供应量增长率的下降)将会导致利率上涨(见图3)。非预期资金短缺会导致人们去争抢货币和信贷,以期最大限度地降低正在付诸实施的计划中途下马的可能性。资金短缺会把生产商推向贷款市场,为了争取得到业已减少了的银行信贷供给而进行竞价,从而导致利率上涨。在货币当局逆转其扩张性货币政策时期,令很多市场分析人士感到吃惊的倒不是利率上涨,而是利率上涨的程度以及利率在恢复"正常"之前持续处于"高位"的时间。

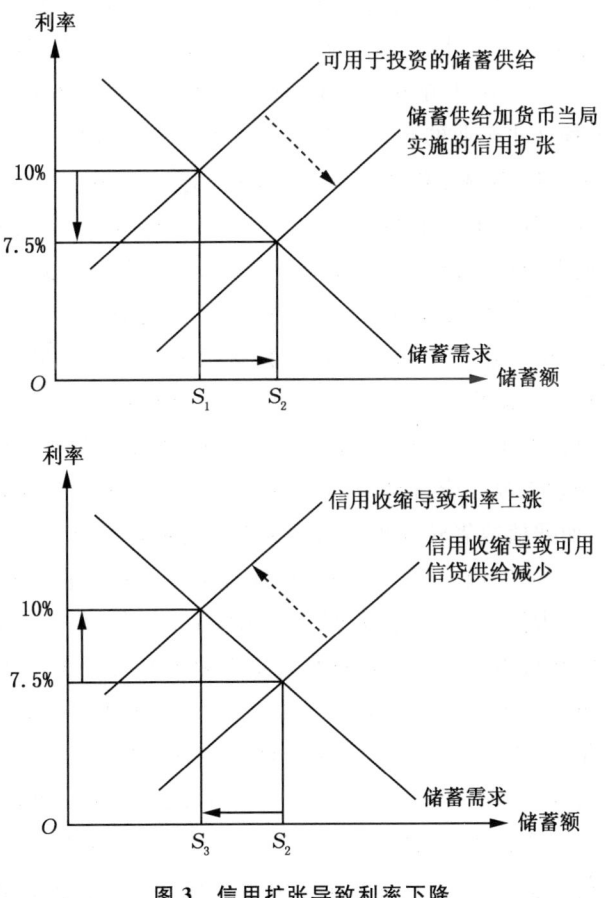

图 3　信用扩张导致利率下降

尽管有人预期物价通胀的速度会下降,但通货膨胀预期常常就是被用来解释这些时期利率居高不下的"杂物箱"。但不管怎样,另一种说法有助于解释与扩张性货币政策的收缩相关的利率变化格局。

举例说明也许是解释这个问题的最简单方法。让我们假设一家企业开始了一个预期10年能够完成的长期投资项目。只要包括融资成本在内的支出保持不变或者以适中的速度增加，那么，这个项目就被认为可以盈利。假设这个项目在10年完成后预期能够创造1 000万美元的收入，预期利润率按照最高不超过7.5%的利率（本期利率是7.5%并且保持不变，或者本期低于7.5%并且预期最高会上涨到7.5%）计算。但这个项目启动5年后，可供利用的银行信贷由于政府实行紧缩性货币政策而明显减少。这家企业几乎没有理由预期到为这个项目继续下去融资会遇到如此急剧的资金可获得性逆转。这家企业与其他处于类似境遇的企业将在竣工之前放弃在建项目，或者努力通过竞价获得剩余可获得资金来完成在建项目。如果企业中途放弃在建项目，那么就要解雇员工，并且减少或者中止用于在建项目的原材料和资本品。有些企业可能会破产，从而导致依赖这些企业的互补性企业也受到牵累。这些不当投资事件被披露产生的一次和二次影响导致各种资源不能得到充分利用。

成功争取到部分现有信贷的企业必须支付比以前高得多的利率。假设我们的这家企业能够争取到现有资金完成自己的投资项目，但必须支付高达15%的利率。15%的利率大大超出了这个项目原先的预期盈利区间（不超过7.5%）。那么，这个企业是中途放弃这个投资项目还是继续完成这个项目呢？决定在建项目投产利润率的一个重要因素就是在建项目已经完成多少和还剩下多少需要完成。如果该企业中途放弃这个项目，那么，该项目的预期1 000万美元收入就会颗粒无收。全部能够希望的补偿就是这个项目所用资源的残值或者转让价值，而残值或者转让价值常常远低于为项目投资所必需的支出。

假设该项目已经完成一半。项目的已完成部分代表一种沉淀成本（转让价值与残值之净差，为简便起见，我们假设它为零）。现在，鉴于已完成一半项目的支出是一种沉淀成本，因此，不再被列入决策须考虑的因素，而高达15%或者20%的利率很可能导致这个项目出现亏损。这家企业和其他有在建项目的企业面对的问题是：鉴于它们因利率大幅上涨而遭遇的巨大财富损失；倘若它们能够撤销自己的决策，那么绝不会启动这些项目，现在1 000万美元的预期收入是否够为未来5年支付15%的利率？虽然从已经发生的支出的角度看，这个项目意味着巨大的亏损，但是，它仍可能是值得完成的。过去的成本当然已经发生，这家企业现在需要决定的是：为完成该项目需要追加的投资（包括15%的融资成本）是否少于1 000万美元的预期收入。

在其他条件不变的情况下，项目越接近竣工，资金需求的利息弹性就越小；

项目距离竣工越远,资金需求的利息弹性就越大。信贷需求并不那么取决于新投资项目的融资需求,因为新的投资项目只代表一小部分投资活动,而是取决于为完成过去不同时点已经开工的在建项目所需的信贷数量。只有新的投资项目由于信贷需求的弹性要大很多而会被立刻放弃。[4]

上例去除了任何例子必须舍去的很多复杂性,但引入像利率对重置成本的影响、通货膨胀预期对提高项目竣工成本的影响以及投资项目各组成部分特殊性程度的影响等这些复杂因素,有可能改变相关数据和经验性应用,但问题的基本要点不会发生变化。此外,任何导致企业家预期有更多资金可利用因而利率趋于下降的因素,最终都将导致利率上涨。

在1981年利率奇高的时期里,一些经济分析人士认为,尽管利率已经高涨到了超过20%的水平,但投资活动仍处于正常状态。支持这种观点的理由之一就是:生产商在以这么高的利率借钱,他们肯定觉得投资项目能产生高于20%的回报。因此,能盈利的投资活动不会枯竭,而企业家必然会因为他们旺盛的资金需求而表现得非常乐观。当然,这种观点也有它正确的成分,那就是只有那些预期收益超过机会成本的人,才会以20%的利率借钱。然而,值得怀疑的是,一个以20%的利率借钱的人曾经预期能以10%的利率借到钱,但由于利率急剧上涨而损失了数百万美元,他是否还会认为这种投资氛围仍属正常。确实,由于他身处绝境,因此依旧宁可借钱,而不是束手待毙——但是,这样一种投资氛围仍属"正常",我们只想知道"不正常"的投资氛围应该是怎样的。

真正应该认真考量的问题是,在预测投资项目的盈利率和利率水平方面为什么会出这么多的差错?为什么在正常时期,我们看到有些人会犯错误,但大多数人能够做出正确的决策,而且几乎不会影响经济增长?为什么在其他时候,我们看到多数企业家会被诱使做出平庸的投资决策呢?

企业家的成功几乎完全仰仗他们对付未来不确定性的能力。企业家所依赖的信号(价格和利率等)必须适用于捕捉有关未来事件的信息。解释商业周期的研究必须考察这些企业家可用的工具在某些时期失灵的原因。其中一个可能的原因涉及货币管理政策所运用的方法。扩张性货币政策能够通过公开市场业务来提高投资的资金可获得性,因此最初会使利率下降到采取其他货币政策可能导致的利率水平以下。扩张性货币政策会导致价格通胀,而价格通胀会驱使货币当局逆转货币政策。由于货币当局有一个试图通过公告影响人们预期的过程,因此,个人几乎不可能根据货币当局公布的他们将要采取的措施来制定和实施自己的计划。但是,逆转通胀性政策是不可避免的——通常发生在通货膨胀对产业结构造成严重的破坏(如20世纪20年代初的德国)之前。

货币当局在通过增加货币供应量诱使利率下降以后,又会通过逆转这种政策来诱使利率上涨。

这里需要强调的要点是,至少一个在时间上配置资源的关键市场信号——利率——被政府的货币政策所扭曲,因而会导致严重的协调问题。通过改变税收政策来改变激励措施并不能取消这些扭曲资本结构的因素,就如同无法解决由监管政策导致的价格扭曲问题一样。提高储蓄和投资的总体或者宏观经济水平,无法解决由导致资金流向不当投资的货币政策造成的不协调问题。

四、凯恩斯学派、新古典学派、供给学派和市场过程论者的不同观点

所谓的"生产可能性边界"这种分析工具提供了一种值得关注的解释凯恩斯学派、新古典学派、供给学派和市场过程论者经济增长观某些关键区别的方法。这种分析工具可用来描绘经济能够达到的技术上有效、资源得到充分利用的全部机会的轨迹(见图4)。图4中,曲线右边的区域表示不可能达到的产出水平。经济之所以不可能达到这个产出水平,原因在于:即使经济充分协调并且"满负荷运行",国家的技术能力也不足以创造如此高的产出水平。曲线以内的区域表示与高于具有技术有效性的利用不足——包括土地、资本品和劳动力在内的全要素利用不足——的水平相关的生产可能性。虽然现实中我们可以考虑全部的商品以及这些商品几乎无限的可能组合,但出于表述方便的考虑,我们将让这种图来表明只有两种商品的生产。这张简图考察了新古典学派、凯恩斯学派、供给学派和市场过程论者之间的传统分野。

标准的新古典微观经济学理论采纳了一些主要关心从消费者的视角看 B 点相对于 C 点有利性的假设和模型。如果我们采纳新古典学派的世界观,并且沿用他们的基本假设,那么就能得出经济趋向于一种生产要素得到充分利用的状态并且会按照消费者的意愿自动从 B 点转移到 C 点或者从 C 点转移到 B 点。凯恩斯学派对新古典学派经济学提出了质疑,他们把 B 点和 C 点作为 A 点来处理。在 A 点上,经济已经停滞在一种要素利用严重不足的状态上,而且几乎没有显示出要素趋向于充分利用状态(如 B 点或者 C 点)的倾向,而新古典学派经济学则试图要我们相信经济会趋向于 B 点或者 C 点。经济学家基本上只剩下两种针锋相对的理论来解释我们这个世界。其中的一种理论提出了一种能使经济达到要素充分利用状态的自动市场机制,而另一种理论则认为市场机制更可能导致经济停滞在难以容忍的要素利用不足水平上。

保罗·萨缪尔森(Paul Samuelson)为了对这两种理论进行调和,提出了所

```
         枪支
          ↑
          |         D不可能达到
          |           的产出区域
          |
          |      ● B要素得到充分利用
          |          的生产水平
          |
          |
          |     ● A
          |    要素利用不足
          |     的生产水平   ● C要素得到充分利用
          |                     的生产水平
          |
          O ─────────────────────→ 黄油
                   图 4
```

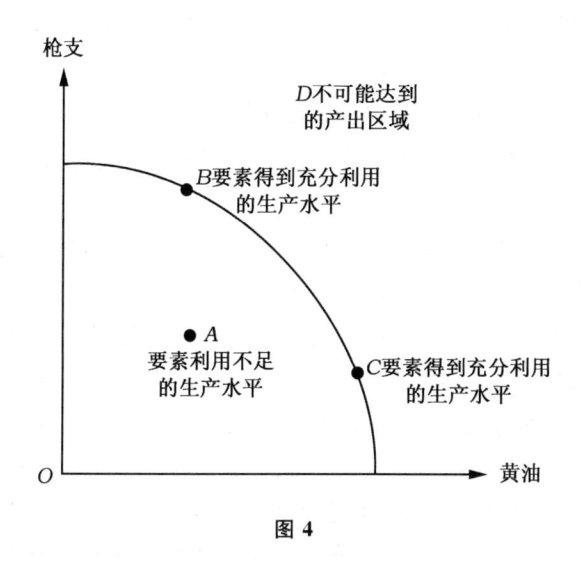

谓的"新古典综合"。"新古典综合"基本上就是主张总需求政策为把经济推向生产可能性边界所必需——但一旦经济达到生产可能性边界上的任何一点，新古典学派的市场调节概念就会占据主导地位，并且把资源转移到消费者资源需求最大的领域。其隐含的假设就是政府必须保证经济在生产可能性边界附近运行。如果经济明显偏离了生产可能性边界，那么，要素利用不足、低水平的国民生产总值和低水平的国民收入就会导致负面预期，从而导致经济（也就是乘数）波动和总需求不足。然而，一旦政府的货币和财政政策能够保证合理的总需求水平，市场就能相当好地运行。[5]

市场过程论者指出，按总量构建从 A 点（经济衰退或者萧条）跳跃到 B 点或者 C 点（要素得到充分利用）的做法忽视了很多重要因素，因为经济并不是一块总体政策能够轻易拿捏的黏土。经济是沿着 $A→B$ 路径还是沿着 $A→C$ 路径运行，这一点至关重要。用来生产 B 的机器设备、受过培训的劳动力和资源条件等并不能在不破坏经济的情况下改用来生产 C。如果政府的货币和财政政策扭曲了价格、利润和利率，而且因此把经济推向了 B 点，而资源交换和消费者偏好则有可能导致市场发出了经济更应该趋向于 C 点的信号，于是再把经济由 A 点导向 C 点，那么就有可能导致严重的经济问题。政府把资源用于经济趋向于 B 点的政策制造的繁荣，在生产设备、劳动力等不可避免地在 C 点上根据消费者偏好进行调整时难免会导致经济大幅下挫或者衰退。经济在 A 点的区间内起步的原因恰恰就是过去的货币和财政政策导致资源流向了不当的投资，后来又不得不清算这些投资项目，并且再对它们进行改造。

这些洞见的价值可由以下事实来证明：市场过程论者在20世纪20年代经济一派繁荣时曾经警告过30年代将发生经济萧条。他们能够确定市场信号——价格、利润和利率——被政府政策所扭曲，稀缺的资源被不当配置，而且导致投资不当，原因就在于被扭曲的价格和利润误导企业家把资源错误地配置到境遇不佳的经济部门。

在市场过程论者看来，经济增长的关键并不在于经济活动的总体水平，也不是有多少资源被用于投资和消费，甚至也不是某些生产率或者国民生产总值增长率的总体计量指标，而是企业家的计划能否配置特定新材料、资本品、劳动力，以及消费品是否与其他经济成员的计划相协调。协调问题非但没有被目前的货币和财政政策最小化，而且在市场过程论者的眼里被大大恶化。光刺激总需求或者总供给并不能满足经济持续增长的真正要求。凯恩斯学派和新古典学派经济学家在论述增长问题时都遗漏了一些重要方面，如经济活动的协调需要、制度变化对个人行为的影响以及政府经济政策对于协调由价格、利润和利率等市场信号发出的信息的市场的影响。

供给学派经济学家这一边则混淆了不同市场信号扮演的角色，尤其是误解了价格的性质。例如，这个学派的经济学家讨论了改变消费与储蓄、休闲与工作的相对价格以鼓励投资和提高生产率的必要性。[6]然而，任何这样的"价格"都是不存在的，因为"消费""休闲"等都是特定类别的行为，而不是经济物品。价格由市场产生，表示特定商品和服务——而不是一般人类分类活动——的交换价值。价格是一种估价过程的结果，这种估价过程能反映某种商品提供给消费者的效用以及这种商品生产商的机会成本的相互作用。价格帮助市场参与者进行效益—机会成本比较，而这种比较为把资源配置于生产消费者有最迫切需求的商品所必需。

而相对价格与利润率之间的区分也不仅仅是一种理论细化。因为，如果供给学派觉得他们在论述激励问题时也在论述内在于定价的协调问题的话，那么，他们的政策建议最终不幸是短视的。由于他们概念不清，因此要冒完全忽视协调问题的风险。如果相对价格信息被扭曲，那么，生产商就不可能生产有最迫切需求的商品。

一方面，精确的价格信息有助于确保生产"正确"的产品；另一方面，利润率并不能提供应该生产哪些特定产品和服务的信息，但能激励生产者有效利用价格信息。生产决策和消费选择是在不同时间做出的。生产者或者企业家始终都要应对不确定性，因为他们要试着猜测消费者的需求。而价格是一种重要的计算工具。但是，被扭曲的价格趋向于产生被扭曲的计划，而被扭曲的计划则会导致无论是激励还是利润率方面的市场协调问题。

因此,供给经济学关注的是市场的激励作用,但并不关心与经济协调有关的信息问题。供给学派正确地把自己的注意力聚焦于高边际税率对更加艰苦、长时间地工作的负激励作用。但不管怎样,即使实施供给学派建议的税收政策,而且储蓄和投资水平急剧提高,与引导投资流向的被扭曲价格和利率相关的信息问题也依然存在。举例来说,减税并不能解决任何确定应该购置哪些特定资本品、应该把厂房和设备盖在或者安放在哪里、应该采用多高资本密集程度的生产工艺以及这些投资计划如何与其他生产商计划和消费者计划相协调的问题。这些问题只有在消除了对价格和其他市场信号的扭曲性影响以后才能得到解决。尽管供给学派的主张与此相反,但他们在很大程度上仍采用与总需求论者们相同的方式驰骋在宏观经济王国。供给经济学把相对利润率与相对价格混为一谈,因此而忘记了关键的微观经济协调问题。

认为信息问题至关重要是一个得到公认的经济学传统,但并没有为很多人知道。卡尔·马克思早就敏锐地意识到市场经济必须解决的协调问题,但马克思忽略了内在于中央计划经济的关键的信息问题。[7]马克思一发现可能存在的市场协调问题,就立刻想当然地认为中央计划经济可能没有任何这样的问题。新古典学派经济学家中有很多人富有洞见地注意到了与社会主义或者中央计划经济资源配置有关的信息问题,并且在绘制他们的等产量和无差异曲线时提出了至关重要的信息问题。新古典学派的完全竞争和垄断概念是可以进一步证明对市场的信息生成和传播功能缺乏了解的明证。全部重要的信息都在一定程度上以某种方式被假定为已知。消费者偏好和消费者需求、技术改造和边际成本曲线,对于每个人都是明白无误的;只要遵循新古典学派的最优法则,那么就能自动实现协调。如果我们人人掌握了所有的相关信息,那么还有谁需要市场——我们真正需要的就是一台功能强大的电子计算机。

现在,新古典学派提出了另一些信息问题。我们只能猜测市场协调问题没有受到注意的原因,其中的一个可能原因就是对新古典学派传统工具的采用,因为这些新古典学派工具假设为解决协调问题所需的信息可以轻而易举地获得,因此,只要遵循新古典学派的最优法则,协调就能自动实现。根据这种观点,市场经济就变成了一台巨大的"电子计算机"(是否完美或者存在缺陷,取决于不同的经济学家),它能有效配置资源,并且使产出最大化。

市场过程论者认为市场具有一种根本不同的作用。根据这种观点,市场的价值在于发现和传播信息的制度作用,而信息在其他制度背景下是不可获得的,并且有效地分配给利用它来协调自己和他人计划的经济主体。

另一种替代性解释是，供给学派相信一个不受干扰的市场往往能够解决经济协调问题。如果真是这样，那么，不受干扰的市场也能有效处理激励问题。虽然供给学派已经认识到扭曲市场激励机制的因素，但他们还是忽略了他们主张的经济政策也会扭曲市场信息，从而导致他们处在一个多少具有一点讽刺意味的位置上。如果他们继续专一地关注激励问题，那么，他们建议的方法就不充分。如果他们把自己的理论和政策视野扩展到处理信息和计划协调问题，那么，供给学派与市场过程论者几乎毫无区别。几十年来，市场过程论者已经认识到并且分析了由税收、货币和监管政策导致的市场信息扭曲造成的激励问题。

五、政策建议

如果我们必须接受政府的政策应该主要关心生产率增长和促进经济增长这个目标，那么，市场过程论可能会建议政府应该有条不紊地淘汰那些扭曲市场信号——特别是扭曲价格、利润和利率等市场信号——的政策。我们首先应该努力淘汰那些导致最严重扭曲的政策。这并不是一件容易的事，但货币政策以及通过税收政策来调整激励措施肯定是应该受到重视的重要因素。旨在改变储蓄和投资水平提升激励措施的供给侧税收政策倘若会导致不当投资，那么它的价值就值得怀疑。在推行供给侧税收政策时，同样重要的是，必须同时关注由最终目标就是经济增长的其他扭曲性经济政策造成的协调问题。

虽然最好先取消那些对经济最具扭曲性效应的政策，但如果政治现实要求先从一项边际税率调低计划开始，那么，供给侧政策的批评者就会错误地反对这样的行动。不过，就这些批评者正在使供给学派经济学家认识到那些没有解决或者受重视不够但与政府有可能阻碍供给侧目标实现相关的问题而言，他们的忠告真是珍贵无比。供给学派经济学家必须明白，激励不足仅仅是生产率问题的一部分；必须坚持不懈地取缔扭曲性经济政策；储蓄和投资水平固然重要，但市场协调问题有可能更加重要。

此外，政府的供给侧干预——"再工业化"、新开征的消费税——而不是投资税和向企业提供补贴等——会以与以往需求管理政策相同的方式影响经济增长的长期前景。就像之前的政策一样，它们也会扭曲市场信号，并且导致资源配置失误。

注释

1. 因此，个人的"经济增长"决策关系到努力营造一种他或她在未来能够比在其他情况下支配更多稀缺资源的环境。

2. Martin Feldstein,"Inflation,Taxes, and the Rate of Savings"(Lecture delivered at a conference on "Inflation:The Consequences for the Economy,"sponsored by the Institute of Humane Studies and the Austrian Economics Program,Rutgers University,Newark,N.J.,April 28—29,1979).

3. Robert J.Smith,"Preserving the Earth—The Property Rights Approach,"*Policy Report* 4(Washington,D.C.:Cato Institute,February 1982):1.

4. F.A.Hayek,"Investment that Raises the Demand for Capital," in idem,*Profits,Interest,and Investment*(Clifton,N.J.:Augustus M.Kelley,1975),pp.74—76.

5. William H.Branson,*Macroeconomic Theory and Policy*(New York:Harper and Row,1972),pp.3—4.

6. 对相对价格和相对利润率的混淆即使在最杰出的供给学派经济学家那里也是显而易见的。例如,请参阅 Paul Graig Robert 的"*The Breakdown of the Keynesian Model*"(*The Public Interest*,no.52,Summer 1978)以及 Norman Ture 的"*The Economic Effects of Tax Changes:A Neoclassical Analysis*"(In U.S.congress,Joint Economic Committee,*Special Study on Economic Change* 4,*Stagflation:the Causes,Effects and Solutions*,December 17,1980:316)。

7. David Lavoie,"Rivalry and Central Planning:A Reexamination of the Debate over Economic Calculation under Socialism"(Ph.D.diss.,New York University,1981),pp.165—169.

储蓄是供给经济学的关键所在：一项建议

斯坦利·凯斯

"供给经济学"一词的含义已经被拓宽到一个那么大的范畴，以至于在一段时间里，我们似乎都成了供给学派学者或者政策支持者。大约在一代人之前，一个以凯恩斯勋爵的姓氏命名的新思想团体充分地拓展了自己的影响范畴，以至于促使米尔顿·弗里德曼写下了《一种消费函数理论》，理查德·尼克松在1971年自称是凯恩斯主义者时也出现过类似的情形。供给经济学看起来也已经达到了这样一种相同的幸运状态：除了最极力反对偶像崇拜的人以外，几乎所有的人虽然没有完全在事实上，但至少在名义上都成了供给学派的学者或者政策支持者。

然而，把每一个关心产出问题的人都标榜为供给学派支持者绝不会完全正确。虽然沃尔特·海勒坚持认为他在1962年提出的税收和资本支出计划是供给侧导向型的，但是，它们仍然在很大程度上不同于裘德·万尼斯基—杰克·肯普方案。有很多方法可用来增加产出：提高教育质量；减少监管；增加总需求；提高劳动力流动性；等等。如果"供给经济学"这个术语仅仅是指实现供给增长，那么，所有这些计划或者方案都可以包括在内。但供给经济学并不仅仅是指实现供给增长，而是既关心过程也注重结果。供给学派关心的过程就是通过少征税来增强人们的工作、投资和交易动机。那些希望通过减税以外的其他手段来增加供给或者由于增加产出以外的其他原因而希望降低税收的人士应该被排除在这个标准的窄界限范围以外。

虽然供给学派主张的政策目标就是通过减税来增加产出，但其政策内涵当然要丰富许多。供给学派同样还主张降低通货膨胀率。由于通货膨胀是一种过多的货币追逐过少的商品的状况，因此，他们认为增加商品供给就能消除造成通货膨胀的根本原因。任何主张改变宏观经济学课堂黑板上两条曲线的学者几乎不会反对这种观点，而那些教授微观经济学的学者就会觉得为难。他们明白，减税不仅会增强工作动机，而且还会增加个人可支配收入，从而增加消费品需求。20世纪60年代,在联邦政府赤字居高不下、需求低迷时实施减税的基本道理就是促进需求,并且让人们重返工作岗位。今天,我们被要求摈弃这种怀疑,并且接受在赤字居于高位时实施减税恰恰是因为不会促进需求——增加后的可支配收入部分会变成储蓄,并且可用于投资——而对于我们有利的建议。

我本人还记得1952年取名为《超音速飞行》(Breaking the Sound Barrier)的特伦斯·拉蒂根(Terence Rattigan)的电影。这部电影的故事情节是围绕一个努力利用动力俯冲以超过声音的速度驾驶飞机的试飞员展开的。困难在于每次试飞员拉杆进行俯冲时,飞机就会熄火下坠。最后,在这个试飞员感到绝望的时候,飞机设计师建议他向前推而不是向后拉操纵杆。这个建议像魔法一样有效。与之前的试飞完全不同,由于这个非正规的动作,飞机平稳上升后快速俯冲。历史就是这样创造的。那些习惯了通过抑制需求来遏制通货膨胀思路的人很可能会觉得肯普—罗斯处方就类似于在飞机快要熄火时前推拉杆。

减税有助于储蓄?

以上所说的这一切可归结为人们是否会因为减税而增加储蓄。如果人们会因为减税而增加储蓄,那么就可能把部分收入由本期消费再分配给投资。如果他们并不会因为减税而增加储蓄,那么,从供给侧的角度看,什么都没有发生。消费从政府转移到家庭,但仍然是用于满足本期需求,而不是用于满足未来需求。如果消费与政府支出同时增加——而不是消费取代政府支出,那么,相关国家就会遭遇严重的通货膨胀。

供给学派求助于推理和历史来说服我们相信降税会促使储蓄增加。有一种观点认为,降税会增加投资净回报。于是,本期消费的机会成本相对于未来可能得到的满足会有所提高。在过去非劳动收入(如利息收入)70%的边际税率上,对于富人来说,购买奢侈品比储蓄要理性得多。购买1辆价值5万美元的劳斯莱斯的替代方案是储蓄5万美元并把它用于投资。或许,投资每年能出产10%的回报,或者说5 000美元。按照最高税率纳税,投资者只能获得1 500美元的税后回报。因此,富人能以每月125美元的机会成本——低于租一辆福特斑马的费用——购买一辆劳斯莱斯。为了确定这笔交易,我们注意到,如果储蓄被用于投资,那么,随着时间的推移,通货膨胀就会降低收益和本金的价值。此外,在通货膨胀的背景下,劳斯莱斯很可能会升值。埃文斯(Evans)就以简单地认为"降低税率会通过提高个人持有资产的回报率来增强个人的储蓄动机。这样,储蓄增加就会导致利率下降和投资增加"[1]的方式对这种理论观点进行了总结。

为了支持埃文斯的论断,保罗·克雷格·罗伯特呼吁我们注意1964年美国减税后出现的个人储蓄和投资增加的情况。尽管1964年美国的减税计划被宣传为需求侧计划,但罗伯特指出,(这项计划的)实际效果就是在执行后的3年里提高了储蓄和资本形成率。罗伯特补充道:"凯恩斯学派有时认为,投资兴旺是因为实行了投资税收抵免。但是,如果消费者没有通过增大收入的储蓄份额来释放他们的消费资源,那么投资就不可能急剧增加。"[2]

那么,我们应该从这些合乎逻辑的历史性论点中得出什么结论呢?我们似乎可以有把握地承认这些论点可能是站得住脚的,但同时可能会认为它们也可能站不住脚。机会成本论者很注重储蓄与消费之间的替代效应,认为降低税率会导致消费品价格上涨,从而降低减税的可取性。但不管怎样,我们还应该把收入效应包括在我们的考虑范围中。通过降税,我们就能在任何给定储蓄的水平上提高净收入水平,从而能够鼓励更多的消费。事实上,布鲁金斯学会的罗伯特·Z. 劳伦斯(Robert Z. Lawrence)在回顾了支持和反对观点以后总结道:"经济理论在储蓄与利率之间的关系上持不可知论的观点。在储蓄的回报率上涨时就会产生替代效应和收入效应,但这两种效应的总和可以是正值也可以是负值。"[3]

如果我们再回过头来看保罗·克雷格·罗伯特取自美国1964年减税经历的"证据",那么就会发现我们同样觉得它们含糊不清。请记住,想要使减税没有通胀性,减税增加的个人可支配收入必须都用于个人储蓄,这与在减税后的3年里储蓄并不是一回事。就是因为储蓄最终会增加,所以就不能认为减税所增加的收入都被用于储蓄。事实上,凯恩斯理论设想了一系列的事件,其中就有储蓄因收入在减税增加的收入全被用于消费后有所增加而增长。简单的乘数过程可导致收入增加,正的边际储蓄倾向会导致储蓄增加。

我们在观察数据时最多只能说,这些数据在这个问题上意义不明。当然,储蓄在20世纪60年代确有增加。在1964年减税后的3年里,我们能够测度到120亿美元的个人储蓄增额,而同期消费增加了930亿美元。根据这一证据,我们似乎可以理直气壮地说个人储蓄因收入增加而增加,但也有人建议说"收入因储蓄的增加而增加"。

此外,"只有个人储蓄释放出大量的资金,投资才可能大幅度增加"的说法必然也会受到质疑。的确,国民收入核算要求储蓄必须等于投资。但是,每年个人储蓄大约只占本国经济总储蓄的1/4,两者的差额来自于资本消耗摊提、留存收益和政府净盈余。大部分私人投资的资金来自于企业内部储蓄。企业内部储蓄在1964年实行减税后的第一年里增加了75亿美元,而同年个人储蓄增加不足20亿美元。因此,导致20世纪60年代美国投资增加的主要原因是投资税收抵免,而不是调低个税税率。

两个追加因素对1981年减税增加的收入都用于储蓄的可能性产生了负面影响。第一个因素是调低税率在没有发生通货膨胀的20世纪60年代对储蓄产生的影响不同于它在通货膨胀肆虐的80年代对储蓄产生的影响。1964年,调低名义税率就是调低实际税率。自那以来,我们大家都已经意识到税级攀升现象。通货膨胀不断推高了纳税人的应税收入档次,而且由于我们的税制累进性又推高了边际税率。在税率调低10%与名义收入增加10%相伴的情况下,纳税人用不了多久又会退回到自己最初适用的边际税率。在这样的情况下,减税难以产生引人注目的替代效应。所以,即使我们承认1964年出现了储蓄增加的情况,1981年的状况可能也是大相径庭。

第二个困难源自政府坚持的3年减税计划。虽然有正当的趁热打铁理由,但也有很多经济学理论和证据表明,纳税人收入的经常性变化主要趋向于影响他们的消费,而他们收入的临时变化大多会影响他们的储蓄。举例来说,1968年为了减少消费需求,从而促进把资源配置于越战而开征的临时附加税,是一次完全失败的税收实践。从实际开征临时附加税的1968年4月到1969年4月,个人储蓄减少了120亿美元。显然,当时纳税人继续按他们原先的水平消费,并且用自己的储蓄来缴纳临时附加税。1975年,为了增加税收、刺激经济而通过了一次性退税方案,结果也经历了类似的遭遇。相关档案文献显示,第二年,个税收入减少了370亿美元,而个人储蓄则增加了340亿美元。这里还有一个卡特政府的例子,它试图促进消费,但却增加了储蓄。

看来,如果说从这些税收实践中可以吸取什么教训的话,那就是对经常性收入假设的再肯定:人们根据他们的预期长期收入来计划自己的消费。临时性变化增加的收入都会被用于储蓄。3年减税计划正好是一种增加储蓄的错误方式,它允许制定动用新可支配收入的计划,而结果就是新的可支配收入可能就像旧有收入那样使用——主要用于消费。如果想要通过减税来引致某个供给侧事件,那么就应该通过减税在消费者心目中产生某种不确定感,而在企业经营者心目中产生某种确定感。也就是说,个人税削减应该明确是临时的,而企业税减税则应该明确是长期的。

一个老建议

由于减税计划有利于通货膨胀的结果那么严重地取决于个人把减税增加

的收入是否用于储蓄,而不是是否用于消费;又由于几乎没有历史和理论理由能够确保减税增加的收入被用于储蓄。因此,减税计划能够获得那么广泛的支持,非常令人感到意外。毫无疑问,造成这种情况的原因就是缺乏可行的替代方案。肯普—罗斯方案的提倡者们已经成功地利用了"你不利用别人就不可能击败他们"这句政治大实话。面对质疑,供给学派做出了简单而又有效的回答:"我们在过去的 20 年里尝试了凯恩斯主义计划,而这些计划造成了赤字、通货膨胀和失业。我们又能建议其他什么呢?"迄今为止,另一侧还没有提供任何可以信赖的替代方案。

就是在这样的背景下,本人于 1981 年初建议通过一个凯恩斯式强制性储蓄计划的变体来与肯普—罗斯税收法案配套。[4]凯恩斯的《怎样为战争买单?》一书为英国筹集"二战"经费提出了一个反通胀方案。[5]他认识到不可能通过税收来筹集战争所需的全部经费,但通过举债来为战争筹集资金具有高通胀性,除非消费者的购买力得到转移。于是,凯恩斯提出一份临时性强制储蓄计划。根据这项计划,每一个有收入者被要求为日后消费留出一部分本期收入。这笔资金由根据一份经批准的名单挑选出来的私人资产经理人负责用于投资。就像按照今天的基奥(Keogh)计划,股息和利息用于积累,然后在政府认为适当的时候全额归还个人。凯恩斯建议等战争结束后再把这笔资金还给个人用于刺激预期会陷入萧条的经济。

凯恩斯的建议一经公布几乎立刻受到了学术界的一致称赞。其中的某些韵味可从 F. A. 哈耶克这位当时和现在都不是狂热的凯恩斯主义者撰写的一篇评论文章中领略到。哈耶克写道:"在过去的一周里金融街热议的主题就是这份见解独到的建议,我们应该感谢这位当今想象力最丰富的经济学家。如果这项建议被采纳,肯定能够成功地解决这场战争造成的最棘手、最紧迫的问题,而且会立刻影响大多数人的境况。"[6]那么,是什么导致供给学派无缘无故受到一个传统对手如此热情洋溢的评论呢?

本人认为,由于人们殷切地期待减税的长期供给收益,而随减税而来的短期通胀压力始终隐含着引发灾难的潜在可能性,因此,强制性储蓄是一个恰逢其时的主意。具体到肯普—罗斯减税方案,它同时赋予有激励思想的供给学派与有通胀倾向的凯恩斯学派调和的机会。部分退税可以用于构建一种基奥式的由专业人士管理的投资基金,而这些基金及其收益计入一个属于纳税人但并不是由他们持有的账户中。本人不赞成凯恩斯计划中关于选择时间归还本金和应计利息的内容,而是把这种投资基金作为一种反周期手段来运用,这就要求我们有能力在有充分的时间进行阻止时提前预测到经济衰退。本人建议创立一种普惠养老基金。这种养老基金在受益人退休之前可以存在像基奥式和个人养老金账户这样的账户里，从而可以在一定程度上减轻我们负担社会保险计划的沉重财务压力。

自本人提出这个建议以来发生了两个重要事件，一是肯普—罗斯的减税议案已经成为法律并付诸实施，分3年至少下调25%的税率；二是公众已经普遍认识到社会保险制度存在的问题。这两个事件的同时发生为国会创造了做一些在供给学派看来真正重要的事情的机会，能够一举最大限度地缩小减税的通胀影响，消除威胁着社会保险制度的偿付能力问题，并且实质性地促进资本形成。通过利用肯普—罗斯法案创造的部分财政红利，把社会保险制度由现收现付制转变为基金化的退休养老制度，从而收到一举三得的效果。

虽然本文的关注焦点是促进资本形成，但是，社会保险制度黯淡的财务前景当然也是一个导致社会保险制度自身变革的令人信服的理由。国会基于现收现付型转移支付制，而不是通过恢复20世纪30年代的保险精算基金化计划来建立社会保险制度，其实就是在把一艘早晚触礁的船放下水。1945年，每个退休人员需要50个在职职工赡养。到了1955年，这个赡养比率已经下降到了8.3。而今天，出生率变化、提前退休——主要是由社会保险条例促成的措施——以及人口寿命的延长导致在职职工与退休人员的比例下降到了3∶1。据某些悲观的预测，到了2055年，这个比例将进一步下降到1.15∶1。[7] 过去，不断增加的养老金可由新参加社会保险的群体来支付，如今唯一还没有参加社会保险的一个重要群体就是联邦政府雇员，但他们坚持不懈地反对参加社会保险。事实上，有些雇员有权做出选择的州和地方政府已经选择不参加社会保险。阅历更加丰富的公众现在已经意识到他们现在缴纳的社会保险金并没有为自己以信托的形式持有，而是一缴纳就被支付出去。青年职工越来越怀疑还没出生的那一代劳动者是否能够履行今天向他们所做的承诺。

国会和政府都已经提出了改善社会保险财务状况的措施，包括把退休年龄延长到68岁，减少62岁就退休的职工的退休金，根据生活费用指数化方案进行改革。很多已经退休和将要退休的选民毫不畏惧地拒绝了这些方案。巨大的政治风险等待着任何胆敢篡改社会保险方程式福利这一侧的人。根据总统养老计划委员会的预测，在未来的70年里，工薪税税率将平均下降1.52%～6.17%，具体取决于人们的悲观程度。[8] 看来，某种社会保险税的增加将在所难免，而这一点显然与今天供给学派希望前行的方向南辕北辙。

虽然社会保险遇到的这些财务困难把我们的注意力聚焦于为社会保险"做些什么"的必要性，但就如前文指出的那样，这只不过是故事的一部分而已。另一个问题,就是现收现付型基金化制度导致国民储蓄率下降进而导致我国的资本形成率下降的程度,虽然没有像社会保险财务问题那样受到重视,但从长期看却更加重要。如果我们真有再工业化和供给侧改革的意愿,那么,无论社会保险陷入了多么危急的财务状况,我们都应该采取措施把我们的社会保险由转移支付制改变成基金化制度。让我们来看看其中的原因。

当代经济模型大多采纳了某种形式的消费者行为生命周期假说,这种理论实际上想说,人们会在消费与储蓄之间分配自己的收入,以便在自己的有生之年能够享受比较平均的消费水平。这就要求他们在自己从事生产性工作的年份里积累金融资产,以便为退休做好准备。在计算他们在退休岁月里希望利用的资产时,他们会把储蓄账户、股票、养老金、财产包括进去,当然还有社会保险。最近的估计显示,美国人社会保险金的年金价值超过5.5万亿美元。[9] 虽然对这个数据还有争议,但有一点似乎十分明确,那就是如果没有社会保险金可以依赖,那么工作群体就可能会为自己的退休积攒更多的钱。

当然,社会保险会拖累资本形成,因为这种年金索取权并不代表实际资产。今天的在职职工缴纳的社会保险费直接用于支付退休人员的养老金,而退休人员(根据生命周期假说)几乎立刻就会花掉这笔钱。社会保险就是一种消费计划,而不是储蓄。只要关系到个人行为,社会保险是否采取基金形式差别相对较小。事实上,很多公民很可能并不清楚这种基金化社会保险的特殊性质。米尔顿·弗里德曼非常重视他所说的美国社会保险管理局在对待公众时采取"双重标准"的问题,并且谴责社会保险局在社会保险缴费性质这个问题上故意误导公众。[10] 由于公众个人直到最近都不知道或者不关心社会保险如何筹集资金,他们的行为表现犹如储蓄存在银行就等着他们领取那样,但实际情况并非如此。

马丁·费尔德斯坦(Martin Feldstein)是为提高这种现象对经济增长影响的认识做出最大贡献的学者。[11] 据他估计,社会保险金每增加2美元,就会减少1美元的个人储蓄。虽然对费尔德斯坦估计的数据和采用的方法争议不断,但他的论证产生的基本冲击力似乎难以抵抗。在美国,社会保险是遥遥领先的最重要的单一退休收入来源。即便是社会保险金每增加5美元,而不是费尔德斯坦所估计的2美元,个人储蓄就会减少1美元,我们发现资本形成也会因此而减少10 000亿美元。任何一个供给学派经济学家或者政策支持者都不能忽视这么一个量级的数值。

一个新建议

鉴于目前的一些情况:(1)有选民准备接受某种所谓供给经济学的东西;

(2)最近通过了肯普—罗斯减税法案;(3)必须增加国民储蓄,以便降低减税的通胀影响;(4)公众担心社会保险制度的支付能力;(5)现收现付制社会保险对资本形成会产生负面影响,现在正是推行一种社会保险投资基金的有利时机。

- 1984年初,计划减税退还给个人的个人所得税有一半应该被指定用于社会保险投资基金(SSIF)。
- 社会保险投资基金应该作为现行工薪税的补充。这两个资金来源的合并将能维持目前的计划社会保险金水平。
- 私人金融资产经理人应该签约作为受托人负责管理和运作社会保险投资基金。此举能够避免投资决策社会化,而且把投资决策交给管理巨大财富的职业经理人来完成。
- 随着社会保险投资基金资产的构建,应该逐步调低工薪税税率,并最终取消这个税种。

社会保险投资基金减小为提供给定水平社会保险金所需的支付额的能力令人印象深刻。现行的转移支付融资方法应该被视为一种相当于强迫人们给政府发放无息贷款的制度。社会保险缴费就像是送进了旋转门,缴费人虽然牺牲了这笔钱的短期使用权,但并不能因此而获取通常的利息收益回报。在社会保险投资基金制度下,每个参保人以及基金能够作为生息收益积累的每一美元都将有利于减轻纳税人必须承担的最终纳税负担。

浏览年金表必然会给我们重新留下复利厉害的印象。在45年的工作寿命期间,每年缴1美元并且按5%的年回报率投资,那么按复利计就有159.70美元。当然,在现行的无息转移支付制度下,每年缴纳1美元,45年后只能领取价值45美元的社会保险金。另一方面还应该考虑每一美元的缴费最终能够支付多少养老金。159.70美元的积累可为预期16年的退休生活每年提供14.50美元。在没有利息的情况下,每年1美元的缴费只能购买2.80美元年退休收入的年金。想要在退休后获得更能满足实际需要的每月600美元的退休金,就必须在工作的45年里每年缴纳500美元,而且每年还要有5%的利息回报。在今天要由3.2个在职职工供养一个退休人员的转移支付计划下,每个在职职工每年要支付2 250美元才能以每月600美元的退休金赡养一个退休人员。随着在职职工与退休人员赡养比的下降,每个在职职工每年要承担的赡养退休人员的养老金金额将以大得离谱的幅度增长。

从现收现付制社会保险朝着基金化社会保险转型的这一过渡正在逐渐进行。随着每个劳动者的退休,社会保险基金将提供部分否则就得通过工薪税来转移支付的养老金。立刻取消工薪税可能对不久就将退休的劳动者来说关系并不大。但是,等到今天最年轻的劳动力要退休领取养老金时,他们必须已经积累足以取代几乎别人为支付他们养老金而应该缴纳的全部工薪税的资金。

结束语

显然,我们的国家已经在进行一种供给学派建议的实验,这种实验要求为了回应减税,必须增加储蓄、投资和工作努力。在这一实验中,我们已经发现了巨大的风险。本文认为逻辑和历史能够告诉我们怀疑储蓄会像希望的那样做出回应的理由,建议通过建立社会保险投资基金来降低减税固有的通胀风险,并且同时对我们的社会保险制度所存在的一些令人烦恼的反常现象——拖累资本形成以及正在不断加剧的支付困境——进行了评述。如果此举有助于美国财政政策最近正在经历的革命性变革,那么,供给经济学在不造成通货膨胀加剧的"医源性"不良反应的情况下影响永久性治愈滞胀这种疾病的机会就会大大增加。

值得注意的是,本文所提出的观点的萌芽来源于凯恩斯这个因我们经济目前碰到的困难而遭到供给学派谴责的经济学家。凯恩斯可能会欣赏这种讽刺,因为他曾经写过《通论》……"讲究实际、自以为能够免受任何知识影响的人通常就是某个已故经济学家……几年前的三流学者的痴迷者。"[12]在其他场合,他曾经或许更加贴切地指出:"在经济领域,我们并不缺乏物质资源,而是缺少清醒和勇气。"[13]本人衷心希望,我们能够在20世纪80年代罕见地同时展现清醒和勇气。

注释

1. Michael K. Evans, "The Bankruptcy of Keynesian Econometric Models," *Challenge* 22 (January-February 1980):19.

2. Paul Craig Roberts, "Reagan's Tax-Cut Program: The Evidence," *Wall Street Journal*, May 21, 1982, p.24.

3. Robert Z. Lawrence, "Comments," in Joseph A. Pechman, ed. *What Should Be Taxed, Income or Expenditures*? (Washington, D.C.: Brookings, 1980), p.31.

4. Stanley Kaish, "Cutting Taxes Without Inflation," *New York Times*, February 6, 1981, p.A:23.

5. John Maynard Keynes, *How to Pay for the War* (London: MacMillan & Co., 1940).

6. F. A. Hayek, "Review of *How to Pay for the War*," *Economic Journal* 50 (June 1940):321.

7. President's Commission on Pension Policy, *Toward a National Retirement Income*

Policy (Washington,D.C.,1981)p.23.

8. Ibid.,p. 24.

9. "The Crisis in Social Security," *Newsweek* (June 1981),pp.25—27.

10. Wilbur J.Cohen,Jr. and Milton Friedman, *Social Security: Universal or Selective?* (Washington,D.C.: American Enterprise Institute,1972).

11. Martin Feldstein,"Social Security Hobbles Our Capital Formation," *Harvard Business Review* 57(July 1979):6—8.

12. John Maynard Keynes, *The General Theory of Employment, Interest ,and Money* (London: MacMillan & Co.,1936),p.383.

13. Keynes, *How to Pay for the War*,p.1.

第九章

货币政策、预算赤字与金本位制

货币学派经济学与供给学派经济学是否相容？

曼纽尔·H. 约翰逊

对两个学派的经济思想进行比较，是学院派经济学家常做的知识探索功课。撇开这样一种探索的有用性不谈，比较分析货币学派和供给学派的经济学理论本身就具有重要的政策意义。这两个经济学派之间的和谐程度是一个至关重要的问题，因为美国这届政府采用了基于这两个学派理论的经济政策处方。现任总统的高级经济顾问都属于货币和供给两个学派的阵营。显然，如果这两个经济学派的理论存在重大矛盾的话，那么，这届政府的经济政策有可能对美国经济造成严重的问题。因此，简要描述导致本届政府的政策制定者们接受货币学派和供给学派基本观点以及确定这两个学派的观点能够调和的程度，肯定不无助益。

凯恩斯学派的退却与供给学派和货币学派的崛起

在过去的 20 年里，凯恩斯学派主张的需求管理政策是美国稳定宏观经济和促进经济增长的主要手段。遗憾的是，历史记录并不支持奉行凯恩斯主义的政策制定者们，而经验证据也表明美国的经济表现随着通货膨胀率和失业率的提高而逐渐恶化。需求管理导致美国的货币政策像坐上了过山车颠簸不定，这种货币政策要求不断加大货币供应量。在凯恩斯主义支配下，政府把预算作为工具，通过刺激总需求来追逐它的充分就业目标。从理论上讲，失业需要预算赤字来增加经济中的总需求或者总支出，而减缓通货膨胀则需要预算盈余来减少总需求以缓解价格水平承受的压力。在实践中，这种观点在过去的 20 年里导致了 19 年的预算赤字。[1]

在持续失业时期，政府御用的经济学家们可能计算过为把总需求增加到充分就业的水平需要的政府支出规模。寅吃卯粮被认为是产生真正的扩张效应所必需。此外，为了使赤字实际增加到支出中，美联储不得不通过增加货币供应量来消化赤字。实际上，凯恩斯学派的理论变成了一种通过印发货币来解决失业问题的政策。

货币供应量的扩张最终推高了价格水平,于是,美联储为了减缓政府支出增长速度而不得不屈服于压力,收紧银根、提高利率。随着衰退的出现,失业救济申请人数和政府利息支出不断增加——在收入减少的时候维持高支出,但预算赤字意外扩大。随着失业的加剧,政府会再次推行它的赤字支出策略,而商业周期也会重新卷土而来。每个商业周期在它的开始之初都会在它的顶峰时期留下较高的失业水平,并且在它的低谷时期留下较高的通货膨胀率。图1对这种现象进行了图示:较高的通货膨胀率对应于较高的自然失业率。在相对比较繁荣的20世纪60年代中期,最低失业水平平均不到4%,而通货膨胀率则在3%左右徘徊。但到了70年代末,最低失业水平几乎攀升到了6%,并且与大约10%的年通货膨胀率联系在一起。奉行凯恩斯主义的政策制定者们并不明白造成这种状况的原因,但他们的问题是通过货币扩张导致严重的供给负激励来刺激需求造成的。由货币过多造成的通货膨胀导致纳税人要按较高的边际税率纳税,而且侵蚀了企业折旧摊提。

传统的货币学派以及被称为"供给学派"的新一代古典经济学家都指出了以上种种事实。货币学派多年来一直认为货币供应量扩张几乎会直接传导为一般物价水平上涨,任何经济稳定政策都应该包含有关各货币总量增长率低而又稳定的规定。[2] 而供给学派则认为,凯恩斯学派的分析方法存在不足,因为他们没能认识到政府支出过度会导致相对价格不断变化进而导致供给负激励的问题。[3]

无论是凯恩斯主义的货币学派批评者还是供给学派的批评者都接受罗纳德·里根总统治下的新一届共和党政府的执政纲领,并且为共和党在1980年11月份的大选中彻底击败民主党奠定了基础。货币主义和供给侧政策的结合要求在降低货币供应量增长速度的同时还要降低边际税率和削减政府支出。通货膨胀速度放慢以及货币减少导致货币紧缩的预期有可能恢复人们对经济的信心,并且缩小利率的通胀成分。边际税率调低与折旧摊提加速都能降低工作努力、储蓄以及导致经济中生产要素供给增加的投资的相对价格,从而又导致实际产出和收入增加。此外,由供给侧激励增加的总储蓄应该有助于通过增加可贷资金供给来降低实际利率。[4]

总的来说,这届新政府的经济政策说明,政府为了改正过去的政策失误而进行了大胆的尝试。新政府的经济政策旨在以一种非通胀方式来增加相对于需求的供给,而不是通过阻碍供给的货币融资型赤字支出来刺激需求。削减政府支出是为了抵消因减税而可能出现的私人支出增加,因此,总需求仍相对保持不变。一种非融通性货币政策被预期能抵制减税导致的任何部分联邦预算赤字货币化的压力。减税本身也是为了提高劳动力和资本的实际回报率,从而增加总供给,创造更多的实际收入,减少失业。

以上组合政策的预期结果虽然雄心勃勃,但似乎难以实现。不管怎样,它们的成功可能性取决于这两个学派关于货币供应量控制和稳定以及货币与实际产出之间关系的理论在多大程度上相容。

货币供应量与价格:相互冲突的观点?

货币学派与供给学派之间关于货币供应量变化对一般价格水平影响的共识多少有点复杂。许多有影响的供给学派经济学家都持与货币学派相似的观点,而另一些供给学派经济学家则坚持比较不同的意见。

在货币学派看来,货币供应量变化会在 6~8 个月以后转化为一般价格水平几乎同幅度的变化。比如说,货币供应量增加的初始效应会导致货币余额供给过剩,个人会试图通过商品和服务消费来减少货币余额,而总需求的这种增加会临时导致企业通过追加雇用劳动力或者要求员工加班来增加它们的产出。但到企业明白需求将持续增长,它们不可能持续提高自己的产出水平后,价格就会全面上涨,并且导致通货膨胀。[5] 通货膨胀过程可用以下这个交易方程式来表示:

$$MV = PQ$$

式中,M 表示货币存量,V 表示收入流通速度或者单位货币在 1 年里的周转次数,P 表示价格水平,而 Q 则表示实际产出。用百分率增量表示,这个方程式可改写为:

$$\Delta M\% + \Delta V\% = \Delta P\% + \Delta Q\%$$

求通货膨胀率可得:

$$\Delta P\% = \Delta M\% + \Delta V\% - \Delta Q\%$$

上式表示,一般价格水平的百分率变化是货币增长率和流通速度的正函数,并且是实际产出增长率的负函数。货币学派认为,历史地看,货币流通速度的长期增长率相对比较稳定。因此,在实际产出经历了一个时期的暂时增长后,通货膨胀率几乎仅取决于货币供应量的增长率。货币学派认为,货币流通速度增长率的长期趋势是稳定的,因为他们相信一个主要决定因素(货币需求)也是稳定的。

货币主义的政策含义相对明确:通过对经济实施货币供应量控制,货币当局(美联储)就能够稳定价格水平,并且确保实际产出的稳定增长。在一个饱受高通货膨胀影响的经济里,降低货币供应量增长速度为降低价格、通货膨胀预期和名义利率所必需。经济政策在美联储那里首先表现为控制货币总量 M1—

B。美联储崇尚货币主义的官员们在奉行一种货币数量规则,旨在把 M1－B 的实际增长率从 1980 年的 7.3％降低到 1986 年的 4.3％。[6]

关于货币数量规则稳定价格的功效,供给学派内部有两种不同的观点。像保罗·克雷格·罗伯特和诺曼·图雷在美国财政部供职的供给学派经济学家基本同意货币学派关于货币供应量低而稳定的增长率为控制通货膨胀所必需,但他们对与收入流通速度和货币需求相关的稳定性程度多少表示了一些怀疑,因为他们相信激励措施的急剧变化有可能导致这些变量发生很大的变异。因此,他们并不像货币学派那样认为调节货币供应量具有那么大的效率。此外,对于货币总量是否真能得到控制,因而能够以稳定的速度增长,而不是由于不同时期大幅波动而引发不确定性这个问题,供给学派发声表示了自己的忧虑。里根政府的主要货币主义者贝利尔·斯普林克尔(Beryl Sprinkel)也表达了他本人对美联储稳定货币供应量变化趋势的能力的担心。他和政府中其他奉行货币主义的官员曾对美联储施压,要求后者加强对货币基础而不是 M1－B 的监管,并且集中精力管理好贴现窗口,因为贴现窗口是导致货币基础非预期增加的一个主要来源。总的来说,支持供给学派主张的财政部官员赞同:如果美联储能够通过证明自己将坚持货币紧缩政策不动摇来树立自己的公信力,并且能够稳定各货币总量,那么,人们就会恢复对美元的信心,而通货膨胀和通胀预期应该会趋于平缓。但如果货币数量规则无法付诸实施,那么,赞成供给学派主张的财政部官员可能宁愿考虑一种更加严厉的货币政策,譬如说采取价格规则。

供给学派内部另一个以阿瑟·拉弗、裘德·万尼斯基和刘易斯·勒曼为代表的派别几乎就是赞成立刻恢复某种形式的金本位制,以便逐渐恢复人们对美元的信心。拉弗表示,美联储奉行的银根紧缩政策会对货币需求产生深刻的影响,从而导致物价上涨,而不是下跌。因此,美联储责成其会员银行提高贴现利率和存款准备金的行动,就相当于对其会员银行的业务课征税收。调高银行服务生产税税率,就会导致银行提高它们的贷款价格。由于美联储会员银行可贷资金的需求曲线因银行可贷资金替代品众多而具有弹性,因此,银行利润会趋于下降,而会员银行的资产供给和需求最终会减少。所以,拉弗推定:

"无论是信贷需求者还是供给者都会用欧洲美元账户、外币余额、指数化账户和黄金来取代美联储会员银行的美元信贷。总之,美联储的行动已经降低了美元尤其是其会员银行提供的美元的活力和吸引力。同样,美联储行动本身已经增加了通货膨胀预期,尽管它的行动明显导致了货币数量增速的下降。"[7]

这个观点并没有完全背离在财政部供职的供给学派支持者。不过,他们不愿承认货币需求会减少到货币流通速度增长足以抵消货币供应量增速下降的影响的程度。拉弗、万尼斯基和他们的伙伴们认为,货币主义不能与供给经济学相容,因为价格和利率会由于美联储收紧银根而上涨,而不是下降,并且会阻止由于减税而可能发生的经济扩张。美国财政部与拉弗式供给学派学者之间的区别就是前者用"如果数量规则失效"来考虑问题,而后者则用"数量规制失效时"来思考问题。供给学派对货币主义的怀疑影响到了美国国会,后者在1980年授权国会黄金委员会研究美国的货币制度回归金本位制的利弊。

货币约束与经济增长

虽然美国财政部支持供给学派主张的官员表现出了一种给予货币学派证明其旨在稳定价格的政策主张将会发挥作用的机会的意愿,但他们不愿就减税和其他刺激经济实际增长的措施的效率问题做出妥协。美国政府中崇尚货币主义的官员辩称,通过降低货币供应量增速来使经济摆脱通货膨胀困扰的过程必将会制约实际产出增长。在货币学派看来,之所以会这样,是因为收入流通速度的长期趋势仍然会稳定在接近 3.2% 的年增长率水平上。[8]他们承认,按季度计,甚至在一年里,收入流通速度有可能大大偏离长期趋势增长率,但仍坚持认为收入流通速度在经历短期波动以后仍会回归趋势增长率。我们能够通过考察偏离趋势的暂时性波动与货币性冲击和其他实体变量之间的关系,并且考虑货币的产出和价格效应时滞来解释收入流通速度偏离趋势的暂时性波动。货币学派解释的收入流通速度稳定的原因是,货币需求也被认为在时间上是稳定的。就如同收入流通速度,货币需求变异也可以用实体变量变化、货币政策和时滞来解释。事实上,收入流通速度的倒数在计量经济学研究中常被作为货币需求的代理变量来使用。[9]

供给学派与货币学派之间关于货币流通速度的争议大多是围绕里根政府的经济业绩预测展开的,而里根政府的经济业绩预测反过来又是根据引用了这两个学派理论的经济政策做出的。表 1 列示了政府正式的政策方案。该方案显示,1980~1986 年,一项货币紧缩政策被预期可把通货膨胀率从 9% 降低到 4.9%,而供给侧的财政政策同时把实际产出增长率从 −0.1% 提高到 4.2%。货币学派辩称,鉴于货币供应量增速计划从 6.4% 下降到 3.4%,被要求实现实际产出预期增长率的货币流通速度趋势增长率是不现实的。货币流通速度年增长速度必须是在从 1981 年到 1986 年的 6 年里平均达到 6.1%,而不是 3.2% 的历史趋势增长率。政府中崇尚货币主义的官员并不准备接受供给学派关于货币流通速度可在一个这样长的时期里持续高于历史趋势增长率这样一个判断。因此,他们不断推动修订包括与货币流通速度增长历史趋势相符的实际产出增长率估计值在内的经济预测。而财政部内支持供给学派的官员则坚决反对修改预测数据,理由就是货币需求和货币流通速度并没有像货币学派声称的那样稳定;更重要的是,供给学派主张的财政政策所造就的激励在美国历史上是空前的,因此,货币流通速度增长的历史趋势不可能重现。

关于货币需求,供给学派提到了最近的一些经验研究,这些经验研究的作者证明了对货币余额 M1 的需求从 1972 年经历了急剧减少以来一直不稳定。[10] 关于货币流通速度的稳定性,有研究显示,M1－B 流通速度的随机结构具有围绕历史趋势增长率大幅纯随机波动的特点。[11] 其中的有些研究显示了一种货币流通速度序列无特定波动方向的随机行走,而其他一些研究提到了一种货币流通速度向上的随机行走趋势。如果货币流通速度增速就如研究结果所显示的那样是纯随机的,并且与过去的随机波动毫不相关,那么在任何时候都不可能精确预测货币流通速度。如果随机噪音差异很大,那么,情况就会加剧。从那以后,货币的收入效应就会被一种无法根据既往经验确定的纯随机波动所支配。这种随机波动的方差似乎高到足以造成这类问题。有一种方法可用来刻画这种方差及其引发围绕趋势出现的波动的量值,那就是计算货币流通速度变化的置信区间。货币流通速度季度变化的置信区间很大——任何季度都有相当于从－4.1%到10.3%的年增长率,而货币流通速度年度变化的置信区间多少要小一些,位于 0.4% 与 5.8% 之间。[12]

有人尝试考察过货币流通速度波动与货币供应量和利率等其他变量变动之间的相关性,并且取得了不同程度的成功。然而,这些尝试并没有对货币流通速度变化的趋势分量做出令人完全满意的解释。一种解释货币流通速度趋势的方法就是考察货币流通速度变化趋势与实际产出变动趋势之间的相关性。有人以下列论点来支持这种解释方法:由于人们为了保护自己不受收入流——无论是工资收入还是投资回报——不确定性的困扰而有货币需求,因此,增长较快的经济能通过确保充分高水平的稳定且可预测的收入来提高货币流通速度。在经济增长较快且较可预测的情况下,人们更倾向于舍弃无收益的货币,并且为了获得资本回报而购置新资本。相关计量经济学研究显示,大约 68% 的货币流通速度趋势增长可用产出趋势增长率上涨来解释。[13] 经验研究显示,在实际产出增长 3.3%(1955 年以来的年均增长率)的情况下,货币流通速度的年均增长率就能达到 3.2%(1955 年以来的货币流通速度实际增长率)。想要获得 4.5% 的产出趋势增长率,那么预计货币流通速度的趋势增长率应该达到 4%;而想要获得 5% 的产出趋势增长率,那么货币流通速度的趋势增长率预计应该是 4.3%。这项经验研究数据表明,预期未来几年产出有显著走高的趋势,那么就很可能会加快货币流通速度的增长趋势。实际产出增长很可能引发货币流通速度的同比例增长,而不是像货币学派预计的那样受到货币流通速度的约束。

除了实际产出以外,货币流通速度变化趋势还取决于像政府监管、收支结构和技术进步等其他因素。为了把这些其他因素对货币流通速度的影响分离出来,实际产出的影响效应可以通过把实际产出增长包括在货币流通速度时间趋势分析中来加以"控制"。一项对最近100个季度——从1956年第3季度到1981年第2季度——货币流通速度统计数据的考察显示,M1－B的流通速度在1956年第2季度～1966年第4季度期间提高了3.4%,在1966年第4季度～1972年第4季度期间下降到了1.7%,然后又在1972年第4季度～1981年第2季度期间上涨到了3.6%。这些数据显示了过去25年里货币流通速度趋势的显著结构性变化。[14]

这些发现对货币学派关于20世纪50年代中期以来的货币流通速度趋势增长率约为3.2%,在以后几年里继续保持在年均3.2%水平上的观点提出了质疑。结果显示,在过去的25年里,货币流通速度的趋势增长率至少出现过3次变动,而且自70年代初以来大大高于3%,大约在3.6%的水平上。如果这个阶段的实际产出并非以2.6%这个相对较低的水平增长,那么,货币流通速度的增长率甚至会更高。有统计数据显示,1972年至今,实际国民生产总值以3.3%的速度——50年代中期以来的平均增长速度——增长,那么,货币流通速度的趋势增长率可能是年均4%。如果未来几年能延续最近几年的趋势,那么,货币流通速度应该平均能够以3.6%～4%的速度上涨。而供给学派则辩称有理由相信货币流通速度增长趋势会加快并超过4%。

里根政府提出、国会通过的《1981年经济复苏税收法案》规定了很多针对资本形成和生产率的激励措施。在供给学派看来,这些激励措施应该能够大幅度增加实际产出。例如,边际税率到1983年将下调25%;从1984年开始,个人所得税各档次应税所得将被指数化,以便削弱推高纳税人适用税率的影响。这两项变革措施应该会对生产率产生显著的影响。生产率应该会提高,因为私人部门的总产出会以快于工作时间增加——反映促进工作努力、降低缺勤率、提高储蓄和资本形成率以及提高经济活动相关水平的激励措施——的速度增长。

1981年税法的另外四项规定也因为它们的实际产出正面效应而显得非常重要。首先,加快资本成本收回备抵速度,将降低资本服务成本,并且导致投资增加、资本—劳动力比将以更快的速度提升,厂房和设备重置速度将加快,而且有可能因为经营规模扩大而产生追加推力。厂房和设备重置速度加快,使得企业有可能采纳最新技术进步成果,而这对于加快生产率提高速度具有重要的意义。其次，投资税收抵免力度的加大，将进一步降低资本服务成本。再者，税法中的租赁自由化条款将有助于只有很少或者没有应税收入的企业更好地利用税法规定增加的税收冲销额度。最后，某些研发支出的税收抵免应该能够促进创新率的提高。

计量经济学研究结果显示，如果供给侧税收激励措施能导致实际产出增长率接近于5%，那么，相应地，货币流通速度趋势增长率在1982年第4季度将可能是5.6%，而在1984年第4季度将可能是6%。

货币学派也许仍会辩称，由政府紧缩性货币政策引致的预期利率下行趋势会对货币流通速度产生抑制性影响。理论表明，高利率会吸引个人和企业放弃持币，转而持有证券和其他实物资产，从而导致货币需求下降、货币流通速度加快。相反，利率的下降应该会导致货币需求增加和货币流通速度下降。于是，由于政府的紧缩性货币政策有望到1986年导致通货膨胀率从9%降低到4.9%，因此，名义利率这个通胀性分量也有望下降，从而导致货币需求增加，而货币需求增加则会导致货币流通速度下降。

供给学派在回应货币学派这个论点时指出，只要货币需求是利率的一个函数，适当可用的利率是税后利率。这是因为在持币与持有有回报的资产之间配置财富的决策取决于持有这种资产能够实际收到的回报，也就是税后回报。此外，应该采用的适当税率是边际税率，因为税后边际回报率将决定是持有"边际美元"还是用它来购置资产。统计数据研究证明了税后利率解释货币流通速度变化的相对重要性。[15]税后利率的重要性在于：由于供给学派的经济政策主张要求降低所得税税率，因此，税后利率可能会上涨，而不是下跌，而货币流通速度则不会受下行压力的影响。

有大量的经验证据支持供给学派关于紧缩性货币政策未必会制约经济增长的观点，因为我们有充分的理由认为，目前的货币流通速度趋势增长率明显超过货币学派认定的3.2%；货币流通速度受实际产出增长率和税后利率的正面影响。

货币学派与供给学派能否调和？

货币学派经济学与供给学派经济学之间并没有什么不可调和的分歧，这两个经济学派都认为，货币重要，尤其是在决定价格水平方面。他们都同意货币秩序政策是促使市场恢复价格稳定的适当政策。在美国财政部供职的供给学派和货币学派经济学家在美联储的货币总量管理（采用一种数量规则）是维持价格稳定最可行的手段这一点上是观点一致的。逐渐把货币供应量的增长率降低到与生产率增长相符的水平被认为是一种正确的方法。

虽然供给学派的其他成员也同意货币秩序是稳定经济的关键,他们寻求回归金本位制,并且主张把金本位制作为调节货币供应量的手段。美元的价值根据一个固定的黄金量来确定,而黄金的价值则由具体某日的市场价格来确定。这样的政策能够设立一种要求把国家的货币数量与黄金供应量联系在一起的自动规则。主张恢复金本位制的供给经济学家认为他们的观点与货币学派的观点之间存在一个重大分歧。他们认定,货币主义会导致不稳定,因为货币学派主张使用的政策工具会导致物价与货币数量背道而驰。但是,这种观点没能跻身于经济思想主流,也没有获得那些在政府中占据决策职位的供给学派经济学家的认同。

供给学派与货币学派在宏观经济理论结构方面并无分歧,他们一致认为,货币需求受到同一些自变量的影响,并且在这些自变量的影响方向上也观点一致。这两个学派之间出现的分歧就其性质而言是经验性的。事实上,在里根政府供职的供给学派和货币学派学者关注的焦点问题是货币的流通速度。如上所述,货币学派坚持认为,货币流通速度的长期趋势高度稳定,它的年增长率在3.2%左右。因此,源自于供给激励力度加大的实际产出的任何增长最终都要受制于货币数量以及几乎保持不变的货币流通速度。供给学派强调了他们与货币学派观点基本一致的方面,并且认为经验证据有力地支持一种货币流通速度弹性增长的理论。

注释

1. Paul Craig Robert 在"The Breakdown of the Keynesian Model"(*The Public Interest* no. 52,Summer 1978:20—23)中、Martin Feldstein 在"The Retreat from Keynesian Economics"(*The Public Interest* no. 64,Summer 1981:92—105)中以及 Paul Craig Robert 在"For Supply-Siders,the Focus is Incentives"(*The Washington Post*,April 13,1981)中都全面分析了凯恩斯主义宏观经济政策的不足。

2. 关于货币主义经济政策设计被引用最多的文章是 Milton Friedman,"The Role of Monetary Policy"(*American Economic Review* 58,March 1968:1—21)。

3. Norman B. Turé 对供给学派和凯恩斯学派的税收变革效应研究进行了比较,请参见 Norman B. Turé,"The Economic Effects of Tax Changes: A Neoclassical Analysis"(in U. S. Congress Joint Economic Committee,Special Study on Economic Change,Vol. 4:*Stagflation:The Causes,Effects,and Solutions*,December 17,1980,pp. 316—347)。

4. 关于对里根政府经济假设和目标的陈述,请参阅"*America's New Beginning:A Porgram for Economic Recovery*"(The White House,Office of the Press Secretary,February

18,1981)。

5. Milton Friedman 和 Anna Schwartz 在"*A Monetary History of the United States, 1867－1960*"(Princeton, N. J.：Princeton University Press,1963)以及 Milton Friedman 在"*The Optimum Quanlity of Money and Other Essays*"(Chicago：Aldine Publishing Co., 1969)中讨论了货币供应量变化影响价格和产出的时滞问题。

6. 里根政府没有公布它的货币增长目标,但 David Stockman 在美国国会众议院预算委员会听证会上所做的证词(March 26,1981,p.9)中提供了精确的估计值:"……在过去的 4 年里,基础货币供应量指标 M1－B 的年均增长率接近 8%;然而,在以后的 5 年里,政府预期货币增长率大约会减半。"

7. Arthur B. Laffer, *The Monetary Crisis：A Classical Perspective*.(Rolling Hills Estates, Calif：A.B.Laffer Associates,1980),p.6.

8. 1981 年 9 月 16 日为财政部负责货币事务的副部长 Beryl Sprinkel 准备的一份关于货币流通速度的备忘录表示,"尽管……经济结构和货币制度发生了巨大变化,但货币流通速度增长趋势相当稳定。自 1951 年以来,货币流通速度每年以 3.2% 的趋势增长率增长"。

9. David E. Laidler 在"*The demand for Money：Theories and Evidence,2nd ed.*"(Scranton,Pa：International Texbook Co.,1977)中对很多论述货币需求稳定性问题的研究文献进行了综述。

10. 证明 20 世纪 70 年代以来货币需求不稳定的经验研究有:J. Enzler、L. Johnson 和 J. Paulus 的"*Some Problems of Money Demand*"(Brookings Paper on Economics Activity, no. 3,1976)以及 David Laider 的"*The Demand for money in the United States-Yet Again*"(*Carnegie-Rochester Series on Public Policy*,Spring 1980,pp.219－271)。

11. 如请参阅 J. P. Gould 和 C. R. Nelson 的"*The Stochastic Structure of the Velocity of Money*"(*American Economic Review* 64,June 1974：405－418)。

12. 货币流通速度变异 95% 的置信区间是采用 1956～1981 年 M1－B 流通速度的季度和年度数据确定的。M1 的流通速度数据被用来补充 1959 年之前的时间序列。时间趋势回归是采用 M1－B 流通速度的对数差进行的。

13. 以下回归旨在捕捉货币流通速度与产出之间的关系：

$V=0.935+0.680GNP \quad R^2=0.50$

(2.15)　(9.58)　　　D-W=1.91

因变量和自变量 V 和 GNP 分别是 1956 年第 1 季度～1981 年第 1 季度 M1－B 流通速度和实际国民生产总值对数值的年化季度变动数据(年化季度对数值变化非常近似于按年率计算的季度百分比变化)。T 统计量列在各系数下面的括号内。方程式根据以下假设列出：货币流通速度对国民生产总值的简单回归就能求得货币流通速度随机变动平均值和其他变量对货币流通速度影响的平均值,因此能够反映国民生产总值增长趋势对货币流通速度变动趋势的影响。

14. 以下两个回归方程式用于估计 1956～1981 年货币流通速度变化趋势的稳定性：

(1) V＝1.498＋0.613　GNP－1.863D1　R^2＝0.51
　　(4.09) (9.56)　　(－3.02)　　　　D-W＝1.68
(2) V＝1.041＋0.625　GNP－1.44D1＋0.931D2　R^2＝0.52
　　(2.21) (9.75)　　(－2.16)　　(1.63)　　　D-W＝1.71

式中，V 表示 M1－B 流通速度变动百分率，即国民生产总值变化百分率除以 M1－B 流通速度变动百分率。1959 年前的 M1－B 流通速度根据原来的 M1 折算。

GNP 表示实际国民生产总值变动百分率。

D1 是哑变量：1967 年第 1 季度～1972 年第 4 季度为 1，否则为 0。

D2 是哑变量：1973 年第 1 季度～1981 年第 2 季度为 1，否则为 0。

方程式 1 表示根据实际国民生产总值增长率以及 1967～1972 年这个子时期回归的M1－B流通速度增长率。哑变量具有明显的显著性，说明除去实际国民生产总值的影响之外 M1－B 的流通速度趋势增长率在中间这个子时期以及第一和第三子时期之间存在明显的差异。

方程式 2 为第三子时期单设了一个哑变量。第二子时期的哑变量虽然回归值比之前小，但仍显著。最后一个子时期哑变量的 T 统计量很小，但在一次系数严格为正的迭代检验中仍在 10%的水平上显著。当然，我们难以测度相对较短期限内的 M1－B 流通速度增长率趋势变化，因为 M1－B 流通速度增长率要受到很多因素的影响。因此，这个哑变量的高标准误差系数很可能并不是表明 M1－B 流通速度增长率趋势没有发生变化，而是数据噪音太大，以至于无法精确测量 M1－B 流通速度增长率是否发生了趋势变化。应该指出，一项对这两个哑变量基于这次回归分析的零系数假设的检验结果在 1%的水平上拒绝了这个假设。

15. 请参阅 Vito Tanzi 的"*Demand for money, Interest Rates and Income Taxation*" (Banca Nazionale Del Lavoro, December 1974, pp. 3－12)。

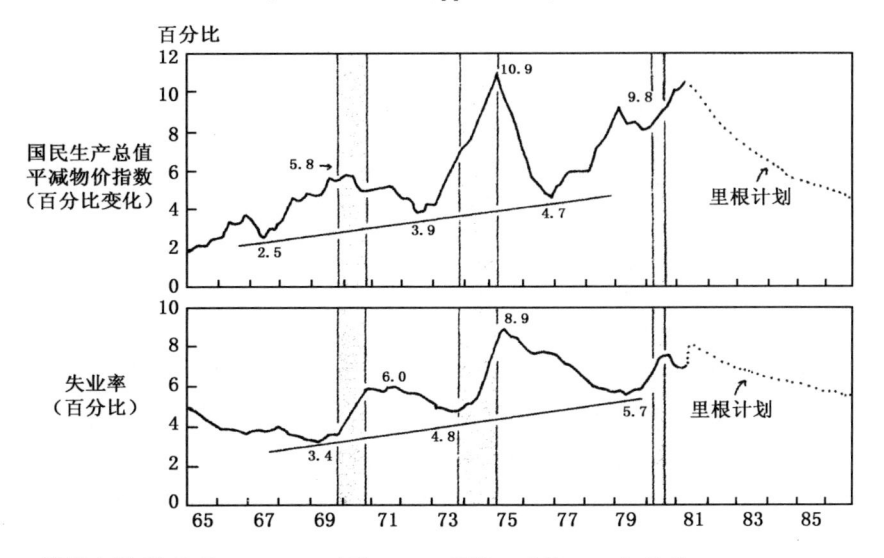

资料来源：U. S. Department of Treasury, Office of Economic Policy.

图 1　通货膨胀与失业率

表1　　　　　1980~1986年入选经济变量实际与预计增长率(%)

	政府预测			
年份	ΔM （货币供应量M1-B）	ΔV （货币流通速度）	ΔP （国民生产总值 平减物价指数）	ΔQ （实际国民生产总值）
1980	6.4	2.5	9.0	-0.1
1981	5.9	6.3	9.6	2.6
1982	5.4	6.0	8.0	3.4
1983	4.9	7.1	7.0	5.0
1984	4.4	6.1	6.0	4.5
1985	3.9	5.7	5.4	4.2
1986	3.4	5.7	4.9	4.2

注：货币增长率数据源自于政府的经济方案。该方案假设货币和信贷增长率从1980年的水平到1986年持续降低一半。请参见"A Program for Economic Recovery"(February 18, 1981, p.11-23)。其他数据取自"*Mid-Session Review of the 1982 Budget*"(Office of Management and Budget)。

供给学派经济政策主张的货币方面

威廉·P. 奥热霍夫斯基

供给经济学的支持者们表示，调低税率和削减低效率的政府支出会对经济激励机制的运行产生正面影响。然而，供给侧政策的激励效应也是与货币政策密不可分的。下文将试图从供给侧的视角解释货币与财政政策之间的相互作用。本文的第一部分将讨论相对从紧的货币政策对于供给学派经济政策主张的重要意义，其余部分聚焦于供给学派主张的减税和关注的预算赤字问题。[1]

一、货币政策与相对价格

由于通货膨胀与货币供应量之间存在着一定的关系，因此，货币政策对于供给侧政策的发展具有重要意义。在这一点上，大多数供给学派理论家都接受货币学派总需求论的主要基本观点。结果，绝对价格变化通常被认为是由货币因素造成的，通货膨胀问题因此而与政治系统控制货币供应量的能力有关。

通胀性或者不稳定的货币政策由于会对相对价格和激励产生负面影响而不利于供给侧政策的实施。关于这个问题，有三个主要原因。

首先，通胀性货币政策最终会提高实际税率。通胀性货币政策可以通过多种方式来提高实际税率。其中最值得注意的方式有累进个人所得税制与通货膨胀相互作用导致的"税级攀升"、由于采用历史成本会计法而导致的计提折旧备抵评估不当以及由于虚报利润而导致的资本收益高估。所有这些方式的影响趋向于抵消减税增强工作、储蓄和投资动机的倾向。其次，通胀性货币政策能够通过在广大公众中间导致通货膨胀预期来影响相对价格。这是因为非预期通货膨胀，譬如说，会导致储蓄回报低于个人预期。于是，个人会做出不利的未来储蓄回报预期，从而用本期消费替代储蓄，进而减少可用于投资的资金。最后，货币政策不稳定，能够导致物价和利率波动，从而导致更严重的市场不确定性，并且增加误把相对价格信号作为不同经济资源价值和用途确切信息的风险。

由于通货膨胀会对相对价格作为市场信号的可靠性产生以上种种负面影响，因此，大多数供给学派学者主张紧缩银根和稳定货币。但是，赞成相对从紧的货币政策与减税结合在一起的主张必然会驱使他们把注意力转向货币和财政政策的相互作用，尤其是关注预算赤字的产生及其对利率的影响。关于这个问题的研究不但对于这个问题本身的解决具有重要意义，而且还有助于区别供给学派的相关立场与标准宏观经济学处理这个问题的方法之间的差异。

二、紧缩银根与减税

预算支出大于收入，就会导致预算赤字。立法通过的减税额大于政府支出削减额，也同样会导致赤字。由于紧缩银根是供给学派一贯主张的策略的组成部分，因此，供给学派在处理赤字"货币化"这个问题上表现得缩手缩脚，而由不对称的预算削减导致的任何赤字都会增加政府对新的信贷的需求——有可能在资本市场上争夺资金的竞争中"排斥"私人投资。于是会出现一个至关重要的问题：减税提供的动机激励效应是否会被债券市场上的利率压力所抵消？为了回答这个问题，有必要简要回顾一些传统观点，这将有助于鉴别供给学派对这个问题的看法。

在一些早期的凯恩斯学派经济模型中，资本市场不会把约束加强于总需求，这是因为这些模型是建立在金融资源有弹性并可获得的假设之上的。[2] 这种论点可用所谓的"流动性偏好表"来表示。在某些条件下被认为存在极具弹性的闲置货币余额来源，能满足任何新增的信贷需求。因此，预算赤字的非货币化扩张即使会产生"排斥"效应，也只能挤走很少的私人投资，实际利率保持不变，而支出乘数会对经济产生它的全部影响。这种观点把预算赤字看作是一种刺激经济的常用手段。

货币学派的短期总需求观对这种论点进行了严厉的批评。货币学派坚持认为弹性金融观是一种不切实际的假设，并且用一种金融资源"常和"观取而代之。任何试图利用这个金融池资源的企图都必然会消除——"排斥"——等量的替代性投资。在这种情况下，非均衡减税会增加政府的信贷需求，政府的信贷需求增量就是追加储蓄不能满足的赤字金额。根据假设，由于只有很少的"闲置"货币余额可供利用，因此，利率会上涨到阻止等量私人投资的点位。举例来说，如果税收减少100亿美元，边际消费倾向为80%，那么，20亿美元的新增储蓄可用来弥补新出现的100亿美元的赤字。这就意味着政府必须到资本市场上举借80亿美元的信贷，此举会通过提高利率来"排斥"等量的私人投资。

在排斥私人资本的两个极端模型之间有一种中间或者"部分排斥"模型。

这种部分排斥模型假设，流动性偏好弹性既没有高到早期凯恩斯学派模型中的流动性偏好水平，也没有低到货币学派极端版本中的流动性偏好水平。在这种情况下，政府大于新增储蓄的信贷需求能够通过激活"闲置"货币余额得到部分满足。结果，利率就会上涨，但不会高到前述情况（零闲置货币余额）中的程度，因此有较小部分的私人投资遭到"排斥"。

这些模型都试图评价非货币化预算赤字通过其对储蓄和投资的短期影响表现出来的影响效应。很多批评者在评价供给侧政策时都采用"排斥"模型来贬损供给学派的经济政策主张。这些模型假设储蓄主要由收入决定，而投资通常是利率的一个函数。因此，非均衡减税有可能无法产生足够多的储蓄来弥补新出现的赤字，从而导致利率会上涨、投资会减少。

三、赤字、减税与供给经济学

相对价格

一项供给学派的研究在一个不同的背景下探讨了这个问题。减税和收紧银根的一阶效应与相对价格有关，但与收入和总需求效应截然相反。这可是一个重要的重点转移，因为实际信贷量与涉及长期预期的决策以及未来和当前消费之间的取舍有关。

这项研究的关键在于对信贷、货币和储蓄之间进行了分析性区别。在供给经济学中，实际信贷的终极基础就是储蓄——被定义为为了生产未来产品这个终极用途而留出的那部分本期收入。因此，实际信贷通常与个人克制本期消费的意愿同一个意思。这个决策过程涉及对长期计划回报率的计算——一种受到低利率和降低后的通货膨胀预期有利影响的评估。

相比之下，私人投资排斥模型使得实际信贷看起来就像与收入和货币流同义，而没有从相对价格的视角去审视信贷问题。因此，一项降低短期流动性的政策最终必然会殃及信贷市场。尽管这种政策（减税）能够创造一种与长期利率上涨相容的激励机制，但降低短期流动性的政策殃及信贷市场的情况仍会出现。那些滥用私人投资排斥论点的人常把这种论点作为一种基本原理，用它来为货币扩张辩护，并且把货币扩张视为增加信贷的手段。这时，私人投资排挤论的缺点就会更加暴露无遗。在这种情况下，由非均衡减税导致的通货膨胀能够通过预期到的通货膨胀和"税级攀升"来降低储蓄回报率。因此，长期储蓄利率会下降，从而减少长期投资。

供给学派的分析把重点放在了相对价格上，注重货币稳定和减税对长期储蓄和投资行为的有利影响，并且认为只有通过提高投资和储蓄回报率才能扭转投资和储蓄率停滞不涨的现状,因此从一个比较有利的长远视角把排斥效应看作是一个不可回避的调整问题。

关于储蓄,供给学派的分析表明减税不但会增加可支配收入,更重要的是,还能改变储蓄占总支出的份额。减税会提高本期消费相对于未来收入的价格,从而增加储蓄并使实际投资增加成为可能。由于传统的分析方法并没有强调这些影响效应,因此严重低估了紧缩银根和减税对储蓄的长期影响。

传统的分析方法同样有可能高估预算赤字对投资的负面影响,这是因为那些使用最广泛的模型都假设投资与利率强相关,而与税率弱相关。结果,金融市场上的短期条件支配投资决策。举例来说,有两个大规模的计量经济模型显示,国民生产总值会由于公司税税率下降而减少。[3]在这两个模型中,利率随着美国财政部增加借款弥补由减税导致的预算赤字而上涨。因此,减税虽然会提高投资总利润率,却会导致投资减少。

相比之下,有一项供给学派的研究着重强调了减税对盈利机会的有利影响。根据这项研究,有三个原因促成了这种有利的影响。首先,一大部分投资行为被认为取决于新企业、新发明和其他创业元素——相关决策大多由长期报酬决定——的发展。因此,虽然初始利率压力可能会对短期投资决策产生负面影响,但这种影响在长期内会变得越来越不重要。其次,随着长期利率的上涨,利率对投资的压力从长期看会逐渐变小。最后,与减税和排斥效应相关的相对边际强度,按净值计可能有利于投资,因为本期税率处于历史高位,而实际借款成本在过去的10年里相对较低。所以,企业因减税而享受到的边际税收减免会逐渐超过排斥效应导致的边际利润损失。

这些分析性区别可在当前事件中略见一斑。在过去的10年里,总需求和名义可支配收入大幅度增加。根据传统强调储蓄对收入依赖性的研究,储蓄应该与这些趋势一同增长。然而,储蓄率在那个时期其实有所下降。实际上,储蓄率大大低于"二战"后的水平,整整低了30%。[4]

同期,实际借款成本大幅度下降,就是因为发生了没有预期到的通货膨胀。实际上,有证据表明,最近几年税后实际借款成本有时为负,甚至达到了-3%的程度。[5]根据传统的分析方法,投资应该由于它对实际利率的依赖而大幅增加。但是,厂房和设备投资在过去的10年里几乎下降了40%。[6]

"收入增加、实际利率下降,而储蓄减少、投资率下降"这个明显的悖论在支出—收入框架下令人困惑,但用供给学派聚焦于相对价格的假设就能轻而易举地得到解释。储蓄率之所以下降,是因为储蓄回报受到了"税级攀升"、虚假资本收益报告和非预期通货膨胀的严重侵蚀。表1列示了储蓄回报遭受的实际损失。[7]表中的统计数据显示,对于 20 000 美元以上的应税收入,储蓄回报率为负值,而且即使在最近进行了税改,以后仍为负值。

在投资侧,虽然实际借款成本有所下降,但积极的投资者(借款人)仍因税率上涨而受到阻碍。关于投资,据美国国家经济研究局估计,这个时期企业税的实际税率几乎上涨了 25%。在实际利率下降的情况下,企业投资税后实际回报率之所以仍从 20 世纪 60 年代的 5.3% 下降到近几年的 2.6%,其主要原因就是实际税率急剧上涨。[8]

总的来说,供给经济学假设减税和货币稳定在长期内会导致储蓄和投资做出比传统模型假设的幅度大得多的回应。之所以会出现这种情况,是因为长期储蓄和投资行为直接与相对价格有关。在这种背景下,不但储蓄并不仅仅受限于可支配收入的变化,而且投资也不只受制于利率变化。因此,"排斥"私人投资被视为最终作用趋于变小的短期调整过程的一个组成部分。

表 1　　　　通货膨胀率为 8.5%、利率为 12% 和建议税改条件下的储蓄税后实际回报率(%)

应税收入档次(美元) (1)	当年 (2)	1981 年 (3)	1982 年 (4)	1983 年 (5)	1984 年 (6)
0～3 400	0	0	0	0	0
3 400～5 500	1.8	1.9	2.1	2.1	2.2
5 500～7 600	1.6	1.7	1.7	1.8	1.9
7 600～11 900	1.3	1.5	1.7	1.6	1.7
11 900～16 000	1.0	1.1	1.0	1.2	1.3
16 000～20 200	0.6	0.7	0.6	0.9	0.7
20 200～24 600	0.1	0.3	0.3	0.6	0.3
24 600～29 900	−0.3	−0.1	−0.2	0.1	−0.3
29 900～35 200	−0.9	−1.4	0	−0.5	−0.3
35 200～45 800	−1.7	−1.4	−1.5	−1.1	−0.8
45 800～60 000	−2.4	−2.1	−2.1	−1.5	−1.3
60 000～85 600	−3.0	−2.6	−2.5	−1.9	−1.7
85 600～109 400	−3.6	−3.2	−3.1	−2.4	−2.1
109 400～162 400	−4.2	−3.8	−3.1	−2.7	−2.4
162 400～215 400	−4.7	−4.3	−3.7	−2.9	−2.5
215 400 及以上	−4.9	−4.4	−3.7	−2.9	−2.5

资料来源:Gay M. Wengluwski and Susanne M. Cahn,"Will the Reagan Economic Program Work?"Chartroom(New York:Goldman Sachs Economics,1980).

调整过程

以上分析显示,关于减税对金融影响的很多争议取决于期限假设。由于政策的相对价格效应具有长期的性质,因此,供给学派增加投资、促进经济增长的方案只有随着时间的推移才会显得更加可行。

在短期内,各种时滞能够实际推迟收紧银根和减税的供给侧效应发挥作用。其中的有些时滞,尤其是在货币政策的情况下众所周知。这些时滞与银根紧缩政策推迟减缓实际通货膨胀和通货膨胀预期有关。譬如说,如果个人觉得美联储会重新加快货币增长速度,这些时滞就能推迟名义利率的调低。结果,即使收紧银根,名义利率也要等到个人能够确定政府采取反通胀政策的长期承诺以后才可能下降。

时滞问题也可能出现在税收政策的阐释和传播方面。首先,税收政策因其技术复杂而难以阐释。企业税减税可能导致企业采用精心设计的售后回租安排,因此,情况就更加复杂。其次,很多减税方案是在3年内分阶段完成的,因此,无论是储蓄者还是投资者都可能推迟采取行动,直到他们能够充分享受整个减税计划所能带来的全部好处。最后,虽然相对价格变化有望改变个人行为,但我们仍有理由预期个人不可能在短短的几个财政年度里就突然变得节俭,并且做出乐观的预期。从政治系统面对短期逆境无力抵制政策变化的角度看,情况更是如此,目前发起的要求废除里根"增收"减税计划的运动就是这方面的一个很好例子。信心恢复时滞一直要到个人确信政府确已承诺坚决执行原先公布的政策才会消失。

由于存在以上种种时滞,因此,储蓄和投资回应不可能在近期内形成不可阻挡的势头。在政府信贷需求增加的推动下,这种情况伴随着金融市场上出现的不确定性有可能导致短期"排斥"效应。就在这关键阶段,可能会出现对供给侧政策的严重怀疑。但无论如何,这并不意味着供给学派的理论存在缺陷,而是表明进一步执行供给侧政策正当其时。造成这种情况的原因有两个:

首先,金融市场上出现的瓶颈可被解释为以上概述的短期调整问题的一个组成部分。因此,维持原先的减税和货币稳定政策的影响最终会传导到经济中,而这些经济政策的供给侧效应就会开始在经济中发挥作用。在这一点上,时间至关重要,因为政策制定者最终必然会明白增加供给是一个要比增加需求困难许多的过程。前者取决于激励体系的长期调整,后者则可能要由重新开动印钞机相伴。

其次,如果金融瓶颈继续阻挠经济政策的供给侧效应发挥作用,这并不意味着减税不会影响工作、储蓄和投资动机,但有可能说明政府支出居高不下是问题的终极原因。为了使供给侧减税更加有效,政府必须削减支出。关于这一点,有必要重提一下,供给学派的原始命题是:即便政府保持支出不变,减税也能刺激工作、储蓄和投资动机。其实,里根的经济计划就是最初的小幅减税和政府支出绝对额的大幅增长的组合。之所以说最初减税幅度很小,是因为减税是在若干年分阶段完成的,因此要受到"税级攀升"的影响,并且还会导致经济反应滞后。更重要的是,里根政府只是停止了政府支出的相对增长,并没有降低政府支出的绝对增长。因此,里根计划的供给侧效应有可能受到抑制——并不是因为供给经济学失效——而是因为我们在供给学派理论问世的初始阶段没有能力有效运用该学派的理论。

金融市场与储蓄效率

以上分析主要聚焦于储蓄和投资总量。供给经济学的要点就是供给侧政策最终会扭转储蓄和投资的长期下行趋势。然而,一种同样重要的关切不仅仅是储蓄和投资增长,而且还有对它们的有效配置。从这个角度看,一大部分的金融市场问题可能与目前金融资源在市场谱系中配置不当有关。一旦认识到这个问题,就能发现只要消除导致金融资源配置不当的原因,就能利用可以利用的资金来源来促进经济增长。因此,预算赤字或许未必意味着投资资金的减少。

储蓄配置或者储蓄效率与金融市场的灵活性——也就是借款人和贷款人在通货膨胀和不确定时期在信用工具时谱上移位的能力——直接有关。这个信用工具时谱能帮助个人通过在金融市场谱系的短期一端进行交易来防范货币不稳定所带来的风险,从而帮助贷款人最大限度地降低非预期通货膨胀和"税级攀升"造成的影响。这一点可以解释储蓄者青睐货币市场存单的原因。储蓄者不再愿意把自己锁定在股票和债券这些因通货膨胀和"税级攀升"而变得对资产贬值非常敏感的证券上。显而易见,目前储蓄相对而言已经转向了金融市场谱系的短期一端。

但是,短期信用工具的转向对经济增长产生了负面影响,因为活跃的投资者(债务人)被迫进行"短借"。因此,对于企业来说,发行股票和债券这样的信用工具就变得更加困难。事实上,它们不得不相对大量地求助于像商业票据这样的短期信用工具。这样尤其造成了新企业发展计划方面的问题,因为新企业主要依赖权益资本和债务资本来筹措开办费。因此,通货膨胀正在改变投资的质量和性质,阻碍了更具活力、更新的创业投资,并且还迫使企业仅限于为维持现状募集资金。

除了对较新的企业产生负面影响外,青睐短期信用工具这种现象会导致整个社会的资本结构出现不利于私人部门风险投资的偏倚。例如,大约有 1 600 亿美元的资金投向了货币市场基金,因此说明经济流动性充足。这意味着有充足的金融资源可用于股票和债券投资,但也说明它们正在转向其他信用工具。现在的问题不是流动性短缺,更确切地说是金融资源被不当配置到了短期融资上。

资本由于恐惧通货膨胀和不确定性而从股票和债券撤走,这种现象也可能发生在像住房、土地或黄金这样的有形资产上。通货膨胀率急剧上涨,就意味着有形资产相对于纸质资产收益率上涨。[9]由于税法和20世纪70年代的急速通货膨胀,很多个人把自己较大比例的储蓄用于购买有形资产——股票和债券市场在住房市场繁荣期间跌入了谷底。表2列示了这些效应,并且反映了有形资产—金融资产比率对通货膨胀加剧的敏感性。但通货膨胀率下降,就意味着出现相反的情况。事实上,有些研究表明,随着信贷供给的增加,通货膨胀率每下降1个百分点,就会导致人们手中持有的1 000亿美元的有形资产流回到金融市场。[10]

表2

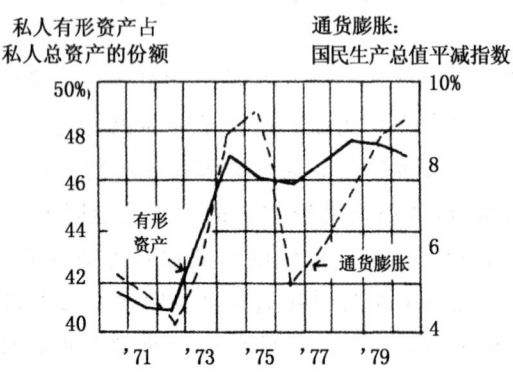

资料来源:Federal Reserve Flow of Funds Accounts.

想要改变信贷市场失衡状况,必须恢复人们的信心和有利的长期预期。这好像就是实行收紧银根和削减税收政策有可能取得的结果。货币稳定意味着较少的非预期通货膨胀,而减税则意味着长期盈利条件的改善。随着这些政策的实施,有形资产和流动资产转变为股票和债券的速度应该会加快。因此,供给侧减税未必会导致长期"排斥"金融资源流向私人投资,而是成为促使相对较多的资本最终流向股票和债券市场的主要催化剂。

从这个角度看,像货币扩张和增税这样旨在提高流动性和平衡预算的政策,会对经济增长产生负面影响。货币扩张政策通过加剧通货膨胀导致储蓄量和效率双双下降。类似地,增税会导致储蓄相对于消费的回报下降,并且只会加剧人们对储蓄的厌恶。意思十分明了:政策制定者没有能力坚持收紧银根和减税,就会导致"里根经济学"失败。

四、预算赤字:保守派、货币学派和供给学派

供给经济学被那些把平衡预算作为评价经济政策是否明智先决条件的人士看作是一种非正统经济学说。为了说明平衡预算理念对于经济政策的作用,有必要对替代性观点进行比较。为此,我们将考察"财政保守派"和货币学派的相关观点。

财政保守派或者称"预算平衡论者",通常把注意力放在政府支出令人担忧的增长速度和规模。他们认为,削减政府支出对于经济健康发展具有头等重要的意义,而平衡预算则具有经济治愈力。因此,他们表示减税程度绝不能超过政府支出的削减程度,或者即期预算赤字会导致利率上涨、投资减少和经济增长趋缓。具有讽刺意味的是,原来的"预算破坏论者"或者主张"随便支出"的自由主义者也在宣扬这种论点。不过,他们由于其他原因而认可预算平衡论者的观点。随便支出论者之所以支持预算平衡,是因为他们担心减税最终会通过税收损失导致政府支出下降。他们支持平衡预算,并把它作为捍卫政府支出增长和规模的一种手段。所以,新"预算平衡论者"是一种由保守分子和自由主义者组成的奇特混搭。鲍勃·多尔(Bob Dole)和蒂普·欧尼尔(Tip O'neill)发现他们俩属于同一关系脆弱的联盟。

货币学派之所以反对供给学派的减税主张,是因为担心减税政策在引致经济增长方面存在明显的时滞,初始预算赤字会导致政策制定者们规定更加宽松的信用条件,并且导致货币过剩和通货膨胀。

供给学派的观点兼具保守派和货币学派观点的一些元素。他们赞同"真正"的财政保守分子关于政府支出规模的任何削减大多有利于经济增长的观点,同样也支持把货币学派相对从紧的货币政策作为治理通货膨胀及其次生灾难的基本手段。供给学派的经济政策主张与以上两派不同观点之间的基本分歧就在于:他们的经济政策主张并不认为预算赤字与经济增长和低通货膨胀格格不入。

供给学派的经济政策主张之所以不同于财政保守观,是因为该学派不但从削减政府支出而且从减税的角度来审视政府削减支出和减税的正面结果。减税会增加储蓄量并提高储蓄效率,从而为投资提供资金。供给学派担心,遵守平衡预算规则会实际阻止任何性质的意义深远的税收改革,因为减税是在之前的政府支出基础上实施的。但是,削减政府支出常在政治上不受欢迎,所以,供给学派认为税改会受到阻挠。其实,平衡预算的理念被随便支出论者所利用,

他们希望保持或者扩大联邦政府插手经济事务的作用。更糟糕的是,增税会导致政客们产生财政责任错觉,纵容他们降低控制预算的努力水平。

另一方面,大多数供给学派学者的观点不同于货币学派,因为他们并不认为预算赤字与通货膨胀之间存在必要的联系。通货膨胀被视为一种货币现象,可通过采取负责任的货币政策来加以控制。不过,应该指出,包括阿瑟·拉弗在内的一些供给学派经济学家对有些货币学派经济学家关于政治系统无力控制货币增长速度的担心表示同情。因此,他们赞成恢复金本位制,觉得这样就能确保银根紧缩以及与通货膨胀预期联系在一起的利息溢价快速下降。在他们看来,通货膨胀预期往往会延迟名义利率下调。

然而,供给学派经济学家不同于某些货币学派经济学家,他们并不认同通过增税来消除赤字的方式,认为增税会拖累经济增长,并且导致长期预算平衡变得极其困难。

虽然经验证据也没有显示以上不同观点调和的可能性,但表3提供的数据还是表明,"非正统"的供给学派的政策主张是与最近美国经济经历的遭遇相符的。这些数据显示,预算赤字与经济增长和低通货膨胀相容——预算赤字与通货膨胀之间并不存在明显的联系。在表3的覆盖期(1977～1979年)内,平均赤字与通货膨胀并不正相关。[12]例如,预算赤字小的国家(巴西、法国和南斯拉夫),通货膨胀率高,而高赤字国家(新加坡、瑞士和奥地利)则通货膨胀率低。

相比之下,货币增长率能够相当好地说明相对通货膨胀率,但甚至没有大致显示与预算赤字有关。因此,货币政策可以与财政政策分离。也就是说,预算赤字未必就会导致货币扩张和通货膨胀。

同样,预算赤字与低货币增长并不必然意味着"财政保守派"认定的对私人投资的排斥。

位于表3下半部分的国家(如奥地利、德国和日本)采用了一种混搭政策。这些国家预算赤字相对较大、银根偏紧、税收适度。最重要的是,它们实现了相对较快的经济增长。

总的来说,供给学派的相关分析表明,平衡预算准则并不是治愈有病经济的灵丹妙药,它最适合的用途可能是健康经济防范不经济公共支出爆炸式增长。如果用它在一个已经陷入困境的经济中增加税收的话,那么,平衡预算的结果可能是灾难性的。就如一位分析人士指出的那样,最初也许可以通过把企业税税率提高1倍或者没收全部超过50 000美元的年收入来平衡预算。但其实,这两种措施每一种都可能葬送经济。[13]含义十分明确——如果预算平衡准则被用来阻止税改——经济必然会持续低增长。

表 3　　　　　　　　　　政府预算、货币供应量与通货膨胀(%)

国家	1977~1979年预算赤字或盈余占政府支出的百分比	1977~1980年货币(M1)供应量年增长率	1977~1980年消费者价格年度通胀率
科威特	84.7	20.0	7.5
哥伦比亚	5.5	28.5	25.5
新加坡	3.9	11.7	5.2
瑞士	−2.1	5.0	2.5
巴西	−3.2	50.9	54.5
法国	−3.3	9.8	10.6
南斯拉夫	−4.1	23.4	19.9
荷兰	−6.9	6.7	5.3
德国	−7.0	4.0	4.0
奥地利	−10.4	3.5	4.8
美国	−10.8	7.4	9.7
英国	−11.7	12.6	13.9
比利时	−14.3	4.6	5.7
日本	−32.0	7.1	5.9

资料来源：International Monetary Fund。

注释

1. 这项研究在金融市场出现问题的背景下讨论了预算赤字问题。有些供给学派经济学家倾向于通过假设经济快速增长来使赤字问题最小化。采用该假设的问题就是，它都没有考虑任何重要的短期调整问题。

2. 这并不意味着供给学派也运用这个论点使"排斥"问题最小化。

3. 请参阅 Paul Graig Robert 的"The Breakdown of the Keynesian Model"(The Public Interest no.52, Summer 1978)。

4. Owen F. Humpage, "Why Government Budgets Ballooned," Economic Impact, no.36 (U.S. International Communication Agency, 1981/4).

5. "Interesting Interest Rates," Wall Street Journal, October 18, 1981, Editorial.

6. Martin Feldstein, "Reviving the Business Investment," Wall Street Journal, June 19, 1981.

7. Gary M. Wenglowski and Susanne M. Cahn, "Will the Reagan Economic Program Work?" Chartroom (New York: Goldman Sachs Economics, 1980).

8. Feldstein, "Reviving Business Investment."

9. 这是因为这些资产的价格常会以与消费者价格指数一样快甚至更快的速度上涨，而个人则往往会以没有反映实际通货膨胀率的利率借钱购买这些资产。

10. John Rutledge,"Why Interest Rates Will Fall in 1982,"*Wall Street Journal*,December 14,1981.

11. 就是由于资本市场上存在初始资源配置不当的问题,不平衡减税的风险才有所减小。

12. Alan Reynolds,"Do Deficits Matter?"*Wall Street Journal*,December 14,1981.

13. Ibid.

关于恢复金本位制的主张:刘易斯·勒曼访谈录

詹姆斯 C. 罗伯茨

罗伯茨:勒曼先生,在看了共和党竞选纲领后,我明白共和党至少含蓄地支持原则上恢复金本位制——至少是恢复某种大宗商品本位制。您是否觉得共和党的这个主张会得到很多人的支持?

勒曼:我觉得共和党的竞选纲领总体会获得很多人的支持,主要是支持稳定货币本位制的主张,里根总统自己也表示他有意支持共和党的竞选纲领。他是很严肃地表的态。共和党的竞选纲领提出了货币本位的问题。由于最佳的商品货币本位就是黄金本位,因此,我也持共和党最终会恢复金本位制的观点。

罗伯茨:把这个政策要点写进竞选纲领是否受到了什么明显的反对?

勒曼:当时我没有在场,但据我所知引发了大量的讨论、争论和分析。大家都认为,我们需要一种稳定的美元,我们需要一种人民能够信任的长期稳定的美元。否则,他们绝不会储蓄。

让我们看看 1980 年 7 月 14 日共和党公布的正式竞选纲领的相关段落:

"说到底,通货膨胀就是美元这种本位币用它能购买的商品计算的价值的下降。直到 20 世纪 70 年代这个 10 年期,货币政策还是自动与维持美元稳定的价值这个压倒一切的目标联系在一起的。

"20 世纪 60 年代和 70 年代为了追求美元稳定以外的经济目标切断美元与实物商品之间联系的做法,不但没有带来任何所期盼的经济效益,反而在国内释放出了恶性通货膨胀的冲击力,而且在国外导致了货币秩序混乱。未来一个时期的最紧迫任务之一就是要恢复一种可信赖的货币本位——也就是结束通货膨胀。"

里根总统根据这个纲领参加了竞选,并且赢得了选举。近几年,我们没有稳定的货币。但是,在我们有一种货币本位——金本位——的整个美国历史上,我们一直有一种稳定的货币。您可以有一种名义货币,一种纸质美元;或者一种价值由它的黄金含量所确定的足值美元。为了结束通货膨胀,我们美国要恢复美国的历史货币本位黄金美元。我以为这就是共和党竞选纲领的意义所在。

罗伯茨：我看到您这墙上挂着几幅雅克·鲁艾夫(Jacques Rueff)的照片，他可是在1959年主张稳定法国法郎的。这里面有什么故事吗？在我看来，这明显烘托出您的金本位观点。

勒曼：雅克·鲁艾夫一生中两次拯救了法国法郎。第一次是在20世纪20年代——1926~1928年——经历了第一次世界大战这场灾难以后。第二次是在法国第四共和国摇摇欲坠之际，戴高乐总统召见鲁艾夫命令他结束通货膨胀，实行法郎改革，平衡政府预算并且推进法国经济体制改革。两次，他都取得了成功。法国这两次金融改革的关键就是恢复了法国法郎对黄金的可兑换性和预算平衡。

雅克·鲁艾夫在1959年进行的改革取得了立竿见影、引人注目的经济效果。这些经济效果令法国人今天仍记忆犹新。当时，法兰西第四共和国摇摇欲坠，经济充满了不确定性，通货膨胀肆虐。当时，法国的外汇储备仅够支付45天的对外付款，法郎不断贬值，而政府濒临破产，几乎已经瘫痪。戴高乐召唤鲁艾夫恢复法国的金融秩序。

戴高乐创立了第五共和国，制定了第五共和国宪法，并且依法推行总统选举制度，这一切与他赞赏美国的共和政体并没有关系。不过，是雅克·鲁艾夫造就了帮助法国经济恢复元气的金融形势。

鲁艾夫复兴法国经济的计划十分简单：(1)分析导致金融秩序混乱的原因——预算不平衡，中央银行通过公开市场购买证券实施扩张主义以及法郎不可兑换；(2)制定经济政策以迅速平衡预算，恢复法郎的可兑换性，并且解除束缚计划过度的法国经济的管制。

如果您研究法国经济自1959年以来获得的发展以及鲁艾夫实施金融改革收到的效果，那么，您将看到法国是世界发展最迅速的经济体之一，法国的实际税负远轻于我们国家的税负。事实上，法国自1959年以来的年均增长率与德国相同，当然这也不仅仅是因为推行了鲁艾夫—戴高乐货币和预算稳定金融财政计划。

罗伯茨：那么，恢复金本位制的方式是否有什么不同？

勒曼：请记住，1959年，鲁艾夫有一个很大的有利条件。法国的货币改革在一个由美元名义上可兑换黄金的制度支配的国际货币体系——布雷顿森林体系——下完成的。要知道，鲁艾夫当时遇到的问题与我们眼下碰到的问题不同。那时，在所谓的金汇兑本位制下，鲁艾夫的目标是恢复现存的货币本位——黄金美元。

1971年,作为自由世界的领导国,我们放弃了之前其他国家都把自己的货币与其挂钩的历史性金本位货币的最后遗存。美国扯断了国际金融秩序的货币联系,最终导致本已在不断弱化的抑制通货膨胀的种种约束机制分崩离析。于是,在丧失了自由世界军事方面的领导国地位以后,我们又因为美元贬值而丧失了自由世界货币问题的领导国地位。

时常令鲁艾夫感到失望的是,他从未有机会如愿帮助整个西方世界创造一种真正的金本位制。主要就是由于这个原因,鲁艾夫一直希望美国能够掌握世界货币领导权。令他深感失望的是,我们没有行使这个权力。顺便提一下,他热爱美国,相信美国有与众不同的命运。

不管怎样,无论是当时还是现在,都是美国应该承担起恢复货币本位的责任,我们能够单独领导自由世界。无论是在体育、竞赛还是政治领域,一旦得到公认的主要选手或者领导者就要承担责任,所有实力较弱和次要的参与者都会模仿他们。在金融领域更是如此,我毫不怀疑,如果美国在未来10年里恢复金本位制,那么整个世界——甚至苏联人——也会使用我们的本位货币。

罗伯茨:关于总统计划的争论会怎么样呢?

勒曼:争论主要是围绕总统经济计划的大胆和全面展开的,但没有提到计划各部分之间的连贯性问题。

譬如说,某些供给侧政策支持者倾向于强调调低至关重要的边际税率。调低边际税率确实很重要,也非常必要,但并不充分。

以某种方式提高税率,确实会增加赤字并且导致私人经济萎缩。但是,调低边际税率并不足以弥补我们当前经济政策中存在的缺陷。我非常看重预算状况和赤字规模以及联邦政府的信贷需求这个我与我的许多货币学派和供给学派朋友辩论的问题。我认为,我们必须在目前的税收水平上迅速平衡预算。

罗伯茨:可是,在平衡预算重要性这个问题上,您的一些货币学派朋友并不同意您的观点。

勒曼:没错。确实,令人感到奇怪且有讽刺意味的是,有些货币主义者和供给侧政策倡导者在这个问题上观点一致。他们有点不太在乎不平衡预算的影响效应。我认为这是一个严重的错误,我还认为不在乎公共部门赤字的后果已经在玛格丽特·撒切尔首相治下的英国暴露无遗。

英国保守党内部的货币主义者没能把预算置于控制之下。因为,总的来说,从一开始,甚至直到现在,在1981年3月这份最近的预算中,他们太看重奉行货币主义的中央银行的信贷政策,而对公共支出增长又重视不够。他们对必须用有限的储蓄资金来弥补的政府赤字规模关心太少。

在撒切尔执政的2年里,英国的政府赤字几乎翻了一番——从75亿英镑增加到了135亿英镑(占国民生产总值的5%～6%)。政府赤字吸纳了太多的英国企业需要用于投资的储蓄资金。这就是为什么英国经济已经沦落到了自工业革命开始以来最糟糕的地步。在过去的一年半时间里,英国制造业的产出几乎就像1929～1931年大萧条时期那样快速减少。

可是,目前的里根计划也不能在国内和国际实施一次真正有效的货币制度改革。这样一次旷日持久的币制改革必须在金本位制和平衡预算的条件下进行。

20年来,我们每个月都要聆听我们敬业的总统、经验丰富的美联储主席和诚实的财政部长发表讲话。他们总是表示,我们的目标就是逐渐消除国际收支逆差或者逐渐消除通货膨胀。

值得注意的例子分别出现在了1961年、1965年、1968年、1971年、1974年,最近又出现在了1978年11月米勒(Miller)提出的措施和1979年10月沃尔克(Volcker)发出的信息中。它们全都降低了通货膨胀率,但又不知怎么都失败了。凯恩斯学派失败了,自诩讲究实效或者实用的货币学派失败了。后者主张的政策——逐步降低货币供应量增长速度——到目前为止也是失败的。他们之所以都失败了,并不是因为他们选择了错误的目标——消除通货膨胀,而是因为他们选择了错误的手段。希望实现一个目标,但又没有实现目标的有效手段,这无疑是在自找政治灾难。

罗伯茨:即使在美联储几任主席表示他们并不想实施利率管制,而是想控制货币供应量的情况下,美联储不还是对利率进行了管制吗?

勒曼:不错,联邦储备体系中大多数中央银行家的观点直到1979年前后仍然是应该对联邦基金利率——银行之间拆借多余资金的利率——进行微调。

美联储试图通过买卖政府债券(即所谓的公开市场业务)来维持比较稳定的联邦基金利率。这个联邦基金利率被维持在与某个货币供应量增长速度相吻合的水平上。

1979年10月,美联储主席保罗·沃尔克发表了多次讲话,并且在国会作证时表示已经修改了通过操纵利率来控制货币的方法。美联储现在已经不那么关注联邦基金利率和货币市场状况。利率被允许在一个比以前大得多的幅度内浮动,而美联储现在可能关注的是操纵商业银行存放在美联储的准备金数量。

所以,美联储不再以利率特别是联邦基金利率为目标,而是以特定的银行准备金数量为目标,并且把这个数量保持在与流通中的货币量(譬如 M1－B)某个增长率相吻合的水平上。这样做的麻烦是:在现实世界的货币市场上,美联储不能成功地以一种稳定的方式执行这个抽象的目标,就如美联储在采用这个目标之前和之后所取得的业绩所显示的那样。

大量的研究表明,美联储已经从一种利率管制策略转向银行准备金管制策略。虽然美联储有时也能实现已经确定的货币存量目标,但到目前为止,美联储没能达到运用新策略降低通货膨胀的目的,通货膨胀仍然处于其最高水平,而利率也处在高位。

在我看来,中央银行不能确定流通中的货币数量。从长期看,中央银行也不能确定利率、货币基数和具体的银行准备金水平,而且也不应该进行这些方面的尝试,因为这样做只会破坏货币和资本市场。

自从 20 世纪 20 年代初以来,尤其是在过去的 15 年里,我们的中央银行家们犯了一个严重的错误,那就是坚持相信美联储有能力"为稳定商业周期"确定流通中的货币数量。

我赞同货币学派有关美联储通过买卖政府证券影响金融市场状况的观点。同样,美联储可以通过公开市场业务直接影响银行准备金,从而影响商业银行的信贷供给条件。但是,无论商业银行的信贷供给条件如何,都应该让你我这样的个人单独决定我们有多少信贷需求或者想持有多少货币。

如果美联储的货币供应量大于消费者和企业希望持有的货币量,那么,供给就会超过需求,而货币的价值就会下跌。因此,美联储以一个固定的比率增加货币供应量的努力几乎总是趋向于导致货币价值下跌——因为持币意愿从长期看是稳定的,就如关于这个主题的几十年研究所显示的那样。通货膨胀就是一种由美联储的货币供给大于市场实际持币需求而导致的币值下跌或者一般物价水平上涨。

每个市场参与者,无论是消费者还是企业,都会精确地决定为满足自己心目中无论什么样的用途有多少货币需求。美联储无论多么有远见、多么有善意,或者进行过多么系统、周密的调查研究,都无法知道全体市场参与者的全部货币用途。

美联储的目标应该是保持美元购买力的稳定,或者换一种说法,应该是保持物价水平的合理稳定——消除通货膨胀。在这一点上都没有取得成功,美联储还有什么用?

美联储实现政策目标——使市场货币供应量与实际需求量相等——的手段并不是现有的公开市场业务。我不准备在这里详谈美联储的目标、公开市场业务和贴现利率问题,因为我已经在其他场合写过很多有关这方面的东西。简单地讲,最有效的货币管制方法就是动用美联储的贴现利率,并且把中央银行干预程序改革与更加一般的货币改革——建立一种名副其实的金本位制——结合在一起。

罗伯茨:现在,从您的回答可隐约感觉到,您并不完全赞同米尔顿·弗里德曼关于"美联储应该承担起根据已定的参数确定货币供应量增长率的责任"的观点。

勒曼:我以为这个目标有一定的可取之处。问题出在实现这个目标的适当手段和美联储是否能够实现这个目标上。

我认为,美联储并不能像弗里德曼认为的那样,在它确定固定的货币增长率的权限内实现它的目标。我从弗里德曼教授的著述中已经了解到那么多东西,因此,我现在不想与他争辩。我赞同他关于自由市场制度的一般观点,但不能接受他关于"在一个开放的经济体内,中央银行能够确定流通中货币数量的增长率"的假设。中央银行想要做到这一点,就必须控制美国国内市场以及整个世界的美元供给和需求。但是,全世界的美元需求是由全世界的美元用户决定的,市场参与者及其对美元的需求超越了美联储的控制范围。

弗里德曼教授提出了一条货币法则——货币供应量应该每年以3%或4%的稳定速度增长。这个货币目标也许是明智的,每年4%的稳定经济增长目标也是明智的。那么,实现这些目标的最佳手段是什么呢?

弗里德曼教授在他讲述美国货币史的奠基之作中指出,在美国实行金本位制时期通常有长期稳定的货币供应量增长率相伴。在美国历史的大部分时间里,美国的货币制度就是金本位制。

过去,美国货币供应量的稳定增长只是到了贸易战和浮动汇率制时期才告结束。这样的时期出现在美国内战以后、大萧条期间和现在。

所以,如果我们正想建立一种有效的货币制度,并找到一个与实际经济产出增长率相符的稳定的货币供应量增长率,我认为,实现这个目标的最佳手段就是迅速恢复金本位制,这可是一种传统的货币政策。

希望恢复金本位制,就是希望恢复一种和平、开放的世界贸易制度。金本位制只不过是一种传统的政治制度而已,一种基于标准的实现明智目标的手段,而不是什么魔法,应该脱下金本位制在某些人心目中的神秘外衣。尽管金本位制是一种演化而来的制止通货膨胀和创造稳定货币的缺陷最少的制度,但严格地讲,金本位制就是一种在不完美的世界上应该实行的政治制度。

罗伯茨:金本位难道真的不是一种交换媒介?

勒曼：也许是吧。如果人们——自由的人们——选择把金币作为货币来使用或者储蓄，那么就没有理由不能在流通中使用金币。其实，我的意思是金本位——铸成货币的黄金——重新成为一种所有的名义纸币和信用货币都可以兑换的实物货币。恢复金本位，是恢复货币未来价值的唯一可靠方式，因而也是恢复为了获得未来回报而进行储蓄和投资的唯一确定的方法。

罗伯茨：可是，弗里德曼教授反对恢复任何性质的金本位制。他曾经说过，19世纪下半叶，商业周期心理产生了最终建立美联储的压力。他认为，金本位制并不能令人满意，它不能令商界、政府或者任何人感到满意。创建美联储的压力就是一种事实上的需求。

勒曼：1879～1913年这个时期的确引发了很多历史性争论；商业周期也的确起伏不定。那时候就像现在一样，左翼和右翼都有乌托邦分子相信他们能够消除商业周期，其中的一些乌托邦分子赞成政府垄断货币发行并且对货币进行调控。

简单地说，这就是1913年美联储问世的原因。美联储只不过是一个不同于（1888年创立的）州际商业委员会的又一监管机构而已，而州际商业委员会是在世纪之交平息民粹主义进步运动的监管狂热时期创建的。不过有一个事实应该受到注意，那就是在没有美联储的情况下，由于1879～1913年间美国实行国际金本位制，因此，1913年的一般物价水平几乎与1879年相同。

差不多在两代人的时间里，美元的购买力保持稳定。在1879～1913年整个这一时期里，美国既没有通货膨胀也没有通货紧缩。从1879年到1895年，物价水平逐渐下降；从1895年到1913年，物价水平逐步上涨。在整个这一时期里，我们取得了大幅度的经济实际增长。

弗里德曼教授已经就金本位制发表了不少观点。幸亏有他，我们能够读到一篇他写于1961年的通俗易懂的文章［我记得，这篇文章发表在《法律与经济学杂志》（*Journal of Law and Economics*）上］。弗里德曼教授在这篇文章中表示，他理解并赞成一种真正的金本位制。我也一样。我真希望自己能够逐字援引这篇文章。每个货币主义者都应该认真拜读这篇文章。弗里德曼教授后来又表示，恢复一种真正的金本位制是不切实际的。他辩称，从政治上看，不可能按照真正的金本位制规则来重新修改现行货币制度。

现在，我知道，弗里德曼教授是一个大经济学家。但不知他也是一个大政治家？一个优秀的政治学家吗？在我看来，经济学家的应有作用似乎是探讨实现某个明确目标的最佳政策，并且允许自由社会的领导人为确定某种政策是否切实可行和可取展开竞争。

很不巧，我就相信，按照真正的金本位制的规则重塑现行货币制度，不但是最佳的货币政策，而且切实可行。我相信，在里根总统的任期内就能完成。

缺乏决心，害怕未知因素，社会党人、自由党人、某些主张自由市场的人士——从很多哲学观点的角度看都是一些政治精英分子——反对金本位制的宣传已经趋向于对实干家和劳动人民产生了胁迫性影响。反对得到居于支配地位的学术和政治精英认同的流行观念可不是件容易的事。

罗伯茨：里根总统是否应该选择接受您提出的恢复金本位制的建议？这是否会导致美国和国际经济陷入严重的混乱呢？

勒曼：我们目前就在体验世界经济和美国经济出现的巨大混乱，因为在过去的两代人时间里，我们放弃了金本位制。

我们放弃了低税和平衡预算。这一事实应该唤醒我们去重新审视金本位制的历史和理论，而且应该把这作为一个摆脱操纵货币和管理浮动汇率造成的混乱的途径。浮动汇率制以及自由裁量权过大的中央银行的政策已经导致目前的金融秩序混乱。我们应该把恢复金本位制和平衡预算作为一种摆脱全球性金融失衡状态的手段。

罗伯茨：有哪些经济学论点支持恢复一种真正的金本位制呢？

勒曼：首先，我们应该有决心和勇气把美国人在选举里根为总统的过程中做出的选择付诸实施。美国人民希望在现有的税收水平下实现预算平衡，解除对美国人生活的管制，并且降低税率水平。如果我们能够做到这些，那么，我敢向您保证，同样的领导人就能够并将实际恢复金本位制这样一种由坚持希望在全世界维持自由市场秩序的人士设计的独一无二的国际政治制度。而且，金本位制还将长期保护美元价值。老实说，这可是鼓励储蓄并且重新为未来投资的唯一途径。

我要表明这样一种观点：如果我们没有政治意愿实现里根总统提出的愿景中的其他元素，那么，我们也肯定不能完成货币改革。相反，本人认为有必要指出，我们必须同时完成所有这些任务，要不然我们就不能实现里根总统提出的经济持续增长和消除通货膨胀的目标。

金本位制的优点就是它妙不可言的简单性。事实上，这也是很多经验丰富的经济学家和知识分子否定并拒不接受金本位制的首要原因。金本位制过于简单，他们想要某种操纵起来比较复杂的东西。

数学家和经济学家在研究生院就被告知，经济学是一门非常复杂的学科；统计学或者统计数据的处理也是一门非常复杂的学科。因此，经济学理论和经济政策也必然是复杂的，制定复杂的经济政策的官僚机构也必须是复杂的。的确,我不会接受这些结论。我之所以不相信,法律、宪法和经济制度必然是错综复杂的,仅仅是因为世界经济超越了单个人或者单个群体的理解能力。如果复杂是一个优点,那么,上帝就不会赐予我们十条戒律,而是千条万条戒律。

罗伯茨:复杂和精英操纵概念是凯恩斯经济学的支柱之一,难道不是吗?我说的是凯恩斯学派的宏观经济学。

勒曼:当然。假神父个个高深莫测,而且还会杜撰一些不能为平民百姓理解的深奥、晦涩的教义和教理,而真神父则平易近人、坦率真诚。金本位制的奇迹之一就是在过去没有发生世界大战和贸易战的岁月里一直运行良好——对于任何政治或者经济制度来说都是最佳、最简单的检验手段。而且,黄金货币也能被劳动人民——他们没有经验丰富的会计师、经济学家、律师和投资银行家与美联储对话并帮助他们处理金融和税务事宜——所理解,数量也由他们自己控制。

现在,我们回到您原先提到的问题。金本位制就是由于公平、实用和简单的原因而被正确地写入了共和党的竞选纲领。以黄金为基础的货币是一种民主的货币,也是一种自由民众可以控制的货币,而不是由美联储控制的货币。

里根总统在他的多次演说中已经为这种新的货币政策设定了议事日程。请别忘记,就是里根总统希望让事情简单明了,就是他表示要把经济方面的权力交还给人民。他还表示,我们必须平衡预算,降低边际税率,解除对美国生活的管制,并且——这一切都是为了——创造一种币值稳定的美元。所以,我并不认为在我现在所说的话中有任何独到的东西。这些都是总统的经济政策。依我之见,经济政策的核心部分就是货币本位制。

罗伯茨:我想,他的一个非凡才能似乎就是能够把不同数量的理论组合在一起,而在保守的经济学界,你们正争得不可开交。里根似乎在这方面已经超凡脱俗,从每一种理论中选取他想要的东西,而他提出的总体计划几乎与您现在所说的东西完全一致。

勒曼:是的。他肯定明白——他其实是这种思想的先导者——你们必然想要一种无所不包的经济政策,并且必须努力把它作为一个整体付诸实施,而不能零打碎敲。在1980年的历次施政演说中,他明确表示肯普—罗斯法案非常重要,但并不是一种充分的补救措施。他还非常明确地指出,平衡预算也很重要,但就是过去被共和党作为宗教来奉行的平衡预算也无济于事。不同于某些撒切尔夫人的支持者,他明白光靠货币政策成不了事。

货币学派的货币法则处方,由于中央银行试图用它来确定长期货币供应量的某个特定增长率,因此可能是一个重要的想法,但即使它能发挥作用也仍不充分。

换句话说,里根总统已经表示,货币学派的想法相当不错,肯普—罗斯法案的支持者们的想法也很好,平衡预算的支持者们——全美纳税人联盟和参议员斯特罗姆·瑟蒙德(Strom Thurmond)——的想法都很好。但是,问题在于他们的全部想法只有合在一起才能成为作用够大的政策,这就是我于1980年6月在《华尔街日报》上撰文所说的东西。

罗伯茨:有些供给侧政策的支持者常常忽视在联邦层面削减支出的必要性。您认为,这是一个原则性问题,或者只是一种政治策略?

勒曼:我觉得两者兼而有之。少数著名经济学家,既有供给学派的,也有货币学派的,相对而言不怎么在乎预算赤字的规模和趋势。有些货币学派的经济学家无视赤字问题,他们相信只要妥善执行,货币政策单独就能征服通货膨胀。有些供给学派的经济学家相信试图削减联邦政府支出的想法"并不明智"。他们表示,这是一种糟糕的政策,不会取得成功。

罗伯茨:您不赞同?

勒曼:肯定不赞同。

罗伯茨:弗里德曼认为,并不是预算赤字本身重要,而是联邦支出相对于国民生产总值的规模重要。您对这个观点有何高见?

勒曼:我觉得,他这么认为也有一定的道理。联邦政府支出相对于国民生产总值的规模确实很重要,它代表了实际税负。联邦政府的直接和担保借款需求相对于国民储蓄的规模也同样重要。不过,我还是认为,联邦赤字和联邦信贷需求规模本身也很重要,但最重要的是,联邦赤字的弥补方式,这是绝对重要的。

罗伯茨:您好像原则上同意平衡预算的观点。

勒曼:是的。行政和立法部门不守纪律和无节制的财政行为导致了不平衡的预算。我原则上赞同现有税收水平下的平衡预算纪律,因为不平衡预算的经济影响无论相关理论怎么吹嘘,从长期看几乎总具有破坏性。政府赤字会占用并耗费私人储蓄资金。如果不能增加可用于企业投资的私人储蓄,那么,经济必然会摇摇欲坠。

罗伯茨:您就不认为,弗里德曼在这一点可能是想说,万亿级的经济出现百亿级的预算赤字,不会产生任何影响?

勒曼:就这个确切的例子而言,我可能会表示同意。万亿计的经济出现百亿级的预算赤字是算不了什么,但问题是我们的经济有27 500亿美元的国民生产总值和600亿美元的赤字,如果加上预算外筹资、联邦借款、债务担保计划以及州和地方政府借款，那么，今年的政府借款差不多要达到1 500亿美元。这才是真正的政府预算赤字！要占到国民生产总值的5％～6％，堪比撒切尔治下的英国政府赤字。而个人储蓄大约只有1 000亿美元。可就是没人关心这个问题。

有经济学家表示，我们的赤字只占国民生产总值一个很小的比例。他们错了，他们常常错误地拿我们的"小赤字"与德国和其他国家的"大赤字"做比较。然而，正确的算法应该是，真正的赤字加上联邦信贷需求。这样一来，我们的预算赤字就能与德国和英国的预算赤字一比高低了。

顺便说一下，目前企业部门也出现了赤字。严重的预算赤字和巨大且不断增加的联邦信贷需求几乎在任何条件下都肯定具有破坏性的原因，是非常简单明了的。政府涉足资本市场出售自己的证券，从资本市场拿走了数量相当于政府赤字和其他联邦信贷计划的储蓄资金。

政府必须有钱支付它的合同账单，并且履行法定的财政承诺。鉴于支出问题的规模，我在1980年11月向戴夫·斯托克曼（Dave Stockman）推荐了一份国家经济应急报告，只是想利用立法部门为了平衡预算而采用的预算推迟和撤销程序。从迅速平衡预算的角度看，推迟和撤销程序是可供国会和总统动用的适当的法律手段。

现在，如果政府支出缩减到现有税收的水平，那么，经常账户和资本账户可能就绝不会出现赤字。储蓄资金可以仍然留在资本市场上供企业以较低的利率借贷，企业就可以利用这些储蓄资金进行新的资本投资，购置新的机器、设备和技术，建造新的厂房，开展新的研发项目，生产新产品，最重要的是创造新的工作岗位。这样，我们就能把日本人和德国人统统甩在身后。

我们在某些领域相对于日本和德国不再具有竞争力的原因之一，就是我们不能提供充分的储蓄来实现工厂现代化和满足我们贪得无厌的政府。

由于以下三个原因，德国和日本能够提供充分的储蓄，既能满足大政府弥补赤字的需要，又能满足新的厂房和设备投资的需要：(1)他们的货币比较稳定；(2)他们支付较高的税后实际储蓄回报；(3)美国资助他们的国防。如果我们希望快速增加储蓄，那么就应该尽快做到前两条。我们正在丢失我们遍布全世界的市场，把它们拱手让给了那些有巨额储蓄用于工业现代化和前瞻性发展的国家。

我们的联邦政府在让美国的工业"挨饿"。

我觉得，劳动力人均资本投资（储蓄）额与一个国家平均生活水准之间的相关性是整个工业革命史上令人印象最深刻的一个统计学概念。在我看来，每个发达工业国家的生活水准提高速度直接与支持劳动力就业的可用储蓄量成正比关系。日本和德国有远高于我们的劳动力人均资本投资额。他们有较多的储蓄,是因为他们的税后实际储蓄回报比我们高。

罗伯茨:说到日本和德国,我从您关于恢复金本位制的谈话中知道,您当然反对现行的浮动汇率制。除此之外,对于美国在国际经济中的货币和金融交往,您有什么其他新的设想?

勒曼:首先,全世界只有一个经济,那就是一体化的世界经济。区分宏观经济和微观经济以及区分国内经济政策与国际经济政策的做法都是愚蠢的。

华盛顿、巴黎、伦敦、波恩、东京的经济政策制定者们,经常生活在一个他们自己想象的世界上,他们在那里为自己国家的经济制定独立自给式的政策。其实,根本就没有这样的事情。一个国家的价格通过套利机制,是与其他每一个国家的价格不可分割地联系在一起的。今天的世界经济是一个单一经济,在很大程度上已经充分一体化。但我相信,这种开放是好事,它不但能促进个人自由最大化,而且还会刺激商品和服务生产最大化——尤其能造福于国内不那么富裕的人群和国外欠发达国家。

我们不可能只顾及本国利益推行某种货币政策,无论这种政策如何连贯和全面,除非它有利于与之密切相关的国际货币体系的稳定。由于这个原因,相关历史和研究都告诉我们,最好的政治制度——最好的国际协调机制,在全世界长期实现物价水平合理稳定的机制——就是国际金本位制。一种由法律规定的可兑换黄金货币不同于纸质储备货币,政府无法为了制造不公平的交易机会,轻而易举地通过货币贬值和升值来进行操控。

黄金货币是一种公平的统一货币。黄金不同于政府发行的纸币,是不受本国货币当局控制的资产。黄金不同于纸美元,它的生产不可能听凭政治家和中央银行家摆布。创造一种好的货币,除了资本和智力以外,还要下真功夫。过去,黄金已经在全世界造就了长期相当稳定的物价水平。

不是普通劳动者,而是那些推测浮动不定的国内外纸币价值——常常因德国而不是法国或者美国的"实际"投资成本而感到困惑——的投资者和企业经营者相信,不同国家的黄金货币相对于其他国家黄金货币的价值从长期看是稳定的。因此,国家之间的长期投资和贸易承诺能够有把握地得到保证,从而促进 体化世界经济的效率和财富的提高与增加。

更重要的是,几个世纪以来,黄金的购买力保持稳定,就如加利福尼亚大学雅斯特拉姆(Jastram)教授明确无误地证明的那样。雅斯特拉姆教授的《黄金常数》证明,古代贸易商和零售商早就领教了黄金购买力的稳定性。

从长期看，黄金的购买力比任何一种可作为本位币的大宗商品或者产品都要稳定。这就提出了另一个值得关注的问题。

今天，我们常听说黄金在过去是一种很好的本位币，但如今黄金的价格波动太快、太猛，已经不是稳定的本位币了。其实，真相是并非黄金的价值不稳定。从长期看，历史证明用实物商品和服务计算，黄金的购买力相当稳定。黄金价格之所以波动，是因为被操纵的纸美元和信用美元的价值波动不定。

事实上，通货膨胀本身的含义就是纸币的价值下降，而用纸币计价的实物商品和服务的价格上涨。纸币不同于商品本位，在政客和官僚手中会变成不稳定的政治皮球。

罗伯茨：您在建议恢复金本位制时，难道就没有因为有人指出今天两个主要的黄金生产国是与我国敌对的苏联以及前途未卜的南非而感到不安吗？他们这么说，您就一点也不感到讨厌？

勒曼：请别忘记，我前面说过金本位制是一种政治制度。金本位制由于是一种人类社会的制度，因此肯定是一种不完善的制度。它的效用在于它是缺陷最小的自由政治制度，能够赋予一种货币长期的合理稳定性。南非和苏联是两个主要的黄金生产国这个事实，基于以下原因会引起一定程度的不确定性，而不会引起非常大的不确定性。首先，在实行金本位制的历史上，总有某些产金国在某个时候对金本位制居心不良。然而，金本位制都容忍了它们的敌对情绪，并且好于当代货币制度履行了它的经济职能。其实，历史上金本位制只是由于世界大战、过度的贸易保护主义或者自我为中心的货币操纵而发生过故障。有些自由经济制度能够渡过仇视外国人的排外时期而幸存下来。事实上，我是想说，金本位制意味着对这种自给自足状况、对消除这种自给自足状况以及对国家之间经济和谐的渴望。

在第一次世界大战之前，南非黄金大发现并不足以扰乱西方世界货币可兑换制度的稳定。那个时候，物价水平每年大概上涨2%或者3%。您会认为，我们的祖辈会把这种缓慢的物价水平上涨叫做通货膨胀吗？

19世纪70年代德国从银本位制向金本位制的过渡，虽然对德国经济产生了巨大的影响，但仍不足以扰乱以真正的金本位制为基础的世界货币体系。在美国国内战争期间和以后——从1862年到1879年，"美钞"这种纸美元不能按面值兑换黄金。

虽然美国当时在世界经济中已经占据很大的权重并具有一定的重要性，但美国的国内战争并不足以扰乱西方文明金基货币制度的稳定。所以，在每个实行金本位制的时代总有一些国家没有完全——无论某些批评南非的人所说的在道德观念上,还是我所说的苏联在道德观念、经济和政治上——融入世界经济最发达工业化部分的货币体系。

罗伯茨:您是否期待未来能重新实行金本位制?如果爆发战争或者恐慌,会出现什么状况?

勒曼:我先来回答您的第二个问题。金本位制不会以任何形式制约国会和总统对付实际战争威胁的自由,其实还能帮助他们来应对战争威胁。

金本位制通过确保美元的未来价值来增加储蓄。为了重建我们的国防或者备战,政府必然会向民众发售国防或战争债券,以换取他们手中的储蓄资金。黄金美元鼓励民众储蓄,并且在国家处于紧急状态时安全地把钱借给政府。

我认为,欧洲国家政府在1914年废弃他们的黄金货币是一个致命的错误,因为他们的人民减少了储蓄,政府要靠印钞机和通货膨胀来筹措战争经费。这种通胀性战时金融毁灭了沙皇俄国和德意志帝国,并且在1926年差点葬送了法国。

在金本位制下,我们必然会始终保持审慎的黄金储备水平;而在发生恐慌时,应该满足任何人想把纸币兑换成黄金的愿望。如果每个人的这种愿望都能得到满足,那么,恐慌当然会很快得到平息。在爆发全面战争或者激烈的全球贸易战的条件下,没有一种货币制度能够幸存下来。发生这种事情,无论如何都不是金本位制自身的缺陷造成的。只有人性的缺陷才有可能导致全面战争。

罗伯茨:如果苏联人突然向市场倾销大量黄金,那么会出现什么情况?

勒曼:在真正的金本位制条件下,目前的黄金产量相对于黄金存量是那么的小,因此,苏联甚或产量要大得多的南非都不可能影响金本位制的稳定。苏联每年生产800万~1 000万盎司的黄金,目前私人和官方的黄金持有量要超过20亿盎司,官方货币机构大约持有其中的10亿盎司。现在,正如您能看到的那样,即使苏联人在世界市场上倾销他们全年生产的黄金,也能够被轻而易举地吸纳。

苏联的黄金就如同海洋里的盐分,只不过占到世界官方黄金储备总量的1%而已,还不到世界黄金总存量1%的一半。这个事实也说明了黄金是最佳货币本位的原因之一:任何一年的新产黄金总量只占现有黄金供给总量的很小一部分。鉴于一般黄金需求状况和金本位制条件下的特定需求状况都比较稳定,因此,新产黄金货币的总价值不可能大幅度打压全部现有黄金供给总量的价值。

黄金市场上的这些条件或者状况独一无二,这也是所建议的其他货币本位不那么令人满意的原因。任何一年任何其他大宗商品或者大宗商品"篮子"的新供给量相对于它们的现有存量而言都非常大,石油、银、铜、铝、木材、贝壳、生猪和煤渣砖的情况都如此。

即使南非人也在世界市场上倾销他们全年生产的黄金,也每年只能大约增加 2 000 万～2 400 万盎司的黄金而已,大概只占世界官方和私人黄金总存量的 1%,大约相当于官方持有黄金存量的 2%。简直就是九牛一毛!

金本位制的技术意义就是实行金本位制的国家都可做好准备按官方价格买卖黄金。如果美国及其盟国都决定建立这种新的货币制度,那么,即使南非抽走它生产的全部黄金——这个相对较小的数额只相当于世界全部黄金存量一个很小的百分比——也坏不了大事。相反,实行金本位制的国家能够轻而易举地吸纳全部相对较小的新产黄金销量。

罗伯茨:假如里根总统采纳您的建议,并且努力推进恢复金本位制的工作,他怎样才能以一种导致最小混乱并有助于他的其他计划执行的方式做到这一点?

勒曼:首先,他必须改革我国的货币制度,并且把这作为他的总体经济计划的组成部分,而且还必须把币制改革与前面我们已经谈到的税收、预算和监管计划联系在一起。币制改革可以在总体计划的其他部分付诸实施后不久推行,但必须在时间和政策上与里根计划的其他部分衔接好。

例如,我们可以想象,里根总统很快就会看到他的经济改革计划成功地在国会获得通过。让我们称这份计划为保守的改革计划。这份计划包括他在 1980 年 9 月和 1981 年 2 月的演说中精心安排的内容。总统经济计划的目标就是要恢复经济持续增长和物价水平稳定。

为了消除通货膨胀,可推行的最重要货币改革可能就是确定美元的黄金重量单位。恢复黄金美元具有历史性的意义。里根总统可能会指出,自从美利坚合众国建立以来,黄金货币是我们美国人的传统基础货币。我想,他也一定知道这段历史,因为他过去也经常思考和讨论恢复金本位制的可能性,但据我所知,他从未正式承诺执行这样的计划。

现在,里根总统怎样才能推行这样的计划呢?首先,他可能会安排研究美国和工业化世界的金本位制历史,然后安排研究创建一种币值稳定的美元——一种未来购买力有可靠保证的美元——的重要理由。他可能会着重强调,币值稳定的美元,对于重建一个竞争力强劲的国民经济来说,是一种至关重要的激励因素,也是为充分增加私人储蓄所必需的一个先决条件。在货币未来价值受到怀疑的情况下,货币储蓄就会枯竭。

其次,里根总统可能会安排研究以往各种失败的稳定可兑换货币的替代方案——凯恩斯主义信贷政策和货币主义方案。我们可以断定,只有传统的货币政策——规定美元的黄金重量单位——在过去曾经确保了美国货币合理的购买力稳定性。一种基于黄金的货币就能在未来做到这一点,而里根总统则能够信心十足地预见到这一点。

我认为,了解历史非常重要。西方世界的发展史,以及美国从一个由13个不同殖民地组成的弱小国家,发展成为一个世界强国——地球上最伟大的国家——的历史,是与国际金本位制和黄金美元的历史联系在一起的。

请别忘记,这13个殖民地在颁布美国宪法之前只有一种不断贬值的不可兑换的纸币——"大陆币",这就是"不值分文"("Not worth a continental",直译可译为"不值一个大陆币")这个词组的由来。在实行宪政之初的18世纪90年代,以及在我国被誉为共和世界强国鼎盛时期的20世纪50年代,我们采用一种硬通货、一种健全的美元、一种像黄金一样坚挺的美元,我想这不可能是一种巧合。

不管怎样,总统可能会宣布他恢复美元可兑换黄金——恢复黄金美元——的意图。从目前不可兑换的纸美元制到实行金本位制的过渡期,或许可确定为2年。如果,比方说,在1982年1月做出这个承诺,我们就可以开始过渡,那么到1984年1月就能实际恢复美元的可兑换性。

1984年1月可能就是美国政府和银行准备以一定量的黄金赎回纸美元或者银行存款美元的日期。在这个过渡期里,除了创建一种明确的平衡预算趋势以外,美联储可能必须实施谨慎而又稳定的信贷政策。这种信贷政策不能漂浮不定,也不能过度扩张。美联储的信贷(它的对应物基础货币)总值必须以一种可预测的稳定速度增长,这种速度不同于弗里德曼教授推荐的货币供应量增长速度。

罗伯茨:您是在要求美联储在这方面做一点此前它从未做过的事,对吗?

勒曼:哪里。要不是战争,美联储在它创立后的前58年——从1913年到1971年——里始终都是在国际金本位制的约束之下运行。在美国政府和美联储执行一种与保持经济开放和美元可兑换性相符的信贷政策期间,美元的币值相当稳定,物价水平也是如此,美国经济几乎没有遭遇通货膨胀。

在1929年政府以强制推行贸易配额制和开征贸易关税的方式公然藐视国际金本位制规则时,我们在20世纪30年代遭遇了通货紧缩;而在美联储和联邦政府执行过度扩张的政策以后,我们在60年代和70年代迎来了通货膨胀。美国的高通货膨胀始于1972年,就在1971年8月美元暂停兑换黄金后不久。请注意一下此后不久的黄金价格走势图和不断加剧的通货膨胀的指数曲线。

事实不可否认。

罗伯茨：您可以谈谈恢复金本位制的想法吗？

勒曼：我想说的是，美联储以往是在一个美元依法可兑换一定量的黄金——并且必须维持美元法定价值——的框架下执行它的货币政策。

我们的中央银行美联储知道，倘若过度扩大货币供应量，所谓的美元—黄金的兑换率就无法维持，而美元的价值就会下跌。而且，它也清楚，倘若不供应市场实际所需的信贷和货币数量，那么，物价水平就会下降，而货币价值则会上涨。

所以，我要说的就是美联储过去是在执行一种受金本位制约束的信贷政策。本届政府也应该接受金本位制的约束，而且也应该在金本位制的约束下执行信贷政策。

罗伯茨：可是，从"二次大战"结束到1971年期间，美元与黄金的联系要比您在谈论恢复金本位制时说到的它们之间的关系脆弱。

勒曼：没错，美元与黄金之间的这种脆弱关系是由所谓的金汇兑本位制或者美元储备货币制自身严重的缺陷造成的。第二次世界大战以后的美元—黄金关系是由1944年签署的布雷顿森林协议确定的。布雷顿森林协议允许签署国拿自己的货币与纸美元而不是黄金挂钩。这种制度不是一种真正的金本位制，而是一种有缺陷的基于储备货币的固定汇率制。因此，这种制度注定是要失败的。美元必须结束这种储备货币的地位，因为这种地位既是阻碍我们前行的负担，又是我们的贸易伙伴指责我们享受的不适当特权。

此外，美国人不能用他们手中的纸美元兑换黄金，只有外国人可以用手中的美元兑换黄金。在一种真正的国际金本位制下，我国和外国的货币本位都不能是纸美元，而且黄金买卖不受任何限制。储备货币不应该由纸美元来充当，而应该是一定量的黄金。黄金不同于国内纸币，它不能用印钞机印制，也不能通过中央银行的信贷市场业务创造。黄金货币既不会快速贬值，也不会被主权国当局操纵。

罗伯茨：坦率地说，您是否认为还有任何其他大宗商品能够履行与黄金相同的职能？

勒曼：历史上，很多不同的大宗商品都充当过本位币，但这些本位币无一不是很快就以失败而告终。除白银以外，它们都颇具戏剧性地失败了。我们有贝壳的例子，还有殖民时期维吉尼亚烟草的例子，还有海岛文化中的石块例子。而且我们还有混合本位制，也就是复本位制的例子。

有趣的是，在西方历史上，由于自由人能在世界市场上自主决策，因此，黄金通常是作为通用的最佳本位币出现的。凡是能够自由选择货币的人都会选择黄金。历史学家、经济学家和经济理论家常常认为，选择黄金作为本位币是冒险之举；实际上没有任何基本的经济现实促使我们去这么做。这就是我们这个时代最伟大经济学家之一的约翰·梅纳德·凯恩斯称金本位制为"野蛮遗存"的原因。他并不了解黄金独一无二的特性，当代著名的经济学家也忽视了黄金独一无二的特性。现在，去除黄金本位神秘色彩的时机已到。

实际上，黄金能成为具有历史意义的现代本位币的原因有两个。首先，在自由市场上，自由人决定由什么来充当货币。不是当局，而是自由人决定什么物品值得信赖并可把它作为货币来接受。在过去的几个世纪里，零售商、消费者、贸易商、生产者逐渐选择了黄金铸币（即黄金货币），并把它作为最合意的货币。他们没有花哨的理论来证明这种选择的合理性，只不过是随着时间的推移，黄金显示了某些其他交换媒介都没有的稳定属性。仅仅是在政府通过法定货币法律禁止黄金货币流通以后，黄金才悄然隐退。

现在，如果您考察黄金被自然选为货币的基本经济原因，那么就会发现黄金具有一些特殊的货币属性，而这些特殊的货币属性是市场上其他大宗商品都不具备的。

让我们现在简单谈谈这个问题。生产经济学认为大多数大宗商品和产品通常都有规模经济，即单位产出的生产成本随着时间或者更确切地说生产规模的扩大而下降。今天，如果在现代经济中采用一种商品货币，那么，当局和银行就会用一定量的流通纸币（或者存款）来替代等量的商品货币。

现在，如果本位币是猪肉，就如同弗里德曼教授滑稽地建议的那样，或者是煤渣砖，就像具有开拓精神的政治经济学家裘德·万尼斯基幽默地建议的那样，那么就会有人到货币当局和银行用一定数量的纸币兑换一定量的猪肉或者煤渣砖。

今天，猪肉的产出容易受到大批量生产规模经济特点的影响。创业者和创新者将会不断改进猪肉的生产技术，从而把他们的猪肉生产成本降低到现有市场条件下的最低水平。煤渣砖是制成品，煤渣砖的生产甚至更容易受到规模经济的影响。

现在，我们来设想一下，货币当局受到纸币兑换成商品本位币——猪肉或煤渣砖（或者所有据我们所知或多或少要受到批量生产技术和边际成本递减影响的其他商品或产品）——的法定兑换率的约束。

企业家将不断发现能降低这些商品本位生产成本的技术，并且会迅速由于单位成本递减而导致这些货币本位生产过剩。他们拿自己大量生产的商品本位币以固定的比率向货币当局换取更多的流通货币。这样,当然会引发通货膨胀,即通货过度扩张并且贬值。

规模生产技术或者潜在的快速探索和发现率,几乎是全部市场有卖的商品的共同特点。但是,黄金并不十分容易受到生产规模效应的影响。

历史上,黄金生产并没有每盎司新产黄金边际生产成本递减的特点。从长期看,多生产1单位黄金的边际成本通常高于或接近于平均成本。

黄金生产技术得到明显的改进过去需要几个世纪,现在也大约需要一代人的时间。通过特殊的开采技术——水蛭吸金、露天开采、投入大量的资本设备、采用新发明的方法勘采——来增加黄金产量的做法既没有提高黄金发现的速度,也没有扩大规模生产效应。黄金生产并没有铜或银等其他金属所具备的生产成本递减或者供给快速增加的特点。

黄金生产领域也有发现与创新,但速度较慢,在金本位制下从未导致物价水平持续上涨超过3%——与目前的浮动美元相比,只能算是非常温和的通货膨胀。

在过去的数百年里,黄金产量年均增长率——由于其独特的低发现和难生产状况——而一直在1.5%~2%的水平上徘徊。有著述认为,黄金具有弹性很低的供给曲线和理想的货币本位特点。

在这里,我们可以审视一下我的货币学派朋友提出的3%~5%的货币增长法则。依照弗里德曼教授发明、供中央银行相机决定是否遵守的货币法则,黄金本位会自动根据基本经济现实的性质来调节供给。

您能看到,从长期看,流通中的黄金数量以稳定的速度增加。事实上,这也解释了数百年来各行各业和各个阶层的自由民本能、明智地把黄金作为货币本位的原因,因为黄金的供给状况趋向于与长期人口和经济增长相同速度平行增长,从而保护了黄金的购买力。

在所有潜在的商品本位中,黄金还极佳地展现了另一个独一无二的特点——黄金是测度经济价值的一种极好标准。从长期看,黄金生产的资本和人类劳动使用率相对比较稳定,黄金生产就像一种动态测量资本和劳动力相对生产率的仪器。由于这个原因,黄金货币是市场有需求的其他所有需要资本和劳动力来生产的经济品的最佳价值尺度。

罗伯茨:不过,实行金本位制的国家有时不也发生通货膨胀?

勒曼:如果您是说在实行金本位制的时期里,物价水平也出现了非常温和的上涨或者下跌,那么确实如此。但在金本位制下,从来没有出现过任何像20世纪70年代那样的持续走高的长期通货膨胀——没有发生过任何可与现在和过去纯纸信用货币制度下出现过的持续两位数通货膨胀相比的通货膨胀。

即使在采用商品货币制的早期,情况也是如此。例如,在 16 世纪的"价格大革命"时期,欧洲对新世界的很多金矿和银矿进行了大肆掠夺,与现在相比也只能算发生了温和的通货膨胀。

罗伯茨:那么,20 世纪 60 年代末的美国呢?

勒曼:请不要忘记,我们在 1934 年对内放弃了金本位制,又在 1968 年 3 月对外"事实上"放弃了金本位制。

罗伯茨:我认为,这其实在某种程度上一直延续到了 1971 年。

勒曼:只不过是形式上而已。1968 年 3 月,美国决定退出根据需要以固定价格向世界市场供给黄金的伦敦黄金总库。1968 年 3 月,林顿·约翰逊(Lyndon Johnson)总统废弃了这个直到那时始终支撑着布雷顿森林货币协议的黄金金库。1971 年 8 月,尼克松总统正式依法废弃了国际金本位制的最后遗存。

不管怎样,20 世纪 60 年代初,通货膨胀率平均不到 2%。越南战争爆发以后,通货膨胀率一路上涨到了 3% 以上,并且一直延续到我们最终完全放弃美元可兑换性的 1968 年和 1971 年以后。1971 年以后,通货膨胀率一路上涨,结果涨破了 5%,而且此后仍持续走高。现在,连续两年通货膨胀率平均高达 12%。

如果说历史学家把 16 世纪接近 3% 的年均通货膨胀率称为"价格革命",那么,我真想知道他们会把美国过去 10 年的通货膨胀称为什么!

当然,我的观点是,如果我们基于某种实物商品设定货币本位,那么,就不可能出现严格意义上的长期通货膨胀。在其他时期可能会出现物价水平温和下降的趋势,具体取决于商业周期状态。真正的金本位制会显示一种"回补现象",总是使物价水平趋向于稳定、划一。在金本位制下,物价温和下跌时期(1875～1895 年)最终导致了温和的通货再膨胀(1985～1914 年)。顺便说一下,这两个时期都是美国经济增长时期。

罗伯茨:我想,刚才我打断您时,您是在谈我们恢复金本位制的方法。您能重拾这个话题吗?

勒曼:当然可以。由于我希望里根政府有意愿降低边际税率、平衡预算和解除对美国人生活的管制,因此,我毫不怀疑,有了这样的领导人,我们在两年以后就能恢复金本位制。现有税收水平下的预算平衡、税率调低和金本位制的恢复将使我们的经济随着相当稳定的物价水平持续增长。

如果总统愿意的话,他可以宣布,2 年之内,他可以向国会提交一份规定美元可兑换黄金的法案。事实上,黄金没有任何"价格"。确切地说,是给美元重新规定一个黄金重量。要给美元规定黄金的"价格"或者重量可能在很大程度上要受到金本位制恢复日之前市场状况的影响。纸美元的黄金价格现在已经差不多是 1 盎司 500 美元（1981 年 3 月）。2 年以后，纸美元的黄金价格自然要反映这个特殊时期的黄金供给和需求以及所有其他商品的相对供给和需求状况。

不过，由于总统宣布这一重大消息，黄金价格会大大减少现在包括在纸美元黄金价格中的通货膨胀预期因素。到时候，全体市场参与者都将明白，随着美元兑换黄金制度的恢复，纸美元币值的波动将成为历史，因此，用纸美元表示的黄金价格的波动也将成为历史。

金本位制可被看作一种消除一般的愚蠢货币投机和具体的黄金投机的手段，这就是为什么说恢复金本位制是一种完全不同于被某些人混淆为"黄金虫"活动的事业。"黄金虫"是一些明白纸货币和信用货币发行过量的人，因此，黄金虫就是黄金投机者，他们投机做跌纸币。

黄金本位的一个优点就是取缔非生产性投机，并且把这种投机活动遣返到为市场生产实物商品和服务的领域。渴望建立金本位制，就是渴望终结这种非生产性货币价值投机活动。一个大国的货币本位必须尽可能像永久不变的 36 英寸标准尺度。真正的货币必须是一种相当可信赖的经济价值衡量尺度和可靠的贮藏手段。这也是为什么说"除了恢复国际金本位制外，我不相信我们国家的任何经济计划有可能实现我们所期待的美国复兴"的原因。国际金本位制是一种适应和平、开放和不断发展的世界市场秩序的独一无二的货币制度和主权象征。只有美国作为西方的领袖有实力建立和维持一种资本主义世界市场秩序。让我们继续掌握自己的命运吧！

百分之百的金本位制：一种货币制度改革建议

约瑟夫·T. 萨勒诺

引言：当前有关黄金的辩论

1981年10月26日，联邦黄金委员会召开了自它于1981年6月22日在美国财政部的支持下成立以来的第三次会议。[1]联邦黄金委员会由7名杰出的经济学家、议员、企业家和里根政府官员组成，负责研究和报告在美国货币制度中赋予黄金更大作用的可行性。保罗·麦克拉肯（Paul McCracken）教授是联邦黄金委员会的主要成员，曾担任过前三任共和党总统的咨询顾问。他在联邦黄金委员会于6月16日召开的会议上发言表示，联邦黄金委员会正在进行75年来第一项由政府主持的认真的货币制度研究。当然，更重要的是，该委员会的研究主题是金本位制。[2]

就近在20世纪70年代初，设立一个政府机构认真研究恢复金本位制的利弊，可以说是想都不敢想的事情。在第二次世界大战结束后的岁月里，绝大多数的经济学家和经济政策制定者以及广大民众越来越把黄金看作是从前野蛮时代的一种遗存，并且认为黄金已经不适合在一个现代工业经济体里履行货币的职能。经济学界内外极少数的金本位制支持者，当时被视为迂腐到无药可救的经济尼安德塔人或者黄金这种特殊崇拜物的奴隶。

然而，世界经济的最新发展促使我们重新对目前仍在流行的黄金观进行深刻的思考。具体来说，慢性滞胀这个冷酷的现实早在20世纪70年代初已经席卷北美、西欧和日本等市场导向型经济体，而且已经令正统的凯恩斯主义需求管理型财政和金融微调政策束手无策。此外，这次经济滞胀的特征就是两位数通货膨胀与达到衰退水平的失业前所未有且令人痛苦难忍地结合在一起，这种现象无法在课本上的凯恩斯主义理论框架内得到解释。因此，最近出现了一种与凯恩斯学派的宏观经济稳定政策主张彻底决裂并寻求其他替代方法的趋势，就不足为奇了。

米尔顿·弗里德曼和"货币学派"提出了这样一种替代方法,他们认为货币当局应该采取一种"稳定且可预测的货币数量增长规则"。但在英国,玛格丽特·撒切尔夫人大肆宣传的旨在实施货币主义计划的努力导致货币数量非常不稳定地增长,并且还伴随着物价持续、缓慢的螺旋形上涨和自大萧条以来从未有过的失业率。例如,1980 年,货币供应量的增长率经历了大幅度的波动,货币供应量第一季度的增长率按年率计是 10%,到第二季度跌到了 -4.1%,而第三季度和第四季度又分别上升到了 11% 和 17.8%。这一年的货币供应量增长率平均达到了 8.4%。[3] 这种货币性通货膨胀的影响就是导致消费品零售价格上涨了 12.7%、工业批发价格上涨了 10.9%。[4] 在这期间,随着实际国内生产总值和就业在 1980 年头三个季度分别以 3.4% 和 4.1% 的年率下降,英国经济更深地陷入了衰退。[5]

美国的故事在很大程度上相同。1979 年 10 月,美联储公开宣布了它不打算为了采用货币学派开出的处方来维持稳定的货币供应量增长率而继续努力控制利率的意图。虽然美联储在这方面的努力并没有导致滞胀症状的显著减轻,但它还是发现了自己的这个任务近来由于货币供应量增长率的不同测量指标传递了不同的信号而变得无比复杂。譬如说,虽然 M1-A 和 M1-B 都表明货币供应量增长严重不足,甚至在从 1981 年 4 月 1 日开始的 4 个月里出现了负增长,但 M2 在同期却以 7.2% 的年率增长——完全在美联储这个货币总量的增长目标区间内。[6] 事实上,在 M1-B 增长率(调整变动后)低于其目标区间的 7 月和 8 月里,M2 的增长率实际超出了它的目标区间。[7] 结果,虽然像米尔顿·弗里德曼这样关注 M2 的货币学派经济学家认为,美联储应该维持甚至降低货币供应量的增长速度,但财政部副部长贝利尔·斯普林克尔等其他人士却更加关注 M1-B,并且指责美联储执行了过紧的货币政策,有可能导致经济衰退。[8]

就是这种凯恩斯学派和货币学派的方案在减轻我们目前的经济不景气方面遭遇的明显失败,导致支持恢复金本位制的呼声不断高涨,使我们能在新一轮宏观经济稳定政策的辩论中听到一些赞成恢复金本位制的意见。

虽然新的金本位制的支持者们绝非一个统一的学派,但他们中的一些最著名人士常常与"供给经济学"有关,其中包括阿瑟·拉弗、裘德·万尼斯基、乔治·吉尔德、欧文·克里斯托尔、众议员杰克·肯普和罗恩·保罗(Ron Paul)、参议员杰西·赫尔姆斯(Jesse Helms)和罗杰·W. 杰普森(Roger W. Jepsen)甚至处于总统竞选前期阶段的里根总统。其他加入供给侧运动但关系没有那么密切的人士有著名的货币学派经济学家罗伯特·蒙代尔(Robert Mundell)和商人、作家刘易斯·勒曼。

然而,恢复金本位制的支持者并不限于供给经济学的追随者。一种基于黄金的货币本位也受到了很多"主流"理论经济学家的好评。例如,受人尊敬的货币理论家罗伯特·巴罗(Robert Barro)在他最近完成的一项研究中断言:

"关于法定货币制度,商品本位的一个关键元素就是它的潜在自律性以及随后不用对货币数量和价格水平进行政治控制……在不同的货币制度,如黄金本位、商品准备本位或者带有确定货币数量固定规则的法定本位中进行选择,也许没有决定采纳某种货币制度重要。此外,金本位制实际流行了一个相当长的时期(即使从'历史偶遇'观,而不是制度选择过程观的角度看),而世界却还没有看到一种具有明显的'稳定性'属性的法定货币制度。"[9]

另一篇值得关注的文献是罗伊·W. 雅斯特拉姆(Roy W. Jastram)教授关于金本位制的一项历史研究。[10]最近,雅斯特拉姆在《华尔街日报》上概括地介绍了他的研究发现:

"从1792年到20世纪30年代,英国一直实行金本位制,而美国不是采用金银复本位制,就是实行金本位制。在这么长的岁月里,英美两国的物价通胀和随后的紧缩水平平均明显接近于0。结果是:英国和美国的批发价格指数到金本位制寿终正寝时仍相当于1800年的水平。"[11]

雅斯特拉姆接着又表示,这"并非不可预见,因为金本位制的自律性发挥了作用"。因此,他断言:"在货币供应量出现失控的不祥征兆时,就必须认真思考新的货币秩序,这可是长期积累的经验给予我们的启示。"[12]

人数不断增多的知名金本位制反对者开始打破沉默并加入到这场争论中来,可以被视为恢复金本位制的建议没有被忽视的另一表现。例如,在久负盛名的具有新凯恩斯主义取向的布鲁金斯基金会的支持下,国际货币制度主要权威爱德华·M. 伯恩斯坦(Edward M. Bernstein)也开始撰文反对恢复金本位制。[13]最近,圣路易斯联邦储备银行的《每月评论》这个得到广泛认可的货币学派的宣传堡垒发表了一项传统金本位制的历史学研究。[14]威廉·菲尔纳(William Fellner)关于金本位制的一篇重要研究论文被收入了由颇有影响力的美国企业学会[15]这个通常赞同货币学派政策处方的机构每年出版的最近一期的《当前经济问题概览》中。最后,包括赫伯特·斯坦(Herbert Stein)[16]、威廉·诺德豪斯(William Nordhaus)[17]和亨利·华利奇(Henry Wallich)[18]在内的一些原先和现在身居高位的经济政策制定者也纷纷在大众媒体上发表自己反对恢复金本位制的观点。

金本位制虽然重新得到了重视,但仍被披上了在凯恩斯革命时期和由凯恩斯革命开创的"新经济学"纪元里织成的几乎难以看透的神秘面纱。织成这块神秘面纱的大部分神话甚至至今没有受到质疑。结果当然是，金本位制对于大多数人——尤其是大多数受过现代正统教育的经济学家来说——仍然超越了理性探讨的范畴。事实上，许多非专业人士和经济学家一旦被问及这个问题，就会重复一些反对金本位制的看似有理的陈词滥调。结果，金本位制在每次货币政策讨论刚开始就被断然摒弃，这种状况把金本位制的支持者们置于一种严重不利的境地，因为在开始理性思考自己的政策处方之前，他们必须先得揭开其他某种制度的神秘面纱。

决心表达恢复金本位制主张的货币改革者遇到了"金本位制"这个术语本身的歧义性所造成的另一个问题。金本位制本身的歧义性是由它被宽泛地用来指称历史上多种不同的货币制度以及黄金被作为关键元素的货币制度改革建议这一事实造成的。由于这些金基货币制度远不只是在细节方面有所不同，因此，货币改革者理应——为了避免不当解释和批评而——仔细说明他们建议的"金本位制"的确切性质。

下面，我将介绍主张恢复以百分之百金本位制为代表的由私人市场选择的纯商品货币本位制的主要论点，并且还将介绍最常见的反对这种货币本位制和一般金本位制的意见。最后，我将以评述最近很多有关黄金扮演关键角色的货币制度改革建议来结束这篇文章。

为什么是商品货币

早在差不多60年前，路德维希·冯·米塞斯(Ludwig von Mises)简明提出过采用黄金作为自由市场商品货币的主张：

"采用一种商品货币的原因就是防止政治影响力直接影响货币单位的价值……黄金之所以成为本位货币，是因为黄金可获得数量的增加或者减少都独立于政治权力机构发出的指令。金本位制的显著特点就是它使货币数量的变化取决于黄金生产的利润率。"[19]

差不多半个世纪以后，就在受政府操纵的布雷顿森林体系这个伪金本位制饱受通货膨胀困扰且摇摇欲坠之际，冯·米塞斯雄辩地重申了他的论点：

"货币数量是一个重要问题。使黄金适合充当货币的特性就是政府不能操纵黄金的数量。金本位制有一种特性或者优点，那就是黄金的数量不会以纸币可增加的方式增加。金本位制的有用性就在于它能使货币供应量取决于黄金开采的利润率，从而防范由政府导致的大规模通货膨胀风险。

"政府机构、委员会、制度、办公室或国际机构等都不能以比较便宜的方式来生产黄金，这就是推行金本位制的唯一原因所在。有人总想发现某种以其他方法替代黄金这些属性的途径，但他们尝试的一切方法都无一例外地以失败告终……

"金本位制的卓越之处就在于金本位制单独就能决定货币单位的购买力不受专制政党和压力集团意愿和活动的影响。"[20]

总而言之，主张采用商品货币的理由就在于它能构筑唯一有效的防范通货膨胀的屏障。

百分之百的金本位制

在一种纯粹的商品本位制下，货币单位可能就是由市场作为一般交换媒介选定的这种商品的某个重量单位。假设市场选择了黄金，比方说1盎司或者1克黄金。把货币商品制作成买家和卖家认为可用作交换媒介的如铸币这样形式的工作可由在自由市场上为逐利而展开竞争的私人造币厂来完成。无论市场参与者偏好哪些不同的方式在他们的货币余额中持有黄金，经济中的货币总量在任何时候都严格由全部经济主体持有的黄金总重量决定。即使在一种纯粹的商品本位制下可能出现一些货币替代品，也就是在货币交易中取代实际货币商品的法定并被接受的货币债权或者主张权，情况也是如此。

在人们选择把他们持有的一部分货币存在私人钱庄或者"银行"，收取钱庄或"银行"开出的纸质收据或者支票存单，并且在需要时随时可以凭单取回自己的黄金的情况下，就会出现这样的货币主张权。如果钱庄一般都被视为有声誉的企业，那么，它们签发的收据或者活期存单就开始充当货币替代品，因为在某些情况下，个人交易者可能会觉得不实际使用货币商品完成交易费用较低。然而，使用货币替代品并没有对货币数量产生任何影响，因为它们作为钱庄的存单实际并且根据法律规定必须完全由随时有可能被取走的黄金作为"准备金"。货币替代品可能会直接替代流动中的等量黄金，而不会导致货币供应量出现净增加，而这部分被替代的黄金现在被锁在不同钱庄的地下银库里。用不太恰当但更加常说的话来说，银行被依法要求必须为它们的活期债务保存百分之百的准备金。[21]

较之于其他基于黄金的货币制度改革方案偏好百分之百的金本位制的根本原因，就是金本位制是唯一一种能把政府与货币供给完全分开的货币制度。在这种货币制度下，货币供给过程完全被私人化：黄金这种货币商品的开采、铸造、认证和储藏以及有全额准备金的银行券和存单的签发完全由在自由市场上运行的私人企业来完成。这样，纯粹的商品本位制就通过消除政府货币垄断权的全部痕迹提供一种实际能够防范通货膨胀的通货。一旦明白了通货膨胀就是因为它有益于那个成功地强占货币发行垄断权的群体或者机构——在几乎所有的情况下就是中央政府——而发生的,情况就会变得更加明了。这一点稍作解释就能明白。

在货币经济中,个人或组织能以下列两种理想的典型方式中的一种获得货币收入:通过经济手段或者通过"政治手段"。这里的经济手段是指自愿生产和在市场上交换有用的商品;而政治手段则是指没收生产者——就是那些通过经济手段获得收入的个人——的收入。[22] 税收,课征于生产者收入的税收,就是政治手段的一个例子,而且是一种所有政府经常用来敛取其大部分收入的手段。然而,无论如何从道义或者现实的角度为税收辩护,由于税收基本上都是强制性的,因此,历史上,增税几乎不可能得到公民的支持。古往今来,由于担心引发政治动乱,因此,政府都想方设法地通过其他方法来增加收入,正是由于这个原因,政府会千方百计地把法定的货币供给垄断权掌握在自己手中。因此,几乎所有的政府都要求助于通货膨胀就不足为奇了。由于通货膨胀会赋予它的实施者一种相对比较简单、无成本和稳当的搜刮和积攒货币资产的手段,一种同时又能规避与增税联系在一起的不得人心的手段,因此,政府为了增加其实际收入所要做的就是在纸上涂点油墨,而且还能免费使用私人市场生产的商品和服务。实际上,在现代银行世界,通货膨胀已经成了一个几乎不为广大民众理解的神秘过程。这一事实可很好地用来模糊通货膨胀的真正原因,并且允许政府把货币单位购买力下降和通货膨胀导致其他不良后果的责任转嫁给其他集团,如石油输出国组织、垄断企业、列强、挥霍浪费的消费者等等。

因此,凡是政府垄断发行的纸质法币都会表现出通胀性混乱的症状,就不足为奇了——就如经济中的其他群体利用政治手段(如征收关税、发放执业许可、排他性公共特许等)来增加自己的货币收入那样不足为奇。事实上,一个拥有任何经济领域法定垄断权的个人和群体必然会动用垄断权来为自己谋取尽可能大的利益,这是社会生态学研究的一种常见现象,也是一个普遍规律。说白了,政府就是一个天生的通货膨胀机构,甚至在它被剥夺货币供给垄断权之前始终是一个这样的机构。

其实,诺贝尔经济学奖获得者 F. A. 哈耶克最近已经很有说服力地指出,一直影响市场经济的宏观经济不稳定状况的重复出现是"一个由来已久的政府垄断货币发行的结果"[23]。此外,哈耶克还表示:

"历史上,没有任何人为政府垄断货币发行的现有地位进行过辩护,也从未有人以政府能比任何其他机构赋予我们更好的货币而建议由政府垄断货币发行。由于货币发行特权最初明确表现为一种君主特权,因此,总有人因为货币发行权基本上就是为政府筹集资金设立的——并不是为了赋予我们好的货币，而是为了给予政府一种通过制造货币来获得它需要的钱的手段——而建议由政府来发行货币。女士们、先生们，这可不是一种我们希望获得好货币的方法。把货币发行权交给一个受保护不参与竞争，但不断受到政治压力影响并能够强迫我们接受它发行的货币的权威机构，绝不会给我们带来好的货币。"[24]

当然，哈耶克的深刻见解是有充分的历史依据的，政府插手货币发行的历史实际上就是通货膨胀的历史。即使像威廉·菲尔纳（William Fellner）这样的法定货币和政府货币政策的坚定支持者最近也很不情愿地不得不承认，"法定货币在任何历史时期都被滥用了这句话有很高的可信度"[25]（引号由本位作者所加）。

货币学派的货币改革方案有一个致命的缺陷。即使撇开对货币学派的理论批评不谈，该学派开出的政策处方完全没有涉及当今世界通货膨胀频发的根本原因，也就是今天每个国家都存在的政府对货币供给控制权的垄断。货币学派提出的"货币数量规则"根本不是什么反通货膨胀的政策建议，而只不过是表达了希望政治当局在利用手中的货币发行垄断权时有所克制的请求。在货币学派的方案中，政治当局手中的货币垄断权几乎没有受到任何伤害。我要补充的是，从理论和历史的角度看，这种请求非常幼稚。

相比之下，百分之百金本位制的优点正好就是它建立了一个货币供给的自由市场，结果完全废除了政府在这个市场经济最敏感、最重要领域的垄断权。事实上，弗里德曼对这一点仍表示赞同，尽管他认为一种纯粹的商品本位制由于它的高资源成本性而最终是不会受欢迎的。弗里德曼认为：

"如果货币全部由一种实物商品构成……那么，原则上根本就不需要政府来实施控制……

"如果可以实行一种自动调节的商品本位制，那么就能提供一种解决以下这个货币改革两难困境的绝佳方法：既要没有不负责任地行使货币权力的危险，又要建立稳定的货币框架。一种完全的商品本位制，例如，一种货币全是金币的纯金本位制，由于获得了深受金本位制神话影响并坚信政府干预金本位制运行既不道德又不恰当的公众的广泛支持而能提供一种防止政府操纵货币采取不负责任的货币行动的有效控制手段。在这样一种货币本位制下，政府的任何货币权力可能只有很小的行使范围。"[26]

应该强调的是，虽然几乎任何一种金本位制都是一种通胀性远低于各国现行法定货币制度的货币制度，但是，除了百分之百的金本位制以外，其他类型的金本位制几乎都会赋予政府大小不一的操纵货币的权力。就如我要在下文比较详细地介绍的那样，那些掺水版本的金本位制由于被掺水而变得持续不稳定，因为政府可能会利用每一个可以利用的机会和它在货币制度中占据的支配地位来不断对货币掺水，并且努力清除阻止它那必然会导致通货膨胀的嗜好的障碍。历史地看，这也是被西方国家政府在把相对非通胀性传统金本位制逐步改造成名义上以黄金为基础的高通胀性布雷顿森林体系的过程中扮演的关键角色所证明的。布雷顿森林体系这幅几乎无法辨认的金本位制漫画终于在1971年被仁慈地处以死刑，但此后不久，一种浮动的国家法币制度又强加于世界经济。通货膨胀差不多与此同时开始在大多数资本主义国家明显加剧，这并不是什么巧合。

虽然政府当然也可以精心策划对百分之百的金本位制进行通胀性改造，但难度要比对其他金基货币制度进行同样性质的改造大很多。原因就在于，在一种纯粹的商品本位制下，从开采业到银行业货币供给全过程的每一个阶段全部掌握在私人手中。国家不可能把自己在这个过程中为了建立初始权力地位而采取的每一个步骤掩饰为只是无伤大雅地摆弄"游戏规则"。这种行为的性质很容易被识破——是政府对私人所有权发起的自利性袭击，很有可能引发民众的坚决抵制。

在充分说明了百分之百金本位制的可取性以后，我将尽量简要地谈谈这种金本位制的运行状况，这将有助于发现并揭穿很多支持更加普遍、持久的反对金本位制观点的神话。

想要理解货币的自由市场运行机制，只需要基本了解脆弱的供求机制运行状况，当然还要洞察货币在经济品范畴占据的独特地位。首先，根据定义，货币的职能就是充当所有其他商品交易的媒介。人们通过交换自己生产的商品和服务获得货币，以便在未来某个时候再用货币来换取更加想要的商品和服务。货币履行这种交换媒介的职能并不必然对货币商品造成物理性破坏或者灭失，从而使得货币商品不同于消费品和生产用品——资本品和自然资源，因为消费品和生产用品在履行其各自的职能过程中会被消耗殆尽。

另一方面，货币就像其他稀缺品一样，在任何时候都有自己由供给和需求决定的价格，货币的价格就是货币对它可在市场上交换的任何其他商品的购买力或者支配力。举例来说，如果对货币的需求增加，而供给仍保持不变，那么，货币的购买力就会上涨。也就是说，随着经济中货币价格的普遍下降，某一给定货币单位，如1盎司黄金在市场上可换得的其他商品数量就会增加。货币购买力也会因为货币需求不变、供给减少而提升。相反，在其他条件不变的情况下，货币需求减少或者供给增加也会导致货币单位购买力的下降，具体表现为经济中货币价格的普遍上涨。

现在，我们明白了货币不同于其他经济品的基本方面。虽然经济中各种非货币商品供给的增加能够提高人类欲望的被满足程度——如果是消费品就能直接提高人类欲望的被满足程度；而如果是生产用品则就间接提高人类欲望的被满足程度，但是，货币供应量增加就不能这么认为。经济中货币单位实际数量的增加并不能使货币更加充分或者迅速地履行其交换媒介的职能，现有的货币数量总能给社会带来充分的交换媒体效用。增加货币供应量的唯一结果就是导致货币单位购买力下降，或者就是影响相同的货币价格普遍上涨。

前面的分析使得我们能够辨识一些更加常见的反对金本位制的观点，并且揭穿它们赖以存在的神话。

一种最常听到的对金本位制的指责就是，金本位制不能满足经济对货币不断增长的需要。据说，增加货币供应量为购买因经济增长而不断增加的商品和服务所必需，但金本位制不能保证在正确的时候或者以正确的比例根据需要增加货币供应量。这种货币短缺的结果就是阻碍经济增长，甚至有可能导致经济萧条。"大萧条由世界性的黄金短缺造成的"这种流行的说法就是基于以上推理。以上这种推理也被政府用作支撑它们在20世纪30年代贯彻导致传统金本位制逐渐衰微并最终崩溃的政策的论据。黄金的相对短缺阻碍经济增长这个论点可归纳为常被援引的凯恩斯的以下这个观点："经验表明，在黄金可以适当深度获得的时期里，世界真实财富迅速增加；但在只能获得很少黄金的时期里，我们的财富停滞不增甚至有所减少。"[27]

这种推理貌似合理，但站不住脚，因为它忽视了在自由货币市场上发挥作用的供求机制。市场能够通过调整货币购买力使货币适应基本的供需状况，从而确保任何数量的货币都能完成其作为交换媒体需做的工作。在一个不断增长的经济体中卖方设法用来换取货币的商品存量不断增加，意味着货币需求的总体增加。因此，如果货币数量保持不变，而实际产出增加，那么，结果就是经济中的价格普遍下降，而货币购买力则等比例提高。由于现在每个货币单位能够完成更多的交换媒介工作，因此，相同数量的货币足以满足增加后的交易量。

应该补充说一下，生产率上涨和经济增长的成果正是通过降低价格来惠及整个市场经济的。举例来说，如果——在其他条件不变的情况下——一般物价水平由于实际产出的增加而普遍下跌，那么，虽然每个经济主体的货币收入仍保持不变，但他们的实际收入有所增加。如果政府——误以为实际产出的增加需要增加货币供应量——对经济注入新的货币，那么就会抵消自由市场导致物价下降的力量，从而干扰让生产率增长所创造的收益惠及整个社会的自然市场过程。结果就是某些群体，尤其是那些得到新增加的货币的群体，首先是与政府签约的军火公司的股东和员工，将会超比例地占有生产率增长所创造的收益，其他群体——养老金领取者、年金领取者和其他货币收入固定不变的群体却要为他们买单。

同样的观点也适用于驳斥那种认为金本位制不够灵活，难以承受经济中消费者和投资者被认为可能自发改变窖藏货币数量的反对意见。据称，这些窖藏起来的货币如果不能被及时注入经济的新增货币所抵消，那么就有可能导致支出、收入和产出减少，从而导致经济呈现通货紧缩和萧条的螺旋形下行趋势。然而，这种担心没有道理，因为"窖藏"这个词没有别的意思，不多不少正好是指经济中的个人自愿决定为了增加自己的货币持有量而降低自己的支出水平。这种决定的结果就是市场的货币总需求增加。如果货币供给固定不变，那么，货币需求增加就会导致货币价格普遍下跌，进而导致单位货币的购买力提升，这个发展过程允许同样数量的货币满足人们增加货币窖藏的欲望。因此，"窖藏货币"——或者更确切地说，社会货币需求的增加——根本就没有经济破坏性，其实对社会有利，它是自由市场据以调节个人货币余额购买力使之适应个人自愿表达的偏好的手段。再说一遍，政府旨在抵消货币窖藏影响效应的任何干预只会妨碍这种市场调节过程，并且导致货币持有者的愿望得不到满足。

现在，我们来看看以下这种批评意见：在金本位制下，"价格水平"是不稳定的。价格不稳定据说尤其会降低黄金这种货币作为"价值尺度"的有效性，从而导致经济低效率和不稳定。例如，货币价值或者购买力的非预期变化会导致企业在预测未来成本和价格以及随后配置稀缺资源方面犯错误。此外，这种非预期变化会导致财富在债权人和债务人之间的非预期再分配。

遗憾的是，这种批评意见存在着基本混淆了货币性质的问题。简单地说，货币并不是某种价值永久不变或者应该永久不变的测度工具。事实上，货币是一种被市场选作交换媒介的商品。就像市场上的其他商品一样，货币这种商品也有随其本身的供给和需求而波动的价格。没有任何必要做更多的辩解，政府对货币和对其他商品进行干预都会导致自由市场的供求机制失灵。事实上，货币购买力变化具有重要的市场职能，如上所述，货币购买力的变化牵涉到经济增长成果向全体公众分配和满足公众改变其货币余额愿望的问题。如果政府想要成功冻结货币的购买力——"稳定价格水平"，就必须使货币不能履行这些重要的职能。当然，现实中，现代政府通过操纵货币供应量来稳定价格水平的努力只不过是成功地导致了经济的严重不稳定（可以用我们目前的滞胀来作证），并且同时导致货币购买力出现了幅度比传统金本位制下大得多的波动。

此外，对"价格水平"稳定的渴望暴露了一种对货币价值的根本错误认识。如前所述，货币单位——譬如说 1 盎司黄金——的价值或者购买力是一系列不同数量的 1 盎司黄金可在市场上交换的商品和服务，如一台彩色电视机、四套男装或者 1/20 辆汽车等。由于这一系列的商品都有特定的不同数量，因此不能用来计算作为"价格水平"的单位价值。换句话说，货币的价值是嵌入在具体商品和服务的特定价格——每台彩色电视机 1 盎司黄金、每套男装 1/4 盎司黄金、每辆汽车 20 盎司黄金等——中的。

如果货币价值除了在特定市场交易中支付的特定价格外就没法表示，那么，稳定货币价值在逻辑上就意味着从绝对和相对两个方面冻结全部的市场价格。因为正是通过表现为以货币为交换媒介买卖的特定商品的供求相互作用才会在某个同一时间并作为同一过程的一部分出现每种商品用每一种其他商品表示的交换价值——"相对价格"——以及每种商品用货币表示的交换价值——所谓的价格水平或者货币购买力，所以，"货币的价值"必然与特定的货币价格紧密地联系在一起，而且两者甚至在概念上密不可分。因此，像稳定价格水平的支持者那样一方面主张货币价值或者一般价格水平保持不变，另一方面又要求让特定价格相互之间根据供求关系自由变动，是毫无意义的。

毫无疑问，那些支持货币价值稳定的人绝不愿意看到每种单一商品的价格永久性地固定不变，而是主张通过对货币的政治操纵来保持某些任意选择的商品价格统计指数——消费者价格指数、国民生产总值平减指数等——不变。不幸的是，这又提出了另一个问题。因为，即使政府有推行这样的货币政策的意向和能力并且实际取得了成功，也无法制止货币价值波动，但可能只会改变甚至扭曲市场上出现的反映货币单位购买力的特定价格结构。此外，相对价格的扭曲会导致投资和资源配置背离经济中消费者和储蓄者的真实偏好。持续奉行这种货币政策的结果就是不可持续的不当投资和资源配置的堆积，最终会导致一个痛苦但必要的清盘和经济调整时期。总之，任何旨在通过政府的货币政策来"稳定价格水平"的企图必然会扭曲自由市场的相对价格格局，并且通过商业周期导致整个经济的不稳定，或者用比较时髦的话来说，导致宏观经济活动的持续波动。

最后，在自由市场的商品货币本位制下，如果债务人和债权人真的希望自己不受由币值变化导致的不确定性的困扰，那么就可以自愿采用由物价指数本位制提供的指数化技术。在自愿采用物价指数本位制的情况下，信贷或者贷款合约规定的货币支付额可以根据一个双方商定的反映所选商品和服务组合价格变动的指数来进行调整。用穆瑞·罗斯巴德（Murray Rothbard）的话来说，这些自愿指数化的方法从未得到广泛利用（或许除了恶性通货膨胀时期外）这个事实应该能够让货币稳定论者明白：

"生意人显然偏好在一个充斥投机的世界上碰运气，而不赞同采用某种避险工具。交易所的股票投机者和商品投机者一直努力预测未来价格，连企业家都在预测市场的不确定状况。显然，生意人都愿意像企业家那样预测未来的购买力和其他方面的变化。"[28]

另一种反复出现的批评金本位制的意见就是：黄金供给是"任意"决定的，因而货币供给也是"任意"决定的，具体取决于像发现新金矿、开采技术进步这样的意外因素。但无论如何，使用"任意"这个词不免令人觉得莫名甚至愚蠢，因为石油和苹果乃至市场上的每一种商品都受到生产它们的专用资源的可获得性变化以及技术进步的影响。事实上，这些批评者真正要反对的恰恰就是金本位制的最大优点：货币供应量单单由市场力量来决定，而不受政治因素的影响。在这种背景下，考察纯商品本位制下有效的货币供给过程，将有助于进一步显示金本位优于政府垄断的法币。

在金本位制下，货币商品供给完全取决于货币和非货币用途的货币商品需求以及生产这种商品的货币成本。其中无论哪个因素发生变化，都会导致经济中的货币供应量发生变化。为了说明这个过程，让我们从一种货币供需均衡因而货币购买力不变的状态开始来进行表述。在这种状态下，黄金开采企业每年通过生产年产量等于每年配置于非货币用途的数量加上每年金币在使用过程中损耗的数量的黄金来实现自己的货币利润最大化。

黄金开采技术的改进或者新金矿的发现，使得黄金来源更加丰富，导致黄金的生产成本下降、生产利润率提高，进而导致市场上的黄金年供应量增加，结果打破了最初的均衡状态。在货币需求不变的情况下，黄金这种货币商品供给的增加对价格产生了上行压力，从而导致货币购买力下降，因为现在每盎司黄金在市场上只能购买较少的商品和服务。还好，单位货币购买力的下降并不是黄金供给增加导致的唯一结果。黄金货币价值的下跌也导致把黄金用于像首饰、镶牙、工业用原料等非货币用途的机会成本下降。结果，一部分黄金供给增量被用来增加市场生产用品和消费品供给，从而提高了满足人类欲望的水平。

虽然金本位制下的货币商品供给增加会对社会产生净收益（只要存在非货币用途的黄金需求），但是，政府法币供给增加的结果就不是这么回事了。根据定义，政府的法币没有任何替代性非货币用途。在法币增加的情况下，就像在出现假币的情况下，货币供给增加主要是发行新币的人以及最初收到新货币发行人赠与或者支出付款的人受益，而社会其他成员则要为他们买单。然而，最重要的是，即使在黄金完全失去非货币用途价值——即使没有经验可能性，肯定也有理论可能性——的情况下，黄金这种货币商品的生产仍需要使用稀缺因而价格很高的资源。因此，百分之百的金本位制为货币供给提供了一种天然的市场制动器，从而使得货币供给免受政治权力的干预。

此外，由于黄金是一种极其稀缺有高度耐用性的商品，年产量往往只占已有存量很小的比例，因此，即使黄金生产成本出现相对较大幅度的上涨或者下跌都不会导致货币年供应量的大幅波动。货币理论家埃德温·干末尔（Edwin Kemmerer）曾经生动地阐述过黄金稀缺性和耐用性对货币供给稳定性的重要性：

"主要是由于美观的原因，黄金在人类历史上很早就成了一种有大量、广泛需求的装饰品。不管怎样，虽然几乎在世界各个地方，无论是陆地还是海洋，都发现了黄金，但通常只有付出巨大的努力才能大量获得黄金；除了在世界很有限的地方外，黄金具有对人类吝啬的特点。前一事实和后一特点使得黄金成了一种非常稀缺的商品。当今世界（1935年）总共120亿美元的货币黄金可能只有一个边长约42.1英尺的立方体。对黄金装饰品的普遍需求与货币用途的黄金的广泛需求，再加上黄金供给极其有限，结果就意味着黄金稀缺性和高价值。

"黄金是一种非常耐用的金属，尤其是像通常所做的那样，把黄金与像铜这样较贱的金属做成合金时。今天，世界上有人类在公元前几千年从大自然开采出来的黄金。我们几乎可以在世界任何一家主要博物馆都能看到古代的黄金饰品和金币。我们可以频繁地熔化已经成形的黄金物品并且制成其他形状的物品。毫无疑问，今天世界上的现代金币和金表肯定含有几千年前从地球上开采出来的黄金。尽管黄金经常由于磨损、海难和其他类似的原因而遭受很大的损失，但应该记住：由于黄金的高价值，因此，我们总是非常爱惜自己拥有的黄金。所以，世界目前已知的黄金总供给量是人类世世代代积累起来的。由于黄金就是这样一种耐用物品，世界现有黄金存量是人类世世代代积累的结果，因此，任何一年的黄金产量只占黄金总存量的很小比例。此外，又由于很大一部分——大大超过一半——世界已知黄金存量以像铸币或者金条这样相对比较非专用化的形式——一些只需花费很少劳动就能制成的形式——存在，因此，世界很大一部分的黄金存量随时可以成为市场上的潜在供给。因此，黄金年产量的变化需要相对较长的时间才会实际影响市场供给。"[29]

在一种纯粹的商品货币制下，货币供给也会对需求侧产生作用的因素做出回应。例如，在其他条件不变的情况下，货币需求增加会导致经济中的价格普遍下跌，包括黄金开采业使用的资源的价格。结果，黄金生产相对于其他商品和服务生产而言就变得更加有利可图,企业家就会通过提高目前营运的金矿的生产率、重开旧矿和首次开发以前知道但收益低于一般标准的黄金资源来做出回应。他们还会增加投资勘探新的黄金资源和研发成本较低的新开采方法。此外,黄金货币价值的增加会激励个人把更多的已有黄金从非货币使用转化为货币使用。因此,市场的货币需求增加以后,最初是通过提高货币单位的购买力来得到满足的,以后就是通过逐渐增加货币供给来得到满足的。货币供给的逐渐增加在长期内趋向于抵消最初的价格下跌,并且促使货币购买力恢复到原先的水平。

相反,货币需求的减少会导致价格普遍上涨,并且在这个过程中驱使与黄金开采相关的成本上涨。随着黄金开采成本的上涨,黄金开采企业的利润率趋于下降,黄金生产就会减少。此外,黄金货币价值的降低会诱使人们把自己的部分货币余额用于非货币用途。这些行为主体的这种行为最终会导致市场上的货币供给收缩,从而逆转最初的物价上涨,并且恢复原先货币单位的购买力。

总而言之,在金本位制下,货币供给不会发生人为的变化,但会直接随着货币需求的变化而变化,从而导致黄金的购买力趋向于长期稳定。而在短期内,黄金的天然稀缺性和耐用性排除了货币供给大幅度波动的可能性。当然,这并不等于说,金本位制能够甚或应该保证货币价值百分之百的稳定。事实上,就如本人在前文已经指出的那样,这样一个目标是不切实际的,而在现实世界中实现这个目标的一切努力只会导致严重的经济失调和不稳定。不过,有一点需要指出,市场在自由运行时已经选择并将还会选择一种具有以下特性的商品货币:最终能使货币购买力充分稳定,足以允许市场参与者通过由于劳动分工和专业化以及资本积累范围的极大拓展而成为可能的间接交换和经济核算来获取巨大的收益。关于这一点,冯·米塞斯曾经指出:

"自由市场成功地发展了一种能够很好地满足间接交换和经济核算全部要求的货币制度。利用货币进行经济核算的目的就在于免受由购买力缓慢而又较小波动造成的差错的影响。从过去两个世纪金属货币尤其是黄金货币发生的情况来看,现金诱致型购买力变化不会严重影响商人的经济核算,因此不会导致这样的核算毫无用处。历史经验表明,商人能够采用这些核算方法来很好地经商。"[30]

确实,历史档案文献清楚地表明,一种黄金货币即使被掺杂了一些信用媒介的元素——无全额准备金的银行券和银行存款以及政府法币,而且还受到政府各种干预的影响,仍然能在长期内保持很高的购买力稳定性。[31] 此外,必须明白,旨在改进市场上自发出现的货币的任何努力都是以以下这个大胆的假设为前提的:虽然自古到今是无数个人交易者的决策和行为最终决定市场选择哪种货币,但他们在评价不同交换媒介的相对成本和效益方面持续不断地重复犯错。其实,旧时对货币进行的政治干预更有可能非但没有起到完善的作用,反而严重阻碍了自由市场上自然出现的货币和货币制度的演化和完善。我们甚至不能自以为已经知道货币改进的确切方向,因为就如货币制度本身,它的改善是一个无数人类智慧之间自由、自发地相互作用的意外结果。用哈耶克的话来说就是:

"政府对货币发行的垄断不但从我们手中夺走了良币,而且还从我们这里夺走了我们能够发现何为良币的方法。我们甚至还不太清楚,我们希望货币具有哪些确切的特性,因为在我们使用铸币和其他货币的 2000 年里,我们从未被允许进行货币实验,也从未有机会发现怎样的货币才是最好的货币。"[32]

现在,我们来看看金本位制受到的最严厉的批评意见。主要是米尔顿·弗里德曼认为,金本位制"并不令人满意,因为它会以占用生产黄金这种货币商品所需资源的形式发生巨大的成本"[33]。令人惊讶的是,从亚当·斯密到路德维希·冯·米塞斯的许多虔诚的金本位制拥护者都向他们的反对者承认,花费在供给商品货币上的稀缺资源对于社会来说代表着一种纯粹的经济损失,因为这些资源本可以用来满足人类的其他需要。然而,像冯·米塞斯这样的金本位制拥护者甚至认为,"如果我们注意到严重的纸币通胀造成的灾难性后果,那么就必然会承认黄金生产的高成本就是一个较小的邪恶"[34]。而有些金本位制的反对者则敦促用一种"实际无成本"和"管理有序"的法定纸币代替就能为社会带来很大的益处,因为之前被黄金开采以及黄金货币存量本身占用的生产性资源现在就可以配置于生产用品和消费品生产,从而导致人类需要满足水平的净提升。

以上这种反对意见非常有说服力,并且诱使很多富有同情心的经济学家改变了正常的思维习惯。暂且把"法定货币垄断权具有内在的通货膨胀性,绝不可能'管理有序'"这种社会学观点搁在一边,这种观点的缺陷就是四面出击。因此,有人甚至可能会说,自由市场上衣服款式和颜色的丰富多彩会导致稀缺资源的浪费,从而影响对人类其他方面需要的满足。如果能够建立一种唯一的"更加合理的",也就是政府垄断的衣服生产和分配制度,那么就能大大降低向民众供给衣服的成本。但毫无疑问,全体人民统一穿着(譬如说)灰色的毛制服,能大大减少用于服装生产的资源。可是,任何一个称职的经济学家都会坚决反对这种可笑的建议,因为从经济学的角度看,它绝不是最理想的方案。为什么这样说呢?因为经济学家很清楚,从消费者的角度看,灰制服的质量不及市场上能买到的衣服。换句话说,与服饰多样性联系在一起的较高水平的资源支出从经济学的角度看是有它的道理的,因为与把资源挪作他用生产的服饰相比,由资源支出增加提高的服饰质量能得到消费者更高的评价。

但是,同样的推理链每一环都适用于任何本身就是经济品并且必然具有品质维度的货币。因此,市场选择黄金作为货币,并不是任意的,关键取决于黄金具有的某些品质或者特性,如普遍的可接受性、自然稀缺性、耐久性、可携带性等等,所有这些特性使得黄金很适合履行一般交换媒介的职能。另一方面,市场从来就没有认为由某个机构发行的不可兑换纸票适合充当货币。我们不得不认定,从必须考虑货币商品特性的相关经济学意义上讲,纸币在履行货币职能方面并不比黄金货币更加有效。因此,用政府垄断发行的纸币取代自由市场上流通的商品货币,必然会导致资源配置不当,从而实际提高经济运行成本——除了资源配置不当以外还有几乎必然会随之而来的通货膨胀造成的成本。

虽然这种以资源成本高为由反对金本位制的观点很可能是由亚当·斯密率先引入经济学的,但一直保持着它对于现代经济学家的特殊诱惑力。现代经济学家往往运用一种一般均衡框架来对这种反对金本位制的观点进行理论化构建。由于一般均衡框架构想了一种被认为不存在时间和经济变化相互关联现象的经济体,因此实际上就根本不考虑人们希望持有货币的基本原因——应对由持续不断、出乎意料的经济变化导致的未来不确定性。不用说,在这个框架体系中的所谓"货币""并不是一种交换媒介,根本就不是什么货币,而只是一种计价标准,一种特点模糊、难以定义、虚无缥缈且不确定的记账单位……"[35]对于某个持有这种货币的人来说,由于这种货币被作为一种无实体的虚构记账标准,因此很容易不看重或者完全忽视在现实世界中充当一般交换媒介的有形经济品的特性方面。[36]这样一来,反对商品货币的资源成本论只有在一种根本不考虑货币存在条件的高度不切实际的理论构建的背景下才有它的效度!

另一种批评金本位制的观点由于明显受到自由市场取向的经济学家的广泛认同,因此值得一提并有所反映。这种通常由主张不同国家法定货币应该实行自由浮动汇率制的人士持有的金本位制批评观点反对国际金本位制,但却为自由市场赢得了声誉。因此,持这种批评观点的人士认为,金本位制是一种固定汇率制,需要政府进行市场干预来"规定"外国货币用本币表示的黄金价格。这种由政府规定价格的货币制度,据说会干扰自由外汇市场的顺畅、有效运行,并且必然会导致不同国家货币的过剩或短缺。政府为了抑制这些外汇失衡症状而实施的关税、贸易配额、外汇管制等政策只会进一步导致国际贸易和投资的扭曲和低效率。

这种论点虽然表面上看起来相当合理,但存在基本概念混乱的问题。因为,在一种真正的金本位制下,各国货币并不是作为独立于黄金的不同实体存在的。例如,在1914年前实行经典金本位制的岁月里,各国政府并没有"规定"用本币表示的黄金价格;像"美元""英镑""法郎"等这样的不同国家货币本身只不过表示黄金这些货币商品的某一特定重量而已。因此,美元被规定为1/20盎司的黄金,英镑被规定为略低于1/4盎司的黄金,如此等等。所以,美元与英镑之间的"汇率"是5∶1,不是因为政府"规定了价格",而仅仅是因为根据运算规则,5/20盎司的黄金(5美元)等于1/4盎司的黄金(1英镑)。其实,严格地讲,在表述美元与英镑之间的等价关系时采用"汇率"这个概念是不恰当的。原因就是,汇率或者价格是指两种不同商品之间的数量比率,而英镑和美元则是表示同一商品(即黄金)的不同重量。

因此,认为国际金本位制必然要求不同国家货币之间汇率固定的观点,就相当于认为美国目前的货币制度必然要求(譬如说)5美分币、10美分币和美元币之间汇率固定。但这并不能直接反映经典金本位制的某些特性导致的遗憾结果。如前所述,在经典的金本位制下,金币单位在不同国家采用不同的名称,而不是用克或者盎司这样的标准重量单位来命名,这种现象是政府积极促成的,因为政府能持续从中受益。[37]此外,纸币的垄断发行和黄金储备的集中管理都是通过政府控制的中央银行来完成的。这些方面的发展导致了这样一种幻觉:中央银行发行的纸币与私人银行用这些纸币计价的存款不但是一种对实物货币商品(黄金)的主张权,而且它们本身就是货币。结果,黄金被视为国家货币供给的"储备金"或者"保证金",而中央银行则按照用本币表示的"固定价格"买卖黄金。

应该指出,这种概念混淆不可能出现在完全私营的百分之百的金本位制下,因为在这种金本位制下,是用标准的重量名称来指称货币单位的。结果,把1克黄金与1盎司黄金之间的比率称为"汇率"的愚蠢性就一目了然。此外,还由于银行券和银行存款都是由不具备政府中央银行绝对权威和声誉的私人营利机构发行的,因此,平民百姓几乎不可能把银行的"黄金收据"混淆为一种独立于黄金的不同货币。

不同黄金—美元关系恢复计划综述

最近,有很多人提出了许多旨在重新恢复黄金在美国货币体系中的作用的计划。虽然这些计划在基本概念和制度细节上有着明显的区别,其中除了一项计划之外，其他计划或多或少都存在一个基本缺陷：它们都没有触及政府目前享有的货币垄断权。为讨论方便起见，我们把这些货币制度改革建议归纳为以下四种：(1)黄金券法定准备金规定；(2)黄金"价格规则"；(3)经典金本位制；(4)事实上的金本位制。

黄金券法定准备金规定

美国国会联席经济委员会资深经济学家罗伯特·E. 温特劳布(Robert E. Weintraub)建议对美联储发行的纸币恢复实行黄金券法定准备金规定。[38]按照温特劳布的计划，就像1968年前那样，美联储必须依法按法定黄金价格保证黄金券法定准备金占美联储纸币负债的固定比例。1968年以前，黄金的法定价格或者"平价"是1盎司35美元，黄金券的法定准备金比例是25%，因此，每一美元的流通货币由25%的黄金"担保"。温特劳布计划"要求美联储至少要按法定价格(1973年以后是每盎司42.22美元)为每一美元的永久性纸币负债持有9美分的黄金券"[39]。9%的法定准备金规定反映了美联储持有的平价黄金券与它在1980年底生效的纸币负债的比率。根据温特劳布的计划，"立法规定美联储要为它在1980年底永久发行的纸币按法定价格保持一定百分比的黄金券，可以防止未来增发货币。除非公众希望以支票存款的形式增持其部分总交易余额(通货加存款机构的支票存款)，否则，阻止增发货币就能阻止未来交易或者交换媒介的任何增加"[40]。

然而，温特劳布觉得这个结果不能令人满意。他认为，货币供应量一定程度的增加"为满足我国经济长期增长的潜在需要所必需"[41]。因此，他的建议包括设立黄金法定价格提价准备。黄金法定价格起初规定为目前的每盎司42.22美元，以后逐月调整。这样就会实际增加美联储黄金券的价值，并且允许相应增加流通中的货币，从而增加总的货币供应量。温特劳布赞成黄金平价以某个最终能使货币供应量每年增加3%的年率增加。此外，温特劳布表示他相信"这项计划应该同时能向货币主义者和金本位制拥护者显示自己的魅力"[42]。实际上，他的计划有充分的理由不能讨得货币学派和金本位制拥护者双方任何一方的欢心。

一方面，温特劳布计划本质上就是试图通过立法来实现货币学派提出的在现行货币框架内以稳定、可预测的速度增加货币供应量的目标。从货币学派的视角出发，温特劳布计划的主要缺点就在于它建议采用一种不必要的复杂、麻烦的技术来实现预期目标。为什么不像货币学派一直认为的那样，简单地依法授权美联储奉行简单的"货币数量规则"呢？温特劳布没有回答这个问题，不知道他是否能够回答这个问题。

另一方面,某种金本位制的拥护者应该也不会对这项计划感到满意,因为黄金券法定准备金规定根本就不是一种真正的金本位制。在金本位制下,货币单位是一个黄金重量单位;而在温特劳布计划中,黄金并不是货币,而是一种被认为能够约束政府增发法定货币的准备金商品。此外,由于温特劳布计划没有触及政府掌握的具有内在通胀性的货币供给垄断权,因此没有理由能够指望黄金券法定准备金(即使依法设立)能够长期充当防范通货膨胀的屏障。未来最有可能出现的结果是:黄金券法定准备金防范通货膨胀的屏障作用,无疑在发生一系列"危机"以后会逐渐减弱并最终完全消失。其实,温特劳布完全已经认识到这种可能性,并且已经做好出现这种结果的准备,因为他早就表示过他的计划"就得不到改进,如果它所产生的约束被证明是有害的;很可能在这样一种不可能的情况下实施一两天以后就被更换或者废除"[43]。

此外,过去实行黄金券准备金制度的经验也使我们想到,他的计划可能只是提供了一种虚弱无力、易被操纵的通货膨胀约束机制。因此,直到第二次世界大战为止,美联储始终依法为它的存款负债持有 35% 的黄金券准备金,而为它的纸币负债持有 40% 的准备金。为了方便战时实行通货膨胀,无论是美联储的纸币负债还是存款负债,准备金比例被降低到了 25%。由于通胀引致型国际收支逆差持续存在,因此,美联储存款负债的法定黄金券准备金规定于 1965 年被取消,而它的纸币负债法定准备金规定也于 1968 年被废除。最后要说的是,温特劳布所建议的并不是一种金本位制,而是一种笨拙并被历史证明为低效的为抑制政府法币通胀倾向而设计的权宜之计。

黄金"价格规则"

黄金"价格规则"是指包括阿瑟·拉弗[44]、罗伯特·蒙代尔[45]和裘德·万尼斯基[46]在内的许多供给学派学者提出的不同形式的货币改革方案。拉弗详细阐释的货币改革方案被参议员杰西·赫尔姆斯(Jesse Helms)[47]作为他 1980 年提交国会审议的黄金储备法案的主要依据。根据拉弗绘制的货币改革蓝图,在事前宣布的 3 个月过渡期结束时,美联储把"伦敦黄金市场当天的平均交易价"设定为黄金的官方美元价格。[48]从这天开始,美联储随时准备受理按官方价格自由兑换美元—黄金和黄金—美元的业务。此外,"美联储试图按官价计最终把美元的黄金储备的平均价值确定为相当于其负债美元价值的 40%"[49]。拉弗把这个黄金储备水平说成是"目标准备金数量"。

拉弗计划一旦全面付诸实施,美联储就有完全的自由裁量权,通过再贴现、公开市场业务等工具来执行货币政策,前提是:(1)美元仍可按官价兑换黄金;(2)实际黄金储备数量偏离目标准备金数量的幅度不得超过±25%。也就是说,实际黄金储备不得少于美联储负债(也被称为"货币基础")的30%或多于其负债的50%。不管怎样,一旦黄金储备减少到相当于其负债20%~30%的水平,美联储便失去确定货币基础的一切自由裁量权。结果,货币基础就完全被冻结在已有的水平上。如果黄金储备仍继续减少到相当于其负债10%~20%的水平,那么,美联储就必须依法以每月1%的速度减少货币基础。

万一这些措施在黄金储备减少到美联储负债10%以下之前被证明不能阻止黄金储备美元价值的继续下降,那么"就暂停美元的可兑换性,并且在3个月的调整期里放开黄金的美元价格。

"在暂停美元兑换黄金期间,货币当局必须中止一切有可能影响货币基础的行动。然后,等黄金价格恢复到以前的水平后,美元重可兑换黄金。"[50]

拉弗方案还设计了一套在实际黄金储备超过目标储备量的情况下必须执行的"对称性政策"。

关于拉弗的货币改革方案,我们必须要指出的第一个问题就是,无论它有什么优点或缺点,都不是一幅为某种金本位制绘制的蓝图,而是一份从法律上约束货币当局按照某种"价格规则"确定经济中法币供应量的周密计划梗概。事实上,就像拉弗自己阐明的那样,黄金在执行这种价格规则的过程中并没有任何必不可少的作用。拉弗和迈尔斯(Miles)表示:

"美联储可能会通过稳定按某个外部标准确定的美元价值的方式来规定它的价格规则。这个标准可以是某种商品或者某个商品篮子(价格指数)……

"无论选择哪种外部标准,根据价格规则,美联储必须遵守两个基本的行为准则。首先,如果外部标准的美元价格开始上涨(美元开始贬值),那么,美联储就必须通过在公开市场上出售债券、外汇、黄金或者其他大宗商品来减少流通中的美元数量。其次,如果外部标准的美元价格开始下跌(美元升值),那么,美联储就必须通过在公开市场上买进债券、外汇、黄金或其他大宗商品来增加流通中的美元数量。美联储负责保持用外部标准表示的美元价值或者价格稳定。"[51]

即使黄金在价格规则制度下被选作"外部标准",也仍不同于在真正金本位制下的货币,而只是一种"干预资产"或者"可用美元兑换的商品"而已。[52]

因此,拉弗的价格规则在被抽象掉了它与金本位制的联系后看上去就像是一种在现行法币本位制下用来控制通货膨胀的技术。因此,拉弗的价格规则即使在技术细节上不同于货币学派提出的"数量规则",但在性质上与"数量规则"

有相似之处。这一点在拉弗和迈尔斯承认"在一个一成不变、信息可无偿获得的世界上,当然有一种相当于某种给定'价格规则'的'数量规则'"[53]时就变得更加清晰了。事实上,拉弗和迈尔斯之所以喜欢价格规则胜过数量规则,因为他们俩相信在现行货币制度下,"在限制美元供给方面",价格规则在技术上优于数量规则。[54]

因此,在仔细考察以后就不难发现,拉弗方案就其本质而言原来就是一种参考金本位制的价格规则货币主义观,就这一点而言,它难免会由于与比较传统的数量规则货币主义观相同的原因而受到批评。对这两种货币主义观点的最严厉批评就是两者都没有触及通货膨胀的根本原因,也就是没有触及政府的货币供给垄断权。拉弗方案也确实存在这个问题,尽管它精心设计了一套针对政府违背价格规则行为的法律制裁措施。因为,这样的制裁措施即使能够严格得到执行,最终也不能防范通货膨胀,而只能对既成事实做出回应。这一点拉弗本人也暗中承认,因为他在自己的建议方案中安排了一个美元暂停兑换的"过渡期",目的就是要在出现违背价格规则的情况时重新调整黄金官价。

此外,就如同在评判黄金券法定准备金时所做的那样,我们也可以向历史索要关于黄金价格规则成功限制政府法币流的证据。我们只需看看刚被废弃不久且无人惋惜的布雷顿森林体系(1946~1971年)。在布雷顿森林这个"固定汇率"国际货币体系下,美国货币当局遵守了一种黄金价格规则,按照每盎司黄金35美元官方规定的价格买卖黄金;而外国货币当局则奉行一种美元价格规则,保证各自的本国货币按照固定汇率兑换美元。在拉弗和迈尔斯看来,"只要遵守布雷顿森林体系的规则,那么,各国货币供给就会受到一种严格的相互间价格关系以及与黄金的价格关系的约束"[55]。遗憾的是,政府多次反复违背或规避布雷顿森林体系的规则,包括在该体系的价格规则变得不便约束一些国家政府推行通胀性货币政策时频繁、直接地"调整"价格规则——降低汇率。[56]毋庸讳言,布雷顿森林体系不但没能阻止世界性通货膨胀的发展,而且在1968年不得不屈服于通货膨胀做出了退却,并且于1971年寿终正寝。

在充分揭露了导致布雷顿森林体系停摆的政治操纵以后,拉弗和迈尔斯条理清晰地分析了政府更喜欢取消任何一切约束它们扩大货币供给权力的限制和能得益于这方面限制的原因:

"那么,为什么政府偏好以较快的速度增加货币供应量呢?主要是受两种动机——政治动机和经济动机——驱使。政治动机其实就是政治生存动机。很多政治家,尤其是那些希望在大选中再次得到提名的政治家,深谙增加货币供应量能促进支出和国民生产总值增长、失业下降这个道理。支出增加、国民生产总值增长和失业率下降这些变化反过来又被认为会使得本国公民更加亲热地对待现政府。虽然这种观点也许有它一定的道理,但遗憾的是,这种观点常常是在这一种理念下被付诸实施:如果少量增加货币供给有益,那么大量增加岂不是益处更大。

"多发货币的经济动机就是'发行货币几乎没有成本,但货币可用来购买商品和服务'。因此,货币发行权对于政府来说就代表着收入。用增发货币这种方式来敛财,往往就意味着用其他方式(如税收)获得的收入必然会减少。

"由于政府有这两种印钞动机,因此就不难理解,为什么取消对政府的货币约束往往会导致通货膨胀,而不是通货紧缩。"[58]

由于拉弗认识到内生于政治过程的强烈通货膨胀偏好,而且历史上货币价格规则都没能约束这种偏好,因此,拉弗提出更新黄金价格规则的主张多少有些令人费解。

"经典的"金本位制

在过去的几年里,刘易斯·勒曼这个对里根政府制定经济政策的议事日程颇有影响的企业家和学者很有一些真知灼见,他强烈提出了恢复"经典"金本位制的主张。[59]而勒曼的有关著述则又深受他原来的老师法国经济学家、金本位制的一贯拥护者雅克·鲁艾夫的影响。[60]勒曼就像他的老师,主张恢复"一种能给美元确定某个黄金重量单位的真正金本位制"。[61]勒曼解释说:

"在金本位制下,黄金没有任何价格。美元是由法律规定的价值等于一定黄金重量的本位币。黄金的价格是不存在的……在金本位制下,纸美元就是一种本票,一种关于被法律定为本位币的实物商品财富的主张权。"[62]

在勒曼提出的方案中,美联储发行的纸币以及商业银行和其他存款机构签发的美元存单将重新成为持票人或存款人根据需要随时可按面值取回黄金的"栈单"(就像在 1933 年以前那样)。银行存款的法定准备金规定就会变得多余,因为"在美元可兑换黄金的规定下,商业银行如果不能按规定把前来兑换的美元兑换成黄金,那么就可能招来破产倒闭的灭顶之灾"。[63]货币当局在这方面也要"受到法律的约束,必须给多余的美元按规定兑付足量的黄金……"[64]或者说,货币当局必须随时准备"按官价悉数买进全部的求售黄金或者悉数卖出全部所需的黄金"。虽然美联储被允许按"非补贴再贴现率"(即按略高于市场的利率)把银行准备金贷给商业银行,但在公开市场业务方面仍应该受到约束。

即使不作更深入的剖析,我们也能清晰地看到,勒曼建议推行一种非常接近经典金本位制(包括它的优点和缺点)的货币制度。经典金本位制和勒曼建议的最严重缺点,就是勒曼所说的"垄断性中央银行"扮演了主要角色。[66] 勒曼愿意接受这样一个机构的存在,而且也同意只要这个机构接受"合理的自我否定条例"就赋予它重要的权力。[67] 因此,举例来说,美联储被认为可能会放弃操纵美元含金量或者放弃直接在公开市场上购买资产。而在勒曼的方案中,美联储仍可保留纸币发行垄断权以及商业银行准备金的中央金库和结算中心。此外,它在决定贴现率政策方面掌握的自由裁量权仍允许它履行"最后贷款人"的职能。

金本位制让一个政府机构集这么多的货币制度控制权于一身,难怪勒曼多次把它称为"政治制度"[68],而且一次也没有称它为"自由市场制度"。事实上,勒曼在某处危险地几乎把金本位制说成是价格规则货币主义,即把它说成是一种控制政府货币供给垄断权的有效政治手段。他是这样写的:

"当然,货币学派可能会主张通过规定货币存量规则来确定货币总量,以便对负责向市场供给现金余额的政府垄断机构(联邦储备委员会)进行监管。然而,更简单的市场相关型监管方法就是对货币单位规定一个等于某个黄金重量单位的价值,这样就能监管这个垄断机构。"[69]

不管怎样,由于政府是一个内在通胀性机构,因此很可能是一个与金本位制势不两立的"敌人"。在这种情况下,赋予中央银行这个政府机构一种影响金本位制运行的重要力量,就无异于委托狐狸看守鸡笼。这样的教训在货币史上比比皆是,尤其是在较近的年代里,西方国家政府利用手中掌握的每一种手段把经典的金本位制改变成了我们现在的各国法币浮动不定的高通胀性货币制度。冯·米塞斯在作如下阐述时并没有夸张:

"金本位制并没有崩溃,是被政府为了给自己铺就通往通货膨胀的道路而废除的。一切冷酷的镇压和强制机构——警察局、海关、刑事法院、监狱,在某些国家甚至还包括一些行政机构——都为毁灭金本位制纷纷采取行动。庄严的宣誓可以随便抛弃,溯及既往的法律得以颁布,宪法条款和人权法案被公然违背。"[70]

冯·米塞斯还揭穿了一个根深蒂固的谎言,一个勒曼好像也接受的谎言。这个谎言把金本位制比作一种各政府玩家都必须遵守的规定模糊的"游戏规则"的政治"游戏"。冯·米塞斯写道:

"可金本位制并不是一种游戏,而是一种市场现象,也是一种社会制度。对它的保护并不取决于遵守某些特定规则,也不需要其他什么,只要求政府不蓄意破坏。把这种状况称为一种所谓游戏的规则,并不比说保护保罗的生命取决于能否遵守保罗生命游戏的规则更加合理,因为如果某个玩家刺杀保罗致死,那么保罗必死无疑。"[71]

总之，没有任何令人信服的理由可以让我们相信——有人仔细研究了勒曼的著述，但没有发现任何相反的论点——经典的金本位制将证明自己这第二次能比第一次构筑起一个能更加持久地防止政治操纵货币供给的屏障。

除了这主要的政治缺陷以外，勒曼的建议方案还存在一些严重的经济缺点。这些经济缺点最终都与勒曼建议的金本位制类型是一种哈耶克所说的"国家准备金制度"[72]这一点有关。这种货币制度的基本特点就是一种与全国银行业最终现金储备全部集中在本国金融中心或更可能集中在政府中央银行相结合的银行部分准备金制度。

经典金本位制曾经提供过这种全国性准备金制度的历史性例子。在这种准备金制度下，通常是中央银行为全国银行系统掌管最终现金储备，在金本位制下就是黄金。黄金储备被作为中央银行纸币和存款负债的直接担保，而中央银行的纸币和存款负债反过来又构成了商业银行纸币和存款的准备金基础。这个准备金基础与中央银行的黄金和纸币都被作为货币余额由公众持有。由于中央银行和商业银行都对自己的负债持有部分准备金，因此，经济中的货币和信用结构就像是一座倒置的金字塔，塔的基础黄金储备相对较小，却支撑着一个比它自身大得多的上层建筑——最终可兑换黄金的银行纸币和存款。

结果，由于国际收支失衡、公众持有黄金或者银行纸币和存款偏好的变化以及金融危机等原因，经典的金本位制曾经并且仍将极易受到通货紧缩和通货膨胀的攻击。造成这种结果的原因就是，银行系统黄金储备的增加和减少导致占货币供应量很大比例的银行纸币和存款成倍扩张或者收缩。此外，货币通胀和紧缩的频繁发作有可能由于以下原因而加剧：银行系统为适应黄金储备基础变化而自我调整的机制导致经济的整个利率结构发生人为的变化，从而导致生产活动发生扭曲。

举一个简单的例子就足以说明这个问题。假设中央银行由于国际收支逆差而要面对黄金储备外流。为了阻止和逆转黄金储备外流，中央银行就会调高再贴现率，因此会收紧对商业银行的贷款。商业银行的准备金因此而会减少。为了维持它们的惯例和法律要求的准备金—负债比，商业银行就不得不通过提高它们要收取的利率来减少贷款。由于大部分银行贷款都被用于投资，因此，经济中的投资支出相对于消费支出就会减少，从而自然会导致生产性资源和货币投资从资本品生产领域向消费品生产领域转移。

遗憾的是，这个结果，即利率上涨和投资相对于消费的减少，并没有反映公众时间偏好的真正和自愿变化——也就是故意选择减少储蓄和增加消费支出。于是，消费品产业以牺牲资本品产业为代价的扩张最终会被证明是不可持续的,而且在经济活动最终为了更加真实地反映经济中消费—储蓄时间偏好而进行调整时会导致大面积的经济损失。事实上,当由中央银行一手策划的通货紧缩导致整个国家物价和收入普遍下降,足以使国际收支逆差转变成盈余,黄金储备回流到银行系统,进而允许银行系统重启"通货再膨胀"时,秋后算账的日子也就离开不远了。

另一方面,最初黄金储备从国外流入银行系统会导致通货膨胀,并且还有利率下跌和投资支出同步激增相伴。在这种情况下,生产资源就会竞相从消费品生产领域转移到资本品生产领域。然而,等通货膨胀暂时停歇下来时,利率以及收入在消费和储蓄之间的配置将重新满足市场参与者的真实时间偏好,大量不当的投资和资源配置会在大量的失业和企业破产案中浮出水面并且得到纠正。

根据以上分析,笔者相信,勒曼提出的恢复经典金本位制的改革方案与现行法币制度相比,肯定能提高币值的长期稳定性,但无法帮助我们摆脱过去两个世纪一直困扰市场经济的宏观经济活动的反复波动。笔者必须要马上强调,这并不是金本位制本身的缺陷,而是一种按照以上介绍的国家准备金制度组织金本位制固有的缺陷。事实上,经典金本位制经常被提到的缺陷大多恰恰就在于那些不同于一种完全自由市场的百分之百金本位制的方面。利兰·耶格尔(Leland Yeager)曾令人信服地阐述过这个问题:

"全国性部分准备金制度通常被视为造成金本位制难以为继的真正原因……金本位制在部分准备金制度下之所以难以为继,是因为混合本币——大部分纸币,小部分黄金——不足以充当国际货币。过去的金本位制的主要缺点就是必须要保护本国的黄金储备……总之,无论中央银行是否放大了黄金输入的影响效应,它的这种行为相对于黄金输入或者'抵消'黄金输入而言仍然是被动的,但与完全成熟的金本位制的基本原理是格格不入的……事实上,任何类型的货币管理都是违背金本位制的基本原理的。"[73]

另一方面,耶格尔还指出:

"在百分之百的硬通货国际金本位制下,每个国家的货币是清一色的金币(或者金币加完全由黄金担保的纸币和辅币形式的金匠铺金票)。政府及其机构不必担心本国的黄金储备外流。金匠铺也绝不会遇到不能满足黄金赎回要求的尴尬,因为流通中每一美元的纸币都表示实际存放在金匠铺的每一美元黄金。也没有任何诸如国家独立货币政策之类的东西,每个国家的货币数量由市场因素决定。世界黄金供给根据各国公民个人的现金余额需求分布在各个国家。也不存在黄金从某些国家流出,而在其他国家过度积累的危险,因为公民个人并不在意自己的现金余额增加或者减少到他们根据自己的收入和财富觉得不合适的程度。

"在百分之百的金本位制下,……各国实行统一的货币制度,就像现在美国各州执行统一的货币制度。也没有任何更多的原因要担心某个国家的国际收支失衡,就像美国现在不用担心纽约市收支失衡的问题。如果每个公民(和机构)都注意避免自己的收支差额持续失衡,那么可能就足够了……公民个人把自己的现金余额维持在适当水平上的行为'自动'就会解决每个国家货币供给充足性的问题。"[74]

事实上的金本位制

R.H.汀布莱克教授的改革计划是最具创新性的黄金货币改革计划。汀布莱克计划展示了很大的希望,因为它与前面介绍的三种计划不同,是根据通货膨胀"只能被美联储根本性的政策变化所阻止"[75]这个认识制定的。所以,汀布莱克计划"先是建议取消美联储这个负责制定政策的中央银行"[76],他没有预见到采取这样一种行动可能会遇到的在技术上难以逾越的任何障碍。他认为可以轻而易举地免除美联储的监管职能,因为"银行没有理由接受像管理杂货店那样的监管",而"应该被允许由它们自己证明它们在一个自由市场系统存在的正当性"[77]。至于美联储向它会员银行提供的票据交换服务,汀布莱克认为私营化是简单而又明智的解决方法,他曾表示:

"美联储负责票据交换这种专业性业务仍可由现有的硬件设施来处理。各联邦储备银行可以改组为地区性银行票据交换所。由于各联邦储备银行已经依法归不行使控制权或者所有权的商业银行所有,因此,解决方法十分简单:把各联邦储备银行移交给它的合法所有者,并且交给会员银行来经营。这一改革很可能在银行管理和票据交换方面实现许多值得关注的创新和节约。"[78]

这样,我们就应该来看看美联储的货币政策执行职能问题。在汀布莱克看来,美联储在这方面的职能在最好的情况下也只能算是多余,而在最坏时则具有高通胀性。关于法定准备金,汀布莱克认为"银行可以管理自己的准备金需要",并且指出"世界上没有任何其他货币制度运用法定准备金法来管理商业银行"[79]。汀布莱克认为,美联储的再贴现职能"既没有必要又不可取",不但只在美联储执行货币政策方面起到了很小的作用,而且商业银行有能力通过在组织良好的私人联邦资金市场上相互借贷来满足自己的准备金需要。汀布莱克写道,"因此,结束美联储的再贴现职能,就可以简单地结束某种在很大程度上为树立美联储是银行福利机构的形象而广为宣传的骗人花招"[80]。

那么,该怎么处理公开货币市场操作"这种长期导致货币存量以通胀性速度增长的业务"呢?就是在回答这个问题时,汀布莱克提出了他的事实上的金本位制的建议。首先,美国财政部可以出售它的全部黄金库存(2.6亿盎司)或者以金币或者可赎回凭证的形式按比例分给每个美国公民。其次,应该取消"联邦储备体系的决策架构"。最后,应该冻结美联储发行在外的纸币——流通货币——的负债。商业银行有权选择自己持有这种负债或者作为存款存在"新成立"的地区票据交换所。汀布莱克预期黄金一旦掌握在私人手中,很快就能找到流入私人存款机构的渠道,从而产生可根据存款人选择和对黄金或美联储纸币需求提取的以黄金为基础的存款和银行券。汀布莱克表示:

"这种新的货币制度也许不能算是金本位制,因为政府不会宣布黄金或者其他什么东西为法定货币……以黄金为基础的存款和货币与被冻结的现有美联储纸币存量一起流通。用其他货币表示的黄金价格可以迅速由市场因素来决定。"[81]

汀布莱克的建议包含两个对于建立一种自由市场商品货币制度绝对重要的元素:一是彻底清除政府的货币垄断权;二是把黄金库存还给私人。因此,他的方案远优于前面分析的三种方案,因为前述三种方案的建议都基本没有触及联邦储备体系的现有结构。此外,在拉弗和勒曼的方案中,虽然公众可用美元兑换黄金,但美联储仍能保留凭借其"银行的银行"的垄断地位战略性地掌握着控制全国黄金存量的权力。

从百分之百金本位制拥护者的角度看,汀布莱克的建议也有一个缺点。由于它只建议规定,存款机构必须依法根据要求用黄金兑付票据和活期存款,因此,汀布莱克并没有杜绝一种建立在部分准备金制度基础上的"自由银行业"制度。虽然这种制度可能实际创造一种比经典金本位制创造的货币更加可靠、更"硬"的货币,但仍有可能导致通货膨胀(尽管这种可能性大大降低)。[82]然而,比这种通货膨胀的直接经济影响更加重要的是,政府当局很有可能以通胀性繁荣后可能发生且能见度很高的金融危机和银行倒闭潮为借口,"为了公共利益"而对银行进行监管。政府在以这种方式重新找到了自己第一个关键的立脚点之后,就可以依靠它来重新强制行使它的货币垄断权。

注释

1. 请参阅"Return to an International Gold Standard Opposed by U.S. Panel Majority at Debate,"*Wall Street Journal*,October 27,1981,p.16.

2. Rowland Evan 和 Robert Novak 在"*Gold Standard Rears Its Head Again*"中转述了

McCracken 的评论。

3. Federal Reserve Bank of St. Louis, *International Economic Conditions* (August 15, 1981), p.50.

4. Ibid., pp. 51.

5. Ibid., pp. 52,53.

6. Federal Reserve Bank of St.Louis, *Monetary Trends* (September 25,1981), pp.2,5.

7. Editorial, "Blaming Volcker," *Wall Street Journal*, October 14,1981, p.28.

8. Ibid.

9. Robert J. Barro, "Money and the Price Level under the Gold Standard," *Economic Journal* 89 (March 1979):31.

10. Roy W.Jastram, *The Golden Constant: The English and American Experience 1560—1976* (New York:John Wiley & Sons,1976).

11. Idem, "The Gold Standard: You Can't Trust Politics," *Wall Street Journal*, May 15, 1981, p.32.

12. Ibid.

13. Edward M. Bernstein, "Back to the Gold Standard?" *Brookings Bulletin* 17 (Fall 1980):8—12.

14. Michael David Bordo, "The Classical Gold Standard:Some Lessons for Today," *Review of the Federal Reserve Bank of St.Louis* 63 (May 1981):2—17.

15. William Fellner, "Gold and the Uneasy Case for Responsibly Managed Fiat Money" in idem, ed., *Essays in Contemporary Economic Problems: Demand, Productivity, and Population* (Washington, D.C.: American Enterprise Institute for Public Policy Research,1981), pp.97

16. Herbert Stein, "Professor Knight's Law of Talk," *Wall Street Journal*, October 14, 1981, p.28.

17. William Nordhaus, "Gold in the Year of the Quack," *New York Times*, October 4, 1981, section F, p.3.

18. Henry C.Wallich, "Should We (and Could We) Return to the Gold Standard?" *New York Times*, September 6,1981, section E, p.4.

19. Ludwig von Mises, *On the Manipulation of Money and Credit*, ed. Percy L. Greaves, Jr. and trans. Bettina Bien Greaves (Dobbs Ferry, N.Y.: Free Market Books,1978), p.22.

20. Idem, *On Current Monetary Problems* (Lansing, Mich.: Constitutional Alliance, Inc., 1969), pp.29—30.

21. 关于详细论述纯商品货币制度性质和运行的文献,请参阅 Murray N.Rothbard, *The Case for a 100 Per Cent Gold Dollar* (Washington, D.C.: Libertarian Review Press,1974) reprinted from idem, "The Case for a 100 Per Cent Gold Dollar," in Leland Yeager, ed., *In*

Search of a Monetary Constitution（Cambrideg,Mass.：Harvard University Press,1962）,pp. 94－136；Murray N.Rothbard, *What Has Government Done to Our Money*?（Novato,Cal.：Libertarian Publishers, 1978）；Milton Friedman,*Essays in Positive Economics*（Chicago：The University of Chicago Press,1970）,pp.206－10；idem,*A Program for Monetary Stability*（New York：Fordham University Press,1959）,p.4－8；idem,"Should There Be an Independent Monetary Authority,"in Yeager, *In Search of a Monetary Constitution*,pp.220－24；Jacques Rueff,"The Fallacies of Lord Keynes's General Theory,"in Henry Hazlitt,ed., *The Critics of Keynesian Economics*（Princeton,N.J.：D.Van Nostrand Company,Inc., 1960）,pp.242－46；Mark Skousen, *The 100 Percent Gold Standard：Economics of a Pure Money Commodity*（Lanham,Md.：University Press of America,Inc.,1980）。

22. 德国社会学家、经济学家 Franz Oppenjeimer 对获得收入的"经济手段"和"政治手段"进行了重要区分。请参阅 Franz Oppenjeimer 的"*The State*"（由 John Gitterman 翻成英文；New York：Free Life Editions,Inc.,1975）。

23. F.A.Hayek,*Denationalization of Money－The Argument Refined：An Analysis of the Theory and Practice of Concurrent Currencies*, 2nd enl.ed.（London：The Institute of Economic Affairs,1978）.

24. F.A.Hayek,"Toward a Free Market Monetary System,"*Journal of Libertarian Studies* 3,no.1(1979)：7.

25. Fellner,"Gold and the Uneasy Case for Responsibly Managed Fiat Money,"p.99.

26. Friedman,"Should There Be an Independent Monetary Authority,"pp.220－22.

27. John Maynard Keynes,*The General Theory of Employment, Interest, and Money*（New York：Harcourt,Brace ＆ World,Inc.,1964）,p.132.

28. 关于物价指数本位制的评价，还请参阅 Edwin W. Kemmerer 的"*Money：The Principles of Money and their Exemplification in Outstanding Chapters of Monetary History*"（New York：The Macmillan Company,1937,pp. 103－107）。

29. Kemmerer,*Money*,pp.76－77.

30. Ludwig von Mises, *Human Action：A Treatise on Economics*, 3rd rev.ed.（Chicago：Henry Regnery Company,1966）,p.425.

31. 关于英国和美国货币史上黄金购买力长期稳定的丰富证据，请参阅 Hastram 的"The Golden Constant"。

32. Hayek,"Toward a Free Market Monetary System,"p.5.

33. Friedman,"Should There Be an Independent Monetary Authority,"pp.223－24.

34. Mises,von,*Human Action*,p.422.

35. Ibid.,p.249.

36. 只有个别经济学家用反对商品货币本位制的资源成本论来讨论货币发行问题。两位引起我注意的经济学家是 19 世纪美国货币经济学家、百分之百金本位制拥护者 Francis

Amasa Walker 以及杰出的法国货币理论家 Charles Rist。他们俩都以资源成本论无视货币品质问题为由旗帜鲜明地反对这种论点。请参阅 Francis Amasa Walker 的"*Money.*"(*New York*:*August M. Kelley Publishers*,1968,pp. 521—528)以及 Charles Rist 的". *History of Monetary and Credit Theory*:*From John Law to Present Day*"(由 Jane Degras 译成英文;New York:Augustus M. Kelley Publisher,1966,pp. 80—90)。

37. 关于政府有助于以国家货币名称取代本位币金属重量单位的行动,请参阅 Rothbard 的"*The* 100 *percent Gold Dollar*"(pp. 12—19)。

38. U.S.,Congress,Joint Economic Committee,*The Gold Standard*:*Its History and Record Against Inflation*,by Roy W.Jastram,with an Appendix on "Restoring the Gold Certificate Reserve," by Robert E. Weintraub(Washington, D.C.:Government Printing Office, 1981),pp.21—24.Weintraub's plan is also described in Lindley H.Clark,Jr.,"What Kind of a Gold Standard Is Needed?"*Wall Street Journal*,August 19,1981,p.33.

39. Weintraub,"Restoring the Gold Certificate Reserve,"p.21.

40. Ibid.,p. 22.

41. Ibid.

42. Ibid.,p. 24.

43. Quoted in Clark,"What Kind of a Gold Standard Is Needed?"p.33.

44. Arthur Laffer,*Reinstatement of the Dollar*:*The Blueprint*(Rolling Hill Estates, Cal.:A.B. Laffer Associates,1980).*See also* Arthur B.Laffer and Charles W.Kadlec,"The Point of Linking the Dollar to Gold,"*Wall Street Journal*, October 13,1981,p.32.

45. Robert A.Mundell,"Gold Would Serve into the 21st Century,"*Wall Street Journal*, September 30,1981,p.33.

46. Jude Wanniski,*The Way the World Works*(New York:Simon and Schuster,1978), especially pp.161—67.还请参阅 Jude Wanniski 的"A Job Only Gold Can Do,"*New York Times*,August 27,1981,p.A31.

47. 法案文本转引自 Helms Ernest P.Welker,Plans to Revive the Gold Standard,(Economic Education Bulletin,vol.20,no.10;Great Barrington,Mass.:American Institute for Economic Research,1980),pp.7—9.

48. Laffer,*Reinstatement of the Dollar*,p.4.

49. Ibid.

50. Ibid.,p.5.

51. Arthur B.Laffer and Marc A.Miles,*International Economics in an Integrated World* (Glenview,Ill.:Scott Foresman and Company,1982),p.399—400.

52. Ibid.,p.400.

53. Ibid.,p.401.

54. Ibid.

55. Ibid.,p.260.

56. 关于布雷顿森林体系崩溃原因的解释,请参阅 Jacques Rueff 的"*The Monetary Sin of the West*"(由 Roger Glement 翻译;New York:The Macmillan Company,1972)以及 Guillaume Guindey 的"*The International Monetary Tangle:Muths and Realities*"(由 Michael L. Hoffman 翻译;White Palins,N.Y.:M. E. Sharpe,Inc.,1977)。

57. Laffer and Miles,*International Economics*,pp.259－62.

58. Ibid.,pp.397－98.

59. Lehrman 在许多出版物中阐述了它的金本位制观点,包括:Lewis E.Lehrman,*The Case for the Gold Standard:Reflections on the Struggle for Financial Order*(New York:Morgan Stanley & Co.,Inc.,1981);idem,*Monetary Policy,the Federal Reserve,and Gold*(New York:Morgan Stanley & Co.,Inc.,1980);idem,"The Case for the Gold Standard,"*Wall Street Journal*,July 30,1981,p.33;idem,"Should We (and Could We) Return to the Gold Standard?"*New York Times*,September 6,1981,p.E4.

60. 关于 Rueff 的金本位制观点,请参阅 Jacques Rueff 的,*The Age of Inflation*(由 A. H. Meeu 和 F. G. Clarke 翻译;Chicago:Henry Regnery Company,1964)以及 *Balance of Payments:Proposals for the Resolution of the Most Pressing World Economic Problem of Our Time*(由 Jean Clement 翻译;New York:The Macmillan Company,1967)。

61. Lehrman,*The Case for the Gold Standard*,p.21.

62. Idem,"Should We (and Could We)Return to the Gold Standard? p.E4.

63. Idem,*Monetary Policy,the Federal Reserve System,and Gold*,p.41.

64. Ibid.

65. Lehrman,*The Case for the Gold Standard*,p.20.

66. Ibid.,p.6.

67. Ibid.

68. Ibid.,pp.8,10,17,18.

69. Lehrman,*Monetary Policy,the Federal Reserve System,and Gold*,p.40.

70. Ludwing von Mises,*The Theory of Money and Credit*,trans.H.E.Batson,new enl.ed.(Irvington-on-Hudson,N.Y.:The Foundation for Economic Education,Inc.,1971),p.420.

71. Ibid.

72. 关于国家或全国性准备金制度性质和运行的讨论,请参阅 F. A. Hayek 的"*Monetary Nationalism and International Stability*"(New York:Augustus M. Kelley Publishers,1971,pp.1－34 passim)。

73. Leland B.Yeager,"An Evaiuation of Freely-Fluctuation Exchange Rates,"(Ph.D.diss.Columbia University,1952),pp.11－17.

74. Ibid.,pp.9－10.

75. R. H. Timberlake,Jr.,"Solving the Monetary Crisis,"*Policy Report* 3(October

1981):9.

76. Ibid.

77. Ibid.

78. Ibid.

79. Ibid.p.10.

80. Ibid.

81. Ibid.

82. 关于"自由银行"制度的权威性讨论和辩护,请参阅 von Mises 的"*The Theory of Money and Credit*"以及"*Human Action*"(pp.434—448)。